Universal
Bibliothek

PHILOSOPHIE
GESCHICHTE · KULTURGESCHICHTE

# GRIECHISCHE ATOMISTEN

Texte und Kommentare zum materialistischen Denken der Antike

1988

Verlag Philipp Reclam jun. Leipzig

Aus dem Griechischen und Lateinischen
Übersetzt und herausgegeben von Fritz Jürß, Reimar Müller
und Ernst Günther Schmidt

ISBN 3-379-00245-3

© Verlag Philipp Reclam jun. Leipzig 1977
Die Rechte an der Übersetzung von Epikur, Brief an Pythokles,
gehören dem Akademie-Verlag, Berlin

Reclams Universal-Bibliothek Band 409
3. Auflage
Reihengestaltung: Lothar Reher
Lizenz Nr. 363. 340/4/88 · LSV 0116 · Vbg. 33,6
Printed in the German Democratic Republie 1977
Grafischer Großbetrieb Völkerfreundschaft Dresden
Gesetzt aus Garamond-Antiqua
Bestellnummer: 660 520 8
00500

Die Vorgeschichte der modernen Atomtheorie reicht über zweieinhalb Jahrtausende bis in die Anfänge der griechischen Philosophie zurück. Während sich die Naturwissenschaft immer neue Erkenntnisbereiche erschließt, dauert das Interesse an den antiken Ursprüngen dieser Entwicklung fort.

Der vorliegende Band vereinigt Texte der griechischen Philosophen, die in der Zeitspanne zwischen der Mitte des 5. Jahrhunderts v. u. Z. und dem Ende des 2. Jahrhunderts u. Z. den Begriff des Atoms erdachten, die ältesten Systeme atomistischer Welterklärung schufen und die gewonnenen Einsichten propagierten und verteidigten. Die Auswahl ist umfassend und notwendigerweise zugleich begrenzt. Umfassend, insofern sie erstmals in deutscher Sprache die wesentlichsten Texte zusammenstellt und fast alle uns durch Werkreste kenntlichen griechischen Atomisten zu Worte kommen läßt. Zu ihnen zählen Leukippos, der Begründer der Atomlehre, Demokrit (Demokritos), der Schöpfer des ersten bis in die Einzelheiten durchgearbeiteten Systems des Atomismus, Epikur (Epikuros), der Erneuerer der atomistischen Lehre, und seine Schüler und Anhänger von Metrodoros und Hermarchos über Philodemos bis hin zu jenem Diogenes, der in der Steininschrift von Oinoanda dem antiken Epikureismus sein letztes großes Denkmal setzte. Mehrere dieser Texte werden vollständiger als in den bisher verfügbaren deutschen Teilübersetzungen vorgelegt. Das gilt insbesondere für die Reste des Hauptwerkes Epikurs, der 37 Bücher „Über die Natur". Deutsche Übersetzungen wichtiger Abschnitte dieser Bruchstücke, die in mühevoller Kleinarbeit aus dem Papyrusfund von Herculaneum (vgl. unten S. 55f.) wiedergewonnen wurden, finden sich in mehreren schwer zugänglichen wissenschaftlichen Abhandlungen verstreut, doch gab es bislang in deutscher Sprache keine Zusammenfassung der wichtigsten und am besten entzifferten Textstellen. Auch die Texte der monumentalen Inschrift von Oinoanda in Kleinasien, die für die Kenntnis des Epikureismus und seiner Wirkungsgeschichte von singulärer Bedeutung sind, werden in der vorliegenden Textsammlung erstmals in deutscher Sprache in allen wesentlichen Teilen dargeboten. Umfassend ist die Auswahl schließlich dadurch, daß sie nicht nur die Atomlehre selbst und ihre Anwendung in der Naturerklärung, sondern auch Erkenntnistheorie, Ethik und Kulturtheorie einschließt. Hierbei war besonders Rücksicht darauf zu nehmen, daß in Ansätzen schon bei Demokrit, in systematischer Form bei Epikur die Ethik sich an den Prinzipien der atomistischen Naturlehre orientiert, ja daß der antike Atomismus in der Ausprägung, die er durch Epikur erhielt, der Ethik sogar den Vorrang vor der Naturlehre und damit vor der eigentlichen Atomtheorie gab.

Begrenzt ist die Auswahl in zweierlei Hinsicht. Keine Aufnahme fanden die Reste einiger Schriften, die sich, obwohl von Anhängern des Atomismus verfaßt, in ihrem Inhalt kaum von den Grundsätzen des atomistischen Philosophierens berührt zeigen. So fehlen in diesem Band die umfangreichen Fragmente der Bücher des Epikureers Philodemos über Rhetorik, Dichtkunst, Musik und verschiedene Themen der Populärethik (Näheres hierzu unten S. 89ff.). Zum anderen ist in der Sammlung das umfangreichste und berühmteste Zeugnis des antiken Atomismus, das Lehrgedicht des Lukrez „Über die Natur der Dinge", nur in ausgewählten Abschnitten vertreten. Denn als Ganzes hätte diese mehr als siebentausend Verse umfassende Dichtung den Rahmen einer Sammlung gesprengt, die wegen der Ungunst der Überlieferung im übrigen nur kürzere Texte vorweisen kann; auch die Papyrusfunde von Herculaneum haben nichts daran geändert, daß außer drei Lehrbriefen Epikurs von den Texten der *griechischen* Atomisten im wesentlichen nur Bruchstücke und knappe Berichte aus zweiter Hand erhalten geblieben sind. Die vorliegende Sammlung bringt aus Lukrez vorwiegend Abschnitte, die mangels griechischer Parallelen für uns die einzige oder die ergiebigste Quelle für wichtige epikureische Lehrstücke darstellen. Doch sei dem Leser schon an dieser Stelle nachdrücklich der Lukrez-Text selbst zur Lektüre empfohlen, denn nur zusammengenommen ergeben die Reste der griechischen Atomisten und Lukrez ein umfassendes Bild des antiken Atomismus.

Den Texten mußten wegen ihres z. T. komplizierten Inhalts umfangreiche Erläuterungen beigegeben werden; gehören doch insbesondere die Originalschriften Epikurs und das Gedicht des Lukrez zu den schwierigsten Werken der antiken Literatur. Alle Erklärungen dienen vor allem dem unmittelbaren Textverständnis. Die vorliegende Ausgabe erhebt nicht den Anspruch, darüber hinaus den im Gang befindlichen Prozeß der Bloßlegung der gesellschaftlichen Wurzeln des antiken Atomismus abzuschließen. Man vergleiche zu diesem Problemkreis etwa die Bücher des englischen marxistischen Philologen George Thomson, insbesondere „Die ersten Philosophen", Berlin 1961. Ebensowenig werden die Auffassungen der antiken Atomisten einer umfassenden kritischen Analyse unterzogen. Doch hoffen die Herausgeber, durch die Aufbereitung der wesentlichen Materialien zu einer Lösung auch dieser Frage auf breiterer Basis beizutragen.

Drei Gründe sind es, die dem antiken Atomismus ein anhaltendes Interesse sichern. Am augenfälligsten scheint zunächst, daß die moderne Atomtheorie auf der Grundlage des antiken Atomismus entstand. Zwar haben sich aus der altgriechischen Theorie nur der Name des Atoms („das Unzerschneidbare, Unteilbare") und eine Anzahl Grundeinsichten bis in den Wissensbestand der heutigen Physik und Chemie erhalten, und nichts kennzeichnet den Grad der Abwandlung, der die alten Anschauungen unterworfen waren, besser als der Umstand, daß auch der Atombegriff selbst im Zuge der Entwick-

lung sich von seinem ursprünglichen Inhalt löste: Er bezeichnet heute nicht mehr das „Unteilbare", sondern ein
Materieteilchen, das sehr wohl in noch kleinere Bestandteile aufgelöst werden kann und gerade wegen der Möglichkeiten solcher Teilungs- und Spaltungsprozesse das
theoretische und praktische Interesse in so hohem Maße
auf sich lenkt. Doch bedeutet der seit der Antike erzielte Erkenntnisfortschritt nicht, daß der Gedanke der
„kleinsten Einheit" der Wissenschaft überhaupt fremd
geworden wäre. In der Quantentheorie, in der Theorie
der Elementarteilchen, in der Differentiallehre wirkt er
gerade heute stark fort. Die Atomlehre hat sich durch
die verbesserten Methoden der Naturbeobachtung, durch
den Einzug der Mathematik in die Naturwissenschaften
und durch ein enormes Maß von Gedankenarbeit zu
solcher Kompliziertheit entwickelt, daß diejenigen Bausteine antiker Naturphilosophie, die sich auch heute noch
als brauchbar erweisen, nicht mehr genau die gleiche
Funktion innerhalb des theoretischen Systems innehaben
können, die ihnen ursprünglich einmal zukam. Doch
haben eine Reihe von Grundeinsichten der antiken Atomisten der Überprüfung durch die moderne Wissenschaft
standgehalten, und die Feststellung von Friedrich En-
gels: „Seitdem Physik und Chemie wieder fast ausschließlich mit Molekülen und Atomen hantieren, ist
die altgriechische atomistische Philosophie mit Notwendigkeit wieder in den Vordergrund getreten" (Antidüh-
ring, Marx/Engels, Werke, Bd. 20, Berlin 1968, S. 331),
gilt grundsätzlich auch für unser eigenes Jahrhundert.
Allerdings würde der Wert der atomistischen Lehren der
Antike unausgeschöpft bleiben, suchte man in ihnen nur
nach den Keimen der modernen Atomtheorie. Das zweite
wesentliche Moment der antiken Theorie liegt weniger
in den speziellen Lehrinhalten als vielmehr in der Art
des Denkens, durch das die Problemlösungen gewonnen
wurden. Ziel der Atomisten war es, in der Naturerklärung wie auch – vorwiegend seit Epikur – in der Ethik,
die Vielfalt der Erscheinungen auf einfache Grundtat-
sachen und Grundvorgänge zurückzuführen und diese Re-

duktion erst dann als befriedigend anzusehen, wenn von den Phänomenen eine völlig klare und deutliche Vorstellung gewonnen war. Diese Forderung war aber nur zu erfüllen, wenn der Zusammenhang zwischen den einzelnen Naturerscheinungen bedacht wurde. Die rationale Durchleuchtung der Natur erbrachte somit als Resultat ein in sich einheitliches Weltmodell, das für eine Vielzahl von Phänomenen einleuchtende, dem Verstand voll faßbare Erklärungen bereithielt. Das Verfahren barg zwar die Gefahr einer zu großen Vereinfachung in sich und führte z. B. zur Fehlannahme, zwischen den Materieteilchen seien nur mechanische Einwirkungen möglich. Doch der methodische Grundsatz der Reduktion auf klare Grundtatbestände hat sich seit der Zeit der antiken Atomisten in Wissenschaft und Philosophie vielfältig bewährt und zählt ebenso zum wertvollsten Erbe der griechischen Philosophie wie der hohe Grad philosophisch-wissenschaftlicher Abstraktion, der mit den Theorien der Atomisten erreicht wurde. Denn Klarheit bedeutet für die Atomisten nicht einfach sinnliche Anschaulichkeit, sondern Rationalität im Sinne des ständigen Rückschließens auf sinnlich nicht wahrnehmbare Elemente, die zur universalen Erklärung des Erscheinenden, des Werdenden und des Erscheinens selbst dienen.

Ein Grundsatz, den die antiken Atomisten im Bereich der Naturphilosophie einschließlich der Wahrnehmungslehre konsequent festhielten, um die Wirklichkeit klar zu erfassen und in dem erstrebten Weltmodell widerzuspiegeln, war der Gedanke der realen Existenz der Welt und ihrer Materialität. Der für die Geschichte des menschlichen Denkens besonders wichtige Wesenszug des griechischen Atomismus ist sein streng materialistischer Charakter. Die griechische Philosophie entwickelte von Anfang an, d. h. schon vor der Begründung des Atomismus, in der Auseinandersetzung mit älteren religiösen und mythischen Vorstellungen vorwiegend materialistische Züge. Doch erst die Philosophie der Atomisten ist von jener Sicherheit in der Scheidung des Realen vom Nichtrealen getragen, die seither ein Kenn-

zeichen materialistischen Philosophierens geblieben ist.
Eine grundsätzlich materialistische Entscheidung der
Seinsfrage führte zu einer ganzen Serie von Naturerklä-
rungen. Damit trat die Linie des Materialismus in der
europäischen Philosophie erstmals in voller Deutlichkeit hervor. Auch für ontologisch schwierige Fragen wurden wohldurchdachte, konsequente und entsprechend dem
damaligen Wissensstand treffende Antworten gefunden,
z. B. die Erkenntnis, daß auch der leere Raum real existiere. Mit derartigen Feststellungen leisteten die Atomisten nicht nur einen entscheidend wichtigen Beitrag zur Entwicklung der Philosophie im griechisch-römischen Altertum, sondern gaben eine Reihe noch heute
nachvollziehenswerter philosophischer Entscheidungen an
die Hand.

### Die Vorbereitung des Atomismus in der ältesten griechi-schen Philosophie

Die Erkenntnis der antiken Atomisten, daß nichts aus
nichts entsteht, gilt auch für ihre eigene Lehre.
In den aufblühenden griechischen Handelsstädten an
der Westküste Kleinasiens, in dem gleichen Raum, der
schon das Homerische Epos hervorgebracht hatte, vollzog sich während der ersten Hälfte des 6. Jahrhunderts
v. u. Z. in Zusammenhang mit dem ökonomischen Aufschwung, der seinen Ausdruck u. a. in der neu aufkom-
menden Geldprägung fand, ein deutlicher gesellschaftlicher Strukturwandel. Diejenige Schicht der städtischen
Bevölkerung, die das Manufakturwesen und den Fern-
handel kontrollierte, gewann in wachsendem Maße neben
dem wirtschaftlichen auch das politische Übergewicht.
Die fortschrittlichsten Vertreter dieser Schicht brachen
mit überlieferten Vorstellungen. So wurde es möglich,
daß seit der ersten Hälfte des 6. Jahrhunderts v. u. Z.
an die Stelle der mythischen die den natürlichen Ursachen
der Erscheinungen nachspürende philosophische Welterklärung trat. Thales von Milet, selbst offenbar der

Händlerschicht entstammend, lehrte damals die Entstehung der Erde aus dem Wasser und wies damit den Weg zu dem auch für die Atomisten grundlegenden Prinzip der Reduktion des Vielfältigen auf das Einfache. Einer seiner Nachfolger in der Anwendung dieses Prinzips war Heraklit von Ephesos (um 550–480 v. u. Z.). Er sah im Feuer das Grundelement der Welt, das sich in die anderen Elemente wandelt und aus ihnen wieder zu Feuer wird, und erklärte aus diesen Vorgängen die Bewegtheit der Welt, deren Struktur er als Kampf, aber auch als dialektische Einheit der Gegensätze begriff. Widerspruch gegen Heraklit meldete sich in Unteritalien, das sich gemeinsam mit Sizilien innerhalb des damaligen griechischen Siedlungsgebietes zum zweiten Zentrum der ökonomischen Entwicklung, nicht aber mit gleicher Entschiedenheit zur Pflegestätte spezifisch fortschrittlichen Denkens entwickelte. Parmenides aus Elea (etwa 515–445 v. u. Z.) machte sich zwar wie seine Vorgänger den Grundsatz der Reduktion der Erscheinungen auf ein Grundprinzip zu eigen, doch stellte er für sein Grundprinzip, das Sein, Forderungen auf (einheitlich, ungeworden, unbeweglich, unveränderlich, unzerstörbar), an denen gemessen ihm die in Bewegung befindliche Welt Heraklits als nicht-seiend als Sinnestäuschung erschien.

Mit der Seinslehre des Parmenides, aber auch mit Heraklits Bevorzugung des Feuers hatte die griechische Philosophie extreme Positionen erreicht, auf denen sie längere Zeit nur dann hätte verharren können, wenn starke gesellschaftliche Kräfte gerade diese philosophischen Standpunkte in Geltung gehalten hätten. Das war aber offenbar nicht der Fall. Die Eleaten (Parmenideer) und die Anhänger Heraklits übten zwar einen nicht unbeträchtlichen Einfluß aus, den charakteristischsten Beitrag für die Entwicklung der Philosophie leisteten im 5. Jahrhundert jedoch nicht sie, sondern eine Anzahl Philosophen, die ihre Wirkungsstätte in den damals am stärksten aufstrebenden Städten und damit an den neuen Brennpunkten der gesellschaftlichen Entwicklung fanden. Empedokles aus Akragas in Sizilien (etwa 500 bis

430 v. u. Z.) und sein aus dem kleinasiatischen Klazomenai gebürtiger, vorwiegend in Athen wirkender Zeitgenosse Anaxagoras (etwa 500–425 v. u. Z.) knüpften
ihre Lehren sowohl an Heraklit als auch an Parmenides
an. Dabei setzten sie die Realität der Erfahrungswelt
in ihr Recht ein und verstanden die welterfüllende Materie, freilich noch ohne den Materie-*Begriff* zu verwenden, einerseits als seiend im Sinne des Parmenides (d. h.
ungeworden, unveränderlich), andererseits als beweglich
im Sinne Heraklits (freilich unter Preisgabe der spezifisch dialektischen Züge der Heraklitischen Lehre). Sie
nahmen an, der Weltstoff sei in zahllose Partikel zerteilt und jede dieser Partikel sei ungeworden, mit bestimmten unveränderlichen Qualitäten ausgestattet; sie
sei ins Unendliche teilbar, aber nicht in Nichts auflösbar
und damit letztlich unvergänglich. Innerhalb der Ge-
samtmasse des Weltstoffs können sich, so lehrten sie
weiter, die Partikel gegeneinander verschieben, sie sind
also beweglich und bieten damit die Voraussetzung für
Bewegtheit der Welt. Als Ganzes ist die Welt veränderlich, in ihrem Kern unveränderlich; im Großen
ist sie „heraklitisch", im Kleinen „parmenideisch".
Aufgegeben hatten sowohl Empedokles als auch
Anaxagoras freilich den Gedanken des Thales,
Heraklit und anderer Philosophen von der Vorzugsstellung *eines* Elements und damit von der prinzipiellen
stofflich-qualitativen Einheit der Materie. Empedokles
setzte vier Elemente an (Feuer, Luft, Wasser, Erde),
Anaxagoras unzählig viele; innerhalb jeder Sorte seien
sie „in ihren Teilen gleich", untereinander aber aufs
engste vermischt. Übereinstimmend waren beide Philosophen der Ansicht, daß die Bewegung sich nicht schlechthin aus den Eigenschaften der Materie herleiten lasse.
Die Materie bewege sich unter dem Einfluß einer besonderen Kraft. Empedokles wies diese Rolle dem
„Haß" und der „Liebe" zu, Anaxagoras dem (wohl als
besonders feine Materiesorte gedachten) „Geist".
In der Mitte und der zweiten Hälfte des 5. Jahrhunderts
v. u. Z. wirkten, wie gesagt, aber auch Philosophen, die

anders als Empedokles und Anaxagoras sich nachdrücklich zu Parmenides bekannten. Einer von ihnen, Melissos, suchte den Dingen der Erfahrungswelt den Seins-
charakter mit folgender Argumentation abzusprechen:
„Wir behaupten, richtig zu sehen, zu hören und zu verstehen. Und doch scheint uns das Warme kalt und das
Kalte warm, das Harte weich und das Weiche hart zu
werden und das Leben zu sterben und aus dem Nicht-
lebenden zu entstehen und alles dieses sich zu ändern
und nichts, was war und was jetzt ist, sich zu gleichen . . .
Es ist also offenbar, daß wir nicht richtig sahen und daß
uns jene Dinge zu Unrecht als viele erscheinen. Denn sie
schlügen nicht um, wenn sie wirklich wären . . . Schlägt
aber etwas um, so geht das Seiende zugrunde, und das
Nichtseiende ist entstanden." Anschließend nennt Melissos die einzige Bedingung, unter der eine Vielheit von
Dingen als real existent angenommen werden könnte:
„Wäre eine Vielheit von Dingen, so müßten sie gerade
so beschaffen sein wie das Eine." Melissos hält diese
Bedingung für unerfüllbar. Doch schon Empedokles
und Anaxagoras hatten begonnen, die Vorstellung kleinster materieller Partikel zu entwickeln, die der Seinsforderung des Parmenides genügen; Leukippos und Demokrit setzten diesen Weg konsequent fort und widerlegten Melissos, indem sie ihn beim Worte nahmen.
Zenon von Elea, ein anderer Parmenides-Schüler, ver-
teidigte die Seinsauffassung seines Lehrers, indem er ihr
entgegenstehende Annahmen durch eine Serie von
Scheinbeweisen zu erschüttern suchte. Der berühmteste
dieser Schlüsse läuft darauf hinaus, daß Achilleus beim
Wettlauf die Vorgabe einer Schildkröte nie wettmachen
könne: durchmißt er die Strecke AB, legt die Schildkröte die kürzere Strecke BC zurück. Ist Achilleus bis
C gelangt, befindet sich die Schildkröte bereits bei D,
usw. Die Streckenabschnitte werden von Mal zu Mal
kleiner, schließlich unendlich klein, und Achilleus
kommt der Schildkröte beliebig nahe, doch erreicht sie
nicht. Die Erfahrungswelt zeigt es anders; also – so
Zenon – trügt die Erfahrung. Natürlich gilt das Umge-

kehrte: die Erfahrung lehrt das Richtige, und trügerisch ist – durch Vernachlässigung der Kontinuität des Zeitablaufs – der Schluß Zenons. Interessant ist dabei jedoch, wie nahe Zenon in seinen Spekulationen dem Differentialprinzip gekommen ist, und im Hinblick auf die Entstehung des Atomismus verdient es jedenfalls Aufmerksamkeit, daß auch die Eleaten mit Scharfsinn in die Diskussion um die Minima eingriffen und die Atomisten damit vor die Aufgabe stellten, ihre eigene Konzeption kleinster raumfüllender Materieteile gegen die Annahme einer unendlichen Teilbarkeit von Raumeinheiten abzusichern.

## Leukippos aus Milet

Im allgemeinen bewahrten die Griechen die Erinnerung an die „Gründer" und „Erfinder". Doch der Begründer des Atomismus, Leukippos, entschwand dem Gedächtnis frühzeitig so sehr, daß schon Epikur äußern konnte, er habe nie gelebt. Heute kann diese Ansicht als widerlegt gelten. Die Art und Weise, in der Aristoteles Leukippos für mehrere Hauptsätze des Atomismus anführt, zwingt zu dem Schluß, daß Aristoteles sichere Nachrichten über ihn besaß. Leukippos dürfte um die Mitte und in der zweiten Hälfte des 5. Jahrhunderts v. u. Z. gelebt haben. Sein Denken formte sich also wie das des Empedokles und Anaxagoras während des für die ökonomische, politische und geistige Entwicklung Griechenlands gleichermaßen bedeutsamen halben Jahrhunderts zwischen der Abwehr der Perserinvasion (490/479 v. u. Z.) und dem Ausbruch des sog. Peloponnesischen Krieges zwischen Athen und Sparta (431 v. u. Z.). Diese Epoche wurde zur Blütezeit der griechischen Sklaverei-Gesellschaft. Die Polis, die für ganz Griechenland charakteristische politische Organisationsform des Stadtstaates, erwies sich als wirkungsvolles Instrument politischer Machtausübung und selbstverständliches Zentrum des Denkens und Handelns der in ihm zusammengeschlossenen freien Bürger, vor allem der jeweils maßgeblichen Interessengruppen. Freilich ist es keine Zeit gleichmäßiger, harmonischer Entwicklung. Allein die Tatsache, daß eine Steigerung der Warenproduktion damals nur durch Vermehrung der Sklavenzahl möglich war, also zur Vergrößerung der Schicht der Ausgebeuteten und Rechtlosen führte, enthüllt die gesellschaftliche Problematik jedes unter den vorherrschenden Produktionsverhältnissen erzielten ökonomischen Wachstums. Im Rahmen der politischen Struktur der Stadtstaaten werden fortschrittliche Entwicklungen, wie die Herausbildung der athenischen „Demokratie", erst nach langwierigen Auseinandersetzungen zwischen der aufstrebenden Schicht der Händler und Manufakturbesitzer und dem grundbesitzenden Adel erzwungen. Zugleich verschärft sich der Gegensatz zwischen den Städten, die wie Athen Träger der ökonomischen und gesellschaftlichen Entwicklung sind, und denen, die wie Sparta wirtschaftlich stagnieren und auf einem konservativ-aristokratischen Herrschaftssystem beharren. Und auch die Städte und Gebiete mit gleichartiger innerer Struktur können ihre Autonomie und Gleichberechtigung großenteils nicht wahren und müssen die Vormachtstellung Athens und Spartas anerkennen. Athen schließt die Seestädte auf den Inseln und rings an den Küsten des Ägäischen Meeres, Sparta die Mehrzahl der Städte des Peloponnes zu Bünden zusammen, wobei besonders die straffe Organisation des Attischen Seebundes, in der das Expansionsstreben der herrschenden Schicht des athenischen Demos Ausdruck findet, den einzelnen Bundesstädten kaum eigene Entscheidungsfreiheit beläßt.

Trotz des Aufschwungs, den Griechenland insgesamt nach den Perserkriegen nahm, waren die Entwicklungsbedingungen für die Philosophie unter den genannten Umständen nur teilweise günstig. Die westkleinasiatischen Küstenstädte, vor der Perserinvasion die Zentren der philosophischen Entwicklung, genossen als Mitglieder des Attischen Seebundes jetzt zwar Schutz vor persischem Zugriff, waren wegen der Sperrung des Handels

mit den unter persischer Herrschaft verbliebenen östlichen Mittelmeerländern und der übermächtigen wirtschaftlichen Konkurrenz Athens in ihrer Entwicklung
jedoch stark gehemmt; es überrascht nicht, daß ihnen
unter diesen Umständen die geistige Führung gänzlich
entglitt. Auch in den Städten Siziliens und Unteritaliens,
die immer mehr unter die Herrschaft von Tyrannen gerieten, überschritt mit Empedokles das philosophische
Leben seinen Höhepunkt und nahm von da an eine
rückläufige Entwicklung. Von den beiden Führungs-
mächten des griechischen Kernlandes schied Sparta wegen seiner streng konservativen, bildungsfeindlichen
Staatsdoktrin als Pflegestätte der Philosophie von vornherein aus. Günstigere Entwicklungsbedingungen bot in
der Zeit, in der Perikles die Geschicke der Stadt lenkte,
Athen. Hier lehrten zeitweilig Protagoras und Anaxagoras, hier begann wohl bereits in dieser Epoche das
Wirken des Sokrates. Doch das Maß an Denkfreiheit,
das die westkleinasiatischen Handelsstädte gewährt hatten, war in Athen auf die Dauer nicht gegeben. Protagoras verließ die Stadt wieder, Anaxagoras war nach
einer Anklage wegen Gottlosigkeit zur Flucht gezwungen, und selbst ein in den Grundzügen seiner Anschauungen eher konservativer Denker wie Sokrates zog sich
einen Prozeß wegen angeblicher Verletzung religiöser
Normen zu und wurde zum Tode verurteilt.
Der Umstand, daß für Leukippos drei verschiedene Geburtsorte überliefert werden, Elea, Abdera und Milet,
spiegelt die damalige Situation der griechischen Philosophie wider. Der richtige Geburtsort ist offenbar Milet,
und Leukippos ist somit der Nachzügler in der Reihe der
großen Philosophen, die diese Stadt hervorgebracht hat
(Thales, Anaximandros, Anaximenes). Er verließ seine
Heimat, vielleicht nicht nur infolge der allgemeinen
Ungunst der Lage in Westkleinasien, sondern speziell
in Zusammenhang mit einem aristokratischen Putsch des
Jahres 450/449. Die angebliche Geburtsstadt Elea in
Unteritalien mag vielmehr den Ort bezeichnen, in dem
Leukippos bei Zenon und anderen Nachfolgern des Par-

menides philosophische Unterweisung suchte. Ist diese Annahme richtig, so ist es aber auch bezeichnend, daß er nicht für die Dauer im sizilisch-unteritalischen Raum verweilte. Für die unparmenideischen Konsequenzen, die er aus der eleatischen Lehre von der Unveränderlichkeit des Seins zog, mußte er sich anderswo Lehrmöglichkeiten suchen. Er fand sie wohl in Abdera, dem dritten der angeblichen Geburtsorte, der Stadt, die auch als Heimat des Protagoras und vor allem des Demokrit in die Philosophiegeschichte eingegangen ist. Abdera war ein Hafen an der Nordküste des Ägäischen Meeres, eine Kolonialgründung wie Milet und wie diese Stadt zu Leukippos' Zeit im Machtbereich des Attischen Seebundes gelegen. Doch war die Verbindung Abderas zu seinem thrakischen Hinterland nie unterbrochen, und so blühte sein Handel von der Mitte des 6. Jahrhunderts, wie es scheint, ohne wesentliche Unterbrechungen bis in den Beginn des 4. Jahrhunderts. Während die Tributsätze der westkleinasiatischen Mitgliedsstädte des Attischen Seebundes im Verlauf des 5. Jahrhunderts zum Teil gesenkt werden mußten, blieb der Beitrag Abderas stets hoch. Das deutet auf eine relativ günstige wirtschaftliche Situation. Es kann kein Zufall sein, daß der Name der aufsteigenden Stadt gerade mit den Namen der vorurteilsfreiesten, aufgeklärtesten Denker des 5. Jahrhunderts verbunden ist. Für Abdera trifft offenbar nicht nur zu, was damals auch für andere ökonomisch fortgeschrittene Gebiete Griechenlands gilt: daß sich auf der Grundlage entwickelter Ware-Geld-Beziehungen die Dialektik zwischen konkreter und abstrakter Weltbetrachtung und damit die Möglichkeit weit vorangetriebener philosophischer Abstraktion ergibt. Die Stadt, die später in den Ruf der Rückständigkeit geriet (das „griechische Schilda"), wahrte in der Zeit ihrer Prosperität wohl auch noch etwas von der spezifischen aufgeschlossenen Atmosphäre der ionischen Handelsstädte Westkleinasiens. Die unbefangene, weltoffene Denkweise, die wir für die wohlhabende Schicht seiner Vollbürger voraussetzen dürfen, mag in der Tat die erforderliche Basis für die Ausprägung der Atomtheorie geboten haben. Diese Atomlehre rechnete mit der völligen Gleichberechtigung und Gleichwertigkeit der einzelnen Bausteine des Weltganzen. In einer Polis, in der zumindest der maßgebende wohlhabende Teil der Bürgerschaft für die eigene Gesellschaftsschicht den Gedanken der Gleichberechtigung anerkannte, stand der Duldung, ja Billigung eines solchen Prinzips der Naturerklärung, das mit der Norm des gesellschaftlichen Lebens konvergierte, offenbar nichts im Wege.

Der trotz persischer Behinderung weitgespannte Handel des 5. Jahrhunderts brachte Einflüsse mancher Art mit sich, und so verdient allerdings auch die antike Überlieferung Erwähnung, die Atomlehre sei nicht von griechischen Philosophen erdacht, sondern von einem Phöniker namens Mochos übernommen worden. Gewährsmann ist der in der ersten Hälfte des 1. Jahrhunderts v. u. Z. wirkende Stoiker Poseidonios. Desgleichen ist daran zu erinnern, daß auch die altindische Philosophie eine atomistische Elementenlehre besaß, deren Spuren zuerst in den Lehrsätzen des Kanāda kenntlich werden. Der Gedanke, durch phönikische Vermittlung könnten indische Anschauungen nach Griechenland gelangt sein, ist verlockend. Doch scheint bei den entwickelten Formen der Atomlehre ebenso wie bei anderen Berührungspunkten zwischen indischer und griechischer Philosophie die Priorität eher auf griechischer Seite zu liegen (W. Ruben). Nach derzeitigem Wissensstand darf es als korrekt gelten, das Aufkommen der griechischen Atomtheorie ganz von ihren griechischen Voraussetzungen her zu erklären.

Die Knappheit der Nachrichten über Leukippos hat ihren Grund wohl darin, daß seine Leistung schon bald durch die weit umfassendere Lehr- und Forschungstätigkeit Demokrits in den Schatten gestellt wurde und sich Schriften von Leukippos nur erhielten, soweit sie unter Demokrits Namen Aufnahme in das Korpus der Demokrit-Schriften fanden (vgl. unten S. 22f). Nur wenige Punkte der älteren atomistischen Lehre sind kenntlich, in

denen Demokrit von Leukippos abwich, und dadurch ist
es teils schwierig, teils geradezu unmöglich, die Lehren
beider Philosophen getrennt voneinander zu besprechen.
Wir registrieren lediglich die Grundentscheidungen, die
die wesentliche philosophische Leistung des Leukippos
darstellen. Dementsprechend sind in der folgenden
Fragmentsammlung nur wenige ausschließlich auf Leukippos bezügliche Lehrberichte dem Demokrit-Abschnitt
gesondert vorangestellt.

Schon Leukippos lehrte, daß sowohl Seiendes als auch
Nichtseiendes real existiert, das Seiende in Form kleinster Materieteile, der Atome, das Nichtseiende in Gestalt
des Leeren, d. h. des leeren Raumes. Die Atome, die
wohl schon Leukippos – wie die späteren Atomisten –
gewöhnlich einfach die „Körper" (sōmata) nannte, sind
massiv, haben in sich kein Leeres, sind wegen ihrer
Kleinheit nicht in noch kleinere Teile zerlegbar und
somit beständig. Sie sind unendlich an Zahl, unendlich
verschieden in ihren Formen und in ewiger Bewegung
begriffen. Wegen ihrer Kleinheit sind sie den Sinnesorganen nicht wahrnehmbar. Die Dinge entstehen durch
Zusammensetzung aus den Atomen. Außer den Atomen
umschließen sie auch Leeres. Dadurch bieten sie An-
satzstellen für zerstörende Einwirkung anderer Materieteile, sind ihrerseits teilbar und lösen sich nach einer
gewissen Zeit wieder in ihre Bestandteile auf. Die
Dinge sind wandelbar und vergänglich, die Atome unveränderlich und ewig. Entstehen und Vergehen trifft
nur die zusammengesetzten Dinge. Die Atome selbst
sind keinem Entstehen und Vergehen unterworfen. Ein
Spezialfall einer Zusammensetzung ist die Welt, der
„Kosmos" („Ordnung"), besser: die Welten. Denn der
leere Raum ist unendlich weit gedehnt, und in ihm gibt
es nicht nur unsere Welt, sondern unendlich viele Welten. Sie entstehen und vergehen.

*Demokrit*

Auch für Demokrit kennt die antike Überlieferung die
Variante, er sei in Milet geboren. Doch spricht in seinem
Fall alles für die Zuverlässigkeit der traditionellen An-
gabe, sein Geburtsort sei Abdera. Wesentlicher ist, daß
Demokrit im Gegensatz zu fast allen anderen großen
griechischen Philosophen seinen Wohnsitz nie wechselte.
Die günstigen äußeren Umstände, die Leukippos nach
Abdera zogen, hielten Demokrit, von Reisen abgesehen,
offenbar während seines ganzen Lebens in seiner Hei-
matstadt fest.

Welche Jahre Demokrits Leben umschloß, steht nicht
genau fest. Eine seiner Hauptschriften, den „Mikrós diákosmos" („Kleine Weltordnung"), schrieb Demokrit nach
eigener Angabe 730 Jahre nach der Eroberung Trojas.
Das läßt freilich nur den Anhalt zu, daß die Schrift nach
der Mitte des 5. Jahrhunderts, allerspätestens zu Beginn des 4. Jahrhunderts v. u. Z. entstand. Etwas weiter
führt Demokrits Äußerung, er sei noch jung gewesen, als
Anaxagoras alt war. Demokrits Jugend fällt demnach in
die Zeit vor 430, und so mag der antike Ansatz, der 460
als Geburtsjahr nennt, annähernd das Richtige treffen und
dem konkurrierenden Ansatz auf 470 vorzuziehen sein.
Da Demokrit 90 oder gar 100 und noch mehr Jahre alt geworden sein soll, wäre er etwa im Jahre 370 gestorben.

In seiner Jugend erlebte Demokrit noch die Blütezeit
des durch Perikles maßgeblich geleiteten Attischen Seebundes. In seinen Mannesjahren war er Zeuge des Peloponnesischen Krieges (431–404 v. u. Z.). Das Gebiet
um die Städte Amphipolis und Poteidaia, westlich von
Abdera, sah in dieser Zeit erbitterte Kämpfe, und öst-
lich von Abdera, in den Dardanellen, erlitt Athen im
Jahre 404 die entscheidende Niederlage. Abdera selbst
fiel 411 von Athen ab und wurde 407 wieder unterworfen. Doch wird die Stadt sonst nicht im Zusammenhang mit Kampfhandlungen genannt, eine Notiz des
Thukydides (2,97) deutet eher auf ihre anhaltende Bedeutung für den Verkehr mit Thrakien.

Die krisenhafte Entwicklung, die sich bereits während der Jahre des Peloponnesischen Krieges in Griechenland angekündigt hatte, verschärfte sich im 4. Jahrhundert. Der Widerspruch der antiken Produktionsweise, die mit der Ausbreitung der Sklaverei den unmittelbaren Produzenten (Sklaven, Tagelöhnern, Handwerkern, Kleinbauern) immer geringeren Anteil am ökonomischen Ertrag gewährte, trat offen zutage und führte zur wirtschaftlichen Stagnation. Die machtpolitische Entwicklung während der ersten Jahrzehnte des 4. Jahrhunderts war durch die Rivalität zwischen Sparta, dem nochmals an Einfluß gewinnenden Athen und dem stark aufstrebenden Theben charakterisiert; sie führte zu einem Patt in der Machtverteilung, das die politische Entwicklung Griechenlands paralysierte. Allerdings machte sich wie vorher der Aufschwung, so jetzt die Regression nicht überall mit gleicher Schärfe bemerkbar, und es scheint, als habe sie sich in Abdera anfangs weniger ausgewirkt als in anderen Orten. Der Antalkidas-Frieden des Jahres 386 v. u. Z. zwischen Griechen und Persern, der die westkleinasiatischen Griechenstädte erneut persischer Botmäßigkeit unterwarf, berührte die Städte im Norden der Ägäis kaum. Die Niederlage Abderas gegen den thrakischen Stamm der Triballer (376 v. u. Z.) hat Demokrit vermutlich noch erlebt, nicht mehr dagegen die Ausbreitung der makedonischen Macht von der Mitte des 4. Jahrhunderts an, die bald auch das Gebiet von Abdera erfaßte. Sein Leben fällt somit in die lange Zeitspanne, die seit der Niederlage der Perser 480/479 v. u. Z. für Abdera eine relative Stabilität der ökonomischen und machtpolitischen Situation und einer breiten Schicht seiner Bürger Wohlstand brachte.

Es ist glaubhaft, daß Demokrit, dessen Denken das Weltverständnis dieser herrschenden Schicht reflektiert, entsprechend der Überlieferung einer wohlhabenden Familie entstammte, an der Gunst der Verhältnisse also auch persönlich partizipierte. Sein ererbtes Vermögen soll er entweder für seine Reisen verwendet oder durch mangelndes geschäftliches Interesse eingebüßt oder gar

seiner Vaterstadt geschenkt haben, um ungestörter philosophieren zu können. Das klingt nach Legendenbildung,
doch ist es durchaus möglich, daß Demokrit längere
Reisen unternahm, die ihn nach Ägypten und vielleicht
auch in den Vorderen Orient und nach Persien führten.
Daß antike Berichte noch Äthiopien und Indien hinzufügen, ist spätere Ausschmückung. Unterweisung soll
Demokrit nicht nur bei Leukippos, sondern auch bei den
Pythagoreern empfangen haben; den letzteren mag er
seine mathematische Schulung und vielleicht auch einzelne ethische Grundsätze verdanken. Nachrichten über
eine Begegnung mit Anaxagoras sind nicht kontrollier-
bar. Schwerlich kommt als Ort für ein solches Zusammentreffen Athen in Frage. Demokrit-Fragment Nr. 23
deutet darauf, daß Demokrit Athen erst zu einer Zeit
betrat, als er schon damit rechnen konnte, sich durch
wissenschaftliche Leistungen bekannt gemacht zu haben.
Das war aber keinesfalls vor etwa 430/429 der Fall,
und damals hatte Anaxagoras die Stadt bereits verlassen, ja war wohl bereits verstorben (in Lampsakos an
den Dardanellen); sein Tod fällt in die Zeit um das
Jahr 425.
Während die Philosophen vor Demokrit ihre Lehren
schriftlich im allgemeinen nur in knapper Form verbreitet hatten, legte Demokrit sein Wissen als erster
Grieche in weitem Umfang in Schriften nieder. Freilich
steht nicht fest, wieweit die Werke für die Veröffentlichung, wieweit nur, ähnlich den uns erhaltenen Arbeiten des Aristoteles, für Unterrichtszwecke bestimmt
waren. Zweiundfünfzig dieser Schriften wurden in römischer Zeit von Thrasyllos, dem Hofastrologen und -philo-
sophen des Kaisers Tiberius, der auch Platon edierte,
in einem Korpus herausgegeben. Es war in dreizehn
Gruppen von je vier Schriften (Tetralogien) eingeteilt.
Wir kennen von dieser Ausgabe das Inhaltsverzeichnis
(Fragment Nr. 25.) Besondere Berühmtheit genoß die
„Große Weltordnung", vermutlich allerdings eine Schrift
des Leukippos, die unter Demokrits Werke geriet. Überhaupt muß mit der Möglichkeit gerechnet werden, daß

eine ganze Reihe von Büchern unecht sind und schon von Leukippos oder aber von späteren Autoren herrühren. Besonders ist hier Bolos aus Mendes in Ägypten zu nennen, ein Schriftsteller, der vielleicht um 200 v. u. Z. lebte, sich als Demokriteer oder Pythagoreer bezeichnete und eigene Schriften offenbar unter dem Namen Demokrits herausgab. Ihm gehören mit großer Wahrscheinlichkeit die Schrift „Cheirokmeta" (vgl. S. 466, Anm. 77) sowie zu mehr oder weniger großen Teilen die astronomischen, medizinischen und landwirtschaftlichen Titel, die unter dem Namen Demokrits in Umlauf waren. Allerdings ist bislang zumindest für diejenigen Schriften, die Thrasyllos ins Demokrit-Korpus aufnahm, Unechtheit mit Sicherheit nicht nachgewiesen. Im übrigen fand die Inanspruchnahme des Namens Demokrit sogar für Schriften mit ganz undemokritischem Lehrgehalt mit der Ausgabe des Thrasyllos keineswegs ihren Abschluß. So war im späteren Altertum als demokritisch eine Schrift im Umlauf, die Heilung durch allerlei Sympathiemittel versprach; an das gleiche Werk knüpfte die alchimistische Schwindelliteratur der Goldmacher an. Doch auch das in den echten Schriften und im mündlichen Unterricht ausgebreitete Wissen Demokrits war so umfassend, daß schon die Zeitgenossen ihm den Beinamen „Weisheit" (Sophia) gaben und Thrasyllos ihn mit Anspielung auf die fünf Werkgruppen seiner Ausgabe den „Fünfkämpfer" unter den Philosophen nannte. Weniger treffend ist die Bezeichnung „der lachende Philosoph", unter der die antike Populärphilosophie Demokrit in Gegensatz zu dem „weinenden Philosophen" Heraklit stellte: der eine habe die Torheiten der Menschen belacht, der andere beweint. Doch scheint es, als lasse sich selbst aus dieser willkürlichen Konstruktion noch der Respekt vor dem vorurteilsfreien, überlegenen Denker Demokrit heraushören.

Als im späteren Altertum Gegner des Materialismus alle ideologischen Schlüsselpositionen innehatten, fanden sie aus der griechischen Philosophie fast nur noch die Werke der platonischen und aristotelischen Richtung über-

liefernswert. Obwohl die Werke Demokrits nicht nur
inhaltlich von höchster Bedeutung waren, sondern von
Stilkritikern wie Cicero („Orator" 67) und Dionysios
von Halikarnassos („Über die Wortzusammenfügung"
24) auch wegen ihrer literarischen Qualitäten den Werken des Platon und Aristoteles gleichgeachtet wurden,
blieben von ihnen nur Bruchstücke und knappe Skizzen
der Lehrzusammenhänge erhalten. Nicht alle antiken
Gewährsmänner ließen sich von der Absicht leiten,
Demokrits Ansichten korrekt und in richtiger Sinn-
verbindung wiederzugeben. Schon für Aristoteles, dem
wir wichtige Nachrichten über Demokrit verdanken, gilt,
daß er Demokrits Lehren wie die der anderen älteren
Philosophen unter dem Gesichtspunkt seiner eigenen
Problemstellungen prüfte und z. T. mit seinen eigenen
Begriffen (z. B. „Prinzip", „Substanz") darstellte. Der
Inhalt einzelner Bücher Demokrits läßt sich unter diesen
Umständen nicht rekonstruieren. Doch ist es möglich,
die Hauptlehrsätze zu ermitteln und Einblicke in den
gedanklichen Prozeß zu gewinnen, der zu ihrer Aufstellung führte. Immer wieder hat man betont, die atomistische Lehre gründe nicht im Sinne moderner Wissen-
schaftlichkeit auf exakten Beobachtungen, sondern nur
auf Spekulation. Wie die Philosophie des Empedokles
und Anaxagoras sei sie rein gedankliche Synthese zwischen den Grundsätzen des Heraklit und Parmenides
und ihrerseits Korrektur der Anaxagoreischen Naturlehre. Der Maßstab, nach dem Leukippos und Demokrit
ihre Vorgänger korrigierten, war offenbar die Wirklichkeit, wie sie sich ihnen unter den die spezifischen ökonomischen und sozialen Bedingungen des 5. Jahrhunderts
darstellte. Ein philosophisches Schlagwort, das zu Demokrits Zeit aufkam, lautete „Rettung der Phänomene".
Gemeint war: Verteidigung der Wirklichkeit gegen den
Tatsachen zuwiderlaufende Theorien wie die Leugnung
der Bewegung. In diesem Sinne dürfen wir uns Demokrits Philosophieren nicht so sehr als abstrakte Bemühung vorstellen, widersprüchliche Aussagen älterer
Philosophen zur Deckung zu bringen, sondern als Resul-

tat immer erneuten eigenen Nachdenkens über die Naturphänomene und die Stellung des Menschen in der Welt.
Dabei bildeten Philosophie und Naturwissenschaften
entsprechend dem einheitlichen Denkansatz noch eine
Einheit.

Die Atomlehre ist Kernstück der Leukippisch-Demo-
kritischen Philosophie, aber nicht ihr Ausgangspunkt,
denn die Atome sind der Beobachtung entzogen. Be-
obachtbar sind die Dinge, die Naturerscheinungen. In
ihnen zeigt sich Entstehen, Vergehen, Bewegung, Vielheit, aber auch Dauerhaftigkeit, Ähnlichkeit in der Vielheit und Wiederholung des Gleichen. Der Gedanke,
daß etwas aus Nichts entstehen oder sich in Nichts auflösen könne, wird beiseite gelassen, ein solcher Prozeß
entzieht sich der Vorstellbarkeit. Auch Heraklits Gedanke der Umsetzung der Stoffe ineinander entspricht
nicht der Forderung nach klarer Vergegenwärtigung des
Geschehens. Wie entstehen Dinge? Ein Musterfall ist
die Tätigkeit des Demiurgen, des Handwerkers, der
ihm vorliegendes Material zu verschiedenartigen Gegenständen formt. Ähnliches muß sich in der Natur vollziehen, nur ist es vergebliche Mühe, dort nach einem
Demiurgen, einem Schöpfergott, Ausschau zu halten.
Wesentliche Voraussetzung für die Entstehung von Dingen ist außer der materiellen Substanz die Bewegung,
d. h. die Verschiebung der Materieteile in ihrer Stellung zueinander. Wie ist sie möglich? Empedokles hatte
Liebe und Haß als der Natur immanente Kräfte zu
Bewegungsursachen erklärt, Anaxagoras den Geist. Die
Atomisten sehen keine Veranlassung, auf diesen Ansätzen zu einer dualistischen Welterklärung zu beharren
oder sie gar weiter auszugestalten. Von einem konsequent materialistischen Standpunkt aus erkennen sie,
daß die Lehre des Empedokles und Anaxagoras von
den besonderen Kräften, die die Bewegung steuern,
sich durch die Annahme einer sich selbst bewegenden,
normalerweise also in Bewegung befindlichen Materie
vereinfachen lasse. Und während noch Anaxagoras, dem
Augenschein und dem Parmenideischen Postulat der

Einheitlichkeit der Welt folgend, die Materie als konti-
nuierliche Masse auffaßte, in der qualitativ verschiedenartige Bestandteile lückenlos aneinandergereiht sind,
.scheint Leukippos erkannt zu haben, daß ein solcher
Bewegungsmechanismus nicht ausreichend funktions-
tüchtig ist. Materieteile, die sich bewegen sollen, bedürfen eines materiefreien, leeren Raumes, durch den
hindurch sich die Bewegung vollziehen kann. Leukippos
erweiterte mit dieser Annahme den schon von Empedokles konzipierten Gedanken, die Materie müsse „Durch-
gänge" (Poren) haben, durch die z. B. Wahrnehmungen
(in Form materieller „Abflüsse" von den Dingen) in die
Wahrnehmungsorgane gelangen. Grundprinzipien der
Wirklichkeit sind nach der Lehre der Atomisten also
die Materiestücke, die zugleich dauerhaft und bewegt
sind, und das Leere. Damit sind die parmenideischen
Prinzipien des Seienden und des Nichtseienden aufgegriffen und mit neuem Sinngehalt gefüllt, und die Atomisten gewinnen in konsequenter Ausgestaltung der Empedokleischen Porenlehre die entsprechend dem damaligen
Kenntnisstand wichtige Einsicht hinzu, daß auch das
Nichts, das Leere, real existiert.

Weitere Erwägungen der Atomisten galten der Detail-
struktur der Materie. Zwei Fragen waren zu lösen. Die
eine betraf die Größenverhältnisse und die Form der
Teile, die andere ihre qualitative Beschaffenheit. Empedokles und Anaxagoras hatten versucht, die Erfah-
rungstatsache unterschiedlicher, qualitativer Eigenschaften der Dinge mit der Parmenideischen Forderung nach
Unveränderlichkeit des Seienden dadurch zu vereinbaren, daß sie mehrere in sich unveränderliche, doch
qualitativ voneinander verschiedene Materiesorten annahmen. Diese Materiesorten seien in „Teile" und
„Bruchstücke" zergliedert, wobei man sich die einzelnen
Stücke vorwiegend als sehr klein vorzustellen habe, ohne
daß Größe und Form der Teile jedoch für die Analyse
der Dinge die ausschlaggebende Rolle spielten. Die
Atomisten empfanden die Schwierigkeit, daß sich Qualitätsunterschiede, wie sie die Erfahrung zeigt, zwar kon-

statieren, aber in ihrer Spezifik nur schwer begreiflich machen lassen. Deshalb bemühten sie sich, Qualitätsunterschiede auf eine gedanklich besser faßbare Art von Unterschieden zu reduzieren, und gelangten zur Auffassung, daß die Stoffe sich durch die Unterschiedlichkeit ihrer *Formen* unterscheiden (vgl. unten S. 74f.). Alle Unterschiede werden auf diese Weise letztlich als Quantitätsunterschiede, und alle Wirkungen, die die Dinge aufeinander ausüben, als mechanische Wirkungen verstanden.

Da die Form den Charakter eines Stoffes bestimmt, kann die atomistische Theorie für jede Stoffart nur *eine* Form der kleinsten Materie-„Bruchstücke" zulassen und muß auch die Frage der Größe der Materieteilchen neu durchdenken. Die Beschränkung auf zwei Grundbestimmungen der Materieteile, Form und Größe, ist ein weiteres Beispiel für das Bemühen der Atomisten um einfache Erklärprinzipien. Die große Zahl in der Natur begegnender Unterschiede weist dieser Annahme zufolge auf eine große Zahl von Materieformen, z. B. rauh, glatt, spitzwinklig, sichelförmig, hakenförmig, unregelmäßig gebogen, kugelförmig. Vielleicht schon Leukippos, auf alle Fälle aber Demokrit beantwortete die Frage nach der Zahl der in der Natur anzutreffenden bzw. möglichen Formen, indem er bedachte, an wie vielen Stellen eines Teilchens Spitzen oder Haken hervortreten, wie unterschiedlich geneigt die Krümmungswinkel sein können usw., und übernahm deshalb die Antwort des Anaxagoras, der *unendlich* viele Qualitäten gelehrt hatte, nur daß er offenbar unendlich viele *Formen* ansetzte.

Angaben über die absolute Größe der Materiepartikel waren den antiken Atomisten begreiflicherweise nicht möglich. Umstritten ist, ob Demokrit einzelne Atome für sichtbar unter besonders günstigen Beleuchtungsverhältnissen hielt. Ein kürzlich neu publiziertes Demokrit-Fragment aus dem Arabischen (Nr. 48) könnte für die schon früher geäußerte Vermutung sprechen, daß Demokrit zumindest in einer Phase seines Philosophierens die „Sonnenstäubchen" als Atome betrachtete. Doch

andere Zeugnisse (Demokrit-Fragmente Nr. 149 und
150) widersprechen dem mit der Angabe, auch im Verhalten der in ständiger Bewegung befindlichen Sonnenstäubchen habe Demokrit lediglich eine Analogie zum
Verhalten der insgesamt noch wesentlich kleineren
Atome gesehen. (Zur schwierigen Frage der von Demokrit angeblich für möglich gehaltenen „Riesenatome"
vgl. S. 469, Anm. 104.)

Die Frage nach der Größe der Materieteilchen steht
in engem Zusammenhang mit jener Grundlehre, der
die Teilchen offenbar schon seit Leukippos die Bezeichnung „Atome" (genauer: átomoi idéai, „unzerschneidbare Formen") verdanken. Anaxagoras, der die Kon-
stanz der Materie durch die qualitative Beschaffenheit
ihrer Teile gesichert glaubte, nahm an, Materie lasse sich
bis ins Unendliche teilen und bewahre die jeweilige
Qualität auch in den winzigsten Teilen. Die Atomisten
hingegen, die in den Formen das allein ausschlaggebende
Moment erkannten, postulierten die Unteilbarkeit der
Materieteile, denn Teilung würde ihre Form und damit
ihre Eigenschaften vernichten, ja ihre Materialität selbst
in Frage stellen und die Materie in Nichts auflösen.
Leukippos sah diese Unteilbarkeit vor allem durch die
außerordentliche Kleinheit der Atome gewährleistet
(vgl. Fragmente Nr. 180 und Nr. 37). Demokrit, der die
geforderte Mannigfaltigkeit der Atomformen nicht ohne
eine gewisse Variabilität ihrer Größen für möglich hielt,
gab eine andere Eigenschaft der Atome als eigentliche
Ursache ihrer Unteilbarkeit an: ihre Kompaktheit. Die
Atome bestehen aus undurchdringlich dichter, harter
Materie, sie sind „voll", haben kein Leeres in sich. Deswegen können sie weder von innen zerbrechen noch von
außen zerbrochen werden. Es gibt keine Atome, die
härter sind als andere und sie zerstören können, denn
Härteunterschiede wären Qualitätsunterschiede, und
deren Existenz leugnet Demokrit. Alle Materie ist in
sich so einheitlich, wie auch das Leere, das Nichts es ist.
So bezeichnet Demokrit die beiden Bestandteile der
Wirklichkeit von allen Eigenschaften abstrahierend auch

einfach als „Nichts" (udén) und „Ichts" (den). Eine
Konsequenz dieser Materieauffassung ist, daß Demokrit
neben Form und Größe offenbar noch nicht (wie später
Epikur) die Schwere als dritte Grundbestimmung der
Atome nannte. Dies ist eine der wesentlichen „Differenzen der demokritischen und epikureischen Naturphilosophie", auf die der junge Karl Marx nachdrücklich
in seiner Doktordissertation von 1841 hinwies, vgl.
unten S. 74f. Die Überlieferung ist hinsichtlich dieser
Frage zwar nicht einhellig, und keinesfalls hielt Demokrit die Atome für gewichtslos. Doch machte er die
Schwere der Atome offensichtlich proportional von ihrer
Größe abhängig (nur Atom*zusammensetzungen* können
wegen verschiedener Dichte auch bei gleicher Größe verschieden schwer sein). Schwieriger ist zu entscheiden,
wie Demokrit eine andere Frage beurteilte. Mag ein
Raumkörper noch so klein sein, so ist seine weitere
Unterteilung wenn auch vielleicht nicht praktisch (physikalisch) vollziehbar, so doch theoretisch (mathematisch)
denkbar. Tatsächlich nahm später Epikur (vgl. unten
S. 73) mathematische Minima an, also kleinste Raumeinheiten noch unterhalb des Größenbereichs physikalischer Teilbarkeit. Demokrit hingegen scheint sich gegen
die Trennung physikalischer und mathematischer Teilbarkeit gewendet, d. h., die mathematischen Operatio-
nen streng auf die Materialität der Welt orientiert zu
haben, um der Konsequenz unendlicher Teilbarkeit und
unendlich kleiner Minima zu entgehen, die er durch die
Scheinargumente Zenons (vgl. oben S. 13f.) diskreditiert
sah. Gerade auf Grund der Striktheit, mit der Demokrit
wohl schon den bloßen Gedanken der Atomteilung zu-
rückwies, erfüllten seine Materiepartikel als in sich ein-
heitliche, unzerstörbare Gebilde die Seinsforderung des
Parmenides und Melissos und ermöglichten einen dem
damals erreichten Stand materialistischen Weltverständ-
nisses entsprechenden konsequenten Lösungsversuch für
die durch Parmenides aufgeworfenen Fragen.
Außer nach Form (Gestalt) und Größe unterscheidet
die Überlieferung die Atome auch nach „Gestaltung"

(rhythmós), „Sich-Wenden" (tropḗ) und „Berührungsweise" (diathigḗ). Die griechischen Ausdrücke sind
Musterbeispiele einer auf Präzision und Anschaulichkeit
bedachten Begriffsbildung; es ist schwierig, ihren vollen
Bedeutungsgehalt in der Übersetzung zu wahren. Und
doch trifft Aristoteles das Wesentliche, wenn schon er
feststellt, daß Gestalt, Lage und Anordnung gemeint
sind: Die Atome unterscheiden sich nach ihrer Gestalt
wie A von N, nach der Art, wie sie sich wenden (=
Lage), wie H von ⊒, nach ihrer Berührungsweise (=
Anordnung) wie AN von NA. Mit dem Buchstaben-
beispiel scheint zusammenzuhängen, daß die Atome
auch als „Elemente" (stoicheía, eigentlich: Buchstaben)
bezeichnet wurden. Zugleich wird klar, daß diese zweite
Einteilung, in der der Begriff der Größe aus der ersten
Einteilung unter den der Gestalt subsumiert ist, sich
nicht mehr nur auf die Atome selbst, sondern auch auf
ihre Stellung zu anderen Atomen, auf Atomverbindungen, bezieht.
Wie entstehen die Atomverbindungen, die Dinge?
Jedenfalls aus der Atombewegung heraus. Wir sahen
bereits, daß Demokrit einen Ursprung der Bewegung
außerhalb der Atome leugnete. Er nahm vielmehr an,
daß die Atome selbst eine bestimmte Kraft der Bewegung, des Anstoßes haben, eine Art Urbewegung, die
er als „Schlag" bezeichnete, und daß sie von Ewigkeit
her bewegt sind. Die „Schläge" bewirken, daß die
Atome in unregelmäßigem Auf und Ab im leeren Raum
umhergeschleudert werden. Dabei prallen sie aufeinander, wobei sie sich entweder miteinander verflechten
oder wieder voneinander abprallen. Im ersten Fall entstehen Atomballungen, die schließlich auch die Sicht-
barkeitsgrenze überschreiten können. Dabei gilt, daß
wegen der Formeigenschaften vor allem Atome der
gleichen Art aneinanderhaften, in einem Aussonderungs-
prozeß, der die mechanistische Erklärung für die schon
von älteren Philosophen, besonders von Empedokles, angenommene Regel liefert, daß das „Gleiche zum Gleichen" strebt (vgl. Demokrit-Fragmente Nr. 66, 67, 125).

Grundsätzlich ist mit der Lehre von den Atomballungen zugleich die Kosmogonie erklärt, die Entstehung einer Welt (Kosmos), d. h. einer aus vielerlei Stoffen und Dingen bestehenden, von weiter Leere umgebenen, riesigen Atomhäufung. Allerdings stellten die Atomisten besondere Erwägungen über den Bewegungsvorgang an, der Häufungen solchen Ausmaßes verursacht. Atomschläge und das Durcheinander unterschiedlich gerichteter Atombewegungen reichen ihrer Meinung nach zur Erklärung nicht hin. Eine Welt entsteht vielmehr, wie schon Leukippos ausführlich dargelegt zu haben scheint (vgl. Fragment Nr. 8), wenn viele Atome sich in einem Wirbel mit fortreißen lassen, innerhalb dessen sich die Bewegungsimpulse und dadurch die Möglichkeiten zu Atomzusammenstößen, Atomzusammenschlüssen und Aussonderungen verschieden schwerer Stoffe (in Gestalt von Atomverbindungen) potenzieren. Die feinen Stoffe werden in eine äußerste Materieschicht abgedrängt, die an allen Stellen etwa gleich weit vom Zentrum des Wirbels entfernt ist und den Zustrom weiterer Atome von außerhalb des Wirbels auffängt. Im Inneren des Wirbels ordnen sich die Atomverbindungen nach ihrer Schwere, es bildet sich ein von Wasser- und Luftschichten umschlossener Erdkern. Dieser Akt der Konsolidierung bedeutet freilich nicht, daß die Atombewegung innerhalb der Welt zum Stillstand kommt. Atomverbindungen, auf die Einzelatome aufprallen oder die miteinander kollidieren, können jederzeit auch wieder auseinanderbrechen und sich auflösen, und dem gleichen Zerstörungsprozeß ist auch die Welt als Ganzes ausgesetzt. Ja, eines Tages *muß* sie sogar zerfallen, die Atome aus ihrem Verband entlassen und für neue Weltbildungen freigeben.

Eben wurde die Möglichkeit *zeitlichen* Nacheinanders verschiedener Welten angedeutet. Doch nahmen die antiken Atomisten auch die gleichzeitige Existenz *räumlich* voneinander getrennter Welten an. Ihre Zahl ist abhängig von der Frage der Gesamtzahl der Atome im All und dessen räumlicher und zeitlicher Erstreckung.

Wir sahen schon, daß die griechischen Atomisten bei
der Beschreibung von Sachverhalten sich gern entweder
auf sehr wenige Kennwerte beschränkten (z. B. Charak-
terisierung der Atome nur durch Größe und Gestalt)
oder sich bis zum Unendlichen (unendlich viele Atomformen) oder in dessen Nähe (fast unendlich kleine
Atomgröße) vorwagten. Auch die Fragen nach der
Raum- und Zeitausdehnung des Alls, der Zahl der
Atome und der Zahl der Welten beantworteten sie
durchweg mit „unendlich groß". Auf diese Auskunft,
in der sich ein wesentlicher Zug des neuzeitlichen Weltbildes herausbildet, führte die Erwägung, daß erstens
nicht einzusehen ist, welche Art von Begrenzung es für
Raum, Zeit und Menge geben soll, und zweitens kein
Raum-, Zeit- oder Materieteil einen prinzipiellen Vorzug vor dem anderen haben kann. Der Raum ist isotrop,
und innerhalb des Alls gelten demzufolge überall die gleichen Regeln, an der einen Stelle um nichts mehr als an
der anderen. So ist z. B. die Wahrscheinlichkeit, daß eine
Welt entsteht, für alle Stellen des Alls gleich groß. Der
Demokritische Grundsatz des „um nichts mehr" nimmt
das Isonomiegesetz Epikurs (vgl. unten S. 75) noch
nicht geradezu vorweg, wurde aber zu dessen Grundlage.
Demokrits Atomlehre einschließlich der Kosmogonie
zeigt eine Welt in Bewegung, in Handlung. Akteure
sind die Atome. Ihr Spiel hat keinen Anfang und kein
Ende, es verfolgt keinen Zweck und strebt keinem Ziel
zu. Es scheint vom Zufall bestimmt, folgt in Wahrheit
aber strengen Regeln; und insofern es möglich ist, Ursachen der einzelnen sich immer wieder in ähnlicher
Weise abspielenden Naturvorgänge anzugeben, konnte
Demokrit davon sprechen, daß die Natur von Notwendigkeit (anánkē) beherrscht wird, einer Notwendigkeit, die jedoch keinesfalls als Macht außerhalb der
Materie und ihrer Bewegungsimpulse verstanden sein
will.
Eine Ergänzung ist an dieser Stelle allerdings nötig:
Demokrits Spiel der Atome ist blind, doch nicht ohne

Beobachter. Es gibt Bewußtsein, in dem das Sein sich widerspiegelt, und es gibt den Träger dieses Bewußtseins: den Menschen. Wir verweilen nicht bei Demokrits Erklärungen einzelner Naturphänomene (z. B. der Erdbeben, des Magnetismus, der Nilschwelle), sondern wenden uns sofort seiner Lehre vom Menschen als einem besonders interessanten Beispiel atomistischer Erklärweise zu.

Der Mensch ist, so lehrte Demokrit, ein Kosmos im Kleinen (Mikrokosmos). Er ist, das will dieses Urteil offenbar besagen, eine körperliche Einheit, die – von charakteristischer Bewegung erfüllt – den ihr immanenten Gesetzmäßigkeiten gehorcht. Er ist einerseits das bekannteste („Mensch ist, was alle kennen", Fragment Nr. 145), andererseits das komplizierteste unter den Wesen. Geläufig war den Griechen die Auffassung, der Mensch bestehe aus Körper und Seele, die Trennung beider bedeute Tod. Demokrit interpretiert diese Ansicht streng materialistisch. Nicht nur der Körper, auch die Seele besteht aus Atomen, ist also nicht höheren Ursprungs. Allerdings setzt sie sich aus Atomen besonderer Art zusammen, wohl Feueratomen, die sich durch größte Beweglichkeit auszeichnen und dadurch imstande sind, auch dem Körper Bewegung mitzuteilen. Aus zuverlässiger Quelle (siehe Fragment Nr. 154) erfahren wir, wie Demokrit sich die strukturelle Zuordnung der Körper- und Seelenatome vorstellte: beide Atomsorten lagern umschichtig nebeneinander, je ein Seelenatom zwischen zwei Körperatomen und umgekehrt. Dieses schachbrettartige Aufbauschema läßt Fragen offen; es verwundert nicht, daß Epikur später gerade diesen Teil der Demokritischen Lehre stark abgewandelt hat (vgl. unten S. 79). Sicher ist jedenfalls, daß Demokrit die Seelenatome einem Druck des sie umgebenden Körpers ausgesetzt glaubte und annahm, beim Einatmen würden der Seele ersatzweise neue Feueratome zugeführt. Erst wenn die Atmung versagt, verlassen die Seelenatome den Körper, und der Mensch stirbt.

Die Lehre vom Tod hatte ihr Gegenstück notwendiger-

weise in der Lehre von Zeugung und Geburt, und auch
innerhalb der Kosmogonie beanspruchte das Thema des
Entstehens des Menschen seinen Platz. Hier ging es um
die „Schöpfung" der ersten Menschen. Ausgeschlossen
blieb selbstverständlich der Gedanke an einen Schöpfer.
Demokrit setzte einen Akt der Urzeugung an (eine dem
Altertum geläufige Vorstellung); der Mensch sei aus
Schlamm entstanden (Fragment Nr. 168, vgl. 167, 169),
offenbar in der Phase der Weltentwicklung, die der
jetzt zu beobachtenden starken Absonderung von Erde
und Wasser voraufging.

Demokrit nahm durchaus eine Entwicklung des so entstandenen physisch voll ausgebildeten Menschen an, wir
werden die eben begonnene Gedankenlinie bald fortzusetzen haben. Zunächst kehren wir zum Menschen als
Beobachter des Weltprozesses zurück. Sein Denkvermögen allein befähigt ihn nicht zu dieser Rolle. Brücke
zwischen Sein und Bewußtsein ist nach Demokrit vielmehr die Wahrnehmung der Welt mittels der Sinnesorgane. Mit dieser Behauptung scheint freilich sogleich
eine zweite in Widerspruch zu stehen. Die Erkenntnis
durch die Sinne, d. h. durch Gesicht, Gehör, Geruch,
Geschmack und Tastsinn, nennt Demokrit „dunkel".
„Echt", d. h. die Wahrheit enthüllend, sei nur die Erkenntnis durch den Verstand. Gemeint ist: Die Ge-
sichtswahrnehmungen spiegeln beispielsweise Farben vor.
Doch der Farbeindruck entsteht nur durch die Lage
(oder: durch Anordnung, Gestalt und Lage) der Atome.
In den Atomen selbst, in der objektiven Wirklichkeit
gibt es keine Farbunterschiede. In ähnlicher Weise beruhen die Geschmacksunterschiede lediglich auf verschiedenartigen Atomformen; der süße Geschmack z. B.
auf mittelgroßen runden, der scharfe auf scharfkantigen,
eckigen, gekrümmten Atomen. Zusätzlich zeige sich die
Unzuverlässigkeit der Sinne daran, daß dasselbe dem
einen süß, dem anderen sauer scheint, die Wahrnehmungen also subjektiv sind. Kurz: Nur der „Meinung"
zufolge gibt es Farbe, Bitteres, Süßes; in Wahrheit nur
Atome und Leeres (Fragmente Nr. 178ff.). Oder mit

anderen, der Erkenntnistheorie Lockes entlehnten Worten: real existieren nur die „primären", nicht die „sekundären Sinnesqualitäten". Mühevoll ist es für den Verstand, den Sinnesdaten die Wahrheit abzugewinnen, denn – wie es in dem berühmten Demokrit-Fragment Nr. 182 heißt – „die Wahrheit ist in der Tiefe".

Unverkennbar steht Demokrits Erkenntnislehre in der Tradition der Scheidung sinnlicher Wahrnehmung und geistiger Erkenntnis, die sich von Heraklit herleitet und bei Parmenides bereits zur Konsequenz der völligen Verwerfung der Sinne gesteigert erscheint. Schon im Altertum geriet Demokrit, der Tadler der „dunklen Erkenntnis", auf die Liste der Skeptiker; und einzelne Äußerungen Demokrits, deren Authentizität nicht bezweifelt werden muß (vgl. etwa die Fragmente Nr. 179, 181, 182, 185), zeigen in der Tat einen Tonfall, den man kaum anders als skeptisch bezeichnen kann. Allerdings ist es eine Skepsis, die sich gegen die Sinne, nicht, wie in der Neuzeit bei Hume und den Positivisten, gegen den Verstand richtet und die damit die Möglichkeit menschlicher Erkenntnis nicht etwa grundsätzlich in Frage stellt, sondern im Gegenteil die Voraussetzung für wahre Erkenntnis zu schaffen sucht. Dieser Sinn des Zweifels an den Sinnen verleiht gerade der griechischen Erkenntnislehre des 5. Jahrhunderts den Charakter eines progressiven Elements des philosophischen und wissenschaftlichen Denkens. Und gerade für Demokrit gilt das um so mehr, als er nicht wie Parmenides in den Fehler verfällt, den Gegensatz zwischen Sinneswahrnehmung und geistiger Erkenntnis als unüberbrückbare Kluft zu interpretieren. Den Weg zur Wahrheit erkennt Demokrit nicht in der Negation der Sinnesdaten, sondern in ihrer Analyse durch den Verstand: die Sinnesqualitäten sind ihm „ein zwar verworrenes und dunkles Abbild, aber doch ein unmittelbares *Abbild* der Struktur der Gegenstände selbst" (K. v. Fritz). Und so treten in der Überlieferung neben die „skeptischen" Äußerungen Demokrits ebenso wichtige Angaben über seine Lehre, die den anderen Aspekt, den Wahrheitsgehalt der Sinnes-

daten, hervorheben (vgl. besonders den Schluß des Frag-
mentes Nr. 188). Von der Beobachtung der Natur, wie
sie sich den Sinnen darbietet, führen Schlußfolgerungen
zur verläßlichen Erkenntnis ihrer wahren, verborgenen
Struktur.

Soll den Sinnesqualitäten somit grundsätzliche Bedeutung für den Erkenntnisprozeß zukommen, muß freilich die allgemeine Regel eingehalten werden, daß zwischen Körpern, also auch zwischen Gegenstand und
wahrnehmenden Geistatomen, nur mechanische Einwirkung möglich ist. Deshalb reduzierte Demokrit alle
Arten der Sinneswahrnehmung auf die Wahrnehmungs-
weise des Tastsinns, also auf direkte körperliche Berührung. Ohne Schwierigkeiten ließ diese Erklärweise
sich für den Geschmacks- und Geruchssinn durchführen,
schwieriger für die akustischen Phänomene, am schwierigsten für den Sehvorgang. Schon Empedokles hatte ihn
mechanistisch durch einen von den wahrgenommenen
Gegenständen ausgehenden „Ausfluß" erklärt, und die
Atomisten teilten diesen Standpunkt. Doch wie kommt
es, daß anders als beim Geruch, dessen Intensität sich
mehr oder weniger rasch erschöpft, Gegenstände, die
dem Gesichtssinn erscheinen, offensichtlich ihre Substanz
wahren? Und auf welche Weise vermögen „Abflüsse"
die Form von Gegenständen so relativ genau zu über-
mitteln? Demokrit, ja wohl schon Leukippos (vgl. Fragmente Nr. 196 und 197) antwortete, daß sich von der
Oberfläche der Dinge winzige „Abbilder" (eídōla) lösen,
außerordentlich dünne, zarten Häuten vergleichbare (und
somit keinen merklichen Substanzverlust verursachende)
Atomschichten, die mit größter Geschwindigkeit den
Raum durchmessen und in die Augen eindringen. Die
meisten Einzelheiten dieser von den antiken Atomisten
bis ins feinste ausgearbeiteten Eidola-Theorie sind uns
erst in der Ausprägung Epikurs erhalten. Doch liegt auf
der Hand, daß schon Demokrit z. B. erklären mußte,
wieso die Eidola selbst größter Dinge die Pupille zu
passieren vermögen. Schon er wird angegeben haben,
daß die Eidola durch die Luftmassen, die sie durch-

dringen, zusammengepreßt werden, wie die Luft auch
für die Unschärfe mancher Bilder verantwortlich sei:
Wäre der Zwischenraum zwischen Auge und Gegenstand leer, d. h. frei von Luft, könnte man selbst eine
Ameise, die am Himmel wäre, ganz scharf sehen (Fragment Nr. 202).

Für Demokrit gilt, daß es Abbilder sind, die optische
Eindrücke auslösen. Aber es gilt auch das Umgekehrte:
optische Eindrücke deuten auf die Existenz von Abbildern. Und selbst bildliche Vorstellungen, die sich
ohne Vermittlung durch die Augen im Geist des Menschen bilden, sind keine leeren Phantasieprodukte, sondern Wirkungen besonders feiner Eidola, die unvermerkt von außen in den Menschen eingedrungen sind.
Ein merkwürdiger Spezialfall bildlicher Vorstellungen,
die als solche auf eine Realität hindeuten, ihren realen
Ursprung aber nicht in sinnlich wahrnehmbaren Objekten haben, sind die Göttererscheinungen. In den Berichten, die wir über diesen Teil der Demokritischen
Lehre besitzen, werden die Götter mit Vorliebe selbst
als Eidola bezeichnet, nicht als Wesen, die Eidola aussenden (vgl. Fragmente Nr. 220ff.). Möglicherweise
deutet diese auffällige Terminologie – bei der man
strenggenommen die Eidola gar nicht als *Ab*bilder verstehen kann – darauf, daß Demokrit die Götter nicht
als außerhalb der Bilder existierend und damit nur in
einem sehr eingeschränkten Sinn als real ansah. Die
Götterbilder könnten sich dieser Auffassung zufolge im
Zuge des kosmogonischen Prozesses in der obersten
Weltschicht aus Feueratomen gebildet haben und von
dort z. T. in den Luftraum abgesunken sein, den sie,
wie Demokrit gelehrt haben soll (Fragment Nr. 222), in
großer Zahl erfüllten. Von einem Götterglauben Demokrits kann unter den geschilderten Umständen nur sehr
bedingt die Rede sein. Allerdings soll Demokrit für den
Menschen heilsame und schädliche Götterbilder unterschieden und insofern der religiösen Vorstellung von
Segen und Unheil bringenden Göttern einen Platz in
seinem System eingeräumt haben. Ja, es wird überliefert,

Demokrit habe gewünscht oder sogar gebetet, daß ihm
glückhafte Bilder begegnen möchten (Fragment Nr. 223).
Ist diese Überlieferung zuverlässig, so hätten wir schon
bei Demokrit die später bei Epikur wiederkehrende
Erscheinung, daß die Atomisten Wert auf den Nachweis legten, ihre Lehre stehe der praktischen Religions-
ausübung nicht im Wege.

Nicht ohne weiteres mit den eben besprochenen Zeugnissen vereinbar sind eine Reihe von Äußerungen Demokrits – und Ähnliches gilt später für Lukrez, vgl. S. 567,
Anm. 43 –, die den Ursprung der religiösen Vorstellungen an ganz anderer Stelle suchen und in einer viel
kritischeren Weise behandeln. „Als die Menschen der
Vorzeit", so schrieb er (Fragment Nr. 227), „die Vorgänge in der Höhe sahen, wie Donner und Wetterleuchten, Blitzschlag... und die Verfinsterungen von
Sonne und Mond, gerieten sie in Furcht, weil sie glaubten, Urheber dieser Erscheinungen seien göttliche Wesen." Furcht also schafft den Götterglauben; er entsteht
nicht direkt durch Einwirkung von Götterbildern, sondern indirekt durch Schlußfolgerungen, die der Verstand
aus ganz andersartigen Bildeindrücken zieht. Diese
zweite Theorie scheint keine realen Götter, ja nicht
einmal reale Götterbilder vorauszusetzen. Zwar läßt
sich die zweite Theorie mit der ersten vereinbaren, denn
der zuletzt zitierte Beleg spricht nicht von der Entstehung der Göttervorstellung schlechthin, sondern von
der Funktion der *Furcht* vor den Göttern bei der Ausprägung einer an den Naturphänomenen orientierten
„Urreligion" (in der Ausmerzung dieser Furcht sah
später Lukrez sein Hauptanliegen). Das Vorhandensein
von Göttervorstellungen – die dann durchaus auf dem
durch die erste Theorie gewiesenen Wege in die Menschen gelangt sein können – könnte in der zweiten
Theorie geradezu vorausgesetzt sein. Andererseits ist
aber auch unverkennbar, daß wir uns mit der zweiten
Theorie innerhalb eines ganz andersartigen Gedanken-
ganges bewegen, der nicht erkenntnistheoretischer Art
ist, sondern von der Entwicklung des Menschen, seines

Denkens und seiner Lebensbedingungen handelt. Wir
werden damit auf jene Seite des Themas „Mensch"
zurückgeführt, die wir mit den Bemerkungen über die
„Urzeugung" des Menschen verließen, und gelangen zu
Demokrits Kulturentstehungslehre.

Für diesen Zweig der Demokritischen Philosophie, der
vermutlich in der Schrift „Kleine Weltordnung" behandelt war, stehen zwei verschiedenartige Gruppen
von Quellen zur Verfügung. Sichere Information bieten
eine Anzahl von Fragmenten, die ausdrücklich Demokrits Namen tragen. Strittig ist hingegen, in welchem
Maße der Abriß der Kulturentstehung, der im 1. Buch
der Universalgeschichte des Sizilianers Diodoros (1. Jh.
v. u. Z.) enthalten ist, und ähnliche Skizzen aus byzantinischer Zeit Demokritische Gedanken wiedergeben.
Nach Diodoros führten die Menschen anfangs ein Dasein ohne jede Ordnung. Im Kampf gegen die wilden
Tiere schlossen sie sich zusammen und entwickelten eine
Sprache, indem sie für jedes Ding eine Bezeichnung fest-
setzten. Zunächst kannten sie keinen Kälteschutz und
keine Nahrungsvorsorge für den Winter, allmählich aber
legten sie sich Kleidung und Vorräte zu, erlernten den
Gebrauch des Feuers und erfanden die Gewerbe, wobei
in allen Entwicklungsstadien die Not Lehrmeisterin des
Menschen war. Vermutlich läßt dieser Bericht, der
S. 201f. abgedruckt ist, sich nicht direkt und nicht in
allen Details auf Demokrit zurückführen. Aber Demokritische Gedanken sind in ihm enthalten, und überhaupt bleibt Demokrit der Ruhm, in Fortführung von
Denkansätzen der Sophisten (Protagoras, Antiphon) die
Lehre von der Menschwerdung des Menschen um wesentliche Einsichten bereichert zu haben. Ohne Zweifel hat
er die Entstehung des Handwerks und der Künste geschildert und versucht, die relative Reihenfolge ihres
Aufkommens zu bestimmen. Die älteren Gewerbe bezeichnete er als für den Menschen existenznotwendig;
jüngere, wie die Musik, seien aus dem Überfluß entstanden. Beide Aussagen sind bemerkenswert: Die erste
zeigt Demokrit frei von jener Verachtung speziell der

handwerklichen Arbeit, die sich mit Zunahme der
Sklavenarbeit in den herrschenden Schichten Griechenlands ausgebreitet hatte. Gemeinsam mit den Sophisten
begründete Demokrit eine antike Tradition, die die
Rolle der Arbeit zumindest im Prozeß der Kulturentstehung zu würdigen wußte. Die zweite Aussage lehrt,
daß Demokrit den Verlust der kultischen und gemein-
schaftsorganisierenden Funktionen, die die Musik in
der Gentilgesellschaft und zunächst auch noch in der
Polis (Tragödien- und Choraufführungen!) erfüllt hatte,
bereits voll einkalkuliert. Bezeichnend ist ferner Demokrits Bemerkung, in allen wichtigen Errungenschaften
sei der Mensch Schüler der Tiere gewesen; durch Nachahmung des in der Natur Vorgegebenen habe er seine
Fertigkeiten erlangt (Fragment Nr. 232). Diese Lehre
wendet sich gegen die ältere, noch mythischer Denkweise verhaftete Auffassung, die menschliche Kultur
sei ein Geschenk der Götter; so habe Demeter die Menschen den Ackerbau gelehrt, Hermes die Schrift; Hermes
oder Apollon hätten das Leierspiel erfunden, usw. Auch
der Mythos vom Kulturbringer Prometheus, der im
„Gefesselten Prometheus" des Aischylos schon vor der
Mitte des 5. Jahrhunderts eine immerhin fortschrittliche
Fassung erhalten hatte, wird nun eliminiert. Besonders
wichtig ist ferner der Gedanke gegenseitiger rationaler
Vereinbarungen zwischen den Menschen, die zur Schaffung der Sprache führten. In ähnlicher Weise, so setzten
Spätere diesen Denkansatz fort, konnten die Menschen
durch vernunftgeleitete freie Vereinbarungen ihr Zusammenleben in der Gesellschaft regeln (Rousseaus
„Contrat social"!). In all diesen Lehren erweist sich
Demokrit inmitten eines Zeitalters gesteigerter Warenproduktion, die die ältere enge Gemeinschaftsbindung
lockerte und ihre gesellschaftliche Notwendigkeit in
Frage stellte, als Aufklärer auch hinsichtlich des Bildes,
das der Mensch von sich selbst und seiner Entwicklung
entwirft. Erwähnt sei schließlich, daß Demokrits Geschichte der menschlichen Gewerbetätigkeit wohl auch
den gedanklichen Ansatz für seine technischen Schriften

bot (vgl. oben S. 23), deren nur zu einem geringen Teil kenntlicher Inhalt im einzelnen hier nicht besprochen werden kann.

Doch nicht nur in der historischen Perspektive interessierte Demokrit sich für den Menschen. Er gab auch Regeln für die Lebensführung des einzelnen und für das Zusammenleben in der nunmehr bestehenden nicht-gentilizischen Gesellschaft. Wohl als erster griechischer Philosoph nächst Pythagoras stellte er in breiterem Umfang Grundsätze für jenes Gebiet auf, das wir seit Aristoteles als „Ethik" bezeichnen.

Demokrits Äußerungen zur Ethik liegen fast durchweg in äußerst knappen Aussagen vor, großenteils in Spruchform. Allein schon dieses äußere Moment bedingt, daß sie sich schwer zu größeren Lehrzusammenhängen zusammenschließen lassen. Hinzu kommt die auf den ersten Blick verwirrende Mannigfaltigkeit der Aussagen, in denen Grundprinzipien und Leitlinien nur streckenweise erkennbar sind. Schließlich darf nicht verschwiegen werden, daß die Sprüche in der Überlieferung großenteils nicht Demokrit, sondern einem Autor namens Demokrates zugeschrieben werden. Griechische Handschriften bieten eine Sammlung von 86 Demokrates-Sprüchen, hinzu kommen eine Anzahl unter dem gleichen Namen arabisch überlieferte Sentenzen (Näheres dazu unten S. 493f., Anm. 292). Auch wenn man die herrschende Meinung teilt, Demokrates sei nur eine verderbte spätantike Namensform für Demokrit, bleibt zu bedenken, wie leicht gerade moralische Sentenzen im Laufe der Überlieferung unter falsche Namen geraten und neu aufgestellte Maximen berühmten Philosophen untergeschoben werden konnten. Keinesfalls aber ist es angängig – wie man es wiederholt versucht hat –, die Demokrit-Sprüche und damit den Großteil der Belege für Demokrits Ethik schlechthin für unecht zu erklären. Diese skeptischen Beurteilungen gingen von der Annahme aus, Demokrits Ethik sei in sich nicht kohärent, zeige keine Verbindung zur atomistischen Naturlehre und könne mithin nicht einem Denker zugeschrieben werden,

dessen Stärke die Systematik der Erklärungszusammen-
hänge ist. Genauere Nachprüfungen (z. B. durch K. von
Fritz, G. Vlastos und S. Luria) ergaben die Unrichtigkeit
dieser Voraussetzungen. Zwar präsentiert sich Demokrits
Ethik in einer durch ältere Spruchliteratur (Sprüche der
Sieben Weisen, Hesiods „Werke und Tage", Elegien
des Theognis; orientalische Parallelen: Sprüche Salo-
mons, Ahīqar-Roman) bedingten lockeren Form, gewissermaßen in einem Aggregatzustand, der noch nicht die
Dichte der atomistischen Naturlehre erreicht hat. Hinzu
kommt, daß diejenigen antiken Autoren, die ethische
Sätze Demokrits überliefern, ausschließlich an deren
ethischem Gehalt interessiert waren und sich nicht veranlaßt sahen, die Beziehung kenntlich zu machen, in der
die Sätze ursprünglich vielleicht zu Demokrits Naturlehre standen. Doch sind einzelne Verbindungslinien
zu diesem Kernstück der Demokritischen Philosophie
in den ethischen Fragmenten auch für uns noch ebenso
kenntlich wie bestimmte Leitgedanken der Gesellschaft
bzw. Gesellschaftsschicht, der Demokrits Denken ver-
haftet war.
Schon zu Demokrits Zeit, wie später nicht zuletzt bei
Epikur, war die Diskussion der Frage im Gange, auf
welche Weise der Mensch, speziell der freie griechische
Polis-Bürger, zur Glückseligkeit (eudaimonía) gelange,
d. h. – wie die Philosophen das Kennwort interpretier-
ten –, ein größtmögliches Maß von Erfülltheit und Zu-
friedenheit erreiche. Entsprechend den von Demokrit
bejahten realen Verhältnissen einer Gesellschaft, in der
die Warenproduzenten tonangebend geworden waren,
mußte er das Glücksideal in den Bereich des Individuellen verlegen und gemäß seinen naturwissenschaft-
lichen Grundsätzen in einem bestimmten Zustand des
menschlichen Inneren, speziell der Seele, sehen. So bestimmte er das Glück als „Wohlgemutheit" (euthymía)
und „Wohlbefinden" (euestó). Die Ausdrücke wecken
die Assoziation von Ruhe, Ausgeglichenheit; der zweite
von ihnen bezeichnet wohl geradezu die innere Struktur,
wie sie durch regelmäßige Atomanordnung und -bewegung

bedingt ist. Eine weitere Eigenschaft des „wohlgemuten"
Menschen ist seine „Unverwundertheit" (athambía), eine
Spielart der Unerschrockenheit. (Wir erinnern uns der
Äußerung Demokrits über die Furcht primitiver Menschen angesichts ungewohnter Himmelserscheinungen
ebenso wie der zunehmenden Härte der Lebensbedingungen unter den Bedingungen der beginnenden Krise
der griechischen Gesellschaft.) Die Reihe Wohlgemut-
heit-Wohlbefinden setzt sich in der Dreiheit Wohl-Den-
ken, Wohl-Reden, Wohl-Handeln (Fragment Nr. 270)
sowie in der Empfehlung des „Wohlbesitzes" fort, der
besser sei als „Großbesitz" (Fragment Nr. 252). Gemeint ist in allen Fällen das Maßhalten. Die Forderung
scheint wenig originell, sie gehört zu den am weitesten
verbreiteten der griechischen Ethik schon in ihrem vor-
philosophischen Stadium. Aber Demokrit war es, der
diese Auffassung von seiner Naturlehre her zu stützen
vermochte und von hier aus auch zu der später für
Epikur so wichtigen Frage der Lust Stellung nahm:
„Nicht jede Lust darf man wählen, sondern nur die
am Schönen und Guten" (Fragment Nr. 257). Der Scheidung des Menschen in Körper und Seele entspricht die
Einteilung der Güter in körperliche und seelische. Auch
der für Demokrits Naturlehre charakteristische Begriff
der Notwendigkeit scheint in der Ethik sein Gegenstück
zu haben: Es gibt Notwendigkeiten, Anforderungen,
Verpflichtungen auch im sozialen Leben, und der Mensch
soll sich ihnen nicht entziehen. Schließlich versteht es
Demokrit, auch durch den Wegfall der Götter als rich-
tender Beobachter menschlichen Verhaltens die ethische
Forderung zu vertiefen: Wer Unrecht getan hat, soll
sich dessen vor *sich selbst* schämen (Fragmente Nr. 282
bis 284). Damit ist das *Gewissen* in den Rang einer
normativen Instanz erhoben.
Demokrits Sozialethik hängt nur indirekt mit der Atomlehre, um so mehr dafür mit der von ihm – anders als
später von Epikur – noch geteilten Auffassung zusammen, daß der einzelne ungeachtet der fortschreitenden
Individualisierung Glied seiner Polis ist und durch sein

Verhalten zum Wohl der Polis beizutragen hat: „Die
Pflichten gegenüber der Polis", so heißt es, „muß man
von allen Pflichten als die wichtigsten ansehen, damit
sie gut geleitet wird" (Fragment Nr. 317). Der einzelne
soll sich keine Macht gegenüber dem Gemeinwohl anmaßen, und als beste Herrschaftsform gilt diejenige, die
allen Freien gleiche Rechte und Pflichten zuteilt, also
die Demokratie: „Die Armut in der Demokratie ist um
so viel wählenswerter als das sogenannte ‚Glück' bei
den Mächtigen, wie Freiheit wählenswerter ist als Sklaverei" (Fragment Nr. 320). Dabei sprengt die Einsicht
in die Mühe des Sklavendaseins freilich nicht die gesellschaftliche Norm, die Freie und Sklaven streng schied;
Demokrit rät, man solle seine Sklaven „wie die Glieder
seines Leibes gebrauchen; den einen hierfür, den anderen
dafür" (Fragment Nr. 330), hält also, ähnlich wie bald
darauf Aristoteles, die Existenz von Sklaven für eine
unabdingbare Voraussetzung für das Funktionieren der
Gesellschaft. Straflosigkeit wird für das Töten von Seeräubern und Wegelagerern gefordert (Fragment Nr. 329),
der Krieg wird nicht grundsätzlich verurteilt (Fragment
Nr. 319). Noch lang ließe sich die Liste solcher Details
fortsetzen, die das Lebenswerk Demokrits, eines der
Großen der europäischen Philosophiegeschichte, in spezifischen Gegebenheiten des 5. und 4. Jahrhunderts ver-
wurzelt, d. h., dem Übergang von der Blüte zur damals
einsetzenden Krise der griechischen Polis zugeordnet
zeigen. ‛
Wir sind weit davon entfernt, die Verdienste des „Fünf-
kämpfers" unter den griechischen Philosophen, der sich
an Vielseitigkeit mit Aristoteles messen kann, allseitig
gewürdigt zu haben. Im wesentlichen ist es die ungün-
stige Quellensituation, die ein weiteres Vordringen zu
seinen philosophischen und wissenschaftlichen Leistungen
erschwert oder unmöglich macht. Zu wenig wissen wir
über Demokrits mathematische Arbeiten, zu wenig über
seinen Anteil an der Entwicklung der Logik. Verschie-
dentlich wurde die Meinung vertreten, nicht Aristoteles,
sondern schon Demokrit sei der Begründer der systema-

tischen Logik (S. Luria, G. Redlow). In der einen oder
anderen Hinsicht mag das zutreffen. Aber die erhaltenen
Zeugnisse reichen zur Untermauerung dieser Auffassung
nicht aus; wenn aus keinem anderen Grunde, so bleibt
Aristoteles wegen der Beschaffenheit der Überlieferung
für uns der größte Logiker des Altertums.

## Von Demokrit zu Epikur

Daß Demokrit in der zeitgenössischen Gesellschaft Re-
sonanz fand, erweist nicht zuletzt die Schar seiner Schüler
und Anhänger. Einer von ihnen, Nausiphanes von Teos
(etwa 360–300 v. u. Z.), war seinerseits als Schulhaupt
nicht ohne Einfluß. Vielfach galt er als Lehrer Epikurs;
Epikur selbst bestreitet freilich jede Abhängigkeit von
ihm und scheint ihn in seinem Hauptwerk „Über die Natur" zu bekämpfen. Als Alexander der Große im Jahre 334
zu seinem Feldzug gegen Persien aufbrach, ließ er sich
außer von dem Aristoteles-Schüler Kallisthenes auch von
dem Demokriteer Anaxarchos begleiten, um ihm Gelegenheit zu wissenschaftlichen Studien zu geben. Platon stellte sich dem Einfluß Demokrits allerdings entgegen, und auch Aristoteles erkannte wesentliche Züge
der Demokritischen Lehre nicht an. Das 4. Jahrhundert,
die Krisenphase der Polis, die Zeit, in der Griechenland seine politische Souveränität im Kampf gegen die
aufsteigende Großmacht Makedonien einbüßt, wird innerhalb der griechischen Philosophiegeschichte nicht zufällig zu einem Jahrhundert sich ausbreitender idealisti-
scher Tendenzen. Während sich die Position der athenischen Demokratie und überhaupt der griechischen Polis
verschlechtert, kommt die Stimme einer an aristokratischen Leitvorstellungen orientierten Opposition (Platon)
bzw. eine gegenüber den gesellschaftlichen und politischen Konflikten der Zeit um Neutralität bemühte Haltung (Aristoteles) zu Wort, die bei der Bestandsauf-
nahme der älteren griechischen Philosophie gerade auch
den Ansätzen zu einem nicht-materialistischen Weltver-

ständnis Aufmerksamkeit widmet. Platon favorisiert die
Seinslehre des Parmenides, und auch Aristoteles stellt
die „Geist"-Lehre des Anaxagoras über den strengen
Materialismus Demokrits. Der Gegensatz des Platon
und Aristoteles zu Demokrit, d. h. der jetzt deutlich
zutage tretende Gegensatz Idealismus-Materialismus,
läßt sich in großen Zügen in drei Momenten nachweisen:
1. Das 4. Jahrhundert beschäftigt sich zwar weiterhin mit
der materiellen Beschaffenheit der Dinge, ja es prägt den
Materie-*Begriff* (hýlē) und bürgert ihn in der philosophischen Terminologie ein. Doch hat für Platon das
Körperlich-Materielle einen sehr geringen Seinsgrad, es
gilt ihm geradezu als das Böse. Das Prädikat des Seins
wird immateriellen Ideen zugesprochen. Aristoteles erkennt die Materie neben Form, Bewegung und Zweck
zwar als eine der vier „Ursachen" des Seienden und
damit als ein Prinzip der Welterklärung an, trennt die
Bewegung jedoch in ausdrücklichem Gegensatz zu Demokrit von der Materie, führt die von Demokrit zurückgewiesene Kategorie der Zweckhaftigkeit des Geschehens in die Welterklärung ein und betont einerseits das
dialektische Abhängigkeitsverhältnis zwischen Form und
Materie, weist von diesen beiden Prinzipien andererseits
aber der Form den höheren Rang zu. 2. Den durch Demokrit geöffneten Blick in die Weite des von Materie
erfüllten Weltalls verbauen Platon und Aristoteles. Beide
Philosophen setzen zwar ein Jenseits außerhalb der
Grenzen unserer Welt an. Doch reserviert der platonische
Mythos dieses Jenseits den Ideen, die aristotelische Metaphysik der als „unbewegter Beweger" definierten Gottheit. 3. In der Ethik verstärkt sich unter dem Einfluß des
Sokrates besonders bei Platon, aber auch bei Aristoteles
die auch für Demokrit nachgewiesene Tendenz, die ethischen Grundsätze zu den Hauptprinzipien der allgemeinen Welterklärung in Beziehung zu bringen. Doch orientiert sich die Platonische Ethik ganz auf die Ideen- und
Seinslehre, während bei Aristoteles, der die Ideenlehre
grundsätzlich ablehnt, u. a. die Kategorie des Zweckes
als Bindeglied zwischen Ethik und Metaphysik fungiert.

Die Ansätze des Demokrit zu einer Begründung der Ethik von der Naturlehre her werden von Platon und Aristoteles kaum aufgegriffen oder fortgeführt.

Diese allgemeine Charakteristik läßt sich durch eine Reihe von Einzelheiten ergänzen und modifizieren. So schreibt die Überlieferung Platon den Plan zu, Demokrits Schriften zu verbrennen (Diogenes Laertios 9, 40). Das klingt nach anekdotenhafter Erfindung, doch der Gewährsmann, der Aristoteles-Schüler Aristoxenos, ist gut. Dialogtechnik und Rückdatierung der in den Schriften fingierten Gespräche ins 5. Jahrhundert machten es Platon möglich, die Nennung Demokrits wie die anderer zeitgenössischer Philosophen in seinen publizierten Werken zu unterdrücken. Doch verschmähte er es nicht, Teile der Demokritischen Philosophie aufzugreifen, falls sie sich seiner idealistischen Gesamtkonzeption anpassen ließen. Auffällig, aber vielleicht unbeabsichtigt ist es, daß Platon für seine „Ideen" (idéai) den gleichen Begriff verwendet wie Demokrit für die „Atome" (átomoi idéai; der Ausdruck begegnet im Demokrit-Fragment Nr. 100). Keinesfalls als Zufall aber kann gelten, daß Platon an der Stelle seines Dialogs „Timaios", an der er sich über den Aufbau der materiellen Welt äußert, die Welt nach demokritischer Manier aus Ur-Partikeln zusammengesetzt sein läßt. Von Demokrit unterscheidet er sich durch die begrenzte Zahl zugelassener Körperformen: Der allen gemeinsame Grundbestandteil sind die regelmäßigen Dreiecke, und Weltbausteine sind nur die aus ihnen zusammengesetzten regelmäßigen mathematischen Körper, also Tetraeder, Hexaeder, Oktaeder, Ikosaeder und – auf das Weltganze bezogen – Dodekaeder. Physiker unserer Tage (besonders W. Heisenberg) sehen in dieser Ergänzung der Demokritischen Atomlehre durch geometrische Prinzipien und der dadurch bedingten mathematischen Formulierbarkeit der Materiestruktur einen bedeutsamen Schritt in Richtung auf die moderne physikalische Theorie der Elementarteilchen. Doch bleibt es fraglich, ob Platons gewiß geistvoller Einfall als ausreichend begründet angesehen werden darf, und die wesentlichere Leistung dürfte jedenfalls Demokrits Grundkonzeption der kleinsten materiellen Einheit sein.

Aristoteles zitiert, wie allein schon die Stellennachweise in der folgenden Fragmentsammlung zeigen, Demokrit und auch Leukippos ausgiebig und nicht ohne Anerkennung. Seine Philosophie zeigt außer idealistischen durchaus auch materialistische Züge. Doch glaubte er, wie gesagt, Demokrits Position der sich selbst zweckfrei bewegenden geformten Materie durch seine Vierprinzipienlehre überwunden. In der Umgebung des Aristoteles freilich, bei Herakleides Pontikos, und in der Generation seiner Enkelschüler, bei Straton aus Lampsakos, werden gedankliche Elemente der Demokritischen und der mittlerweile auf ihrer Grundlage geschaffenen epikureischen Philosophie entgegen der Entscheidung des Aristoteles adaptiert.

Damit vollzieht sich im Peripatos, der Schule des Aristoteles, eine Entwicklung, von der bereits früher, vielleicht zu Beginn des 4. Jahrhunderts, die Schule der Pythagoreer ergriffen wurde. Ekphantos, bekannt durch die ihm zugeschriebene Lehre von der Drehung der Erde um ihre Achse, die ihn zu einem der wenigen Vorläufer des heliozentrischen Weltbildes in der Antike macht, vollzog in der Lehre des Pythagoras die Wendung, die rein zahlenmäßig gefaßten Einheiten, die Monaden, für Körper zu halten; sie seien, so lehrte er, „unzerlegbare Körper" und gemeinsam mit dem Leeren die Prinzipien der Welt. Auch ein Pythagoreer namens Xuthos dürfte ähnliche Auffassungen vertreten haben.

Und doch, scheint es, hätte Demokrit keinen dauerhafteren Einfluß auf den Gesamtverlauf der griechischen Philosophiegeschichte ausgeübt als die übrigen Denker der Zeit vor Platon, hätte seine Philosophie auf der Wende vom 4. zum 3. Jahrhundert v. u. Z. nicht plötzlich neue Aktualität dadurch gewonnen, daß ein Philosoph, der die Zeichen der anbrechenden Zeit des Hellenismus erkannte, sie zum Ausdruck des ganz neuartigen, nicht selbstsicheren, sondern eher gebrochenen

Zeitbewußtseins umfunktionierte und die Atomlehre
zum Kernstück seiner eigenen Welterklärung machte:
Epikur.


## Epikur


In der atomistischen Lehre Demokrits hatte die frühe
griechische Naturphilosophie ihre Vollendung gefunden.
Es ist das Verdienst Epikurs und seiner Schule, daß die
materialistische Tradition der griechischen Philosophie
nicht nur in der Periode des Hellenismus lebendig blieb,
sondern seit dem 1. Jahrhundert v. u. Z. auch in Rom
gepflegt wurde. In der Spätantike und im Mittelalter
in den Hintergrund gedrängt und schließlich ganz über-
deckt von mystisch-irrationaler Philosophie und Theologie, fand der Epikureismus im 17. Jahrhundert eine
glänzende Erneuerung.
Es wäre falsch, in Epikur lediglich einen Epigonen und
Konservator der atomistischen Philosophie Demokrits
zu sehen. Epikurs philosophische Fragestellung unterscheidet sich in wesentlichen Zügen von der seines Vorgängers. Er hat nicht nur die Atomistik zur Grundlage
eines Systems von größter methodischer Konsequenz
und innerer Geschlossenheit gemacht, sondern seine Aufgabe vor allem auch darin gesehen, die materialistische
Konzeption Demokrits gegenüber den Angriffen geg-
nerischer Schulen, insbesondere von seiten der platonisch-
aristotelischen Philosophie, zu verteidigen und dabei
zu erweitern und zu vertiefen. Der eigentliche Ausgangspunkt für das Philosophieren Epikurs waren freilich
nicht naturphilosophische Probleme, sondern Fragen der
ethischen Reflexion und der praktischen Lebensführung,
die bei Demokrit eine mehr untergeordnete Rolle gespielt hatten. Um diesen neuen Ansatz zu verstehen, muß
man sich die historische Situation Griechenlands in der
zweiten Hälfte des 4. Jahrhunderts v. u. Z. vergegenwärtigen.
Im 4. Jahrhundert kam es in Griechenland zu einem

tiefgreifenden wirtschaftlichen und sozialen Umschich-
tungsprozeß. Die extreme Polarisierung der Besitzver-
hältnisse, wachsender Reichtum bei den Großproduzen-
ten, zunehmende Proletarisierung und Verelendung der
unteren Schichten, führte zu starken sozialen Spannungen.
Die Krise wurde verschärft durch wirtschaftliche Schwierigkeiten, in die gerade die bedeutendsten Zentren von
Handel und Gewerbe wie Athen und Korinth durch
scharfe Konkurrenz, Enge der Absatzmärkte und vielfache kriegerische Verwicklungen gerieten.

Die Stadtstaaten Griechenlands waren durch diese Entwicklung so geschwächt, daß sie der expansiven Kraft
der makedonischen Militärmacht keinen dauerhaften Widerstand entgegensetzen konnten. Die Zwangsvereini-
gung unter makedonischer Herrschaft, die sich im Bund
von Korinth vollzog, nahm den griechischen Stadtstaaten
die politische Selbständigkeit, eröffnete aber andererseits durch den Eroberungszug gegen Persien die Möglichkeit einer wirtschaftlichen Expansion, die die entstandene Stagnation wenigstens zeitweilig mildern
konnte. Das im Ergebnis gewaltiger Feldzüge entstandene Großreich Alexanders zerfiel nach dessen Tod
(323 v. u. Z.) in eine Reihe von Diadochenstaaten. Die
Griechen, die die Stunde für gekommen hielten, ihre
Freiheit wieder zu erringen, unterlagen im Kampf mit
der makedonischen Macht. In dieser krisenhaften Situation ergaben sich politische Umgruppierungen wie z. B.
in Athen die Ablösung der demokratischen Regierung
durch eine oligarchische. Die Stadtstaaten des Mutter-
landes behielten, ungeachtet ihrer faktischen Abhängigkeit, formal vielfach ihre Autonomie. Die überlieferten
Formen des politischen Lebens blieben erhalten und
wurden im Hinblick auf die großen Traditionen der
Vergangenheit z. T. mit besonderem Eifer gepflegt. Aber
schon längst spielte die Polisgemeinschaft im Leben und
Denken der Menschen nicht mehr die gleiche Rolle wie
in der klassischen Periode des griechischen Stadtstaates.
Vor allem hatte sie ihre Rolle als Kristallisationspunkt
des politisch-ethischen Denkens und aller geistigen

und künstlerischen Bestrebungen seit langem eingebüßt.
Eine solche Zeit tiefgreifender Umwälzungen im sozialen und politischen Bereich bedurfte neuer Ideale und
Leitbilder. So wandelten sich die alten bzw. entstanden
neue philosophische Systeme, die der veränderten Situation Rechnung trugen. Trotz z. T. sehr unterschiedlicher Ausprägung im einzelnen weisen die Lehren der
verschiedenen Schulen in hellenistischer Zeit mancherlei
Gemeinsamkeiten auf. Im Bereich der Ethik führten
die Krisenerscheinungen im Gefüge der Polis, die soziale Unsicherheit und die Bedrohungen, die die Kämpfe
der Mächtigen für den Bürger mit sich brachten, zu
einem verstärkten Bedürfnis nach Besinnung auf die
Werte des individuellen Lebens. Für die übrigen Teilgebiete der Philosophie ist wesentlich, daß sich in dieser
Zeit die empirische wissenschaftliche Einzelforschung
von der Philosophie löste. Zentrum der wissenschaftlichen Einzelforschung, die gerade in hellenistischer Zeit
höchste Leistungen vollbrachte, wurde Alexandria, die
Hauptstadt des Ptolemäerreiches. Schwerpunkt der theoretischen Philosophie blieb wie in der klassischen Zeit
Athen.
Die erwähnten Kennzeichen der hellenistischen Philosophie – stärkere Konzentration auf Probleme der Individualethik und Abwendung von der wissenschaftlichen
Einzelforschung in der Naturphilosophie – sind für die
epikureische Lehre in besonderem Maße charakteristisch.
Epikur beschreitet bei der Auseinandersetzung mit der
von ihm als krank und zerrüttet erkannten gesellschaftlichen Umwelt nicht den Weg des Kampfes und des
Strebens nach Veränderung dieser Bedingungen, sondern
rät seinen Anhängern, sich aus dem politisch-gesellschaft-
lichen Leben nach Möglichkeit zurückzuziehen und im
kleinen Kreis gleichgesinnter Freunde in der Erringung
innerer Freiheit und persönlichen Glücks die Sinnerfül-
lung des Lebens zu suchen.
Die Abwendung von wissenschaftlicher Einzelforschung
führt freilich nicht zur Aufgabe des Ringens um ein

naturphilosophisch fundiertes Weltbild. Unternimmt doch Epikur den Versuch, Regeln und Normen für ein erfülltes Leben aus der Erkenntnis der Natur des Menschen und seiner Stellung im Gesamtgeschehen der Natur zu gewinnen. Ethik und Naturphilosophie wirken zusammen, um eine sinnvolle Lebensgestaltung zu ermöglichen. Epikur betrachtet seine physiología, d. h. Naturforschung, nicht als Selbstzweck, sondern bezieht diese stets auf den Menschen, der zur Einsicht in die Grundlagen seiner Existenz geführt werden soll. Eine entscheidende Rolle spielt dabei die Aufklärung über die von Epikur bekämpften Lehren des Volksglaubens und verschiedener Formen philosophischer Religiosität. Von der Angst vor Göttern, die in das Weltgeschehen und damit auch in das Leben der Menschen eingreifen, und von der Besorgnis um das Schicksal der Seele in einem jenseitigen Leben zu befreien, ist die ethische Funktion der epikureischen Naturphilosophie, von deren Grundzügen noch ausführlicher zu sprechen sein wird. Epikur knüpft in der Naturphilosophie an die aufklärerischen Traditionen der ionischen Naturphilosophie an, in Frontstellung gegen Aberglauben und Mystizismus. Scharfe Kritik übt er an der Platonischen und Aristotelischen Astraltheologie, an den theologischen Lehren der Aristotelischen und stoischen Naturerklärung, am stoischen Vorsehungsglauben.

Die historischen Grundlagen der nacharistotelischen Philosophie, der Zusammenhang von geschichtlicher Wirklichkeit und philosophischer Spekulation in den Denksystemen dieser Zeit waren der Ausgangspunkt für die philosophiegeschichtlichen Studien des jungen Marx, in deren Ergebnis die Doktordissertation „Differenz der demokritischen und epikureischen Naturphilosophie" entstand. Marx stand in jener Zeit in enger Verbindung zum Kreis der Junghegelianer, der, was die antike Philosophie betrifft, den nacharistotelischen Systemen des Selbstbewußtseins besondere Aufmerksamkeit zugewendet hatte. Wie seine Freunde B. Bauer und K. F. Köppen studierte der junge Marx diese philosophischen Kon-

zeptionen mit dem Ziel, bestimmte Gesetzmäßigkeiten
im Verhältnis zwischen Philosophie und gesellschaftlicher
Wirklichkeit aufzudecken. Im wesentlichen steht Marx
hier noch im Bann der Hegelschen Philosophie und bestimmter junghegelianischer Konzeptionen, aber es deutet
sich bereits auch ein eigener, über die Anschauungen der
Anreger hinausführender Standpunkt an.

Marx wendet sich mit Nachdruck gegen die Abwertung,
die die nachklassische Philosophie bei Hegel gefunden
hatte, und betont in diesem Zusammenhang gegenüber
einer einseitigen Überbewertung spekulativer „Originali-
tät" die große geschichtliche Wirksamkeit der hellenistischen Philosophie. Vom historischen Materialismus gewiß
noch weit entfernt, steht Marx doch mit diesen Analysen zur Geschichte der hellenistischen Philosophie bereits im Banne einer Fragestellung, die die Philosophie als
historisch-gesellschaftliches Phänomen zu erfassen sucht.

Die genauere Bestimmung der sozialen Grundlagen der
verschiedenen Schulen der hellenistischen Periode ist
eine Aufgabe, die auch heute noch nicht in jeder Beziehung gelöst ist. Besonders im Hinblick auf die epikureische Schule begnügt man sich gern mit allgemein gehaltenen Hinweisen auf die Krise der Polis, die Abwendung von der Politik und die Flucht ins Private, die
auch für andere Schulen der Zeit in gewissem Umfang
Gültigkeit haben. Recht deutliche Fingerzeige, die bestimmte Teile der epikureischen Theorie für die genauere soziale Standortbestimmung bieten, blieben unbeachtet. Aus der epikureischen Lehre vom Reichtum,
die uns u. a. aus Resten einer Schrift des unmittelbaren
Epikurschülers und -freundes Metrodoros bekannt ist,
gewinnt man den deutlichen Eindruck, daß die Epikureer
sich vorwiegend an die besitzenden Mittelschichten der
Gesellschaft gewendet haben, die von der sozialen Unsicherheit in besonderem Maße bedroht waren.

Epikur selbst stammte aus eher bescheidenen Verhält-
nissen. Er wurde 341 v. u. Z. als Sohn eines athenischen
Kolonisten auf Samos geboren und verlebte dort seine
Jugend. Im Alter von etwa vierzehn Jahren erhielt er

philosophischen Unterricht, zunächst bei einem Platoniker, dann bei Nausiphanes von Theos (vgl. oben
S. 45f.). Mit achtzehn Jahren trat Epikur seinen zwei-
jährigen Militärdienst in Athen an. Da Athen in der
Zwischenzeit Samos abtreten mußte, konnte Epikur nach
Beendigung der Dienstzeit nicht mehr dorthin zurück-
kehren. Er folgte seinem Vater in die kleinasiatische Stadt
Kolophon. Kleinasien wurde auch sein erstes Wirkungs-
gebiet, als er im Jahre 311/310 in Mytilene auf der Insel
Lesbos und später in Lampsakos als Lehrer der Philosophie auftrat. In dieser frühen Periode seiner Tätigkeit gewann Epikur die treuesten Schüler und Freunde
für sein späteres Wirken, unter ihnen Metrodoros und
Hermarchos. Die Hauptperiode seiner Lehrtätigkeit begann im Jahre 307/306 mit der Gründung einer Schule
in Athen, gelegen in einem Garten (griech. kếpos), in
dem die Mitglieder gemeinsam lebten und der der
Schule auch den Namen gab. Epikur hat diese Schule
dreieinhalb Jahrzehnte geleitet, bis er 270 v. u. Z. im
72. Lebensjahr starb. Von dem umfangreichen Lebenswerk des Philosophen, das etwa dreihundert Buchrollen
umfaßt hat, sind uns nur geringe Reste erhalten (vierzig
Titel der wichtigsten Schriften bei Diogenes Laertios
10,27–28). Dazu gehören vor allem drei Lehrbriefe, die
Diogenes Laertios in die Biographie Epikurs im
10. Buch seines Werkes „Leben und Meinungen berühmter Philosophen" aufgenommen hat. Der „Brief an
Herodotos" enthält die wichtigsten Lehren der Naturphilosophie Epikurs. Der „Brief an Pythokles" befaßt
sich mit der „Meteorologie" in dem umfassenden Sinn,
in dem man in der Antike diesen Begriff verwendet
hat: d. h. Lehre von den Himmelskörpern und von den
atmosphärischen Erscheinungen. Ob dieser Brief in der
Form, in der er uns bei Diogenes Laertios erhalten ist,
wirklich von Epikur selbst stammt, ist eine umstrittene
Frage. Vieles spricht dafür, daß er von einem Schüler
Epikurs aus Materialien zusammengestellt wurde, die
dessen naturphilosophischem Hauptwerk „Über die Natur" entnommen waren. Beim „Brief an Menoikeus"

schließlich, der die Grundlagen der epikureischen Ethik darstellt, handelt es sich um eine populäre Darstellung, die wohl dafür bestimmt war, neue Anhänger für die Lehre zu gewinnen. Außer diesen Lehrbriefen hat uns Diogenes Laertios eine Spruchsammlung erhalten, die unter dem Namen „Hauptlehrsätze" Jahrhunderte hindurch im Lehrbetrieb der Schule eine große Rolle gespielt hat. Man könnte die Sammlung als eine Art „Katechismus" bezeichnen, der in komprimierter und prägnanter Form wichtige Prinzipien der epikureischen Lehre (Ethik und Erkenntnistheorie) zusammenfaßt. Ob Epikur selbst die Zusammenstellung dieser Kernsätze besorgt hat, ist wiederum umstritten. Sie gehen zum größten Teil zweifellos auf Epikur zurück, wobei nicht ausgeschlossen ist, daß auch Sentenzen anderer prominenter Mitglieder der Schule Aufnahme fanden. Man kann annehmen, daß die Sammlung in der Form, in der sie verbindliche Geltung erhielt, bereits zu Lebzeiten Epikurs oder doch nicht lange nach seinem Tode zusammengestellt wurde. Eine andere Sammlung dieser Art wurde im Jahr 1888 in einer Handschrift der Vatikanischen Bibliothek gefunden. Sie besteht aus einundachtzig Sprüchen, von denen dreizehn auch in den „Hauptlehrsätzen" enthalten sind. Einige Stücke dieser sog. „Vatikanischen Spruchsammlung" gehen nachweislich auf Epikurs Schüler und Freund Metrodoros zurück.

Von Epikurs größtem Werk, der Schrift „Über die Natur" in siebenunddreißig Büchern, sind uns nur bescheidene, aber für die Kenntnis bestimmter Teile der epikureischen Philosophie sehr wertvolle Reste erhalten. Wir verdanken sie einem Zufallsfund. In der Mitte des 18. Jahrhunderts entdeckte man bei Ausgrabungen in der 79 u. Z. durch einen Ausbruch des Vesuv verschütteten Stadt Herculaneum, der Nachbarstadt Pompejis, aus zahlreichen Papyrusrollen und -fragmenten bestehende Reste einer Bibliothek. Es handelt sich bei den Texten großenteils um Schriften des Epikureers Philodemos von Gadara, der als Philosoph und Hauslehrer bei L. Calpurnius Piso, dem Schwiegervater Caesars, tätig gewesen

war, und anderer späterer Epikureer. Es fanden sich aber
auch größere und kleinere Bruchstücke aus Epikurs
Hauptwerk. Erhalten sind uns auf diese Weise u. a.
Teile des 2. Buches (Lehre von den Abbildern), des
11. Buches (Astronomie, Kosmologie), des 14. Buches
(Lehre von den Elementen) und des 28. Buches (Erkenntnistheorie). Besonders wertvoll sind darüber hinaus
die Bruchstücke, aus denen wir Einzelheiten über Epikurs Theorie der Willensfreiheit entnehmen können.
Aus anderen wichtigen Werken Epikurs (z. B. „Kanon",
„Über das Telos", „Über Lebensrichtungen") sind uns
nur vereinzelte Bruchstücke bzw. Inhaltsangaben erhalten. Das Material dieser bei antiken Autoren vor-
kommenden Zitate und Zeugnisse von Werken und
Briefen Epikurs hat Hermann Usener in der Sammlung „Epicurea" (1887) zusammengestellt.
Es wurde bereits hervorgehoben, daß ein Hauptmerkmal
epikureischen Philosophierens größte innere Konsequenz
und systematische Geschlossenheit ist. Bevor wir im
folgenden die Hauptteile Ethik und Sozialtheorie, Erkenntnistheorie und Naturphilosophie im einzelnen cha-
rakterisieren, seien diesem Aspekt noch einige Bemerkungen gewidmet. Den Zusammenhang zwischen epikureischer Naturphilosophie und Ethik hat Marx in seiner
Abhandlung scharfsinnig beleuchtet. Grundvoraussetzung
seiner Analyse ist die Auffassung, daß Epikur Demokrits atomistisches System benutzt hat, um „das Prinzip des isolierten Individuums als das Weltprinzip nachzuweisen" (Mehring). Hier liegen die historisch-gesell-
schaftlichen Gründe für die Wiederaufnahme der Atomistik in der hellenistischen Epoche klar zutage. Die
Auffassung vom isolierten Individuum als dem Grundelement der Gesellschaft, die sich in bestimmten Systemen der bürgerlichen Philosophie der Neuzeit heraus-
bildete, hatte sich in einer antiken Keimform im Prozeß der zerfallenden Polisgesellschaft entwickelt.
Daß das Leben in der Gesellschaft primär zum Wesen
des Menschen gehört, hat Epikur ausdrücklich verneint
(Fragment Nr. 39). Nach der „atomistischen" Kon-

zeption Epikurs besteht die Gesellschaft aus autonomen Einzelwesen, die sich zu einem Verband zusammengeschlossen haben. Im Prinzip der Deklination, der Möglichkeit einer minimalen Abweichung des Atoms von der normalen Bewegung des senkrechten Falls, entdeckte Marx einen fundamentalen Zusammenhang, der die Naturphilosophie mit der Gesellschaftslehre Epikurs verbindet. Stellt die Deklination nach Marx die Negation jeder Beziehung auf ein Anderes, die Abstraktion vom Dasein schlechthin dar, so hebt sich dieses Prinzip doch zugleich selbst auf. Die Deklination ist die Voraussetzung für das Zusammenstoßen zweier Atome im leeren Raum. Auf dem Wege der Repulsion führt sie zur Zusammenballung von Atomen, letztlich zur Bildung eines Kosmos. Das gleiche Prinzip erkannte Marx als die Grundlage der epikureischen Theorie vom Gesellschaftsvertrag. Auch hier beruht der Zusammenschluß der vorausgesetzten isolierten Einzelindividuen auf „Deklination" (Ausweichen) und „Repulsion" (Abstoßung), die letztlich doch zur Aufhebung der Isolierung durch Bildung gesellschaftlicher Einheiten führen.

Ausgangspunkt der Ethik Epikurs ist die Natur des Menschen, die sich dem Philosophen als eine abstrakte, unveränderliche, wenn auch von der natürlichen Umwelt nicht unbeeinflußte (Brief an Herodotos 75) Einheit darstellt. In diesem naturalistischen Grundansatz unterscheidet sich diese Lehre von einer Ethik, die ihre Normen aus einem transzendenten Reich ewiger Werte ableitet, ebenso wie von einer Theorie, die das Urbild für die Formen gesellschaftlicher und staatlicher Ordnung in ewigen Gesetzen des Kosmos sieht: Epikur ist gleich weit entfernt von der platonischen Idee des Guten wie vom stoischen Glauben an einen göttlichen Logos, der den ganzen Kosmos regiert und in der menschlichen Vernunft eine besondere Gestalt angenommen hat. Um die Frage nach dem Telos, d. h. nach dem naturgemäßen Lebensziel des Menschen, die Kardinalfrage der antiken Ethik, zu beantworten, geht Epikur von empirisch gegebenen Voraussetzungen aus. Er sieht dieses Ziel in

der Lust und beruft sich auf die Erfahrung, daß alle
Lebewesen von Natur die Lust suchen und den Schmerz
meiden (Fragment Nr. 10). Andere (darunter Vertreter
der Sophistik) waren ihm in dieser Anschauung voraus-
gegangen. Bemerkenswert ist, daß Epikur (wie z. T.
schon seine Vorgänger) über die triviale Alltagserfah-
rung hinauszugelangen und das Fundament tiefer zu
legen versuchte. Es wird in Rechnung gesetzt, daß der
erwachsene Mensch bereits von mannigfaltigen Einflüs-
sen der Kultur geformt ist und deshalb nicht ohne weiteres zum Maßstab der „Natürlichkeit" genommen werden kann. Darüber hinaus lehrt Epikurs Theorie von
der Willensfreiheit des denkenden Menschen, daß es
diesem als einzigem Wesen der Natur möglich ist, auch
„gegen die Natur" zu leben. Deshalb werden Säuglinge
und Tiere als ungetrübter „Spiegel der Natur" zur Er-
härtung der Grundthese vom natürlichen Luststreben
des Menschen und aller Lebewesen herangezogen.
Von den natürlichen Voraussetzungen ausgehend, findet
Epikur die Grundeinstellung einer freudigen Diesseitig-
keit und Lebensbejahung, die seine Welt- und Lebensanschauung vor allem auszeichnet. Aus dem Nachdenken
darüber, daß der Mensch wie alle übrigen Naturwesen
dem Kreislauf von Werden und Vergehen unterworfen
ist, folgt der Entschluß, das „nur einmal gewährte Leben" (Vatikanische Spruchsammlung 14) im Sinne des
epikureischen Ideals körperlich-geistiger Daseinsfreude
mit Inhalt zu erfüllen. Dabei hat kaum eine Philosophie
der Antike den Menschen so unmittelbar und illusions-
los mit dem Problem des Todes konfrontiert wie die
Epikurs. Da der Glaube an die Unsterblichkeit der Seele
nach den Voraussetzungen der epikureischen Naturphilosophie gegenstandslos ist, sammelt sich für diesen Philosophen alle Intensität des Erlebens im Irdischen. Epikur
tritt mit seiner Lebensanschauung in scharfen Gegensatz zum Pessimismus und zur Weltflucht der Platonischen Philosophie (vgl. Brief an Menoikeus 126f.).
Die Frage nach den immanenten Wesensmerkmalen der
menschlichen Natur bleibt das Richtmaß für alle wei-

teren Untersuchungen der epikureischen Ethik. Epikur wird dabei von der Überzeugung geleitet, daß es möglich und notwendig sei, die „reine" menschliche Natur von bestimmten kulturellen Überformungen und Verzerrungen freizulegen. Dieses Bestreben, der „reinen" Natur in der ethischen Reflexion ebenso wie in der praktischen Lebensführung gerecht zu werden, bestimmt auch die Unterscheidung verschiedener Arten des Begehrens. So werden natürliche und notwendige Begierden von solchen unterschieden, die weder natürlich noch notwendig, sondern nur Produkt einer leeren Einbildung sind, die ihre Wurzeln zumeist in gesellschaftlicher Konvention hat (Hauptlehrsatz 29). Nur die ersteren (das Bedürfnis nach Nahrung und Kleidung) läßt Epikur gelten, während er die Begierden der zweiten Kategorie (Sucht nach Herrschaft und Ruhm u. a.) uneingeschränkt verwirft. Zwischen beiden Kategorien liegt eine Gruppe von Begierden, die zwar natürlich, aber für die Lebensführung nicht notwendig sind (zu ihnen zählt nach Epikur der Geschlechtstrieb). Da diese Begierden als natürlich anerkannt werden, unterliegen sie nicht einem Verdikt. Trotzdem setzt auch hier der Philosoph ein Warnungszeichen, denn er ist der Auffassung, daß beim Menschen auch die natürlichen Formen des Begehrens die Tendenz zum Entarten, zum Abgleiten ins Unnatürliche haben. Deshalb wird im Hinblick auf die nur natürlichen, jedoch nicht notwendigen Begierden Zurückhaltung und Mäßigung angeraten (Vatikanische Spruchsammlung 51).

Diese Tendenz zur Beschränkung auf das Notwendige, die sich selbst im Bereich des als naturgemäß Anerkannten nicht unbefangene Hingabe an den Genuß gestatten will – erstaunlich genug für eine hedonistische Theorie –, führt tiefer hinein in die Grundlagen der epikureischen Ethik. Wieder können wir den Regreß auf die menschliche Natur beobachten. Daß die wahllose Hingabe an alle Genüsse des Lebens gefährlich ist, weil die Lust nur allzuoft Schmerzen im Gefolge hat, daß also jeweils Lust und Schmerz gegeneinander gewogen und in eine

richtige Relation gebracht werden müssen (Brief an
Menoikeus 129f.), ist eine selbstverständliche Voraussetzung des epikureischen wie auch anderer Formen des
antiken und neuzeitlichen Hedonismus.

Aber mit dieser Art von „Lustkalkül" gibt sich Epikur
nicht zufrieden. Sein Ziel ist, Wesen und Grenzen der
Lust exakter zu bestimmen. „Die Stimme des Fleisches
spricht: Nicht hungern, nicht dürsten, nicht frieren. Wem
das zuteil wird und wer darauf hoffen kann, der könnte
sogar mit Zeus an Glückseligkeit wetteifern" (Vatikanische Spruchsammlung 33). Die Lust wird also von
Epikur „negativ" bestimmt. Sie ist Freisein von Entbehrung und Schmerz. Die Betrachtungsweise ist hier
rein physiologisch. Die natürlichen und notwendigen Begierden des Hungers und Durstes entstehen infolge des
Substanzverlustes, den der Körper durch Anstrengung
oder einfach durch den natürlichen Lebensprozeß erleidet. Durch die Nahrungsaufnahme wird der durch
den Mangel bedingte körperliche Schmerz beseitigt. Die
Empfindung eines Zustands, in dem die Bedürfnisse des
Körpers erfüllt sind und der Organismus zudem nicht
irgendwelchen Störungen durch Krankheit oder Einwirkung von außen ausgesetzt ist, nennt Epikur „katastematische" Lust, Lust des Zustands. Lust ist also
identisch gesetzt mit dem Grundgefühl körperlicher
Gesundheit und Intaktheit.

Diese Bestimmung der Lust hat bereits im Altertum
vielfache Debatten ausgelöst, die sich auch in der modernen Forschung fortsetzten. Falsch und irreführend ist
deren Qualifikation als „negative Lust" insofern, als der
Zustand und die Empfindung der „Gesundheit" für
Epikur gerade nicht etwas Indifferentes, ein Zwischen-
ding zwischen Schmerz und Lust sind, sondern ein Posi-
tivum, Zustand der Lust, ja nach Epikur der höchst-
möglichen Lust. Denn die in diesem Punkt aller psycho-
logischen Erfahrung widersprechende Lehre Epikurs
besagt, daß über die Beseitigung des Schmerzes hinaus
keine Steigerung der Lust möglich sei. Was es dann
noch geben kann, wird als Abwechslung, Variation,

Raffinement definiert (Hauptlehrsatz 18) und im Unterschied zur Lust des Zustands, „kinetische" Lust, Lust der Bewegung, genannt. Gemeint sind die „sanften und milden Bewegungen" (Epikur-Fragment Nr. 13), an die die Kyrenaiker denken, wenn sie von der Lust sprechen, z. B. Sinnenreiz und Kitzel des Gaumens. Epikur verwirft nicht diese Formen der Lust, die nur in den Sinnesorganen auftreten, aber sie, die an den Augenblick gebunden sind und oft Schmerzen nach sich ziehen, stehen für ihn doch weit unter der „katastematischen" Lust, die die Gesundheit des Körpers zum Inhalt hat.

Epikur gelangt bei voller Wahrung seiner hedonistischen Ausgangsposition schließlich zu Konsequenzen, denen asketische Züge anhaften. Freilich ist es bei dieser sekundären Form von Askese notwendig, sich den Unterschied gegenüber primär asketischen Theorien der Antike gegenwärtig zu halten. Für den Epikureer ist die Einfachheit der Lebensführung nicht Selbstzweck und Ausdruck einer starren Zivilisationsfeindlichkeit wie bei den Kynikern, und Epikur warnt ausdrücklich davor, Einfachheit in Ärmlichkeit ausarten zu lassen (Vatikanische Spruchsammlung 63). Eine bekannte Stelle im Brief an Menoikeus spricht deutlich aus, daß die empfohlene Gewöhnung an einen anspruchslosen Lebensstil auf die Unabhängigkeit des Menschen von äußeren Faktoren zielt, nicht aber darauf, Genuß und Genußfähigkeit zu unterdrücken und abzutöten (130).

Der „katastematischen" Lust des Körpers entspricht eine solche des Geistes. Auch sie bestimmt Epikur negativ, wenn er sie „Freisein von seelischen Störungen" (ataraxía) nennt. Epikurs tiefverwurzeltes Bedürfnis, in den Stürmen und Bedrohungen einer aus den Fugen geratenen Welt sicheren Halt in den Werten des individuellen Lebens zu finden, spricht sich darin aus, daß für ihn diese Seelenruhe (verbunden mit der „katastematischen" Lust des Körpers) die Glückseligkeit (eudaimonía) des Menschen begründet. Darin berührt er sich nicht nur mit Demokrit, seinem großen Vorbild auf naturphilosophischem Gebiet – mit Demokrit verbindet ihn auch in der ethischen Theorie mehr, als man in der älteren Forschung erkannt hatte –, sondern auch mit der Ethik der Stoa.

Freilich sind die Ausgangspositionen, von denen aus Epikureer und Stoiker zu diesem Ziel seelischer Stabilität gelangen wollen, grundsätzlich verschieden, und wenn Epikur bisweilen mit drastischen Formulierungen auf die hedonistische Basis seiner Lehre hingewiesen hat, dann nicht zuletzt in der Absicht, diese Gegensätze deutlich zu markieren und dem Tugendpathos der rivalisierenden Schule mit radikalen Thesen entgegenzutreten. „Der Anfang und die Wurzel alles Guten ist die Lust des Bauches. Denn auch die gelehrten und hochgestochenen Dinge beziehen sich auf sie zurück" (Epikur-Fragment Nr. 12), lautet einer jener Sätze, über die sich die Gegner nicht genug ereifern konnten.

Natürlich will Epikur mit einer Aussage dieser Art zunächst zum Ausdruck bringen, daß die Erfüllung der körperlichen Bedürfnisse die unerläßliche Voraussetzung für die menschliche Existenz überhaupt, also auch für deren „höhere" Formen darstellt. Damit ist nun aber der Sinngehalt dieses Satzes nicht erschöpft. Denn für Epikur ist auch die geistige Lust wesentlich Reflex des Gefühls körperlicher Unversehrtheit und Gesundheit, das er als die „katastematische" Lust des Körpers bezeichnet. Trotzdem läßt der Philosoph die geistige Lust in ihrer Bedeutung über der körperlichen rangieren. Der Grund ist einfach: Der Körper empfindet Lust und Schmerz stets nur im gegenwärtigen Augenblick, während der Geist durch Erinnerung und Vorausschau auch Lust und Schmerz der Vergangenheit und Zukunft zu überblicken vermag. Schmerzempfindungen, die sich im Geist reflektieren, wiegen also schwerer als der körperliche Schmerz des Augenblicks, und um so größer ist auch der Wert der geistigen Lust (Cicero, Über das höchste Gut und das größte Übel 1,55). Die Erinnerung an genossene Freuden der Vergangenheit und die Hoffnung auf die Lebensfreude, die die Zukunft noch bringen wird, sollen eine geistige Gesamtstimmung schaffen, durch die der Schmerz des Augenblicks übertönt wird (Cicero, Über das höchste Gut und das größte Übel 1,62).

Aber der Geist kann auch Störungen erleiden, die von dem augenblicklichen körperlichen Zustand völlig unabhängig sind: die Angst vor den Göttern, vor dem Tod und vor dem Schicksal der Seele in einem jenseitigen Leben. Entsprechend gibt es auch Lustgefühle von großer Intensität, die dann entstehen, wenn der Geist zur Erkenntnis der Grundlosigkeit dieser Befürchtungen gelangt. Der Weg, der zu diesem Ziel führt, ist das Studium der Natur und ihrer Gesetzlichkeit, das auf diese Weise zu einer Quelle höchster geistiger Lust wird (Hauptlehrsatz 18). Aber auch jetzt geht der Zusammenhang mit der Ausgangsbasis nicht verloren. Denn auch die geistigen Ängste und Freuden haben letztlich ihren Beziehungspunkt in der Gesundheit und Unversehrtheit des Körpers als leiblich-seelischer Ganzheit und damit in der Existenz des Individuums überhaupt (Metrodoros-Fragment Nr. 1).

Der entscheidende Mangel dieser Ethik ist der „Quietismus", der in der kontemplativen Ruhe, nicht in der aktiven, Hindernisse überwindenden Auseinandersetzung mit der natürlichen und gesellschaftlichen Umwelt das höchste Ziel sieht. Von Epikurs Position gilt, was Marx im Hinblick auf A. Smiths Auffassung von der Arbeit als äußerem Zwang und Fluch des Menschen formuliert hat: „Daß das Individuum ‚in seinem normalen Zustand von Gesundheit, Kraft, Tätigkeit, Geschicklichkeit, Gewandtheit' auch das Bedürfnis einer normalen Portion von Arbeit hat, und von Aufhebung der Ruhe", scheine diesem ganz fernzuliegen. Im Hinblick auf die unmittelbar produktive Arbeit ist eine solche passive Haltung unter den Bedingungen der entwickelten Sklavenhaltergesellschaft der Antike keine Ausnahmeerscheinung, die Epikur von anderen Ideologen der herrschenden Klassen unterscheidet. Es stellt aber einen Verlust gegenüber dem Menschenbild des vielseitig (politisch, militärisch, kulturell) tätigen Polisbürgers der klassischen Periode der Polis dar, daß Epikur diese vorwiegend passive

Haltung auch gegenüber den politischen Anforderungen bezieht und seine sozialen Intentionen lediglich auf die kleinen Zirkel der epikureischen Schule beschränkt, während die frühe Stoa doch zumindest den Versuch unternahm, gesamtgesellschaftliche Modelle zu entwerfen und damit einen Ausweg aus der sozialen Krisensituation aufzuweisen.

Die Konsequenz des Systems führt dazu, daß auch die übrigen traditionellen Kategorien der Ethik bei Epikur mit einem neuen Inhalt erfüllt werden. Der Philosoph wendet sich vor allem gegen eine Auffassung, die in der abstrakten „Tugend" höchstes sittliches Ziel und den Inhalt der Glückseligkeit erblickt. Für Epikur ist die Tugend nicht Ziel und höchster Wert des Lebens, sondern nur Mittel zum Zweck. Die traditionellen Tugenden Vernunft, Besonnenheit, Tapferkeit und Gerechtigkeit werden von Epikur nicht verworfen, aber sie erhalten einen neuen Sinngehalt, indem sie auf die Lust als das höchste Gut bezogen werden.

Besonderes Interesse verdient der neue Inhalt, den Epikur der Gerechtigkeit verleiht. Ausdrücklich weist er den Gedanken zurück, daß es eine Gerechtigkeit an sich gebe, und es ist deutlich, daß er bei dieser Polemik den platonischen Begriff der Gerechtigkeit vor Augen hat, die sich als überzeitlich, im Reich der Ideen beheimatet darstellt. Platon hatte einerseits die unmittelbare religiöse Sanktionierung des Rechts durch die Staatsreligion aufrechterhalten, andererseits versucht, bestimmte Normen durch metaphysische Verankerung in der Welt der Ideen abzusichern. Alle empirisch ausgebildeten Rechtsnormen gehen nach Platon zurück auf ein ewig gültiges „Recht an sich", dessen Abbild sie sind. Gegen diesen Versuch religiös-metaphysischer Konservierung überholter Normen wendet sich Epikur mit seiner Lehre, nach der alles Recht eine rein menschliche Schöpfung darstellt. Für Epikur ist die Gerechtigkeit nicht außerhalb von Raum und Zeit angesiedelt. Sie ist vielmehr ein Produkt historischer Entwicklung, hervorgebracht, um das Zusammenleben der Menschen in gesellschaftlicher und staatlicher Ordnung zu ermöglichen (Hauptlehrsätze 31–33). Epikur setzt einen „natürlichen" vorgesellschaftlichen Zustand voraus, der durch einen „Gesellschaftsvertrag" beendet wird. Ähnlich wie bei der Lustlehre konnte Epikur auch im Hinblick auf seine Theorie vom Gesellschaftsvertrag auf sophistische Vorbilder zurückgreifen, bei denen diese vorgebildet war (Hippias, Lykophron, Antiphon).

Epikurs rechtsphilosophische Gedanken, die den gesamten Schlußteil seiner „Hauptlehrsätze" ausmachen, verdienen unter einem besonderen Aspekt Interesse. Hier nämlich überwindet Epikur die Begrenzung, die für seine Ethik im übrigen durchgehend charakteristisch ist, wenn er eine abstrakte und unveränderliche Natur des Menschen zur Grundlage seiner Überlegungen macht. Im Hinblick auf die Rechtsnormen wird der Gedanke der historischen Relativität und Bedingtheit eingeführt. Ausgangspunkt ist wiederum eine empirische Erfahrung: die Unterschiedlichkeit und Wandelbarkeit der Gesetze nach Ort und Zeit. Das zur zentralen rechtsphilosophischen Kategorie erhobene Prinzip des Nutzens (symphéron) ermöglicht hier einen fruchtbaren Ansatz. Der Nutzen kann nur in Relation zu den jeweils herrschenden, örtlich und zeitlich verschiedenen Bedingungen gesehen werden. Ändern sich diese Bedingungen im Verlauf der geschichtlichen Entwicklung, dann müssen sich auch die Rechtsnormen ändern (Hauptlehrsätze 36–38). Wieder kann Epikur an eine ausgedehnte und ergebnisreiche Diskussion anknüpfen, die zwischen verschiedenen Richtungen der sophistischen Staatstheorie ausgetragen worden war. Offenbar kommen Epikurs Anschauungen denen des Sophisten Protagoras am nächsten, der mit der Erkenntnis der historischen Relativität von Recht und Gesetzen Ernst gemacht, aber zugleich den schrankenlosen sophistischen Relativismus überwunden hatte, indem er die Gesetze jeder staatlichen Gemeinschaft für unbedingt verbindlich erklärte, solange diese Normen mit den Interessen der Gesellschaft im Einklang stehen (80 A 21 a D.-K.).

Epikurs Rechtsphilosophie ist historisch-genetisch orientiert wie im übrigen auch seine sprachphilosophischen Lehren. Beide Themenbereiche sind Bestandteil einer sehr bemerkenswerten Theorie von der kulturellen Entwicklung der Menschheit, die wir, abgesehen von geringfügigen anderen Quellen, vornehmlich aus dem 5. Buch des Lukrezischen Lehrgedichts „Über die Natur der Dinge" kennen. Auch hier steht Epikur mit seinen Gedanken in einer Tradition, die in erster Linie auf Protagoras und Demokrit zurückgeht. Lukrez schildert im Anschluß an die Darstellung der Entwicklung des Lebens auf der Erde und der Entstehung des Menschen die kulturelle Entwicklung der Menschheit aus primitiven Anfängen zu immer höheren Stufen. Dabei werden einerseits die einzelnen Stadien der gesellschaftlichen Entwicklung (Urgemeinschaft, patriarchalisches Königtum, Demokratie), andererseits die Fortschritte im Aufbau der Zivilisation (Ausnutzung des Feuers, Ackerbau, Metallgewinnung, Erfindung des Webstuhls usw.) verfolgt. Die Darstellung des Lukrez, die naturgemäß ganz auf spekulativer Basis beruht, weckt unser Interesse vor allem dadurch, daß in ihr wichtige Grundzüge und auch manche Detailergebnisse moderner prähistorischer und historischer Forschung keimhaft vorweggenommen sind.

Lukrez unterzieht die kulturelle Entwicklung der Menschheit einer Kritik, die von den spezifischen Wertungsmaßstäben der epikureischen Ethik bestimmt ist (5,1412ff.). Da der Epikureer in den Verlockungen einer hochgezüchteten Zivilisation eine ernste Gefahr für sein ethisches Ideal des einfachen Lebens und der seelischen Harmonie erblickt, kann man im Hinblick auf die epikureische Lehre von der kulturellen Entwicklung nur partiell von einer Konzeption des geschichtlichen Fortschritts sprechen.

Auch gegenüber den gewachsenen Formen des Staates hegt der Anhänger Epikurs keine prinzipielle Feindschaft, wenngleich er auch von dieser Seite eine starke Bedrohung der Ataraxie befürchtet. Wenn Epikur an den Weisen und damit auch an alle, die diesem Ideal nacheifern, die Mahnung richtet, sich vom politischen Leben fernzuhalten (Lebe im Verborgenen, láthe biósas; Epikur-Fragmente 53–56), so ist dies nicht Ausdruck der Feindseligkeit gegenüber dem Staat, dessen der Weise zur Wahrung seiner persönlichen Sicherheit ja auch durchaus bedarf, sondern der Sorge um die über alles andere gestellte Kultivierung des Ideals seelischer Harmonie, die auf einer Abschirmung von allen Störungen beruhen soll. Besonders aufschlußreich für die Bewertung des Staates und der Gesetze durch die Epikureer sind rechtsphilosophische Analysen des Epikur-Nachfolgers Hermarchos, die uns bei dem spätantiken Autor Porphyrios erhalten sind. Neben der positiven Bedeutung des Staates hat Epikur auch wesentliche negative Momente gesehen und einer scharfen Kritik unterzogen. Hier ist vor allem die sich in der Strafe bzw. der Strafandrohung äußernde repressive Gewalt des Staates und der nachteilige Einfluß zu nennen, den das politische Leben nach epikureischer Auffassung auf die individuelle Freundschaft ausübt. In der Stellung zur Gesellschaft und zum Staat, dessen Vorteile der Epikureer genießt, ohne zu seinem Funktionieren aktiv beitragen zu wollen, zeigt sich der enge individualistische Geist der epikureischen Ethik besonders deutlich. Daß wir diese Haltung nur aus der chaotischen und für das Individuum bedrohlichen Entwicklung der frühhellenistischen Zeit verstehen können, wurde bereits gezeigt.

Gemäß dieser ethischen Grundhaltung mißt Epikur der persönlichen Freundschaft weitaus größere Bedeutung zu als allen anderen gesellschaftlichen Bindungen. Auch hier verleugnet der Philosoph die Ausgangsbasis seiner Ethik nicht. Die Freundschaft hat ihre Grundlage in dem Nutzen, den sich die Partner aus ihren Beziehungen erhoffen. Wieder muß man sich die von Kriegen und politisch-sozialer Unruhe erfüllte Zeit vergegenwärtigen, um zu verstehen, daß Epikur von der Freundschaft vor allem die Erhöhung der persönlichen Sicherheit erwartet. Da der Staat diese nicht mehr im notwendigen Maß gewährleisten kann, sollen Beziehungen gegenseitiger Hilfe-

leistung mögliche Gefahren abwenden oder doch vermindern helfen. Von diesem utilitaristischen Ansatz her
gesehen ist es erstaunlich, wenn Epikur erklärt: „Jede
Freundschaft ist um ihrer selbst willen zu wählen. Ihren
Ursprung hat sie freilich im Nutzen" (Vatikanische
Spruchsammlung 23). Hier zeigt sich das Bestreben, die
Freundschaft auch von der ethisch-theoretischen Seite
her aufzuwerten, indem ihr ein gewisser Eigenwert bei-
gemessen wird. Das entspricht der geradezu fundamentalen Rolle, die die Freundschaft in der Lebenspraxis
der epikureischen Gemeinschaft gespielt hat.

Die Epikureer haben die Freundschaft als wertvollste
und beglückendste Form zwischenmenschlicher Gemeinsamkeit betrachtet. Diese Beziehungen hatten eine emi-
nent praktische Bedeutung für das Zusammenleben in
der Gemeinschaft der Schule. Die wirtschaftliche Basis
bildete ein System von Beitragsleistungen für den gemeinsamen Unterhalt (völlige Gütergemeinschaft hat
Epikur dagegen abgelehnt). Unsere Kenntnis über die
Grundsätze dieses Gemeinschaftslebens, an dem auch
Frauen (für diese Zeit revolutionär) und sogar Sklaven
teilhatten, sind nicht sehr detailliert, aber es war gewiß
nicht zu hoch gegriffen, wenn man im Hinblick auf die
Einheit von philosophischer Theorie und praktischer
Umsetzung der Maximen im Alltagsleben der Schule
Epikurs von einem „sozialen Experiment" gesprochen
hat.

Sehr eindrucksvoll sind die erhaltenen Bruchstücke aus
dem persönlichen Briefwechsel zwischen Epikur und
seinen Schülern und Freunden. Sie legen Zeugnis ab von
der tiefen Menschlichkeit und Güte des Schulgründers
und von den herzlichen Beziehungen, die zwischen den
Mitgliedern der Schule bestanden. Dagegen sind die
bei Diogenes Laertios erhaltenen Briefe Epikurs an
Herodotos, Pythokles und Menoikeus Beispiele einer
Art von Briefliteratur, die in der epikureischen Schule
eine bedeutende Rolle gespielt hat: Epikur richtete an
Schüler, die außerhalb Athens lebten, Schreiben theoretischen Inhalts, in denen Grundprobleme seiner Philo-

sophie erörtert wurden. Die bedeutendsten dieser Briefe gingen in den literarischen Grundbestand der Schule ein. In anderen Fällen verband sich auch das philosophisch-lehrhafte enger mit dem persönlichen Anliegen. Solche Briefe waren Ratgeber in den Nöten und Sorgen des persönlichen Lebens auf der Grundlage der ethischen Maximen der epikureischen Philosophie. Was hier von den brieflichen Formen der Beratung und Unterweisung gesagt wurde, gilt natürlich in noch höherem Grade von den Beziehungen im täglichen Leben der Schule. Die Epikureer haben ein ganzes System pädagogisch-psychologischer Lenkung und Selbsterziehung entwickelt. Eine überragende Bedeutung hatte in diesem System von Anfang an und während der vielen Jahrhunderte, in denen die Schule bestand, die Persönlichkeit des Lehrers und Schulgründers als des großen, für alle verbindlichen Vorbilds. Epikur wurde mit einer schwärmerischen Verehrung gefeiert, die sich z. T. pseudoreligiöser Formen bediente.

Durch diese Konzentration auf die sozialen Beziehungen in kleinen abgegrenzten Zirkeln unterscheiden sich die Epikureer von den Stoikern, die sich angesichts der Krise der Polis an den „kosmopolitischen" Gedanken von der Einheit des Menschengeschlechtes und der brüderlichen Verwandtschaft aller Menschen orientierten, wenn auch diese Ideen für die soziale Praxis zunächst ebensowenig Konsequenzen hatten wie die soziale Utopie des Schulgründers Zenon. Erst die späteren Epikureer haben, wie die Inschrift des Diogenes von Oinoanda lehrt, unter stoischem Einfluß gewisse kosmopolitisch gefärbte Gedanken geäußert, wobei sie an den in ihrer Lehre verankerten Gleichheitsgedanken (der zunächst für die Polisbürger Geltung hatte, nun aber wie bei manchen Sophisten auf alle Menschen erweitert wurde) anknüpfen konnten.

Was den Denker Epikur zunächst bewegte, war also ohne Zweifel die Auseinandersetzung mit der sozialen und politischen Situation seiner Zeit. Die so gewonnene persönliche Grunderfahrung hat ihren Ausdruck in der

Ethik gefunden. Es galt, diese ganz auf das private
Individuum als auf ein historisches Novum hin auszu-
richten, das durch den Bedeutungsschwund des Stadtstaates als politisch-kultureller Einheit entstanden war
und sich nun in einer allgemeinen geistigen und moralischen Desorientierung befand. Da Epikur durch einfache, auf die Lebenspraxis selbst bezogene Überlegungen das schmerzfreie Dasein als die dem Individuum
gemäße Existenzform bestimmt hatte, mußte er alle
Erscheinungen ausschalten, welche die Eigenständigkeit
und Autonomie des Selbstbewußtseins bedrohten. So
suchte er den Menschen gegen das abzuschirmen, was Unbehagen bereitete und der ungetrübten Heiterkeit des
Herzens entgegenstand. Der Mensch der Zeit Epikurs
konnte eigentlich nicht leben, weil, wie er meinte, die
Götter oder ein launisches Schicksal ihn mit Not und
Elend überschütteten, und er konnte nicht sterben, weil,
wie er meinte, die Greuel und Torturen der Unterwelt
schon auf ihn warteten. Diese Meinungen zu zerstören,
ist nun Aufgabe der Physiologie. Sie unterstützt das
Anliegen der Ethik, gibt ihr erst die Möglichkeit, ihr
Telos zu verwirklichen. Denn der einzelne ist nur wirklich auf sich selbst gestellt, wenn es auch eine Welt gibt,
die auf sich selbst gestellt ist. Aus dieser autonomen
Welt ist alles Mythische und Irrationale verbannt; sie
funktioniert mechanisch, ist deshalb rational erfaßbar
und hat alles Unheimliche, was Angst bereitet, verloren.
In dieser Welt hat der Mensch von den Göttern nichts
zu hoffen, aber vor allem auch nichts zu befürchten.
Wenn es Aufgabe der Physiologie sein soll, die ethischen
Ziele zu sichern, dann kann sie nicht Selbstzweck sein.
Wenn wir keine Furcht vor den Göttern und vor dem
Tode hätten, dann brauchten wir nach Epikur überhaupt
keine Naturforschung (vgl. Hauptlehrsatz 11). Aus
dieser Rolle im Rahmen der epikureischen Philosophie
bestimmt sich dann auch der Inhalt der Physiologie. Sie
entspricht weder der Physik noch der Naturwissenschaft
in der modernen Bedeutung, sondern ist rationale Naturbetrachtung, Naturphilosophie. Als solche befaßt sie sich

ausschließlich mit den Prinzipien und Grundstrukturen der Welt, aus denen die Erfahrungstatsachen dann im Einzelfall abzuleiten sind. Und sie hat ihre Aufgabe erfüllt, wenn sie die Prinzipien deutlich gemacht hat. Viel mehr zu leisten stand ihr nicht zu. Von daher ergab sich eine z. T. scharfe Abweisung aller einzelwissenschaftlichen Forschung. „Epikur verfährt daher mit einer grenzenlosen Nonchalance in der Erklärung der einzelnen Naturphänomene" (Karl Marx, Dissertation, S. 276). Nach einer einzigen Erklärung zu suchen hält er besonders im Hinblick auf die Himmelserscheinungen, die einer unmittelbaren Untersuchung nicht zugänglich sind, nicht nur für müßig, sondern ausdrücklich für falsch. Es geht ihm nur um den Ausschluß aller übernatürlichen Ursachen. So trägt er denn in seinem Bemühen, alle Ursachen ernst zu nehmen, die ein Phänomen auf natürliche Weise erklären, bisweilen Theorien vor, die von der Wissenschaft längst widerlegt worden waren. Die Sonne z. B. kann so groß sein, wie sie uns erscheint, oder etwas größer oder kleiner; sie kann beim Untergang verlöschen, um sich dann beim Aufgang neu zu entzünden, sie kann aber auch unter der Erde verschwinden; sie verfinstert sich, indem sie verlöscht oder weiter zurückweicht oder von einem anderen Körper verdeckt wird (vgl. Brief an Pythokles).

Hier hat Epikur im wesentlichen Hypothesen zusammengetragen, die im Laufe der Zeit meist von den Vorsokratikern aufgestellt worden waren. Ihre betonte Gleichberechtigung ist sicher eine Folge der für den Fortgang der Fachwissenschaften nicht sehr fruchtbaren, aber im Interesse seines philosophischen Programms letztlich notwendigen Unterordnung der Naturphilosophie unter die ethische Zielsetzung. So soll sich der Verständige im Sinne Epikurs ausdrücklich an feste Überzeugungen halten und sich nicht mit schwierigen Problemen beschäftigen. Deshalb wird alles Problematische, das in den Einzelwissenschaften so überreich ist und Zweifel und Unsicherheit erregt, als eitel und bedeutungslos entschärft. Die Theorie von den Atomen

und dem Leeren ist nicht problematisch, denn sie ist
gewißlich wahr; und die Forschungsergebnisse der Einzelwissenschaften sind auch nicht problematisch, denn
sie · sind gegenüber den Grundfragen total unwichtig.
Epikur machte ihre Probleme problemlos.

Damit schuf er zugleich jene feste Geschlossenheit seines
Systems. Auch sie wäre bei stärkerer Berücksichtigung
der Fachwissenschaften nicht zu halten gewesen; denn
gerade von neuen einzelwissenschaftlichen Ergebnissen,
die mit der allgemeinen Theorie in Widerspruch geraten
wären, war der Einbruch in diese Geschlossenheit zu
erwarten. So ergab sich denn auch, daß die Lehre mit
einem gewissen Absolutheitsanspruch auftrat, der von
der Schule kaum je in Frage gestellt wurde und alle
Tendenzen einer Weiterentwicklung des Systems weitgehend verhindert hat. Denn ein auf Systemkonsequenz
konzentriertes Denken ist für den Fortschritt der Erkenntnis weniger fruchtbar als ein die Probleme und
Widersprüche erhellendes Philosophieren. Damit steht
freilich nicht das unbestrittene Verdienst Epikurs in
Widerspruch, in eben dieses System einige der besten
Erkenntnisse und fortschrittlichsten Gedanken seiner
Zeit eingebaut zu haben.

Zu den fortschrittlichen Erkenntnissen zählte unter anderem die Naturphilosophie Demokrits, die zu leisten
versprach, was Epikur brauchte. Epikur hat sie nicht
kopiert oder gar korrumpiert, wo er sie verändert hat,
wie seit Ciceros und Plutarchs Epikurverketzerung allgemein geglaubt worden ist. Er hat sie vielmehr entsprechend dem veränderten Anliegen seiner Zeit und
der Kritik – vor allem der des Aristoteles –, die den
Finger auf schwache Stellen der Atomistik gelegt hatte,
in nicht unwesentlichen Teilen modifiziert. Auf einige
dieser Differenzen zwischen der Philosophie Epikurs
und Demokrits mit Nachdruck hingewiesen zu haben,
ist das Verdienst der Marxschen Dissertation. Dieser
Unterschied betrifft vor allem auch die erkenntnistheoretische Grundposition. Der Engländer Bailey, der 1928
als erster klassischer Philologe auf die Bedeutung der

Marxschen Untersuchung aufmerksam machte, bescheinigt ihm denn auch das wissenschaftsgeschichtliche Verdienst, als erster jene Differenz deutlich gemacht zu haben, die Demokrits erkenntniskritische Haltung vom dogmatischen Sensualismus Epikurs scheidet.

Epikur geht davon aus, daß nichts aus nichts entstehen und nichts zu nichts vergehen kann. Voraussetzung ist ein ewiger und unwandelbarer Grundstoff, aus dem alle Dinge entstehen und in den sie wieder „zugrunde" gehen. Dieser Grundstoff aber kann nicht bis ins Unendliche teilbar sein, weil er sich dann doch letztlich in nichts auflösen würde. Er muß also aus letzten unteilbaren Einheiten, eben den Atomen, bestehen. Sie sind unsichtbar und haben außer Größe, Gestalt und Schwere keine Eigenschaften. Für Demokrit waren sie wohl physikalisch und mathematisch unteilbar. Das hatte der Kritik zu denken gegeben, denn mathematisch unteilbare Atome haben die Ausdehnung Null und können dann durch noch so häufige Summierung keine Körperwelt aufbauen. Sind sie aber von geringer Größe, so müssen sie zumindest mathematisch noch teilbar sein. Epikur hat nun dieser Schwierigkeit durch Einführung der Minima zu entgehen versucht, jener noch kleineren, absolut unteilbaren Einheiten, die am Atom zu unterscheiden sind, ohne herausgelöst werden zu können. Das Minimum ist letzte Maßeinheit vor dem Nichts, hat keine Größe, denn es ist mathematisch unteilbar, ist aber dennoch nicht punktuell, denn es konstituiert Größe. Es hat starke Ähnlichkeit mit dem Leibnizschen Differential, denn es ist kleiner als jede beliebig kleine Größe, aber größer als Null, also $0 < \text{Minimum} < a$. Die physikalische Divisio ad infinitum scheitert so an den Atomen, die mathematische Divisio ad infinitum an den Minima.

Epikur hat die Schwierigkeiten, die allen Reflexionen über das Infinitesimale begegnen, natürlich nicht überwunden, sondern im Grunde nur von den Atomen auf die Minima verlagert. Aber das Unendliche – das unendlich Kleine ebenso wie das unendlich Große – kann

in seiner Totalität nicht vom Bewußtsein erfaßt werden,
das sich in seinem Entwicklungsprozeß der endlichen
Umwelt angepaßt hat und auf diese hin orientiert ist.
Wie das Unendliche nicht „zu Ende" gedacht werden
kann, d. h., nicht als „Wirklichkeit" vorgestellt, sondern
nur als das, was jenseits des Aktualisierbaren liegt, so
ist auch die Teilbarkeit ins Unendliche immer nur als
„Möglichkeit" vorzustellen (Aristoteles).

Der Begriff der „unendlich kleinen Größe" ist deshalb
eigentlich nur durch das bestimmt, was er nicht ist: Er
bedeutet nicht mehr 0, aber noch nicht a. Das kompli-
zierte Problem der logisch-exakten Bestimmung dieser
Größe wurde vor allem mit der Erfindung der Infinitesimalrechnung wieder aktuell. So sah sich denn auch
Leibniz genötigt, seinen Differentialbegriff zu verteidigen, der von zeitgenössischen Philosophen als logische
Zumutung attackiert worden war, obwohl sich seine
Brauchbarkeit in der angewandten Mathematik sogleich
erwies.

Auf dieses Problem mußte in aller unzulänglichen Kürze
verwiesen werden, weil dadurch manche Schwierigkeiten
verständlich werden, die dem in der epikureischen Philosophie äußerst wichtigen und häufig verwendeten Begriff
des Unendlichen (ápeiron) anhaften.

Die Anzahl der an einem Atom zu unterscheidenden
Minima bestimmt dessen Größe und Schwere, ihre Anordnung dessen Form. Demokrit könnte, um die Mannigfaltigkeit der Dinge zu begründen, unendlich viele
Atomformen angenommen haben. Epikur bestreitet das,
da er die logischen Konsequenzen der Annahme bedenkt; denn dann müßte es auch sichtbare Atome und
sogar solche von kosmischer Größe geben. Daß Demokrit daran sicher nicht gedacht hat, bemerkte schon Karl
Marx in seiner Dissertation (S. 288; vgl. S. 502, Anm. 18).
Epikur nimmt deshalb nur unfaßbar viele Formen an;
aber jede Form umfaßt unendlich viele Atome, denn das
All ist unendlich hinsichtlich der Masse und des leeren
Raumes.

Da die Anzahl der Atomformen begrenzt ist, ist auch

die Anzahl der auf Grund dieser Atomformen möglichen Kombinationen begrenzt (vgl. Epikur-Fragment Nr. 75). Alle möglichen Kombinationen aber müssen in der verflossenen zeitlichen Unendlichkeit unendlich oft verwirklicht worden sein, so daß die Aufteilung des unendlichen Atomreservoirs an die möglichen Kombinationen eine gleichmäßige ist. Diese Überlegungen scheinen einen Teil des uns kaum noch faßbaren epikureischen Isonomiegesetzes ausgemacht zu haben (vgl. S. 501, Anm. 9).

Der leere Raum ist nun das zweite konstitutive Element. Er gibt der Masse die Möglichkeit, dazusein, sich zu bewegen und sich zu teilen, wie denn die Atome, eben weil in ihnen kein Leeres ist, unteilbar sind. Auch sind die Objekte schwerer oder leichter, je nachdem, ob sie mit mehr oder weniger Leere durchsetzt sind. Sie ist sinnlich nicht wahrnehmbar, aber aus dem Verhalten der sinnlich wahrnehmbaren Körper durch eine logische Operation zu erschließen. Der leere Raum ist das einzig Unkörperliche, das existiert.

In diesem leeren Raum findet nun das mechanische Spiel der Atome statt. Wie sie selbst ohne Anfang sind, so ist auch ihre Bewegung ewig. Bewegung ist also, ähnlich wie bei Demokrit, die Existenzweise der Atome und ihre unabdingbare Eigenschaft. Demokrits kosmogonische Vorstellungen freilich nahmen gewisse Züge der Kant-Laplaceschen Hypothese vorweg. Denn er setzte als letzten Urgrund – für den es eben keinen Grund mehr geben kann, wenn wir uns nicht in eine unendliche Kausalkette verlieren wollen – ein irreguläres Bewegungsspiel der Atome, eine Art atomaren Chaos. In diesem Chaos entstehen Wirbelfelder, entwickeln sich Ordnungsgefüge wie Oasen im Unendlichen: die Kosmoi.

Aristoteles hatte kritisiert, daß Demokrit die Atombewegung als schlechthin gegeben betrachtet und keinen Grund dafür benannt hatte. Es ist nicht unwahrscheinlich, daß Epikurs entscheidende Abwandlung der Theorie des Demokrit durch diese Kritik veranlaßt wurde.

So ist denn, was Demokrit als Urgrund setzte, nach
Epikur bereits die Folge eines noch früheren Urzustan-
des. Für ihn war die Schwere keine bloße unter den
Bedingungen der Wirbel und Welten in Erscheinung
tretende Funktion der Atomgröße, sondern eine wesentliche Eigenschaft der Atome, in der nun die andere
Eigenschaft, Bewegung zu haben, ihren Grund hatte.
Diese Annahme eines absoluten Gewichtes aber mußte
die ursprüngliche Bewegung spezifizieren; deshalb bestimmte Epikur den senkrechten Fall, den Atomregen, als
die grundlegende, naturgemäße Urform der Bewegung.
Durch diese Konzeption des Falles nach unten aber
wurde das Problem der Raumrichtungen und die Frage
nach dem Oben und Unten aktuell. Aristoteles hatte die
Frage für sein Weltbild recht gut gelöst. Er hat in seinem
endlichen, konzentrischen Kosmos mit der kugelförmigen
Erde im Mittelpunkt jene Richtung als nach oben gehend
bezeichnet, die von der Mitte weg verläuft, und jene
als nach unten gehend, die zur Mitte hinstrebt. In diesem
Weltbild, das dem damaligen Wissenschaftsstand entsprach und auch von Ptolemaios zugrunde gelegt wurde,
gab es einerseits ein äußerstes Oben im Sinne einer höchsten Begrenzung, die durch das Firmament gegeben war;
andererseits aber galt dieses Oben nur relativ zu einem
bestimmten Beobachter und war für dessen Antipoden
auf der anderen Seite der Erde, wenn dieser die Richtung von seinem Standpunkt aus nach unten über den
Erdmittelpunkt hinaus verlängerte, das äußerste Unten.
Vom Standpunkt außerhalb des aristotelischen Kosmos
aus gesehen verlief hier also dieselbe Richtung zugleich
nach oben und nach unten. Epikur mußte diese Bestimmungen entscheidend verändern, wenn er sie auf seinen
unendlichen Raum übertragen wollte. Seine Auffassungen sind deshalb teilweise entgegengesetzt. Denn ein
äußerstes Oben oder Unten im Sinne einer absoluten
Begrenzung anzunehmen, verbietet seine Vorstellung von
dem in allen Richtungen unendlich ausgedehnten Raum.
Andererseits ist er bemüht, den Relativismus der Raumrichtungen – genau wie den Relativismus in der Er-

kenntnistheorie – zu vermeiden. Zunächst ist nun für
Epikur nicht so sehr entscheidend, welche Richtung als
nach oben und welche als nach unten verlaufend bezeichnet wird, sondern die Tatsache, daß beide Raumrichtungen einander entgegengesetzt sind. Und diese
Tatsache des Entgegengesetztseins ist für ihn ein logi-
sches Postulat und gilt auch für den unendlichen Raum,
weil, wie er meint, die Annahme widersinnig sei, daß
dieselbe Linie zugleich nach oben und nach unten verläuft.

Diese entgegengesetzten Bewegungen sind nun aber nicht
nur in bezug auf einen bestimmten Standpunkt, sondern
sogar in bezug auf den unendlichen Raum eindeutig
definiert. Denn wenn dieser nach Auffassung der Newtonschen Physik nirgends ausgezeichnet, d. h. isotrop,
ist, so sind seine Richtungen nach Epikur durch den
freien senkrechten Fall der Atome bestimmt. Da er
diese Richtung als die nach unten bezeichnet und mit
der durch die alltägliche Sinneserfahrung bezeugten Bewegungsrichtung der fallenden Körper und mit derjenigen Richtung identifiziert, die beim Menschen vom
Kopf zum Fuß verläuft, hat er den Begriffen Oben und
Unten für das ganze Universum Gültigkeit verschafft
und sie damit verabsolutiert.

Was Epikur im einzelnen zu kosmologischen Fragen gelehrt hat, läßt sich nicht mit Sicherheit feststellen. Hinsichtlich der Erdgestalt scheint er nach Lukrez an eine
von der Luft getragene Scheibe gedacht zu haben. Diese
Theorie, die er vielleicht von Demokrit übernommen
hat, war von der Wissenschaft zumindest seit Aristoteles
überwunden worden, der die z. T. noch heute üblichen
Beweise für die Kugelgestalt der Erde, wenn auch nicht
aufgestellt, so doch vorgetragen hat. Auf der epikureischen Flachwelt aber nehmen alle Menschen ein und
dieselbe Position ein, denn auf der anderen Seite der
Erdscheibe gibt es keine Antipoden, die dieselbe Stellung einnähmen wie unsere Spiegelbilder im Wasser;
und die Dinge fallen dort auch nicht auf die Erde,
sondern eben nach unten, d. h. von der Erde weg. Daß

indessen über Epikurs Auffassung von der Erdgestalt
nur Mutmaßungen angestellt werden können, liegt möglicherweise daran, daß er sich auch in diesem Falle –
getreu seinem Grundsatz – nicht zu einer bestimmten
Theorie bekannt hat.

Wie aber sollte es in Anbetracht dieser wohlgeordneten,
regulär-linearen Fallbewegung der Atome überhaupt zur
Bildung von Atomverbindungen kommen? Aristoteles
hatte die Existenz des leeren Raumes bestritten, weil in
ihm alle Körper mit gleicher Geschwindigkeit fallen
müßten, was er für absurd hielt. Eben das aber hat nun
Epikur akzeptiert und damit verneint, daß beim freien
Atomfall die schwereren schneller und dadurch auf die
leichteren fallen und Zusammenstöße und Verflechtungen
hervorrufen könnten. Deshalb hat er den streng kausalen
Mechanismus Demokrits aufgegeben und die akausale
Abweichung vom freien Fall in seine Theorie eingebaut.
Infolge dieser sogenannten Deklination, dieser Abweichung der Atome von der Senkrechten um ein Minimum,
kommt es dann zu all den anderen Bewegungsformen,
die aus dem Zusammenprall und der folgenden Repulsion hervorgehen. Die Atome durchrasen dann einzeln das All in den verschiedenen Richtungen, oder
bilden Körper, in denen sie unaufhörlich schwingen und
vibrieren. Dabei verläuft wieder alles „vorwiegend"
nach den Gesetzen der Kausalität.

Daß sich das Prinzip der Deklination nicht ganz wider-
spruchslos in das Gesamtkonzept der epikureischen
Philosophie einordnen läßt, hat seinem Schöpfer viel
Spott eingebracht. Aber Epikur hat mit der Anerkennung des objektiven Zufalls wohl doch einen Schritt
über Demokrit hinaus getan. Daß er den Zufall dagegen auch verabsolutierte, war sein entscheidender
Fehler.

Neben ihrer Funktion als Ursache der Weltenbildungen
aber spielt die Deklination eine entscheidende Rolle als
eine Art heuristisches Prinzip, das geeignet war, die
Erscheinungen der Willensfreiheit zu begründen. Da
alle emotionale Äußerung wie alle Willenskundgabe und

unser Planen und Denken auf körperlichen Bewegungsformen beruhen, mußte Epikur auch die Freiheit des
Wollens als unabdingbare Voraussetzung seiner ethischen
Zielsetzung durch ein akausales Geschehen im atomaren
Bereich verankern. Sonst hätte der epikureische Weise
nie den Entschluß fassen können, weise zu werden, und
Epikur hätte sich zu der von ihm heftig bekämpften
streng fatalistischen Naturordnung der Stoiker bekennen
müssen, die im Grunde für sittliche Entscheidungen
keinen Raum ließ. Insofern ist die Deklination doch ein
entscheidendes Novum gegenüber Demokrit und auch
zugleich eine „im innersten Vorgang der epikureischen
Philosophie begründete Konsequenz" (vgl. Karl Marx,
Hefte zur epikureischen Philosophie 4, S. 165; vgl. S. 56f.
dieser Einleitung).

Da der epikureische Materialismus neben den Atomen
und dem Leeren keine dritte Wesenheit anerkennt, ist
auch alles Geistige materieller Natur. Der Seelenkörper
ist die Summe der über den ganzen Leibkörper verstreuten Atome, die, wie aus der Schnelligkeit der Gedanken u. a. resultiert, sehr glatt und rund sind und
deren unterschiedliche Feinheit erlaubt, vier Seelenteile
zu unterscheiden: den namenlosen als feinsten, den
feurigen, den windartigen und den luftigen; ihre Mischung bestimmt die psychischen Eigenschaften der Persönlichkeit.

Die Seele entsteht und zerfällt zugleich mit dem Leib.
Der Tod ist nicht der Sünde Sold, sondern die De-
komposition einer Atomverbindung. Die Körperlichkeit
der Seele geht auch aus der psychophysischen Wechsel-
wirkung hervor, denn etwas Unkörperliches kann weder
wirken noch Einwirkung erleiden. Die über den ganzen
Leib verteilten Seelenatome bilden den vernunftlosen,
mehr vegetativen Teil. Ihre stärkste Konzentration in
der Brust stellt das Organ der Affekte und des Verstandes dar. Hier liegt das Zentrum der Gefühle für
Lust und Schmerz, und hier liegt die Fähigkeit, zu denken und sich ein Bild von der Wirklichkeit zu machen.
Damit kommen wir zur Logik und Erkenntnistheorie,

die von Epikur unter dem Begriff Kanonik zusammengefaßt wurden.

Zur Kanonik gehört in weitestem Sinne des Wortes so
ziemlich alles, was mit dem menschlichen Erkenntnis-
apparat zusammenhängt, für dessen Funktionen sie das
Normative und Regelhafte herausarbeitet (vgl. S. 548,
Anm. 58).

Die Logik ist von Epikur wohl nicht so völlig ignoriert
worden, wie uns einige seiner antiken Kritiker glauben
machen wollen. Er hat sich unter anderem in der nicht
erhaltenen Schrift über das Wahrheitskriterium und –
wie aus einigen Fragmenten ersichtlich scheint – auch
in seinem Hauptwerk, „Über die Natur", mit logischen
Untersuchungen beschäftigt. Es besteht jedoch kein Zweifel, daß sie im Ganzen seines Systems nur einen unter-
geordneten Rang eingenommen haben, weil sie für sein
eigentliches Anliegen ohne große Bedeutung waren. Für
die Beschränkung dieser Disziplin spielte sicher auch
eine Abneigung gegen die intellektuellen Spitzfindig-
keiten eine Rolle, in die die logischen Exerzitien in den
anderen Schulen nicht selten ausgeartet waren. Wenn
Epikur außerdem die Logik nicht als selbständige Disziplin verstanden hat, sondern als Einleitung in die Naturphilosophie, so konnte er sich in gewisser Weise auf
Aristoteles berufen, der – wenn auch gerade er ihr umfassende Aufmerksamkeit geschenkt und, soweit wir wissen, ihr Fundament gelegt hat – sie doch nicht zu den
Hauptdisziplinen der Philosophie gezählt zu haben
scheint, sondern sie wohl gleichfalls mehr als Organon
(Werkzeug) zur Bearbeitung der großen Teilgebiete der
Philosophie und als methodologische Einleitungswissen-
schaft aufgefaßt hat.

Epikur rät deshalb, sich vor allem an die ursprüngliche
Bedeutung der Worte zu halten und stets auf absolute
Deutlichkeit der Begriffe zu achten, um allen Irrtümern
vorzubeugen.

Eingehender hat Epikur die Probleme der Erkenntnistheorie behandelt. Auch hier zeigt sich, „wie sehr die
ganze Philosophie Epikurs an der Praxis und auf die

Praxis hin orientiert ist, indem Wahrheit und Irrtümlichkeit einer Meinung an ihren praktischen Folgen gemessen, umgekehrt aber die Wahrheit wesentlich deshalb gesucht wird, weil sie für das praktische Verhalten der Menschen von grundlegender Wichtigkeit ist" (K. v. Fritz).

Die Frage, wie das Subjekt Informationen über die objektive Realität erhalten könne, hat Epikur wesentlich im Sinne Demokrits beantwortet. Da jede Wirkung ihre Ursache letztlich im atomaren Druck und Stoß hat, muß auch die Sinneswahrnehmung auf Berührung beruhen. Deshalb ist der Tastsinn der grundlegende Rezeptor, nach dessen Prinzip auch die anderen Sinnesorgane Eindrücke empfangen. Gehör- und Geruchssinn werden durch Atomausflüsse aus dem Inneren der Objekte, die Augen durch Abflüsse von außen affiziert. Diese dünnen Filme, die Abbilder, werden durch die das ganze Objekt durchdringende Atomvibration kontinuierlich von der Oberfläche abgeschleudert. Sie entsprechen in ihrer Struktur und Qualität dem Gegenstand, wenngleich sie nur zweidimensional sind und so infolge ihrer Feinheit bestimmte Körper passieren können.

Erkenntnisquellen der Wirklichkeit und für Epikur zugleich Kriterien der Wahrheit sind Wahrnehmungen, Prolepsen und Gefühle, die sich alle im wesentlichen auf das Kardinalkriterium der sinnlichen Wahrnehmung reduzieren lassen. Sofern sie allgemeines Gefühl ist, das Lust oder Schmerz beinhaltet, entscheidet sie, was zu erstreben und zu meiden ist, und reguliert so unser Verhalten im praktischen Leben. Zur Erfahrung verdichtet liegt sie in den Prolepsen vor, die, eben aus vielfach wiederholten Wahrnehmungen aufgebaut, unmittelbar evident sind und deshalb eine sichere Basis weiterer Erkenntnis bilden. Prolepsen sind also unmittelbar evidente Begriffe; ihre Eigenschaft, als solche „Vorbegriff" weiterer Untersuchung sein zu können, hat die Wortprägung „Prolepse" veranlaßt. Die Sinneswahrnehmung spielt also die entscheidende Rolle in der streng sensualistischen Erkenntnistheorie Epikurs. Der

geringste Zweifel an der absoluten Zuverlässigkeit der
Sinne aber würde uns in einen heillosen Relativismus
stürzen und damit auch die Sicherheit unseres Lebens
selbst untergraben. War also Epikurs dringendes Anliegen, die Gültigkeit unserer Wahrnehmung zu erhärten,
dann mußte er sich von Demokrit distanzieren. Sicher
konnte er sich dabei an Aristoteles anlehnen, der doch
selbst einen mächtigen Vorstoß in Richtung auf die Re-
habilitierung der Sinneswahrnehmung gemacht hatte.

Freilich hatte sich auch Demokrit schon bemüht, das
Subjekt aus der von den Sophisten behaupteten erkenntnistheoretischen Isolierung zu befreien und durch
Bestimmung einer regelhaften Zuordnung des Abbildes
zum Gegenstand den objektiven Charakter unseres Wis-
sens deutlich zu machen. Diese Regelhaftigkeit ist bei
ihm stets problematisch geblieben, insofern er sie von der
Seite sowohl des Objekts als auch des Subjekts her
gestört glaubte: Das Abbild konnte durch mannigfaltige
Einwirkung während seiner Reise verunstaltet werden
und das Sinnesorgan auf der anderen Seite durch mannigfaltige Abweichung von der optimalen physiologischen
Kondition zu erheblichen Fehlleistungen gelangen, wie
schon Empedokles gemeint hatte. So zeigt sich bei
Demokrit allenthalben ein deutliches Bewußtsein der
Erkenntnisproblematik. Ganz anders nun Epikur. Alle
Eindrücke unserer Sinne gehen auf unmittelbar zugrunde liegende Objekte wie die Abbilder usw. zurück.
Weder in der Wahrnehmung noch im Denken gibt es
irgendwelche apriorischen Elemente: Denn „die Sinne
können weder sich selbst affizieren noch, von etwas
anderem affiziert, irgend etwas addieren oder subtrahie-
ren", „und der Verstand hängt ganz von den Sinnen
ab". Epikur ist so wenig Rationalist, daß er nicht einmal unsere Illusionen und Traumbilder und die Halluzi-
nationen der Wahnsinnigen für subjektive Verstandes-
produkte gelten läßt. Auch sie sind vielmehr eine Folge
äußerer Einwirkungen. Denn diese Traumgebilde existieren objektiv-real entweder als Bilder irrealer Objekte, wie z. B. die Kentaurenbilder, die sich aus den

Abbildtrümmern realer Objekte wie Pferd und Mensch
in der Luft zusammengesetzt haben, oder als Abbilder
realer Objekte wie der Götter. Daneben gibt es Bilder,
die sich spontan in der Luft gebildet haben. Solche Abbilder, die wir nur im Geiste erblicken, sind zu klein
und zu fein, um, wie die Eidola der festen Körper, unsere Sinne affizieren zu können. Sie dringen durch die
Poren des Leibes direkt in den Verstand ein, der dabei
gleichsam nur als innerer sechster Sinn fungiert.

Um also die Zuversicht in die menschliche Erkenntnis-
leistung zu begründen, hat Epikur die Spontanität des
Verstandes als Quelle möglicher Modifikationen und
Fehlleistungen weitgehend ausgeschaltet und vom Erkenntnisprozeß alles, was irgend anging, aus dem Subjekt in den objektiven Bereich hinaus verlegt.

Demselben Ziel dient eine andere Modifikation der
Theorie Demokrits, die in den einschlägigen Philosophie-
geschichten nicht selten falsch dargestellt ist. Es ist die
Frage, wo die sog. sekundären Qualitäten wie Farbe,
Geruch usw. auftreten: 1. an den Atomen, 2. an den
Objekten (Atomkompositionen), 3. an den Abbildern
oder 4. im Subjekt als Reaktionen auf die durch die
Abbilder ausgelösten sinnlichen Reize? Die erste Möglichkeit scheidet, wie schon angedeutet, für beide Atomisten aus, weil den Atomen nur die primären Qualitäten zukommen. Während Demokrit die vierte Lösung
akzeptiert, entscheidet sich Epikur für die zweite. Diese
Entscheidung resultiert aus dem Anliegen der epikureischen Erkenntnistheorie und war nach dem soeben Bemerkten zu erwarten. Für Epikur ist eben das Objekt
mehr als die Summe der an seinem Aufbau beteiligten
Atome. Aus der Einwirkung des Lichts auf die spezifische Atomanordnung eines Körpers entsteht Farbe, die
damit unabhängig von einem erkennenden Bewußtsein
existiert. Selbstverständlich haben nun auch die Abbilder diese Eigenschaften.

Daß nun die Abbilder auf ihrer Reise bisweilen ihre
Gestalt durch äußere Einwirkung verändern und deshalb das Objekt nicht mehr getreu abbilden, muß nicht

zu falschen Urteilen führen. Denn aus wiederholten
Wahrnehmungen auch unter veränderten Bedingungen
kann der wirkliche Sachverhalt erschlossen werden. Der
Eindruck des Auges aber spiegelt immer das unmittelbar zugrunde liegende Objekt, d. h. das Abbild, getreu
wider. Insofern ist denn dieser Eindruck weder als wahr
noch als falsch zu bezeichnen. Als Einwirkung ist er vielmehr wirklich und gegeben. Hier hat es manch Mißverständnis gegeben, erstens, weil die logische Kategorie
„wahr" und die ontologische „wirklich" im Begriff der
griechischen alḗtheia zusammenfallen, und zweitens, weil
Epikur selbst „wirklich" und „wahr" ausdrücklich nicht
geschieden hat (vgl. Epikur-Fragment Nr. 91 und Anmerkung 62).
Jede exakte Wahrnehmung nun, die unter optimalen Bedingungen gemacht und womöglich durch intersubjektive
Übereinstimmung bestätigt wurde, ist evident und
stimmt nicht nur, wie alle Wahrnehmung, mit dem Abbild, sondern auch mit dem Objekt überein. Das entscheidende Kriterium für die korrekte Leistung jeder
Erkenntnisinstanz ist daher die Evidenz (enárgeia). Aus
mehreren Wahrnehmungen desselben Objektes oder derselben Klasse von Objekten entsteht ganz mechanisch
ein einfacher, die Einzelwahrnehmung schematisierender
Begriff, der den Typos bewahrt und die eigentliche Bedeutung eines Wortes ausmacht (Prolepse). Da sich dieser
Begriff in seiner einfachen Form automatisch aus der
Wahrnehmung ergibt, ist er gleichfalls evident und kann
Grundlage und Vorbegriff weiterer Untersuchungen sein.
An Wahrnehmungen und Prolepsen betätigt sich nun
der Verstand. Das Ergebnis ist das Urteil, die Doxa, die
erst im Hinblick auf die zukünftige Bestätigung oder
Widerlegung wahr oder falsch genannt werden kann.
Denn nur dem Urteil (oder dem ein oder mehrere Urteile implizierenden Begriff) kommt die Eigenschaft zu,
in spezifisch logischem Sinne wahr oder falsch zu sein,
je nachdem, ob es mit dem beurteilten Sachverhalt übereinstimmt oder nicht. Haben Verstand und Wahrnehmung dieses Urteil dann verifiziert, so erhält es gleich-

sam Evidenz auf höherer Ebene und kann nun andererseits wieder Vorbegriff (höhere Form der Prolepse) für weitere Untersuchungen sein. Urteil und Begriff erscheinen hier als komplexe Relationsgrößen, insofern Urteile nicht nur Begriffe, sondern Begriffe auch Urteile enthalten. Was unter einer solchen höheren Prolepse, die Urteile impliziert, zu verstehen ist, läßt sich am epikureischen Gottesbegriff zeigen. Daß Götter existieren, ist für Epikur unmittelbar gewiß, denn wir denken an Götter und können nur das bedenken, was uns durch Abbilder vermittelt wurde. Die Menge aber hat ein falsches Urteil über die Götter, wenn sie ihnen Zorn und Zuneigung zuschreibt. Der Weise hingegen hat ein richtiges Urteil, das einer Prolepse gleichkommt. Dieser höhere Prolepsisbegriff, gewonnen auf der Basis der vom Wahrnehmungsvermögen des Verstandes (nicht der Sinne) unmittelbar rezipierten Götterabbilder unter Beteiligung des logischen Vermögens des Verstandes, impliziert nun das Urteil, daß die Götter glückselig und unvergänglich sind: und er enthält noch den aus dem Glückseligkeitsbegriff abgeleiteten Schluß, daß die Götter deshalb von allen Geschäften frei sind und sich um nichts sorgen.

Die Götter leben in den „Zwischenwelten" (Metakosmien) und bleiben so vom Werden und Vergehen der Welten unberührt. Ihre quasi-menschlichen Leiber bestehen aus Atomen feinster Art. Sie haben trotz beständiger Abbildabgabe keinen Substanzverlust, weil sie diesen durch Rezeption der ihnen gemäßen Atome zu kompensieren vermögen.

Epikur war also kein Atheist. Da er aber alle Beziehungen der Götter zu den Menschen (nicht umgekehrt, vgl. S. 511, Anm. 4) abbrach, konnte seine Theologie durchaus als quasi-atheistisch verstanden werden. So schloß denn auch der Kirchenvater Lactantius, daß Götter, die sich um nichts kümmern und sorgen, auch nicht nachdenken und empfinden, woraus hervorgehe, daß es sie überhaupt nicht gäbe. Epikurs „Religion" und „Theologie" bieten der Interpretation große Schwierigkeiten. Daß er riet, den offiziellen Kult zu ignorieren, läßt sich wohl schwerlich bloß aus Gründen der Opportunität erklären, wiewohl auch die Vermeidung des sonst möglichen Risikos der Verfolgung mit den Zwecken seiner Philosophie übereinstimmen würde. Was die Anhänger im offiziellen Kult inoffiziell verehrt haben, waren wohl die Götter als Leitbilder epikureischer Weisheit und Lebensform. Als Leitbilder aber konnten die Götter fungieren, weil sie Epikur mit der Verbannung in die Zwischenwelten zugleich aus der Verantwortlichkeit für die Übel dieser Welt entlassen hatte. Dadurch hat er das mit dem Erwachen des sittlichen Bewußtseins auch schon in der Antike aktuell gewordene Theodizeeproblem nicht ungeschickt gelöst. Götter, die mit dieser Welt zu tun haben, provozieren zu folgender Überlegung Epikurs: „Entweder wollen die Götter die Übel in der Welt abschaffen und können es nicht: dann sind sie schwach; oder sie können es und wollen es nicht: dann sind sie schlecht; oder sie können es nicht und wollen es nicht: dann sind sie schwach und schlecht und in jedem Falle keine Götter; oder sie können und wollen es: warum gibt es dann Übel?" (Vgl. Epikur-Fragment Nr. 106.) Die Götter jedenfalls sind nach Epikur daran schuldlos, weil sie mit dieser argen, moralisch indifferenten Welt absolut nichts zu tun haben. So konnten sie ganz das epikureische Tugendideal verkörpern und den Anhängern des Gartenphilosophen Anreiz sein, nach der nun erreichbar gewordenen Gottähnlichkeit zu streben. Daß der Meister diesen Zustand erreicht hatte, verstand sich in den Kreisen seiner Anhänger von selbst.

### Die spätere Entwicklung der epikureischen Schule

Der bedeutendste unter den Schülern Epikurs war Metrodoros, geb. 331/330 in Lampsakos. Er hat, dem Lehrer in enger Freundschaft verbunden, sein Leben ganz der Schule gewidmet. Metrodoros starb im Jahre 278/277, sieben Jahre vor Epikur. Die erhaltenen geringen Reste aus den Schriften des Metrodoros (es handelt sich ausschließlich um verstreute Bruchstücke) gestatten uns kaum ein Urteil, ob und in welchem Ausmaß dieser Philosoph selbständig zur Ausbildung der epikureischen Lehre beigetragen hat. Seine Bedeutung lag wohl besonders darin, daß er – wie Epikur selbst – die Position der neuen philosophischen Richtung durch polemische Auseinandersetzung mit älteren und zeitgenössischen Theorien schärfer bestimmt und damit zur besseren Fundierung des Systems beigetragen hat. Wir wissen von solchen Auseinandersetzungen mit Demokrit, Platon, Aristoteles und den Kynikern. Die Polemik des Metrodoros zeichnete sich wie die Epikurs durch eine schneidende Schärfe aus. Besonders bekannt war in der Antike die Auseinandersetzung des Philosophen mit seinem Bruder Timokrates, der zunächst ebenfalls Anhänger Epikurs geworden war, sich aber von diesem wieder getrennt hatte. Wie erhaltene Bruchstücke aus einem Brief an Timokrates beweisen, ging es bei diesem Streit u. a. um die hedonistische Grundlage der epikureischen Lehre, die Metrodoros mit nachdrücklicher Betonung gerade der körperlichen Lust als Grundlage und Beziehungspunkt auch für die geistigen Bestrebungen des Menschen verfochten hat. Mit Nachdruck hat sich auch Metrodoros gegen jegliche politische Aktivität ausgesprochen.

Nachfolger Epikurs als Oberhaupt der Schule wurde Hermarchos, der sich 310 v. u. Z. in Mytilene auf Lesbos an Epikur angeschlossen hatte und wie Metrodoros sein ganzes Leben dem Dienst an der Schule Epikurs gewidmet hat. Auch in seinen Schriften scheint die Polemik mit anderen Schulen eine besondere Rolle gespielt zu haben. Bezeugt sind Auseinandersetzungen mit Empedokles, Platon und Aristoteles. Unter den erhaltenen Bruchstücken aus Hermarchos' Schriften ist das bedeutendste der obenerwähnte Auszug rechtsphilosophischen Inhalts aus den „Epistolika (d. h. Schrift in Briefform) über Empedokles".

Zu den ältesten Schülern Epikurs gehörte auch Polyainos aus Lampsakos, der, bevor er sich an Epikur anschloß,

vor allem mathematische Studien getrieben, diese aber
unter dem Einfluß Epikurs, der die Mathematik ab-
lehnte, aufgegeben hatte. Polyainos, der wie Metrodoros vor Epikur starb, soll gute Beziehungen auch zu
den konkurrierenden Schulen, insbesondere zur Stoa,
unterhalten haben.

Nachfolger des Hermarchos in der Leitung der Schule
wurde Polystratos, von dessen Schrift „Über die grund-
lose Verachtung der Volksmeinung" uns umfangreiche
Reste auf Papyri aus Herculaneum erhalten sind. In
dieser Schrift geht es u. a. um das bereits von der Sophistik diskutierte Problem, ob die sittlichen Normen einen
„natürlichen" oder gesellschaftlich-konventionellen Ursprung haben. Polystratos vertritt den konventionellen
Ursprung der sittlichen Begriffe, lehnt aber die Konsequenz, daß sie darum keine verbindliche Gültigkeit hätten, ab. Polystratos stellt dabei die relative Wahrheit
der sittlichen Normen, die stets in einem bestimmten
Beziehungssystem gesehen werden müssen (als Maß
gilt das epikureische Prinzip des Nutzens), der absoluten Gültigkeit von Aussagen über bestimmte Naturobjekte gegenüber. – Ein unmittelbarer Schüler Epikurs
war auch Kolotes, der vor allem mit kritischen und
polemischen Schriften in der Auseinandersetzung
mit den Auffassungen anderer Schulen hervorgetreten
ist.

Unter den Epikureern des 2. Jahrhunderts v. u. Z. ist als
bemerkenswerte Erscheinung Philonides von Laodikaia
hervorzuheben. Im Gegensatz zur generell ablehnenden
Haltung der Epikureer gegenüber den mathematischen
Disziplinen hat sich dieser eingehend mit der Mathematik befaßt. Um das Traditionsgut der Schule machte
sich Philonides dadurch verdient, daß er Briefe ihrer
vier bedeutendsten Vertreter – Epikur, Metrodoros,
Hermarchos und Polyainos – sammelte. Weitere nam-
hafte Epikureer des 2./1. Jahrhunderts sind Apollodoros,
genannt der „Gartentyrann", Zenon von Sidon und Demetrios Lakon. Aus dem Werk des letzteren ist uns eine
größere Reihe interessanter Papyrusbruchstücke aus

Schriften ethischen und fachwissenschaftlichen (Grammatik und Mathematik) Inhalts erhalten.

Bereits im 2. Jahrhundert v. u. Z. kam es zu den ersten Versuchen, der Lehre Epikurs auch in Rom und im übrigen Italien Eingang zu verschaffen. Aber erst im 1. Jahrhundert v. u. Z. war diesen Bemühungen Erfolg beschieden. Eine bedeutendere Ausstrahlung hatte besonders die Tätigkeit des bereits genannten Zenon von Sidon und des Epikureers Phaidros. Beide hat Cicero in der Zeit seiner philosophischen Studien in Athen gehört. Auf dem italienischen Boden bildete sich ein Epikureerkreis in Neapel, von dem eine stärkere Wirkung besonders auf junge Literaten ausging. Mittelpunkt dieses Kreises war Siron, der den jungen Vergil und seine Freunde, darunter auch Horaz, in seinen Bann zog.

Mit diesem Kreis verbunden war auch Philodemos von Gadara (etwa 110–40 v. u. Z.), der bereits erwähnte Lehrer der epikureischen Philosophie, der auch als Dichter erotischer Epigramme bekannt geworden ist; dreißig erhaltene Gedichte tragen seinen Namen, einige allerdings vermutlich zu Unrecht. Als Zeugnisse seines Wirkens besitzen wir die Reste einer beträchtlichen Anzahl von philosophischen Schriften (Vorlesungskonzepte, Abrisse, populärphilosophische Traktate), die durch den Herculanenser Papyrusfund zutage traten. Sie sind zwar keine Erzeugnisse eines selbständigen Philosophierens, haben aber trotzdem großen Wert für unsere Kenntnis der Philosophie Epikurs, da Philodemos über bestimmte, uns sonst nur mangelhaft bekannte Teile der Lehre und über ihre weitere Ausbildung in den Jahrhunderten nach Epikur detaillierte Auskunft gibt. Der für uns wertvollste Teil von Philodemos' Nachlaß ist seine Darstellung der (von jüngeren Epikureern im einzelnen entwickelten) induktiven Logik („Über induktive Schlußverfahren"), die Aufschluß darüber gibt, wie sich diese Philosophen grundsätzlich empirischer Fragestellungen bedienen. Philodemos hat auch ästhetische Schriften verfaßt, deren erhaltene Bruchstücke (besonders die der

Schrift „Über die Dichtkunst") für unsere Kenntnis der
nur sehr fragmentarisch überlieferten hellenistischen
Ästhetik außerordentlich wichtig sind. Philodemos bleibt
in den Bahnen von Epikurs Auffassung, nach der die
Kunst als Quelle von Lustempfindungen anerkannt oder
zumindest toleriert wird. In der genannten Schrift „Über
die Dichtkunst" bestreitet er mit Nachdruck, daß Zweck
und Ziel der Dichtkunst in der Stiftung ethischen Nutzens gesucht werden könne. Er proklamiert die untrennbare Einheit von Form und Inhalt, betont aber im Sinne
eines gewissen Ästhetizismus die Form stärker und leugnet, daß die Dichtung mit ihren Mitteln der Erkenntnis
der Wahrheit dienen könne.

Für unser Wissen von der epikureischen Götterlehre und
von der Haltung, die die Epikureer gegenüber dem
Volksglauben und den verschiedenen Formen philosophischer Religion einnahmen, höchst bedeutsam sind
die Schriften „Über die Götter" und „Über die Frömmigkeit". Von den populärphilosophischen Werken verdient neben dem Traktat „Über den Zorn" die Schrift
„Über den Tod" Aufmerksamkeit. Philodemos wendet
sich mit den bereits erwähnten epikureischen Argumenten gegen die Furcht vor dem Tod und die Sorge um
das Schicksal der Seele nach dem Tode. Er preist die
in sich gefestigte Haltung des Weisen, der dem Tod
gelassen ins Auge sieht, weil er Klarheit über dessen
Wesen gewonnen hat.

Sofern von Philodemos' Schriften deutsche oder englische
Teilübersetzungen bzw. ausführliche Inhaltsparaphrasen
vorliegen, sind die betreffenden Ausgaben unten im Literaturverzeichnis mit aufgeführt.

Durch Cicero wissen wir von Versuchen des frühen
1. Jahrhunderts v. u. Z., die epikureische Philosophie
durch Prosaschriften in lateinischer Sprache in Rom ein-
zuführen. Cicero berichtet auch, daß diese Versuche an
den mangelnden literarischen Qualitäten der besagten
Schriften gescheitert sind. Das Verdienst, den Epikuris-
mus der lateinischen Sprache erschlossen zu haben, kommt
dem Römer T. Lucretius Carus zu, dessen Lehrgedicht

„Über die Natur der Dinge" für die weitere Tradition
der epikureischen Philosophie bis hinein in die Neuzeit eine überragende Bedeutung gehabt hat. Über das
Leben des Lukrez ist uns kaum etwas bekannt. Als
sein Geburtsjahr wurde auf Grund von Angaben spät-
antiker Autoren 97 v. u. Z. errechnet. Der Dichter starb
am 10. Oktober 55 v. u. Z. Die Überlieferung, daß
Lukrez wahnsinnig gewesen sei und mit Selbstmord ge-
endet habe, ist als Legende erwiesen, die ihren Ursprung
in der theologischen Polemik gegen den materialistischen
Gedankengehalt des Lehrgedichts hatte. Es ist im Rahmen dieser Einleitung nicht möglich, das Werk des
Lukrez ausführlich zu würdigen. Es sei hier auf eine
neue, in Vorbereitung befindliche kommentierte Ausgabe in der Universal-Bibliothek verwiesen.
Lukrez ist ein Dichter von außerordentlicher Sprach-
gewalt und Gestaltungskraft, sein Werk gehört zu den
größten Dichtungen der Antike. Es ist Lukrez nicht nur
gelungen, das schwierige Problem der Übertragung der
spezifischen philosophischen Fachterminologie in die lateinische Sprache zu bewältigen, sondern auch den z. T.
spröden und abstrakten Stoff der atomistischen Lehre
in einer anschaulichen und bilderreichen Sprache darzu-
bieten. In den Mittelpunkt seines Werkes hat der Dichter
die epikureische Naturphilosophie gestellt, wobei freilich die naturphilosophische Spekulation über das Wesen
der Welt, der Götter und des Todes letztlich auf den
ethischen Ertrag angelegt ist. Im übrigen beweist sich der
Dichter an vielen Stellen als feiner Kenner der menschlichen Seele. Die dichterische Potenz des Lukrez zeigt
sich besonders in den Proömien, die zumeist dem Preis
des Epikur gewidmet sind.
Mit größter Schärfe wendet sich Lukrez gegen die verschiedenen Formen der Volksreligion und des offiziellen
Staatskultes. Der spezifisch epikureische Götterglaube
fehlt bei Lukrez nicht, tritt aber zurück hinter dem lei-
denschaftlichen Kampf des Dichters gegen alle Formen
der Religion, die den Menschen in Abhängigkeit von
göttlichen Mächten bringen und überhaupt die Welt von

göttlichen Mächten durchwaltet und regiert sehen. Lukrez
trifft damit nicht nur die verschiedenen Schattierungen
des griechischen und römischen Volksglaubens und
Staatskultes, sondern auch philosophische Glaubensfor-
men, die (wie etwa die platonische oder stoische) in
der Antike große Geltung erlangt hatten. Der Dichter
stellt den teleologischen Anschauungen von der Ewigkeit unseres Kosmos und von einem göttlichen Weltplan,
dem alles Naturgeschehen unterstellt ist, die Lehre von
einer unendlichen Vielzahl dem Werden und Vergehen
unterworfener kosmischer Systeme und eine rein kau-
sale Naturerklärung gegenüber. Er bekämpft nachdrücklich den Glauben an Götter, die in das Geschehen der
Natur lenkend eingreifen. Die Bücher 1 und 2 stellen
die Prinzipien der Atomlehre dar (die Atome und ihre
Bewegung), die Bücher 3 und 4 handeln von der Seele
des Menschen und ihren Funktionen (Buch 4: Wahrnehmung, Denken, Begehren), die Bücher 5 und 6 haben
die Kosmologie (am Ende von Buch 5 Darstellung der
menschlichen Kulturentwicklung) und besondere Naturerscheinungen zum Inhalt. Von größter Bedeutung sind
für uns jene Teile des Lukrezischen Werkes, die epikureische Lehren behandeln, zu denen wir sonst keine
oder nur spärliche Berichte haben. In erster Linie ist
hier das 5. Buch zu nennen mit seiner Darstellung der
Entwicklung der Pflanzen und Tiere und der Entstehung
und kulturellen Entwicklung des Menschen. Die Frage,
ob Lukrez sich in der Hauptsache unmittelbar an Epikurs Hauptwerk „Über die Natur" oder mehr an jüngere
Darstellungen der epikureischen Lehre gehalten hat, ist
noch umstritten.

In den letzten Jahrzehnten der römischen Republik hat
der Epikureismus in Rom und Italien eine nicht geringe
Verbreitung gehabt, die wir zuverlässigen Quellenberich-
ten entnehmen können. Die Rivalität mit der stoischen
Schule, die besonders in der von Panaitios und Poseidonios vertretenen mittelstoischen Gestalt in Rom eine
starke Wirkung gefunden hat, wurde in der Augusteischen

Zeit zugunsten der Stoiker entschieden, deren Stellung zum Staat, zumindest in der römischen Form des Stoizismus, dem patriotischen Pathos der Prinzipatszeit besser entsprach als die epikureische Maxime „Lebe im Verborgenen". Der Epikureismus ist aber darum keineswegs untergegangen und hat sogar im 2. Jahrhundert u. Z. eine bemerkenswerte neue Blüte erlebt. Diese Nachblüte ist als Reaktion auf den wachsenden Irrationalismus und Mystizismus zu verstehen, Erscheinungen, die für die Entwicklung der Philosophie in der Kaiserzeit charakteristisch sind. Auch gegenüber dem Aberglauben und der Wundergläubigkeit, die immer mehr um sich griffen, bot der Epikureismus mit seiner strengen Rationalität und seiner aufklärerischen Haltung für viele Menschen einen Halt.

Ein sehr eindrucksvolles Zeugnis für diese neue Blüte der epikureischen Philosophie, die sich nicht auf die kulturellen Zentren in Griechenland und Italien beschränkte, sondern auch in den Provinzen zu beobachten ist, stellt die monumentale Inschrift des Diogenes von Oinoanda vom Ende des 2. Jahrhunderts u. Z. dar, von der uns beträchtliche Reste erhalten sind. Oinoanda war eine kleine Landstadt im Südwesten Kleinasiens, an der Grenze zwischen Lykien und Pisidien. Ein gewisser Diogenes, Bürger dieser Stadt und enthusiastischer Anhänger Epikurs, ließ die Inschrift von etwa 40 m Länge in einer Säulenhalle anbringen, um damit der Verbreitung der epikureischen Lehre einen Dienst zu erweisen. Der recht umfangreiche Text enthält Abhandlungen über Probleme der Naturphilosophie und der Ethik. Dazu kommt eine Reihe von Abschriften persönlicher Dokumente aus dem Leben des Diogenes und eines Briefes, dessen Deutung noch umstritten ist. Manches spricht dafür, daß es sich um einen Brief des jungen Epikur an seine Mutter handelt. Am unteren Rand der Inschrift lief ein Spruchband entlang, dessen Reste als Teile der epikureischen „Hauptlehrsätze" identifiziert werden konnten. Eine Reihe weiterer Sprüche, die an einer anderen Stelle der Inschrift erscheinen, war dagegen bis dahin unbekannt gewesen.

*Die Nachwirkungen der epikureischen Philosophie*

Epikurs Philosophie hat ein wechselvolles Schicksal gehabt. Da sie die entscheidenden Fragen des Lebens auf so natürliche und damit provozierende Weise zu lösen versucht, hat sie selten jene unparteiische Aufmerksamkeit gefunden, mit der die Nachwelt die Lehren von Akademie, Peripatos und Stoa im allgemeinen zu behandeln pflegte. Cicero und Plutarch vor allem haben manches getan, um Epikur zu verdächtigen und in Verruf zu bringen, wenn sie Widersprüchliches und Naives mit Eifer hochspielten, ohne, wie billig gewesen wäre, auch die vielen erstaunlich gescheiten und progressiven Gedanken zu berücksichtigen. Hier konnte das Christentum bequem anknüpfen, das dann den Mann, der von der göttlichen Fürsorge ebensowenig wissen wollte wie von der Unsterblichkeit der Seele, mit Hohn und Haß verfolgte. Sie alle sind am Untergang seines Werkes nicht unschuldig und haben seine Lehre so verdunkelt, daß der gelehrte Scharfsinn der letzten hundert Jahre nicht ausgereicht hat, sie vollständig nachzuzeichnen.

Im Mittelalter, als Bibel und Aristoteles bestimmten, was der Mensch von Gott und der Welt zu halten hatte, blieb Epikur das Symbol gottlosen Schlemmertums. Und doch begann der atomistische Gedanke schon inmitten der Scholastik durch die Vermittlung des Lukrez allmählich wieder Fuß zu fassen. Mehrere Denker haben dabei die kanonische Vier-Elementen-Lehre des Aristoteles mit der Atomtheorie verbunden. Solche Versuche brachten freilich die Glaubensfanatiker der Heiligen Inquisition in Harnisch. Nikolaus de Autrecourt, der die Dinge und ihre Atome befragen wollte, anstatt immer nur den Aristoteles, hatte dabei noch Glück; er kam mit dem Leben davon und wurde 1348 nur gezwungen abzuschwören. Renaissance und Humanismus, mit den wachsenden Produktivkräften der jungen bürgerlichen Gesellschaft entstanden, haben dann ganz allmählich die Freiheit der Forschung begünstigt, von der auch die demokritisch-epikureische Philosophie profitierte.

Durch Pierre Gassendi systematisch erneuert, hat die Atomistik bei den großen Naturwissenschaftlern des 17. Jahrhunderts eine entscheidende Rolle gespielt. Galilei, der schon vor Locke die Theorie der primären und sekundären Qualitäten wieder aufgriff, hat sich zu ihr ebenso bekannt wie Boyle, Huygens, Newton, Dalton und andere. Hier hat sie sich als theoretisches Modell für die Reduzierung der qualitativen Mannigfaltigkeit der physikalischen Erscheinungen auf invariable Substanzen im Prozeß der experimentellen Naturforschung außerordentlich fruchtbar gezeigt. Grundzüge der antiken Atomistik finden sich vielfach in der modernen Theorie wieder. So hat sich die heutige Physik mit der Überwindung des klassischen Kraft-Stoff-Dualismus wieder dem antiken Vorbild angenähert, dem Bewegung eine dem Stoff immanente Eigenschaft war. Freilich ist heute der Begriff des absoluten Stoffes, den die demokritischen Atome darstellen, weitgehend aufgegeben worden. Man betrachtet ihn vielmehr als eine der Erscheinungsformen des Materiellen neben dem physikalischen Feld. Die sogenannte Atomvibration nimmt in gewissem Umfang die Theorie der Thermodynamik vorweg. Und das dialektische Verhältnis von Zufall und Notwendigkeit hat in der Beziehung der vielgeschmähten Deklination im einzelnen zur Determiniertheit im Großen eine Art Vorläufer. Denn auch aus den modernen statistischen Gesetzen des atomaren Geschehens, die gewissermaßen den Zufall einkalkulieren, folgt für Prozesse im Großen eine so hohe Wahrscheinlichkeit, daß diese Ereignisse im allgemeinen dann als gewiß und damit als determiniert angesehen werden können.

Hier ist nicht der Ort, diese Beziehungen weiter auszuführen. Schon sie zeigen indessen, daß „alle Hauptzüge der antiken Theorie in der neueren bis in die Gegenwart fortgelebt (haben)" (Schrödinger). Müßig zu sagen, daß die heutige Konzeption vom Atom dennoch anders ist, daß hier nur Analogien und approximative Entsprechungen vorliegen. Und doch ist dieses Andere, dieses Neue eben aus Überlegungen geboren, die sich

am demokritisch-epikureischen Denkmodell orientiert
haben. Der Schritt zu einem solchen Denkmodell ist
wahrlich nicht kleiner als der Schritt der modernen Naturwissenschaft, der dieses Modell erheblich korrigiert
hat und korrigiert.

Auch die epikureische Ethik und Gesellschaftstheorie hat
einen beachtlichen Einfluß auf das philosophische Denken der Neuzeit ausgeübt. Bei Thomas Hobbes, Samuel
Pufendorf und anderen Staatsrechtslehrern des 17. Jahrhunderts wird die sophistisch-epikureische Lehre vom
Gesellschaftsvertrag zur Grundlage der gesamten Staatstheorie. Wie Epikur setzt Hobbes einen vorgesellschaftlichen Zustand des „Krieges aller gegen alle" voraus,
dem durch den Vertragsabschluß ein Ende gesetzt wird.
Pufendorf differenziert zwischen Sozialvertrag und
Staatsvertrag, eine Unterscheidung, die in der Darstellung des Lukrez in gewissem Maße vorgezeichnet
ist, wo dem eigentlichen Staatsvertrag ebenfalls, getrennt
durch eine längere Entwicklungsperiode, eine Überein-
kunft über gegenseitige Schonung vorausgeht, die das
gesellschaftliche Miteinanderleben überhaupt erst ermöglicht. Bekanntlich hat Rousseau, der die Lukrezische
Darstellung der Ur- und Frühgeschichte gekannt und in
Einzelzügen verwertet hat, im scharfen Gegensatz zu
Hobbes einen friedlichen Urzustand des Menschen angenommen, der von Natur gut und erst durch die Gesetze und die Gesellschaft verdorben worden sei. Die
Vorstellungen über das Wesen des Gesellschaftsvertrages
und seine Konsequenzen für die staatliche Ordnung und
die Rechte der Bürger waren bei den genannten Theore-
tikern unterschiedlich wie die Ziele, die damit im Kampf
gegen den Feudalismus im einzelnen verfolgt wurden.
Hinter diesen mannigfaltigen Abwandlungen bleiben
aber gewisse Grundelemente der antiken Theorie sichtbar.

Die Ethik Epikurs hat dann eine nachhaltige Wirkung
auf die Materialisten der französischen Aufklärung ausgeübt. Wie schon bei den englischen Aufklärern Hutche-
son und Hume tritt aber bei La Mettrie, Helvetius und

Holbach an die Stelle des Prinzips des individuellen Genusses die Rücksicht auf den Nutzen für die Gesellschaft. Dabei gehen auch diese Denker – wie Epikur – vom Egoismus als der stärksten Triebkraft im Menschen aus, versuchen diesen aber durch die verschiedensten Umsetzungen für die Gesellschaft nutzbar zu machen. In ähnlicher Weise hat dann der englische Utilitarismus, vertreten durch J. Bentham und J. St. Mill, auf den egoistischen Prämissen des individuellen Hedonismus einen Sozialeudämonismus („das größtmögliche Glück der größten Zahl") aufzubauen versucht. Auch Bentham und Mill betrachten mit Epikur das Luststreben als Ausgangspunkt für alles menschliche Tun. Durch Aufklärung über das wohlverstandene Interesse und eine entsprechende Gesetzgebung soll aber das vom berechtigten Egoismus bestimmte Handeln in solche Bahnen gelenkt werden, daß es dem Nutzen der Gesellschaft zu dienen vermag. Schließlich wirken auch in den Gedanken Ludwig Feuerbachs über die Moral bestimmte Elemente der epikureischen Ethik nach. Gemeinsam ist beiden Systemen vor allem der naturalistische Grundansatz für die Ethik: das Ausgehen von einer abstrakten und unveränderlichen Natur des Menschen.

Auf ein völlig neues Fundament wird die Ethik im historischen Materialismus gestellt. Ausgangspunkt ist nicht mehr wie bei den früheren Materialisten die Fiktion einer unveränderlichen Menschennatur, sondern der konkrete Mensch, dessen Wesen sich als das Ensemble der gesellschaftlichen Verhältnisse enthüllt, unter denen er lebt. Dabei konnte der historische Materialismus an die progressiven Tendenzen der materialistischen Theorie der Antike, wie sie sich etwa in einigen Prinzipien der epikureischen Rechtsphilosophie abzeichnen, anknüpfen, nachdem diese Gedanken in der Aufklärungsphilosophie des 18. Jahrhunderts neu belebt worden waren.

Lassen sich, wie wir sehen, Traditionslinien auch im Hinblick auf Ethik und Gesellschaftstheorie von den antiken Atomisten bis zum historischen Materialismus verfolgen, so treten diese Aspekte doch zurück hinter der außerordentlichen Wirkung, die das Denken der antiken Materialisten Demokrit, Epikur und Lukrez bei der Konstituierung des neuen wissenschaftlichen Weltbildes in Renaissance und Frühaufklärung gehabt hat. Nichts kann uns deutlicher vor Augen führen, welchen hervorragenden Platz die antike Atomistik unter den progressiven Traditionen im philosophischen Denken der Antike einnimmt. Dieses wertvolle Erbe neu zu erschließen, ist eine Aufgabe, der der vorliegende Band dienen möchte.

Berlin/Jena, Juli 1970          *Fritz Jürß, Reimar Müller,*
                                        *Ernst Günther Schmidt*

Diese zweite Auflage erscheint, abgesehen von einzelnen Verbesserungen, die Herausgeber und Verlag den Hinweisen von Lesern und Rezensenten verdanken, im wesentlichen unverändert.

# LEUKIPPOS UND DEMOKRIT
## FRAGMENTE

# Lehren des Leukippos

### 1.

Leukippos aus Elea oder Milet – beide Angaben finden sich nämlich über ihn[1] – schloß sich in der Philosophie an Parmenides an, ging jedoch in der Lehre vom Seienden nicht den gleichen Weg wie Parmenides und Xenophanes[2], sondern, wie es scheint, den entgegengesetzten. Denn während jene das All eins und unbeweglich und unentstanden und begrenzt sein ließen und nach dem Nichtseienden nicht einmal nachzuforschen erlaubten, nahm er unendlich viele und in ewiger Bewegung begriffene Elemente[3] an, die Atome, und eine unendliche Menge ihrer Formen, weil nichts von bestimmter Beschaffenheit mit mehr Grund[4] existiere als anderes von anderer Beschaffenheit und weil er sah, daß Entstehen und Veränderung im Bereich des Seienden unaufhörlich seien. Ferner existiere das Seiende um nichts mehr[4] als das Nichtseiende, und beide seien gleichermaßen Ursache[5] für das, was entsteht. Die Substanz der Atome nämlich faßte er als fest und voll auf und sagte, sie sei das Seiende und bewege sich im Leeren, das er seinerseits als das Nichtseiende bezeichnete und von dem er sagt, es existiere um nichts weniger als das Seiende.

*Simplikios, Kommentar zu Aristoteles, Physik, S. 28,4ff. Diels*

### 2.

Leukippos aber glaubte eine Theorie zu haben, deren Aussage mit der Sinneswahrnehmung in Einklang stehe und weder Entstehen noch Vergehen noch Bewegung und die Vielheit des Seienden aufhebe. Hierin befand er sich in Übereinstimmung mit den Erscheinungen, mit denjenigen Philosophen hingegen, die das Eine (als Prinzip) aufgestellt hatten, stimmte er in der Annahme überein, daß keine Bewegung ohne das Leere möglich

sei. Er behauptet, das Leere sei nichtseiend, vom Seienden (hingegen) nichts nichtseiend; denn das im eigentlichen Sinne Seiende sei das ganz Volle. Aber dies
derart Beschaffene sei nicht Eines, sondern unendlich
an Menge und unsichtbar wegen der Kleinheit der
Masseteile. Diese Masseteile bewegten sich im Leeren –
denn es gebe das Leere –, und wenn sie sich zusammen-
fügten, bewirkten sie das Entstehen (von Dingen), wenn
sie sich aber voneinander lösten, (deren) Vergehen. Sie
bewirkten und erlitten (Einwirkungen) je nach der Art,
wie sie sich zufällig berührten; insofern seien sie nicht
Eines. Und wenn sie sich zusammensetzten und miteinander verflöchten, ließen sie (Dinge) entstehen. Aus
dem in Wahrheit Einen aber könne niemals eine Vielheit entstehen, ebensowenig aus dem wahrhaft Vielen
Eines, sondern das sei unmöglich. Wie vielmehr Empedokles und einige andere (Philosophen) behaupten,
(Einwirkungen) würden mittels von Poren erlitten[6], so
vollziehe sich jede Veränderung und jedes Erleiden auf
diese Weise, denn Auflösung und Vernichtung erfolge
durch das Leere, und in gleicher Weise auch das Wachstum, indem unvermerkt (Masseteilchen) eindringen.
Auch Empedokles muß nahezu dasselbe behaupten wie
Leukippos, nämlich, daß es gewisse feste (Teilchen)
gebe, die unteilbar seien, sofern es nicht nach allen
Seiten zu miteinander verbundene Poren gibt. Das aber
ist unmöglich.[7] Denn (auf diese Weise) würde es nichts
anderes – nichts Festes – geben außer den Poren, sondern alles wäre leer. Notwendigerweise sind also die
sich berührenden (Teilchen) unteilbar, die Zwischen-
räume zwischen ihnen – das, was Empedokles Poren
nennt – dagegen leer. Ebenso äußert sich auch Leukippos über das Bewirken und Erleiden (von Einwirkungen).

*Aristoteles, Über Entstehen und Vergehen 1,8. 325a 23ff.*

### 3.

Leukippos denkt ebenso, wie Platon im „Timaios" geschrieben hat; denn nur insofern äußert sich Platon nicht in genau der gleichen Weise wie Leukippos, als der eine (Leukippos) die unteilbaren (Einheiten) als feste Körper bezeichnet, der andere (Platon) als Flächen, und der eine (Leukippos) die unteilbaren festen Körper durch unendlich viele Formen, der andere (Platon) hingegen durch eine begrenzte Zahl (von Formen)[8] bestimmt sein läßt; denn daß sie unteilbar und durch Formen bestimmt sind, sagen beide. Infolgedessen gibt es für Leukippos offenbar[9] zweierlei Art Entstehungen und Trennungen: mittels des Leeren[10] und mittels der Berührung[11] – denn auf diese Weise ist jedes (Ding) trennbar –, für Platon hingegen nur mittels der Berührung. Denn er leugnet die Existenz des Leeren.

*Aristoteles, Über Entstehen und Vergehen 1,8. 325b 24ff.*

### 4.

Leukippos aus Abdera, der Hörer des Eleaten Zenon[12], machte auf gedanklichem Wege[13] als erster die Entdeckung der Atome.

*[Galen], Geschichte der philosophischen Lehrmeinungen 3*

### 5.

Leukippos aus Milet nahm als Prinzipien und Elemente das Volle und das Leere an.

*Aetios 1,3,15*

### 6.

Einige Philosophen nehmen ewiges Tätigsein an, z. B. Leukippos und Platon. Denn sie sagen, die Bewegung sei ewig.[14] Aber warum sie stattfindet und was für eine Bewegung es ist, sagen sie nicht, auch nicht, falls sie in dieser oder jener Weise erfolgt, die Ursache davon.

*Aristoteles, Metaphysik 12,6. 1071b 31ff.*

7.

Leukippos lehrt, alles geschehe mit Notwendigkeit und
sie sei gleichbedeutend mit der Schicksalsfügung.[15] In
seiner Schrift „Über den Geist"[16] sagt er nämlich: „Kein
Ding entsteht aufs Geratewohl, sondern alles aus be-
stimmtem Grunde und infolge Notwendigkeit."

*Aetios 1,25,4*

8.

Leukippos stammte aus Elea oder, wie manche angeben,
aus Abdera, nach der Ansicht einiger Gewährsleute auch
aus Milet. Er war Hörer Zenons.
Er vertrat die Meinung[17], daß alles unendlich sei und
sich ineinander wandle. Das All sei leer und gefüllt
mit Körpern (= Atomen). Die Welten entstünden, indem Körper in das Leere stürzen[18] und sich miteinander
verflechten. Aus der Bewegung heraus entstünde durch
ihr Wachstum die Substanz der Gestirne. Die Sonne
bewege sich in einer größeren Kreisbahn um den Mond.[19]
Die Erde finde Halt, indem sie in der Mitte herumgewirbelt werde[20]; sie habe die Form eines Tympanon.[21]
Als erster stellte er die Atome als Prinzipien auf. Soviel
in großen Zügen; im einzelnen gilt folgendes:
Das All bezeichnet er, wie schon erwähnt, als unendlich.
Von ihm sei der eine Teil gefüllt, der andere leer; er
nennt das auch die Elemente. Es gebe aus ihnen unendlich viele Welten, und sie lösten sich auch wieder
in die Elemente auf. Die Welten entstünden aber auf
folgende Weise: Infolge Lostrennung[22] stürzten sich aus
dem Unendlichen viele verschiedenartig gestaltete Körper in das „große Leere".[23] Sie ballten sich zusammen
und verursachten eine einzige Wirbelbewegung. Dadurch stießen sie aufeinander und würden auf alle mögliche Weise in kreisende Bewegungen versetzt. Dabei
sonderte sich, ein jedes für sich, das Gleiche zum Gleichen.[24] Da sie infolge ihrer Menge nicht länger im
Gleichgewicht herumwirbeln könnten, entwichen die
feinen (Teilchen) in das außerhalb gelegene Leere, als

würden sie ausgesiebt. Die übrigen aber blieben bei-
sammen, verflochten sich miteinander, setzten ihren Lauf
gemeinsam fort und bildeten eine erste kugelförmige
Ballung. Es gebe gleichsam eine äußere Haut dieser
Ballung[25], die die mannigfaltigen Körper in sich enthalte. Da diese Körper infolge des Gegendrucks der
Mitte[26] herumgewirbelt würden, werde die umgebende
Haut dünn, denn ständig flössen benachbarte Körper
zusammen, die mit dem Wirbel in Berührung gerieten.
Und so sei die Erde entstanden, indem die zur Mitte
beförderten Körper beieinandergeblieben seien. Das
umgebende hautartige Gebilde habe sich infolge des
Zuflusses außerhalb befindlicher Körper jedoch wieder
vergrößert; da es sich in Wirbelbewegung befinde, ziehe
es alle Körper, mit denen es in Berührung komme, an
sich. Ein Teil von ihnen verflechte sich miteinander und
bilde eine Ballung, die zunächst ganz feucht und schlamm-
artig ist, aber trockne und sich zusammen mit der Wirbelbewegung des Ganzen im Kreise herumbewege. Dann
entzünde sie sich und bilde schließlich die Substanz der
Gestirne. Der Umlaufkreis der Sonne sei am weitesten
außen gelegen, der des Mondes am meisten (der Erde)
benachbart, die übrigen lägen zwischen ihnen. Und alle
Sterne befänden sich infolge der Schnelligkeit ihrer Fortbewegung in Glut; die Sonne würde auch von den Gestirnen in Glut versetzt, der Mond dagegen habe nur
wenig Anteil am Feuer. Sonne und Mond würden verfinstert ... (Textlücke?) (Die Schiefe der Ekliptik aber
habe sich dadurch ergeben [?],)[27] daß sich die Erde
nach Süden neigte. Die nach Norden zu gelegenen Ge-
genden seien ständig verschneit, eiskalt und gefroren.
Und die Sonne werde selten verfinstert, der Mond dagegen häufig, weil ihre Umlaufkreise ungleich seien.[28]
Und wie es Weltentstehungen gebe, so gebe es auch
Wachstum, Dahinschwinden und Untergänge, einer gewissen Notwendigkeit zufolge, über deren Wesen er sich
nicht klar ausspricht.[29]

*Diogenes Laertios 9,30–33*

9.

Leukippos, der Gefährte Zenons, wahrte nicht dieselbe
Lehre wie jener, sondern behauptet, es gebe unzählig
viele und ewig bewegte (Masseteilchen) und ständig
finde Entstehung und Veränderung statt. Als Prinzipien
nennt er das Volle und das Leere. Die Welten aber,
sagt er, seien folgendermaßen entstanden: Wenn aus
der Umfassung sich viele Körper in das „große Leere"
hinein (absondern und dort) sammeln und zusammen-
strömen, stoßen sie aufeinander, und diejenigen, die
gleichförmig und an Gestalt ähnlich sind, verflechten
sich miteinander. Und aus den miteinander verflochtenen
Körpern entstehen die Gestirne. Sie vergrößern sich und
schwinden der Notwendigkeit zufolge. Was das aber
für eine Notwendigkeit sei, bestimmte er nicht.[30]

*Hippolytos, Widerlegung aller Häresien 1,12*

10.

Leukippos ... behauptet, Prinzipien seien die unendlich
vielen ewig bewegten und winzig kleinen (Masseteilchen). Und das Feinteilige sei nach oben entwichen und
zu Feuer und Luft geworden, das Grobteilige hingegen
sei nach unten gesunken und bilde Wasser und Erde.[31]

*Hermias, Verspottung der Heiden 12*

11.

Anaximandros ... Anaxagoras ... und Leukippos nennen
die Welt zerstörbar.

*Aetios 2,4,6*

12.

Daß die Gestirne belebte Wesen sind, nehmen weder
Anaxagoras noch Demokrit (vielmehr Leukippos?) in
der „Großen Weltordnung"[32] an.

*Achilleus Tatios, Einführung in die „Himmelserscheinungen" des*
*Aratos 1,13*

### 13.

Leukippos gibt an, das Entweichen von Feuer, das in dichten Wolken eingeschlossen gewesen sei, bewirke starken Donner.

*Aetios 3,3,10*

### 14.

Leukippos lehrt, die Erde habe die Gestalt eines Tympanon.[21]

*Aetios 3,10,4*

### 15.

Leukippos lehrt, die Erde neige sich nach Süden wegen der im Süden vorherrschenden lockeren Beschaffenheit; denn der Norden sei infolge Frostes festgefroren, das gegenüberliegende Gebiet hingegen befinde sich in Glut.[33]

*Aetios 3,12,1*

### 16.

Auch Leukippos aus Milet – nach einigen Gewährsleuten aus Elea – war ein Eristiker.[34] Auch er sagte, das All befinde sich im Unendlichen, und alles geschehe nur der Sinneswahrnehmung und der (subjektiven) Meinung zufolge und nicht in Wahrheit, sondern es scheine nur so, wie das Ruder im Wasser.[35]

*Epiphanios, Gegen die Häretiker 3,2,9*

### 17.

Leukippos legte fest, die Seele bestehe aus Feuer.[36]

*Aetios 4,3,7*

### 18.

Leukippos lehrt, der Schlaf sei ein Zustand des Körpers, er entstehe durch eine Absonderung des Feinteiligen, die an Menge die Einverleibung von seelenhaftem Warmen übertreffe. Übermaß davon sei die Ursache des Todes. Dies sei etwas, was der Körper erleide, nicht die Seele.

*Aetios 5,25,3*

### 19.

Nach Leukippos und Zenon ist der Same etwas Körperliches. Denn er sei ein losgerissenes Stück der Seele.[37]

*Aetios 5,4,1*

### 20.

Leukippos lehrte, (sie zeugten) auf Grund des Unterschiedes der Organe, demzufolge das männliche Wesen das Zeugungsglied, das weibliche Wesen die Gebärmutter besitzt. Nur soviel sagt er hierzu.

*Aetios 5,7,5*

## Autobiographische Äußerungen Demokrits

### 21.

Den Jahren nach war er, wie er selbst in der „Kleinen Weltordnung" sagt, jung, als Anaxagoras alt war; und zwar war er vierzig Jahre jünger als Anaxagoras. Die „Kleine Weltordnung", sagt er, habe er siebenhundertdreißig Jahre nach der Eroberung Trojas abgefaßt.[38]

*Diogenes Laertios 9,41*

### 22.

Dies sagt Demokrit . . . : „Ich aber bin von meinen Zeitgenossen am weitesten auf der Erde herumgekommen, wobei ich das Entlegenste erforschte, und ich habe die meisten Himmelsstriche und Länder gesehen und die meisten gelehrten Männer gehört. Und in der Zusammensetzung der Linien mit Beweis hat mich keiner je übertroffen, auch nicht die sogenannten Schnurknüpfer (Landvermesser) der Ägypter. Mit ihnen bin ich nach allen (?) fünf (?) Jahre in der Fremde zusammen gewesen."[39]

*Klemens von Alexandria, Stromateis[40] 1,69*

23.

Ich kam nach Athen, und niemand kannte mich.

*Diogenes Laertios 9,36 und Cicero, Gespräche in Tusculum 5,104*

24.

Demokrit hat, wie es heißt, selbst den Ausspruch getan, er wolle lieber eine einzige Ursachenerklärung finden als König über die Perser werden.

*Dionysios (Bischof von Alexandria), bei Eusebios, Vorbereitung auf das Evangelium 14,27,4*

## Lehrzusammenfassung und Verzeichnis der Schriften Demokrits

25.

Demokrit vertritt folgende Lehren:[41] Prinzipien des Weltganzen seien die Atome und das Leere, alles übrige (existiere nur) nach Meinung (der Menschen). Es gebe unendlich viele Welten; sie entstehen und sie vergehen. Nichts entstehe aus dem Nichtseienden, und nichts löse sich in Nichts auf. Die Atome seien unendlich nach Größe und Menge, sie bewegten sich in Wirbelbewegungen im All, und dadurch bildeten sie alle Zusammensetzungen: Feuer, Wasser, Luft und Erde. Denn auch das seien Zusammensetzungen aus bestimmten Atomen. Diese erlitten wegen ihrer Festigkeit keine Einwirkungen und Veränderungen. Sonne und Mond setzten sich aus glatten, runden Masseteilchen zusammen, desgleichen die Seele. Seele und Geist seien dasselbe. Sehen könnten wir auf Grund des Einfalls von Abbildern. Alles geschehe mit Notwendigkeit, und zwar sei der Wirbel Ursache der Entstehung aller Dinge; ihn nennt er Notwendigkeit. Lebensziel sei die „Wohlgemutheit", die nicht mit der Lust identisch sei, wie manche das aus Mißverständnis auffaßten. Vielmehr sei sie dasjenige, durch das die Seele sich in einem Zustand der Ruhe und Ausgewogenheit befindet, in dem sie durch keine Furcht, keine abergläubische Regung und keinerlei andere Leidenschaft beunruhigt wird. Er nennt sie auch Wohlausgewogenheit und Wohlbefinden und belegt sie mit vielen anderen Namen. Qualitative Eigenschaften gebe es nach der landläufigen Meinung, in Wirklichkeit aber nur Atome und Leeres. Dies sind seine Ansichten.

Seine Schriften hat Thrasyllos in der gleichen Anordnung verzeichnet wie diejenigen Platons, d. h. nach Vierergruppen (Tetralogien).[42]

Ethischen Inhalts sind folgende Schriften:

Pythagoras[43]
Über die Haltung des Weisen
Über die Dinge im Hades[44]
Tritogeneia. – Dieser Titel ist gewählt, weil von ihr (d. h. von der Göttin Pallas Athene, die den Beinamen Tritogeneia führte) dreierlei herrührt, das alles Menschliche einbeschließt.[45]
Über die Mannhaftigkeit oder Über die Tugend
Das Horn der Amaltheia[46]
Über die Wohlgemutheit[47]
Ethische Merkschriften.[48] – Eine Schrift mit dem Titel „Wohlbefinden" findet sich nicht.[49]

Dies sind die Schriften ethischen Inhalts.

Die Naturlehre behandeln folgende Schriften:

Große Weltordnung. – Theophrastos und seine Anhänger behaupten, sie sei ein Werk des Leukippos[50]
Kleine Weltordnung[51]
Weltbeschreibung
Über die Planeten
Erstes Buch über die Natur[52]
Über die Natur des Menschen oder Über das Fleisch, zweites Buch (über die Natur)
Über den Geist[53]
Über die Sinneswahrnehmungen; diese beiden Schrif-

ten ziehen manche unter dem Titel „Über die
Seele" zusammen

Über die Säfte[54]

Über die Farben

Über die unterschiedlichen Gestaltungen

Über Gestaltveränderungen

Bekräftigungen. – Das bedeutet Bestätigung des vorher Gesagten[55]

Über die Abbilder oder über die Voraussicht[56]

Richtschnur (Kanon)[57] für Fragen der Logik, 3 Bücher

Streitfragen

Das sind die Schriften über die Natur.

Folgende Schriften sind nicht in das Anordnungsschema
einbezogen:

Ursachenerklärungen zum Himmel

Ursachenerklärungen zur Luft

Ursachenerklärungen zu den Flächen

Ursachenerklärungen zum Feuer und den mit dem
Feuer zusammenhängenden Erscheinungen

Ursachenerklärungen zu den Geräuschen

Ursachenerklärungen zum Samen, zu den Pflanzen und
zu den Früchten

Ursachenerklärungen zu den Tieren, 3 Bücher

Vermischte Ursachenerklärungen

Über das Gestein

Das sind die nicht ins Anordnungsschema einbezogenen
Schriften.

Mathematischen Inhalts sind folgende Schriften:

Über Winkelverschiedenheit (?)[58] oder Über die Berührung von Kreis und Kugel

Über die Geometrie

Geometrische Fragen

Die Zahlen

Über nichtrationale Linien und das Feste[59], 2 Bücher

Auseinandersetzungen

Das große Jahr oder die Astronomie, ein Steckkalender[60]

Der Wettstreit mit (?) der Wasseruhr[61]
Himmelsbeschreibung
Erdbeschreibung
Beschreibung der Pole[62]
Beschreibung der Strahlen[63]

Das sind die Schriften mathematischen Inhalts.

Die musischen Künste behandeln folgende Schriften:
Über Rhythmus und Harmonie
Über die Dichtkunst
Über die Schönheit der Worte[64]
Über Wohlklang und Mißklang der Laute (wörtlich:
    der Buchstaben)
Über Homer oder Über richtigen Wortgebrauch und
    Dialektformen[65]
Über den Gesang
Über die Wörter
Verzeichnisse von Dingwörtern[66]

Das sind die Schriften über die musischen Künste.

Die handwerklichen Künste behandeln folgende Schrif-
ten:
Vorausschau[67]
Über die richtige Lebensweise oder Lehre von der
    richtigen Lebensweise
Ärztliche Erkenntnis
Ursachen für das Unzeitige und Rechtzeitige
Über den Feldbau oder Feldarbeit[68]
Über die Malerei
Lehre von der Taktik
Lehre vom Waffenkampf

Soviel von diesen Schriften.

Manche führen aus den „Merkschriften"[69] gesondert auch
die folgenden Werke auf:
Über die heiligen Schriftzeichen (oder: Schriften) in
    Babylon[70]
Über die (heiligen Schriftzeichen bzw. Schriften) in
    Meroe[71]

Rundfahrt auf dem Okeanos[72]
Über die Geschichtsschreibung[73]
Chaldäische Lehrschrift[74]
Phrygische Lehrschrift[75]
Über das Fieber und die an krankhaftem Husten
Leidenden
Ursachen von Gebräuchen (oder: Gesetzen)[76]
Cheirokmeta (?) oder Streitfragen (?)[77]

Die übrigen Schriften, die manche ihm zuschreiben,
wurden teils (als Einzelschriften) von seinen Werken
abgetrennt, teils sind sie nach übereinstimmender Ansicht unecht. Dies und soviel über seine Bücher.

*Diogenes Laertios 9,44–49*

### 26.

Es gibt von ihm zwei echte Bücher, die „Große Weltordnung" und die Schrift „Über die Natur des Kosmos".[78] Er schrieb auch Briefe.[79]

*Suda[80], aus dem Artikel „Demokrit"*

# Die Atome und das Leere.
# Atomverbindungen

### 27.

Mit methodischer Strenge haben Leukippos und Demokrit auf Grund einer einheitlichen Lehre über alle Erscheinungen geurteilt, wobei sie den Ausgangspunkt entsprechend der Natur nahmen, so wie sie ist. Einige der
alten Philosophen waren nämlich der Meinung gewesen,
daß das Seiende mit Notwendigkeit eines und unbewegt
sei. Das Leere nämlich sei nichtseiend, Bewegung aber
unmöglich, wenn es nicht ein (vom Seienden) abgeson-
dertes Leeres gebe. Desgleichen könne es nicht Vieles
geben, wenn nichts sei, was das Viele voneinander
trenne.

*Aristoteles, Über Entstehen und Vergehen 1,8. 324b 25ff.*

28.

Diejenigen, die die Existenz der Atome lehren, behaupten, die Teilung komme bei den teillosen (Primärkörpern) zum Stehen und sei nicht bis ins Unendliche möglich.

*Aetios 1,16,2*

29.

Demokrit lehrt, kein Primärkörper entstehe aus einem anderen. Dennoch ist die gemeinsame materielle Substanz ihrer aller Ursprung. Nach Größe und Gestalt weist sie innerhalb ihrer Teile Unterschiede auf.

*Aristoteles, Physik 3,4. 203a 33ff.*

30.

Leukippos und sein Anhänger Demokrit erklären zu Elementen das Volle und das Leere, wobei sie das eine als seiend, das andere als nichtseiend bezeichnen, und zwar von den Elementen das Volle und Feste als seiend, das Leere und Lockere als nichtseiend. Deshalb sagen sie auch, daß das Seiende um nichts mehr existiere als das Nichtseiende, wie auch das Leere nicht minder existiere als das Körperliche. Sie seien, als Materie[81], die Ursache des Seienden. Und wie diejenigen, die die zugrunde liegende Substanz als eine einzige setzen, das übrige aus deren Veränderungen entstehen lassen, indem sie das Lockere und das Feste zu Ausgangspunkten der Veränderungen machen, genauso behaupten auch diese Philosophen (Leukippos und Demokrit), daß die Unterschiede (im Bereich der Primärkörper) Ursache für alles übrige sind. Solche Unterschiede gebe es drei: Gestalt, Lage und Anordnung. Das Seiende unterscheide sich nämlich nur durch Gestaltung, Berührungsweise und die Weise des Sich-Wendens. Denn es unterscheide sich A von N durch die Gestalt, AN von NA durch die Anordnung und ⊢ von H durch die Lage.[82] In der Frage der Bewegung aber – woher sie kommt – urteilen auch diese Philosophen ähnlich den übrigen leichtfertig.[83]

*Aristoteles, Metaphysik 1,4. 985b 4ff.*

31.

Demokrit behauptet, Prinzipien seien das Feste und das Leere. Das eine davon, sagt er, sei seiend, das andere nichtseiend. Ferner (unterschieden sie sich) durch Lage, Gestalt, Anordnung. Dies aber seien Arten des Gegensätzlichen; der Lage: oben, unten, vorn, hinten; der Gestalt: Winkel, Gerade, Rundung.[84]

*Aristoteles, Physik 1,5. 188a 22ff.*

32.

Demokrit bezeichnet als Prinzipien das Dichte und das Leere.

*Aetios 1,3,16*

33.

Leukippos und Demokrit behaupten, daß aus unteilbaren Körpern das übrige zusammengesetzt sei; diese (Körper) aber seien unendlich an Zahl und Gestalt. Sie selber aber (die übrigen Dinge) unterschieden sich voneinander (durch die Atome), aus denen sie beständen, und durch deren Lage und Anordnung.

*Aristoteles, Über Entstehen und Vergehen 1,1. 314a 21ff.*

34.

Leukippos und Demokrit, die die (Lehre von den) Formen aufbrachten, lassen aus ihnen Veränderung und Entstehung hervorgehen: durch Trennung und Vereinigung Entstehen und Vergehen, durch Anordnung und Lage Veränderung. Da sie meinten, die Wahrheit liege in den Erscheinungen, die Erscheinungen aber voller Gegensätze und unendlich an Zahl sind, setzten sie die Formen als unendlich (an Zahl) an. Infolge der Wandlungen des Zusammengesetzten erscheint deshalb ein und dasselbe dem einen ganz anders als dem anderen, es gestaltet sich um, wenn ihm nur ein wenig (Stoff) beigemischt wird, und scheint überhaupt ein anderes zu sein, wenn nur eine (Form = Atom) ihren Platz ver-

ändert hat. Entsteht doch aus denselben Buchstaben
Tragödie wie Komödie.[85]

*Aristoteles, Über Entstehen und Vergehen 1,1. 315b 6ff.*

### 35.

Leukippos, Demokrit, Demetrios, Metrodoros und Epikur (Frg. 295 Us.) lehren, die Atome seien unendlich
an Menge, das Leere unendlich an Ausdehnung.

*Aetios 1,18,3*

### 36.

Auch sind die Geschehnisse nicht so, wie gewisse andere
Philosophen, z. B. Leukippos und Demokrit aus Abdera,
es behaupten, verständlich. Sie sagen nämlich, die ersten
Größen seien an Zahl unendlich, an Größe unteilbar,
und es entstehe weder aus Einem Vieles noch aus Vielem
Eines, sondern infolge der Verflechtung und Verklammerung dieser (ersten Größen) würden alle Dinge hervorgebracht. Denn in gewissem Sinne machen auch diese
Philosophen sämtliche Dinge zu Zahlen und aus Zahlen.
Denn wenn sie das auch nicht deutlich sagen, so meinen
sie es doch.[86] Ferner, da sich die Körper durch ihre
Gestalt unterscheiden, es aber unendlich viele Gestalten
gibt, behaupten sie, auch die einfachen Körper seien
unendlich an Zahl. Wie beschaffen aber und welches die
Gestalt eines jeden der Elemente ist, darüber haben sie
nichts Bestimmtes ausgesagt, sondern nur dem Feuer
schreiben sie die Kugelgestalt zu. Luft und Wasser hingegen und die übrigen Elemente unterscheiden sie (nur)
durch die Größe und Kleinheit (ihrer Atome), in der
Meinung, ihre Natur (d. h. Substanz) sei eine Art Gemisch sämtlicher Elemente.

*Aristoteles, Über den Himmel 3,4. 303a 4ff.*

### 37.

Diejenigen Philosophen, die auf Teilung bis ins Unendliche verzichteten, da sie annahmen, wir seien nicht

imstande, bis ins Unendliche zu teilen und hierdurch
das Nicht-Enden des Teilungsprozesses glaublich zu
machen, gaben an, daß die Körper aus unteilbaren (Teilchen) bestehen und sich in unteilbare (Teilchen) zerlegen
lassen. Nur hielten Leukippos und Demokrit für den
Grund der Unteilbarkeit der Primärkörper nicht nur
ihre Unverletzlichkeit, sondern auch ihre Kleinheit und
den Umstand, daß sie keine Teile haben.[87]

*Simplikios, Kommentar zu Aristoteles, Physik, S. 925,10ff. Diels*

### 38.

Leukippos und Demokrit und ihre Anhänger nannten
die kleinsten Primärkörper Atome. Sie lehrten, entsprechend dem Unterschied ihrer Gestalten, ihrer Lage und
ihrer Anordnung entstünden einerseits die warmen und
feuerhaltigen Körper, die aus den spitzeren und fein-
teiligeren und in ähnlicher Lage befindlichen Primärkörpern zusammengesetzt seien, andererseits die kalten
und wasserhaltigen Körper, die aus Primärkörpern mit
den entgegengesetzten Eigenschaften bestünden. Und die
einen seien strahlend und licht, die anderen dunkel und
finster.

*Simplikios, Kommentar zu Aristoteles, Physik, S. 36.1ff. Diels*

### 39.

(Ansicht) Demokrits – oder vor ihm schon des Leukippos – ist es, daß es kleine Körper gebe; sie seien glatt,
andere rauh, wieder andere rund, manche auch mit
Ecken, Haken und Krümmungen versehen und gleichsam gebogen. Aus ihnen hätten sich Himmel und Erde[88]
gebildet, ohne Zwang einer Naturkraft, sondern durch
zufälliges Zusammentreffen.

*Cicero, Über das Wesen der Götter 1,66*

### 40.

Leukippos und Demokrit und ihre Anhänger sowie später Epikur (Frg. 284 Us.) behaupteten, die Primärkörper

seien unendlich an Menge. Sie hielten sie für unteilbar,
unzerlegbar und unempfindlich (für Einwirkungen), weil
sie fest seien und keinen Anteil am Leeren hätten. Zer-
legung erfolge nämlich mittels des Leeren in den Körpern, die Atome aber seien in dem unendlich großen
Leeren voneinander getrennt und bewegten sich, durch
Form, Größe, Lage und Anordnung voneinander unterschieden, im Leeren. Dabei begegneten sie einander und
stießen zusammen. Die einen würden in beliebige Richtung zurückgeschleudert, andere verflöchten sich entsprechend ihrer Übereinstimmung in Form, Größe, Lage
und Anordnung, sie blieben beieinander und bewirkten
so die Entstehung zusammengesetzter Dinge.

*Simplikios, Kommentar zu Aristoteles, Über den Himmel,*
*S. 242,15ff. Heiberg*

### 41.

Einige zusätzliche Bemerkungen aus Aristoteles' Schrift
über Demokrit[89] werden die Denkweise jener Männer[90]
verdeutlichen. Demokrit meint, die Substanz der ewigen
(Körper) seien kleine, an Menge unendliche Wesenheiten. Für sie nimmt er einen anderen, an Größe unendlichen Raum an. Diesen Raum bezeichnet er mit folgenden Ausdrücken: das Leere, das Nichts, das Unendliche;
die einzelnen Wesenheiten aber mit den Ausdrücken das
„Ichts"[91], das Feste und das Seiende. Er glaubt, die
Primärkörper seien so klein, daß sie sich unseren Sinnen
entziehen. Sie wiesen verschiedenartige Gestalten, verschiedenartige Formen und Größenunterschiede auf. Aus
ihnen nun läßt er wie aus Elementen die den Augen
sichtbaren und wahrnehmbaren Körper entstehen und
sich zusammenfügen. Sie gerieten aber in Unruhe[92] und
bewegten sich im Leeren, und zwar wegen ihrer Un-
gleichartigkeit und der anderen genannten Unterschiede.
Bei der Bewegung stießen sie zusammen und verflöchten
sich auf eine Weise miteinander, daß sie in Berührung
kämen und dicht aneinanderlagerten. Doch läßt er aus
ihnen in Wahrheit keine wie auch immer geartete ein-
heitliche Substanz entstehen. Denn es sei völlig töricht

(anzunehmen), daß Zwei oder Mehr jemals Eines werden könnten. Daß die Wesenheiten aber bis zu einem gewissen Zeitpunkt zusammenbleiben, begründet er mit ihrer Verbindung und dem Halt, den sie aneinander finden. Denn manche von ihnen seien schief, andere hakenförmig, andere eingedellt, andere aufgewölbt und wieder andere wiesen noch unzählige weitere Unterschiede auf. Er glaubt nun, daß sie so lange Zeit aneinander festhalten und zusammenbleiben, bis ein stärkerer Zwang, der aus dem umgebenden Raum auf sie einwirkt, sie erschüttert, trennt und zerstreut. Ferner lehrt er Entstehung und – als Gegenstück dazu – Auflösung nicht nur für Lebewesen, sondern auch für Pflanzen, für Welten und überhaupt für alle den Sinnen wahrnehmbaren Körper. Wenn nun Entstehen, Vereinigung, Vergehen Trennung der Atome ist, dann wäre nach Demokrit die Entstehung eine Veränderung.[93]

*Simplikios, Kommentar zu Aristoteles, Über den Himmel,*
*S. 294,33ff. Heiberg*

### 42.

In ähnlicher Weise (wie Leukippos) setzte auch sein Gefährte Demokrit aus Abdera als Prinzipien das Volle und das Leere an; das eine davon nannte er das Seiende, das andere das Nichtseiende. Zur materiellen Grundlage des Seienden erklären sie die Atome und lassen die übrigen Dinge mittels der Atomunterschiede entstehen. Und zwar sind die drei Unterschiede Gestaltung, Sich-Wenden und Berührungsweise, was dasselbe besagt wie Form, Lage und Anordnung.[94] In der Natur gelte nämlich, daß Gleiches von Gleichem bewegt und Verwandtes zueinandergeführt wird[95] und daß jede einzelne Form (= Atom), die sich in eine andere Atomverbindung einfügt, deren Beschaffenheit verändert. Folglich verkündeten sie, da die Primärkörper unendlich an Zahl seien, könnten sie alles Erleiden (von Einwirkungen) und alle Wesenheiten einleuchtend erklären, desgleichen, wodurch und auf welche Weise etwas entsteht. Deshalb behaupten sie auch, nur denjenigen, die die Elemente unendlich

an Zahl sein lassen, füge sich alles nach Vernunft. Und
die Menge der Atomformen geben sie mit unendlich an,
weil nichts mehr (d. h. mit größerem Wahrscheinlichkeitsgrad) auf diese als auf jene Weise⁴ beschaffen sei.

*Simplikios, Kommentar zu Aristoteles, Physik, S. 28,15ff. Diels*

### 43.

Kolotes wirft Demokrit vor, durch seine Behauptung,
alle Dinge seien um nichts mehr auf diese als auf jene
Weise beschaffen⁴, bringe er das ganze Leben durcheinander. Aber Demokrit ist so weit von der Annahme entfernt, alle Dinge seien um nichts mehr auf diese als auf
jene Weise beschaffen, daß er den Sophisten Protagoras,
der das behauptet hatte, bekämpfte und vieles Über-
zeugende gegen ihn schrieb.⁹⁶ Kolotes, der sich davon
nicht träumen ließ, wurde durch die Formulierung irre-
geführt, mit der Demokrit die Bestimmung trifft, das
Ichts⁹¹ existiere um nichts mehr als das Nichts. Dabei
bezeichnet er mit Ichts das Körperliche, mit Nichts das
Leere, so als habe auch dieses seine bestimmte Natur
und eigene Substanz.⁹⁷

*Plutarch, Gegen Kolotes 4. 1108F*

### 44.

Demokrit meint, daß die Atome – wie er sie nennt –,
d. h. Körper, die wegen ihrer Festigkeit unteilbar sind,
sich im unendlichen Leeren, in dem es kein Oben, kein
Unten, keine Mitte, kein Außen und kein Ende gibt,
derart bewegen, daß sie bei Zusammenstößen aneinander
haftenbleiben. Dadurch entstünde all das, was ist und
was wahrgenommen wird; und diese Atombewegung
müsse man sich ohne Anfang vorstellen, vielmehr als
etwas, das von Ewigkeit her ist.

*Cicero, Über das höchste Gut und das größte Übel 1,17*

45.

Demokrit sprach eine Behauptung als einziger aus, im Gegensatz zu den anderen Philosophen. Er behauptet nämlich, das Tätige und das Leidende seien identisch und gleichartig.[98] Man dürfe nämlich nicht zugestehen, daß voneinander Verschiedenes und Unterschiedliches (Einwirkungen) voneinander erleide. Sondern auch, wenn Dinge, die verschieden voneinander sind, aufeinander einwirken, geschehe das nicht, insofern sie voneinander verschieden, sondern insofern sie (grundsätzlich) gleichartig seien.

*Aristoteles, Über Entstehen und Vergehen 1,7. 323b 10ff.*

46.

Wenn das All kein zusammenhängendes (Ganzes), sondern – wie Demokrit und Leukippos behaupten – etwas durch das Leere Zertrenntes ist, muß es notwendigerweise eine einzige Bewegung aller Dinge geben. Zerteilt ist es aber durch die Formen. Ihre Substanz, behaupten sie, sei einheitlich, so als ob eine jede Form ein abgetrenntes Stück Gold wäre.[99]

*Aristoteles, Über den Himmel 1,7. 275b 29ff.*

47.

Diejenigen, die die Existenz des Leeren behaupten[100], geben (als Beweis dafür) erstens an, daß sonst keine räumliche Bewegung möglich wäre – darunter ist Ortsbewegung und Wachstum zu verstehen –; ... das ist die eine Weise, auf die sie beweisen, daß Leeres existiert. Auf eine zweite Weise beweisen sie es damit, daß einige Körper sich offensichtlich zusammenziehen und verdichten ... Drittens scheint auch das Wachstum bei allen Dingen mittels des Leeren zu erfolgen ... Zum Beweis machen sie auch das (Experiment) mit der Asche, die die gleiche Menge Wasser aufnimmt wie das leere Gefäß.[101]

*Aristoteles, Physik 4,6. 213a 27ff.*

48.

Feststellung des Demokrates (= Demokrit)[102], das ist
der Philosoph mit dem Staub und den Teilen, die sich
nicht teilen lassen. Er sagt: 'Die Körper sind aus dem
ganz feinen Staub zusammengesetzt, der in der Luft verteilt ist und der im Sonnenstrahl sichtbar wird. Ein Beweis dafür ist: Wenn man sich in ihn hineinstellt und sich
am Körper kratzt, steigt von ihm solcher Staub auf
und löst Teile der Haut ab, so daß die Haut abge-
schält wird, wenn das Kratzen andauert. Er sagte: Und
dieses Abgeschältwerden erfolgt wegen der Verminderung dessen, was von dem Bau des Körpers aus jenen
Teilen, die sich nicht teilen lassen, zerstört ist.

*Ibn al-Matrān, Garten der Ärzte und Au der Verständigen,
Handschrift der Militärärztlichen Bibliothek in Bethesda/Mary-
land, Blatt 85v 5ff.*[103]

49.

Insofern waren (Epikur und Demokrit) verschiedener
Meinung, als der eine (Epikur) alle Atome als ganz
klein und deswegen für die Sinne nicht wahrnehmbar
betrachtete, während Demokrit der Meinung war, es
gebe auch ganz große Atome.[104] Daß es aber Atome
gebe und daß sie wegen ihrer unauflösbaren Festigkeit
so genannt würden, lehrten beide.

*Dionysios, bei Eusebios 14,23,3*

50.

Demokrit sagt, die Primärkörper – sie seien das Feste –
hätten keine Schwere, bewegten sich aber infolge ihres
Aufeinanderschlagens im unendlichen (Leeren). Es sei
möglich, daß auch ein Atom von der Größe einer Welt
existiere.[104]

*Aetios 1,12,6*

51.

Demokrit sprach von zwei (Grundeigenschaften der
Atome), Größe und Gestalt. Epikur (Frg. 275 Us.) fügte
diesen (Bestimmungen) als dritte noch die Schwere
hinzu.[105]

*Aetios 1,3,18*

52.

Jedes einzelne Atom, behauptet Demokrit, sei schwerer entsprechend seinem Überschuß (an Größe gegenüber anderen Atomen).

*Aristoteles, Über Entstehen und Vergehen 1,8. 326a 9ff.*

53.

Den Philosophen, die das Feste (als Primärkörper bezeichnen), ist es eher möglich, zu erklären, daß der größere von ihnen der schwerere ist. Bei zusammengesetzten Körpern scheint das freilich nicht in jedem Fall zu gelten. Vielmehr sehen wir, daß viele schwerere Dinge eine geringere Masse haben, z. B. Kupfer in Vergleich zu Wolle. Manche (d. h. die Atomisten) nehmen dafür eine andere Ursache an und sagen, das in den Körpern eingeschlossene Leere mache die Körper leicht und bewirke, daß die größeren in manchen Fällen leichter sind. Denn sie enthielten mehr Leeres. In dieser Weise also äußern sie sich, doch müssen diejenigen, die diese Festlegungen treffen, notwendigerweise hinzufügen, daß ein Körper, wenn er leichter ist, nicht nur mehr Leeres, sondern auch weniger Festes enthält. Denn wenn er hierin das richtige Maß überschreitet, wird er nicht leichter sein. Deswegen erklären sie auch das Feuer für das Leichteste, weil es das meiste Leere enthalte.[106] Es würde sich ergeben, daß ein größeres Quantum Gold, wenn es mehr Leeres umschließt, leichter wäre als ein kleineres Quantum Feuer, wenn es nicht das Vielfache an festen Bestandteilen enthielte.

*Aristoteles, Über den Himmel 4,2. 309a 1ff.*

54.

(Wenn aber die Materie) entgegengesetzter (d. h. nicht einheitlicher) Natur ist, wie bei denen, die das Leere und das Volle annehmen, wird es nicht möglich sein (anzugeben), warum die zwischen den absolut schweren

oder leichten Körpern in der Mitte stehenden Körper
schwerer bzw. leichter untereinander und im Verhältnis
zu den absolut (schweren oder leichten) sind. Denn das
mit ihrer Größe oder Kleinheit erklären zu wollen,
gleicht mehr einem Märchen aus alter Zeit; ebenso die
Behauptung, daß nichts absolut leicht sei und sich nichts
(von selbst) in die Höhe bewege, sondern daß es entweder (als schwerer) zurückbleibe oder (nach oben) herausgedrängt werde und daß viele kleine Körper schwerer
seien als wenige große.

> *Aristoteles, Über den Himmel 4,2. 309b 34ff.*

### 55.

Demokrit und seine Anhänger und später Epikur behaupten, daß sämtliche Atome, die gleicher Natur seien,
Schwere hätten. Infolge des Umstandes aber, daß einige
schwerer[107] seien, würden von diesen, die sich nach unten
senkten, die leichteren herausgestoßen und nach oben getrieben, und so komme es, sagen sie, daß die einen leicht,
die anderen schwer zu sein scheinen.

> *Simplikios, Kommentar zu Aristoteles, Über den Himmel,*
> *S. 569,5ff. Heiberg*

### 56.

Demokrit und seine Anhänger glauben, daß zwar alle
Körper Schwere haben, daß aber das Feuer infolge des
Umstandes, daß es weniger Schwere hat, von den (Elementen), die (in dieser Hinsicht) einen Vorzug (vor
ihm) haben, hinausgedrängt und nach oben getrieben
werde und daher als leicht erscheine. Diese Philosophen
nehmen an, daß es nur das Schwere gebe und sich dieses
stets nach der Mitte zu bewege.

> *Simplikios, Kommentar zu Aristoteles, Über den Himmel,*
> *S. 712,27ff. Heiberg*

57.

Schwer und leicht unterscheidet Demokrit auf Grund
der Größe. Denn wenn jedes Ding in seine einzelnen
Teile zerlegt würde, wenn die Teile sich auch der Form
nach unterschieden, die Substanz ihr Gewicht (nicht auf
Grund der Formen, sondern) auf Grund der Größe
haben. Unter den gemischten (Körpern) sei freilich derjenige leichter, der mehr Leeres enthalte; schwerer dagegen der, der weniger davon habe. An einigen Stellen hat
er sich so geäußert. An anderen Stellen aber erklärt er
als leicht einfach das Feine.

*Theophrastos, Über die Sinne 61*

58.

Empedokles und Demokrit und ihre Anhänger merken
selbst nicht, daß sie die Dinge nicht wirklich auseinander entstehen lassen, sondern nur scheinbar[108] ... Das
Feinteiligere aber entsteht in größerem Raum. Deutlich
ist das bei der Verwandlung. Denn wenn Feuchtigkeit
zu Dampf und Luft wird, bersten infolge des Platz-
mangels die Gefäße, die die Masse enthalten. Wenn
es überhaupt kein Leeres gäbe und die Körper sich
nicht ausdehnten – wie das diejenigen behaupten, die
diese Ansicht vertreten –, wäre freilich die Unmöglichkeit (dieses Vorgangs) offensichtlich. Wenn es dagegen
Leeres und Ausdehnung gibt, ist es widersinnig (zu behaupten), daß das sich Abtrennende notwendigerweise
stets einen größeren Raum einnehme.

*Aristoteles, Über den Himmel 3,7. 305b 1ff.*

## Atombewegung

59.

Wenn Leukippos und Demokrit behaupten, die Primärkörper bewegten sich ständig im Leeren und im Unend-

lichen, müssen sie angeben, in was für einer Weise sie
sich bewegen und welches die ihnen natürliche Bewegung ist.            *Aristoteles, Über den Himmel 3,2. 300b 8ff.*

## 60.

Sie sagten, die Primärkörper, d. h. die Atome, bewegten
sich ständig aus sich selbst heraus durch eigene Kraft[109]
im unendlichen Leeren.

*Simplikios, Kommentar zu Aristoteles, Über den Himmel 3,2*
*(voriges Fragment), S. 583,20f. Heiberg*

## 61.

(Die Atome) hatten nach Demokrit eine ... bestimmte
Kraft des Bewegungsantriebes, die jener „Schlag"[110]
nennt.

*Cicero, Über das Schicksal 46*

## 62.

Demokrit nennt die Atome von Natur unbewegt und
behauptet, sie würden durch einen „Schlag" in Bewegung gesetzt.[111]

*Simplikios, Kommentar zu Aristoteles, Physik, S. 42,10 Diels*

## 63

Demokrit bezeichnete als eine Art Bewegung die des
Vibrierens.

*Aetios 1,23,3*

## 64.

Daß die Ortsbewegung die primäre unter den Bewegungsarten ist, bekunden alle, die auf die Bewegung
eingehen ... In der gleichen Weise äußern sich auch
diejenigen, die keine solche Ursache (wie Empedokles
und Anaxagoras[112]) annehmen, sondern lehren, Bewegung erfolge wegen der Leere. Denn auch sie sagen, die
Natur bewege sich in der Weise der räumlichen Bewe-

gung ..., und sie meinen, von den anderen Bewegungsarten komme keine den Primärkörpern zu, sie begegneten vielmehr bei den aus den Primärkörpern zusammengesetzten Dingen.

*Aristoteles, Physik 8,9. 265b 24*

65.

„Die Natur", das sind die natürlichen, primären und
unteilbaren Körper. Denn diese Körper nannten jene
Philosophen Natur und behaupteten, sie gerieten infolge
der ihnen innewohnenden Schwere in Bewegung und bewegten sich durch das Leere hindurch – das ihnen Platz
biete und keinen Widerstand leiste – in räumlicher Bewegung. Denn sie erklärten, die Atome würden umhergeschleudert. Und diese Bewegungsart schreiben sie den
Elementen nicht nur als primäre, sondern auch als einzige Bewegung zu, alle anderen Bewegungsarten (beschränken sie) auf die aus den Elementen (zusammengesetzten Dinge). Sie behaupten nämlich, daß (die Dinge)
dadurch wachsen, schwinden, sich ändern, entstehen und
vergehen, daß Primärkörper sich verbinden und voneinander trennen.

*Simplikios, Kommentar zu Aristoteles, Physik 8,9 (= voriges*
*Fragment), S. 1318,33ff. Diels*

66.

Es gibt eine alte Meinung, daß das Gleiche mittels des
Gleichen erkennbar ist[113] ... Demokrit wendet den Satz
auf die beseelten wie auf die unbeseelten Wesen an.
Er sagt: „Auch die Tiere gesellen sich nämlich zu artverwandten Tieren, wie Tauben zu Tauben und Kra-
niche zu Kranichen, und bei den übrigen Tieren ebenso.
So ist es aber auch bei den unbeseelten (Dingen), wie
man beim Aussieben von Samenkörnern und bei den von
der Brandung erfaßten Kieseln sehen kann. Denn dort
ordnen sich beim Wirbeln des Siebes gesondert voneinander Linsen zu Linsen, Gerstenkörner zu Gerstenkör-
nern und Weizenkörner zu Weizenkörnern; hier aber
werden durch die Wellenbewegung die länglichen Kiesel

an die gleiche Stelle wie die länglichen gestoßen, die runden zu den runden, als hätte die den Dingen innewohnende Ähnlichkeit etwas, was sie zusammenführt."

*Sextus Empiricus, Gegen die Wissenschaftler 7,116f.*

### 67.

(Demokrit sagt:) „Die Dohle gesellt sich zur Dohle", und „So führt Gott immer den Gleichen zum Gleichen."[114] Denn auch an den Küsten sieht man die gleichartigen Kiesel jeweils am selben Ort, an der einen Stelle die runden, an der anderen die länglichen; und beim Aussieben sammeln sich die gleichgeformten (Körner) an derselben Stelle, so daß die Bohnen und die Erbsen voneinander getrennt sind.

*Aetios 4,19,3*

### 68.

Bei all diesen Erscheinungen (wie dem Schwimmen von Metallblättchen auf Wasser) die Ursache anzunehmen, die Demokrit angibt, ist nicht richtig.[115] Er behauptet nämlich, daß die aus dem Wasser nach oben steigenden warmen (Masseteile) diejenigen schweren Körper, die flach sind, daran hindern (abzusinken), während die schmalen zwischen ihnen hindurch nach unten stürzen. Denn es seien nur wenige (Atome), die ihnen entgegenstießen. Freilich müßten sie sich in der Luft noch in viel stärkerem Maße so verhalten, wie Demokrit auch selbst einwendet. Doch löst er den Selbsteinwand zu nachsichtig. Er sagt nämlich, der „Auftrieb" strebe nicht einer einzigen Stelle zu, wobei er mit „Auftrieb" die Bewegung aufwärts steigender Körper bezeichnet.

*Aristoteles, Über den Himmel 4,6. 313a 21ff.*

# Notwendigkeit, aber keine Zweckhaftigkeit des Geschehens

### 69.

Daß alles in der Weise schicksalhaft[116] geschehe, daß dieses Schicksal die Kraft der Notwendigkeit mit sich bringe, dieser Meinung waren Demokrit, Heraklit, Empedokles, Aristoteles und Anaxagoras.

*Cicero, Über das Schicksal 39*

### 70.

Demokrit lehnt es ab, von einem Zweck zu sprechen, und führt alles, dessen sich die Natur bedient, auf die Notwendigkeit zurück.

*Aristoteles, Über die Entstehung der Tiere 5,8. 789b 2f.*

### 71.

Demokrit (versteht unter Notwendigkeit) den Gegenstoß, die Bewegung und den Schlag der Materie.[117]

*Aetios 1,26,2*

### 72.

Man muß mit jener Frage beginnen, die von Natur zweifellos die erste ist, ob es eine Vorsehung gibt, die sich um alle Dinge bekümmert, oder ob alles zufällig geschehen ist und geschieht. Urheber dieser Ansicht ist Demokrit[118], Epikur (Frg. 368 Us.) bekräftigt sie.

*Lactantius, Göttliche Unterweisungen 1,2,1*

### 73.

Einige (Philosophen) sind in Zweifel, ob es den Zufall gibt oder nicht. Sie behaupten nämlich, nichts geschehe aus Zufall, sondern alles, von dem wir sagen, es geschehe von selbst oder aus Zufall, habe eine bestimmte Ursache.

*Aristoteles, Physik 2,4. 195b 36ff.*

74.

Die Worte (des Aristoteles) von der „alten Lehre, die
den Zufall leugnet", richten sich offen gegen Demokrit.
Denn Demokrit schien bei der Weltentstehung den Zufall eine Rolle spielen zu lassen. Bei den mehr ins einzelne gehenden Erscheinungen behauptet er allerdings,
für keine von ihnen sei der Zufall Ursache, sondern
führt sie auf andere Ursachen zurück. So sei Ursache
dafür, daß man einen Schatz (im Boden) findet, das
Graben, Ursache des Ölbaums das Pflanzen, Ursache
für die Zertrümmerung des Schädels des Kahlkopfs, daß
der Adler die Schildkröte darauffallen ließ, damit die
Schildkröte aufbrechen sollte.[119]

*Simplikios, Kommentar zu Aristoteles, Physik, S. 330,14ff. Diels*

75.

Demokrit selbst sagte, wie es heißt, er wolle lieber eine
einzige Ursachenerklärung finden als König über die
Perser werden (= Demokrit-Frg. Nr. 24). Und dieses
Wort spricht der Mann, der leichtfertig und unbegründet
Ursachen angibt, da er von einer nichtigen Ursache und
unsicheren Voraussetzung ausgeht und die Wurzel und
gemeinsame Notwendigkeit der Natur der Dinge nicht
sieht, ein Mann, der für höchste Weisheit die Beobachtung von Vorgängen hält, die sich ohne Sinn und Zweck
abspielen, der die Zufallsgöttin zur Herrin und Kö-
nigin alles Seins und alles Göttlichen macht[120] und
erklärt, nach ihrem Gebot geschehe alles, während er
sie aus dem Leben der Menschen verbannt und ihre
Verehrer für Toren erklärt!

*Dionysios, bei Eusebios 14,27,4*

76.

(Die Atomisten) behaupten, daß sich die Atome so, wie
es der Zufall fügt, im leeren Raum bewegen und infolge
eines jeder Ordnung entbehrenden Auftriebs aufeinanderstoßen ...

*Dionysios, bei Eusebios 14,23,2*

# Die Welten und ihre Entstehung

### 77.

Favorinus gibt in seinen „Bunten Berichten" an, Demokrit habe von Anaxagoras gesagt, dessen Lehren über Sonne und Mond seien nicht sein Eigentum, sondern uralt; er habe sie sich lediglich angeeignet. Und er verspottete Anaxagoras' Ansichten über die Weltordnung und den Geist.[121]

*Diogenes Laertios 9,34f.*

### 78.

Demokrit und Leukippos und ihre Anhänger behaupten, nicht nur innerhalb der Welt gebe es Leeres, sondern auch außerhalb der Welt.

*Simplikios, Kommentar zu Aristoteles, Physik, S. 648,12 Diels*

### 79.

(Demokrit) sagte: Es gibt viele Unendlichkeiten von kosmischen Räumen.

*[Hippokrates], 17. Brief*

### 80.

Leukippos und Demokrit lehren, unendlich viele Welten seien im unendlich weiten Leeren aus unendlich vielen Atomen zusammengefügt.

*Simplikios, Kommentar zu Aristoteles, Über den Himmel,*
*S. 202,16ff. Heiberg*

### 81.

Leukippos und Demokrit bezeichneten die Welt als kugelförmig.[122]

*Aetios 2,2,2*

### 82.

Leukippos, Demokrit und Epikur (Frg. 382 Us.) lehren, die Welt sei nicht beseelt und werde von keiner Vor-

sehung gelenkt, sondern sei ihrer Natur nach vernunftlos; sie bestehe aus Atomen.

*Aetios 2,3,2*

### 83.

Leukippos und Demokrit spannen eine Hülle, eine Haut
rings um die Welt, die aus hakenförmigen Atomen zu-
sammengeflochten sei.[123]

*Aetios 2,7,2*

### 84.

Demokrit aus Abdera stellte die Lehre auf, das All sei
unendlich, weil es nie von irgendwem erschaffen worden
sei. Ferner nennt er es auch unveränderlich und setzt
ausdrücklich die allgemeine Beschaffenheit des Alls auseinander. Die Ursachen der Vorgänge, die jetzt geschehen, hätten keinen Anfang; von der Vergangenheit
her hänge seit unendlich langer Zeit alles Vergangene,
Gegenwärtige und Künftige durch Notwendigkeit miteinander zusammen. Für Sonne und Mond nimmt er
jedoch eine Entstehung an. Sie bewegten sich auf eigenen
Bahnen, seien ihrer Beschaffenheit nach nie gänzlich
warm und wiesen nicht die stärkstmögliche Strahlung
auf, sondern seien im Gegenteil an die Substanz im
Bereich der Erde angeglichen. Beide Gestirne seien ursprünglich durch einen besonderen (Substanz-)Überschuß
der Welt entstanden, später aber, als der Kreis um die
Sonne sich vergrößerte, sei in ihm das Feuer zurück-
geblieben.[124]

*[Plutarch]. Stromateis 7*

### 85.

Demokrit macht über die Elemente, das Volle und das
Leere ähnliche Angaben wie Leukippos. Er nennt das
Volle seiend, das Leere nichtseiend. Er sprach davon,
wie sich das Seiende ewig im Leeren bewege. Es gebe
unendlich viele Welten von unterschiedlicher Größe.
In einigen gebe es keine Sonne und keinen Mond, in

anderen seien sie größer, und wieder in anderen gebe
es mehr Sonnen und Monde als bei uns. Die Zwischen-
räume zwischen den Welten seien ungleich, die Welten
selbst in einem Gebiet zahlreicher, in einem anderen
weniger zahlreich, die einen wüchsen und stünden in
Blüte, die anderen seien in Schwund begriffen, und an
einer Stelle entstünden sie neu, an anderer gingen sie
zugrunde.[125] Vernichtet würden sie dadurch, daß sie
aufeinanderstoßen. In einigen Welten gebe es keine
lebenden Wesen und keinerlei Feuchtigkeit. In unserer
Welt sei die Erde früher entstanden als die Gestirne;
der Mond befinde sich unten, dann folge die Sonne und
zuletzt die Fixsterne. Auch die Planeten hätten nicht
alle den gleichen Höhenabstand. Eine Welt stehe in
Blüte, bis sie keinen Zuwachs von außen mehr in sich
aufnehmen könne.

*Hippolytos, Widerlegung aller Häresien 1,13*

## 86.

Die (Philosophen), die die Atome als unzerstörbare,
winzig kleine und an Menge unendliche Körper bezeichneten und zusätzlich einen leeren Raum von gren-
zenloser Ausdehnung annahmen, behaupten, daß diese
Atome sich aufs Geratewohl in dem Leeren bewegen,
auf Grund ihres ungeordneten Impulses von selbst zusammenstoßen und infolge ihrer Vielgestaltigkeit aneinanderhaften; und so bildeten sie die Welt und die
Dinge in ihr oder vielmehr unendlich viele Welten.

*Dionysios, bei Eusebios 14,23;2*

## 87.

Auch Demokrit scheint in den Worten „es habe sich
vom All ein Wirbel verschiedenartiger Formen abgesondert" – auf welche Weise und aus welchem Grunde,
sagt er nicht – die Welt von selbst und durch Zufall
entstehen zu lassen.

*Simplikios, Kommentar zu Aristoteles, Physik, S. 327,24ff. Diels*

88.

Es gibt (Philosophen), die als Ursache dieses Himmels
und aller Welten das „Von selbst"[126] bezeichnen. Von
selbst nämlich entstehe der Wirbel und die Bewegung,
die das All gesondert und in diese Anordnung gebracht
habe... Freilich behaupten sie, Tiere und Pflanzen existierten weder zufällig noch seien sie durch Zufall
entstanden, sondern Ursache dafür sei entweder die
Natur oder der Geist[127] oder etwas anderes dieser Art –
denn aus dem Samen eines jeden Wesens entsteht nicht
etwas Beliebiges, sondern aus dem einen ein Ölbaum,
aus dem anderen ein Mensch –; der Himmel aber und
das Göttlichste unter allem Sichtbaren[128] sei von selbst
entstanden, und es gebe dafür keine solche Ursache wie
für Tiere und Pflanzen.

*Aristoteles, Physik 2,4. 196a 24ff.*

89.

Demokrit behauptete... es gebe unzählig viele Welten
und einige von ihnen seien einander nicht nur ähnlich,
sondern in allen Teilen so völlig und absolut gleich,
daß es zwischen ihnen nicht den geringsten Unterschied
gebe. Und auch von diesen einander gleichen Welten
existieren unzählig viele, und das gleiche gelte für die
Menschen.

*Cicero, Lehren der Akademie 2,55*

90.

Die Welt kann nicht, wie Demokrit und seine Anhänger
behaupteten, nach Notwendigkeit und durch einen Wirbel bewegt werden.

*Sextus Empiricus, Gegen die Wissenschaftler 9,113*

91.

Demokrit lehrt, eine Welt werde dadurch vernichtet,
daß die größere die kleinere besiegt.[129]

*Aetios 2,4,9*

92.

„Die Welt", sagt Alexander[130], „löst sich nicht auf und
vergeht nicht zu Stoff, der die Fähigkeit hat, wieder eine
Welt zu werden, sondern sie geht über in eine andere
Welt. Da die Zahl der Welten unendlich ist und sie
einander ablösen, besteht keine Notwendigkeit, daß der
Weg wieder zur selben Welt zurückführt." Diese Lehre
vertraten Leukippos und Demokrit und ihre Anhänger ... Die Welten Demokrits aber, die sich in andere,
aus denselben Atomen bestehende Welten verwandeln,
werden der Form nach gleich, wenn auch nicht der
Zahl nach.[131]

*Simplikios, Kommentar zu Aristoteles, Über den Himmel,*
*S. 310,5ff. Heiberg*

## Physiologische Fragen

93.

Demokrit geht die einzelnen Teile der Welt durch und
lehrt, daß alles, was ist oder geschieht, aus natürlichen
Gründen geschieht oder geschah, auf Grund von Schwere
und Bewegungen.           *Cicero, Lehren der Akademie 2,121*

94.

Wie es scheint, läßt sich auch auf Epikur (S. 352, 32 Us.)
und Demokrit und ihre Anhänger in der Naturlehre
die folgende Begriffsbestimmung der Zeit zurückführen:
„Zeit ist eine Erscheinung, die sich in Form von Tag und
Nacht darstellt."[132]

*Sextus Empiricus, Gegen die Wissenschaftler 10,181*

95.

(Die Philosophen) erklären, die Zeit sei nicht entstanden, und hierdurch beweist Demokrit die Unmöglichkeit,
daß alles entstanden sei. Die Zeit nämlich sei nicht entstanden.                      *Aristoteles, Physik 8,1. 251b 16ff.*

96.

Demokrit war so fest von der Ewigkeit der Welt überzeugt, daß er, als er beweisen wollte, nicht alles sei entstanden, als Beweis verwendete, die Zeit sei nicht entstanden.

*Simplikios, Kommentar zu Aristoteles, Physik, S. 1153,22ff. Diels*

97.

Überhaupt ist es ein Fehler zu glauben, als Prinzip sei
dies hinreichend, daß (etwas) immerfort so ist oder entsteht, also der Punkt, auf den Demokrit die Ursachen
im Bereich der Natur zurückführt, daß nämlich auch
das, was früher war, so gewesen sei. Denn den Ursprung
des „Immer" zu suchen, hält er nicht für erforderlich.

*Aristoteles, Physik 8,1. 252a 32ff.*

98.

Das Jahr Demokrits besteht aus 82 Jahren mit 28 Schalt-
monaten.[133]              *Censorinus, Über den Geburtstag 18,8*

99.

Demokrit meint, die sog. Mischung (der Stoffe) vollziehe sich infolge des Nebeneinanderlagerns von Körpern. Dabei zerlegten sich die Stoffe, die gemischt
werden, in kleine Teilchen, und indem sie sich gegenseitig aneinanderlagerten, verursachten sie die Mischung. Im Prinzip nämlich, behauptet er, gebe es gar
keine (Stoffe), die wirklich vermischt wären. Vielmehr
sei die scheinbare Mischung nur eine Nebeneinander-
lagerung von Körpern, von denen jeder die ihm eigene
Beschaffenheit bewahre, die er auch schon vor der Mischung besaß. Sie schienen aber deshalb miteinander
vermischt zu sein, weil die Sinne wegen der Kleinheit
der nebeneinandergelagerten Teile keinen von ihnen
einzeln wahrzunehmen vermögen.

*Alexander von Aphrodisias, Über die Mischung 2, S. 214,18*
*Bruns*

### 100.

Was behauptet Demokrit? Daß sich unendlich viele
unteilbare und indifferente, qualitätslose und für Einwirkungen unempfängliche Substanzen verstreut im Leeren bewegen. Wenn sie sich einander näherten, zusam-
menträfen oder sich miteinander verflöchten, erschienen
die Verbindungen teils als Wasser, teils als Feuer, teils
als Pflanze, teils als Mensch. Alles aber bestehe aus dem,
was er die „ungeteilten Formen"[134] nannte; anderes gebe
es nicht. Denn aus dem Nichtseienden sei kein Entstehen möglich, und auch ein Seiendes könne nicht entstehen, denn wegen ihrer Festigkeit könnten die Atome
weder Einwirkungen erleiden noch sich verändern.

*Plutarch, Gegen Kolotes 8. 1110 F*

### 101.

Eine Streitfrage ist, warum die Gestalt der Flamme
pyramidenförmig ist. Demokrit gibt an, die Spitzen (der
Flammen) kühlten ab, verkleinerten sich und liefen
schließlich spitz zu.

*Theophrastos, Über das Feuer 52*

### 102.

Demokrit als vielerfahrener Mann erkannte als erster,
daß die Erde[135] länglich gestreckt sei; ihre Länge be-
trage das Anderthalbfache der Breite.

*Agathemeros, Skizze der Geographie 1,1,2*

### 103.

Den bewohnten Teil der Erde bezeichneten der Stoiker
Poseidonios[136] und Dionysios[137] als wie eine Schleuder
geformt, Demokrit dagegen als länglich gestreckt.

*Eusthatios, Kommentar zu Homer, Ilias 7,446*

### 104.

Demokrit nennt (die Form der Erde) scheibenförmig im
Umriß, in der Mitte gehöhlt.[138]

*Aetios 3,10,5*

105.

Demokrit lehrt, anfangs treibe die Erde wegen ihrer
Kleinheit und Leichtigkeit unstet umher, wenn sie mit
der Zeit dicker und schwerer geworden sei, setze sie
sich dagegen an einem bestimmten Platz fest.[139]

*Aetios 3,13,4*

106.

Demokrit lehrte, weil der südliche Teil der Erdumfas-
sung schwächer sei, neige sich die Erde, wenn sie wachse,
nach dieser Seite. Denn der Norden sei voller Kraft,
der Süden dagegen geschwächt. Deshalb habe die Erde
Übergewicht nach der Seite, die sie beim Fruchttragen
und Wachstum bevorzugt.[140]

*Aetios 3,12,2*

107.

Demokrit behauptet, wenn die Erde voller Wasser sei
und (zusätzlich noch) viel Regenwasser aufnehme, gerate
sie dadurch in Bewegung. Wenn das Wasser zuviel
werde, weil die Hohlräume es nicht mehr aufnehmen
können, schaffe es sich gewaltsam einen Ausweg und
verursache ein Erdbeben, und wenn sie trockne und
(Wasser) aus den besser gefüllten Stellen in die leeren
herüberziehe, bringe das seinen Ort wechselnde ein-
strömende Wasser sie in Bewegung.[141]

*Aristoteles, Meteorologie 2,7. 365b 1ff.*

108.

Demokrit meint, es gebe mehrere Ursachen der Erdbeben. Er sagt nämlich, die Bewegung werde manchmal
durch einen Luftstrom, manchmal durch Wasser und
manchmal durch beides verursacht, und er führt diesen
Gedanken folgendermaßen aus: Ein bestimmter Teil
der Erde ist hohl. In ihn strömt mit großer Gewalt
Wasser ein. Ein Teil dieses Wassers ist besonders fein
und leichtflüssiger als das übrige. Er wird mit über-
mächtiger Wucht zurückgeschleudert, trifft auf die Erde
auf und setzt sie in Bewegung. Wasser kann nämlich

nicht fluten, ohne daß dasjenige, auf das es auftrifft, in
Bewegung gerät... Sobald das Wasser sich an einer
Stelle gesammelt und den Konzentrationsprozeß abge-
schlossen hat, verlagert es sich nach irgendeiner Seite
zu und öffnet sich zuerst durch sein Gewicht, dann durch
die Wucht (der Strömung) einen Weg. Wasser, das lange
eingeschlossen war, kann einen Ausweg nämlich nur
auf schräger Bahn finden und nicht sanft auf geradem
Weg oder ohne Erschütterung der Erdpartien, durch die
hindurch oder in die hinein es stürzt. Falls es, während
es schon davongerissen wird, an irgendeiner Stelle stockt
und sich die Kraft der Strömung auf sich selbst zurück-
wirft, prallt es gegen die umgebende Erde und erschüttert sie auf die Seite, nach der zu es den stärksten
Druck ausübt. Außerdem senkt sich die Erde mitunter, wenn sie durch Flüssigkeit, die sie in ihr Inneres
aufgenommen hat, mürbe geworden ist, und der ganze
Grund wird in Mitleidenschaft gezogen: dann gerät derjenige Teil der Erde unter Druck, auf den sich die Last
der herabstürzenden Wassermassen niedersenkt. Der
Lufthauch andererseits peitscht häufig die Wellen, und
wenn sein Andrang heftiger wird, läßt er denjenigen
Teil der Erde in Bewegung geraten, zu dem er die zusammengedrängten Wassermassen hingetrieben hat. Bisweilen dringt er in die Erdgänge ein, und während er
einen Ausweg sucht, bringt er alles in Bewegung; denn
auch die Erde ist für Winde durchlässig, und der Lufthauch ist einerseits feiner, als daß er sich (aus der Erde)
ausschließen ließe, andererseits heftiger, als daß er,
einmal erregt und zum Sturm angewachsen, (von ihr)
ertragen werden könnte.

*Seneca, Naturuntersuchungen 6,20,1*

109.

Demokrit nimmt als Grund der Nilschwelle an, wenn
um die Zeit der Sommerwende der Schnee in den nördlichen Ländern sich auflöst und zerschmilzt, verdichteten
sich die Dämpfe zu Wolken. Diese würden allesamt
nach Süden und speziell nach Ägypten getrieben, und

durch die Etesienwinde entstünden wolkenbruchartige
Regenfälle, durch die sich die Seen und der Nilstrom
füllten.[142]

*Aetios 4,1,4*

### 110.

Meinungsunterschiede hat es vor allem zur Frage nach
der Entstehung des Meeressalzwassers gegeben. Die
einen sagen nämlich, es sei ein Rest der Urflüssigkeit
übriggeblieben, als das meiste Wasser verdampfte. Andere halten es für eine Ausdünstung der Erde. Demokrit
vertritt eine ähnliche Meinung wie diejenigen, die seine
Entstehung in die Erde verlagern ... Er sagt, im Feuchten sondere sich das Gleiche zum Gleichen[113] ebenso
wie im All, und so sei das Meer entstanden und das
übrige Salzige, nämlich dadurch, daß das Gleichartige
sich zusammengefunden habe. Daß das Meer aber aus
Gleichartigem bestehe, sei auch aus anderen Beispielen
ersichtlich. Denn weder Weihrauch noch Schwefel, noch
Silphion[143], noch Alaun, noch Asphalt, noch was sonst
groß und merkwürdig ist, komme überall auf der Erde
vor. Daher liegt es nahe, wenigstens die eine Frage zu
untersuchen, warum er, der das Meer zu einem Teil des
Kosmos macht, behauptet, auf dieselbe Weise entstünden auch die Wundererscheinungen und besonders
auffälligen Naturphänomene, so als gebe es auf der
Erde nicht viele Unterschiede. Es wäre doch für ihn, der
die Geschmacksarten durch die Atomformen entstehen
läßt – und zwar das Salzige durch große, winklige
Atome –, keineswegs widersinnig anzunehmen, daß auf
der Erde das Salz in gleicher Weise entstehe wie im
Meer (?).[144]

*Hibeh-Papyrus 16 (Ausgabe von Grenfell-Hunt), S. 62*

### 111.

Man muß über den Salzgehalt (des Meeres) sprechen,
und auch darüber, ob es stets dasselbe ist oder ob es
einst nicht war und auch künftig nicht sein wird, son-

dern sich in Zukunft vermindern werde, wie ja manche
glauben.[145] In dem einen Punkt nun scheinen alle über-
einzustimmen, daß (das Meer) entstanden ist – insofern nämlich auch die ganze Welt entstanden ist; denn
sie lassen es zugleich (mit der Welt) entstanden sein.
Deshalb ist klar, daß man, falls das All ewig ist[146], das
gleiche auch für das Meer annehmen muß. Die Meinung
jedoch, es nehme an Umfang stetig ab, wie Demokrit
lehrt, und werde schließlich ganz versiegen, scheint sich
in nichts von den Aisopischen Fabeln[147] zu unterscheiden.

*Aristoteles, Meteorologie 2,3. 356b 4ff.*

### 112.

Demokrit hält die Substanz der Sterne für Gestein.[148]

*Aetios 2,13,4*

### 113.

Demokrit setzt die Fixsterne an erste Stelle, danach die
Planeten, unter ihnen Sonne, Morgenstern und Mond.[149]

*Aetios 2,15,3*

### 114.

Die Sonne hält Demokrit für einen glühenden Metall-
oder Felsklumpen.[150]

*Aetios 2,20,7*

### 115.

Die Sonne erscheint Demokrit als groß.[151]

*Cicero, Über das höchste Gut und das größte Übel 1,20*

### 116.

621 Offenbar kann es sich ... so verhalten, wie der ehr-
     würdige Urteilsspruch Demokrits es festsetzt: Je
     näher die einzelnen Gestirne der Erde sind, desto
     weniger werden sie zusammen mit der Wirbel-
625 bewegung des Himmels umhergeschleudert. / Denn
     die reißende, stürmische Kraft des Himmels ver-

mindere sich und schwinde nach unten zu, und deshalb bleibe die Sonne zusammen mit den nach-
folgenden Gestirnen allmählich zurück, weil sie sich
viel weiter unten befindet als die glühenden Gestirne. Mehr noch gilt das für den Mond: Je mehr
630 seine / Bahn sich vom Himmel entfernt und der
Erde nähert, desto weniger zieht er auf ihr gemeinsam mit den anderen Gestirnen. Je schlaffer nämlich der Wirbel ist, der ihn unterhalb der Sonne
in Bewegung hält, desto leichter holen ihn die
übrigen Gestirne ein und ziehen an ihm vorüber. /
635 So geschieht es, daß der Mond rasch zu jedem
einzelnen Gestirn zurückzukehren scheint, während
(in Wirklichkeit) die Gestirne wieder zu ihm hin-
gelangen.[152]

*Lukrez 5,621ff.*

### 117.

Die Sonnenwenden erklärt Demokrit aus dem die Sonne
in ihrer Kreisbahn haltenden Wirbel.[153]

*Aetios 2,23,7*

### 118.

Bei richtiger Stellung, lehrt Demokrit, empfängt der
Mond vom Lichtspender (Licht) und fängt die Sonne
(d. h. das Sonnenlicht) auf. Es verhielte sich demnach
so, daß der Mond sichtbar ist, die Sonne ihn sichtbar
macht.

*Plutarch, Über das Gesicht im Mond 16. 929C*

### 119.

Anaxagoras und Demokrit[154] lehren, der Mond sei ein
glühender, fester Körper, der auf seiner Oberfläche
Ebenen, Berge und Schluchten aufweise. – Demokrit
sagt, auf dem Mond gebe es Schatten der auf ihm befindlichen Erhöhungen. Er habe nämlich Schluchten und
Täler.

*Aetios 2,25,9 und 2,30,3*

### 120.

Anaxagoras und Demokrit und ihre Anhänger behaupten, die Milchstraße sei Licht von Sternen. Wenn die Sonne nämlich unter der Erde verschwinde, beleuchte sie einen Teil der Sterne nicht. Das Licht der Sterne, die von der Sonne angestrahlt werden, sei nicht sichtbar; das werde nämlich von den Sonnenstrahlen verhindert. Das Eigenlicht der Sterne hingegen, die von der Erde abgeschirmt werden, so daß die Sonne sie nicht anstrahlt, bilde die Milchstraße.[155]

*Aristoteles, Meteorologie 1,8. 345a 25 ff.*

### 121.

Hinsichtlich der Kometen behaupten Anaxagoras und Demokrit, das, was man Komet nennt, sei eine „Ko-Erscheinung"[156] der Planeten ... Wenn diese Planeten einander nahe kämen, mache das den Eindruck, als berührten sie einander und seien ein Stern, eben der sogenannte Komet. „Ko-Erscheinung" bezeichnet hierbei eine Erscheinung, die sich aus allen in ihr zusammenfließenden (Einzelerscheinungen) so zusammensetzt, als rühre sie von einem einzigen Gegenstand her.

*Alexander von Aphrodisias, Kommentar zu Aristoteles, Meteorologie, S. 26,11ff. Hayduck*

### 122.

Auch Demokrit, der Scharfsinnigste unter allen alten (Philosophen), sagt (bezüglich der Kometen), er nehme an, es gebe mehr wandernde Sterne (als die bekannten fünf Planeten). Aber er setzte weder ihre Zahl noch ihre Namen fest, da ja noch nicht einmal die Bahnen der fünf (bekannten) Planeten genau bekannt seien.[157]

*Seneca, Naturuntersuchungen 7,3,2*

### 123.

Demokrit läßt den Donner aus einer ungleichmäßigen Zusammensetzung entstehen, die sich durch das umgebende Gewölk hindurch gewaltsam einen Ausweg

nach unten bahnt.[158] Das Wetterleuchten sei ein Zusammenprall von Wolken, bei dem die feuerzeugenden
Stoffe durch die stark mit Leerem durchsetzten Lücken
hindurch sich aneinanderreiben, an einer Stelle sammeln
und durchgeseiht werden. Blitzschlag entstehe, wenn sich
aus reineren und leichteren gleichartigen und zugleich
– wie er selbst schreibt – festgefügten Zusammensetzungen feuerzeugende Stoffe gewaltsam einen Weg bahnen.
Ein flammender Blitz aber entstehe, wenn stärker mit
Leerem durchsetzte Zusammensetzungen von Feuer sich
auf mit viel Leerem durchsetzte Räume verteilen, durch
Einschluß in eigene Häute zu Körpern geformt werden
und durch ihre Vermischtheit vom Drang in die Tiefe
gepackt werden.

*Aetios 3,3,11*

### 124.

Demokrit sagt: Wenn in engem leerem Raum viele
kleine Körper sind – er nennt sie Atome –, so ergibt
das Wind. Umgekehrt sei das Verhalten der Luft ruhig
und friedlich, wenn in viel leerem Raum nur wenig
Körper sind. Denn so wie man auf Markt oder Straße
ohne Belästigung umherwandern kann, solange der Be-
such gering ist, während ein Kampf der einen gegen die
anderen einsetzt, sobald auf engem Raum eine Volks-
menge zusammenströmt: ebenso ist es in dem uns umgebenden Raum unvermeidlich, daß, wenn viele Körper
einen winzigen Raum gefüllt haben, die einen auf die
anderen treffen, sie stoßen und zurückgestoßen werden,
sich verflechten und verdichten. Daraus entsteht Wind,
wenn nämlich diejenigen Körper, die in Kampf miteinander geraten waren, sich neigen und nach langem
und unentschiedenem Hinundherschwanken nach unten
senken. Wenn hingegen in einem großen, weitläufigen
Raum nur wenige Körper enthalten sind, können sie
Stöße weder austeilen noch empfangen.

*Seneca, Naturuntersuchungen 5,2*

125.

Demokrit nimmt ebenfalls[159] an, daß es Ausflüsse (von den Körpern) gibt und daß das Gleiche sich zum Gleichen hinbewegt, daß sich aber auch alles in das Leere hineinbewege. Unter diesen Voraussetzungen nimmt er an, daß der Magnet und das Eisen aus gleichartigen Atomen bestehen, jedoch der Magnet aus feineren. Der Magnet sei lockerer und reicher an Hohlräumen als das Eisen, und deswegen bewegten sich die Atome des Magneten, die leichter beweglich seien, schneller auf das Eisen zu; denn die Bewegung erfolge in der Richtung auf das Gleiche. Sobald sie in die Poren des Eisens eindrängen, versetzten sie die in diesem enthaltenen Atome in Bewegung, indem sie infolge ihrer Feinheit durch sie hindurchdringen. Die (Eisenatome) aber, einmal in Bewegung gesetzt, bewegten sich ausströmend nach außen und auf den Magneten zu, infolge der Gleichheit und weil er mehr Hohlräume enthalte. Dadurch, daß diesen Atomen dann das Eisen folge, bewege es sich infolge der auf ein Mal erfolgenden Ausscheidung (der Atome) und ihrer Bewegung auch selber auf den Magneten zu. Der Magnet bewegt sich aber seinerseits nicht auf das Eisen zu, weil das Eisen nicht ebensoviel Hohlräume hat wie er.

*Alexander von Aphrodisias, Streitfragen, S. 2,23 Bruns*

126.

Es gibt gewisse materielle Ausflüsse aus Körpern, die sich in Ruhelage befinden und so eine Anziehungskraft ausüben. Treten sie in Berührung (mit Atomen anderer Körper) oder verflechten sie sich mit ihnen, wie manche (Philosophen) behaupten, so werden dadurch Körper angezogen.[160]

*Alexander von Aphrodisias bei Simplikios, Kommentar zu Aristoteles, Physik, S. 1056,1ff. Diels*

## Biologische Fragen

### 127.

Demokrit lehrt, der Same stamme vom ganzen Körper[161], und zwar von seinen wichtigsten Teilen wie Knochen, Fleisch und Sehnen. Straton[162] und Demokrit lehren, auch die Potenz (nicht nur der Same selbst) sei körperlich, sie bestehe nämlich aus Hauchsubstanz (Pneuma).

*Aetios 5,3,6 und 5,4,3*

### 128.

Pythagoras, Epikur (Frg. 330 Us.) und Demokrit lehren, auch das Weibliche werfe Samen aus. Es besitze nämlich nach Innen gewendete Hoden. Deshalb habe es Verlangen nach ihrem Gebrauch.

*Aetios 5,5,1*

### 129.

Demokrit aus Abdera behauptet, der Unterschied des Weiblichen und des Männlichen entstehe in der Gebärmutter. Allerdings werde nicht durch Wärme und Kälte das eine weiblich, das andere männlich, sondern das Weibliche und das Männliche unterscheiden sich voneinander, je nachdem, von welchem (Elternteil) der Same, der aus dem Geschlechtsorgan kommt, das Übergewicht erlangt.

*Aristoteles, Über die Zeugung bei Tieren 4,1. 764a 6ff.*

### 130.

Demokrit behauptet, das Äußere der Tiere bilde sich zuerst heraus und erst später das Innere.

*Aristoteles, Über die Zeugung bei Tieren 2,4. 740a 13ff.*

### 131.

Die Adern sind gleichsam Wurzeln, die an die Gebärmutter anschließen und durch die das Embryo die Nahrung zu sich nimmt. Deshalb bleibt das Embryo in der Gebärmutter und nicht, wie Demokrit behauptet, damit seine Teile entsprechend den Teilen des tragenden (Tieres) geformt werden.

*Aristoteles, Über die Zeugung bei Tieren 2,4. 740a 33ff.*

### 132.

Als erstes bildet sich in der Gebärmutter der Nabelstrang, wie Demokrit sagt, ein Ankerplatz gegen Brandung und unstetes Umherirren, Halteseil und Klammerstab für die entstehende und werdende Frucht.[163]

*Plutarch, Über die Kinderliebe 3. 495E*

### 133.

Demokrit und Epikur (Frg. 332 Us.) erklären, das Embryo nähre sich in der Gebärmutter durch den Mund.[164] Deshalb werde das Frischgeborene sofort mit dem Mund an das Euter (bzw. an die Brust) gelegt. Denn auch in der Gebärmutter gebe es gewisse Saugwarzen und Öffnungen, durch die es Nahrung aufnehme.

*Aetios 5,16,1*

### 134.

Demokrit behauptete, Mißgeburten entstünden durch Zusammenfall zweier Samen, von denen der eine früher in Wirksamkeit getreten sei, der andere später. Und dieser zweite sei nach seinem Austritt in die Gebärmutter gelangt, infolgedessen dort mit dem ersten Samen verwachsen und habe Veränderungen an den Teilen (des Embryos) verursacht. Da bei den Vögeln die Begattung rasch erfolge, änderten sich bei ihnen, so sagt er, die Eier und ihre Farbe.

*Aristoteles, Über die Zeugung bei Tieren 4,4. 769b 30ff.*

### 135.

Demokrit spricht davon, daß Schwein und Hund viele Junge haben, und fügt als Ursachenerklärung hinzu, daß

sie eine Vielzahl von Gebärmuttern und Organen besitzen, die Samen aufnehmen können. Der männliche
Samenerguß füllt sie nicht alle bei einem einzigen Be-
gattungsakt, sondern diese Tiere bespringen sich zwei-
oder dreimal, damit durch diese Dauer des Aktes sich
die für den Samen bestimmten Aufnahmeorgane füllen.
Maulesel, sagt er weiter, bringen keine Jungen zur Welt,
denn sie haben keine Gebärmutter, die denen der anderen Tiere gleichen, sondern solche von anderer Gestalt, die nicht imstande sind, Samen aufzunehmen. Der
Maulesel sei nämlich kein Geschöpf der Natur, sondern
entstamme menschlicher List und Experimentierlust;
man könne ihn einen Bastard und das Produkt eines
Betrugs nennen. „Ich meine", sprach er, „als einmal ein
Esel eine Stute besprang, warf sie zufällig ein Junges.
Die Menschen lernten von dieser Vergewaltigung, sind
später aber sogar soweit gelangt, auch den Samen der
beiden Tiere aneinander zu gewöhnen." Am besten be-
sprängen die besonders großen libyschen Esel Stuten,
denen die Mähnen geschoren seien. Eine Stute, die im
Besitz ihres Haarschmuckes sei, lasse sich einen solchen
Begatter nämlich nicht gefallen, sagen diejenigen, die
sich in der Begattungsweise dieser Tiere auskennen.

*Ailianos, Über die Eigenart der Tiere 12,16*

### 136.

In den südlichen Ländern, sagt Demokrit, gebe es mehr
Fehlgeburten als in den nördlichen, und das sei ganz
natürlich: Durch den Südwind nämlich würde den
Schwangeren der Körper aufgebläht und dehne sich aus.
Wenn nun der Leib[165] sich löse und nicht festgefügt
bleibe, gerate auch der Embryo in Bewegung, er erwärme sich, gleite dahin und dorthin und falle leicht
aus dem Körper heraus. Wenn dagegen Frost herrsche
und der Nordwind wehe, sei der Embryo fest einge-
bettet, könne sich nur schwer bewegen und werde nicht
durch Körperschwankungen in Unruhe versetzt. Vielmehr sei er keinen Bewegungen ausgesetzt, genieße Ruhe,

kräftigt sich, wird stark und wartet den natürlichen Zeitpunkt der Geburt ab. „In der Kälte also", sagt der Abderite, „hat er Bestand, in der Wärme wird er häufig ausgestoßen." Notwendigerweise, sagt er weiter, dehnen sich bei Überhandnehmen der Hitze auch die Adern und Gelenke aus.

*Ailianos, Über die Eigenart der Tiere 12,17*

### 137.

Die hörnerlosen Stiere, die keinen „Wabenkörper" – so nennt es Demokrit – auf dem Schädel haben – er bezeichnet damit wohl das Poröse –, sind ihrer Wehr entblößt und besitzen sie nicht, weil der ganze Knochen Widerstand entgegensetzt und den Zufluß der Säfte nicht aufnimmt. Auch die Adern unter diesen Knochen sind schlecht mit Nahrung versorgt, deshalb zarter und schwächer (als andere Adern). Notwendigerweise muß auch der Nacken der hörnerlosen Stiere trockener sein. Denn auch dessen Adern sind zarter und deshalb weniger kräftig. Was aber die Araberkühe anbetrifft, so sind ihre Hörner von gutem Wuchse, und bei ihnen ist, sagt er, der starke Zustrom von Säften die Nahrungsgrundlage für das edle Wachstum der Hörner. Hörnerlos sind auch die Kühe, bei denen der Knochen, der die Flüssigkeit aufnehmen müßte, zu massiv ist, so daß er die Säfte weniger leicht aufnehmen kann. Kurz, man kann sagen, daß der Grund für das Wachstum der Hörner der Zufluß (von Säften) ist; ihn leiten zahlreiche sehr kräftige Adern, die in sich Feuchtigkeit enthalten, soviel sie zu fassen vermögen.

*Ailianos, Über die Eigenart der Tiere 12,20*

### 138.

Die Eule ... ist das scharfsichtigste Tier; sie kann nachts sehen. Demokrit berichtet, daß sie als einziger der krummklauigen fleischfressenden Vögel ihre Jungen nicht blind zur Welt bringt, weil sie viel feuerartigen und warmen (Stoff) in den Augen haben, der extrem scharf und schneidend ist und die Gesichtswahrnehmung aufgliedert und vermischt. Deshalb sieht die Eule sogar in den Neumondnächten, eben wegen des Feuercharakters ihrer Augen.

*Sog. „Echte Etymologiensammlung" der Vatikanischen Bibliothek, Stichwort „Eule"*

### 139.

Demokrit entwickelt mit glänzenden Worten die Ursache, warum die Hähne vor Tageslicht krähen. Sobald nämlich die Nahrung aus ihrer Brust gewichen ist, sich im ganzen Körper verteilt hat und verdaut ist, lassen sie, während der Nachtruhe gesättigt, ihr Krähen ertönen.

*Cicero, Über die Weissagung 2,57*

### 140.

Von den blutlosen Tieren hat keines Eingeweide. Demokrit war in diesem Punkt offenbar falscher Ansicht, wenn er glaubte, wegen der Kleinheit der blutlosen Tiere seien die Eingeweide lediglich nicht zu erkennen.[166]

*Aristoteles, Über die Teile der Tiere 3,4. 665a 30ff.*

### 141.

Demokrit scheint nicht Recht zu haben mit den Gründen, die er dafür angibt, daß die geradewüchsigen Bäume auf Grund derselben Notwendigkeit zugleich kurzlebiger seien und früher zum Blühen kämen als die krummwüchsigen. Bei den einen würde nämlich die Nahrung, aus der die Blütenkeime und Früchte entstehen, rasch weitergeleitet, bei den anderen langsam, und zwar weil der Teil über der Erde keinen guten Durchfluß habe und nur die Wurzeln in den Genuß (von Nahrung) kämen, denn sie seien zugleich weitwurzelig und dickwurzelig. Er behauptet nämlich, die Wurzeln der geradwüchsigen Bäume seien schwächer, und aus beiden Gründen seien sie (mehr) der Zerstörung und Vernichtung ausgesetzt. Rasch nämlich gelangten

wegen des leichten Durchlasses von oben her Kälte und
Hitze bis zu den Wurzeln, und da diese schwach seien,
hielten sie dem nicht stand. Überhaupt beginne die
Mehrzahl dieser Bäume wegen der Schwäche ihrer Wurzeln von oben her zu altern. Ferner würden die Teile
über der Erde wegen ihrer Schlankheit von den Winden
gebogen und brächten auch die Wurzeln in Bewegung.
Wenn das aber geschehe, zerbrächen sie dadurch und
verkrüppelten, und das ziehe für den ganzen Baum die
Vernichtung nach sich. Das ist das, was er hierzu sagt.

*Theophrastos, Über die Ursachen bei den Pflanzen 2,11,7ff.*

### 142.

Platon[167], Anaxagoras und Demokrit und ihre Anhänger
meinen, die Pflanze sei ein Lebewesen[168], das in der
Erde stecke.  *Plutarch, Naturwissenschaftliche Fragen 1,1. 911D*

### 143.

Anaxagoras, Demokrit und Empedokles lehrten, die
Pflanzen hätten Denkvermögen und Verstand.[169]

*[Aristoteles], Über die Pflanzen 1,1. 815b 16*

## Der Mensch, die Seele

### 144.

Der Mensch ist eine kleine Welt (mikrós kósmos).[170]

*David (frühbyzantinischer Aristoteles-Kommentator),*
*Vorrede zur Philosophie, S. 38,14 Busse*

### 145.

Demokrit, mit der Stimme des Zeus wetteifernd und
„folgendes über das All behauptend"[171], versuchte den
Begriff des Menschen aufzustellen, brachte aber nichts
anderes als die laienhafte Aussage zustande: „Mensch
ist, was alle kennen."[172]

*Sextus Empiricus, Gegen die Wissenschaftler 7,265*

146.

Falls nun ein jedes Lebewesen und seine Teile durch
Form und Farbe bestimmt sind, mag Demokrit recht
haben; er scheint nämlich das anzunehmen. Er behaup-
tet ja, es sei für jeden klar, was für ein Wesen der
Mensch seiner Gestalt nach ist, so als sei er auf Grund
seiner Form und Farbe bekannt. Und doch ist auch beim
Toten die Form gleichgestaltet, und er ist dennoch nicht
Mensch.[173]     *Aristoteles, Über die Teile der Tiere 1,1. 640b 29ff.*

147.

Einige Philosophen lehrten, die Seele sei Feuer.[174]
Denn dies sei das feinteiligste und am wenigsten körper-
hafte unter den Elementen, dazu dasjenige, das sich
primär bewege und anderes in Bewegung versetze.
Demokrit aber hat auch genauer gezeigt, wieso es diese
beiden (Funktionen ausübt). Seele und Geist[175] seien
nämlich dasselbe. Dieser Stoff gehöre zu den unteilbaren Primärkörpern, beweglich sei er infolge der Kleinheit seiner Teile und seiner Gestalt. Von den Gestalten
aber sei am leichtesten beweglich die Kugelform, und
kugelförmig seien der Geist und das Feuer.

*Aristoteles, Über die Seele 1,2. 405a 5ff.*

148.

Demokrit nannte die Seele eine feuerhafte Zusammensetzung aus nur dem Verstand faßbaren Körpern von
kugelhafter Form und der Beschaffenheit von Feuer;
sie wäre somit körperlicher Natur.

*Aetios 4,3,5*

149.

Demokrit bezeichnet die Seele als eine Art Feuer und
als Warmes. Denn von den unendlich vielen Formen
und Atomen nennt er die kugelförmigen Feuer und
Seele, ähnlich den sog. „Schabseln"[176] in der Luft, die in
den durch die Fenster einfallenden Strahlen sichtbar wer-

den; deren alles umfassende Mischung nennt er die Elemente des Naturganzen. Ähnlich denkt auch Leukippos. Von diesen Elementen bezeichnen sie die kugelförmigen als Seele, weil derartige Gestaltungen am besten durch alles hindurchdringen könnten und, selbst in Bewegung befindlich, das übrige in Bewegung versetzten; sie nehmen an, es sei die Seele, die an die Lebewesen die Bewegung weiterleite. Deshalb stehe und falle das Leben auch mit der Atmung. Denn während die umgebende (Luft) die Körper zusammenpresse und diejenigen Formen, die den Lebewesen die Bewegung vermitteln, herausdränge, weil sie niemals in Ruhe seien, komme Hilfe von außen, indem bei der Atmung andere Atome der gleichen Art in den Körper eindringen. Diese neu eingedrungenen Atome hinderten auch die in den Lebewesen vorhandenen Atome am Entweichen, und mit ihnen zusammen drängten sie das, was sie zusammendrückt und verhärtet, zurück. Und solange sie dazu imstande seien, bleibe das Leben erhalten.

*Aristoteles, Über die Seele 1,2. 404a 1ff.*

### 150.

Wenn die Seele verteilt ist und im Körper ist wie die Luft im Schlauch, von ihm umfaßt oder in ihn vermischt oder in ihm sich bewegend wie „Schabsel" in der Luft, die durch die Fenster sichtbar werden, so ist wohl klar, daß sie den Körper verläßt, sich verteilt und zerstreut, wie Demokrit und Epikur (Frg. 337 Us.) es darlegen.

*Stobaios 1,49,43 (aus Iamblichos, Über die Seele)*

### 151.

Demokrit bezeichnet die Seele als den Atomen eingefügten Geist von solcher Leichtigkeit der Bewegung, daß er den gesamten Körper zu durchdringen vermag.

*Macrobius, Kommentar zu Cicero, Scipios Traum 1,14,19*

### 152.

Manche[177] sagen, die Seele bewege den Körper, in dem
sie ist, so wie sie selbst sich bewegt. Zu ihnen gehört
Demokrit, der die gleiche Ansicht ausspricht wie der
Komödiendichter Philippos.[178] Der sagt nämlich, Daidalos
habe die hölzerne Aphrodite dadurch in Bewegung
gesetzt, daß er ihr Quecksilber eingoß. In gleicher Weise
äußert sich auch Demokrit. Er sagt nämlich, wenn die
unteilbaren Kügelchen sich bewegen, reißen sie dadurch,
daß sie ihrer Natur nach nie zum Stillstand kommen,
den ganzen Körper mit sich fort und bringen ihn in
Bewegung.

*Aristoteles, Über die Seele 1,3. 406b 15ff.*

### 153.

Demokrit behauptet, der Körper werde von der Seele
bewegt ... Wenn nun die Seele in dem ganzen wahrnehmenden Körper verteilt ist, befinden sich in ihm mit
Notwendigkeit zwei Körper, sofern nämlich auch die
Seele eine Art Körper ist.

*Aristoteles, Über die Seele 1,5. 409a 32ff.*

### 154.

370 Hüte dich hierbei anzunehmen, was der ehrwürdige
    Urteilsspruch Demokrits festsetzt: daß die Primär-
    körper des Leibes und der Seele nebeneinander-
    gelagert seien, einzelne Körper neben einzelne Kör-
373 per, in einer Weise, daß sie umschichtig miteinander
    abwechseln und die Glieder verknüpfen.[179]

*Lukrez 3,370ff.*

### 155.

Demokrit behauptet, daß die Einatmung für die Atmen-
den eine bestimmte Folge hat. Er sagt nämlich, sie ver-
hindere, daß die Seele (aus dem Leibe) herausgedrängt
werde. Davon freilich sagt er kein Wort, daß die Natur
das um dieses Zweckes willen so eingerichtet habe.[180]
Denn ganz wie die anderen Naturforscher[181] berührt
auch er eine solche Ursache in keiner Weise. Er be-

hauptet aber, die Seele und das Warme seien dasselbe,
nämlich die Primärformen des Kugelgestaltigen. Wenn
nun diese (kugelgestaltigen Formen) von dem (die Seele)
umgebenden (Körper), der sie hinausdrängen will, zusammengepreßt werden, komme ihnen die Einatmung
zu Hilfe. Denn in der Luft befinde sich eine große Zahl
solcher Formen, die er Geist und Seele nennt. Wenn
man nun einatme und die Luft (in den Leib) eintrete,
gelangten diese Formen mit ihr zusammen in den Körper hinein und hinderten, indem sie der Verdrängung
entgegenwirkten, die in den Lebewesen befindliche Seele
am Entweichen. Daher beruhe auf der Ein- und Aus-
atmung Leben und Sterben. Denn wenn der (die Seele)
umgebende (Körper) beim Zusammendrängen (der
Seelenatome) die Übermacht gewinne und die von außen
eindringenden Formen nicht mehr die Kraft haben, ihn
zu hemmen, weil keine Einatmung mehr möglich ist,
dann erfolge der Tod der Lebewesen. Denn der Tod
sei das Entweichen solcher Formen aus dem Körper
infolge ihrer Herausdrängung durch den (die Seele) umgebenden (Körper). Den Grund aber, weswegen sämtliche Lebewesen einmal sterben müssen – nicht etwa,
wenn es sich gerade einmal so trifft, sondern auf natürliche Weise durch das Alter oder auf widernatürliche
Weise durch Gewalt –, hat er überhaupt nicht dargelegt.

*Aristoteles, Über die Atmung 4. 471b 30ff.*

### 156.

Demokrit und Epikur (Frg. 336 Us.) halten die Seele
für vergänglich; sie gehe zusammen mit dem Körper
zugrunde.[182]

*Aetios 4,7,4*

### 157.

Demokrit erklärt Seele und Geist schlechthin für dasselbe. Das Wahre nämlich sei das, was sich den Sinnen
darbietet. Deshalb habe Homer die Worte zu Recht
gedichtet: „Hektor lag da, seinen Geist auf anderes
lenkend."[183] Er verwendet hier das Wort „Geist" nicht

im Sinne des auf die Wahrheit gerichteten (Denk)ver-
mögens, sondern identifiziert Seele und Geist.

*Aristoteles, Über die Seele 1,2. 404a 27ff.*

### 158.

Demokrit bezeichnet die Seele als etwas, das keine Teile
und keine Vielzahl von Vermögen hat, wobei er sagt,
Denken und Wahrnehmen seien einerlei[184] und ent-
stammten dem gleichen Seelenvermögen.

*Philoponos, Kommentar zu Aristoteles, Über die Seele, S. 35,12*
*Hayduck*

### 159.

Andere behaupten, der Verstand sei im ganzen Körper
verteilt, so diejenigen, die Demokrit folgen.[185]

*Sextus Empiricus, Gegen die Wissenschaftler 7,349*

### 160.

Demokrit und Epikur (Frg. 311–313 Us.) halten die
Seele für zweigeteilt; der verständige Teil habe seinen
Sitz in der Brust, der unverständige sei über die ganze
Zusammensetzung des Körpers verteilt.[186]

*Aetios 4,4,6*

### 161.

Hippokrates, Demokrit und Platon haben behauptet, der
leitende Seelenteil habe seinen Platz im Gehirn.[187]

*Aetios 4,5,1*

### 162.

Demokrit hält den Schlaf für Mangel an Atemluft.[188]

*Tertullianus, Über die Seele 43*

### 163.

Schlaf bei Tage zeigt eine Störung des Körpers oder
Angst, Schlaffheit oder Mangel an Erziehung der Seele
an.                                       *Stobaios 3,6,27*

164.

Der Beischlaf ist ein kleiner Schlaganfall. Denn da
stürzt ein Mensch aus dem Menschen heraus und löst
sich, mit einem Schlag[189] abgetrennt, von ihm los.

*Klemens von Alexandria, Der Erzieher 1,94, Stobaios 3,6,28*
*und andere Belegstellen*

165.

Die Menschen werden ein Mensch sein und ein Mensch
alle Menschen (?).[190]

*[Galen], Medizinische Definitionen 439*

166.

Wenn die Menschen sich kratzen, empfinden sie Lust,
und es wird ihnen wie beim Liebesgenuß.

*Herodianos bei Eusthatios, Kommentar zu Homer, Odyssee*
*14,428*

167.

Demokrit lehrt, die Lebewesen seien dadurch entstanden, daß ursprünglich das Feuchte Leben hervorgebracht
habe.[191]

*Aetios 5,19,6*

168.

Demokrit aus Abdera vertritt die Auffassung, die Menschen seien ursprünglich aus Wasser und Schlamm entstanden.

*Censorinus, Über den Geburtstag 4,9*

169.

Demokrit glaubte, die Menschen seien nach Art der
Würmer aus der Erde ausgeworfen worden, ohne Schöpfer und ohne Vernunftgrund.

*Lactantius, Göttliche Unterweisungen 7,7,9*

170.

Gesetzt den Fall, die Seele gehe mit dem Körper zugrunde: ist dann also nach dem Tode irgendwelcher
Schmerz oder überhaupt irgendeine Empfindung im

Körper? Niemand behauptet das, außer daß Epikur (Frg. 17 Us.) Demokrit diesen Vorwurf macht, während die Demokriteer selbst das bestreiten.[192]

*Cicero, Gespräche in Tusculum 1,82*

### 171.

Demokrit weist darauf hin, daß das Wachstum der Nägel und Haare bei Beisetzungen noch für eine Weile fortdauert.         *Tertullianus, Über die Seele 51*

### 172.

Selbst ein mit Recht so berühmter Mann wie Demokrit gab zu bedenken, daß es keine genügend sicheren Anzeichen für das Aufhören des Lebens gebe, denen die Ärzte glauben könnten. Nicht einmal das ließ er gelten, daß es sichere Anzeichen des bevorstehenden Todes gebe.         *Celsus, Über die Medizin 2,6*

### 173.

Nachrichten über Scheintote, die wiederaufgelebt seien, sammelten viele der alten Schriftsteller, darunter Demokrit in seiner Schrift „Über die Dinge im Hades".[193] Und jener wunderliche Kolotes, der Feind Platons[194], hätte als Epikureer auf keinen Fall seine Unwissenheit hinsichtlich der Ansichten des Vorläufers der Lehren Epikurs zeigen und aus dieser Unwissenheit heraus fragen sollen, wie es möglich sei, daß ein Toter wieder zum Leben erwache. Denn (in einem solchen Fall) war der Tod, wie es scheint, kein Erlöschen der gesamten Lebenskraft des Körpers, sondern lediglich eine Beeinträchtigung infolge eines Schlages oder einer Verwundung. Die Bänder der Seele blieben jedoch am Mark festgewurzelt, und das Herz hielt den in der Tiefe glimmenden Lebensfunken fest. Und da sich diese Lebenszeichen erhalten hatten, war der Körper zur Beseelung tauglich und erlangte das erloschene Leben zurück.

*Proklos, Kommentar zu Platon, Staat 2, S. 113,6 Kroll*

174.

Herakleides vom Pontos[195], der lehrte, man solle die
Toten verbrennen, war vernünftiger als Demokrit, der
riet, sie in Honig zu konservieren. Wenn das Volk ihm
gefolgt wäre, möchte ich tot sein, wenn man noch für
hundert Denare einen Topf Honig zu kaufen bekäme.[196]

*Varro, Cycnus, Über die Bestattung*[197], *Frg. 81*

175.

Demokrit behauptet, alles habe Anteil an einer gewissen Beseelung, selbst die toten Leiber, weil sie stets
deutlich an einer gewissen Wärme und an einem gewissen Wahrnehmungsvermögen auch dann noch teilhaben, wenn das meiste davon ausgeatmet und zerstreut
ist.[198]

*Aetios 4,4,7*

176.

Demokrit und einige andere behaupten, die Elemente
hätten Seelen und diese seien die Ursache für die Entstehung der Steine. Daher sagt er, eine Seele sei im
Stein so wie in jedem anderen Samen, der der Entstehung eines Dinges dient, und sie bewege die Wärme
innerhalb der Materie bei der Entstehung von Stein in
der Weise, wie der Hammer vom Schmied zwecks Er-
zeugung eines Beiles oder einer Säge bewegt wird.[199]

*Albertus Magnus, Über die Steine 1,1,4*

# Erkenntnis, Wahrnehmung, Sinnesqualitäten

177.

In den „Richtschnuren" (Denkregeln) stellt Demokrit
fest, es gebe zweierlei Erkenntnis, die eine durch die
Sinneswahrnehmungen, die andere durch den Verstand.[200]
Von ihnen nennt er die Erkenntnis durch den Verstand

die „echte" und bescheinigt ihr Glaubhaftigkeit bei der
Wahrheitsentscheidung, die Erkenntnis durch die Sinneswahrnehmungen nennt er die „dunkle" und nimmt ihr
den Nimbus, bei der Beurteilung des Wahren nicht zu
irren. Wörtlich sagt er: „Es gibt zwei Formen der Erkenntnis, die eine echt, die andere dunkel. Zur dunklen
gehört all dies: Gesicht, Gehör, Geruch, Geschmack,
Gefühl (Tastsinn). Die andere aber, von dieser verschieden, ist echt." Im folgenden setzt er den Vorzug
der echten Erkenntnis vor der dunklen auseinander und
sagt: „Wenn die dunkle nichts mehr Kleineres sehen,
hören, riechen, schmecken oder durch Betasten wahrnehmen kann, sondern die Untersuchung ins Feinere
hinein fortgesetzt werden muß, tritt an ihre Stelle die
echte."

*Sextus Empiricus, Gegen die Wissenschaftler 7,138*

### 178.

Demokrit verwirft an mehreren Stellen das, was sich
den Sinneswahrnehmungen darbietet, und behauptet,
nichts davon erscheine wahrheitsgemäß, sondern alles
nur nach Meinung; wahr sei bezüglich des Seienden nur
die Existenz der Atome und des Leeren. „Der Meinung
zufolge", sagt er nämlich, „gibt es Süßes, Bitteres, Warmes, Kaltes, der Meinung zufolge die Farben, in Wahrheit aber Atome und Leeres." In den „Bekräftigungen"[201]
aber, mag er dort auch den Sinnen die Kraft der Ver-
trauenswürdigkeit zubilligen, findet sich, daß er sie
nichtsdestoweniger verurteilt.[202] Denn er sagt: „Wir
nehmen in Wirklichkeit nichts Untrügliches wahr, sondern nur das, was sich entsprechend dem Zustand des
Körpers und der auf ihn eindringenden und entgegenwirkenden (Stoffe) wandelt." Und wiederum sagt er:
„Daß wir nun, wie jedes Ding in Wahrheit beschaffen
oder nicht beschaffen ist, nicht wissen, ist oft dargelegt
worden."

*Sextus Empiricus, Gegen die Wissenschaftler 7,135*

### 179.

Nachdem Demokrit sein Mißtrauen gegen die Sinnes-
erscheinungen mit den Worten ausgesprochen hat: „Der
Meinung zufolge gibt es Farbe, Süßes, Bitteres, in Wahrheit aber Atome und Leeres", läßt er die Sinne wie
folgt gegen den Verstand reden: „Armer Verstand, von
uns nimmst du deine Beweise und streckst uns damit
nieder? Dein Wurfsieg ist dein eigener Sturz."

*Galen, Fragment aus der Schrift über die empirische Ärzteschule*

### 180.

„Der Meinung zufolge gibt es Farbe, Süßes, Bitteres,
in Wahrheit aber Atome und Leeres", behauptet Demokrit, der meint, sämtliche mittels unserer Sinne wahrnehmbaren Eigenschaften der Dinge entstünden aus
dem Zusammentreffen der Atome, d. h. nur für uns,
die wir sie wahrnehmen; von Natur aber sei nichts weiß
oder schwarz, gelb oder rot, bitter oder süß. Der Ausdruck „der Meinung zufolge" will nämlich dasselbe besagen wie „vermeintlich" und „für uns", nicht entsprechend der Natur der Dinge selbst, wofür er „in Wirklichkeit" sagt, eine Bezeichnung, die er von dem Begriff
„das Wirkliche" ableitet, der dasselbe bedeutet wie „das
Wahre". Demnach wäre dies der Gesamtsinn seiner
Lehre: Bei den Menschen gilt zwar etwas als weiß oder
schwarz, süß oder bitter u. dgl.; in Wahrheit aber ist
alles „Ichts"[91] und „Nichts". Er sagt das ja auch selber,
wenn er die Atome „Ichts" nennt, das Leere dagegen
„Nichts". Die Atome nun, die sämtlich kleine Körper
sind, haben keine Eigenschaften; das Leere aber ist ein
Raum, in dem sich diese Körper samt und sonders in
alle Ewigkeit auf und nieder bewegen und sich entweder irgendwie miteinander verflechten oder aufeinanderstoßen und dann voneinander abprallen. So läßt
er sie sich trennen und bei solchen Begegnungen wieder
miteinander vereinigen, und daraus läßt er auch alle
anderen Atomzusammensetzungen entstehen, so auch

unsere Körper und ihre Veränderungen und unsere Sinneswahrnehmung. Als unveränderlich nehmen die Atomisten die Primärkörper an. Einige halten diese für un-
zertrümmerbar infolge ihrer Härte; so Epikur (Frg.
288 Us.) und seine Anhänger; andere halten sie für unteilbar infolge ihrer Kleinheit; so Leukippos und seine
Schüler.[203] Sie seien auch in keiner Weise Veränderungen unterworfen, die alle Menschen unter dem Eindruck
ihrer sinnlichen Wahrnehmungen für wirklich halten.
Und so behaupten sie, keines von ihnen würde (in Wirklichkeit) warm oder kalt und ebensowenig trocken oder
feucht und noch viel weniger weiß oder schwarz, wie
sie auch keinerlei andere Qualität als Folge irgendeiner
Veränderung annehmen.

*Galen, Über die Elemente, nach Hippokrates, 1,2*


### 181.

In der Schrift „Über die Formen"[204] sagt Demokrit: „Der
Mensch soll aus dieser Regel erkennen, daß er fern von
der Wirklichkeit ist." Und an anderer Stelle: „Auch diese
Darlegung zeigt, daß wir in Wirklichkeit von nichts
etwas wissen; vielmehr liefert die Umgestaltung jedem
seine Meinung."[205] Ferner sagt er: „Und doch wird klarwerden, daß es ein Problem ist zu erkennen, wie jedes
Ding in Wirklichkeit beschaffen ist."

*Sextus Empiricus, Gegen die Wissenschaftler 7,137*


### 182.

In Wirklichkeit wissen wir nichts, denn die Wahrheit
ist in der Tiefe.

*Diogenes Laertios 9,72*

### 183.

Die Natur klage an, die die Wahrheit, wie Demokrit
es formuliert, tief verborgen hat!

*Cicero, Lehren der Akademie 2,32*

184.

Platon[206] und Demokrit und ihre Anhänger hielten nur das gedanklich Erfaßbare für wahr; und zwar Demokrit deshalb, weil es nichts von Natur Wahrnehmbares gebe; denn die alle Dinge zusammensetzenden Atome hätten eine Beschaffenheit, der es an jeder sinnlich wahrnehmbaren Qualität fehle.

*Sextus Empiricus, Gegen die Wissenschaftler 8,6*

185.

Demokrit leugnet schlechtweg, daß es Wahrheit gebe, und er nennt die Sinne nicht nur „dunkel", sondern geradezu „verfinstert".[207]

*Cicero, Lehren der Akademie 2,73*

186.

Diotimos[208] berichtet, nach Demokrits Lehre gebe es drei Kriterien der Wahrheit: für die Erkenntnis des Unsichtbaren die Erscheinungen, für theoretische Forschung den Verstand und für praktische Wahl und Ablehnung die Gefühle.

*Sextus Empiricus, Gegen die Wissenschaftler 7,140*

187.

Leukippos und Demokrit geben an, die Wahrnehmungen und die Gedanken seien Veränderungen des Körpers.[209]

*Aetios 4,8,5*

188.

Viele gesunde Tiere empfangen von denselben Dingen Eindrücke, die den unseren entgegengesetzt sind, und auch ein und dasselbe Wesen hält hinsichtlich der Sinneswahrnehmung selbst nicht immer dasselbe für wahr. Welche von diesen Eindrücken nun wahr sind und welche falsch, ist unkenntlich; nichts davon ist nämlich mehr wahr als das andere[210], sondern sie sind es in gleichem Maße. Deshalb sagt Demokrit, entweder sei nichts wahr oder das Wahre sei uns verborgen. Grundsätzlich allerdings sagen sie, weil sie Denken und Wahrnehmen als dasselbe ansehen und dies als Veränderung (des Körpers) deuten, der Sinneseindruck sei notwendigerweise wahr.[211]

*Aristoteles, Metaphysik 3,5. 1009b 7ff.*

### 189.

Da die Formen Demokrits, wie dargelegt worden ist, ihre Gestalt nach einer bestimmten Ordnung[212] haben, müssen sie auch nach einer bestimmten Ordnung Eindrücke hervorrufen.

*Theophrastos, Über die Ursachen bei den Pflanzen 6,17,11*

### 190.

Wegen des Wechsels (der Erscheinungen) kann wohl niemand jede Vorstellung als wahr bezeichnen, wie Demokrit und Platon im Widerspruch gegen Protagoras lehrten.[213] Denn wenn jede Vorstellung wahr wäre, wäre auch der in der Vorstellung aufgestellte Satz wahr, daß *nicht* jede Vorstellung wahr ist.

*Sextus Empiricus, Gegen die Wissenschaftler 7,389*

### 191.

Demokrit lehrt, es gebe mehr Wahrnehmungen als wahrgenommene Dinge[214]; wenn man nicht das Denken zu Hilfe nehme, bleibe (die Zahl) des Wahrnehmbaren infolge der Menge (der Wahrnehmungen) verborgen.

*Aetios 4,10,5*

### 192.

Demokrit lehrt, es gebe mehr (als fünf) Sinne, und zwar bei den nicht mit Vernunft ausgestatteten Tieren, bei den Weisen und bei den Göttern.[215]

*Aetios 4,10,4*

193.

Einen gewissen Zweifel löst zunächst die Frage aus, ob
man von den Eindrücken der Sinneswahrnehmungen
sprechen soll oder – wie Demokrit – von den Formen,
aus denen alles besteht.

*Theophrastos, Über die Ursachen bei den Pflanzen 6,1,2*

194.

Demokrit und die meisten Naturforscher[216], die über
die Sinneswahrnehmung sprechen, machen etwas höchst
Seltsames: Sie lassen nämlich sämtliches Wahrnehmbare
tastbar sein. Wenn sich das so verhält, ist klar, daß auch
jeder der übrigen Sinne eine Abart des Tastsinns ist.[217]

*Aristoteles, Über die Sinneswahrnehmung 4. 442a 29ff.*

195.

(49) Demokrit macht bei der Sinneswahrnehmung keinen Unterschied, ob sie durch Gegensätzliches oder durch
Gleichartiges erfolgt.[218] Wenn er sie nämlich durch Veränderung zustande kommen läßt, scheint es, als erfolge
sie durch Ungleichartiges. Denn Gleichartiges wird nicht
von Gleichartigem verändert. Wenn andererseits die
Wahrnehmung und überhaupt die Veränderung durch ein
Erleiden ausgelöst wird, es aber – wie er sagt – unmöglich ist, etwas von einem Ungleichartigen zu erleiden –
auch wenn etwas Andersartiges die Wirkung ausübe, übe
es sie nicht aus, sofern es andersartig, sondern sofern
es gleichartig ist –, erfolgt sie durch Gleichartiges. In
dieser Frage kann man also zweierlei Meinung haben.
Demokrit seinerseits geht daran, jeden dieser Sinne einzeln zu behandeln.
(50) Das Sehen nun läßt er durch Abbildung[219] erfolgen. Über diese aber hat er eine besondere Meinung.
Die Abbildung erfolge nämlich nicht sofort in der Pupille, sondern die Luft zwischen dem Auge und dem
gesehenen Gegenstand empfange von dem Gegenstand
und dem Sehenden einen Eindruck, indem sie sich zu-

sammenziehe. Denn von jedem Ding erfolge ständig ein
Ausfluß. Alsdann bilde sich das Ding, das fest und an-
dersfarbig sei, in den Augen ab, die feucht seien. Und
das Feste nähmen sie nicht auf, das Feuchte dagegen
ließen sie passieren. Daher seien auch feuchte Augen
besser als trockene zum Sehen geeignet, wenn die äußere
Haut möglichst fein und dicht sei, die inneren Teile dagegen möglichst locker (porös) und leer von festem
und starkem Fleisch, aber voll von dicker und fetter
Feuchtigkeit, und wenn die Adern in den Augen gerade
und ohne Feuchtigkeit seien, so daß sie mit den abge-
drückten Formen die gleiche Gestalt hätten. Denn ein
jedes erkenne am besten das Gleichartige.

(54) ... Er sagt, die Sonne verdichte die Luft, indem
sie sie von sich abstoße und forttreibe ... Nicht nur den
Augen, sondern dem ganzen Körper gibt er Anteil an
der sinnlichen Wahrnehmung. Er sagt nämlich, das Auge
müsse deshalb Leere und Feuchtigkeit haben, damit es
besser aufnahmefähig sei und (die Wahrnehmung) an
den übrigen Körper weiterleiten könne ... Wie sich die
Größen (der Dinge) und ihre Abstände voneinander
abbilden, erklärt er nicht, auch wenn er darüber Angaben zu machen versucht.

(55) Das Gehör läßt er ganz ähnlich wie die übrigen
Wahrnehmungsarten zustande kommen. Luft nämlich,
die in Leeres einfalle, verursache eine Bewegung. Zwar
dringe der (Luft-)körper gleichmäßig in alles ein, am
meisten und am stärksten aber durchdringe er die Ohren,
weil er (dort) durch das meiste Leere dringt und sich
am wenigsten aufhält. Deshalb erfolge im übrigen Körper keine Wahrnehmung, sondern nur an dieser Stelle.
Wenn die Luft hineingelangt sei, breite sie sich wegen
ihrer Geschwindigkeit aus. Die Stimme sei nämlich die
Wirkung verfestigter und mit Gewalt eindringender Luft.
Wie sie die Wahrnehmung außen durch Bewegung verursache, so auch innen. (56) Am schärfsten höre man,
wenn die äußere Haut fest sei, die Adern leer und vor
allem trocken und gut ausgehöhlt, und zwar im ganzen
Körper und besonders im Kopf und im Gehörorgan;

ferner müßten die Knochen fest, das Gehirn wohlge-
mischt und seine Umgebung möglichst trocken sein . . .

(58) Über das Denken[220] hat sich Demokrit insoweit
geäußert, daß es zustande komme, wenn die Seele hinsichtlich ihrer Mischung wohlausgeglichen ist. Wenn sie
zu warm oder zu kalt wird, bewirke sie Veränderungen.
Aus diesem Grund hätten die Alten treffend von dem
gesprochen, was sie „anders denken"[221] nannten. So ist
es klar, daß er das Denken durch die Mischung des
Körpers hervorgerufen sein läßt, was für ihn, der die
Seele zu einem Körper macht, seinen guten Grund haben
mag . . .

(61) Schwer und leicht unterscheidet Demokrit auf
Grund der Größe . . .[222]

(62) Ähnlich äußert er sich auch über das Harte und
Weiche. Hart sei nämlich das Feste, weich das Lockere,
und das „mehr" und das „weniger" usw. ergebe sich aus
dieser Regel. In gewisser Weise unterscheide sich die
Lage und die Verteilung der leeren Stellen beim Harten
und Weichen von der beim Schweren und Leichten. Deshalb sei das Eisen härter, das Blei dagegen schwerer.
Denn das Eisen sei (in vielen Teilen) dicht zusammen-
geballt und habe an vielen Stellen und in großem Umfang Leeres in sich. Das Blei, das weniger Leeres enthalte, sei ausgeglichen und an allen Stellen gleichmäßig
zusammengesetzt. Deshalb sei es schwerer, aber weicher
als Eisen.[223]

(63) Über schwer und leicht und hart und weich also
trifft er in diesen Worten seine Feststellungen. Von dem
übrigen Wahrnehmbaren habe nichts eine natürliche
Existenz, sondern alle Eindrücke entstünden durch sich
ändernde Wahrnehmung, aus der die Vorstellung er-
wachse. Denn es gebe keine besondere Existenzweise
kalt und warm, sondern die sich wandelnde Gestalt (der
Stoffe) bewirke auch bei uns die Veränderung. Denn
was dicht geballt sei, mache sich jedem kräftig bemerkbar, was sich dagegen über einen weiten Raum verteile,
sei nicht wahrnehmbar. Ein Anzeichen dafür, daß (die
Sinnesqualitäten) nicht von Natur vorhanden sind, sei

der Umstand, daß nicht allen Lebewesen alles gleich scheine, sondern was für uns süß sei, sei für andere bitter und wieder für andere scharf, ätzend oder herb, und das Gleiche gelte für alles übrige. (64) Auch die Menschen selbst änderten sich in ihrer Mischung[224] je nach Gefühlslage und Alter ...

Nicht von allen Dingen gibt er (d. h. Demokrit) die Gestaltungen an, sondern vorwiegend von den Geschmacksstoffen und den Farben. Und von diesen bestimmt er genauer das, was sich auf die Geschmacksstoffe bezieht, indem er die Vorstellung auf den Menschen zurückführt.[225]

(65) Das Scharfe also sei seiner Form nach eckig, stark gebogen, klein und dünn. Wegen seiner Ätzkraft dringe es schnell und an allen Stellen (in den Körper) ein, und weil es rauh und eckig sei, ziehe es ihn zusammen. Deshalb erwärme es auch den Körper, weil es Hohlräume schaffe; am besten erwärme sich nämlich, was das meiste Leere in sich habe.[226] Das Süße bestehe aus runden, nicht allzu kleinen Formen. Deshalb verteile es sich gänzlich über den Körper und gelange – nicht gewaltsam und nicht schnell – überall hin. Die anderen (Stoffe?) aber störe es auf, weil es beim Eindringen (in den Körper) alle Teile durchwandert und dabei befeuchtet. Was aber feucht wird und aus seiner Lage bewegt wird, fließe im Bauch zusammen; dieser sei dafür am geeignetsten, weil sich an dieser Stelle das meiste Leere befinde. (66) Das Saure bestehe aus großen, vieleckigen Formen ohne die geringsten Rundungen. Wenn diese Formen in die Körper gelangen, setzen sie sich in den Adern fest, verstopfen sie und hindern den Zusammenfluß.[227] Deshalb bringen sie auch die Verdauung zum Stillstand. Das Bittere bestehe aus kleinen, glatten und runden Formen, es besitze kugelartige Gestalt und weise Krümmungen auf. Deshalb sei es klebrig und hafte wie Leim. Salzig schmecke, was aus großen, nicht runden, teils ungleichmäßigen, größtenteils aber nicht ungleichmäßigen Formen bestehe, die demzufolge auch nicht stark gekrümmt seien ...[228] Aus großen Formen bestehe es, weil

das Salzige auf der Oberfläche bleibe. Denn was klein sei und vom umgebenden (Stoff) zerschlagen werde, mische sich mit allem. Rund sei es deshalb nicht, weil das Salzige rauh, das Runde aber glatt sei. Nicht ungleichmäßig aber müsse es sein, weil es nicht verunreinigt werde; aus dem gleichen Grund sei es auch locker. (67) Das Herbe sei klein, rund und gewinkelt; es habe nichts Ungleichmäßiges. Denn da es vielwinklig sei, übe das Herbe infolge seiner Rauheit eine wärmende Wirkung aus, und es breite sich durch alles hindurch aus, da es klein, rund und gewinkelt sei; denn auch das Gewinkelte habe diese Eigenschaft.[229] Auf gleiche Weise erklärt er (d. h. Demokrit) auch die übrigen Eigenschaften eines jeden (Geschmacksstoffes), indem er sie auf die Formen zurückführt. Für alle Formen aber sei nicht dies eigentümlich, daß sie rein und mit den anderen unvermischt seien, sondern in jedem (Ding) gebe es viele (Formen), und ein und dasselbe (Ding) habe Anteil am Glatten, Rauhen, Runden, Scharfen usw. Dasjenige, von dem am meisten (in einem Ding) enthalten ist, sei hinsichtlich der Wahrnehmbarkeit und des Wirkungsvermögens vorherrschend. Ferner spiele es eine Rolle, auf welchen Habitus (eines Menschen die Geschmacksstoffe) treffen[230]; denn auch das mache einen nicht geringen Unterschied aus. Bisweilen löse nämlich ein und dasselbe verschiedenartige Empfindungen aus, während Verschiedenartiges ein und dieselbe Empfindung auslöse. (68) Diese Feststellungen also traf er über die Geschmacksempfindungen.

(73) Von den Farben bezeichnet Demokrit vier als die einfachen. Weiß sei das Glatte. Alles das, was nicht rauh sei, nichts verberge, beim Durchgang keinem Widerstand begegne, sei glänzend. Notwendigerweise sei das Glänzende auch locker und durchsichtig. Das Harte unter dem Weißfarbigen bestehe aus solchen Formen, wie sie die Innenfläche der Muscheln aufweist. Denn es sei so fleckenlos, durchgängig glänzend und glatt. Das Lockere und leicht Zerreibbare bestehe aus runden Formen, die hinsichtlich ihrer Lage zueinander und der

Art, wie je zwei sich zusammenfügen, schief angeordnet
seien[231]; in ihrer Gesamtanordnung aber seien sie äußerst gleichmäßig. Da sich das so verhalte, seien sie
einerseits locker – weil sie nur im Kleinen aneinanderhaften – und andererseits leicht zerreibbar – weil sie
gleichmäßig angeordnet sind. Fleckenlos seien sie, weil
sie glatt und flach sind. Und sie seien im Vergleich zueinander um so weißer, je deutlicher die genannten
Formen ausgeprägt seien, je weniger sie vermischt seien
und je mehr sie die genannte Lage und Anordnung ein-
hielten.[232] (74) Das Weiße also bestehe aus derartigen
Formen. Das Schwarze bestehe aus Formen entgegengesetzter Art, aus rauhen, ungleichmäßigen und ungleich-
förmigen. Dadurch bewirke es Dunkel, und die Poren[233]
seien nicht gerade und nicht leicht durchlässig. Ferner
seien die Abflüsse[234] träge und ungeregelt. Auch beim
Abfluß mache es nämlich einen Unterschied aus, in welcher Beschaffenheit er sich dem Vorstellungsvermögen
darstelle, das je nach Aufnahme der Luft seine Beschaffenheit ändere. (75) Das Rote setze sich aus ähnlichen Formen wie das Warme zusammen, nur seien sie
größer. Denn wenn die Zusammensetzungen größer
seien – bei im übrigen gleicher Beschaffenheit der Formen –, sei das Rot intensiver. Ein Beweis dafür, daß
das Rote aus derartigen Formen besteht, sei folgendes:
Wenn wir uns erwärmen, werden wir rot, und ebenso
alles andere, das in Glut gerät. (Das setzt sich fort,) bis
es feuerartige Farbe annimmt. Röter sei, was aus großen
Formen bestehe, wie ja auch die Flamme und das Holz-
feuer aus frischem Holz röter seien als aus trockenem
Holz. Das gelte auch vom Eisen und von allem anderen,
das in Glut versetzt wird. Glänzender sei nämlich, was
das meiste und feinste Feuer habe, röter aber, was das
dickere und weniger intensive Feuer habe. Deshalb sei
das, was röter ist, auch weniger heiß. Denn heiß sei das
feine Feuer. Das Grüne bestehe aus Hartem und Leerem,
beides gemischt. Je nach Lage und Anordnung seiner
Teile verändere sich sein Farbton.
(76) Die einfachen Farben also entstünden unter Ver-

wendung dieser Formen. Eine jede sei um so reiner,
je mehr sie aus Unvermischtem bestehe. Die übrigen
Farbtöne aber kämen durch Mischung dieser einfachen
Farben zustande . . .[235]
(82) Auch über den Geruch nähere Festlegungen zu
treffen, davon sah Demokrit ab, außer daß er den Duft
als das Leichte bezeichnete, das von Schwerem abfließe.
Von welcher Beschaffenheit er aber ist und wie er ge-
spürt wird, fügte er nicht hinzu, und das wäre doch die
Hauptsache gewesen. (83) So läßt Demokrit also eine
Anzahl Fragen offen.

*Theophrastos, Über die Sinne 49–83*[236]


### 196.

Leukippos, Demokrit, Epikur (Frg. 317 Us.) legen fest,
Wahrnehmung und Denken erfolgten durch Hinzutritt
von Abbildern von außen. Denn niemand werde etwas
gewahr, ohne daß etwas auf ihn auftrifft.[237]

*Aetios 4,8,10*

### 197.

Leukippos, Demokrit und Epikur (Frg. 318 Us.) meinen,
das Sehen komme infolge des Eindringens von Abbildern
zustande.

*Aetios 4,13,1*

### 198.

(Demokrit) sagt, die Luft sei voll von Abbildern.[238]

*[Hippokrates], 10. Brief*

### 199.

Demokrit sagt, Sehen bedeute, die Abbildung[219] der
gesehenen Gegenstände zu empfangen. Es ist aber Abbildung das in der Pupille sich abspiegelnde Bild; wie
das ebenso bei den anderen durchsichtigen Substanzen
der Fall ist, die imstande sind, Abgebildetes in sich zu
bewahren. Es glauben aber Demokrit und vor ihm
Leukippos und später Epikur (Frg. 319 Us.) und seine

Anhänger, daß gewisse Abbilder, die (von den Gegenständen) ausströmen und den Gegenständen gleichgestaltet sind, von denen sie ausströmen – das aber sind die sichtbaren Gegenstände –, auf die Augen der Sehenden treffen und daß so das Sehen zustande kommt.

*Alexander von Aphrodisias, Kommentar zu Aristoteles, Über die Sinneswahrnehmung, S. 24,14ff. Wendland*

### 200.

(Manche Philosophen) machten gewisse (den Dingen) gleichgestaltete Abbilder, die ständig von den gesehenen Gegenständen abfließen und auf den Gesichtssinn treffen, zur Ursache des Sehens. Vertreter solcher Lehre waren die Anhänger des Leukippos und Demokrit, die auch aus der Aneinanderlagerung wegen ihrer Kleinheit unsichtbarer (Teilchen) die Vorstellung der Zwischenfarben[235] zustande kommen ließen.

*Alexander von Aphrodisias, Kommentar zu Aristoteles, Über die Sinneswahrnehmung, S. 54,12ff. Wendland*

### 201.

Insofern Demokrit behauptet, es sei das Wasser, (mit dessen Hilfe wir sehen,)[239] hat er recht. Insofern er aber glaubt, das Sehen sei Abbildung, hat er unrecht ... Es ist seltsam, daß es ihm nicht widersprüchlich erschien, wieso nur das Auge sieht, aber keiner der anderen Körperteile, auf die die Abbilder auftreffen.

*Aristoteles, Über die Sinneswahrnehmung 2. 438a 5*

### 202.

Demokrit meint, wenn der Zwischenraum leer wäre, könnte man ganz scharf sehen, wenn eine Ameise am Himmel wäre.[240]

*Aristoteles, Über die Seele 2,7. 419a 15*

203.

Leukippos, Demokrit und Epikur (Frg. 320 Us.) lehren,
die Abbildungen auf Spiegeln entstünden durch die
Widerstände, denen Abbilder begegnen, die sich von
uns ablösen und auf dem Spiegel unter Seitenverkehrung
zum Halt gebracht werden.[241]

*Aetios 4,14,2*

204.

Demokrit lehrt, die Träume entstünden durch das
Herandringen von Abbildern.[242]

*Aetios 5,2,1*

205.

Wollen wir also annehmen, daß der Geist der Schlafen-
den sich beim Träumen aus sich selbst heraus bewegt
oder daß er, wie Demokrit annimmt, durch einen von
außen kommenden Gesichtseindruck getroffen wird?

*Cicero, Über die Weissagung 2,120*

206.

Favorinus[243] aber holte eine alte Lehre Demokrits gleichsam aus dem Rauchfang hervor, verblichen, wie sie war,
und ging daran, jene volkstümliche Auffassung, zu
deren Sprecher Demokrit sich macht, zu säubern und
wieder zu Glanz zu bringen, daß nämlich die Abbilder
durch die Poren[233] tief in die Körper eindringen und
durch ihr Erscheinen die Traumgesichte bewirken. Diese
Abbilder flögen umher, sie lösten sich überall ab, von
Geräten, Kleidern, Pflanzen, besonders aber von lebenden Wesen, wegen deren häufiger Bewegung und (Kör-
per-)wärme. Sie hätten nicht nur Ähnlichkeit mit der
Gestalt der abgeformten Körper – wie Epikur (Frg.
326 Us.) meint, der bis hierhin Demokrit folgte, an dieser
Stelle aber dessen Lehre verläßt –, sondern sie nähmen
auch Abbildungen der seelischen Bewegungen und Wil-
lensäußerungen in jedem (Menschen), seiner Charakter-
züge und Leidenschaften auf, rissen sie mit sich fort,
träfen mit ihnen zusammen (auf die Menschen) auf,

sprächen wie lebende Wesen und teilten den Emp-
fängern die Ansichten, Überlegungen und Begehren
derer, die sie entsenden, mit, sofern sie die Bilder beim
Eindringen wohlgeordnet und nicht durcheinander-
geschüttelt bewahrten. Das tun sie besonders, wenn sie
sich ungehindert und schnell durch glatte Luft hindurch
bewegen. Der Herbst, in dem die Bäume die Blätter
abwerfen, hat aber viele Unregelmäßigkeiten und viel
Rauheit; er verdreht die Abbilder, drängt sie auf vielerlei Weise aus ihrer Richtung und vermindert und schwächt
ihren Abbildcharakter, der durch die Langsamkeit der
Fortbewegung getrübt wird, so wie umgekehrt diejenigen
Abbilder, die von saftgeschwellten und vollreifen (Körpern) abspringen und sich in großer Zahl und schnell
ausbreiten, die Abbildung frisch und gegenstandsgetreu
wiedergeben.

Plutarch, Erörterungen beim Gastmahl 8,10,2. 734Fff.

## 207.

Von den Abbildern des Demokrit gibt es keine Zahl
und kein Verzeichnis wie von den Bewohnern von Aigion
oder Megara.[244] Diejenigen Abbilder, sagt (Demokrit),
die neidische Menschen aussenden, seien nicht gänzlich
ohne Wahrnehmung und ohne Begehren, und sie seien voll
der Schlechtigkeit und Mißgunst derer, die sie aussenden.
Mit ihr drängten sie sich in die scheel angeblickten Menschen, verweilten in ihnen, nisteten sich in ihnen ein
und zerrütteten und schädigten ihnen dadurch Körper
und Verstand. So etwa, meine ich, drückt der Mann
sich sinngemäß aus; formuliert sind seine Worte wunder-
voll und großartig.[245]

Plutarch, Erörterungen beim Gastmahl 5,7,6. 682F

## 208.

Demokrit behauptet, es gebe keine Farbe; Farbwirkung
komme nämlich durch das Sich-Wenden[246] (der Atome)
zustande.

Aristoteles, Über Entstehen und Vergehen 1,2. 316a 1

209.

Die Atomisten lehrten, alles sei gänzlich farblos; die
Sinnesqualitäten entstünden aus qualitätslosen, nur dem
Verstand erkennbaren (Körpern).

*Aetios 1,15,11*

210.

Demokrit lehrte, von Natur gebe es keine Farbe. Die
Elemente nämlich seien qualitätslos, sowohl das Dichte
als auch das Leere. Das aus ihnen Zusammengesetzte sei
farbig durch Berührungsweise, Gestaltung und Sich-
Wenden (der Atome), d. h. Anordnung, Gestalt und
Lage. Denn dem entsprächen die (farblichen) Erscheinungen. An Farben gebe es bei optischen Erscheinungen
vier unterschiedliche Sorten: weiß, schwarz, rot und
gelb.[247]

*Aetios 1,15,8*

211.

Demokrit behauptet, vom Weißen und Schwarzen sei
das eine rauh, das andere glatt.

*Aristoteles, Über die Sinneswahrnehmung 4. 442b 11*

212.

Epikur (Frg. 322 Us.), Demokrit und die Stoiker bezeichnen den Schall als Körper.

*Scholion zu Dionysios Thrax, S. 482,13 Hilgart*

213.

Das Gehör, das, wie Demokrit es ausdrückt, ein Behälter für Worte ist, bewahrt den Schall wie ein Gefäß.
Der Schall nämlich dringt (in das Gehörorgan) und
strömt hinein. Deshalb sehen wir auch rascher, als wir
hören. Denn Blitz und Donner entstehen zwar zugleich,
doch nur den Blitz sehen wir im selben Augenblick, in
dem er entsteht, während wir den Donner nicht oder

erst nach längerer Zeit hören. Das geschieht aus keinem anderen Grund, als weil das Licht unseren Gesichtssinn trifft, der Donner hingegen das Gehör, wobei das Gehör das Donnergeräusch in sich aufnimmt.

*Porphyrios, Anmerkungen zur Harmonielehre des Ptolemaios,*
*S. 32,6 Düring*

### 214.

Demokrit behauptet, (durch den Schall) werde die Luft in gleichgeformte Körper zerschlagen und wälze sich zusammen mit den durch den Schall hervorgerufenen Trümmern fort.

*Aetios 4,19,3*

### 215.

Die Geschmacksarten führt er auf die Formen zurück.

*Aristoteles, Über die Sinneswahrnehmung 4. 442b 12*

### 216.

Demokrit, der jedem einzelnen (Geschmack) eine bestimmte Form (der den Geschmack verursachenden Atome) zuschreibt, läßt süß das Runde und Mittelgroße sein, herb das Große, Rauhe, Vieleckige und Rundungslose, scharf – entsprechend dem Namen – das Scharfkantige, Eckige, Gekrümmte, Dünne und Rundungslose, ätzend das Runde, Dünne, Eckige und Gekrümmte, salzig das Eckige, Mittelgroße, Schiefe und Gleichschenklige, bitter das Runde und Glatte, das schiefe Form und geringe Größe hat, fett das Dünne, Runde und Kleine.

*Theophrastos, Über die Ursachen bei den Pflanzen 6,1,6*

### 217.

Auf Grund des Umstands, daß der Honig den einen bitter, den anderen süß erscheint, behauptete Demokrit, es gebe weder das Bittere noch das Süße selbst.

*Sextus Empiricus, Pyrrhonische Grundlehren 2,63*

# Die Götter

## 218.

Demokrit glaubt, daß zusammen mit dem übrigen Feuer der Höhe Götter entstanden seien.[248]

*Tertullianus, An die Heiden 2,2*

## 219.

Demokrit bezeichnete als Gott den Geist in (Form von) kugelgestaltigem Feuer.[249]

*Aetios 1,7,16*

## 220.

Ist nicht Demokrit, der bald Bilder[250] und ihre Umrisse, bald jene Substanz, die die Bilder aussendet, bald unseren Verstand unter die Götter rechnet[251], im stärksten Irrtum befangen? Macht er nicht dadurch, daß er überhaupt leugnet, daß etwas ewig sei, die Gottheit überhaupt so völlig zunichte, daß er keine Vorstellung von ihr übrigläßt?

*Cicero, Über das Wesen der Götter 1,29*

## 221.

Mir freilich scheint auch Demokrit ... hinsichtlich des Wesens der Götter zu schwanken. Bald nämlich meint er, es gebe Bilder göttlicher Natur im All, bald bezeichnet er als Götter die Urgründe des Geistes, die in demselben All wirken, bald lebende Bilder, die uns nützen oder schaden, bald gewisse ungeheure Bilder, die so riesenhaft seien, daß sie die ganze Welt von außen umfassen[252] – Fabeleien, die sämtlich der Heimat Demokrits würdiger sind als seiner selbst.[253]

*Cicero, Über das Wesen der Götter 1,120*

## 222.

Demokrit nennt die Dämonen[254] „Bilder" und behauptet, die Luft sei voll von ihnen.

*Johannes Katrarios, Dialog „Hermippos" 122*

223.

Demokrit behauptet, gewisse Bilder nahten dem Menschen, und von ihnen bewirkten die einen Gutes, die anderen Schaden. Darum wünscht (oder: betet) er auch, ihm möchten glückbedeutende Bilder begegnen.[255] – Diese Bilder seien von außerordentlicher Größe, schwervergänglich, aber nicht unvergänglich. Sie verkündeten den Menschen im voraus die Zukunft, wenn sie von ihnen gesehen würden und Stimmen vernehmen ließen.[256] Daher hätten die Menschen der Vorzeit, denen solche Bilder erschienen seien, den Glauben gewonnen, es gebe einen Gott, während es (in Wahrheit) keinen anderen Gott außer diesen Bildern gebe, der unvergänglich sei.

*Sextus Empiricus, Gegen die Wissenschaftler 9,19*

224.

Demokrit behauptet, dieselben „Bilder" fielen von der göttlichen Substanz auf Menschen und vernunftlose Tiere.

*Klemens von Alexandria, Stromateis 5,87*

225.

An unzählige Götter zu glauben ... oder, wie es Demokrit lehrte, insgesamt nur an zwei: Strafe und Wohltat[257], ist ein Zeichen zu großer Sorglosigkeit (in religiösen Fragen).

*Plinius, Naturgeschichte 2,14*

226.

Die Götter geben den Menschen alles Gute, einst und jetzt. Dagegen alles, was schlecht, schädlich und unnütz ist, das schenken nicht die Götter den Menschen, weder einst noch jetzt, sondern sie selbst geraten aus Blindheit des Geistes und Unverstand daran.[258]

*Stobaios 2,9,4*

227.

Es gibt Philosophen, die meinen, wir Menschen seien
auf Grund der wunderbaren Vorgänge im Kosmos zur
Vorstellung von Göttern gelangt. Dieser Ansicht scheint
auch Demokrit zu sein, wenn er sagt: Als die Menschen
der Vorzeit die Vorgänge in der Höhe sahen, wie Donner und Wetterleuchten, Blitzschlag und das Zusammentreffen von Sternen und die Verfinsterungen von Sonne
und Mond, gerieten sie in Furcht, weil sie glaubten,
Urheber dieser Erscheinungen seien göttliche Wesen.[259]

*Sextus Empiricus, Gegen die Wissenschaftler 9,24*

228.

Einige der weisen Männer erhoben ihre Hände zu dem
Ort, den wir Griechen jetzt „Luft" nennen (und sprachen:) „Alles beredet Zeus mit sich, und alles weiß und
nimmt er, und König ist er über alles."[260]

*Klemens von Alexandria, Protreptikos 68 und Stromateis 5,103*

## Sprache, Kulturentstehung

229.

Demokrit lehrte, die Wörter seien durch Festlegung geschaffen worden, und belegte das mit vier Beweisen:
mit der Homonymie (d. h. Gleichheit der Bezeichnung
für verschiedenartige Dinge) ..., mit der Mehrzahl von
Bezeichnungen (für ein und dasselbe Ding) ..., mit der
Änderung von Bezeichnungen ... und mit dem Fehlen
von Bezeichnungen ... Er nennt die vier Beweise:
1. Mehrdeutigkeit, 2. Gleichgewichtigkeit, (3. Bezeich-
nungswechsel) und 4. Bezeichnungsmangel.[261]

*Proklos, Kommentar zu Platon, Kratylos, S. 16 Pasquali*

230.

Nach Demokrit sind auch die Namen der Götter Sprach-Bilder.[262]   *Olympiodoros, Kommentar zu Platon, Philebos, S. 242*
*Stallbaum*

231.

Der Name Zeus ist ein Symbol und ein mit Hilfe der Stimme geschaffenes Bild der weltschöpferischen Substanz.[263]   *Hierokles, Kommentar zu den „Goldenen Sprüchen" des*
*Pythagoras 25*

232.

Demokrit sagt, in den wichtigsten Dingen seien wir Menschen durch Nachahmung Schüler der Tiere gewesen: der Spinne beim Weben und Nähen, der Schwalbe beim Hausbau, der Singvögel, wie des Schwanes und der Nachtigall, beim Gesang.

*Plutarch, Über die Geschicklichkeit der Tiere 20. 974A*

233.

Demokrit, nicht nur der größte Naturforscher unter den alten Philosophen, sondern auch auf dem Gebiet der Geschichte mehr als andere bewandert, behauptet, die Musik sei eine jüngere Kunst. Er nennt auch den Grund für seine Ansicht: nicht die Not habe sie hervorgebracht, sondern sie sei erst aus dem Überfluß entstanden.[264]

*Philodemos, Über die Musik 4,31*

233a.

Wir finden, daß aus der Masse der Menschen jeder einzelne dadurch, daß er häufig Beobachtungen vornimmt, Kenntnisse erwirbt, wie kein anderer sie besitzt; denn wie Demokrit sagt, haben Erfahrung und Erfahrungsaustausch die Menschen dies gelehrt; und es ist der Gesundheit ihrer Erfahrung zu verdanken, daß sie gelernt haben, die Dinge zu vollbringen, die sie tun.

*Galen, Über die medizinische Erfahrung (arabisch überliefert)*
*9,5 S. 99 und 199 Walzer*

# Künste, Wissenschaften, praktische Berufe

### 234.

Oft hörte ich – was Demokrit und Platon in ihren Schriften hinterlassen haben sollen –, niemand könne ein guter Dichter sein ohne Entflammung des Geistes und ohne den Anhauch einer Art Wahnsinn.[265]

*Cicero, Über den Redner 2,194*

### 235.

Demokrit leugnet, daß jemand ohne Wahnsinn ein großer Dichter sein könne; dasselbe sagt Platon.

*Cicero, Über die Weissagung 1,80*

### 236.

Demokrit hält das Talent für wertvoller als den armseligen Kunstfleiß und schließt Dichter von nüchternem Verstand vom Helikon aus . . .[266]

*Horaz, Über die Dichtkunst 295*

### 237.

Auch Demokrit äußert sich ähnlich (wie Platon): Was ein Dichter mit Enthusiasmus und heiligem Anhauch[267] schreibt, ist unbedingt schön.

*Klemens von Alexandria, Stromateis 6,168*

### 238.

Über Homer sagt Demokrit folgendes: „Homer, dem eine göttliche[268] Naturanlage zuteil wurde, errichtete einen Prachtbau mannigfaltiger Verse."[269]

*Dion von Prusa, 36. Rede, 1*

### 239.

Sieh also, wie natürlich und treffsicher Chrysippos[270] dem in Schwierigkeiten geratenen Demokrit antwortete: Wenn ein Kegel parallel zur Basis durch eine Ebene geschnitten wird, wie hat man sich die Sichtseiten der Schnittflächen vorzustellen, gleich oder ungleich? Sind

sie ungleich, so werden sie den Kegel ungleichmäßig
machen; er wird viele treppenartige Einschnitte und
Unebenheiten bekommen. Sind sie dagegen gleich, so
werden die Schnittflächen gleich (d. h. flächengleich)
sein, und es wird den Anschein haben, als zeige der
Kegel dieselbe Eigenschaft wie der Zylinder, da er aus
gleichen und nicht aus ungleichen Kreisen bestehen wird;
das aber ist ganz widersinnig.[271]

*Plutarch, Über die allen gemeinsamen Begriffe 39. 1079E*


### 240.

Für Demokrit ist die Kugel eine Art Winkel.[272]

*Aristoteles, Über den Himmel 3,8. 307a 17*


### 241.

Hinsichtlich der Lehren vom Kegel und der Pyramide,
für die als erster Eudoxos[273] den Beweis fand, daß
nämlich bei gleicher Grundfläche und gleicher Höhe der
Kegel den dritten Teil des Rauminhalts des Zylinders
und die Pyramide den dritten Teil des Rauminhalts des
Prismas[274] einnimmt, sollte man einen nicht geringen Teil
(des Verdienstes) Demokrit zuschreiben, der als erster
den Satz über die genannte Form (d. h. über die genannten Raumkörper) aufstellte, wenn auch noch ohne
(mathematischen) Beweis.

*Archimedes, Angriff auf Eratosthenes betreffs der Grundsätze der
Mechanik, S. 245,23ff. Heiberg*

### 242.

Demokrit, ein so ernsthafter Autor, erkannte an sehr
vielen Stellen die Vorausschau künftiger Dinge an.[256]

*Cicero, Über die Weissagung 1,5*

### 243.

Demokrit aber meint, die Alten hätten es weise eingerichtet, daß sie die Eingeweide von Opfertieren be-
schauten, aus deren Beschaffenheit und Farbe Anzeichen

teils für Gesundheit, teils für Krankheit entnommen
werden könnten, bisweilen auch, welche Unfruchtbarkeit
oder Fruchtbarkeit es künftig auf den Feldern geben
werde.

*Cicero, Über die Weissagung 1,131*

244.

Nach welcher Himmelsrichtung die Weinberge blicken
sollen, ist eine alte Streitfrage ... Demokrit und Mago[275]
geben dem Norden den Vorzug, weil sie meinen, wenn
die Weinberge nach dieser Seite zu lägen, würden sie
am ertragreichsten. An Güte des Weines stünden sie
allerdings (hinter anderen Sorten) zurück.[276]

*Columella, Der Landbau 3,12,5*

245.

In dem Buch, das er „Landbau" betitelte[277], meint Demokrit, diejenigen, die ihre Gärten ummauern, handelten
wenig klug. Denn eine Mauer aus Ziegeln könne Regen
und Sturm nicht überdauern, sie sei immerzu von Ein-
sturz bedroht, und eine Steinmauer erfordere Ausgaben,
die der Sache nicht entsprächen. Wolle man gar ein
großes Stück Land mit einer Mauer umschließen, brauche
man ein Vermögen.

*Columella, Der Landbau 11,3,2*

246.

Demokrit, sagt Poseidonios, soll den Bogen erfunden
haben, bei dem ein Gewölbe allmählich sich neigender
Steine durch einen Mittelblock zusammengebunden
wird.[278]

*Seneca, Briefe 90,32*

247.

Demokrates (= Demokrit) hatte für sich einen Trank
zusammengestellt, durch den er seine Konstitution im
Laufe seines Lebens vor Krankheiten bewahrte. Dies
war ein Trank, nützlich bei Schwächen der Leber, des

Magens, bei Schwellung der Milz und Verderbnis der kalten Konstitution.[279]

*Ibn al-Qiftī, Geschichte der Weisen, S. 181, 10–14 Lippert*

# Ethik, Erziehung, Staats- und Gesellschaftslehre

### 248.

Demokrit schrieb: „Glückseligkeit und Unseligkeit liegen in der Seele." „Glückseligkeit wohnt nicht im Besitz von Herden oder Gold. Ist doch die Seele Wohnsitz des Daimon."[280] Glückseligkeit nennt er auch „Wohlgemutheit", „Wohlbeständigkeit"[281] und „Harmonie", ebenso „Gleichgewicht" und „Seelenruhe". Sie beruhe aber auf der Erfassung und Unterscheidung der Lüste[282]; und das sei das Schönste und Förderlichste für den Menschen.

*Stobaios 2,7,3*

### 249.

Demokrit bezeichnet in seiner Schrift über das höchste Gut als solches die „Wohlgemutheit", die er auch „Wohlbeständigkeit" nennt. Und oft fügt er hinzu: „Denn Lust und Unlust sind die Grenze des Zuträglichen und Abträglichen."

*Klemens von Alexandria, Stromateis 2,130*

### 250.

Demokrit nennt jenes höchste Gut „Wohlgemutheit" und oft „Unverwundertheit", d. h. einen Gemütszustand, der frei von Angst und Schrecken ist.

*Cicero, Über das höchste Gut und das größte Übel 5,87*

### 251.

Weisheit, die sich über nichts verwundert, ist das Wertvollste von allem, denn sie verdient am meisten Anerkennung.

*Stobaios 3,7,74*

252.

Wer „wohlgemut" leben will, darf nicht vielerlei treiben,
weder einzeln noch in Gemeinschaft, und, was er auch
treibt, nicht über seine Kraft und Natur hinausstreben.
Vielmehr muß er so auf der Hut sein, daß er, auch
wenn das Glück ihm zufällt und ihn dem Anschein nach
in Vorteil bringt, sich zurückhält und nicht über seine
Möglichkeiten hinaus danach greift. Denn „Wohlbesitz"
ist besser als „Großbesitz".[283]

*Plutarch, Über den Seelenfrieden 2. 465 C und Stobaios 4,39,25*

253.

Den „Wohlgemuten" treibt es stets zu gerechten und
gesetzlichen Handlungen, im „Wachen wie im Träumen"[284] ist er heiter, stark und unbesorgt. Doch wer sich
nicht ums Recht kümmert und nicht tut, was not ist, für
den ist all das Unlust, wenn er sich daran erinnert, und
er lebt in Angst und quält sich.

*Stobaios 2,9,3*

254.

„Wohlgemutheit" erlangen die Menschen durch Mäßigung der Lust und rechtes Lebensmaß. Was hingegen
zu knapp und zu reichlich ist, neigt dazu, umzuschlagen[285]
und große Unruhe in der Seele zu verursachen. Die durch
große Gegensätze in Unruhe gehaltenen Seelen sind
aber weder beständig noch wohlgemut. Man soll also
seinen Sinn auf das Mögliche richten, sich mit dem Vorhandenen begnügen, nur wenig acht auf das haben, was
Neid und Bewunderung erregt, und ihm nicht nach-
hängen. Vielmehr muß man auf die Lebensschicksale der
Unglücklichen schauen, sich ernstlich vergegenwärtigen,
was sie leiden, damit einem das Vorhandene und
Verfügbare groß und beneidenswert erscheint und
man nicht durch die Gier nach mehr der Seele Leid
aufbürdet. Denn wer die Besitzenden und von anderen
Menschen Seliggepriesenen bewundert und ihnen in Ge-

danken zu jeder Stunde nachhängt, wird gezwungen, sich ständig etwas Neues auszudenken und seine Gier sogar darauf zu werfen, Unsühnbares zu tun, das die Gesetze verbieten. Deshalb ist es erforderlich, das eine nicht zu verfolgen, mit dem anderen es sich aber „wohlgemut" sein zu lassen, das eigene Leben mit dem Leben derer zu vergleichen, denen es schlechter geht, und sich in Gedanken an das, was sie leiden, glücklich zu preisen, wieviel besser es einem selbst geht und wieviel besser man lebt als sie. Hält man sich an diese Einsicht, wird man „wohlgemuter" leben und in seinem Leben nicht wenige Plagegeister vertreiben: Neid, Ehrgeiz und Feindseligkeit.

*Stobaios 3,1,210*

### 255.

Das Beste ist für den Menschen, sein Leben soviel wie möglich „wohlgemut" und sowenig wie möglich belastet zu führen. Dies könnte geschehen, wenn jemand Lustempfindungen nicht bei Sterblichem suchte.[286]

*Stobaios 3,1,47*

### 256.

Die großen Lustempfindungen stammen von der Betrachtung der schönen Werke.

*Stobaios 3,1,46*

### 257.

Nicht jede Lust darf man wählen, sondern nur die am Schönen und Guten.[287]

*Stobaios 3,5,22*

### 258.

Allen, die sich ihre Lustempfindungen durch den Bauch verschaffen und in Speise, Trank oder Liebe das rechte Maß überschreiten, sind die Lustempfindungen kurz und dauern nur die wenige Zeit, die sie essen oder trinken; die Unlustempfindungen hingegen sind zahlreich. Denn diese Begehrlichkeit stellt sich immer wieder nach densel-

ben Dingen ein, und sobald ihnen zuteil wird, was sie
begehren, geht die Lustempfindung rasch vorüber; es ist
nichts Brauchbares in den Dingen außer kurzer Lust,
und wieder ist das gleiche Bedürfnis da.[288]

*Stobaios 3,18,35*

### 259.

Von den Lustempfindungen sind diejenigen am angenehmsten, die am seltensten sind.

*Stobaios 3,17,37*

### 260.

Allen Menschen ist dasselbe gut und wahr, lustvoll aber
ist dem einen dies, dem anderen das.[289]

*„Demokrates"-Spruch 34*[290]

### 261.

Wer die Güter der Seele wählt, wählt das Göttlichere,
wer die Güter des Leibes wählt, das Menschliche.[291]

*„Demokrates"-Spruch 3*

### 262.

Durch dieselben Dinge, von denen uns das Gute kommt,
erwächst uns auch Schaden; doch können wir außerhalb
des Schlechten sein. Zum Beispiel ist tiefes Wasser zu
vielerlei nützlich und auch wieder schlecht, denn es besteht die Gefahr des Ertrinkens. Da wurde nun ein
Mittel erfunden: daß man das Schwimmen lehrt.

*Stobaios 2,9,1*

### 263.

Den Menschen erwächst Schlechtes aus Gutem, wenn
man das Gute nicht zu lenken und wohl zu fahren versteht. Es ist nicht berechtigt, derlei unter die Übel zu
rechnen, vielmehr gehört es zum Guten, und es ist möglich, das Gute gegen das Schlechte, wenn man will, zur
Abwehr zu verwenden.

*Stobaios 2,9,2*

264.

Es ziemt sich nicht, daß du Nutzen, in dem großer
Schaden beschlossen liegt, als wirklichen Nutzen, und
Schaden, in dem großer Nutzen beschlossen liegt, als
wirklichen Schaden rechnest. Und was ein Leben betrifft,
das nicht rühmenswert ist, so ziemt es sich nicht, daß du
es als Leben rechnest.

*Aš-Šahrastānī, Buch der Konfessionen und Sekten, S. 305 Cureton*
*(Demokrit-Spruch 6)[292]*

265.

Adel des Viehs ist die gute Beschaffenheit des Leibes[293],
der der Menschen die gute Verfassung des Charakters.

*„Demokrates"-Spruch 23*

266.

Überschreitet man das rechte Maß, kann das Ange-
nehmste zum Unangenehmsten werden.

*Stobaios 3,17,38*

267.

Schön ist bei allem das Gleichmaß; Übermaß und Mangel mißfallen mir.

*„Demokrates"-Spruch 68*

268.

Maßhalten mehrt das Erfreuliche und macht die Lust
noch größer.

*Stobaios 3,5,27*

269.

Sei nicht allzu süß, damit du nicht verschlungen wirst,
und nicht allzu bitter, damit du nicht ausgespien wirst.[294]

*Aš-Šahrastānī, Buch der Konfessionen und Sekten, S. 305 Cureton*
*(Demokrit-Spruch 12)*

270.

Als Tritogeneia bedeutet Athena nach Demokrit die
Klugheit. Aus dem Klugen erwächst aber dies Dreierlei:

wohl denken, untadelig reden und handeln, wie es not
ist.[295]

*Etymologiensammlung des Orion, S. 153,3 Sturz*

### 271.

Ein Werk der Klugheit ist es, sich vor (dem Erleiden
von) Ungerechtigkeit zu hüten, ein Werk des Stumpf-
sinns hingegen, sich gegen erlittenes (Unrecht) nicht zu
wehren.

*Stobaios 3,3,43*

### 272.

Verständig ist, wer sich nicht um das grämt, was er
nicht hat, sondern sich an dem freut, was er hat.

*Stobaios 3,17,25*

### 273.

Die Menschen haben sich ein Abbild des Zufalls geformt zur Entschuldigung für ihre eigene Ratlosigkeit.
Denn nur selten widerstreitet der Zufall der Klugheit;
das meiste im Leben bringt wohlverständiger Scharf-
blick ins Gerade.

*Dionysios, bei Eusebios 14,27,5 und Stobaios 2,8,16*

### 274.

Einem weisen Mann steht die ganze Erde offen. Denn
Vaterland einer trefflichen Seel ist die ganze Welt.[296]

*Stobaios 3,40,7*

### 275.

Recht ist es, das zu tun, was not ist, Unrecht, nicht zu
tun, was not ist, sondern es beiseite zu schieben.

*Stobaios 4,2,14*

### 276.

Rühmliche Folge des Rechts sind Zuversicht und „Unverwundertheit", das Ende des Unrechts ist Angst vor
Unglück.

*Stobaios 3,7,31*

277.

Menschen, denen Unrecht geschieht, muß man nach
Kräften helfen und das Unrecht nicht zulassen. Denn
ein solches Verhalten ist gerecht und gut, das gegenteilige Verhalten ungerecht und schlecht.

*Stobaios 4,5,43*

278.

Nur die sind Götterlieblinge[297], denen das Unrechttun
verhaßt ist.                              *Stobaios 3,9,30*

279.

Feind ist nicht, wer Unrecht tut, sondern wer es absichtlich tut.[298]                    *„Demokrates"-Spruch 55*

280.

Tapferkeit macht Unglücksfälle klein.        *Stobaios 3,7,21*

281.

Tapfer ist nicht nur, wer den Feinden, sondern auch,
wer den Lüsten überlegen ist. Manche herrschen über
Städte und sind Sklaven der Weiber.      *Stobaios 3,7,25*

282.

Man soll sich vor den anderen Menschen nicht mehr
schämen als vor sich selbst und um nichts mehr etwas
Böses tun, gleich ob es niemand erfahren wird oder
alle Leute. Vielmehr soll sich der Mensch vor sich selber
am meisten schämen, und das sollte als Gesetz für die
Seele aufgerichtet sein: nichts Unziemliches tun.[299]

*Stobaios 4,5,46*

283.

Schlechtes sollst du, auch wenn du allein bist, weder
sprechen noch tun. Lerne, dich weit mehr als vor den
anderen vor dir selbst zu schämen.

*Stobaios 3,31,7*

284.

Vor sich selbst soll sich zuerst schämen, wer Schamloses tut.

*„Demokrates"-Spruch 50*

285.

Mühen, die man freiwillig auf sich nimmt, machen das Ertragen der aufgezwungenen Mühen leichter. Ständige Mühe wird leichter durch Gewöhnung.[300]

*Stobaios 3,29,63f.*

286.

Mehr Menschen werden durch Übung tüchtig als von Natur.[301]

*Stobaios 3,29,66*

287.

Alle Mühen sind angenehmer als die Untätigkeit, wenn man das, um deswillen man die Mühen auf sich nimmt, erlangt oder weiß, daß man es erreichen wird. Bei jedem Mißlingen aber ist alles gleich lästig und beschwerlich.

*Stobaios 3,29,88*

288.

Es ziemt sich, daß du mit den Wissenschaften beginnst, nachdem du deine Seele von den Fehlern gereinigt und sie an die Tugend gewöhnt hast. Denn wenn du das nicht tust, wirst du von den Wissenschaften keinen Nutzen haben.[302]

*Aš-Šahrastānī, Buch der Konfessionen und Sekten, S. 305 Cureton*
*(Demokrit-Spruch 4)*

289.

Es ziemt sich für die Menschen, sich mehr um die Seele als um den Leib zu kümmern. Denn Vollkommenheit der Seele richtet die Schwäche des Leibes[165] auf, Leibesstärke ohne Vernunft aber macht die Seele um nichts besser.

*Stobaios 3,1,27*

290.

Wenn du dein Inneres öffnest, wirst du eine buntschek-
kige, mit vielen Leidenschaften gefüllte Vorrats- und
Schatzkammer des Bösen finden.

*Plutarch, Vergleich der seelischen und körperlichen Leiden 2.*
*500 D*

291.

Wenn der Körper gegen die Seele einen Prozeß wegen
der Schmerzen und Leiden führte, die er zeitlebens erlitten hat, und er selbst Richter über die Klage wäre,
würde er die Seele bereitwillig verurteilen, weil sie den
Körper teils durch unpflegliche Behandlung zugrunde
richtet, teils durch Trunkenheit zerstört, teils durch Lust-
verlangen vernichtet und aufgelöst habe, so wie man
für ein Werkzeug oder Gerät, das sich in schlechtem
Zustand befindet, den rücksichtslosen Besitzer zur Ver-
antwortung zieht.

*Plutarch, Fragment über Lust- und Krankheitsgefühl 2*

292.

Gesundheit verlangen die Menschen in ihren Gebeten
von den Göttern, daß sie die Fähigkeit dazu aber in
sich selbst haben, wissen sie nicht. Indem sie ihr aus
Unmäßigkeit zuwiderhandeln, werden sie durch ihre
Begierden selbst zu Verrätern an ihrer Gesundheit.

*Stobaios 3,18,30*

293.

Ruhm und Reichtum ohne Verstand sind keine sicheren
Besitztümer.[303]

*„Demokrates"-Spruch 42*

294.

Gelderwerb ist nicht unnütz, Gelderwerb durch Unrecht
aber das Allerschlimmste.

*„Demokrates"-Spruch 43*

### 295.

Reichtum, der aus schimpflichem Gewerbe stammt, besitzt ein um so deutlicheres Schandzeichen.

*Stobaios 3,10,36*

### 296.

Wenn Geldgier nicht durch Sättigung ihre Grenze findet, ist sie viel drückender als äußerste Armut. Denn größere Begierden schaffen größere Bedürfnisse. *Stobaios 3,10,43*

### 297.

Armut, Reichtum: Worte für Entbehrung und Sättigung. Weder ist reich, wer etwas entbehrt, noch arm, wer nichts entbehrt. Wenn du nicht nach Vielem begehrst, wird dir das Wenige viel scheinen. Denn geringes Begehren macht Armut ebenso stark wie Reichtum.

*Stobaios 4,33,23–25*

### 298.

Geldausgeben mit Verstand ist dienlich, um freigebig und ein Volksförderer[304] zu sein, mit Unverstand aber ist es bloßer Aufwand. *Stobaios 4,31,120*

### 299.

Das allzu viele Geldaufhäufen für die Kinder ist ein Vorwand der Habgier, die ihren eigentlichen Charakter nicht verbergen kann. *Stobaios 3,10,64*

### 299a.

Das Vermögen soll man tunlichst unter die Kinder verteilen und zugleich darauf achten, daß sie, wenn sie es in Händen haben, keinen Schaden anrichten. Denn einmal lernen sie viel sparsamer mit dem Vermögen wirtschaften und sind eifriger auf Erwerb bedacht, und es kommt zwischen ihnen zum Wettstreit. Denn bei gemeinsamer Wirtschaft tun die Ausgaben nicht so weh wie bei getrenntem Haushalt, und die Einnahmen machen nicht so viel Freude, sondern viel weniger.

*Stobaios 4,26,25*

300.

Was der Leib braucht, steht allen leicht zur Verfügung,
ohne Anstrengung und Mühsal.[305] Andererseits trägt
nach all dem, was Anstrengung und Mühsal erfordert
und das Leben schmerzvoll macht, nicht der Leib Verlangen, sondern die Ziellosigkeit des Urteils.

*Stobaios 3,10,65*

301.

Das Leben in der Fremde lehrt Genügsamkeit. Denn
Gerstenbrot und Streu sind die süßesten Heilmittel gegen
Hunger und Müdigkeit.

*Stobaios 3,40,6*

302.

Die Frau ist viel mehr aufs Ränkespinnen aus als der
Mann.[306]

*Stobaios 4,22,199*

303.

Wenig Reden ist ein Schmuck der Frau. Schön ist auch
Schlichtheit im Schmuck.

*Stobaios 4,23,38*

304.

Man muß einsehen, daß das menschliche Leben schwach und
kurzdauernd und dennoch mit vielen Plagen und Schwierigkeiten vermischt ist, damit man nur für mäßigen Besitz sorgt und die Mühsal einem nur für notwendige
Dinge zugemessen wird.

*Stobaios 4,34,65*

305.

Kraft und Schönheit sind Vorzüge der Jugend, Blüte
des Alters ist Besonnenheit.

*Stobaios 4,50,20*

306.

Manche Menschen, die von der Auflösung der menschlichen Natur nichts wissen, leiden aus dem Bewußtsein der Tücken im Leben ihr Leben lang unter Unruhen und Ängsten, indem sie über die Zeit nach dem Ende Fabeln erdichten.[307]

*Stobaios 4,52,40*

307.

Ein Leben ohne Feste ist ein langer Weg ohne Wirtshäuser.

*Stobaios 3,16,22*

307a.

Es gibt Krankheit des Hauses und der Lebensführung wie des Leibes.

*Stobaios 4,40,21*

308.

Kinder großzuziehen, ist ein Risiko. Gelingt es, ist es voller Anstrengung und Sorge. Mißlingt es, ist der Schmerz darüber größer als jeder andere. Meines Erachtens ist es nicht erforderlich, sich Kinder anzuschaffen.[308] Denn ich sehe im Besitz von Kindern viele große Gefahren und viel Kummer, dagegen wenig Glückbringendes, das zudem gebrechlich und unsicher ist. Derjenige, für den eine Notwendigkeit besteht, sich Kinder zuzulegen, nimmt sie meines Erachtens besser von Freunden. Auf diese Weise wird das Kind so sein, wie er es wünscht. Denn er kann es sich auswählen, wie er es will. Und wer ihm tauglich scheint, wird ihm auch am ehesten dank seiner Naturanlage nachschlagen. Und hierin liegt der besondere Vorzug, daß es in diesem Fall möglich ist, den Knaben nach Wunsch aus vielen auszusuchen, wie man ihn braucht. Zeugt man ihn sich aber selbst, so liegen darin viele Gefahren. Denn es ist nötig, ihn so zu nehmen, wie er sich gerade entwickelt. Die Menschen meinen, es gehöre von Natur und nach alter Einrichtung

zu den notwendigen Dingen, sich Kinder anzuschaffen.
So ist es offensichtlich auch bei den anderen Lebewesen.
Alle bringen von Natur Nachkommen zur Welt, und
zwar nicht um eines zusätzlichen Nutzens willen. Sondern sobald die Jungen geboren sind, mühen sie sich
alle damit ab und ziehen sie auf, so gut sie können,
haben Angst um sie, solange sie klein sind, und falls
ihnen etwas zustößt, empfinden sie Schmerz. So ist die
Natur aller Wesen beschaffen, die eine Seele haben.
Beim Menschen hingegen hat sich die Anschauung herausgebildet, von einem Nachkommen rühre auch ein
gewisser Vorteil her.

*Stobaios 4,24,29–33*

### 309.

Die Natur und die Erziehung sind einander ähnlich.
Denn die Erziehung gestaltet den Menschen um; indem
sie ihn aber umgestaltet, schafft sie (wiederum) eine
Natur.[309]

*Klemens von Alexandria, Stromateis 4,149*

### 310.

Es ist möglich, ohne viel vom Eigenen aufzuwenden,
die Kinder zu erziehen und eine Mauer und einen Schutz
um ihr Vermögen und ihre Körper zu errichten.

*Stobaios 4,26,26*

### 311.

Das Allerschlimmste, wozu man die Jugend erziehen
kann, ist der Leichtsinn. Denn er ist es, der jene Lüste
erzeugt, aus denen die Lasterhaftigkeit entsteht. – Knaben, die sich irgend etwas außer angestrengter Arbeit
erlauben, lernen weder Lesen noch Musik, noch Sport,
noch das, was die Tugend am besten gewährleistet, den
Respekt.[310] Denn gerade aus diesen Beschäftigungen
erwächst gewöhnlich der Respekt. – Die Erziehung ist
für die Glücklichen ein Schmuck, für die Unglücklichen
eine Zuflucht. – Erfolgreicher (bei der Erziehung) zur
Tugend zeigt sich, wer Ermahnung und überredende

Worte, als wer Gesetz und Zwang anwendet. Denn es ist zu erwarten, daß heimlich sündigt, wer sich nur durch das Gesetz vom Unrechttun abgehalten sieht, während sich erwarten läßt, daß derjenige, der durch Überzeugungsarbeit zu seiner Pflicht[311] geführt wurde, weder heimlich noch öffentlich etwas Falsches tut. Deshalb ist ein Mensch, der mit Einsicht und Wissen richtig handelt, zugleich tapfer und geradsinnig.

*Stobaios 2,31,56–59*

### 312.

Die schönen Dinge erarbeitet der Unterricht unter Mühen, die häßlichen reifen ohne Mühe. Denn oft zwingen sie sogar den Willigen, so (= unedel) zu sein, dem von Natur große Unbeständigkeit[312] innewohnt.

*Stobaios 2,31,66*

### 313.

Es gibt wohl auch bei den Jungen Einsicht und bei den Alten Uneinsichtigkeit. Denn nicht die Zeit lehrt denken, sondern rechtzeitige Zucht und die Natur.

*Stobaios 2,31,72*

### 314.

Besser sind die Aussichten der Gebildeten als der Reichtum derer, die nichts gelernt haben.

*Stobaios 2,31,94*

### 315.

Des Vaters Maßhalten ist für die Kinder die größte Mahnung.

*Stobaios 3,5,24*

### 316.

Die Kinder von Geizigen, die unwissend heranwachsen, sind verloren wie die Tänzer, die über Klingen springen, wenn sie beim Herabkommen nur ein einziges Mal nicht die Stelle treffen, wo sie die Füße aufsetzen müssen.

Es ist aber schwierig, sie auch nur einmal zu treffen.
Denn nur die Spurfläche der Füße ist frei gelassen. So
gehen auch diese Kinder, wenn sie das väterliche Vorbild der Sorgfalt und Sparsamkeit verfehlen, gewöhnlich
zugrunde.

*Stobaios 3,16,18*

### 317.

Die Pflichten gegenüber der Polis muß man von allen
Pflichten als die wichtigsten ansehen, damit sie gut geleitet wird.[313] Dabei darf man weder aus Ehrgeiz gegen
die Billigkeit verstoßen noch sich entgegen dem Nutzen
der Allgemeinheit Macht anmaßen. Denn eine gutregierte
Polis ist der größte Halt. Darin ist alles beschlossen;
wenn das heil ist, ist alles heil, und wenn das zugrunde
geht, geht alles zugrunde.

*Stobaios 4,1,43*

### 318.

Demokrit empfiehlt, die Staatskunst, die höchste Kunst,
zu erlernen und die Mühen auf sich zu nehmen, aus
denen den Menschen das Große und Glanzvolle erwächst.

*Plutarch, Gegen Kolotes 32. 1126 A*

### 319.

Bürgerkrieg ist für beide Seiten ein Übel. Denn den
Siegern wie den Besiegten bringt er gleiches Verderben.
– Aus Eintracht entstehen große Werke, und (bei ein-
trächtigem Handeln) ist es den Städten möglich, Kriege
zum Erfolg zu führen; anders nicht.[314]

*Stobaios 4,1,34 und 40*

### 320.

Die Armut in der Demokratie ist um so viel wählenswerter als das sogenannte „Glück" bei den Mächtigen,
wie Freiheit wählenswerter ist als Sklaverei.

*Stobaios 4,1,42*

321.

Denn es endet mit Eingebildetheit, wer sich nach dem Stärkeren streckt.

*Stobaios 3,22,42*

322.

Dem Gesetz, dem Herrschenden und dem Klügeren nachzugeben, ist ehrenhaft.

*„Demokrates"-Spruch 13*

323.

Nicht allen, sondern den Bewährten vertraue. Denn das eine ist einfältig, das andere Merkmal des Besonnenen. — Bewährt bzw. unbewährt ist ein Mensch nicht nur auf Grund dessen, was er tut, sondern auch auf Grund dessen, was er will.

*„Demokrates"-Spruch 32f.*

324.

An das Verfehlte erinnern sich die Menschen mehr als an das Gelungene. Und so ist es auch richtig. Denn wie es nicht nötig ist, daß der gelobt wird, der anvertrautes Glück zurückgibt, wohl aber, daß der Tadel und Strafe empfängt, der es nicht zurückgibt, so verhält es sich auch mit dem Inhaber eines Amtes. Denn er wurde ja nicht dazu gewählt, um seine Sache schlecht, sondern um sie gut zu machen. — Bei der jetzt bestehenden Gestalt (der Verfassung der Städte) gibt es kein Mittel dagegen, daß die Inhaber von Ämtern nicht gegen sie verstoßen, und seien sie noch so tüchtig. Denn wer sich mit keinem anderen als mit sich selbst vergleicht (?), (läuft Gefahr,) daß er seinerseits unter den Einfluß anderer gerät.[315] Aber auch dieser Zustand muß doch in einer Weise zu bereinigen sein, daß derjenige, der sich nichts zuschulden kommen läßt, auch wenn er gegen die Schuldigen scharf vorgeht, nicht unter den Einfluß jener Leute gerät, sondern daß ein Gesetz oder irgendeine andere Einrichtung ihn, der das Rechte tut, schützt.

*Stobaios 4,5,47f.*

325.

Von Natur ist das Herrschen dem besseren Mann
eigen.[316]

*Stobaios 4,6,19*

326.

Schwer ist es, sich von einem Schlechteren beherrschen
zu lassen.

*„Demokrates"-Spruch 15*

327.

Die Gesetze würden niemanden daran hindern, nach
eigenem Belieben zu leben, wenn nicht der eine den
anderen schädigte. Denn der Neid bewirkt den Beginn
der Zwietracht.

*Stobaios 3,38,53*

328.

Das Gesetz will das Leben der Menschen fördern. Das
vermag es, wenn sie selbst gut behandelt werden wollen.
Denen nämlich, die ihm gehorchen, läßt es ihre eigene
Tugend sichtbar werden.

*Stobaios 4,1,33*

329.

Töten muß man alles, was rechtswidrig Unheil stiftet,
und zwar um jeden Preis. Wer dies tut, wird in jedem
Ordnungssystem einen größeren Anteil an „Wohlgemutheit", Recht, Zuversicht und Besitz haben. – So wie
gegen feindliches Getier und Gewürm Gesetze erlassen
sind, so soll man es, meine ich, auch gegenüber Menschen machen. Nach den herkömmlichen Gesetzen tötet
man in jedem Ordnungssystem, in dem nicht ein Gesetz
es verbietet, den Staatsfeind. Verbieten können es: ein
Gesetz, die jeweiligen Landesheiligtümer, Verträge und
Eide. – Jeden Wegelagerer und Seeräuber zu töten,
sollte straflos gestattet sein, gleich ob es mit eigener
Hand geschieht, ob man den Auftrag dazu gibt oder
einem Beschluß folgt.[317]

*Stobaios 4,2,16–18*

330.

Bei den Tieren verhält es sich mit dem Töten und Nicht-
töten so: Wer schädliche und absichtlich Schaden verursachende tötet, bleibt straflos; und zum „Wohlbefinden" trägt es mehr bei, dies zu tun, als es zu lassen.

*Stobaios 4,2,15*

331.

Gebrauche deine Sklaven wie die Glieder deines Leibes:
den einen hierfür, den anderen dafür.[318]

*Stobaios 4,19,45*

# Demokritische Gedanken bei Diodoros aus Sizilien: Urgesellschaft und Kulturentstehung[319]

(Die alten Naturforscher[320] und Geschichtsschreiber[321])
sagen: Die Menschen, die zuerst entstanden[322], führten
ein regelloses, tierhaftes Leben. Sie zogen jeder für sich
auf Nahrungssuche und hielten sich an die Pflanzen, die
sich am leichtesten darboten, und an die Baumfrüchte,
die von allein wuchsen. Da sie aber von Tieren an-
gegriffen wurden, kamen sie, vom Nutzen[323] belehrt,
einander zu Hilfe, und wie sie sich aus Furcht zusammen-
scharten, gewannen sie allmählich wechselseitig Kenntnis
ihrer Gestalten.[324] Ihre Stimme war zunächst undeutlich[325]
und undifferenziert, doch nach kurzer Zeit artikulierten
sie Wörter und vereinbarten untereinander (sprachliche)
Zeichen für alles das, was um sie herum war[326]; und
so erwarben sie die Kenntnis umfassender sprachlicher
Verständigung. Da nun solche Gemeinschaften in der
ganzen bewohnten Welt entstanden[327], hatten nicht alle
übereinstimmend die gleiche Sprache[328], denn sie alle
bildeten die Wörter, wie es sich gerade fügte. Deshalb
kamen Sprachen unterschiedlicher Art auf; und die Gemeinschaften, die zuerst entstanden waren, wurden die
Urahnen aller Völker. Da aber noch nichts von dem

erfunden war, was lebensnotwendig ist[329], führten die ersten Menschen ein Leben voll Mühsal. Sie waren ohne Kleidung, verfügten noch nicht über Wohnung und Feuer und besaßen keine Kenntnis „zahmer" Nahrung.[330] Und weil sie sich noch nicht darauf verstanden, wild gewonnene Nahrung zu speichern, legten sie sich keinen Vorrat von Früchten für Notzeiten zu. Deshalb gingen auch viele von ihnen winters durch Kälte und Nahrungsmangel zugrunde. Wegen dieses Umstandes suchten sie, durch Erfahrung[331] gewitzigt, jedoch schon bald im Winter Zuflucht in Höhlen und legten diejenigen Früchte, die sich für Aufbewahrung eigneten, als Vorrat zurück. Nachdem sie mit dem Feuer und anderem Notwendigen bekannt geworden waren[332], erfanden sie allmählich auch die praktischen Künste[333] und alles, was sonst noch für das Leben in der Gemeinschaft von Nutzen ist.[334] Ganz allgemein wurde die Not[335] den Menschen Lehrmeisterin aller (Errungenschaften); auf angemessene Weise leitete sie die Kenntnis aller (Dinge und Fertigkeiten) einem Lebewesen zu, das wohlgestaltet ist, als Helfer für jede Verrichtung Hände besitzt[336] und in seiner Seele[337] über Verstand und Intelligenz verfügt. – Hinsichtlich der Urentstehung des Menschen[338] und scines Lebens in ältester Zeit wollen wir es bei dem Gesagten bewenden lassen; denn unser Ziel ist Ausgewogenheit.[339]

*Diodoros 1,8*

# EPIKUR

# Brief an Herodotos

*Epikur grüßt Herodotos*[1]

(35) Für diejenigen, mein lieber Herodotos, die nicht in der Lage sind, alle Einzelheiten meiner Bücher über die Natur[2] genau durchzuarbeiten oder auch bloß die größeren von mir verfaßten Schriften zu studieren, habe ich einen Auszug[3] aus dem gesamten Stoffgebiet angefertigt; dadurch können sie die grundlegenden Gedanken gut im Gedächtnis behalten und sich selber jederzeit in den wesentlichen Fragen helfen, sofern sie es mit Naturphilosophie zu tun haben. Aber auch die in der Kenntnis des Ganzen schon hinreichend Fortgeschrittenen müssen den elementaren Grundriß des gesamten Stoffgebietes im Gedächtnis behalten, denn wir haben häufiger das Gesamte (Prinzipielle) zu betrachten als die Einzelprobleme. (36) Freilich muß man sich auch mit diesen beständig beschäftigen, aber das ist dann aus dem Gedächtnis zu machen, wodurch man eine wesentliche Kenntnis der Dinge haben und jede exakte Erklärung einer Einzelerscheinung finden wird, wenn nur die allgemeinen Grundzüge richtig verstanden und dem Gedächtnis eingeprägt sind. Denn es ist ja auch für den vollendeten Kenner das Entscheidende bei der gesamten Forschung, die Grundkonzeptionen scharfsinnig anwenden zu können, indem alles in einfache Prinzipien und Bezeichnungen zusammengefaßt wird. Es kann nämlich gar nicht jene gedrängte Zusammenfassung einer das Ganze enthaltenden Darstellung geben, wenn sie (die Zusammenfassung) nicht durch knappe Bezeichnungen alles in sich zu umfassen vermöchte, was dann auch im einzelnen verifiziert werden kann. (37) Da diese Methode für alle in der Naturlehre Bewanderten vorteilhaft ist, habe ich einen Auszug und Grundriß des gesamten Lehrgebäudes angefertigt, wobei ich das beständige Studium der Naturlehre empfehle, weil ich in einem solchen Leben den tiefsten Frieden gefunden habe.

Zuerst, mein lieber Herodotos, müssen wir begriffen
haben, was den Worten zugrunde liegt[4], damit wir die
Meinungen, Fragen und schwierigen Probleme darauf
beziehen und entscheiden können; denn sonst bleiben
die Dinge trotz endloser Beweise verworren, und wir
gebrauchen nur leere Worte.

(38) Es ist also unerläßlich, daß wir den ursprünglichen
Begriff jedes einzelnen Wortes ins Auge fassen und daß
dieser Begriff keines Beweises bedarf, wenn wir ein
Fundament haben wollen, auf das wir alle Fragen,
schwierigen Probleme und Meinungen zurückführen
können. Ferner muß man sich bei allem an die Wahrnehmungen halten, d. h. einfach an die aktuellen Leistungen[5] des Verstandes oder irgendeiner anderen Erkenntnisinstanz[6] und ebenso die gegenwärtigen Gefühle[7],
damit wir von daher auf das noch unentschiedene Problem und auf das der Sinneswahrnehmung nicht direkt
Zugängliche schließen können.

Hat man das nun verstanden, dann gilt es zu begreifen,
was unserer Wahrnehmung nicht direkt zugänglich ist.[8]
Erstens, daß nichts aus dem Nichtseienden entsteht.
Sonst könnte alles aus allem entstehen, da ein Grundstoff ja nicht nötig wäre. (39) Und wenn das Verschwin-
dende ins Nichtseiende verginge, so wären alle Dinge
längst vernichtet, weil es ja nichts Seiendes gäbe, in das
sie sich auflösen könnten. Auch war das All immer so
beschaffen, wie es jetzt ist und wie es so immer sein
wird.[9] Denn es gibt nichts, in das es sich verwandeln
könnte; und neben dem All ist nichts, welches in dieses
eindringen und es dadurch verwandeln könnte.

Das All besteht nun [aus Körpern und Leerem].[10] Daß
es Körper gibt, bezeugt ja in jedem Falle unmittelbar
die Sinneswahrnehmung, aus der dann das sinnlich nicht
direkt Wahrnehmbare durch Überlegung zu erschließen
ist, wie ich vorhin gesagt habe. (40) Gäbe es nun nicht
das Leere, das wir auch den Raum oder das nicht anfaß-
bare Etwas nennen, so gäbe es nichts, wo die Körper sich
aufhalten oder durch das sie sich bewegen könnten, wie
es doch geschieht.[11] Außer Körpern und Leerem kann

weder durch Sinneserfahrung noch durch rationales Erfassen irgend etwas konzipiert werden[12], denn diese beiden umfassen alles Sein und werden nicht bloß als dessen zufällige oder wesentliche Eigenschaften bezeichnet.[13] Die Körper sind nun entweder Zusammensetzungen oder deren Bestandteile.[14] (41) Letztere sind unteilbar und unveränderlich, wenn nicht alles ins Nichtseiende vergehen, sondern bei der Auflösung der Dinge von Bestand sein soll, weil es von solider Natur ist und sich gar nicht auflösen kann. So müssen die Grundbestandteile aller Dinge unteilbare (= Atome) sein.

Nun ist das All aber auch unendlich; denn das Begrenzte hat ein Äußerstes. Das Äußerste ist aber nur im Vergleich mit wieder einem anderen (Äußersten als solches) zu erkennen. [Das All aber kann nicht im Vergleich zu einem anderen betrachtet werden;] also hat es kein Äußerstes und infolgedessen auch keine Grenze. Was aber keine Grenze hat, dürfte unendlich und unbegrenzt sein. Auch ist das All unendlich hinsichtlich der Menge der Körper und der Größe des leeren Raumes. (42) Wenn dieser unendlich wäre, die Körper aber von beschränkter Anzahl, so würden sie nirgends beharren, sondern zerstreut durch die unendliche Leere sausen, weil nichts da wäre, was sie abstützt und zurückstößt. Wenn andererseits das Leere begrenzt wäre, so hätten die unendlich vielen Körper keine Möglichkeit zu existieren.

Hinzu kommt nun, daß die soliden Atomkörper, aus denen die Zusammensetzungen entstehen und in die sie „zugrunde" gehen, unfaßbar viele verschiedene Formen haben. Denn es ist unmöglich, daß eine so große Mannigfaltigkeit in der Natur aus immer derselben eng begrenzten Anzahl von Atomformen entsteht. Während aber die Anzahl der Atome von ein und derselben Form schlechthin unbegrenzt ist, ist die Anzahl der verschiedenen Atomformen nicht schlechthin unbegrenzt, sondern nur unfaßbar groß, denn sonst müßte man auch Atome von unendlicher Größenordnung annehmen.[15] (43) Auch befinden sich die Atome immer in kontinuierlicher Be-

wegung[16]; teils entfernen sie sich sehr weit voneinander,
teils vibrieren sie an ein und demselben Ort, wenn sie
gerade in einer Verflechtung selbst eingeschlossen oder
von einer solchen umschlossen sind.[17] (44) Das geschieht
infolge des leeren Raumes, der die einzelnen Atome
voneinander trennt und ihnen keine Stütze sein kann.
Doch bewirkt die den Atomen eigene Härte beim Zusammenstoß einen Rückprall, dessen Ausmaß von der
Art der Verflechtung abhängt, die aus dem Zusammenstoß entstanden ist. Eine Ursache von alledem gibt es
nicht, weil die Atome und das Leere ewig sind.[18]
(45) Solche Erörterung gibt, wenn sie dem Gedächtnis
in allen Einzelheiten eingeprägt wird, einen ausreichen-
den Grundbegriff für die Einsicht in das Wesen der
Natur.
Nun gibt es aber auch unendlich viele Welten, die der
unsrigen teils ähnlich, teils unähnlich sind. Denn die
Atome, deren Zahl unendlich groß ist, wie gerade dargelegt wurde, bewegen sich ja in die unendlichen Weiten, und solche Atome, aus denen eine Welt entstehen
oder von denen sie gebildet werden kann, gehen weder
in eine einzige noch in eine endliche Zahl von Welten
auf, seien sie nun beschaffen wie unsere oder nicht. So
steht denn nichts der Annahme unendlich vieler Welten
entgegen.
(46) Es gibt auch Abformungen, die den festen Körpern
an Gestalt gleichen, aber weit feiner sind als die Wahr-
nehmungsgegenstände. Denn es ist ja nicht unmöglich,
daß in unserer Umgebung solche Absonderungen[19] entstehen, die fähig sind, die gewölbten und glatten Flächen der Dinge abzubilden, Abflüsse also, die der Reihe
nach alle Lagen und Grundstrukturen bewahren, die sie
an den festen Körpern hatten. Diese Abformungen
nennen wir Abbilder. Die Bewegung im leeren Raum[20],
die durch keinerlei Widerstand gehemmt wird, überwindet jede vorstellbare Distanz in unvorstellbarer
(kurzer) Zeit. Denn Langsamkeit und Schnelligkeit sind
identisch mit Widerstand und Nicht-Widerstand. (47)
Freilich kommt der abgeschleuderte Körper in dem nur

gedanklich erfaßbaren (mathematischen) Zeitminimum
nicht an verschieden entfernten Orten zugleich an, denn
das ist undenkbar[21]; und wenn er, von wo im Unendlichen auch immer ausgegangen, in einer sinnlich wahrnehmbaren Zeiteinheit zugleich ankommt, so würde doch
seine Bewegung nicht dort begonnen haben, wo wir sie
beginnen sahen. Eine Art von Widerstand nämlich gibt
es, auch wenn wir bis jetzt die Bewegungsgeschwindig-
keit als ungehemmt haben gelten lassen. Zweckmäßig
ist es, diesen Grundsatz ebenfalls festzuhalten. Auch
daß die Abbilder von einer unübertrefflichen Feinheit
sind, wird durch keine Erscheinung widerlegt; daher
rührt denn auch ihre unübertreffliche Geschwindigkeit,
denn sie finden jeden passenden Durchgang, ganz abgesehen davon, daß ihrer lockeren Struktur nichts oder
so gut wie nichts Widerstand leistet, während ein Gebilde mit vielen oder zahllosen Atomen Widerstand
findet.

(48) Hinzu kommt, daß die Entstehung der Abbilder
in Gedankenschnelle geschieht, denn der Abfluß von
der Oberfläche der Dinge ist kontinuierlich, macht sich
aber nicht durch Substanzverlust bemerkbar, da er kom-
pensiert wird.[22] Das Abströmende bewahrt Lage und
Anordnung, die die Atome im festen Körper hatten,
auf lange Zeit, wenn es auch bisweilen in Unordnung
gerät. So können Bildkompositionen ganz unvermittelt
in der Atmosphäre entstehen, da sie ja des Aufbaus der
Tiefendimension nicht bedürfen. Doch gibt es noch
andere Möglichkeiten für ihre Entstehung[23], von denen
keine den Sinneswahrnehmungen widersprechen wird,
wenn einer nur bedenkt, wie deutliche Vorstellungen, ja,
wie überhaupt die Beziehungen zwischen den äußeren
Objekten und uns zustande kommen.

(49) Man muß also annehmen, daß wir die Gestalten
dadurch sehen und mit dem Verstand erfassen, daß von
den äußeren Objekten etwas in uns eindringt. Denn die
Objekte könnten kaum ihre reale Farbe und Form
durch (das Medium) der zwischen uns und ihnen liegenden Luft, auch nicht durch Strahlen oder irgendwelche

Strömungen, die von uns zu ihnen gelangen, in uns ein-
prägen[24]; möglich ist das aber, wenn gleichfarbige und
gleichförmige Abprägungen der Gegenstände in einer
unserem Auge oder Verstande angemessenen Größe in
uns einfließen. Sie bewegen sich mit großer Geschwindigkeit, (50) wodurch sie den Eindruck eines einzigen
dauerhaften Dinges hervorrufen, und bewahren ihre
Übereinstimmung mit dem zugrunde liegenden Objekt
durch einen ihnen von dorther mitgeteilten entsprechenden Impuls, der durch die Atomvibration im ganzen
festen Körper hervorgerufen wird.
Und welche Vorstellung wir auch immer von einer Form
oder von einer wesentlichen Eigenschaft durch einen
Konzentrationsakt[25] des Verstandes oder der Sinne gewinnen, es ist die Form eines festen Körpers, die durch
dichte Abfolge des Bildes oder durch dessen in der
Psyche hinterlassenen Abdruck entsteht.[26]
(51) Denn eine Übereinstimmung der gleichsam im
Abbild aufgenommenen Vorstellungen – entweder im
Traum oder sonst durch die Funktionen des Denkens
und der anderen Erkenntnisinstanzen – mit dem sog.
wirklich Seienden gäbe es nicht, wenn es nicht eben
wirklich jenes (d. h. die Abbilder) gäbe, das wir zu
erfassen suchen. Der Irrtum wäre aber unmöglich, wenn
wir nicht noch ein anderes Moment (Vermögen) in uns
fänden, das [mit dem Vorstellungsakt] verbunden, aber
doch von ihm verschieden ist. In bezug auf dieses (Ur-
teils-)vermögen gibt es Falschheit, sofern etwas nicht
bestätigt oder widerlegt wird, Wahrheit, sofern etwas
bestätigt oder nicht widerlegt wird. (52) Diesen Gedanken muß man besonders gut im Auge behalten, damit die sich auf Evidenz gründenden Erkenntniskriterien
nicht entwertet werden und durch den ebenfalls für
wahr erklärten Irrtum nicht alles in Unordnung gerät.[27]
Auch das Hören entsteht durch einen Abfluß, der von
einem Sprechenden oder einem Objekt ausgeht, das
Klang, Geräusch oder Lärm erzeugt oder sonstwie akustische Empfindung hervorruft. Dieser Abfluß zersplittert
in quantitativ gleiche Partikel[28], die zugleich eine (quali-

tative) Übereinstimmung untereinander und eine spezifische Einheitlichkeit bewahren, die auf die Lautquelle zurückgeht und meistens eine Wahrnehmung von dieser Quelle gibt oder doch zumindest deutlich macht, daß es sich um ein äußeres Objekt handelt; (53) denn eine solche Wahrnehmungsfunktion wäre nicht möglich, wenn sich die Übereinstimmung nicht irgendwie auf die Quelle bezöge. Man muß nun nicht annehmen, daß die Luft selbst[29] durch den ausgestoßenen Laut oder durch etwas Ähnliches geformt würde, denn für eine solche Einwirkung fehlen viele Voraussetzungen; vielmehr drückt der in uns bei der Abgabe eines Lautes entstehende Stoß sofort Partikel hinaus, die eine windartige Strömung erzeugen und bei uns die Gehörsempfindung verursachen. Auch vom Geruchssinn gilt ebenso wie vom Gehör, daß er niemals eine Empfindung zustande bringen könnte, wenn es nicht gewisse vom Objekt ausgesandte Partikel gäbe, die auf Grund ihrer Entsprechung eben dieses Sinnesorgan zu affizieren geeignet sind. Das geschieht teils auf quälende und befremdliche Weise, teils auf nicht störende und angenehme Art.

(54) Ferner muß man annehmen, daß den Atomen die Eigenschaften der sinnlich wahrnehmbaren Dinge nicht zukommen, abgesehen von Gestalt, Schwere, Größe und was sonst noch notwendig zur Gestalt gehört. Denn jede Eigenschaft verändert sich, die Atome hingegen sind unveränderlich, da ja, wenn die Dinge sich auflösen, etwas Festes und Unauflösbares bleiben muß, welches garantiert, daß Veränderungen nicht ins Nichtseiende oder aus dem Nichtseienden geschehen, sondern meistens durch Umschichtungen, aber auch durch Zu- und Abgang von Atomen. Deshalb muß das, was sich umschichtet, unvergänglich sein und nicht die Eigenschaft der Veränderlichkeit haben; es muß aber seine Masseneinheiten und spezifische Formungen besitzen[30], denn diese müssen bleiben. (55) Auch bei den Veränderungen der Erfahrungsgegenstände durch Abnutzung erkennt man die Gestalt als bleibend, die Eigenschaften hin-

gegen beharren nicht wie jene an dem sich Verändern-
den, sondern verschwinden aus dem ganzen Körper.[31]
Dieses Beharrende ist zureichend, die Vielfalt der
Dinge zu begründen, da es ja notwendig ist, daß etwas
bleibt und nicht alles ins Nichtseiende vergeht.

Nun darf man nicht annehmen, daß es Atome in jeder
Größenordnung gibt, was den Erfahrungstatsachen widersprechen würde. An gewissen Größendifferenzen ist aber
festzuhalten, denn so läßt sich der Prozeß der Empfindung und Wahrnehmung besser erklären. (56) Die
Annahme jeglicher Größe zur Erklärung der Qualitätsunterschiede ist jedoch unnütz, zumal dann uns auch
sichtbare Atome begegnen müßten. Das aber geschieht
nicht, ja man vermag nicht einmal zu denken, wie es
ein sichtbares Atom geben könnte. Ferner ist auch nicht
anzunehmen, daß es in dem (oben) beschriebenen Atomkörper[32] unendlich viele Partikel gibt, wie klein sie auch
sein mögen. Deshalb ist nicht nur die Teilbarkeit ins
Unendliche zum immer Kleineren hin zu verwerfen[33] –
sonst wird alles haltlos und notwendigerweise das
Seiende gänzlich ins Nichtseiende zerrieben, wenn wir
die zusammengesetzten Körper so im Geiste zerlegen –,
wir dürfen vielmehr auch nicht annehmen, daß die Progression ins Unendliche, auch nicht zum Kleineren hin,
bei den beschriebenen Körpern möglich sei. (57) Denn
wenn nämlich einer formuliert, unendlich viele Partikel,
von welcher Kleinheit auch immer, seien in irgend etwas
enthalten, so läßt sich das gar nicht denken. Wie sollte
dieses Etwas auch noch eine endliche Größe haben?
Es ist klar, daß die unendlich vielen Partikel von einer
bestimmten Größe sein müssen; wie diese aber auch
ausfallen mag, immer hätte das[34] eine unendliche Größe.
Und da alles Begrenzte ein erfaßbares Äußerstes hat[35]
– wenn es auch nicht isoliert betrachtet werden kann –,
so kann das nächste Teilchen nur als ein diesem Äußersten Ähnliches gedacht werden, und daher besteht, wenn
wir Stück für Stück weiterschreiten, nicht die Möglichkeit, in Gedanken so bis ins Unendliche zu gelangen.
(58) Das der Sinneswahrnehmung zugängliche Minimum

ist so vorzustellen, daß es zwar nicht so beschaffen ist
wie das, was in sich noch differenziert ist[36], aber auch
nicht in jeder Beziehung unähnlich, sondern es hat mit
den differenzierbaren Größen eine gewisse Gemeinsamkeit, erlaubt aber keine Unterscheidung von Teilen. Und
sooft wir, durch die aus der Ähnlichkeit resultierenden
Entsprechungen veranlaßt, glauben, etwas könne in ihm
unterschieden werden, teils hier, teils da, dann ist uns
notwendigerweise das gleiche Teilchen wie vorhin in
den Sinn gekommen. Wir betrachten von Anfang an der
Reihe nach diese Teilchen, die sich nicht als Ganze[37]
und nicht mit ihren Teilen berühren, sondern durch ihre
spezifische Einheit das Maß der Größen bilden und die
Größeren als Größere, die Kleineren als Kleinere bestimmen.

Entsprechendes ist also auch vom atomaren Minimum
anzunehmen, (59) das sich freilich durch seine Kleinheit
vom sinnlich wahrnehmbaren Minimum unterscheidet,
sich aber sonst analog verhält. Auf Grund der Entsprechung zu den sichtbaren Dingen haben wir geurteilt, daß
das Atom Größe hat, wobei wir freilich etwas Kleines
als Großes darstellten. Hinzu kommt, daß das auch
absolut Kleinste und Einfache, das keine Teile mehr
enthält, als minimale Größeneinheit anzusehen ist, die
selbst die metrische Basis bildet für die Dimensionen
der größeren und kleineren nur dem Denken erfaßbaren
Atome. So ist denn die Gemeinsamkeit zwischen atoma-
rem und sinnlich wahrnehmbarem Minimum ausreichend
für soweit gehende Schlüsse. Es ist allerdings nicht möglich, daß aus diesen Atomminima, weil sie etwa Bewegung hätten, eine Vereinigung entstehen könnte. (60)
Auch darf man das „Oben" oder „Unten" vom unendlichen All nicht im Sinne eines absoluten Oben und
Unten aussagen. Wir wissen jedoch, daß uns eine Linie
von unserem Standpunkt aus über unseren Kopf hinaus
oder aber nach unten weiter vom angenommenen Standpunkt ins Unendliche verlängert nicht so erscheint, als
liefe sie in beiden Richtungen zugleich nach oben und
nach unten; denn das läßt sich unmöglich vorstellen.

So muß man eine nach oben und eine nach unten jeweils
ins Unendliche verlaufende gedachte Richtung annehmen,
mag auch sonst immer, was sich von uns aus in Richtung
derer bewegt, die über unseren Köpfen wohnen, zu
deren Füßen gelangen, oder auf den Kopf der unter
uns Wohnenden, was von uns aus sich nach unten bewegt. Denn die ganze Linie wird dennoch so gedacht,
daß sie in zwei entgegengesetzten Richtungen ins Unendliche verläuft.[38]

(61) Ferner ist es notwendig, daß die Atome gleich
schnell sind, wenn sie sich durch den leeren Raum ohne
Widerstand bewegen; denn unter dieser Bedingung
werden sich weder die schweren schneller als die kleinen
leichten, noch diese schneller als die großen bewegen,
weil alle die ihnen entsprechende freie Bahn finden,
wenn nur kein Widerstand da ist. Und das gilt für die
durch Stoß verursachte Bewegung nach oben oder seit-
wärts wie für den Fall auf Grund der eigenen Schwere.
Solange nämlich beide Bewegungsarten ablaufen, vollziehen sie sich in Gedankenschnelle, bis durch äußere
Einwirkung oder durch die eigene Schwere dem Impuls
entgegengewirkt wird.[39]

(62) Freilich wird im Hinblick auf die zusammengesetzten Körper auch von den Atomen, die (doch) gleich
schnell sind, behauptet, daß das eine schneller sei als
das andere[40], weil nämlich die Atome in den Körpern
sich auch im kleinsten (von uns noch wahrnehmbaren)
Zeitkontinuum in einer Richtung bewegen, wenngleich
sie das im Hinblick auf die absoluten mathematischen
Zeitminima[41] keineswegs tun. Da prallen sie vielmehr
ununterbrochen gegeneinander, bis das Kontinuum der
Bewegung in den Bereich der Wahrnehmung fällt. Denn
das Urteil über dieses Unsichtbare, das auch den absoluten mathematischen Zeitminima noch Bewegungs-
kontinuität zuspricht, ist in diesen Fällen nicht wahr,
weil nur das (gründlich) Beobachtete oder in konzen-
trierter Verstandesoperation Erfaßte wahr ist.

(63) Ferner muß man unter Berufung auf Sinneswahrnehmungen und Gefühle – was die zuverlässigste Ge-

währ bietet – einsehen, daß die Seele etwas Körperliches ist, dessen feine Teilchen durch den ganzen Leib verstreut sind.[42] Sie gleicht am ehesten einem Winde mit einer Beimischung des Warmen, denn sie ist in mancher Beziehung diesem, in anderer jenem ähnlich. Dann ist da noch ein Teil, der sich durch seine Feinteiligkeit vor den beiden anderen auszeichnet und deshalb in engerer Wechselbeziehung zum übrigen Körper steht.[43]

Das alles wird bewiesen durch die geistigen Vermögen und Gefühle, durch die Beweglichkeit der Gedanken und dadurch, daß wir sterben, wenn wir das alles verlieren. Auch muß man daran festhalten, daß die Seele die entscheidende Rolle bei der Wahrnehmung spielt; (64) das könnte sie freilich nicht, wenn sie nicht vom übrigen Körper sozusagen zusammengehalten würde[44], der der Seele erst zu dieser Rolle verhilft und dann aber auch selbst durch sie an dieser Rolle teilhat, nicht aber an allem, was die Seele auszeichnet.[45] Deshalb hat er auch nach der Trennung von der Seele keine Empfindung mehr; denn er besitzt dieses Vermögen nicht in sich selbst, sondern hat es einem anderen, mit ihm zusammen Entstandenen bereitet; dieses andere läßt nun durch sein im ganzen Körper entwickeltes Vermögen ein je nach der Reizstärke beschaffenes Symptom der Empfindung zunächst für sich entstehen und macht dann auch dem Körper infolge der Gemeinschaft und Wechselbeziehung, wie gesagt, davon Mitteilung.[46]

(65) Deshalb wird auch die Seele, solange sie existiert, niemals ohne Empfindung sein, auch wenn irgendein anderer Teil[47] weggefallen ist. Denn was immer von ihr mit zugrunde gehen mag, wenn sich ein leibliches Glied ganz oder teilweise auflöst, solange etwas von ihr verbleibt, bewahrt sie das Empfindungsvermögen.[48] Der übrige Körper aber, ob er nun ganz oder teilweise fortbesteht, hat dennoch keine Empfindung, wenn die die Seele ausmachende Anzahl von Atomen ausgeschieden ist, wie groß sie auch immer sein mag. Wenn sich freilich der ganze Körper auflöst, zerstreut sich auch die

Seele, hat nicht mehr diese Vermögen und wird auch
nicht mehr in Erregung versetzt, so daß sie kein Empfindungsvermögen besitzt. (66) Denn man kann sich
nicht vorstellen, daß dieses Etwas noch empfinden kann,
ohne im körperlichen Verband zu sein und jene Bewegungen auszuführen, d. h., ohne daß das Bedeckende
und Umhüllende so beschaffen ist wie in dem Augenblick, da sie jene Bewegungen ausführt.[49] (67) Aber man
muß auch bedenken, daß wir uns beim üblichen Gebrauch des Wortes „unkörperlich" darunter etwas „an
sich Seiendes" vorstellen. „An sich" aber läßt sich nichts
Unkörperliches vorstellen, außer dem leeren Raum. Das
Leere aber kann weder wirken noch Einwirkung erleiden, sondern gibt den Körpern allein die Möglichkeit
zur Bewegung. Deshalb ist es unsinnig zu sagen, die
Seele sei unkörperlich, denn dann könnte sie weder
wirken noch affiziert werden. Nun aber nehmen wir
deutlich diese beiden Eigenschaften bei der Seele wahr.
(68) Man wird nun einsehen, daß in allen diesen Reflexionen über die Seele, wenn man ihnen die Gefühle
und Wahrnehmungen zugrunde legt und dabei das anfangs Gesagte im Auge behält, die Grundzüge enthalten
sind, aus denen auch die Erklärungen der Einzelerscheinungen sicher abgeleitet werden können.
Nun sind Gestalt, Farbe, Größe, Schwere und was als
wesentliche Eigenschaft[50] vom Körper sonst noch ausgesagt wird und entweder allen oder den sichtbaren und
den entsprechend der ihnen gemäßen Wahrnehmungsart
erkannten Dingen zukommt[51], nicht als an sich seiende
Wesenheiten aufzufassen – denn das ist nicht denkbar –,
(69) aber auch keineswegs für irreal zu halten. Auch
dürfen sie weder als etwas Unkörperliches betrachtet
werden, das (vom Körper verschieden ist und) nur hinzukommt, noch als dessen Teile. Vielmehr macht alles
das in seiner Gesamtheit das spezifische bleibende Wesen des ganzen Körpers aus, aber nicht so, als sei er
aus alledem zusammengesetzt, wie etwa ein größerer
Körper aus den Masseteilen selbst gebildet wird, sei
es nun aus Atomen oder auch bloß aus solchen, die

kleiner sind als das Ganze – er hat allein, wie ich behaupte, aus alledem sein spezifisches bleibendes Wesen. Und jeder dieser Eigenschaften entspricht ein besonderes Vermögen der Rezeption und Unterscheidung (unsererseits); dabei wird das Einzelne nicht isoliert, sondern in seiner Verbindung mit dem Ganzen aufgefaßt, das erst von diesem das Ganze umfassenden Begriff her die Bezeichnung „Körper" erhält.

(70) Nun besitzen die Körper häufig auch Eigenschaften, die ihnen nicht beständig zukommen[52] und die weder zum Unsichtbaren noch zum Unkörperlichen gehören (?).[53] Verwenden wir dafür die Bezeichnung „Symtom" in seiner üblichen Bedeutung, so wird klar, daß es etwas bezeichnet, das nicht zum Wesen jenes Ganzen gehört, das wir im Hinblick auf seine Komplexität Körper nennen und das auch nicht so beschaffen ist wie die den Dingen beständig zukommenden Eigenschaften, ohne die der Körper nicht begriffen werden kann. Auf Grund gewisser Wahrnehmungen, in die das Ganze (des Körpers) einbezogen wird, erhalten sie ihren Namen[54], (71) aber nur dann, wenn jedes gerade in seinem zufälligen Vorhandensein beobachtet wird, da sie als unwesentliche Eigenschaften den Dingen ja nicht beständig zukommen. Man muß also der doch evidenten Erscheinung (der Symptome) nicht das Sein absprechen, weil ein Symptom nicht das Wesen desjenigen Ganzen habe, das wir Körper nennen und dem es zukommt; es hat weder das Wesen des beständig Zukommenden, noch ist es als ein „An sich" aufzufassen, denn letzteres läßt sich weder von den Symptomen noch von den wesentlichen Eigenschaften denken. Sie sind vielmehr nach ihrem Erscheinungsbild als unwesentliche Eigenschaften zu verstehen, die unbeständig sind, nicht den Charakter einer Natur an sich haben, sondern auf ihre spezifische, in der Wahrnehmung selbst gegebene Art und Weise betrachtet werden.

(72) Ferner muß man genau beachten, daß die Zeit sich nicht, wie alles sonst, was zu einem Gegenstand gehört, untersuchen läßt, indem wir es auf die unmittelbar evidenten Begriffe zurückführen, die wir in uns selbst er-

fassen. Vielmehr ist diese Evidenz selbst, mit der wir von langer oder kurzer Zeit sprechen, auf die ihr gemäße Art behandeln und zu erkennen.[55] Und man soll nicht andere, vermeintlich bessere Ausdrücke für die alten eintauschen, sondern die vorhandenen dafür verwenden; auch darf man nicht etwas anderes von der Zeit aussagen, das angeblich seinem Wesen nach gerade mit dem Spezifischen (der Zeit) identisch wäre; denn das machen einige. Allein jenes muß bedacht werden, mit dem wir dieses Spezifische in Verbindung bringen und messen. (73) Und das bedarf keiner Beweisführung, sondern nur der Überlegung, daß wir mit Tag und Nacht und deren Teilen, mit den Affekten und affektfreien Zuständen und mit Bewegung und Ruhe ein besonderes Symptom in Verbindung bringen, das wir, gerade wenn wir es bei all diesen Erscheinungen berücksichtigen, Zeit nennen.[56]

Neben dem schon früher Bemerkten[57] gilt nun für die Weltsysteme, daß sie ebenso wie jede begrenzte Atomkomposition, die mit den (bei uns) häufig geschauten Dingen Ähnlichkeit hat, aus dem Unendlichen entstanden sind. Dabei hat sich alles in größerer oder kleinerer Form aus besonderen Atomwirbeln abgesondert und wird sich teils schneller, teils langsamer aus je anderen Ursachen wieder auflösen.[58] (74) Außerdem müssen die Weltsysteme nicht notwendig alle dieselbe Gestalt haben[59], sondern sie können kugel- oder eiförmig oder noch anders beschaffen sein; doch haben sie nicht jede beliebige Gestalt und sind auch keine aus dem Unendlichen abgesonderte Lebewesen. Zudem könnte wohl keiner beweisen, daß in einer bestimmten Welt solche Samen nicht enthalten seien, aus denen Lebewesen, Pflanzen und alles übrige Bekannte entstehen, daß in einer anderen Welt das aber nicht möglich sei.[60]

(75) Was nun die (menschliche) Natur angeht, so ist anzunehmen, daß sie durch die Umstände (Praxis) selbst zur Ausbildung vieler verschiedenartiger Fähigkeiten gezwungen worden ist, die das Denken dann später verfeinert hat durch weitere Erfindungen[61]; diese wurden

sowohl bei den verschiedenen Dingen als auch zu verschiedenen Zeiten mit unterschiedlichem Tempo gemacht.
So sind denn auch die Worte anfangs nicht durch willkürliche Abmachung geschaffen worden; vielmehr hat
gerade die Naturanlage der Menschen, die bei jedem
Volk von ganz spezifischen Gefühls- und Vorstellungs-
momenten geprägt ist, eine eigentümliche Form des Luft-
ausstoßens (zur Lautkundgabe) eben unter Einfluß dieser
emotionalen und geistigen Eigenarten entwickelt, so wie
sie der geographischen Unterschiedlichkeit der Völker
doch entspricht. (76) Später freilich wurden die jeweiligen Eigentümlichkeiten innerhalb eines jeden Volkes
allgemeinverbindlich festgesetzt, um dem Gebrauch zwei-
deutiger Aussagen entgegenzuwirken und einen knap-
peren Ausdruck zu ermöglichen.[62] Leute, die durch Erfindungen Kenntnisse über (bislang) unbekannte Dinge
gewonnen hatten, gaben ihnen bestimmte Namen, die
sie teils unter einem instinktiven Zwang formulierten,
teils in der Überlegung wählten, was (den Sachverhalt)
am besten begründet wiedergäbe.[63]

Hinsichtlich der Himmelserscheinungen[64] gilt nun, daß
Gestirnbewegung, Wende, Finsternis, Auf- und Untergang und Ähnliches nicht von einem Wesen besorgt werden, das alles ordnet oder (einmal) geordnet hat und
das zugleich volle Glückseligkeit verbunden mit Unsterblichkeit besitzt. (77) — Denn Geschäftigkeit und
Sorge, Zorn und Zuneigung passen ganz und gar nicht
zur Glückseligkeit, sondern entstehen aus Schwäche,
Furcht und der Abhängigkeit von anderen.[65] — Auch
kann, was aus kompaktem Feuer besteht, nicht die
Glückseligkeit besitzen und die bekannten Bewegungen
aus freier Entscheidung ausführen. Die volle Erhabenheit (des Göttlichen) aber müssen wir in allen üblichen
Bezeichnungen dadurch wahren, daß wir solche Vorstellungen zugrunde legen, damit sich nicht von daher
der Erhabenheit widersprechende Meinungen ergeben,
sonst entsteht nämlich durch diesen Widerspruch die
größte seelische Verwirrung.[66] So ist denn auch in unserem Falle anzunehmen, daß durch die ursprünglichen

Absonderungen dieser Rotationsmassen zur Zeit der
Weltentstehung auch jene Naturgesetzlichkeit des Umlaufs zustande gekommen ist.

(78) Es ist nun die Aufgabe der Naturphilosophie, die
Ursache aller grundlegenden Erscheinungen genau darzulegen.[67] Darin liegt denn auch das Glücksgefühl, das
die Erkenntnis der Himmelserscheinungen und das Wissen um die wahre Natur der beobachteten Himmelskörper und um all das, was einem hohen Maß an Glücklichsein entspricht, gewährt. Und in diesen Punkten[68]
gibt es keine mehrfache Art der Erklärung und damit
keine Möglichkeit, daß es sich auch anders verhält. Denn
es gibt bei einem unsterblichen und glückseligen Wesen
nichts, was Konflikt und Unruhe hervorruft, und daß
das schlechthin gilt, ist zu verstehen. (79) Was dagegen
die detaillierte Erforschung des Unter- und Aufgangs,
der Wende und Finsternis und ähnlicher Dinge betrifft,
so bewirkt sie nicht das Glücksgefühl der Erkenntnis.
Wer das alles weiß und dabei die Wesenheiten und
grundlegenden Ursachen nicht kennt, der lebt genauso
im Angstzustand, wie wenn er auch die speziellen Dinge
nicht wüßte; ja er hat vielleicht noch mehr Angst, wenn
das staunende Unbehagen, das aus den zusätzlichen
Betrachtungen (über die Ursachen der Einzelheiten)
entsteht, nicht durch die sachkundige Anwendung der
entscheidenden Grundlehren beseitigt werden kann.[69]
Deshalb machen wir denn auch mehrere Ursachen der
Wenden, des Unter- und Aufgangs, der Finsternisse und
dergleichen ausfindig, wie das auch bei allen singulären
Erscheinungen geschieht. (80) Und man darf überzeugt
sein, daß unsere Kenntnis dieser Dinge damit jenes
Maß an Nützlichkeit erreicht hat, das für unseren Seelenfrieden und unser Glück unerläßlich ist. Deshalb muß
man die Ursachen der Himmelserscheinungen und aller
unserer Wahrnehmung nicht direkt zugänglichen Dinge
dadurch ausfindig machen, daß wir die mannigfaltigen
Ursachen des analogen Geschehens hier bei uns in Betracht ziehen. Dabei soll man die verachten, die bei den
nur aus der Entfernung wahrnehmbaren Dingen nicht

erkennen, was nur auf eine einzige Art ist oder möglich ist und was auf mehrfache Weise geschieht, und die dann auch nicht wissen, unter welchen Bedingungen der Seelenfriede möglich ist und unter welchen nicht. Wenn wir nun vermuten, daß eine Erscheinung so ungefähr auf diese Weise zustande kommen könnte, wobei wir jedoch gerade bedenken, daß sie noch auf vielfache Weise entstehen kann, dann sind wir genauso beruhigt, wie wenn wir (sicher) wüßten, daß sie auf diese Weise zustande kommt.

(81) Bei alledem ist aber ernstlich zu bedenken, daß die größte Beunruhigung für das menschliche Gemüt einmal aus der Überzeugung entsteht, daß die Sterne Glückseligkeit und Unvergänglichkeit besitzen, zugleich aber auch, was dem widerspricht, Absichten, Wirkungsmacht und Schöpferkraft; zum zweiten entsteht sie aus der Befürchtung, daß uns, wenn wir tot sind, entweder, wie die Mythen erzählen, eine ewige Pein erwartet oder aber jene Empfindungslosigkeit droht, als ob diese empfunden werden könnte; schließlich kommt sie daher, daß die Leute solche Angst nicht auf Grund klarer Urteile, sondern auf Grund unklarer Erregung erleiden, so daß sie, da sie eigentlich gar nicht genau den Gegenstand ihrer Furcht kennen, dieselbe oder gar eine noch schlimmere Unruhe erleiden, als wenn sie ihn kennten.

(82) Der Seelenfriede aber liegt im Freisein von all diesen Irrtümern und in der beständigen Vergegenwärtigung der umfassenden und grundlegenden Lehren.

Deshalb muß man sein Augenmerk auf die unmittelbaren Gefühle und Wahrnehmungen richten, und zwar im allgemeinen, wenn es die der Menschheit sind, und im besonderen, wenn es die des Einzelnen sind. Dabei gilt es, jeden unmittelbaren, deutlichen Eindruck zu beachten, den uns jede der Erkenntnisinstanzen liefert. Wenn wir darauf achten, werden wir die Ursache von Unruhe und Angst wirklich ausfindig machen und beseitigen, indem wir so die Himmelserscheinungen und alles übrige erklären, was uns sonst immer begegnet und die anderen maßlos erschreckt.

Soweit, Herodotos, für Dich .der Auszug mit den entscheidenden Gedanken über das Wesen des Alls. (83)
So könnte denn diese Skizze, wenn sie gründlich erfaßt wurde, den Menschen in die Lage versetzen, den
anderen gegenüber eine unvergleichliche Vollkommenheit zu erlangen, auch wenn er nicht in alle Einzelprobleme eingedrungen ist. Denn von diesen, die in meiner
Gesamtdarstellung behandelt sind, wird er viele von
sich aus lösen können, wobei ihm die hier dargelegten
und im Gedächtnis bewahrten Grundprinzipien eine beständige Hilfe sein werden. Durch diesen Abriß können
aber auch die mit den Einzelproblemen gut oder vollkommen Vertrauten ihre Studien über das Wesen des
Alls in der Regel so betreiben, daß sie dabei alles in
solche Grundkonzeptionen auflösen. Wer aber nicht zu
diesen Vollkommenen gehört, der kann an Hand des
Dargelegten im Geiste und blitzschnell die wichtigsten
Lehren studieren, um die heitere Gelassenheit zu erreichen.

# Brief an Pythokles

*Epikur grüßt Pythokles*[1]

(84) Kleon brachte mir einen Brief von Dir, in dem Du Deine freundliche Gesinnung uns gegenüber bestätigst, wie es unser Bemühen um Dich verdient, und in dem Du ganz überzeugend versuchst, die auf ein glückliches Leben zielenden Erörterungen Dir in Erinnerung zu halten. Du bittest auch, Dir über die Himmelserscheinungen eine kurze und wohlumfassende Darstellung zu senden, damit Du sie leicht im Gedächtnis behältst. Denn das, was wir in andern Werken geschrieben haben, sei schwer zu behalten, auch wenn Du es, wie Du sagst, dauernd bei Dir trägst.

Wir aber haben Deine Bitte gern gehört und sind von angenehmen Erwartungen erfüllt.

(85) Nachdem wir nun alles übrige geschrieben haben, wollen wir auch diese Darlegungen vollenden, die, wie Du meinst, auch vielen andern von Nutzen sein werden und besonders denen, die erst seit kurzem von der echten Naturphilosophie kosten, und denen, die allzutief in die Unruhe ihrer täglichen Arbeit verstrickt sind.

So nimm sie denn gut auf, behalte sie im Gedächtnis, gehe sie genau durch mit dem übrigen, was wir in der kleinen Zusammenfassung an Herodotos gesandt haben.

Zunächst nun soll man nicht glauben, daß aus der Erkenntnis der Himmelserscheinungen ein anderes Ziel hervorgehe – ob sie nun im Zusammenhang oder selbständig für sich besprochen werden – als Unerschütterlichkeit und fester Glaube, wie auch bei dem übrigen.

(86) Man soll weder das Unmögliche gewaltsam erzwingen noch bei allem die gleiche Art der Betrachtung anwenden wie bei den Darlegungen über die Lebensformen oder denen zur Klarstellung der anderen naturphilosophischen Fragen. Wie z. B., daß das All Körper und unantastbare Natur sei, oder daß die Ele-

mente unteilbar seien und alles dieser Art also, das
nur auf eine Art mit den Erscheinungen in Übereinstimmung steht. Das ist aber bei den Himmelserscheinungen
nicht der Fall, sondern diese haben sowohl eine mehrfache Ursache ihrer Entstehung als auch eine mehrfache,
mit den Wahrnehmungen übereinstimmende Bestimmung
ihres Wesens. Denn nicht nach leeren Grundsätzen und
Anordnungen muß man die Natur erforschen, sondern
wie es die Erscheinungen erfordern. (87) Denn der Unvernunft und leerer Meinung bedarf unser Leben schon
nicht, sondern daß wir ohne Unruhe leben. Alles nun
geschieht unerschütterlich und, wenn alles auf seine
verschiedene Art klar dargestellt ist, in Übereinstimmung
mit den Erscheinungen, wenn man das dafür wahrscheinlich Gemachte, wie es nötig ist, bestehen läßt. Wenn
man aber das eine bestehen läßt, das andere aber verwirft, das doch in gleicher Weise mit der Erscheinung
im Einklang steht, so ist es deutlich, daß man aus aller
Naturforschung herausfällt und zum Mythos hinabsinkt.

Als Hinweise aber für das, was bei den Himmelserscheinungen geschieht, kann man einige Erscheinungen bei uns
anführen; sie werden beobachtet, wie sie zustande kommen, nicht aber die Himmelserscheinungen. Denn die
können auf mehrfache Art entstehen. (88) Die Erscheinungsform einer jeden jedoch muß man beobachten und
bei dem mit ihr Verbundenen das auswählen, dessen
Entstehen auf vielfältige Art durch die Erscheinungen
in unserem Bereiche nicht widerlegt wird.

Welt ist ein umschlossener Teil Himmel, der Sterne,
Erde und alle Erscheinungen umfaßt[2]; er hat einen Aus-
schnitt von dem Unbegrenzten inne und einen runden,
dreieckigen oder sonstwie beschaffenen Umriß und endet
in einer lockeren oder dichten Grenze, die sich in Um-
drehung oder in Stillstand befindet, bei deren Auflösung alles darin zusammenstürzen wird. Denn alles
dies ist möglich. Denn von den Erscheinungen widerspricht nichts dieser Welt, in der es nicht möglich ist, ein
Aufhören zu erkennen. (89) Daß aber derartige Welten

unbegrenzt sind an Zahl, läßt sich erkennen, auch daß eine solche Welt entstehen kann in einer Welt wie auch in einer Zwischenwelt, wie wir den Zwischenraum zwischen Welten nennen, in einem Raum mit viel Leere und nicht in einem großen, klaren und ganz leeren Raum, wie einige sagen, indem gewisse geeignete Samen aus einer Welt oder Zwischenwelt oder aus mehreren abfließen, allmählich zunehmen, sich gliedern und den Ort ändern, wenn es sich trifft, und Befeuchtung in geeigneter Art von denen, die sie haben, aufnehmen bis zur Vollendung und Dauer, solange die darunter befindlichen Grundlagen die Zunahme aushalten können. (90) Denn nicht nur eine Ansammlung oder ein Wirbel muß in dem Leeren entstehen, in dem, nach der Annahme, notwendig das Entstehen einer Welt möglich ist, und ein Anwachsen, bis sie mit einer anderen zusammenstößt, wie einer der sog. Naturphilosophen sagt. Denn das wird durch die Erscheinungen widerlegt.

Sonne, Mond und die übrigen Sterne sind nicht für sich selbst entstanden und später in die Welt und alles, was sie umschließt, hineingenommen worden, sondern sie wurden sogleich gestaltet und haben zugenommen (ähnlich wie Erde und Meer), durch die Zuordnungen und die Wirbel einiger zartteiliger Naturgebilde, und zwar hauch- oder feuerartiger oder von diesen beiden Arten. Denn auch dies läßt die Wahrnehmung so zu.

(91) Die Größe aber von Sonne, Mond und den übrigen Sternen ist für uns ebenso, wie sie erscheint.[3] An sich aber ist sie entweder größer, als sie gesehen wird, oder um ein wenig kleiner oder ebenso groß, nicht in gleichem Sinne.

Denn so werden auch Feuer bei uns, wenn sie aus der Ferne betrachtet werden, der Wahrnehmung entsprechend beobachtet. Und jeder Einwand gegen diesen Punkt wird leicht gelöst werden, wenn man sich an den Augenschein hält, wie wir es in den Büchern „Über die Natur" gezeigt haben.

(92) Aufgang und Untergang[4] von Sonne und Mond und den übrigen Sternen können durch Entzünden entstehen

und durch Verlöschen, da die Beschaffenheit der Umgebung nach beiden Orten hin derartig ist, daß sie das Benannte bewirkt. Denn nichts von den Erscheinungen widerspricht dem. Auch durch Erscheinen über der Erde und wiederum durch ein Davorstellen könnte das Vorhergesagte eintreten. Denn nichts von den Erscheinungen widerspricht dem.

Ihre Bewegungen können möglicherweise durch den Umschwung des ganzen Himmels entstehen oder bei seinem Stillstand durch ihren Umschwung, entsprechend dem Zwang, der bei der Entstehung der Welt hervorgebracht wurde, (93) dann durch die Hitze entsprechend einer Zuteilung des Feuers, das immer zu den folgenden Orten geht.

Wenden von Sonne und Mond[5] können eintreten durch Schräglage des Himmels, der mit der Zeit in diese Lage gezwungen worden ist, ebenso aber auch durch einen Gegendruck der Luft oder auch dadurch, daß die immer geeignete Materie fortwährend sich entzündet, dann aber sie im Stich läßt; oder auch daß von Anfang an ein solcher Wirbel diesen Gestirnen verbunden war, daß sie wie eine Spirale sich bewegen. Denn alles Derartige und damit Verwandte steht mit keiner der Wahrnehmungen im Widerspruch, wenn man immer bei derartigen Teilfragen sich an das Mögliche hält und jede einzelne von diesen zur Übereinstimmung mit den Erscheinungen bringen kann ohne Scheu vor den sklavenhaften Künsten der Astronomen.

(94) Neumond und wiederum Vollmond[6] könnten durch Drehung dieses Körpers entstehen und ebenso durch Gestaltungen der Luft und noch dazu durch Dazustellungen und auf alle Arten, nach denen die Erscheinungen auch bei uns zur Erklärung dieser Gestaltung auffordern, wenn man nur nicht aus Vorliebe für die Erklärung auf eine einzige Art die anderen grundlos verwirft, ohne zu beachten, was möglich ist zu erkennen für den Menschen und was unmöglich, und deshalb Unmögliches zu erkennen begehrt. (95) Ferner kann der Mond sein Licht aus sich selbst, er kann es aber auch von der Sonne haben.

Denn auch bei uns wird vieles beobachtet, das es aus sich selbst, vieles aber auch, das es von anderen hat. Und nichts steht dagegen von den Erscheinungen bei den Himmelskörpern, wenn einer immer der mehrfachen Erklärungsart gedenkt und die ihnen folgenden Grundsätze und die Ursachen zusammen beobachtet und nicht auf das hinblickt, das nicht daraus folgt, es töricht aufbläst und bald so, bald anders ableitet zu der Erklärung auf nur eine Art. Die Erscheinung des Gesichtes im Monde kann entstehen durch Verschiedenheit der Teile und durch ein Davorstellen und auf alle Arten, die in Übereinstimmung mit den Erscheinungen beobachtet werden. (96) Denn bei allen Himmelserscheinungen darf man ein solches Aufspüren nicht verwerfen. Denn wenn einer dem Augenschein widerstreitet, wird er nie der echten Unerschütterlichkeit teilhaft werden können.

Sonnen- und Mondfinsternis[7] kann durch Erlöschen entstehen, wie wir das auch bei uns eintreten sehen, oder durch Davorstellen anderer Dinge, der Erde oder eines anderen derartigen Himmelskörpers. Und so muß man die miteinander verwandten Erklärungsarten zusammen betrachten und daß es nicht unmöglich ist, daß zugleich ein Zusammentreffen von mehreren stattfindet.[8] (97) Weiterhin muß auch die Ordnung des Umlaufs so verstanden werden, wie mancherlei Geschehnisse auch bei uns eintreten, und die göttliche Natur soll dazu in keiner Weise herangezogen werden, sondern sie soll von jeder Leistung frei und in aller Glückseligkeit bewahrt bleiben.

Wenn dies nicht getan wird, so wird die ganze Ursachenerforschung der Himmelserscheinungen vergebens sein, wie es schon einigen widerfahren ist, die sich nicht an eine mögliche Erklärungsart hielten, sondern in leeres Gerede verfielen, da sie meinten, nur auf eine Art könne alles geschehen, alle andern Möglichkeiten verwarfen und so, in das Undenkbare getrieben, die Erscheinungen, die als Anzeichen zu deuten sind, nicht im ganzen zu überblicken vermochten.

(98) Die wechselnde Länge der Nächte und Tage[9] kann

dadurch zustande kommen, daß die Bewegungen
der Sonne über der Erde schnell und wieder langsam
werden, nach der wechselnden Länge der Räume, und
sie manche Räume schneller durchläuft oder langsamer,
wie auch bei uns manches beobachtet wird, mit dem
in Übereinstimmung man über die Himmelserscheinungen sprechen muß. Die aber nur einen Grund annehmen,
widerstreiten den Erscheinungen und sind abgeirrt von
der Frage, wie es für den Menschen möglich ist, Beobachtungen anzustellen.

Wetterzeichen können entstehen sowohl durch Zusammentreffen von bestimmten Zeitumständen, wie in den
Erscheinungen an den Tieren bei uns, als auch durch
Veränderungen und Umschläge der Luft. (99) Denn dies
beides widerstreitet den Erscheinungen nicht. Für welche
aber die Ursache in dieser oder jener Art entsteht, ist
nicht zu erkennen.

Wolken können entstehen und sich sammeln durch Verdichten von Luft unter dem Zusammenstoß von Wind
und auch durch die Verflechtung aneinander hängender
Atome, die zu dieser Wirkung geeignet sind, und durch
Ansammlung von Abflüssen der Erde und Gewässer.
Auch auf mehrere andere Arten können die Zusam-
menballungen solcher Dinge möglicherweise erfolgen.
Nun aber kann aus ihnen, sei es, daß sie gepreßt, sei es,
daß sie verwandelt werden, Wasser entstehen. (100) indem dazu, wenn sie durch Winde, die von geeigneten
Orten ausgehen, und wenn sie immer durch die Luft
bewegt werden, ein kräftigerer Regenguß erfolgt, aus bestimmten Ansammlungen, die zu solchen Aussendungen
geeignet sind.

Donner[10] können durch Windaufblähungen in den
Wolkenhohlräumen entstehen, wie in den Gefäßen bei
uns, und durch das Tosen des zu Wind gewordenen
Feuers in ihnen und durch Zerreißen der Wolken und
ihr Auseinandertreten und durch Reibung der Wolken
und Zerbrechen, wenn sie eisartig fest geworden sind.
Und im ganzen fordern die Erscheinungen dazu auf, zu
erklären, daß auch dieser Teil auf vielerlei Weise ent-

steht. (101) Auch Blitze entstehen ebenso auf vielerlei Art. Denn durch Reibung und Zusammenstoß der Wolken gleitet das feuerbewirkende Gebilde hervor und erzeugt den Blitz, auch aus den Wolken durch Entflammung solcher Körper durch die Winde, die dieses Strahlen bewirken, auch durch Auspressen, wenn Druck der Wolken aufeinander- oder durch Winde eintritt, und durch Aufnehmen des von den Sternen ausgestreuten Lichtes, wenn es dann von der Bewegung durch Wolken und Winde zusammengetrieben wird und durch die Wolken herausfällt, oder durch Hindurchsickern des feinstteiligen Lichtes durch die Wolken, wobei vom Feuer Wolken in Brand geraten und die Donner auch durch die Bewegung von diesem bewirkt werden können; auch eine Entzündung des Windes kann eintreten durch die Anspannung des Laufs und heftiges Zusammendrängen, (102) auch ein Zerreißen der Wolken durch Winde und Herausfallen der feuererzeugenden Atome, die auch die Blitzerscheinung hervorbringen. Aber auch auf mehrere andere Arten wird eine Erkenntnis leicht sein, wenn man sich immer an die Erscheinungen hält und das ihnen Ähnliche mit zu beobachten versteht. Der Blitz aber geht dem Donner bei einer solchen Beschaffenheit der Wolken voraus, einmal weil zugleich mit dem Einfallen des Windes das blitzerzeugende Gebilde herausgestoßen wird, später aber der zusammengedrängte Wind dieses Tosen verursacht, dann aber wie bei gleichzeitigem Einfall, bei dem der Blitz mit größerer Spannung zu uns vorschnellt, der Donner aber nachkommt, (103) wie bei manchen aus der Ferne beobachteten, ein Krachen hervorrufenden Dingen.

Blitzschläge können entstehen durch vermehrte Ansammlungen von Winden und Zusammendrängung und heftige Entzündung und Zerreißung einer Wolke und zu heftigen Absturz auf die tiefer liegenden Räume, indem die Zerreißung durch die Verdichtung der folgenden Gebiete durch die Häufung der Wolken eintritt; auch durch das Herausfallen des zusammengedrängten Feuers selbst, wodurch auch möglicherweise Donner

entsteht, wenn es größer und stärker windartig geworden die Wolke zerreißt, weil es nicht in folgende Räume
entweichen kann, da immer eine Zusammenballung von
Wolken gegeneinander zustande kommt, zumeist an
einem hohen Berge, auf dem besonders die Blitze ein-
schlagen. Auch auf mehrere andere Arten können Blitzschläge eintreten. Nur der Mythos muß fernbleiben.
(104) Er wird aber fernbleiben, wenn einer den Erscheinungen richtig folgt und daraus Anzeichen für das
Unsichtbare gewinnt.

Wirbelstürme können entstehen, wenn eine Wolke in
die tiefer liegenden Räume säulenförmig hinabsinkt, von
Windansammlung gestoßen und durch die Windfülle
getrieben wird, indem der Wind von außen die Wolke
seitlich stößt, auch bei einer Kreisbewegung des Windes,
indem bestimmte Luft von oben mit daraufgestoßen
wird, auch wenn eine vielfältige Windströmung entsteht und nicht seitlich abfließen kann durch die Luft-
ballung ringsum. (105) Und wenn zur Erde der Wirbelsturm herabstürzt, entstehen Windhosen, wie gerade
ihr Entstehen entsprechend der Windbewegung eintritt,
wenn aber zum Meer, dann Sturmwirbel.

Erdbeben können entstehen, wenn Wind in der Erde
aufgenommen und kleinen Massen von ihr benachbart ist
und sie dauernd bewegt, was die Erschütterung für
die Erde bewirkt.[11] Und diesen Wind nimmt sie entweder von außen auf oder dadurch, daß Böden in höh-
lenartige Räume der Erde stürzen und die zusammengedrängte Luft zu Wind werden läßt. Auch durch die
Weiterleitung selbst der Bewegung durch den Sturz vieler Böden und den Rückprall wiederum, wenn sie auf
allzu starke Verdichtung der Erde trifft, können Erdbeben entstehen. (106) Aber auch auf viele andere Weisen können diese Bewegungen der Erde entstehen. Die
Winde aber können entstehen, wenn mit der Zeit etwas
Fremdartiges in kleiner Menge eindringt und durch reich-
liche Wasseransammlung. Schließlich aber entstehen
Winde, wenn kleine Mengen in die vielen Hohlräume
fallen und ein Weiterleiten eintritt.

Hagel entsteht einmal durch stärkeres Gefrieren, wenn bestimmte luftartige Gebilde ringsum zusammentreten und geteilt werden, dann auch durch ein mäßiger starkes Gefrieren gewisser wasserartiger Dinge und zugleich ihr Zerreißen, das zugleich ihren Zusammenstoß und ihr Auseinanderreißen bewirkt, so daß sie in einzelnen Teilen oder auch in Ansammlung gefrieren. (107) Die runde Form aber entsteht möglicherweise dadurch, daß ringsum die Spitzen abschmelzen und indem von allen Seiten, wie man sagt, in Teilen, seien es wasser-, seien es luftartige Gebilde, gleichmäßig darum herumtreten.

Schnee aber kann entstehen, wenn feinteiliges Wasser sich aus den Wolken ergießt durch passende Poren und Druck auf geeignete Wolken durch ständig heftigen Wind und wenn dies dann bei seinem Fallen gefriert durch starke Kältebildung in den Gebieten unterhalb der Wolken; auch durch ein Gefrieren in gleichmäßiger Lockerheit in den Wolken könnte wohl ein solcher Schneefall entstehen aus Wolken, die gegeneinander gepreßt werden, während wasserartige Gebilde danebenliegen, die, wenn sie gleichsam zusammenstoßen, Hagel ergeben, was zumeist in der Luft geschieht; (108) auch durch Reibung gefrorener Wolken könnte diese Schneeansammlung abgeschleudert werden. Auch auf andere Arten kann Schnee entstehen.

Tau entsteht einmal durch das Zusammenkommen solcher Körper aus der Luft, die eine derartige Feuchtigkeit hervorbringen, dann durch die Bewegung von feuchten Gebieten her oder wasserhaltigen, in denen besonders Tau entsteht, dann beim Zusammentreffen dieser Dinge an einem Ort und ihrem Hervorbringen von Feuchtigkeit und wiederum ihrer Weiterleitung in die tieferen Gebiete, wie in gleicher Weise auch bei uns in sehr vielen Fällen derartiges eintritt. (109) Reif aber entsteht, wenn dieser Tau durch Hinzutritt kalter Luft irgendwie gefriert.

Eis entsteht durch Auspressen runder Gestaltung aus dem Wasser und den Zusammenstoß der eckigen und spitzwinkeligen Gebilde, die im Wasser vorhanden sind

und durch die Zuordnung solcher Dinge von außen her,
die, zusammengetrieben, Gefrieren des Wassers bewirken, nachdem sie eine bestimmte Menge von den Rund-
gebilden herausgepreßt haben.

Der Regenbogen entsteht durch Anleuchten der Sonne
gegen wasserartige Luft oder durch eigenes Zusammen-
wachsen des Lichtes und der Luft, das die Eigentümlichkeiten dieser Farben entweder alle oder einzeln bewirkt;
aus dem Widerschein nehmen wieder die angrenzenden
Teile der Luft diese Färbung an, wie wir sie bei der
Beleuchtung der Teile beobachten.

(110) Seine Erscheinung in runder Form entsteht dadurch, daß der Abstand von allen Seiten her gleich vom
Blick wahrgenommen wird oder daß die Atome in der
Luft oder in den Wolken von der gleichen Luft wegge-
trieben werden und solch einen Zusammenstoß erfahren
und diese Verbindung als eine Rundung sich hinab-
senkt.

Ein Hof um den Mond bildet sich, indem von allen
Seiten Luft zum Mond hinzugetragen wird oder indem
die Luft die von ihm ausgehenden Abflüsse gleichmäßig
zurückdrängt, bis sie dies wolkenartige Gebilde im
Kreise um ihn herumgelegt und durchaus nicht von ihm
abgetrennt hat, oder auch, indem sie die Luft rings um
den Mond gleichmäßig von allen Seiten zurückdrängt,
bis sie ihn rundum in dichten Teilen umlagert hat. (111)
Dies geschieht, wenn in bestimmten Teilen oder von
außen eine bestimmte Strömung gewaltsam drängt oder
die Wärme für diese Wirkung geeignete Poren findet.

Kometen entstehen[12], wenn eine Ansammlung von
Feuer, das in bestimmten Räumen zu bestimmten Zeiten
in den Himmelskörpern mit entwickelt wird, eintritt oder
der Himmel über uns zuzeiten eine bestimmte eigene
Bewegung innehält, so daß derartige Sterne in Erscheinung treten oder daß sie selbst zu gewissen Zeiten durch
irgendeinen Umstand aufbrechen und in unsere Gebiete kommen und sichtbar werden. Ihr Verschwinden
geschehe dann aus diesen entgegengesetzten Gründen.

(112) Manche Sterne kreisen am gleichen Ort[13], und

das geschieht nicht nur deswegen, weil dieser Teil der
Welt stillsteht, um den das übrige kreist, wie einige
sagen, sondern auch weil ein Luftwirbel sie in Kreis-
form umgibt, der sie hindert, umherzuwandern wie die
andern, oder auch weil es in den weiteren Gebieten
keine für sie geeignete Materie gibt, aber an dem Ort,
an dem sie sich befinden und beobachtet werden. Und
auf viele andere Arten kann dies zustande kommen,
wenn einer das mit den Erscheinungen Übereinstimmende zu erschließen vermag.

(113) Daß einige von den Sternen umherirren[14], wenn
es zutrifft, daß sie so in Bewegung sind, andere aber
nicht, geschieht möglicherweise dadurch, daß sie im
Kreise bewegt von Anfang an so gezwungen sind, daß
die einen sich durch denselben gleichbleibenden Wirbel
bewegen, die anderen durch einen, der zugleich bestimmte Unregelmäßigkeiten besitzt.

Es ist aber auch möglich, daß in den Gebieten, in denen
sie sich bewegen, hier gleichmäßige Luftablagerungen
vorhanden sind, die sie zur gleichen Stelle zusammenstoßen und sie dann gleichmäßig entzünden, dort aber
so ungleichmäßige, daß sie die beobachteten Abweichungen bewirken. Eine einzige Ursache anzugeben, während
die Erscheinungen eine Erklärung auf mehrfache Art
erfordern, ist wahnsinnig und wird ungehörigerweise von
denen getan, die sich um die nichtige Sternkunde bemühen und zwecklos Gründe für gewisse Erscheinungen
angeben, wenn sie die göttliche Natur durchaus nicht
von Bemühungen befreien.

(114) Daß man gewisse Sterne hinter andern zurück-
bleiben sieht, geschieht deshalb, weil sie sich langsamer
auf dem Weg durch die gleiche Kreisbahn bewegen,
auch dadurch, daß sie in der entgegengesetzten Richtung
sich bewegen, während sie durch den gleichen Wirbel
zurückgezogen werden, auch weil die einen einen größeren, die andern einen kleineren Raum durchlaufen, ob-
gleich sie in dem gleichen Wirbel kreisen. Für diese Erscheinungen nur einen Grund anzugeben, paßt zu denen,
die der großen Menge Wunder vorführen wollen.

Die sog. Sternschnuppen können teils durch Reibung aneinander entstehen oder durch ein Herausstürzen da,
wo auch ein Herausdringen von Wind vor sich geht, wie
wir auch bei den Blitzen gesagt haben. (115) Auch durch
Zusammenkommen feuererzeugender Atome, wenn eine
für diese Wirkung geeignete Verbindung entstanden ist,
und durch eine Bewegung dahin, wohin der Antrieb
von Anfang an beim Zusammenkommen bestand, und
durch Windansammlung in bestimmten nebelartigen
Verdichtungen und deren Entzündung durch die Zusammendrängung, dann durch Ausbruch aus den umgebenden Teilen und die Bewegung zu dem Ort, zu dem
der Antrieb des Umschwunges bestand. Aber es gibt auch
andere Arten, diese Wirkung hervorzubringen, ohne den
Mythos heranzuziehen.
Die Anzeichen aber, die bei manchen Tieren vorkommen, entstehen durch zufälliges Zusammentreffen mit
der Jahreszeit. Denn nicht die Tiere üben einen Zwang
aus, daß Sturm entsteht, noch thront eine göttliche Natur
darüber, die das Fortziehen dieser Tiere beobachtet und
dann diese Wetterzeichen gibt. (116) Denn wohl keinem
beliebigen Wesen, wenn es auch nur ein wenig begabt
ist, könnte eine solche Torheit einfallen, erst recht nicht
dem, das vollkommene Glückseligkeit besitzt.
Dies alles, Pythokles, halte im Gedächtnis. Denn in
vielen Stücken wirst Du dem Mythos ausweichen
und das diesem Gleichartige erkennen können; vor
allem aber widme Dich der Beobachtung der Ursprünge,
des Unbegrenzten und damit verwandter Dinge, der
Kriterien und Empfindungen und des Zweckes, dessentwegen wir dies überdenken. Denn diese Gesamtbetrachtung wird leicht die Gründe für Einzelerscheinungen erkennen lassen. Die aber dies nicht aufs höchste schätzen,
möchten wohl eben diese Dinge nicht gut betrachten,
noch haben sie die Einsicht gewonnen, weswegen man
dies betrachten muß.

# Brief an Menoikeus

*Epikur grüßt Menoikeus*[1]

(122) In der Jugend soll man nicht zögern, Philosophie zu betreiben, und im Alter darin nicht müde werden. Denn für keinen ist es zu früh oder zu spät, für die Gesundheit der Seele zu sorgen.[2] Wer da sagt, die Zeit zum Philosophieren sei noch nicht gekommen oder schon vorübergegangen, gleicht einem Menschen, der behauptet, die Zeit für die Glückseligkeit sei noch nicht da oder schon vorüber. Philosophie treiben soll also der junge wie der alte Mensch, dieser, damit er auch im Alter jung bleibe an Gütern durch dankbare Erinnerung an das Vergangene, jener, damit er zur gleichen Zeit Jugend und Reife besitzt, weil er keine Furcht vor der Zukunft kennt. Befassen müssen wir uns also mit dem, was Glückseligkeit schafft; denn ist sie gegenwärtig, dann besitzen wir alles, fehlt sie, dann tun wir alles, um sie zu gewinnen.

(123) Wozu ich Dich dauernd ermahnt habe, das tue und damit befasse Dich, begreifend, daß dies die Grundprinzipien des guten Lebens sind. Erstens: betrachte die Gottheit als ein unvergängliches und glückliches Wesen, so wie der allgemeine Begriff von der Gottheit[3] umrissen ist, und lege ihr keine Eigenschaft bei, die ihrer Unvergänglichkeit fremd und mit ihrer Glückseligkeit unvereinbar ist. Glaube vielmehr von ihr alles, was ihre Glückseligkeit und Unvergänglichkeit zu bewahren vermag. Denn Götter existieren; gewinnen wir doch von ihnen eine evidente Erkenntnis. Aber so, wie sie sich die Menge vorstellt, existieren sie nicht. Denn sie bewahren die Götter nicht in der Gestalt, wie sie sie im Geiste wahrnehmen. Unfromm ist nicht, wer die Götter der Menge beseitigt, sondern wer die Anschauungen der Menge auf die Götter überträgt. (124) Denn nicht unmittelbar evidente Begriffe, sondern falsche Vermutungen sind die Aussagen der Menge über die Götter. So

kommt es, daß der größte Schaden, der den Bösen Übles
bringt, von den Göttern kommt – und Wohltaten eben-
so.⁴ Denn sie, die stets an ihre eigenen Tugenden gewöhnt sind, nehmen Wesen von ihresgleichen an, während sie alles, was nicht von dieser Art ist, als fremd
betrachten.

Gewöhne Dich an den Gedanken, daß der Tod uns
nichts angeht. Denn alles Gute und alles Übel beruht
auf Empfindung, der Tod aber ist der Verlust der Empfindung. Daher macht die rechte Einsicht, daß der Tod
uns nichts angeht, das sterbliche Leben genußvoll, indem
sie diesem nicht ein Dasein von unbegrenzter Dauer
hinzufügt, sondern indem sie das Verlangen nach Unsterblichkeit beseitigt. (125) Denn nichts ist im Leben
für den Menschen furchtbar, der wahrhaft begriffen hat,
daß im Nichtleben nichts Furchtbares liegt. So ist töricht,
wer sagt, er fürchte den Tod nicht deshalb, weil er
Schmerz verursacht, wenn er eintritt, sondern weil es
schmerzlich ist, ihn zu erwarten. Denn was uns nicht
belästigt, wenn es geschieht, ruft ohne Grund Schmerz
hervor, wenn wir es bloß erwarten.

Das schauerlichste Übel, der Tod, geht uns also nichts
an. Denn solange wir sind, ist der Tod nicht da, und
sobald er da ist, sind wir nicht mehr. Folglich geht er
weder die Lebenden an noch die Toten, denn die einen
betrifft er nicht, und die anderen sind nicht mehr. Die
Menge freilich flieht bald den Tod als das größte Übel,
bald sucht sie ihn als ein Ausruhen von den Übeln des
Lebens. (126) Der Weise dagegen verschmäht weder
das Leben, noch fürchtet er das Nichtleben. Denn das
Leben widert ihn nicht an, und das Nichtleben betrachtet
er nicht als ein Übel. Wie er bei den Speisen durchaus
nicht auf die größte Menge Wert legt, sondern auf den
angenehmsten Geschmack, so erfreut er sich nicht an der
längsten⁵, sondern an der köstlichsten Zeit.

Wer nun aber verkündet, der junge Mensch solle ein
schönes Leben haben, der alte dagegen einen schönen
Tod, ist einfältig, nicht nur, weil das Leben an sich
wünschenswert, sondern auch, weil die Sorge um ein

schönes Leben zugleich auch die Vorbereitung auf einen
schönen Tod ist. Noch tiefer aber steht, wer da sagt:
„Gut ist, nicht geboren zu sein – ist man aber geboren,
aufs schnellste das Tor zum Hades zu durchschreiten."[6]
(127) Denn sagt er dies aus Überzeugung, warum scheidet er dann nicht aus dem Leben? Das zu tun, steht
ihm ja frei, wenn er wirklich zu einer festen Überzeugung gelangt ist. Sagt er es aber nur im Scherz, so
treibt er Unfug mit Dingen, die das nicht erlauben.

Man muß sich vergegenwärtigen, daß das Künftige
weder ganz in unserer Gewalt ist[7], noch unserer Gewalt
ganz entzogen. Dann werden wir nicht darauf warten
als auf etwas, das gewiß eintreten, noch daran verzweifeln, wie bei etwas, das gewiß nicht eintreten wird.
Man muß ferner bedenken, daß von unseren Begierden
die einen natürlich, die anderen nichtig sind und von
den natürlichen wiederum einige notwendig, einige nur
natürlich. Von den notwendigen Begierden sind ein Teil
unerläßlich für die Glückseligkeit, ein anderer für das
Wohlergehen des Körpers, ein dritter für das Leben
als solches. (128) Eine unbeirrte Betrachtung der Begierden vermag jedes Wählen und Meiden auf die
Gesundheit des Körpers und die Ruhe der Seele zurückzuführen. Denn das ist Ziel und Inhalt des glückseligen
Lebens. Darauf ist doch unser ganzes Handeln ausgerichtet: keinen Schmerz zu erleiden und keine Verwirrung zu empfinden. Sobald einmal uns dies zuteil
wird, legt sich der ganze Sturm in unserer Seele, da
das Lebewesen sich nun nicht mehr umsehen muß wie
nach etwas, das ihm noch fehlt, und nicht mehr etwas
anderes zu suchen braucht, wodurch das Wohlbefinden
der Seele und des Körpers vollkommen wird. Wir haben
nämlich dann das Bedürfnis nach Lust, wenn wir ihre
Abwesenheit schmerzlich empfinden. Fühlen wir diesen
Schmerz nicht, dann bedürfen wir der Lust nicht mehr.
Deshalb nennen wir die Lust Anfang und Ende des
glückseligen Lebens. (129) Denn sie haben wir als das
erste und angeborene Gut erkannt, von ihr gehen wir
aus bei jedem Wählen und Meiden, und auf sie gehen

wir zurück, indem wir jedes Gut nach der Empfindung
als Maßstab beurteilen. Und eben weil sie das erste und
angeborene Gut ist, deshalb wählen wir auch nicht jede
Lust[8], sondern lassen bisweilen viele Lustempfindungen
aus, wenn sich aus ihnen ein größeres Unbehagen für
uns ergibt. Ja, viele Schmerzen halten wir sogar für
besser als die Lustempfindungen, wenn sich nämlich bei
uns eine größere Lust als Folge davon einstellt, daß
wir eine lange Zeit Schmerzen ertragen haben. Jede
Lust ist also, weil sie eine uns angemessene Natur hat,
ein Gut, aber nicht jede ist zu wählen, wie jeder Schmerz
ein Übel ist und doch nicht immer solcherart, daß er
vermieden werden muß. (130) Durch Abmessen und
durch Prüfung des Zuträglichen und Unzuträglichen dies
alles zu beurteilen, ist unsere Aufgabe. Denn wir bedienen
uns zeitweilig des Guten wie eines Übels und umgekehrt
des Übels wie eines Guten.

Auch die Selbstgenügsamkeit halten wir für ein großes
Gut, nicht, um uns unter allen Umständen mit dem
Wenigen zu begnügen, sondern damit wir, wenn wir das
Viele nicht haben, mit dem Wenigen zufrieden sind, in
der festen Überzeugung, daß jene den größten Genuß
am Luxus haben, die seiner am wenigsten bedürfen, und
daß alles Naturgemäße leicht zu beschaffen ist, das Un-
nütze aber schwer. Ferner erzeugen einfache Speisen die
gleiche Lust wie ein kostspieliges Mahl, wenn das
schmerzhafte Gefühl der Entbehrung gänzlich beseitigt
ist, (131) und Brot und Wasser rufen die höchste Lust
hervor, wenn sie ein Hungriger zu sich nimmt. Die Gewöhnung an eine einfache, nicht kostspielige Lebensweise schafft volle Gesundheit und verleiht dem Menschen Tatkraft gegenüber den unumgänglichen Anforderungen des Lebens, sie bringt uns in eine bessere Verfassung, wenn wir uns hin und wieder den Gütern des
Luxus zuwenden, und macht uns furchtlos gegenüber
dem Schicksal.

Wenn wir also erklären, die Lust sei das Endziel, so
meinen wir nicht die Lüste der Schlemmer[9] und diejenigen, die auf dem Genuß beruhen, wie manche Un-

wissende, Andersdenkende oder Böswillige glauben, sondern das Freisein von körperlichem Schmerz und seelischer Unruhe. (132) Denn nicht eine ununterbrochene Folge von Trinkgelagen und Festessen und erotischer Genuß von Knaben und Frauen, nicht der Genuß von Fischen und alldem, was eine luxuriöse Tafel sonst bietet, schafft das lustvolle Leben, sondern nüchternes Denken, das die Gründe für jedes Wählen und Meiden erforscht und die Einbildungen vertreibt, von denen die größten Erschütterungen ausgehen, die die Seele ergreifen.

Für alles das ist der Ausgangspunkt und das höchste Gut die Vernunft.[10] Deshalb ist diese sogar wertvoller als die Philosophie: aus ihr erwachsen alle übrigen Tugenden, da sie lehrt, daß man nicht lustvoll lebt, ohne vernünftig, anständig und gerecht zu leben, und umgekehrt nicht vernünftig, anständig und gerecht, ohne lustvoll zu leben. Denn die Tugenden sind mit dem lustvollen Leben eng verwachsen, und dieses kann von jenen nicht getrennt werden.

(133) Wer könnte nach Deiner Meinung höher stehen als jener Mann, der über die Götter fromme Gedanken hegt, der dem Tod stets furchtlos gegenübersteht, der das naturgemäße Endziel erkannt hat und begreift, daß das äußerste Gute leicht zu erfüllen und zu beschaffen ist, das äußerste Übel aber nur kurze Zeit dauert oder geringen Schmerz verursacht? Die Schicksalsnotwendigkeit aber, die von einigen als Herrin über alle Dinge eingeführt wird, erklärt er für ein leeres Wort und behauptet vielmehr, daß einiges mit Notwendigkeit geschehe[11], anderes durch Zufall, wieder anderes durch unsere eigene Entscheidung. Denn er sieht, daß die Notwendigkeit unverantwortlich und der Zufall unbeständig, unsere eigene Entscheidung dagegen frei ist, weshalb ihr sowohl Tadel als Lob folgen kann. (134) Denn es wäre besser, dem Mythos über die Götter zu folgen, als sich zum Sklaven der Schicksalsnotwendigkeit der Naturphilosophen[12] zu machen. Denn der Mythos deutet die Aussicht an, die Götter durch Verehrung zu

versöhnen, während die Schicksalsnotwendigkeit nur einen unerbittlichen Zwang kennt.

Den Zufall betrachtet der Weise nicht, wie die große Menge es tut, als einen Gott (ein Gott tut nämlich nichts in regelloser Unordnung), aber auch nicht als eine Ursache, deren Existenz zweifelhaft ist. Denn er glaubt zwar nicht, daß Gutes oder Übles für das glückselige Leben dem Menschen vom Zufall einfach zuteil wird, wohl aber, daß vom Zufall die Grundlagen für große Güter oder Übel gelegt werden. (135) Er glaubt, daß es besser sei, bei guter Überlegung Unglück zu haben als Glück bei unbedachtem Handeln. Denn es ist besser, wenn bei unserem Tun eine gute Entscheidung nicht zum Erfolg führt, als wenn einer schlechten Entscheidung durch den Zufall Erfolg beschieden ist.

Damit also und mit dem, was damit verwandt ist, befasse Dich bei Tag und Nacht, allein und mit einem Menschen Deinesgleichen, und Du wirst niemals, weder wachend noch schlafend, in Verwirrung geraten, sondern Du wirst wie ein Gott leben unter den Menschen. Denn in keiner Weise gleicht einem sterblichen Wesen ein Mensch, der im Besitz unvergänglicher Güter lebt.

# Über die Natur[1]

*Aus dem 2. Buch*

Pap. 1149,   Nunmehr wollen wir uns anschicken[2], über
16 IV     die Fortbewegungsgeschwindigkeit (der Abbilder) zu sprechen. Erstens deutet die Feinheit (der Abbilder), die weit über die den
Sinneswahrnehmungen faßbare Feinheit hinausgeht, auf größtmögliche Fortbewegungsgeschwindigkeit der Abbilder.[3]

          *Frg. 36, S. 199 Arrighetti (im folgenden: Arr.)*

16 V     [Wie gezeigt wurde, sind die Abbilder
ex]trem leicht. Wenn sie aber extrem leicht
sind, so ist klar, daß sie auch extrem geschwind bei ihrer Fortbewegung sind. Und
wenn die Atome insgesamt geschwindig-
keitsgleich sind und es statthaft ist zu sagen ... daß sie wegen ihrer nach einer
einzigen Richtung tendierenden Bewegung[4]
... einen ununterbrochenen (Fluß) bilden
und sich (primär) [nicht (?)] nach entgegengesetzten [Richtungen bewegen ...[5], so gelten diese Aussagen speziell auch für die
Abbilder.]

                            *Frg. 37, S. 199f. Arr.*

17 V     [Nicht alle Wesenheiten (?) haben] Lage
und Anordnung[6], sondern diese Eigenschaften kommen nur denjenigen zu, die primär
Ausdehnung besitzen. Und wie auf Grund
des [Laufes] in entgegengesetzte Richtung
ein Körper (d. h. Atom) (selbst dann) Auf-
spaltung [bewirken kann (?)], wenn er noch
nicht auf Festes aufgetroffen ist, ... [so
bewirkt er erst recht Deformierung, wenn
er] auf Festes auftrifft ...[7]

Pap. 993,      [Dagegen werden Abbilder] in keiner Weise
3 III      behindert, wie etwa durch die Veränderung
nach der Tiefe zu.[8] Wenn man sagt, daß es
sich mit den Abbildern so verhält, wider-
Pap. 1149,      spricht das in keiner Weise | den Natur-
18 I      erscheinungen. Wiederum wird also klar,
daß die Abbilder bei ihrer Fortbewegung
größtmögliche Geschwindigkeit entwickeln.
Auch auf folgende Weise dürfte sich ein
Beweis für die Geschwindigkeit der Abbilder geben lassen. Da nämlich nicht nur
[dasjenige, was größte (?)] Leichtigkeit
[hat], Geschwindigkeit entwickelt . . .[9]

*Frg. 41 und 42, S. 202f. Arr.*

Pap. 993,      . . . Somit ist diese Fähigkeit, den Raum ge-
3 IV      schwind zu durchmessen, auch den Abbildern eigen. Wenn nämlich nur das Feste
die Fähigkeit des Sich-Abstoßens hätte, |
Pap. 1149,      nicht aber das Abbild, wäre die Folge, daß
18 II      nur die festen Körper sich mittels des Ab-
stoßverfahrens so rasch bewegen könnten,
während die Abbilder (rasche Bewegung)
jedenfalls nicht mittels des Sich-Abstoßens
(erzielen) könnten, wohl allerdings auf
Grund des Umstands, daß sie sogleich
(nach ihrer Ablösung von einem Ding) von
dem (dort) vorhandenen Leeren umschlossen
werden, infolge der Nachgiebigkeit gegenüber Leerheit[10], Feinheit und Kleinheit . . .
Pap. 993,      Wie sollte das nicht so sein, da man doch
3 V      annehmen muß, daß auch ihnen (den Abbildern) diese Art der Geschwindigkeit zukommt . . .

*Frg. 42 und 43, S. 204f. Arr.*

Pap. 993,      [Ihre Beschaffenheit] macht ihnen (den Ab-
3 VI      bildern) ein müheloses Durchmessen des

Raumes möglich, während die Fortbewegung der festen Körper nicht mühelos ist ...

*Frg. 44, S. 206f. Arr.*

Pap. 1010,
14 I

Auch den Abbildern wohnen gewisse (Eigenschaften) inne, die denen der festen Körper entsprechen ...

Auf Grund der Abstoßbewegung, bei der sie die (Eigenschaft?) der Gestalt, die ein (bestimmtes) Aussehen annimmt, gewinnen, ... bewirken sie ... Zusammensetzungen,

14 II

... und zwar | (Zusammensetzungen,) die bei den Abstößen eine große Ausdehnung annehmen | und auf keinerlei Weise (?)

Pap. 993,
3 VII

auf die festen Körper auftreffen können.[11]

Pap. 1149,
18 V

Auf | welche Weisen wir auch die Geschwindigkeiten betrachten, die allen Körpern (d. h. Atomen) eigen sind, stets gelangen wir zur Einsicht, daß auch die Abbilder rasch bis in weite Räume gelangen können.[12]

Es dürfte begreiflich sein, daß wir entsprechend ihrer Symmetrie den Abbildern nicht ohne Grund auch die Fähigkeit leichten Hindurchschlüpfens durch alle Poren[13] zuschreiben.

*Frg. 45 und 46, S. 207–209 Arr.*

18 VI

[Gewisse Philosophen[14] behaupten, das Abbild gleiche] den festen Körpern (d. h. Dingen) und habe die gleichen Tiefendimensionen, nur daß sie in ihrer Unvernunft sich zu sagen erdreisten, es habe sie nicht, weil es nach der Tiefe zu aus einer Mehrzahl von Körpern (d. h. Atomen) bestehe, sondern weil es ein gleich großes Raummaß an Leeren in seinem Inneren aufweise, so daß seine Schwerelosigkeit leicht erklärlich sei (?).

*Frg. 47, S. 209f. Arr.*

Pap. 993,  [Wegen der] Stärke [können die Abbilder
    4 I   nicht durch die Mauern und die sonstigen]
Pap. 1149,  Zusammensetzungen | fester Körper [drin-
   18 VII  gen]; das bezeugen die Sinneswahrnehmun-
          gen selbst. Denn[15] um nichts mehr könnte
          etwas, das in seinem Inneren mit viel Lee-
          rem durchsetzt ist, im übrigen aber einer
          nicht mit viel Leerem durchsetzten Substanz
          gleicht, durch die Wände dringen (und) die
          Lage in ihrer Abfolge[16] (beim Aufprall)
          auf das Feste bewahren.

                            *Frg. 47 und 48, S. 210f. Arr.*


Pap. 1010,  [Wieder anderes gilt] von den Substanzen,
   17 I    die von Natur keine bestimmte festum-
          rissene Gestalt haben, sondern [ihre Ge-
          stalt ändern; ...]
Pap. 993,  ich spreche z. B. vom Pneuma (Windsub-
   4 II   stanz)[17] und von Stoffen dieser Art. Diese
Pap. 1149,  Stoffe nämlich, die in anderer Weise | aus
   19 I    feinen Partikeln zusammengesetzt sind als
          dasjenige, bei dem die äußeren Bestandteile
          eng aneinandergeschlossen, die inneren da-
          gegen mit viel Leerem durchsetzt sind, kön-
          nen ihren Weg durch das Feste hindurch
          nehmen. Diejenigen nun, behaupte ich, die
          nur auf (den Begriff) „Abbilder" schauen,
          laufen gerade wegen der Mehrdeutigkeit
Pap. 1010,  des Begriffs | „Feinheit"[18] Gefahr, einer
   17 II   Fehlmeinung zu verfallen, weil sie nämlich
          nicht zusätzlich den Unterschied zwischen
          ihnen (d. h. den jeweils verschiedenartigen
          Substanzen) in Betracht ziehen.

                            *Frg. 47–49, S. 211–213 Arr.*


Pap. 993,  [Mithin ist nicht verständlich zu machen,
   4 III   wieso den Abbildern] eher die Fähigkeit
          zukommt, durch feste Substanzen hindurch-
          dringen zu können, als den Widerstand

Pap. 1149, leistenden Körpern, | durch die aus jenen
19 II (d. h. aus festen Körpern) gebildeten Zusammensetzungen hindurchzudringen, falls
nicht jemand zu zeigen vermag, daß ihnen
die Fähigkeit derjenigen Weise des Eindringens, über die wir gesprochen haben, zu
eigen sein kann. Wir müssen also, wie gesagt, auch auf die diesem Gebiet eigene
Angemessenheit der Erklärweise[19] achten.
Es gibt nämlich einen kurzen Weg zur Erkenntnis ...[20]

*Frg. 49 und 50, S. 213–215 Arr.*

Pap. 993, Wir haben also bewiesen, daß es Abbilder
4 IV gibt, daß sie die Eigenschaft haben, mit
Pap. 1149, Gedankenschnelle zu entstehen, | und daß
19 III sie auf Grund ihrer Schnelligkeit größtmögliche Fortbewegungsgeschwindigkeit entwik-
keln. Was sich thematisch der Reihe nach
anschließt[21], werden wir in den folgenden
Untersuchungen erörtern.

*Frg. 50 und 51, S. 215 Arr.*

Ende des 2. Buches[22]

*Aus dem 11. Buch*[23]

Pap. 1042, [Manche Naturforscher nahmen nicht die
8 I eben besprochenen Gründe[24] an, die die
Himmelskörper] im Schwebezustand bewahren, sondern ließen sie, wie ich vorher
schon sagte, gleichsam mit einer Schutzhülle
von [Anhöhen und Umwallungen] ausgestattet sein, die sie unberührbar machen[25] ...

*Frg. 26, S. 227 Arr.*

8 II ... Sie hielten (an der Vorstellung) fest,
sie (die Erde) gleiche dem Segment eines

Tympanon.[26] Diejenigen nämlich, die sich gleichsam Wände dachten, die die Erde kreisförmig umgeben (und) diesen [Wirbel abhalten (?) ..., glaubten damit eine Erklärung für den Schwebezustand der Erde gefunden zu haben ...][27]

*Frg. 27, S. 228 Arr.*

8 III    ... und aus diesem Grunde stellen sie sich von allen Seiten die Umlaufbewegungen vor Augen, als seien sie [Beweismittel] einer Analogieerkenntnis für die gleiche Sache[28] ... (nämlich für die Mittelstellung [der Erde] in der Welt) ... und nehmen an, daß die Erde die Mitte der [Welt] bildet.

*Frg. 28, S. 229f. Arr.*

8 IV    [Dasjenige, was[29] sich eben noch unterhalb unserer Füße befand, hätten wir nun über unserem Kopf, so] könnten wir – um es mit einem Vergleich auszudrücken – bei Übertragung auf die Verhältnisse im oberen Himmelsraum annehmen; und dasjenige, was sich eben noch über unserem Kopf befand, hätten wir unterhalb der Füße, so daß es nach dem Übertragungsverfahren sich unten zu befinden schiene.[30]

*Frg. 30, S. 230f. Arr.*

8 V    Da es ihm (dem Beobachter) nun weiter unten, [unter den] Füßen, erscheint, wird er nicht verstehen, daß das, was er jetzt unterhalb der Füße aufgehen sieht, sich vorher über dem Kopf befand und im Untergang begriffen war.

Wegen des Umstandes nun, behaupte ich, daß die Erde sich in der Mitte befindet, in einer Gegend ... im Zentrum[31] ... die

Umwandlungen (?) hat ... könnte man ansetzen, daß (auch) die Welt rund ist und
die Erde sich in ihrer Mitte befindet ...
entsprechend der Gestalt der Glieder[32] ...

*Frg. 32, S. 232f. Arr.*

8 VI  (Diese Philosophen) schufen rings um uns
herum Wände, um uns gegen den Wirbel
abzuschirmen, der außerhalb kreise, und
über den Köpfen aller lassen sie die Gestirne ihre Bahn ziehen ...

9 I  so als könne man über die zugrunde liegenden Sachverhalte zuverlässige sinnliche Erkenntnis gewinnen.[33]

*Frg. 33 und 34, S. 233f. Arr.*

9 III  [Wenn wir auf die Sonne zulaufen, scheint
sie uns] aufzugehen; wenn wir uns (dagegen) nach der Seite des Erdganzen, von
der wir gekommen sind, umwenden, scheint
sie uns auf Grund dieser (Richtungsände-
rung) unterzugehen, auch wenn wir bisweilen gar keine große Landstrecke zurück-
gelegt haben. Doch darf man die Ursache
hierfür nicht in den Schiefstellungen sehen.[34]
Wozu die Beobachtung (der Aufgänge und
Untergänge) von hier oder von dort aus
vornehmen? ... Was man als gegeben ansehen muß, ist die Beobachtung der Aufgänge und Untergänge (selbst).

*Frg. 37, S. 236f. Arr.*

9 IV  Sie (d. h. die Astronomen bzw. die Philosophen, die sich astronomischer Mittel bedienen) [gehen fehl in der Annahme, daß
es ihnen möglich sei,] ein zutreffendes Bild
(der Gestirnumläufe) zu gewinnen und
etwas über diese Erscheinungen zu erschließen. Indem sie ihre Aufmerksamkeit

nämlich, meine ich, ganz auf eines richten
– ich spreche von den (astronomischen)
Apparaten[35] – und sie (d. h. die Planeten)
in ihnen drehen[36], können sie nicht nur
wegen der Behinderungen, denen sie durch
die Umdrehungen ausgesetzt sind, sondern
auch wegen der Unregelmäßigkeiten im Erscheinen der Sonne, in ihren Auf- und
Untergängen, mit ihrem Verstand kein zutreffendes Bild (der Erscheinungen) gewinnen; denn durch Apparate vermögen
sie nichts präzis zu erfassen.

Frg. 38, S. 237f. Arr.

9 V  [Wer diese Schwierigkeiten bedenkt,] der
gibt die Fiktion und die Zwangsvorstellung
auf, daß die Demonstrationen am Apparat
eine Analogie bieten, die den Erscheinungen, wie sie sich an den Himmelskörpern
(selbst) zeigen, gleicht. Der Vernünftige
muß nämlich, meine ich, in erster Linie aus-
einanderhalten, worüber er spricht, wenn
er über die (wirkliche) Welt und die Phänomene in der Welt spricht, über eine Erscheinung ...[37], (über) Eindrücke, die entsprechend der Gesichtswahrnehmung dem
Denkvermögen zugeleitet oder durch die
Seele selbst bewahrt werden ... [und worüber er spricht, wenn er sich auf bloße
Demonstrationen am astronomischen Apparat beruft.]

Frg. 39, S. 239f. Arr.

9 VI  Und wenn er – meine ich – nicht auf das
Wirkliche schaut und nicht feststellt, was
in bezug auf das Wirkliche bzw. in bezug
auf den erfaßten [Teil][38] des Wirklichen gesagt ist, so gerät er, mögen auch viele Phantasievorstellungen vom kleinsten Wirk-

lichen[39] und keinesfalls vom Kosmos herrühren, durch die eben erwähnten Aufgänge
und Untergänge der Sonne doch unweiger-
lich in Angst.[40] Denn es fehlt nicht viel,
und alle Erscheinungen werden unverständlich.

*Frg. 40, S. 240f. Arr.*

10 I Wenn wir diesen (Himmelskörpern) nicht
dem Auf- und Untergehen entgegengesetzte
(Bewegungen) zuschreiben wollen, eine Erscheinung, die eigens für sie ausgedacht
wäre, müssen wir der Wirklichkeit entnehmen, daß es eine Fortbewegung der Sonne
und des Mondes nach Osten und nach Westen zu gibt, und wir müssen feststellen,
daß sie ständig stattfindet, und zwar in
Gegenbewegung. Entsprechend der Wirklichkeit selbst – und nicht etwa nur aus unserer Sicht – ergeben sich auf unterschied-
Pap. 154, liche Weise immer wieder andere | Stel-
25 III lungen dieser (Himmelskörper) zueinander.
Auf diese Weise also läßt sich dieser The-
menbereich klären.
Was aber die Stützen betrifft, die der Erde
von unten her Halt geben und die wir die
„dünne Substanz" nennen ..., [so ist dazu
folgendes zu bemerken.][41]

*Frg. 41, S. 242f. Arr.*

Pap. 1042, Sie (d. h. die Erde) ist durch einen Zwi-
10 II schenraum (von der Weltperipherie) getrennt.[42] Auf diese Weise nämlich wird der
Verstand den Halt der Erde zuverlässiger
und in besserem Einklang mit den durch
die Sinneswahrnehmung vermittelten Erscheinungen begreifen. Festigkeit der Un-
terseite (der Erde) muß entsprechend der
(Festigkeit) auf der Oberseite angenommen

werden[43], damit beide, stark genug, um sich
einander entgegenstemmen zu können, jene
Übereinstimmung aufweisen, die erforderlich ist, damit die Erde sich nicht von ihrem
Platz bewegt. Denn die Kreisbewegung der
Sonne wird uns darum nicht im geringsten
beunruhigen, wenn wir bedenken, auf wie-
Pap. 154,    vielerlei Weise ein jeder . . . | von diesen
25 IV        (Vorgängen) sich abspielen kann. Von
denen aber, die die „Gleichmäßigkeiten"
selbst für die Ursache dafür halten, daß
die Erde nicht (an einer allgemeinen Sturz-
bewegung) teilhat . . . [wird die Auffassung
vertreten,]

                                       *Frg. 42, S. 243f. Arr.*

Pap. 1042,   [besonderer Stützen der Erde] werde es
10 III       nicht bedürfen. Denn da sie (d. h. die Erde)
nach allen Seiten zu den gleichen Abstand
(von der Weltperipherie) einhalte, werde
sie an keiner Stelle ein Übergewicht erlangen können. Was ihr (d. h. der Erde) nämlich durch die Luftsubstanz widerfahre, daß
sie auf allen Seiten den gleichen Abstand
zur Weltperipherie einhält – womit er[44]
gleichsam sagt, daß sie ihren Platz in der
Mitte der Welt habe; dabei ist es nicht ausgeschlossen, daß das in der Tat zutrifft –,
dies also sei die (wahre) Ursache für den
Halt der Erde und nicht (lediglich) dasjenige, was die Ursache bewirkt.[45] „Die
Gleichheit (des Abstands der Erde von der
Weltperipherie) bewirkt nämlich die Luft-
Pap. 154,    hülle, die nach allen Seiten zu . . . | gleich-
26 I         mäßig ist", wie einer der Göttergleichen[46]
sagte. Dasjenige aber, was bewirkt, daß sie
in der Mitte der Weltperipherie, auf allen
Seiten gleichmäßig umhüllt, Halt inmitten
der Welt hat . . .

                                       *Frg. 43, S. 245f. Arr.*

Pap. 1042,
10 IV

Es wäre [also nicht gerechtfertigt,] dieses Moment, die Gleichheit (des Abstandes der Erde von der Weltperipherie), mehr die Ursache (des Haltes der Erde) zu nennen als jenes Moment selbst, daß ihr Halt in der Mitte der Welt Ursache des Haltes sei[47] ...
[Zu Recht abgelehnt haben die Vertreter der zuletzt besprochenen theoretischen Varianten] – wobei sie in diesem Punkt auch einmal übereinstimmten – diejenigen (Philosophen), die die Luftstützen schufen; (und zwar haben sie deren Meinung zu Recht verworfen) wegen der Unvereinbarkeiten des (in dieser Theorie) miteinander Verbundenen.[48] Wenn sie (die Vertreter der zuletzt besprochenen Auffassungen) sich aber auch (einer falschen Theorie) widersetzten[49] und zufällig Recht damit hatten, so zwingt

Pap. 154,
26 II

doch nichts zu der Annahme, | sie seien in *vielerlei* Hinsicht bessere Männer als jene (Vertreter der von ihnen zurückgewiesenen Fehllehre) und sie seien ihnen in vielerlei Hinsicht und speziell auch auf diesem ganzen Forschungsgebiet (der Kosmologie) weit überlegen, ja manche (von ihnen) seien gänzlich unnahbar (für Kritik?) ...

*Frg. 44, S. 246f. Arr.*

Pap. 1042,
11 I

[Wir können zum Ende kommen,] denn alles, was von ihnen (den Vertretern falscher Lehrmeinungen) auf Grund ihres unterschiedlichen Herangehens (?) (an das Problem) an Behauptungen aufgestellt wurde, ist zunichte gemacht ... In diesem Buch also sei über das zu Anfang gestellte Thema so viel gesagt. In den folgenden Büchern werden wir weitere die Himmelserscheinungen betreffende Fragen klären. *Frg. 45, S. 248 Arr.*

Ende des 11. Buches

*Aus dem 12. Buch*[50]

Im 12. Buch „Über die Natur" (sagt Epikur),
die ersten Menschen hätten gedankliche
Vorstellungen von unvergänglichen Wesen
gewonnen. Diese Wesen, an die man sich
wende[51], seien nämlich in vollem Maße der
ihnen zugedachten Unvergänglichkeit und
völligen Glückseligkeit wert. Allerdings
führt er (an dieser Stelle) nichts weiter über
das von ihm postulierte in jeder Hinsicht
glückselige und gegenüber der Auflösung
integre Wesen aus.

*Philodemos, Über die Frömmigkeit, S. 113,*
*23–114,11 Gomperz = Frg. 1, S. 249 Arr.*

Im 12. Buch („Über die Natur") tadelt
(Epikur) Prodikos, Diagoras, Kritias und
andere[52]; er sagt, sie seien wahnsinnig und
[von Sinnen], und vergleicht sie mit Bak-
chanten.[53]

*Philodemos a. O. S. 112,5 = Frg. 2, S. 250 Arr.*

*Aus dem 14. Buch*[54]

Pap. 1148,     [Bestimmte Körper (d. h. Atome)] scheinen
col. a         auch bei dieser (Bewegung) unwirksame
               Umschwünge[55] ausgeführt zu haben; die
               einen entweder einen (zu) unsteten oder
               einen (zu) schnellen (Umschwung), so daß
               sie mit den (Atomen), die ihnen begegnen,
               überhaupt keinen Zusammenschluß einge-
               hen, weil sie rund sind; die anderen [schaf-
               fen] zwar Atomverbindungen, [aber leicht
               lösliche.]

                                          *Frg. 1, S. 251 Arr.*

col. b         [Aus artverwandten Körpern entstehen
               leicht Verbindungen] jedweder Art. Jene

Körper aber, die ich die „aussondernden"
oder, um einen ähnlichen Ausdruck zu verwenden, die „herausschlagenden"[56] nenne,
sind einander ganz fremd. Aus ihnen kann
sich nichts zusammensetzen. Die Atome
aber, aus denen z. B. Pflanze [und Tier bestehen, schaffen dauerhafte Verbindungen.]

*Frg. 2, S. 252 Arr.*

col. c  Erfreulich ist auch dies, daß jeder, der
sich in solche Beschäftigungen versenkt,
gleichsam ein Heilmittel hat, durch das er
dank der Aufstellung mehrerer (Erklärungs-
möglichkeiten) bei der Naturbetrachtung
von der ihnen innewohnenden Angst befreit wird oder daß er (die ungeklärten Fragen) auch Späteren (zur Lösung) hinterlassen [kann].[57]

*Frg. 3, S. 252 Arr.*

11 I  Aus der Luftsubstanz, sagen sie[58], bilde sich
durch Zusammenballung von Wolken die
Substanz des Wassers, und sie meinen, auch
das sei ein Anzeichen dafür, daß alles aus
einer einzigen Substanz entstehe.

*Frg. 16, S. 257 Arr.*

13 I  [Solche] Männer [gibt es] auch bei den sogenannten Philosophen, die ich – bei Zeus
– meine, falls durchaus auch die Demokriteer genannt werden müssen...[59] Bei
allen... Himmelserscheinungen [lassen sie
derartige Vorgänge eine Rolle spielen.]

*Frg. 18, S. 258 Arr.*

13 III  [Aber] nicht durch Verdichtung und Verdünnung[60] entstehen die Dinge, sondern
durch die Unterschiede der Formen und
durch Ortsverlagerung (?)[61]...

*Frg. 20, S. 259 Arr.*

14 I   [Freilich muß man sagen, daß diejenigen
Philosophen (d. h. die Platoniker),] die
eine eigene Form des Feuers oder der Erde
oder des Wassers oder der Luft festsetzen[62],
noch lächerlicher sind als jene, die keine
solchen Festsetzungen treffen, sondern –
freiwillig oder unfreiwillig – zugestehen,
daß durch Nebeneinanderlagerungen gewisse für jede der sogenannten „wesentlichen Zusammensetzungen" eigentümliche
Arten von Formen entstehen.[63] Die letzteren nämlich irren sich zwar hinsichtlich der
Elemente; doch dürften sie, indem sie ihre
Ansicht vertreten, eher etwas mit ihnen
(d. h. den Elementen) in Einklang Stehen-
des behaupten, und zwar ganz allgemein
in bezug auf die Veränderung durch Mi-
schungen. Diejenigen hingegen, die die [an-
dere angeführte Meinung vertreten, befinden sich gänzlich im Irrtum.]

*Frg. 22, S. 260f. Arr.*

14 II  Wie könnte sich jemand Wasser oder Luft
oder Feuer [als kompakte Stoffe] vorstellen[64], wo man sich doch nicht einmal die
Erde fest und unauflöslich vorstellen kann,
geschweige denn diese (anderen Elemente);
ganz abgesehen davon, daß man Gefahr
liefe, ein jedes von ihnen bis ins Unendliche
zu teilen, so wie jene, die diese Elemente
annehmen, es wirklich tun. Wird nämlich
nicht ein jedes dieser Elemente als etwas
Festes[65] gedacht, so würden beim Zerteilen
viele und vielerlei Erscheinungsformen (der
Stoffe) erzeugt und nicht etwa (nur) Dreiecke, Pyramiden, Würfel und andere fest-
umrissene Formen.[66] Denn sie dürften kein
glaubhaftes Argument dafür vorzubringen
haben, daß es vorzugsweise jene vier fest-

umrissenen Körperarten gibt [und nicht vielmehr auch ganz andere Formen.]

*Frg. 23, S. 261–263 Arr.*

14 III  [Nicht nur bei denjenigen Elementen, die
Platon mit den regelmäßigen Körperformen
identifiziert, sondern] auch bei den übrigen
Elementen können diese Arten von Formen entsprechend den Naturerscheinungen
auftreten; keinesfalls darf man annehmen,
daß je – wenn überhaupt[67] – allein beim
Feuer eine solche Erscheinungsweise der
Form, wie jener (d. h. Platon) sie ihm zuschreibt, (d. h. die Pyramidenform) entstehe.
Und diese Form ist weder stets dieselbe,
noch tritt sie bei jeder Art des Feuers auf,
sondern sie kommt nur bei der Flamme vor,
und zwar bei einer bestimmten Beschaffenheit des umgebenden Raumes.[68] Während
er seine Zuflucht zu diesen Formen nimmt,
scheint er bisweilen, indem er dem Feuer
eine [bestimmte] Gestalt beimißt, [dem
wahren Sachverhalt nahezukommen, bisweilen ihn aber auch zu verfehlen] ...[69]

*Frg. 24, S. 263f. Arr.*

14 IV  [Innerhalb des Weltraums ist das Feuer]
vor der durch die Luft bewirkten Umhüllung nach draußen entwichen (?)[70], da es
selbst ganz aus feinen Partikeln besteht und
von der Luft nicht in einer Ballung zusammengehalten werden kann, die eine Vereinigung (beider Elemente) zuließe. Denn
weder eine bestimmte Schwere noch Feinteiligkeit bewirken eine Umhüllung, sondern
Symmetrie von bestimmter Größe ist es, die
auch einen derartigen Zustand hervorzu-
rufen vermag.[71] Freilich ist auch das auf
lächerliche Weise aus der empirischen Vor-

stellung abgeleitet, ohne Wissen, wie Unsichtbares aus den Erscheinungen erschlossen werden kann.[72] Und die Erde...

*Frg. 25, S. 264f. Arr.*

15 I    Die Dreiecke (sind es,) aus denen er (d. h.
Platon) auch die übrigen Formen[73] zusammenfügt. Falls er annahm, daß sie unteilbar seien, warum brachte er nicht irgendeinen Beweis dafür, daß es unteilbare Körper gibt?[74] Falls er sie aber nicht für unteilbar hielt, warum sollte dann jemand
glauben, daß aus ihnen, die er (ihrerseits)
aus irgendwelchen anderen Bestandteilen
zusammenfügt, das übrige zusammengesetzt
sei? Doch davon wird bei anderer Gelegenheit ausführlicher die Rede sein.[75] Für dies-
mal genügt es zu sagen, daß es lächerlich ist,
wenn dieser Mann einerseits – um ein Beispiel zu nennen – gegen alle die anderen
unzähligen Formen ankämpft, die mit den
Sinnen wahrnehmbar sind[76], andererseits
aber von Formen erzählt, die wir auf keine
Weise gedanklich erfassen können, sofern
wir uns an das vorher Untersuchte halten.

*Frg. 26, S. 266f. Arr.*

15 II   Was er als Form angibt, [befindet sich nicht
gänzlich in Disharmonie] mit den Eindrük-
ken, die von diesen vier Elementen herrühren; und zwar gilt das, wenn schon
nicht allgemein, so vor allem für die ersten
beiden (Elemente)[77], die (nach seiner Lehre)
durchaus eine ähnliche Beschaffenheit wie
die (jeweils zugehörige) Erscheinung aufweisen. Doch soll diese Untersuchung hiermit ihr Ende haben.
Gegen diejenigen nun, die glauben, wenn
jemand für eine Substanz eine Bezeichnung

einführt, so seien alle, die diese Wörter
(später) gebrauchen, bloße Nachahmer, und
dasselbe gelte, sobald jemand eine notwendige Unterscheidung des Sprachgebrauchs
vorgenommen hat, für alle, die von diesen
Dingen klugen Gebrauch machen, will ich
mich kurz fassen.[78] Sie sagen nämlich, diejenigen, die sich eine neue Lehrmeinung
bilden, [müßten sich hierfür auch neuge-
prägter Begriffe bedienen; andernfalls seien
sie bloße Eklektiker.]

*Frg. 27, S. 268f. Arr.*

15 III    [Richtig ist jedoch das Verfahren] dessen,
der das mit einer Sache Übereinstimmende
und das daraus Folgende miteinander in
Einklang bringt, unangemessen dagegen
(das Verfahren) dessen, der einen richtigen
Lehrsatz mit nicht zugehörigen Lehrsätzen
vermischt, mag er auch zuerst auf ihn (d. h.
auf den richtigen Lehrsatz) gestoßen sein.[79]
Eklektiker ist nämlich nicht, wer einen aus
seinem Zusammenhang gelösten Lehrsatz
mit anderen ihm fremden Lehrsätzen zu
einer Einheit verbindet, sondern wer (inhaltlich) nicht Übereinstimmendes miteinander vermischt, sei es, daß die betreffenden Sätze von ihm selbst, sei es, daß sie von
anderen stammen; und wenn jemand ein
Wort des Empedokles sinnvoll zitiert, ein
anderes widersinnig, beides aufs Geratewohl miteinander verbindet [und meint, damit etwas] Wahrscheinliches [auszusagen, so
irrt er.][80]

*Frg. 28, S. 269f. Arr.*

15 IV    [Wer Vernunft hat,] sagt [nichts Wider-
sprüchliches]. Er lobt nämlich nicht plötzlich
den einen und dann wieder den, der jenem

in seiner Auffassung widerspricht. Und er
lobt nicht irgend etwas, was irgend jemand
sagt, und ein andermal das Gegenteil davon,
was irgendein anderer sagt. Wenn er hingegen die Form eines richtigen Schlusses
des einen (Philosophen) lobt, dann wiederum die eines anderen, so lobt er nicht das
daran, was dem Schluß des ersten (Philosophen) widerspricht, sondern das, was in
beiden Fällen übereinstimmt[81]; und so hält
er es mit allen Dingen. Überhaupt glaubt
er, wie gesagt, nicht, daß man (nur) von
den einen (Philosophen) einiges für richtig halten dürfe, von anderen dagegen
nichts; ja es scheint mithin sogar erlaubt,
auch Dichter, Sophisten[82] und Rhetoren heranzuziehen, sofern sie auf alles das, was
richtige Schlüssigkeit besitzt, [mit einiger
Sorgfalt achten.]

*Frg. 29, S. 271f. Arr.*

16 I  [Unvernünftig freilich ist, wer sich zu sehr
auf Dichter, Sophisten und Rhetoren verläßt,] die alle diejenigen, die auf sie (hören),
dem Lärm ihrer Enthymeme[83] und Sentenzen aussetzen. „Sprachschnitzer" (Soloikismen)[84] läßt sich in der Philosophie ganz
allgemein derjenige zuschulden kommen, der
nicht miteinander Übereinstimmendes zusammenfügt; desgleichen, wer sich vornimmt, die Lehre eines bestimmten (Philosophen) zu befolgen, plötzlich aber sich der
Lehre eines anderen anzuschließen beginnt...; nicht also, wer überhaupt von
keiner Lehre eines bestimmten (Philosophen) Gebrauch macht – oder von ihr allein[85] –, wohl aber derjenige, der es absichtlich darauf anlegt, irgendwelche Abweichungen zu zeigen, und in die eigene

Lehre einbaut, was nicht (geradezu) fehlerhaft ist, aber doch ein wenig von seiner eigenen Lehre abweicht ...

*Frg. 30, S. 272f. Arr.*

16 II   Von denen also kann man mit Recht sagen,
daß ihnen Sprachschnitzer unterlaufen oder
daß sie Eklektiker sind und die nach der
Fügung der Natur richtige Form des Be-
weisganges zunichte machen. Diejenigen
aber, die nicht (aus den angegebenen Gründen Sprachsünder und Eklektiker genannt
werden), sollen wegen des (bloßen) Gleich-
klangs eines beliebigen Begriffs oder einer
belanglosen Bezeichnung, die sich durch Absicht wie durch Zufall ergeben kann – wobei sie den (inhaltlichen) Unterschied nicht
wahrnehmen –, gänzlich unbehelligt bleiben.

*Frg. 31, S. 273f. Arr.*

Ende des 14. Buches[86]

*Aus dem 28. Buch*

Pap. 1479,   [Zwar leugnen wir die sinnliche Wahrnehm-
+1417,    barkeit] des Leeren; nichtsdestoweniger
1 II    werden wir sagen, daß das Leere existiert ...[87]

*Frg. 2, S. 290 Arr.*

1 III   ... Dort [befindet sich] nach der Lehre
dieses Mannes (d. h. des Demokrit?) vom
Leeren [das nicht faßbare] Etwas[88] und
zugleich Durchlässe („Poren")[89] und das
Leere. Dieser Mann nun führt das gleiche
in jenen Sätzen aus, die er in seiner Schrift
über diejenigen, die sie (d. h. diese Grundsätze) zuerst erkannten, niedergeschrieben

hat.⁹⁰ Die anderen⁹¹ aber griffen diese (Erkenntnisse) auf und studierten sein Buch
aufmerksam, ein Werk, bei dem wir gern
verweilen und über das wir gern länger
sprechen würden, wenn [wir dafür genug
Zeit hätten.]

*Frg. 3, S. 291 Arr.*

1 IV   [Eine Ursache des Irrtums ist] auch der
Bedeutungswandel aller Bezeichnungen.
Denn (nur) wenige der auf Grund von Sinneswahrnehmungen gewonnenen Bezeichnungen dürfen (als unumstößlich gelten?)⁹²,
nämlich diejenigen, die wir früher auf diese
Weise (d. h. mittels sinnlicher Wahrnehmung) gewonnen, jedoch auf Grund nicht-
sinnlicher Erkenntnis in ihrer Bedeutung
verändert haben, nachdem wir auf Grund
eines Vernunftschlusses zur Einsicht gelangt
waren, daß sie (d. h. die Sachverhalte) nicht
so beschaffen sind, (wie wir angenommen
hatten.) Das meiste jedoch von dem, was
. . . auf dem Wege sinnlicher Erkenntnis gewonnen worden ist, verändert die Zeit durch
eine Art Verdrehung oder durch Unkennt-
lichmachen, wobei sie einem Nomen oder
Verbum⁹³ eine veränderte Bedeutung gibt.

*Frg. 4, S. 292 Arr.*

3 II   [Du⁹⁴ wirst auf Grund keiner] Besonderheit eine Entscheidung treffen können zwischen dem, was der Weise, und dem, was
der Nichtweise [für richtig hält]⁹⁵, wenn du
nichts von den Grundsätzen zu Hilfe nimmst,
die die nichtbeweiskräftigen Zeugnisse und
die Gegenzeugnisse betreffen.⁹⁶ Desgleichen
(wirst du diese Entscheidung) nicht (treffen
können), indem du Bezeichnungen kurzer-
hand wegen ihres Wortlautes selbst (ver-

dächtigst) und indem du die durch die (Un-
sicherheiten) der Sinneswahrnehmung bedingte Unsicherheit der Dinge, also nicht
nur ihre begriffliche Fixierung (?), als
Fehlerquelle angibst . . .

*Frg. 7, S. 294f. Arr.*

3 IV [Hinsichtlich dessen, worüber] wir Schlüsse
ziehen, würdest du meines Erachtens nicht
weniger [Klarheit erlangen (?)], wenn du
das [vorher] Gesagte mit hinzunehmen
würdest. Auch das hat nicht das Gepräge
(eines richtigen Schlusses), wenn jemand,
ohne es zu bemerken, einander Widerspre-
chendes sagt, wie ich auch hinsichtlich des
„Zeichens"[97] dargelegt habe.

*Frg. 8, S. 295f. Arr.*

4 III [Um] noch mehr zu dem beizusteuern, was
wir unsererseits (feststellen) wollen, bekun-
deten wir, jedesmal aus derselben Erwägung heraus, hinsichtlich des bestehenden
Sprachgebrauchs durch unsere Bemerkung,
kein Irrtum der Menschen habe andere Gestalt als diejenige, die bei den unmittelbar
evidenten Begriffen[98] und bei den Erscheinungen[99] durch vieldeutigen Gebrauch der
Wörter [auftritt . . ., einen Grundsatz, den
wir bei der ganzen Frage der Entstehung
von Irrtümern für fundamental halten.]

*Frg. 9, S. 296f. Arr.*

5 I  . . . Das also sagte dieser Mann[100] mit solchen Worten, Metrodoros![101] Doch, bei
Zeus[102], in bezug auf die Einzeldinge (oder
Einzelerkenntnisse?) müssen wir wohl leugnen, daß ein Syllogismus möglich ist, auf
Grund dessen wir annehmen könnten, etwas
zu wissen.

*Frg. 10, S. 297f. Arr.*

5 I  Aber wenn du den Sprachgebrauch nicht achtest, indem du der normalen Bedeutung (eines Wortes) irgendeine willkürliche hinzufügst, vermagst du kaum einsichtig zu machen, daß jedes Wort etwas ganz Be-

5 II  stimmtes bezeichnet, und | du dürftest kaum behaupten können, in deiner Rede die Wesenseigenart der Bezeichnungen und Dinge zu bewahren.

Ich hatte nun bemerkt, daß du nach Verzicht auf die Annahme, diese oder jene (Wörter) seien voneinander unterschieden, in der Folge es (dennoch) vorgezogen hattest, die einen zu verwenden, weil sie besser seien als die anderen. Ja, nachdem du (zunächst) behauptet hattest, es sei möglich, die Dinge unter Verwendung aller beliebigen Bezeichnungen zu nennen, versuchtest du uns, die wir an diesen [Untersuchungen] teilhatten, andererseits zu beweisen, daß [die eine Bezeichnung jeweils] angemessener sei [als die andere] ...

*Frg. 10–11, S. 298f. Arr.*


5 II  Die Gestalt ... des Analogieschlusses, wie sie . Pratinas[103] seinerzeit [verwendet hat], verstehe ich jetzt, damals nicht. Auch die Schwierigkeiten bei den Einzeldingen, wie ein jedes dieser (Schluß)-weise entsprechend richtig auszusagen sei, verstehe ich jetzt, da-

5 III  mals nicht, und | während ich früher mannigfaltige Zweifel wegen dieser nicht in Einklang miteinander stehenden Sachverhalte hatte, glaube ich sie nunmehr zu durchschauen. Denn die Behauptung war damals, daß jemand im Lehrvortrag (stets) dieselben Ausdrücke wählen solle, sofern er immer dasselbe zur gleichen Art Gehörige im Auge hat und nicht auf gar zu verschiedenartige

Naturobjekte verfällt; ferner, daß in bezug auf die Dinge ... nicht zuviel von jener Veränderung [eintreten dürfe, die die klare Erfassung dieser Dinge unmöglich macht.][104]

*Frg. 11–12, S. 300f. Arr.*

5 III    Ich bin davon überzeugt, daß wir Bezeichnungen, die (in ihrer Lautfolge) zusammenfallen, verschieden aussprechen müssen, damit wir sie voneinander unterscheiden, wie ich schon dargelegt hatte, und zwar nicht in der Weise, wie manche sie auffassen

Frg. 13,    möchten.[105] Wäre es nicht an der Zeit, | bei
5 IV    der Darlegung dieser Dinge länger zu verweilen? Sehr mit Recht, Metrodoros! Denn du könntest, meine ich, vieles vorbringen, was manche, wie du erkannt hast, in lächerlicher Weise auffaßten, wobei sie auf alles mehr als auf den Sinn der Worte achteten, während wir uns in unserem Sprachgebrauch nicht außerhalb der geläufigen Wortbedeutungen bewegen und die Bezeichnungen nicht in ihrer offenkundigen Bedeutung verdrehen. Lächerlich ist nämlich auch das, wenn sie über [den „Verhüllten"(?)][106] schreiben, und noch törichter ist es, [alle diese Sophismen (?) zu sammeln ...

Der Lächerlichkeit also verfällt, wer ... derlei sammelt,][107] und zwar nicht nur wegen bestimmter Analogieschlüsse, die sie auf Unbekanntes von seinerseits Unbekanntem her vornahmen[108], sondern wegen ihrer eigenen Irrtümer, über die wir in den Büchern „Über Doppeldeutigkeit"[109] geschrieben ha-

Frg. 14,    ben. | Was aber sollen wir uns mit diesen
5 V    Menschen abgeben?[110] An vielen Stellen haben wir nämlich bestimmt, bis zu welchem Maße man über sie nachdenken soll, welche Auffassungen sie unserer Meinung nach

haben und bis zu welchem Maße und in
welchem Grade man sich *nicht* dazu äußern soll. Stets nämlich soll man seine
(Worte) auf diejenigen Dinge orientieren,
die dem Lebensglück dienlich sind und es
bewirken ...

[Da ich sagte, der Irrtum liege in den] Urteilen, machte ich mir oftmals Gedanken
darüber, daß ich einst (selbst) Aporien[111]
vorgetragen hatte, die uns jemand von der
Gegenseite vorhalten könnte, der aus meinen Worten entnimmt, ich praktiziere in
meiner Schrift dasselbe (Verfahren wie die
Sophisten). Damals hätte es vielleicht vielen so scheinen können, als sei teils durch

Frg. 15,    die empirische | Weise (des Erkennens) –
5 VI        durch Sinneswahrnehmung, innere Vorstellung oder Vernunftschluß, d. h. theoretisch
– mit jenen Worten zugleich Falschheit des
Urteils gegeben, teils durch die nichtempi-
rische Weise, d. h. durch keine der (drei)
genannten Arten, sondern durch jene Art
(des Erkennens), die (den Erkenntnisvor-
gang) nur aus sich selbst heraus (d. h. ana-
lytisch) in Bewegung setzt.[112] Jetzt aber, da
meine Ausdrucksweise sich auch mancher anderen (Bedingung) anpaßt, eröffnet sich aus
der größeren Breite (in der Darlegung der
Probleme) ein Zugang zur Wahrheit. Dennoch werden diejenigen, die niemals etwas
Derartiges versucht haben ..., sich von
ihrem Vorurteil auf andere Weise [kaum
abbringen lassen als dadurch, daß man ihnen klare Begriffsunterscheidungen entgegensetzt (?)] ... [So ist ein Trugschluß (?)
unlösbar] für den, der nicht einsichtig macht,
wie jemand ihn (d. h. den Schluß?) behandelt oder auch nicht behandelt wissen wollte,
bzw. (er ist unlösbar), wenn die Differenz

sich nicht begreifen läßt, daß der Betreffende auf bestimmte Weise etwas Bestimmtes ausdrückt, (aber) das Gegenteil gemeint ist. Denn nicht allein bei solchen (Sophismen) darf man voraussetzen, daß gerade ein Gebildeter einmal das Gegenteil von dem meint, was er vorher meinte, | oder überhaupt keinen der zueinander in Widerspruch stehenden Sätze als richtig anerkannt, denn für (grundsätzlich) nicht Erkennbares vermochten wir ja keinerlei Weg der empirischen Erkenntnis zu zeigen.

Frg. 16,
5 VII

Auf diese Bestimmung (d. h., daß es für grundsätzlich Unerkennbares keinen Weg empirischer Wahrnehmung gibt) muß man, sage ich, achten, [auch in den Fällen, in denen wir] unseren Urteilen (?) einen Vernunftschluß ... hinzugefügt haben.[113] Denn nicht jedes Urteil, meine ich, soll man auch sogleich auf einen Vernunftschluß hinführen; sondern sofern jemand nur die Fähigkeit vernünftigen Schließens besitzt, genügt es, wenn er sich dafür (d. h. für die praktische Anwendung dieser Fähigkeit) entscheidet, sobald eine günstige Gelegenheit ein reines[114] Schlußverfahren gestattet, und so für diesen Zweck das „Zeichen" und das „Ähnliche" benutzt.[115]

[Zur Erkenntnis des Zieles menschlichen Handelns mittels eines Schlusses] benutzt man den Besitz an Augenscheinlichem, und indem man ihn (d. h. den Besitz an Augenscheinlichem) um nichts weniger dem Akt des Meidens und Wählens[116] unterzieht, wird man auf das Richtige stoßen. Alle Urteile aber, die sich nicht auf Handlungen beziehen – ich spreche von den nichtempirischen Urteilen –, sondern zum theoretischen Teil (der Erkenntnis)[117] gehören, wer-

den auf die gleiche Weise (d. h. durch den
Augenschein) des Irrtums überführt werden; außerdem führt das Schlußverfahren
Frg. 17,        (selbst) | beständig mit auf Fehlerhaftes,
5 VIII          wenn nämlich entweder in diesen Urteilen
etwas anderes Theoretisches behauptet wird,
das nicht wahr ist, oder wenn sie (d. h.
diejenigen, die Irriges behaupten) von
irgendeinem entlegenen Ansatz her zu dem
Kontaktpunkt der Handlung[118] gelangen
und eine ungeeignete Handlung auslösen.
Wenn hingegen nichts von alledem der Fall
ist, wird man leicht erkennen, daß die Urteile nicht falsch sind.

Deshalb brechen auch alle ohne weiteres
in Gelächter aus, wenn jemand auf das Zu-
geständnis eines anderen hin, es sei nicht
möglich, ein und dasselbe zugleich zu kennen und nicht zu kennen, jenem den „verhüllten Vater" und dergleichen vorhält[119] . . .
[Der andere, der sich zuerst] auf das . . .
(in seiner Tragweite) nicht kenntliche Zu-
geständnis [eingelassen hatte], lacht dennoch, sobald er eingesehen hat, was für
Behauptungen er seine Zustimmung gegeben
hatte, über das Sophistenkunststück, denn
er habe (– so sagt er –) in seiner Antwort
das nicht mit bedacht, was ihr auf Grund
einer gewissen Sprachgewohnheit mit anhaftet[120], so daß er sich dazu habe bringen
lassen zu behaupten, es sei möglich, je-
Frg. 18,        manden zugleich zu kennen | und nicht zu
5 IX            kennen; es sei keineswegs nötig, an ein
solches Verfahren, wie es der Sophist vorführt, gewöhnt (d. h., durch Gewöhnung
ständig dagegen gewappnet) zu sein.

Deshalb ist auch jemand, der von Anfang
an in einem so zwiespältigen Verfahren Zu-
geständnisse gemacht und sich nicht wie

manche der Sophisten vor ihnen gehütet hat,
der Überzeugung, nicht wirklich widerlegt
zu sein. Er hatte nämlich den Schluß nicht
in der Form gezogen, daß es *mit Ausnahme
der Fälle, die der Sophist vorbringt*[121], unmöglich sei, dasselbe zugleich zu kennen
und nicht zu kennen, sondern schien sich so
wie diejenigen zu verhalten, die den Unterschied überhaupt nicht mit einkalkulieren,
so als habe jemand, der dies allgemein zugestanden hat, [zugleich auch die Einzelfälle zugestanden ... Doch galt seine Zustimmung keineswegs auch] jedem einzelnen Fall, sondern erfolgte in jener Weise,
in der man im allgemeinen seine Zustimmung gibt, (nämlich so,) daß derjenige, der
zustimmt, dabei nicht an jede einzelne Tatsache denkt und Zustimmung oder Ablehnung nicht auf alle (möglichen) Fälle
erstreckt. Dem Anschein nach, sage | ich,
handelte er also wie einer, der den Unterschied dieser Dinge nicht einsieht, doch
niemals hat er sich selbst bezeugt, daß er,
wenn er etwas im allgemeinen zugibt – und
mag er tausendmal auf Grund empirischer
Wahrnehmung behaupten, das von ihm Zu-
gestandene gelte auch für den Einzelfall –,
auch für *den* Fall seine Bestätigung gegeben
habe, daß das (im allgemeinen Anzutref-
fende) gar nicht (vorliegt).[122] Denn im
einen Fall macht er sich sogleich ans Handeln[123], so wie er es (tun würde), wenn er
auch für alle einzelnen Fälle auf Grund
empirischer Kenntnis zugegeben oder ge-
leugnet hätte, daß es sich um dieses Bestimmte handle – falls das Urteil sich nämlich auf das Handeln bezieht –; im anderen
Fall macht er sich nicht daran. Ebenso
[handelt er] bei theoretischen (Urteilen) im

Frg. 19,
5 X

einen Fall im Widerspruch zur empirischen
Methode, bei der das bestätigende Zeugnis[124] [nicht fehlen darf;] zieht er es vor,
(ohne Prüfung der Einzelumstände) dem
Allgemeinen zu folgen, und handelt er, so
begeht er, insofern sich (an seinen Entschluß) eine Handlung knüpft, einen Irrtum.[125] Im anderen Fall tut er nichts derartiges. Würden wir nun die Frage, auf
welche „Zeichen" man achten muß, um den
Unterschied zu bemerken, für alle Sätze
Frg. 20,    behandeln, | so brauchten wir, wie ich schon
5 XI        anfangs sagte, auf dem Gebiet keine Befürchtungen zu haben. Sofern aber jemand
nicht sofort die Möglichkeit hat, das Anzeichen für die Fehlerhaftigkeit derartiger
Sätze zu entdecken, wird auch er gleichsam
einen Weg zur Klarheit beschreiten können;
wenn er nämlich sein Ziel nicht mit einer
festen allgemeinen Behauptung angeht, sondern Vorsicht übt und bald auf diese, bald
auf jene Weise die Möglichkeit des Irrtums
einkalkuliert, kurz, wenn er nicht auf diese
Weise (d. h. blindlings) urteilt, sondern ein
Richtmaß[126] bei sich hat, kraft dessen er,
bis zu einem gewissen Grad wie an Hand
einer klar sichtbaren Form oder von etwas
ihr Analogem, nicht zu Fehlaussagen gelangen wird. So also, behaupte ich, muß
man das Irrtümliche begreifen und darf
nicht handeln, wenn man [die Irrtumsmög-
lichkeiten nicht bedacht hat.] . . .
Mit den später zu behandelnden Fragen
steht es so, daß ich, wie auch bei den jetzigen Fragen öfters, zögern werde, sie vorzutragen; (das gilt) auch für das übrige,
das nicht so beschaffen ist wie die jetzigen
Fragen, aber doch fehlerhaft scheint. Doch
möchte ich diese Dinge im Augenblick nicht

vortragen, um nicht mit etwas Neuem zu beginnen, wo unsere Ausführungen doch schon hinreichend lang sind. | Für den Augenblick also sei genug geredet; und ihr sollt nicht heimlich Vorwürfe erheben, sondern willig auf die Dinge hören, über die es zwischen mir und Metrodoros in diesem Sinne zu einer Übereinkunft gekommen ist. Ich meine aber, daß dies jetzt im Hinblick auf alle Teile des der Reihe nach absolvierten Lehrvortrags für euch in der nötigen Weise besprochen ist.

**Frg. 21, 5 XII**

*Frg. 12–21, S. 301–317 Arr.*

## Ende des 28. Buches

### Aus dem 35. Buch

Im 35. Buch sagt (Epikur) im Zusammenhang mit der genaueren Verständlichmachung des Satzes, daß Menschen durch Lust Nutzen bringen[127], indem sie sich selbst schützen, werden sie auch zu Beschützern der anderen.

*Philodemos, Über die Frömmigkeit S. 124,12*
*Gomperz = Frg. 1, S. 317 Arr.*

### Aus einem unbezifferten Buch über das menschliche Handlungsvermögen[128]

**Pap. 1056, 3 I**

[Man muß sich die Dinge in der Weise] verständlich machen, [wie] ich [das sage:] Der Vernünftige kennt die Ursache, die bei uns selbst liegt und bei allen von uns ausgeführten Handlungen [das auslösende Moment ist.]

*Frg. 7, S. 321 Arr.*

3 II    Der Verstand vermag die richtigen Ge-
        legenheiten (zum Handeln) nicht (immer)
        zu signalisieren, wegen der Mannigfaltigkeit
        der Umstände, aus denen heraus etwas Be-
        stimmtes vollbracht werden muß; bald hält
        er den anfangs gefaßten [Vorsatz gegen-
        wärtig,] bald wiederum nicht.

                                        *Frg. 8, S. 321f. Arr.*

3 III   [Die sog.] Kenntnisse eines (allen) Ge-
        meinsamen haben es mit vielen und unter-
        schiedlichen Gegebenheiten zu tun. Das
        erste von dem, was mittels (dieser) Kennt-
        nisse aufgespürt wird, ist (in der Tat allen)
        gemeinsam[129], freilich nicht gänzlich [und
        nicht in jeder Hinsicht;] viele [Momente
        bewirken individuelle Abweichungen.]

                                        *Frg. 9, S. 322 Arr.*

4 I     [Eine Rolle spielen dabei] die Begleit-
        umstände.[130] Der Verstand vermag von den
        Atomen Impulse zu empfangen. Doch dür-
        fen wir deswegen nicht in Meinungsunsicher-
        heit geraten und sagen, die Impulse, die der
        Verstand von den Primärkörpern bei den
        Berührungen empfängt, seien so verschieden-
        artig und mannigfaltig... [daß sich dafür
        keine Regel angeben lasse.]

                                        *Frg. 10, S. 323 Arr.*

4 II    Wir sollten von einer bestimmten Sache
        nicht nur als von einer „Ballung" sprechen,
        sondern auch als von „Atomen" und (noch
        genauer) als von „in Bewegung befindlichen
        Atomen bzw. einer Ballung". Und wir soll-
        ten auch nicht nur von „Bewegtheit" spre-
        chen. Denn die Begleitumstände [verleihen]
        allen [Bewegungsvorgängen (oder Dingen?)]
        zusätzlich] Neben[züge].

                                        *Frg. 11, S. 323f. Arr.*

5 I [Manche Menschen] halten einen Großteil des (allen) Gemeinsamen samt seinem (materiellen) Substrat für keiner Beachtung wert, da man (darüber ja ohnehin) abweichende Meinungen habe. Manches davon (bilde sich) durch die optischen Erscheinungen, die von Abbildern hervorgerufen werden; diese beurteilen sie als gedanklich nicht faßbar oder doch gedanklich nicht Faßbarem analog ...

*Frg. 13, S. 325 Arr.*

5 II [Und wird zugestanden, daß das Seiende] sich aus körperlichen Masseteilen zusammensetzt, so zieht [der kritische Verstand dieser Menschen] zusätzlich sein eigenes (allen) gemeinsames Geschick in Betracht, daß er nämlich nichts anderes außer diesen (Masseteilen) verstandesmäßig erkennen könne, gleich ob wir Körper (d. h. Atome) ansetzen oder auch den Raum, den wir nach Analogie [zu den Körpern gleichfalls für existent halten.]

*Frg. 14, S. 326 Arr.*

6 I [Nicht irgendwelche unzulänglichen Methoden] werden wir als „verstandesmäßiges Erfassen" bezeichnen, sondern nur diejenige Methode, bei deren Anwendung man, wie wir sagten, davon sprechen kann, eine Sache sei (wirklich) in sich selbst verstandesmäßig begriffen. Denn hinsichtlich alles dessen, was so wenigstens (, wie wir es bisher besprachen,) auf keine Weise die Fähigkeit der Selbstwahrnehmung besitzt[131], zu einer verstandesmäßigen Schlußfolgerung zu gelangen (und) nicht einfach zu einer Art erweiterter Wahrnehmung, ist, so folgern wir, schwierig. Doch sofern wir diese (von

uns bevorzugte) Methode (anwenden), behaupte ich, [besteht die Möglichkeit sicherer
Erkenntnis.]

*Frg. 16, S. 327f. Arr.*

6 II  Einige (wohl: der menschlichen Handlungen) werden durch das Eindringen (von
Abbildern) bewirkt, wodurch bestimmte
Wirkungen eintreten, andere durch Wechsel-
wirkung[132] (zwischen Seelenatomen und
Körperatomen) sowie auf Grund eines Zustands der (menschlichen) Natur, der keine
Aufgestörtheit zeigt, sondern sich mehr oder
weniger des Zieles, das er in sich (d. h. in
seinem Bewußtsein) trägt[133], erinnert und
es gedanklich erfaßt; ferner in Analogie
dazu ...

*Frg. 17, S. 328f. Arr.*

6 III  [In vielen Fällen hat der Mensch bzw. das
Lebewesen] seiner Erinnerung eingeprägt
und mittels seines Gedächtnisses festgehalten, was zu dem naturgegebenen Ziel
das Freudige und das Schmerzliche[134] – wie
ich schon früher ausführlich schriftlich dargelegt habe – beigetragen hat, in den Urteilen[135] und auf andere Weise.

*Frg. 18, S. 329 Arr.*

6 IV  Bisweilen erinnerte sich (der Mensch bzw.
das Lebewesen der früheren Lusterfahrung)
oder hatte eine der Erinnerung analoge
Empfindung[136], gab sich ihr in (aller) Ruhe
hin und suchte durch Analyse dessen, was
schreckensvoll ist und größte Furchtemp-
findungen auf Grund der zahllosen auf uns
eindringenden (Abbilder) sowie insbesondere die durch physisches Leiden bewirkte
Furcht vor den Menschen und vor dem

Übermenschlichen[137] herbeiführt, nach der
Wahrheit hinsichtlich dieser bestimmten
Frage sowie des damit Zusammenhängen-
den und bisweilen Undeutlichen ...

*Frg. 19, S. 330 Arr.*

7 I* [Auf diese Weise] entstand (im Menschen
bzw. im Lebewesen) eine Empfindung von
der Art derer, die vorrangig erforderlich
sind, (um Handlungen auszulösen[138],) wobei die Bezugnahme auf das Feststehende[139],
das alle anderen (Empfindungen) bedeutungslos macht, nicht auf Nichtfeststehendes,
seinerseits noch der Klärung Bedürftiges
erfolgt. Die Erinnerung hinwiederum an
dieses (Feststehende) bzw. der der Erinnerung analoge Impuls[140] entstanden sogleich
(bei der Herausbildung der genannten Empfindung) mit, verstärkten sich aber (später)[141]; bei dieser (Erinnerung bzw. diesem
Impuls) liegen der Ursprung und die Ursache (des Handelns), einerseits für den
ursprünglichen Komplex aus Atomen und
der durch sie bewirkten „Regung", andererseits für den vergrößerten Komplex.[142] Auf
diese Weise nehmen wir alle Handlungen
vor: die Atome und damit zugleich die entstandene Regung [empfangen Impulse vom
Gedächtnis und lösen ihrerseits Handlungen
aus.]

*Frg. 20, S. 331f. Arr.*

7 II [Es läßt sich also sagen, daß die seelischen
Empfindungen] auf die genannte Weise entstehen und dasselbe (nämlich: Handlungen) bewirken (wie die ins Bewußtsein

* Von hier an Reste des Buches auch auf den Papyri 679 und
1191.

dringenden Abbilder[143]). Vieles, was die
Eigenschaft hat, diese oder jene Wirkungen
zu erzielen, löst sie (allerdings) nicht durch
sich selbst aus, denn die Atome und die
(Menschen bzw. Tiere) selbst bewirken
nichts auf Grund derselben Ursache. Gegen
diese Auffassung (, daß Handlungen bei
Menschen bzw. Tieren unmittelbar durch
einzelne Atome ausgelöst werden,) wenden
wir uns nämlich ganz entschieden und richten unsere Kritik dagegen, indem wir die
Gegebenheiten bedenken, die bei einer primär unruhevollen Natur bestehen, wie z. B.
bei allen Tieren. Denn bei ihnen tragen
zu einigen Taten und zur Größe der Taten
und zu den seelischen Verhaltensweisen die
Atome selbst nichts bei.[144] Vielmehr liegt
bei den „Regungen"[145] ganz oder größtenteils die Ursache (d. h. das auslösende
Moment) der Handlungen. Durch diese Ursache werden einzelne Atome in unruhe-
volle Bewegungen versetzt... [Die Bewegung überträgt sich auf andere Atome, und
so erst kommt es schließlich zur Handlung.]

                                    *Frg. 21, S. 332f. Arr.*

7 III    Wir polemisieren gegen einen Großteil der
         Menschen[146] und weisen zurück, was der
         auf die angegebene Weise beschaffenen Ur-
         sache notwendigerweise entgegengesetzt ist.
         Wenn sich also etwas (im Menschen, im
         Lebewesen) herausbildet, was auf eine der
         Wahrnehmungsarten – ausgenommen die
         (Wahrnehmungsart) wie bei andersartigen
         Unterschieden[147] – eine Verschiedenartig-
         keit von Atomen wahrnimmt[148], so trägt es
         in sich die Ursache (des Handelns, die) aus
         ihm selbst heraus (wirkt). Anschließend
         leitet es den Handlungsimpuls sogleich bis

zu den ersten Wesenheiten (d. h. den Atomen) und stellt den gesamten Bezug der
Ursache (auf die für das Handeln benötig-
ten Organe) her, von welcher Stelle aus es
auch immer erforderlich ist. Und diejenigen,
die diese (Vorgänge) nicht auf die Weise
zu differenzieren vermögen, kommen in
Schwierigkeiten . . .

*Frg. 22, S. 334f. Arr.*

7 IV  [Wenn manche behaupten, Handlungen]
könnten nicht aus der [angegebenen] Ursache, sondern (nur) aus den besten [seeli-
schen Dispositionen (?)] und Überlegungen
[erfolgen][149] . . . so kämpfen wir nicht gegen
diese Menschen, die ihre festen Gewohnheiten, keine (geistige) Schlaffheit haben,
und wir versuchen sie nicht zu mahnen und
zu drängen; vielmehr führen wir sie zu den
[Kriterien für die Beurteilung dieser Fra-
ge] . . . So heften wir die [Ursache] nicht
irgendeiner anderen Sache an . . .
Und sie beschuldigen uns, daß wir die
beiden Bezeichnungen, so als ob sie sich
nicht voneinander unterschieden, auf denselben Sachverhalt beziehen (?) und, indem
wir die Natur schmähen, auch sie (die Menschen?) schmähen; unser Sprachgebrauch
bedeute ihre Vernichtung (d. h. die Vernichtung der Natur).[150] Bisweilen geschieht
es auf Grund des ersten Verlangens nach
anderem entsprechend (der Forderung) des
Fleisches und des Komplexes (d. h. des Körpers)[151] . . .

*Frg. 23, S. 335–337 Arr.*

7 V  Unsere Aussage betrifft den „Komplex",
und zwar nicht denjenigen, der an und für
sich diese Bezeichnung führt[152]: Wenn nun

der primäre Komplex der entstandenen
Regung[153] innerhalb des Verstandes in eine
bestimmte Richtung drängt und dabei diese
Regung nicht bis zu ganz bestimmten
(Handlungen?) der strengen Notwendigkeit
folgt[154], sondern diese Regung auf Grund
strenger Notwendigkeit von derartigen Ausgangspunkten her (nur) bis zur Entstehung
von Seele[155] oder genauer: von Seele, die
einen ganz bestimmten Zustand und eine
ganz bestimmte Bewegung hat, wirksam ist,
wenn diese Regung sich jedoch nicht etwa
auf Grund strenger Notwendigkeit bis (zur
Entstehung) einer qualitativ so oder so beschaffenen Seele auswirkt, wenn ferner die
entstandene Regung (erst recht) nicht auf
Grund strenger Notwendigkeit wirkt, sobald (der Mensch, das Lebewesen) an Alter
zugenommen hat[156], sondern wenn sie vielmehr aus sich selbst heraus (d. h. spontan)
auftritt und dem Gegenteil der Ursache[157]
(d. h. des impulsauslösenden Moments) und
der eigenen [Existenzform zustrebt..., so
macht sich eine neuartige Beurteilung dieser
ganzen Frage nötig.[158]]
[Primäre Impulse] bewirken zunächst die
Regung (innerhalb des Verstandes), allerdings nicht in jedem Fall, wo das möglich
ist; vielmehr schafft die entstandene Regung
nichts zum gegenwärtigen Zeitpunkt – und
das war (auch gar) nicht (möglich) –, außer
wenn der primäre Komplex auf den übrigen[159] ...

*Frg. 24, S. 337–339 Arr.*

7 VI    ... Andererseits trennen wir die entstan-
        dene Regung, die alle die Eigenschaften
        (wie die Ursache) hat, nicht von der Ur-
        sache los, sondern verstehen sie (d. h. die

Regung) und den „Komplex" als eine Einheit; dabei heben wir sowohl (die isolierte
Vorstellung von einem) Komplex wie die
Annahme einer (isolierten) Regung auf.[160]
Wir lassen nämlich vielerlei Modifikationen
(in unserer Lehre) zu, allerdings nicht auf
Grund unsinniger Gewohnheiten des sprachlichen Ausdrucks. Die von der auslösenden
Ursache losgetrennte Regung müßte notwendigerweise nämlich (zugleich) vom primären Komplex losgelöst sein und könnte
nicht das gleiche wie jener bewirken. Wenn
man den Zusammenhang [beseitigt], hätte
die entstandene Regung eine Ursache in
sich selbst, die von dem anfänglichen Komplex – der (dann) überflüssig ist – verschieden wäre.[161] Ferner bringen wir (Menschen) bisweilen Mißbilligung zum Ausdruck.[162] Beim Tadel, und zwar beim inten-
siven Tadel – nicht in der Weise, wie die
Tiere (schmollen) –, heben wir gleichfalls
die entstandenen Regungen und den Komplex (als isolierte Erscheinungen) auf und
formen daraus eine Einheit.[163] Wir zeigen
weder die Reaktionsweise des Tadelns noch
die des Ermahnens oder eindringlichen Ab-
ratens, ohne daß Regung und Komplex eine
Einheit sind.

*Frg. 25, S. 339–341 Arr.*

7 VII  Von Anbeginn an zielen die (Impulse?)
teils auf dieses, teils auf jenes, teils auf
beides[164], und zwar auf Handlungen, auf
Überlegungen, auf Zustände und noch mehr
(dieser Art). Und es wird sich sagen lassen,
daß in uns bisweilen einfach eine entstandene Regung diese oder jene (Handlungen,
Überlegungen, Zustände) erzeugt, während
bisweilen die aus dem uns umgebenden

Raum durch die Poren eindringenden (Abbilder) sie mit Notwendigkeit erzeugen,
und zwar auch entgegen den in uns vor-
gefaßten Meinungen.

*Frg. 26, S. 341f. Arr.*

7 VIII    Auch die Affekte stehen nicht darin zurück,
durch gegenseitiges Tadeln und Bekämpfen
und Umstimmen (der Menschen) solche
(Impulse; oder: den Eindruck?) zu erzeugen, als hätten (die Menschen) in sich
selbst die auslösende Ursache und nicht
(lediglich) in dem anfänglichen „Komplex"
und im (Moment) der Notwendigkeit (d. h.
der Kausalität) des umgebenden Raumes
und des unwillkürlich eindringenden (Flus-
ses der Abbilder). Wenn man nämlich (das
Prinzip) der keiner Willkür unterworfenen
[Notwendigkeit] auch für das Ermahnen
und Ermahntwerden [gelten läßt, vermag
man für] die Existenz (solcher Vorgänge)
[nicht] die [Ursache] (anzugeben), auf die
[sie zurückgeführt werden können.]

*Frg. 27, S. 343 Arr.*

7 IX    [Leicht gerät man in dieser Frage in] so
großen Irrtum. Denn eine solche Lehre[165]
verstrickt sich in Widerspruch und vermag
niemals zu erhärten, daß alle derartigen
Vorgänge (wie das Ermahnen usw.) zu den
Erscheinungen gehören, die wir „mit Notwendigkeit eintretend" (d. h. kausal verursacht) nennen; vielmehr schlägt sie gegen
denjenigen aus, der in dieser Frage gleichsam sich selbst zum Toren macht.[166] Und
selbst gesetzt den Fall, es wäre möglich, die
Frage entsprechend dem Prinzip der Notwendigkeit (d. h. der Kausalität) durch
Schlußverfahren    ständig    weiterzuverfol-

gen[167], so bedenkt (der Anhänger der Fehllehre) nicht, daß er (nur) dann, wenn er
die Ursache in den Menschen selbst verlegt,
auf (richtige) Weise schlußfolgert, dagegen
dann, wenn er sie in das entgegengesetzte
Prinzip verlegt, auf un(richtige) Weise –
falls er (die Ursachenkette, die er bis zu
ihrem Anfang zurückverfolgt,) nämlich nicht
im Menschen selbst, sondern bei der Notwendigkeit enden läßt ... Falls er aber dasjenige (Prinzip), das (üblicherweise) „aus
eigenem Antrieb" (d. h. aus freier Willensentscheidung) heißt, mit dem Namen der
Notwendigkeit belegt[168], ändert er lediglich
den Namen und wird keineswegs beweisen,
daß Missetäter etwa deshalb Missetäter sind,
weil sie nicht dem gleichen Prinzip unterworfen sind, das wir in unserer Lehre von
den Ursachen des Handelns „aus eigenem
Antrieb" nennen.

*Frg. 28, S. 344f. Arr.*

7 X    [Mancher behauptet, es treffe nicht zu, daß
       etwas aus freier Willensentscheidung] ge-
       schehe, sondern (es gebe auch im seelischen
       Bereich) nur das, was auf Grund der Not-
       wendigkeit (geschieht) ... Vermag der Be-
       treffende diese Behauptung (nämlich: daß
       alle Handlungen nach dem Prinzip der Not-
       wendigkeit ablaufen) jedoch nicht zu be-
       weisen und nicht zu widerlegen, daß es in
       uns ein (die Handlungen) unterstützendes
       Moment[169] und einen Antrieb zu denjeni-
       gen Handlungen gibt, die wir derart aus-
       führen, daß wir ihre Ursache als „aus eige-
       nem Antrieb" bezeichnen können, und be-
       hauptet er dennoch, all das, hinsichtlich
       dessen wir – von der Ursache absehend[170] –
       zur Gewißheit erheben, daß wir es aus

eigenem Antrieb tun, (geschehe) nach starrer
Notwendigkeit, so vertauscht er lediglich
den Namen[171], ändert aber nichts an den
uns betreffenden Tatsachen. Er handelt
nicht anders als einer, der in einigen Fällen
beobachtet, wie etwas nach strenger Notwendigkeit vonstatten geht, und daraufhin
bei jeder Gelegenheit diejenigen, die etwas
gegen einen Widerstand durchsetzen wollen, (von ihrem Vorhaben) abzuhalten
sucht.[172] Der Verstand wird herauszufinden
versuchen, welche Beschaffenheit man für
dasjenige annehmen muß, was wir aus unserem eigenen Antrieb entweder tun oder
zu tun begehren. Denn niemand vermag
anderes [zu sagen], falls er nicht anzugeben
weiß, welche spezifische Beschaffenheit Vorgänge haben, [die nach dem Prinzip der
Notwendigkeit verlaufen.]

*Frg. 29, S. 346f. Arr.*

7 XI    ... Falls jemand unseren Grundsatz aber
nicht umzustoßen vermag und keine Tatsache beibringt oder vorführt, die diesen
Grundsatz widerlegt, nimmt er nur einen
Worttausch vor, wie ich eben schon sagte.
Diejenigen aber, die von Anfang an den
Ursachen hinreichend nachforschten[173] und
sich damit nicht nur weit von den früheren,
sondern auch vielfach von den späteren Philosophen abhoben, bemerkten nicht, daß sie
sich, wie auch in vielen anderen Fragen,
Schweres zu leicht machten mit der Behauptung, Ursache für alles sei die von selbst
wirkende Notwendigkeit.[174] Die Lehre, die
dies verkündete, war zum Scheitern verurteilt. Sie brachte den Menschen dahin, daß
er in der Praxis mit der Theorie in Widerstreit geriet.[175] Falls er die Theorie beim

praktischen Handeln nicht etwa unversehens
vergaß, versetzte er sich ständig in Unruhe,
sofern die Theorie die Oberhand gewann,
und geriet in die größte Qual, sofern sie
die Oberhand *nicht* gewann.[176] Kurz: er
war wegen des Widerspruchs von Theorie
und Praxis voll inneren Aufruhrs. Da sich
das so verhält, muß man von Anfang an
ein Kriterium nennen, um diese Schwierigkeiten zu beheben. Wir sind an den Punkt
gelangt, wo wir (dieses Kriterium) angeben
(können).[177]

*Frg. 30, S. 347–349 Arr.*

7 XII   [Keineswegs] ... hat beides[178] seine Ursache
gemäß dem Prinzip der Notwendigkeit. Das
eine befindet sich nicht im Schlepptau des
anderen, und es wird im Laufe der Zeit,
der Lebensalter und aus anderen Gründen[179] kein gewaltsamer Druck ausgeübt,
daß es bei diesen Dingen etwa zu vielen
Übereinstimmungen kommt; dort, wo die
gedankliche Fixierung des Lebenszieles
selbst und das (höchste) Prinzip (d. h. die
Lust) ihre Ursache haben, dort liegt sie auch
für uns.[180] Und zwar ist uns eigentümlich
die (unser Handeln) begleitende Empfindung, falls wir nicht begreifen, welches die
Regel und das entscheidende Moment bei
allem ist, was wir auf Grund unserer Lehren vollbringen, sondern vernunftlos den
Bestrebungen der Masse folgen, werde gemäß den von uns erforschten Grundsätzen
durch Übermaß [und Mangel] ... alles
(Glück) für uns zunichte. Falls andererseits
die Kriterienlosigkeit ewig fortbestünde und
gleichsam als Kriterium gälte, würden sich
törichte Erwartungen erheben ...
... [Nicht nur durch inneres (?)] Wachs-

tum, sondern auch durch die aus dem umgebenden Raum eindringenden (Abbilder)
werden die Bewegungen in unserem Inneren
verbessert (?), die durch Übertragung (?)
(vom Körper?) aufgenommen werden . . .[181]

*Frg. 31, S. 350–352 Arr.*

7 XIII  . . . Und (der Mensch? die Natur?)[182] schuf
mittels der Wörter für Gedanken, Begriffe,
Vorstellungen und für die teils ständigen,
teils nicht ständigen Unlust- und Glücks-
empfindungen den Ausgangspunkt für die
in kleinen Schritten sich vollziehende Suche
nach dem (obersten) Prinzip, dem Richtmaß
und dem Kriterium. Diese (Wörter und die
von ihnen bezeichneten Inhalte) führten zur
gedanklichen Erfassung des Kriteriums, vom
Kriterium her erlernten wir die Akte gedanklichen Prüfens[183], und von da aus schritten wir weiter zur Einzelanalyse dessen, wo-
von ich gerade sprach (d. h. der Gedanken,
Begriffe usw.). Für viele (Begriffe) ergab
sich bei diesen (Analysen der ursprünglichen
Begriffe) die Ursache und die Notwendigkeit (ihrer Schaffung). Im Wechsel zog
immer der eine neu ins Bewußtsein tretende
Begriff sogleich den anderen nach sich; zuerst entstand das Begriffliche im kleinen[184],
doch bald weitete es sich aus. Dann wurde
es mehr und mehr einer Klärung durch den
Verstand unterzogen, und zwar aus mehreren Gründen, einem natürlichen (d. h.
in der Natur der Sache liegenden): der
Frische des Wachstums- und Modifikations-
prozesses, und einem aus uns selbst ent-
springenden.[185] Dabei spielte eine Rolle, daß
verschiedene Begriffe sich auf dasselbe Objekt bezogen und auch aus uns heraus Wesentliches entstand[186], das einerseits sogleich

auf die genannte Weise an der Herausbildung der (im Entstehungsprozeß jeweils)
folgenden Ursache mitwirkte und andererseits später die Entstehung solcher (neuer
Ursachen) bewirkte ...

*Frg. 32, S. 352–354 Arr.*

7 XIV  Und so treten jene Ursachen und Bewegungen auf, die teils aus uns selbst heraus, teils durch die Natur und die uns umgebende Welt entstehen. Somit ist auch das
Lehrstück von den Affekten und Ursachen
(des Handelns) zu Ende gebracht, wie wir
uns das anfangs vorgenommen hatten. Denn
erfaßt sind (nunmehr) diejenigen Erscheinungen, die sich mittels [des Verstandes(?)]
erfassen lassen ...

*Frg. 33, S. 354 Arr.*

Ende des Buches

# Die Hauptlehrsätze

## 1.

Das glückselige und unvergängliche Wesen hat weder selbst Sorgen noch bereitet es diese einem anderen. Daher läßt es sich weder von Zorn noch von Gunst bestimmen. Denn alles Derartige beruht auf Schwäche.[1]

## 2.

Der Tod geht uns nichts an; denn was sich aufgelöst hat, ist ohne Empfindung; was aber ohne Empfindung ist, geht uns nichts an.

## 3.

Die Grenze für die Größe der Lustempfindungen ist die Beseitigung alles Schmerzenden. Denn wo immer die Lust wohnt, dort gibt es, solange sie da ist, weder körperlichen Schmerz noch seelisches Leid, noch beides zusammen.[2]

## 4.

Der Schmerz verweilt nicht ununterbrochen im Fleisch. Denn der äußerste Schmerz währt nur ganz kurze Zeit; jener aber, der das Lustgefühl im Fleisch nur eben überwiegt, dauert nicht viele Tage. Bei langwierigen Leiden schließlich hat die Lustempfindung im Fleisch ein Übergewicht gegenüber dem Schmerz.[3]

## 5.

Es ist unmöglich, lustvoll zu leben, wenn man nicht vernünftig, anständig und gerecht lebt. Umgekehrt kann man auch nicht vernünftig, anständig und gerecht leben, ohne lustvoll zu leben. Wem diese Voraussetzungen fehlen, der kann nicht lustvoll leben.

### 6.

Im Hinblick auf die Sicherheit vor den Menschen gibt es als ein naturgemäßes Gut Macht und Königsherrschaft, vermittels deren man sich jene Sicherheit verschaffen kann.[4]

### 7.

Manche wollten berühmt und angesehen werden, im Glauben, sich auf diese Weise Sicherheit vor den Menschen zu verschaffen. Ist ihr Leben nun sicher, so haben sie das naturgemäße Gut auch erlangt. Ist es aber nicht sicher, dann besitzen sie nicht, wonach sie, der natürlichen Veranlagung gemäß, ursprünglich strebten.[5]

### 8.

Keine Lust ist an sich ein Übel. Aber das, was bestimmte Lustempfindungen erzeugt, zieht Störungen nach sich, die um ein vielfaches größer sind als die Lustgefühle.

### 9.

Wenn alle Lust sich in Raum und Zeit verdichtete und im gesamten Körper oder doch in den wichtigsten Teilen unserer Natur herrschte, dann würden sich die Lustempfindungen nicht mehr voneinander unterscheiden.[6]

### 10.

Wenn das, was die Lustgefühle der Zügellosen erzeugt, diese von den Ängsten des Denkens gegenüber den Himmelserscheinungen, dem Tod und den Schmerzen befreien und sie außerdem über die Grenze der Begierden aufklären würde, dann hätten wir nichts an diesen Leuten auszusetzen; denn sie würden Lustempfindungen von allen Seiten in sich aufnehmen und hätten von keiner Seite körperlichen noch seelischen Schmerz, worin ja das Übel besteht.[7]

### 11.

Wenn wir nicht durch den Verdacht beunruhigt würden,
die Himmelserscheinungen und der Tod könnten uns
vielleicht doch etwas angehen, ferner durch die Unwissenheit über die Grenzen der Schmerzen und Begierden
– dann bedürften wir keiner Naturerkenntnis.

### 12.

Es ist nicht möglich, die Furcht zu beseitigen, die wir
hinsichtlich der wichtigsten Dinge empfinden, wenn man
nicht zur Einsicht in das Wesen des Alls gelangt ist, sondern etwas von der Art befürchtet, wie es die Mythen
erzählen. Deshalb kann man unmöglich ohne Naturerkenntnis ungetrübte Lustempfindungen gewinnen.

### 13.

Es nützt nichts, sich Sicherheit vor den Menschen zu verschaffen, solange uns die Dinge da droben, unter der
Erde und überhaupt im unbegrenzten Raum unheimlich
bleiben.

### 14.

Wenn die Sicherheit vor den Menschen bis zu einem
gewissen Grade aus widerstandsfähiger Macht und Wohlstand hervorgeht, so entsteht die reinste Sicherheit doch
aus dem ruhigen Leben und der Zurückgezogenheit von
der großen Menge.

### 15.

Der naturgemäße Reichtum ist begrenzt und leicht zu beschaffen; Reichtum nach dem Maßstab leerer Einbildungen verliert sich ins Unermeßliche.[8]

### 16.

Nur in geringem Maß mischt sich beim Weisen der Zufall ein; die bedeutendsten und entscheidendsten Fragen aber hat die Überlegung geregelt, regelt sie im Verlauf seines ganzen Lebens und wird sie regeln.[9]

### 17.

Der Gerechte kennt am wenigsten Unruhe, der Ungerechte ist von höchster Unruhe erfüllt.

### 18.

Sobald der Schmerz der Entbehrung einmal beseitigt ist, gibt es für die Lustempfindung im Fleisch keine Steigerung mehr, sondern nur noch Variation. Im Denken erzeugt den höchsten Grad der Lust die sorgfältige Untersuchung eben der Dinge, die dem Denken gewöhnlich die größten Ängste verursachten, und all dessen, was damit zusammenhängt.[10]

### 19.

Eine unendliche Zeit schließt in sich das gleiche Maß an Lust wie eine begrenzte Zeit, wenn man die Grenzen der Lust durch Überlegung abmißt.

### 20.

Dem Fleisch sind die Grenzen der Lust im Unendlichen gesetzt, und nur eine unbegrenzte Zeit könnte die Lust herbeischaffen. Das Denken jedoch, das Aufschluß über das Ziel und die Grenze des Fleisches gewonnen und die Angst im Hinblick auf die Ewigkeit beseitigt hat, schafft das vollkommene Leben und bedarf dazu nicht noch der unendlichen Zeit. Doch meidet es nicht die Lust, und es scheidet auch nicht, wenn die Umstände dazu führen, daß es aus dem Leben gehen muß, so, als ob ihm dadurch etwas fehle, was das Leben vollkommen macht.[11]

21.

Wer die Grenzen des Lebens erkannt hat, weiß, daß
leicht zu beschaffen ist, was den Schmerz der Entbehrung
beseitigt und das ganze Leben vollkommen macht. So
hat er kein Verlangen nach Dingen, die Kämpfe mit sich
bringen.

22.

Das bestehende Lebensziel muß man ergründen und jene
ganze Evidenz, auf die wir unsere Meinungen zurückführen. Tun wir das nicht, dann wird alles voller Unklarheit und Verwirrung sein.[12]

23.

Wenn du allen Sinneswahrnehmungen den Kampf an-
sagst, wirst du nichts haben, worauf du dich beziehen
kannst, wenn du jene Wahrnehmungen beurteilst, die
du für falsch erklärst.[13]

24.

Verwirfst du irgendeine Sinneswahrnehmung absolut und
unterscheidest dabei nicht die bloße Vermutung von dem,
was der Bestätigung harrt, und dem, was sich als real
erwiesen hat durch Wahrnehmungen, Empfindungen und
jeglichen Vorstellungsakt des Denkens, dann wirst du
auch die übrigen Sinneswahrnehmungen mit deiner un-
begründeten Meinung durcheinanderbringen, und damit
wirst du jedes Kriterium verlieren. Wenn du andererseits
in deinen auf bloßem Meinen beruhenden Gedanken bereits alles, was noch der Bestätigung bedarf, und auch,
was keine Bestätigung erhält, für gewiß erklärst, dann
wirst du dem Irrtum nicht entgehen, da du die ganze
Vieldeutigkeit in jedem Urteil über Richtig und Unrichtig
nicht vermieden hast.[14]

### 25.

Wenn du nicht bei jeder Gelegenheit jede deiner Handlungen nach dem naturgemäßen Endziel ausrichtest, sondern dich vorher, sei es im Meiden oder im Erstreben, in eine andere Richtung wendest, dann werden deine Taten nicht deinen Worten entsprechen.

### 26.

Alle Begierden, die nicht zum Schmerz führen, wenn sie nicht befriedigt werden, sind nicht notwendig, sondern sie enthalten ein Verlangen, das schnell schwindet, sobald sich zeigt, daß sie zu den schwer erfüllbaren gehören oder Schaden verursachen.

### 27.

Von allem, was die Weisheit für die Glückseligkeit des ganzen Lebens bereitstellt, ist bei weitem das Größte die Gewinnung der Freundschaft.

### 28.

Dieselbe Erkenntnis, die uns die Zuversicht gibt, daß nichts Schreckliches ewig ist oder lange währt, läßt uns auch begreifen, daß gegenüber diesen begrenzten Übeln die von der Freundschaft gewährte Sicherheit die vollkommenste ist.

### 29.

Von den Begierden sind die einen natürlich und notwendig, andere natürlich, jedoch nicht notwendig; wieder andere sind weder natürlich noch notwendig, sondern entstehen auf Grund leerer Einbildung.

### 30.

Wo immer bei jenen natürlichen Begierden, die nicht zum Schmerz führen, wenn sie nicht erfüllt werden, dennoch eine starke Intensität auftritt, da entspringen sie leerer Einbildung, und es liegt nicht an ihrer Natur, wenn sie nicht vergehen, sondern an der leeren Einbildung des Menschen.[15]

### 31.

Das der Natur gemäße Recht ist ein den Nutzen betreffendes Abkommen mit dem Ziel, einander nicht zu schädigen noch sich schädigen zu lassen.[16]

### 32.

Für alle Lebewesen, die keine Verträge abzuschließen vermochten, einander weder zu schädigen noch sich schädigen zu lassen, existiert kein Recht und Unrecht. Das gleiche gilt für alle Völker, die zum Abschluß der Verträge, einander weder zu schädigen noch sich schädigen zu lassen, nicht fähig oder bereit waren.[17]

### 33.

Es gibt keine Gerechtigkeit an sich, sondern es gibt sie in den gegenseitigen Beziehungen der Menschen in Gebieten gleich welcher Größe als eine Art Vertrag, einander nicht zu schädigen noch sich schädigen zu lassen.[18]

### 34.

Ungerechtigkeit ist nicht an sich ein Übel, sondern infolge der argwöhnischen Furcht, es werde nicht möglich sein, von den Zuchtmeistern unbemerkt zu bleiben, die zur Überwachung dieser Dinge eingesetzt sind.[19]

35.

Wer gegen den Vertrag, einander nicht zu schädigen noch sich schädigen zu lassen, heimlich verstößt, kann nicht darauf vertrauen, daß er unentdeckt bleiben wird, auch wenn er gegenwärtig tausendmal unbemerkt ist. Denn ob er es auch bis zu seinem Tod bleiben wird, ist ungewiß.

36.

Unter einem allgemeinen Blickwinkel ist das Recht für alle dasselbe, denn es ist etwas Nutzbringendes in der gegenseitigen Gemeinschaft. Im Hinblick auf die Besonderheit eines Landes und aller sonstigen Bedingungen ergibt sich, daß nicht für alle dasselbe gerecht ist.

37.

Was sich unter den für gerecht geltenden Normen als nutzbringend erweist für die Bedürfnisse der gegenseitigen Gemeinschaft, muß Rechtsgeltung besitzen, ob es nun für alle dasselbe ist oder nicht. Erläßt aber jemand ein Gesetz, das sich nicht gemäß dem Nutzen der gegenseitigen Gemeinschaft auswirkt, dann hat dies nicht mehr die Natur des Rechts. Auch wenn der für das Recht relevante Nutzen sich wandelt, aber eine Zeit hindurch mit dem Begriff (des Rechts) in Einklang stand, dann war er zu jenem Zeitpunkt gleichwohl gerecht für alle, die sich nicht durch leere Worte selbst verwirren, sondern auf die Tatsachen sehen.[20]

38.

Wo sich ohne eine Änderung in den Verhältnissen bisher anerkannte Rechtsnormen in der Praxis als mit dem Rechtsbegriff nicht vereinbar erweisen, waren diese nicht gerecht. Wo aber unter veränderten Verhältnissen eben diese geltenden Rechtsnormen keinen Nutzen mehr bringen, da waren sie gerecht, solange sie nützlich waren für die gegenseitigen Beziehungen der Staatsbürger; spä-

ter waren sie nicht mehr gerecht, als sie keinen Nutzen
mehr brachten.

### 39.

Wer seine Angelegenheiten gegen die Unruhe, die von
der Umwelt ausgeht, am besten ordnet, der macht sich
die Umwelt soweit als möglich befreundet, und soweit
das nicht möglich ist, sorgt er, daß sie ihm wenigstens
nicht fremd ist. Wo er auch dies nicht vermag, da vermeidet er alle Beziehungen und stützt sich auf alles das,
was dafür nützlich ist, um solches zu erreichen.[21]

### 40.

Alle Menschen, die in der Lage sind, sich Sicherheit vor
allem bei ihren nächsten Mitmenschen zu verschaffen,
führen miteinander das lustvollste Leben, weil sie die
sicherste Gewähr haben. Und wenn sie Vertrautheit in
reichstem Maße gewonnen haben, jammern sie nicht
darüber, wenn einer hinscheidet, als ob er zu bemitleiden
wäre.[22]

# Vatikanische Spruchsammlung

### 1.

= Hauptlehrsatz 1.

### 2.

= Hauptlehrsatz 2.

### 3.

= Hauptlehrsatz 4.

### 4.

Jeder Schmerz ist leicht zu verachten. Denn bringt er intensives Leiden, so hält er nur kurze Zeit an; verweilt er lange im Fleisch, dann verursacht er schwaches Leiden.

### 5.

= Hauptlehrsatz 5.

### 6.

= Hauptlehrsatz 35.

### 7.

Als Übeltäter unentdeckt zu bleiben, ist schwer, eine Garantie dafür zu erhalten, daß man unentdeckt bleibt, unmöglich.

### 8.

= Hauptlehrsatz 15.

### 9.

Die Notwendigkeit ist ein Übel, aber es besteht keine
Notwendigkeit, unter der Notwendigkeit zu leben.[1]

### 10.

Denke daran, daß du, von Natur sterblich und im Besitz begrenzter Lebenszeit, durch die Erörterungen über
die Natur zur Unendlichkeit und Ewigkeit aufgestiegen
bist und „Gegenwärtiges, Künftiges und Vergangenes"
geschaut hast.[2]

### 11.

Bei den meisten Menschen ist die Ruhe Erstarrung, die
Bewegung Tollheit.

### 12.

= Hauptlehrsatz 17.

### 13.

= Hauptlehrsatz 27.

### 14.

Wir sind nur einmal geboren. Zweimal geboren zu werden, ist nicht möglich, und eine Ewigkeit dürfen wir nicht
mehr sein. Du aber, der du nicht Herr über den morgigen Tag bist, schiebst die Freude auf. Das Leben ver-
rinnt, während wir zaudern, und jeder einzelne von uns
stirbt mitten aus rastloser Tätigkeit heraus.[3]

### 15.

Wir schätzen unseren Charakter als etwas, das uns zu
eigen ist, mag es gut sein und von den Menschen bewun-

dert werden oder nicht; so müssen wir auch den Charakter unserer Nächsten schätzen, wenn sie anständig sind.

### 16.

Niemand zieht das Übel vor, wenn er es durchschaut, sondern verlockt von etwas, das er für ein Gut hält im Vergleich zu einem größeren Übel, läßt er sich fangen.

### 17.

Nicht den Jüngling soll man glücklich schätzen, sondern den Greis, der ein gutes Leben geführt hat. Denn wer noch jung ist in der Blüte der Jahre, wird vom Zufall vielfach hin und her geworfen und ändert seinen Sinn. Der Greis dagegen ist im Alter wie in einem Hafen vor Anker gegangen und hat die Güter, auf die er früher nicht zu hoffen wagte, in seiner dankbaren Erinnerung sicher verwahrt.

### 18.

Wenn man einander nicht sehen, nicht miteinander verkehren und nicht zusammen sein kann, schwindet die Liebesleidenschaft.[4]

### 19.

Wer sich nicht an das Gute, das ihm zuteil geworden ist, erinnert, ist schon heute ein Greis.

### 20.

= Hauptlehrsatz 29.

### 21.

Man soll der Natur nicht Zwang antun, sondern sie überzeugen. Überzeugen werden wir sie, wenn wir die

notwendigen Begierden befriedigen und ebenso die natürlichen, soweit sie nicht Schaden anrichten, und wenn
wir die schädlichen Begierden scharf zurückweisen.

### 22.

= Hauptlehrsatz 19.

### 23.

Jede Freundschaft ist um ihrer selbst willen zu wählen.
Ihren Ursprung hat sie freilich im Nutzen.[5]

### 24.

Die Träume haben weder eine göttliche Natur[6] noch
die Kraft, die Zukunft vorauszusagen. Vielmehr entstehen sie durch das Eindringen von „Bildern".

### 25.

Armut, deren Maß vom naturgemäßen Endziel bestimmt
ist, ist ein großer Reichtum. Reichtum, der keine Grenze
hat, ist große Armut.

### 26.

Man muß begreifen, daß eine lange und eine kurze Rede
auf dasselbe Ziel gerichtet sind.

### 27.

Bei den sonstigen Beschäftigungen stellt sich der Ertrag
bestenfalls erst ein, wenn sie zu Ende geführt sind.
Bei der Philosophie dagegen ist die Erkenntnis unmittelbar von Freude begleitet. Denn der Genuß folgt nicht
erst nach dem Lernen, sondern Lernen und Genuß sind
gleichzeitig.[7]

28.

Weder wer voreilig noch wer zögernd Freundschaft schließt, ist zu billigen. Man muß auch ein Wagnis eingehen um der Freundschaft willen.

29.

In aller Offenheit möchte ich lieber als Erforscher der Natur allen Menschen verkünden, was ihnen nützt, auch wenn keiner mich verstehen sollte, als den üblichen Meinungen beipflichten und dadurch bei der Menge in reichem Maße Beifall finden.

30.

Manche rüsten sich ein Leben lang für das Leben und bemerken dabei nicht, daß uns allen das Gift des Werdens als ein todbringendes eingegeben ist.[8]

31.

Gegenüber allem anderen kann man sich Sicherheit verschaffen. Aber im Hinblick auf den Tod bewohnen wir alle eine Stadt ohne Mauern.

32.

Die Verehrung des Weisen ist ein hohes Gut für den, der ihn verehrt.[9]

33.

Die Stimme des Fleisches spricht: Nicht hungern, nicht dürsten, nicht frieren. Wem das zuteil wird und wer darauf hoffen kann, der könnte sogar mit Zeus an Glückseligkeit wetteifern.

### 34.

Wir betrachten als Hilfe nicht so sehr die Hilfe unserer Freunde als das Vertrauen auf ihre Hilfe.

### 35.

Man soll nicht das, was man hat, verderben durch das Verlangen nach dem, was man nicht hat, sondern bedenken, daß auch dies einmal zu dem Wünschenswerten gehört hat.

### 36.

Wenn man das Leben Epikurs mit dem der anderen vergleicht, könnte man es wegen seiner Milde und Selbstgenügsamkeit eine Sage nennen.

### 37.

Die Natur ist schwach gegenüber dem Übel, nicht gegenüber dem Guten. Denn durch Lustempfindungen erhält sie sich, durch Schmerzen wird sie zerstört.[10]

### 38.

Ganz und gar verächtlich ist ein Mensch, für den es viele triftige Gründe gibt, aus dem Leben zu scheiden.[11]

### 39.

Weder ist ein Freund, wer immer nur auf den Nutzen aus ist, noch, wer ihn niemals mit der Freundschaft in Verbindung bringt. Der eine verschachert seine Gunst gegen Entgelt, der andere macht die Hoffnung für die Zukunft zunichte.[12]

### 40.

Wer da sagt, daß alles nach Notwendigkeit geschehe, kann demjenigen keinen Vorwurf machen, der sagt, es geschehe nicht alles nach Notwendigkeit. Denn seine Behauptung schließt ein, daß auch dies nach Notwendigkeit geschieht.

### 41.

Man muß zugleich lachen und philosophieren, sein Haus verwalten, seine übrigen Fähigkeiten betätigen und dabei niemals aufhören, die Worte der wahren Philosophie erschallen zu lassen.

### 42.

Das Entstehen des höchsten Gutes und die Befreiung vom Übel erfolgen gleichzeitig.[13]

### 43.

Habgier, die sich unrechtmäßiger Mittel bedient, ist ruchlos. Sind die Mittel rechtmäßig, dann ist sie eine Schande. Denn es ist unanständig, schmutzigen Geiz walten zu lassen, auch wenn das Recht gewahrt bleibt.[14]

### 44.

Der Weise versteht, im Hinblick auf das Lebensnotwendige auf die Probe gestellt, besser zu geben als zu nehmen. Einen solchen Schatz der Selbstgenügsamkeit hat er gefunden.[15]

### 45.

Nicht Prahler und Schwätzer und nicht Leute, die die bei der Menge hochgeschätzte Bildung zur Schau stellen, formt das Studium der Natur, sondern selbstbewußte und selbständige Menschen, die auf ihre persönlichen Vorzüge stolz sind und nicht auf das, was von den Umständen abhängt.

46.

Die schlechten Gewohnheiten wollen wir wie böse Menschen, die uns lange Zeit sehr geschadet haben, vollständig vertreiben.

47.

Ich bin dir, Zufall, zuvorgekommen und habe alle deine heimlichen Zugangswege verriegelt. Weder dir noch irgendeinem anderen äußeren Umstand werden wir uns ausliefern, sondern wenn uns einmal die Notwendigkeit hinausführt, werden wir kräftig auf das Leben spucken und auf jene, die sich sinnlos daran klammern. Und wir werden aus dem Leben gehen mit einem schönen Lobgesang auf den Lippen: Wir haben ein gutes Leben geführt.[16]

48.

Man muß versuchen, die spätere Wegstrecke immer besser zu machen als die vorhergehende, solange wir noch auf dem Wege sind. Sind wir aber ans Ziel gelangt, dann sollen wir im Gleichmaß der Freude leben.[17]

49.

= Hauptlehrsatz 12.

50.

= Hauptlehrsatz 8.

51.

Ich habe vernommen, daß bei dir die Bewegung des Fleisches besonders stark zum Liebesgenuß hinneigt. Wenn du nun die Gesetze nicht verletzest, nicht gegen die Regeln des Anstands verstößest, keinen von deinen Nächsten kränkst, deinen Leib nicht zerrüttest und das

zum Leben Notwendige nicht vergeudest, dann folge
deiner Neigung, wie du willst. Es ist allerdings schwierig, sich nicht in wenigstens eines von diesen Hinder-
nissen zu verwickeln. Denn der Liebesgenuß hat noch
niemals Nutzen gebracht; man muß zufrieden sein, wenn
er keinen Schaden angerichtet hat.[18]

### 52.

Die Freundschaft tanzt um die Welt und fordert uns
alle auf, aufzuwachen zum Preis der Glückseligkeit.

### 53.

Man soll niemanden beneiden. Denn die Guten verdienen den Neid nicht, die Schlechten aber schaden sich
selbst um so mehr, je mehr sie Erfolg haben.

### 54.

Man soll nicht so tun, als ob man philosophiere, sondern wirklich philosophieren. Denn was wir brauchen,
ist nicht der Schein der Gesundheit, sondern wirkliche
Gesundheit.[19]

### 55.

Wir müssen unser Unglück heilen durch dankbare Erinnerung an das Vergangene und die Erkenntnis, daß
man das Geschehene nicht ungeschehen machen kann.

### 56. 57.

Selbst der Folter ausgesetzt, empfindet der Weise keinen
größeren Schmerz, als wenn sein Freund gefoltert wird.
Und er wird auch bereit sein, für seinen Freund zu
sterben. Denn wenn er seinen Freund preisgeben wird,
dann wird sein ganzes Leben zerrüttet und zugrunde
gerichtet werden durch die Treulosigkeit.

### 58.

Befreien muß man sich aus dem Gefängnis des Alltags-
lebens und der Politik.

### 59.

Unersättlich ist nicht der Bauch, wie die Menge sagt,
sondern die falsche Vorstellung vom unbegrenzten An-
füllen des Bauches.

### 60.

Ein jeder geht aus dem Leben, wie wenn er eben erst
geboren wäre.

### 61.

Sehr schön ist auch der Anblick unserer Mitmenschen,
wenn die erste Begegnung in gutem Einvernehmen verläuft oder auch wenn sie großes Bemühen in dieser Richtung zeigt.

### 62.

Wenn die Eltern berechtigten Zorn gegenüber ihren
Kindern empfinden, dann ist es völlig vergeblich, sich
zu widersetzen und nicht um Verzeihung zu bitten. Ist
der Zorn unberechtigt und eher emotional bedingt, dann
ist es ganz lächerlich, den emotionalen Zustand durch
Nähren des eigenen Unwillens noch zu schüren und
nicht lieber zu versuchen, sie auf andere Weise durch
einsichtiges Verhalten umzustimmen.

### 63.

Auch in der Einfachheit gibt es eine Vornehmheit. Wer
sie nicht berücksichtigt, ist in einer ähnlichen Lage wie
der, der in Maßlosigkeit verfällt.[20]

64.

Das Lob der anderen muß von allein kommen. Unsere Aufgabe ist es, uns nur um unser Heil zu bemühen.

65.

Es ist sinnlos, von den Göttern zu erbitten, was man sich aus eigener Kraft verschaffen kann.

66.

Wir wollen am Unglück unserer Freunde teilnehmen nicht durch Klagen, sondern durch unsere Fürsorge.

67.

In einem freien Leben kann man nicht große Reichtümer erwerben. Denn ohne zum Sklaven der Masse oder der Machthaber zu werden, ist das nicht leicht zu machen. Dennoch besitzt man alles in ununterbrochener Fülle. Sollte einem aber einmal zufällig viel Geld zuteil werden, so wäre es leicht, auch dies so zu verteilen, daß man das Wohlwollen seines Nächsten gewinnt.

68.

Nichts ist dem genug, dem das Genügende zu wenig ist.

69.

Die Undankbarkeit der Seele macht das Lebewesen unendlich begierig auf Vielfalt der Speisen.[21]

70.

Tue nichts in deinem Leben, was dir Angst einflößt, wenn es dein Nächster bemerkt.[22]

71.

An alle Begierden muß man die folgende Frage richten:
Was geschieht mir, wenn erfüllt wird, was das Begehren erstrebt, und was, wenn es nicht erfüllt wird?

72.

= Hauptlehrsatz 13.

73.

Auch das Auftreten bestimmter körperlicher Schmerzen
hilft uns, indem wir uns vorsehen in Fällen ähnlicher
Art.

74.

Bei einer wissenschaftlichen Diskussion hat der Unter-
legene größeren Gewinn, sofern er etwas hinzulernt.

75.

Undankbar gegenüber dem vergangenen Guten ist das
Wort: Sieh auf das Ende eines langen Lebens.

76.

Du bist in deinem Alter so, wie ich zu sein mahne, und
du hast zu unterscheiden gelernt, was es heißt, für sich
selbst zu philosophieren, und was, für ganz Griechenland. Ich freue mich mit dir.

77.

Der größte Gewinn der Selbstgenügsamkeit ist die Freiheit.

### 78.

Der edle Mensch kümmert sich am meisten um Weisheit und Freundschaft. Davon ist diese ein vergängliches, jene ein unvergängliches Gut.[23]

### 79.

Wer die Seelenruhe hat, beunruhigt weder sich noch einen anderen.

### 80.

Für den Jüngling besteht die Rettung darin, die Jugend zu bewahren und sich vor jenen zu hüten, die alles mit ihren rasenden Begierden besudeln.

### 81.

Die Befreiung von der Verwirrung der Seele und die nennenswerte Freude erzeugt weder der größte Reichtum noch Ehre und Ansehen bei der Menge, noch sonst etwas, das sich aus Ursprüngen herleitet, die keine festen Grenzen haben.

# Fragmente

## ÜBER DIE PHILOSOPHIE

### 1.

(Die Epikureer) versprechen, eine bestimmte Lebenskunst zu vermitteln. Daher sagte Epikur, die Philosophie sei eine Beschäftigung, die durch Gedanken und
Diskussionen das glückliche Leben schafft.[1]

*Sextus Empiricus, Gegen die Wissenschaftler 11,169*

### 2.

Leer ist die Rede jenes Philosophen, durch die keine
menschliche Leidenschaft geheilt wird. Wie nämlich die
Heilkunst keinen Nutzen hat, wenn sie nicht die Krankheiten aus dem Körper vertreibt, so hat auch die Philosophie keinen Nutzen, wenn sie nicht die Leidenschaft
der Seele vertreibt.[2]

*Porphyrios, An Marcella 31, S. 209,23 Nauck*

### 3.

Die Epikureer definieren folgendermaßen die Kunst:
Die Kunst ist eine Methode, die für das Leben das
Nützliche schafft.[3]

*Scholion zu Dionysios Thrax, BAG S. 649,26*

### 4.

Du mußt der Philosophie dienen, damit dir die wahre
Freiheit zuteil werde.          *Seneca, Briefe 8,7*

### 5.

Glaube mir, deine Rede wird einen vorzüglicheren Eindruck machen, wenn sie auf einer niedrigen Pritsche und

in Lumpen gehalten wird. Denn was du sagst, werden so nicht bloße Worte, sondern wird (durch die Tat) bewiesen sein.[4]

*Seneca, Briefe 20,9*

### 6.

Der Weise wird bestimmte Lehren vortragen und nicht im Zweifel verharren.[5]

*Diogenes Laertios 10,121*

### 7.

Der Weise wird mehr Freude an wissenschaftlicher Betrachtung haben als die anderen.[6]

*Diogenes Laertios 10,120*

### 8.

Anders verhält sich zu den Dingen der Weise, anders der Nichtweise ... Damals warst du nicht weise, nun aber hast du dich darum bemüht, es zu werden. Überdenke dein früheres und dein jetziges Leben und frage dich, ob du deine Krankheit damals so getragen hast wie heute oder ob du so Herr warst über deinen Reichtum, wie du es heute bist.[7]

*Didymos, Kommentar zum Buch Ekklesiastes 1,13*

### 9.

Weise kann man nicht bei jeglicher körperlicher Konstitution werden noch auch als Angehöriger eines jeden Volkes.[8]

*Diogenes Laertios 10,117*

## ETHIK. GESELLSCHAFTSLEHRE
## VON DER LUST

### 10.

Daß die Lust das Lebensziel ist, wird dadurch bewiesen, daß die Lebewesen von Geburt an Gefallen an ihr

finden, dagegen dem Schmerz von Natur und unbewußt
sich widersetzen.[9]

*Diogenes Laertios 10,137*

### 11.

Ich wenigstens weiß nicht, was ich 'mir als das Gute vorstellen soll, wenn ich die Lust des Geschmacks, die Lust
der Liebe, die Lust des Gehörs und auch die lustvollen
Bewegungen beim Anblick einer schönen Gestalt beiseite
lasse.

*Athenaios 12,546 E*

### 12.

Der Anfang und die Wurzel alles Guten ist die Lust
des Bauches. Denn auch die gelehrten und hochgestochenen Dinge beziehen sich auf sie zurück.[10]

*Athenaios 12,546 F*

### 13.

Jene schönen, sanften und milden Bewegungen des Fleisches laden von sich aus, ohne Lehrer, auch den ein,
der sie ganz und gar ablehnt und behauptet, durch sie
nicht niedergebeugt und erweicht werden zu können.[11]

*Plutarch, Gegen Kolotes 27. 1122 E*

### 14.

Wir bedürfen dann der Lust, wenn wir wegen ihrer Abwesenheit Schmerz empfinden. Wenn wir aber keinen
Schmerz empfinden und in der Empfindung verharren,
dann bedürfen wir der Lust nicht. Denn nicht eine natürliche Bedürftigkeit schafft Ungemach von außen, sondern das Begehren, das mit leeren Einbildungen verbunden ist.[12]

*Stobaios 3,17,34*

### 15.

Seelenruhe und Freisein von (körperlichen) Schmerzen
sind Lustempfindungen des Zustands. Freude dagegen
und Frohsinn werden in ihrer Aktivität als Lustempfindungen der Bewegung wahrgenommen.[13]

*Diogenes Laertios 10,136*

16.

Nach Epikur gibt es zwei Güter, aus denen sich jene
höchste Glückseligkeit zusammensetzt: Freisein des Körpers von Schmerz und Freisein der Seele von Unruhe.
Diese Güter erfahren keinen Zuwachs mehr, wenn sie
vollkommen sind. Denn wie kann noch anwachsen, was
bereits vollkommen ist? Der Körper ist frei von
Schmerz: Was kann zu dieser Schmerzlosigkeit noch
hinzukommen? Die Seele ist in sich gefestigt und still:
Was kann zu dieser Seelenruhe hinzukommen? So wie
ein klarer Himmel nicht noch größere Klarheit empfangen kann, wenn er einmal zu ungetrübtestem Glanz
gereinigt ist, so ist der Zustand des Menschen, der für
seinen Körper und für seine Seele sorgt und sein Gut
aus der Verbindung von beidem gewinnt, vollkommen,
und er hat den Gipfel seiner Wünsche erreicht, wenn
die Seele von Leidenschaft und der Körper von Schmerz
frei ist. Fallen ihm von außen noch Annehmlichkeiten
zu, so tragen sie zum höchsten Gut nichts bei, sondern
geben ihm gewissermaßen Würze und Annehmlichkeit.
Denn jenes vollendete Gut der menschlichen Natur fordert nur den Frieden von Körper und Seele.[14]

*Seneca, Briefe 66,45*

17.

Epikur, jener Lehrmeister der Lust, hatte bestimmte
Tage, an denen er seinen Hunger in kärglicher Weise
stillte, um zu sehen, ob ihm dabei etwas fehlte an der
ganzen und vollkommenen Lust und wieviel fehlte und
ob es wert sei, daß man es mit großer Mühe ergänze.
Das sagt er zuverlässig in jenem Brief, den er unter dem
Archontat des Charinos an Polyainos schrieb. Und zwar
rühmt er sich, er könne sich mit weniger als einer
Drachme ernähren, während Metrodoros, der noch nicht
so weit fortgeschritten sei, eine ganze Drachme brauche.[15]

*Seneca, Briefe 18,9*

18.

Ich schwelge in der Lust meines Leibes, wenn ich von
Wasser und Brot lebe, und spucke auf die Genüsse des
Luxus, nicht um ihrer selbst willen, sondern wegen der
Beschwerden, die ihnen auf dem Fuße folgen.

*Diogenes Laertios 10,11*

19.

Wir erstreben die Genügsamkeit nicht, um stets von
billigen und einfachen Dingen zu leben, sondern um
gegenüber dieser Art von Ernährung gewappnet zu
sein.[16]

*Stobaios 3,17,13*

VON DER SEELENRUHE

20.

Wie man unter Meeresstille versteht, daß nicht einmal
der geringste Luftzug die Flut bewegt, so sieht man die
Seele in ruhigem und stillem Zustand, wenn keine Verwirrung da ist, durch die sie erregt werden könnte.[17]

*Cicero, Gespräche in Tusculum 5,16*

21.

Einen glückseligen Tag, der zugleich der letzte meines
Lebens ist, verbringend, schreibe ich euch dies. Harn-
beschwerden und Ruhr haben sich in solcher Stärke ein-
gestellt, daß sie nicht mehr größer werden können. Alldem steht gegenüber die Freude meines Herzens in der
Erinnerung an die einst von uns geführten Gespräche.
Du aber sorge, wie es deiner Ergebenheit, die du von
Jugend an gegen mich und gegen die Philosophie bewiesen hast, würdig ist, für die Kinder des Metrodoros.[18]

*Diogenes Laertios 10,22*

22.

Die niedrige Seele wird aufgeblasen bei glücklichen Umständen, zu Boden geworfen durch Unglücksfälle.[19]

*Spruchsammlung im Pariser Codex 1168f.115*

23.

Wer am wenigsten des morgigen Tages bedarf, der geht ihm mit der größten Lust entgegen.[20]

*Plutarch, Über den Seelenfrieden 16. 474 C*

24.

Die Torheit hat neben den übrigen Fehlern auch den: Sie fängt immer erst an zu leben.[21]

*Seneca, Briefe 13,16*

25.

Glück und Seligkeit hängen nicht ab von großen Reichtümern, von einer glanzvollen Stellung, von Ämtern und Machtpositionen, sondern vom Freisein von Leid, Mäßigung der Leidenschaften und einer Seelenverfassung, die die von der Natur gegebenen Grenzen zu bestimmen versteht.

*Plutarch, Vom Anhören der Dichter 14. 37A*

26.

Die Liebe zur wahren Philosophie löst jede störende und schmerzliche Begierde auf.

*Porphyrios, An Marcella 31, S. 209,21 Nauck*

27.

Es ist die epikureische Lehre, die die Weissagung aufhebt. Denn wenn die Schicksalsnotwendigkeit alles beherrscht, dann hast du dich schon vor der Zeit gegrämt, indem du ein Unglück vorausgesagt hast, oder du hast dich der Freude beraubt, indem du etwas Gutes voraussagtest. Sie sagen auch: Was geschehen muß, das wird auch geschehen.[22]

*Scholion zu Aischylos, Prometheus 624*

28.

(Die Epikureer) wenden sich gegen jene, die vom
Schmerz, von den Tränen und Seufzern beim Tod von
Freunden nichts wissen möchten. Sie sagen, daß ein
Freisein von Schmerz, das bis zur Empfindungslosigkeit
führt, von einem noch größeren Übel abstamme, von
Roheit, starkem Geltungsbedürfnis und Verrücktheit.
Daher sei es besser, etwas Schmerz und Trauer zu emp-
finden, ja, beim Zeus, auch feuchte Augen zu haben und
hinzuschmelzen.[23]

*Plutarch, Gegen die Glückseligkeit Epikurs 20. 1101 A*

29.

Maßloser Zorn erzeugt Wahnsinn.

*Seneca, Briefe 18,14*

30.

So groß ist der Unverstand, besser gesagt die Dummheit der Menschen, daß manche durch die Angst vor
dem Tod in den Tod getrieben werden.[24]

*Seneca, Briefe 24,23*

31.

Für die Seele ist die Grenze der Leiden der Untergang, die Vernichtung, das Nichtmehrsein.

*Plutarch, Gegen die Glückseligkeit Epikurs 23. 1103 E*

32.

Jedoch behaupten die Epikureer, daß der Gedanke der
Auflösung als unverrückbarstes und köstlichstes Gut die
Befreiung von der Furcht vor unaufhörlichen und un-
begrenzten Übeln bringe, und dies bewirke die Lehre
Epikurs, die die Todesfurcht mit der Auflösung der
Seele konfrontiert.[25]

*Plutarch, Gegen die Glückseligkeit Epikurs 30. 1106 D*

WAS IST TUGEND?

### 33.

Oft habe ich jene, die man die Weisen zu nennen pflegt,
gefragt, was sie an Gütern behalten würden, wenn sie
jene Dinge (d. h. Lustgefühle) abzögen, vorausgesetzt,
daß sie nicht leere Worte von sich geben wollten. Nichts
habe ich von ihnen erfahren können. Auch wenn sie
mit Tugenden und Weisheiten werden prahlen wollen,
werden sie damit nichts anderes bezeichnen als jenen
Weg, durch den die obenerwähnten Lustgefühle hervorgerufen werden.[26]

*Cicero, Gespräche in Tusculum 3,42*

### 34.

Man soll das sittlich Schöne, die Tugenden und dergleichen schätzen, wenn es Lust hervorruft. Andernfalls
soll man es fahrenlassen.

*Athenaios 12,546 F*

### 35.

Ich spucke auf das Sittlich-Schöne und auf jene, die es
ohne Grund bewundern, wenn es keine Lust erzeugt.

*Athenaios 12,547 A*

### 36.

Etwas anderes ist auch die Tapferkeit bei Epikur, der
Mühen auf sich nimmt, um größeren Mühen zu entgehen,
etwas anderes die des Stoikers, der jede Tugend um
ihrer selbst willen wählt.[27]

*Origenes, Gegen Kelsos 5,47*

### 37.

Die Tapferkeit entsteht nicht von Natur, sondern aus
Berechnung des Nutzens.

*Diogenes Laertios 10,120*

### 38.

Wegen der Lust wähle man auch die Tugenden, nicht
um ihrer selbst willen, wie man sich der Heilkunst bedient im Interesse der Gesundheit.

*Diogenes Laertios 10,138*


## GESELLSCHAFT UND RECHT

### 39.

Epikur sagt ... es gebe keine menschliche Gemeinschaft:
ein jeder sorge für sich selbst.[28]

*Lactantius, Göttliche Unterweisungen 3,17,43*

### 40.

Der Nutzen, die Mutter von Gerechtigkeit und Billigkeit.[29]

*Horaz, Satiren 1,3,98*

### 41.

Darin wollen wir Epikur nicht zustimmen, wenn er sagt,
daß es keine Gerechtigkeit von Natur gebe und daß
Verbrechen zu vermeiden seien, weil sonst die Furcht
unvermeidlich sei. Darin wollen wir ihm beistimmen,
daß böse Taten vom Gewissen gegeißelt werden und
dieses die meisten Qualen dadurch hat, daß dauernde
Angst es bedrängt und peitscht, weil es den Garanten
seiner Sicherheit nicht trauen kann.[30]

*Seneca, Briefe 97,15*

### 42.

Wird der Weise etwas tun, was die Gesetze verbieten,
wenn er weiß, daß es nicht herauskommen wird? Eine
einfache (d. h. unkomplizierte) Aussage darüber zu
machen, ist nicht leicht.[31]

*Plutarch, Gegen Kolotes 34. 1127 D*

### 43.

Auch wenn niemand sonst anwesend ist, beweist derjenige, der das höchste Gut des Menschengeschlechts erlangt hat, die gleiche sittliche Tüchtigkeit wie sonst.[32]

*Demetrios Lakon, Volumina Herculanensia*[2] *7,21, col. XXVII*

### 44.

Die Gesetze sind, was die Weisen betrifft, gegeben, nicht damit sie kein Unrecht tun, sondern damit sie kein Unrecht erleiden.[33]

*Stobaios 4,1,143*

### 45.

Die größte Frucht der Gerechtigkeit ist der Seelenfriede.

*Klemens von Alexandria, Stromateis 6,24*

### 46.

Man kann nicht ohne Furcht sein, wenn man furchterregend auftritt.

*Spruchsammlung im Pariser Codex 1168f. 115ʳ*

### 47.

Der Anfang des Heils ist die Erkenntnis der Verfehlung.

*Seneca, Briefe 28,9*

### 48.

Die Verfehlungen sind nicht gleich zu bewerten.[34]

*Diogenes Laertios 10,120*

## VON DER FREUNDSCHAFT

### 49.

Auch die Freundschaft entsteht aus praktischen Bedürfnissen. Man muß freilich vorher den Grund legen, denn

auch in die Erde bringen wir erst Samen. Ihren Bestand
aber erhält die Freundschaft durch das gemeinsame
Leben derer, die die Fülle der Lust erreicht haben.[35]

*Diogenes Laertios 10,120*

### 50.

Epikur hat es nicht für richtig gehalten, das Vermögen
der einzelnen in Gemeineigentum zu überführen gemäß
dem Wort des Pythagoras „Freunde haben alles gemeinsam". Dies sei die Art der Mißtrauischen, und wo
Mißtrauen herrsche, gebe es keine Freundschaft.[36]

*Diogenes Laertios 10,11*

### 51.

Epikur, der das Gute in die tiefste Ruhe wie in einen
wellenlosen und stillen Hafen verlegt, sagt, daß Gutes
zu tun nicht nur schöner, sondern auch lustvoller sei, als
Gutes zu erfahren. Denn nichts erzeugt so viel Freude
wie die Dankbarkeit.[37]

*Plutarch, Über das Philosophieren mit Fürsten 3. 778 C*

### 52.

Der Weise wird unter Umständen auch für den Freund
sterben.[38]

*Diogenes Laertios 10,121*

## DIE LEBENSFORM DES WEISEN

### 53.

Der Weise wird sich nicht am politischen Leben be-
teiligen und nicht Herrscher sein wollen.[39]

*Diogenes Laertios 10,119*

### 54.

Lebe im Verborgenen.

*Plutarch, Zum Prinzip „Lathe biōsas" 1. 1128 A*

55.

Man muß darlegen, wie man am besten das naturgemäße Endziel im Auge behält und wie man von Anfang an vermeidet, aus freiem Willen öffentliche Ämter
anzutreten. *Plutarch, Gegen Kolotes 31. 1125 C*

56.

Der Weise wird nicht in den Staatsdienst treten, wenn
nicht besondere Umstände eintreten.[40]

*Seneca, Über die Muße 3,2*

57.

Epikur meint, daß die Ehrgeizigen und Ruhmsüchtigen
nicht Ruhe halten, sondern ihrer Natur gehorchend Politik treiben und am öffentlichen Leben teilnehmen sollen, da sie von Natur so beschaffen sind, daß die Untätigkeit bei ihnen größere Unruhe und Schädigung hervorruft, wenn sie nicht bekommen, wonach es ihnen
verlangt. *Plutarch, Über den Seelenfrieden 2. 465 F*

58.

Der Weise wird unter Umständen auch einem König
huldigen. *Diogenes Laertios 10,121*

59.

Der Weise wird auf guten Ruf nur insoweit bedacht
sein, daß er vor Verachtung bewahrt bleibt.

*Diogenes Laertios 10,120*

60.

Den Metrodoros um viele Jahre überlebend, feierte
Epikur in einem Brief dankbar seine und des Metrodoros Freundschaft und fügte am Ende hinzu, unter so
vielen Gütern habe es ihm und Metrodoros nichts geschadet, daß jenes vornehme Griechenland sie nicht
nur ignoriert, sondern kaum von ihnen gehört hatte.[41]

*Seneca, Briefe 79,15*

### 61.

Der Weise wird auch heiraten und Kinder haben, sofern
es seinen Lebensumständen angemessen ist.[42]

*Diogenes Laertios 10,119*

### 62.

Der Weise wird nicht wie ein Kyniker leben und nicht
betteln.[43]                          *Diogenes Laertios 10,119*

### 63.

Der Weise wird auch Geld verdienen, aber nur in Übereinstimmung mit den Grundsätzen der Weisheit und nur,
wenn er in Not ist.                   *Diogenes Laertios 10,121*

### 64.

Der Weise wird für seinen Besitz und für die Zukunft
Vorsorge tragen.[44]                  *Diogenes Laertios 10,120*

### 65.

Durch tierisches Arbeiten häuft man zwar eine Menge
Besitz auf, aber man führt ein elendes Leben.

*Porphyrios, An Marcella 29, S. 209,5 Nauck*

### 66.

Der Weise wird das Landleben lieben.[45]

*Diogenes Laertios 10,120*

## VOM REICHTUM

### 67.

Wer der Natur folgt und nicht den leeren Meinungen,
der ist in allen Dingen unabhängig. Denn im Hinblick
auf das, was der Natur genügt, ist jeder Besitz Reichtum, im Hinblick auf die grenzenlosen Begierden ist
auch der größte Reichtum Armut.[46]

*Porphyrios, An Marcella 27, S. 207,31 Nauck*

68.

Dank sei der glückseligen Natur, daß sie das Notwendige leicht zu beschaffen, das schwer zu Beschaffende nicht notwendig gemacht hat.

*Stobaios 3,17,22*

69.

Nicht selten findet man einen Menschen, der arm ist im Hinblick auf das naturgemäße Ziel und reich gemäß den leeren Meinungen. Denn keiner der Toren gibt sich zufrieden mit dem, was er hat, sondern jeder jammert über das, was er nicht hat. Wie man im Fieber durch die Grausamkeit des Leidens immer Durst hat und nach diametral entgegengesetzten Dingen verlangt, so fehlt es den seelisch kranken Menschen stets an allem, und sie verfallen aus Unersättlichkeit in die vielfältigsten Begierden.

*Porphyrios, An Marcella 27, S. 208,2 Nauck*

70.

Ein großer Reichtum ist eine nach dem Gesetz der Natur ausgerichtete Armut.

*Seneca, Briefe 4,10*

71.

Wenn du den Pythokles reich machen willst, dann gib ihm nicht mehr Geld, sondern vermindere seine Begierde.

*Stobaios 3,17,23*

VON DER KUNST

72.

Der Weise liebt Schauspiele und hat wie jeder andere Freude an musikalischen Genüssen und szenischen Darbietungen der Dionysien. Aber Fragen der Musiktheorie und gelehrten Untersuchungen der Kritiker gibt er nicht einmal beim Gelage Raum.[47]

*Plutarch, Gegen die Glückseligkeit Epikurs 13. 1095 C*

73.

Der Weise allein wird richtige Ansichten über Musiktheorie und Poetik entwickeln, wird sich aber nicht
praktisch mit der Abfassung von Gedichten beschäftigen.[48]

*Diogenes Laertios 10,121*


PHYSIK. KOSMOLOGIE

74.

Das Universum ist unendlich, ungeworden und unvergänglich und nimmt weder zu noch ab.

*Plutarch, Gegen Kolotes 13. 1114 A*

75.

Nichts Neues kann im All entstehen auf Grund der Unendlichkeit der schon verflossenen Zeit.[49]

*[Plutarch], Stromateis, Frg. 8*

76.

Während alle anderen meinen, der Kosmos sei beseelt
und von einer Vorsehung verwaltet, nehmen Leukippos,
Demokrit und Epikur ... an, er funktioniere mechanisch
und bestehe aus Atomen.

*Aetios 2,3,1*


ATOM

77.

Epikur ... behauptete, die Prinzipien alles Seienden
seien die mit dem Verstand erfaßbaren Körper[50], frei
von leerem Raum, ungeworden und unvergänglich ...
Er (der Körper) wird Atom genannt, nicht weil er das
Allerkleinste ist, sondern weil er nicht geteilt werden
kann; denn er ist unverletzbar und enthält nichts Leeres.

*Aetios 1,3,18*

78.

Leukippos und Demokrit hatten nicht nur die Unverletzbarkeit als Grund für die Unteilbarkeit der Urkörper angenommen, sondern auch deren Kleinheit und
Bestandteillosigkeit ... Die Meinung des Demokrit und
Leukippos hat dann Aristoteles umfassend widerlegt.[51]
Und vielleicht hat Epikur auf Grund solcher Einwände
gegen die Bestandteillosigkeit später dann ... den Gedanken der Unverletzbarkeit der Atome bewahrt, an
ihre Bestandteillosigkeit aber nicht mehr geglaubt.

*Simplikios, Kommentar zu Aristoteles, Physik, S. 925,13ff. Diels*

79.

Die Atome fügen sich in verschiedener Anordnung und
Lage zusammen wie die Buchstaben, die, obwohl wenige,
unzählige Wörter bilden, wenn sie verschieden kombiniert werden. Aber die Buchstaben haben verschiedene
Gestalten. So, sagt Epikur, ist es auch bei den Atomen,
denn sie sind uneben, hakenförmig, glatt.

*Lactantius, Göttliche Unterweisungen 3,17,24*

80.

Farben kommen den Körpern nicht schlechthin zu, sondern sind da für den Gesichtssinn entsprechend den
spezifischen Anordnungen und Lagen (der Atome) ...
Mir (Epikur) ist unklar, wie man behaupten könne, in
der Dunkelheit hätten die Dinge Farbe.[52]

*Plutarch, Gegen Kolotes 7. 1110 C*

ATOMBEWEGUNG

81.

Sie (die Epikureer) meinen, daß Bewegung, Raum und
Zeit aus unteilbaren kleinsten Einheiten bestünden[53];
deshalb sind sie der Ansicht, ein sich bewegendes Ob-

jekt bewege sich in bezug auf die ganze aus diesen
kleinsten Einheiten zusammengesetzte Strecke, in bezug
auf jede einzelne Einheit jedoch bewege es sich nicht,
sondern habe sich jeweils bewegt. Denn gesetzt, das ...
Objekt bewege sich auch in jeder unteilbaren Einheit,
so wären diese noch teilbar.[54]

*Simplikios, Kommentar zu Aristoteles, Physik, S. 934,25ff. Diels*

### 82.

Nach Epikur gibt es zwei Grundformen der Bewegung:
der senkrechte Fall und die Deklination. (Aetios 1, 12, 5):
... Die Bewegung nach oben erfolgt durch Stoß und
Rückprall.

*Aetios 1,23,4*

### 83.

Epikur glaubte, durch die Atomdeklination der fatalistischen Notwendigkeit auszuweichen. Damit gibt es
ein drittes Bewegungsmotiv – außer Gewicht und Stoß –,
wenn das Atom um ein Minimum (von der Senkrechten)
abweicht. Diese Lehre führte Epikur deshalb ein, weil
er fürchtete, daß bei beständiger naturnotwendiger Atombewegung durch Schwerkraft uns die freie Willensentscheidung fehle, da auch der Verstand gezwungen wäre,
entsprechend der Atombewegung zu funktionieren.[55]

*Cicero, Über das Schicksal 22f.*

### 84.

Epikur erkannte, daß nichts in unserer Macht stünde,
wenn sich die Atome auf Grund des eigenen Gewichtes
nach unten bewegen, weil dann ihre Bewegung bestimmt
und notwendig verliefe ... Er behauptet also, das Atom,
das sich durch Gewicht und Schwere senkrecht nach
unten bewegt, weiche ein ganz klein wenig ab.

*Cicero, Über das Wesen der Götter 1,69*

### 85.

Die (Stoiker und Peripatetiker) lassen nicht gelten, daß
Epikur zur Begründung so großer Dinge auf den so

unbedeutenden und wertlosen Vorgang zurückgreift, daß ein Atom um ein Minimum abweicht, damit denn nebenbei noch die Sterne und Lebewesen und der Zufall entsteht und der freie Wille nicht aufgehoben wird.

*Plutarch, Über die Geschicklichkeit der Tiere 7. 964 C*

## SEELENLEHRE

### 86.

Die Epikureer glaubten, den Begriff des Menschen auf deiktische Weise darlegen zu können, und behaupteten: Mensch – das ist eine solche Gestalt da mit Beseelung.[56]

*Sextus Empiricus, Gegen die Wissenschaftler 7,267*

### 87.

Das Wesen der Seele bestehe aus einem wärmeartigen, windartigen und luftartigen Element ... Das aber, womit wir urteilen, uns erinnern, lieben und hassen, kurz die Fähigkeit von Vernunft und Verstand käme aus einer namenlosen Qualität.

*Plutarch, Gegen Kolotes 20. 1118 D f.*

### 88.

Epikur sagt, die Seele sei ein Gemisch aus vier Elementen: dem feuer-, luft- und windartigen und einem vierten namenlosen ... Der Wind verursache Bewegung, die Luft Ruhe, das Warme die Körperwärme, das namenlose aber in uns die Empfindung, die in keinem der genannten Elemente sonst vorhanden ist.[57]

*Aetios 4,3,11*

## KANONIK[58]

### 89.

Nach Ansicht der Epikureer gibt es (nur) zwei Teile der Philosophie, nämlich Naturphilosophie und Ethik;

die Logik schlossen sie aus. Als die dann aber durch
die Praxis selbst genötigt wurden, Zweideutigkeiten zu
entscheiden und das sich als wahr gebende Falsche zu
überführen, da führten sie unter anderem Namen die
Logik als Lehre vom Kriterium und der Regel ein,
hielten sie aber für einen bloßen Zusatz zur Naturphilosophie.[59]

*Seneca, Briefe 89,11*

90.

Zu denen, die eine Zweiteilung der Philosophie zugrunde legten ... gehört, wie einige meinen, auch
Epikur, der die Logik verworfen habe. Andere aber
waren der Ansicht, er habe nicht die Logik schlechthin
abgelehnt, sondern nur die der Stoiker[60], so daß er im
Grunde doch wieder die Dreiteilung der Philosophie
bestehen ließ ... Die Epikureer aber beginnen (ihr
System) mit der Logik. Sie widmen ihre ersten Betrachtungen der Kanonik und geben dabei eine Darstellung des Evidenten und Nichtevidenten und dessen,
was damit zusammenhängt.

*Sextus Empiricus, Gegen die Wissenschaftler 7,14 und 22*

91.

(30) Die (Philosophie) wird nun in drei Teile geteilt:
Kanonik, Physik[61] und Ethik. Die Kanonik umfaßt die
in die Lehre einführenden Grundzüge und ist in einem
einzelnen, „Kanon" betitelten Werk enthalten ... Die
Epikureer pflegen der Physik die Kanonik beizuordnen,
die vom Wahrheitskriterium als dem Ausgangspunkt
handelt und deshalb grundlegend genannt wird ...
(31) Sie verwarfen die Logik, sie lenke (vom Wesentlichen) ab, es sei ausreichend, wenn die Philosophen
sich an die Bezeichnungen der Dinge hielten. Im „Kanon" nun sagt Epikur, Kriterien der Wahrheit[62] seien
die Wahrnehmungen[63], die Prolepsen[64] und die Gefühle.[65] Die Epikureer fügen noch die Verstandeswahr-
nehmungen[66] hinzu ... Jede Wahrnehmung ist unreflek-

tiert[67] und der Erinnerung unfähig. Weder kann sie sich
selbst erregen noch, von einem anderen erregt, irgend
etwas (von sich aus) hinzufügen oder wegnehmen. Es
gibt nämlich nichts, was die Wahrnehmung widerlegen
könnte. (32) Gleichartige Sinneswahrnehmungen können
einander nicht widerlegen, denn sie sind gleichwertig,
und ungleichartige nicht, denn sie erfassen nicht dasselbe.[68] Auch nicht der Verstand, denn er hängt ganz
von den Sinnen ab. So kann ein Sinn den anderen
nicht widerlegen, denn wir sind auf alle angewiesen.
Und daß die Wahrnehmungsakte wirklich sind, verbürgt
die Wahrhaftigkeit der Wahrnehmungen. Unser Sehen
und Hören ist ebenso wirklich wie unser Schmerzemp-
finden. Und von den Sinnesgegebenheiten muß man auf
das Unbekannte schließen. Denn auch alle geistigen
Inhalte entspringen der Sinneswahrnehmung durch die
Erfahrung, die Analogie und Ähnlichkeit und die Kombination, wobei Verstandestätigkeit hinzukommt.[69] Die
Phantasien Wahnsinniger und Träumender sind wirklich,
denn sie erregen die Seele, was es aber nicht gibt, das
kann nicht erregen.

(33) Als Prolepse bezeichnen sie so etwas wie Konzeption oder wahres Urteil[70] oder Gedanke oder in uns
abgelagerter Allgemeinbegriff, d. h. ein Erinnerungsbild
einer häufigen äußeren Wahrnehmung.[71] Zum Beispiel:
„Das ist ein Mensch"[72] (veranlaßt), daß zugleich mit
dem Wort Mensch sofort infolge der Prolepse die Wesensmerkmale vorgestellt werden, wenn entsprechende
Wahrnehmungen vorangegangen sind. Diese jedem Wort
zugeordnete Grundbedeutung ist evident. Auch könnten wir einen Gegenstand nicht beurteilen, wenn wir
ihn nicht schon früher kennengelernt hätten; z. B. die
Frage: Ist das Tier dahinten ein Pferd oder eine Kuh?
setzt notwendig voraus, daß wir auf Grund der Prolepse die Form eines Pferdes oder einer Kuh zuvor
kennen. Wir könnten nichts benennen, wenn wir nicht
früher auf Grund der Prolepse seine Wesensmerkmale
erfaßt hätten. Denn die Prolepsen sind unmittelbar gewiß (evident). Auch das Urteil hängt von einer ihm

zugrunde liegenden unmittelbaren Gewißheit ab, auf die
wir es zurückführen, wenn wir z. B. erklären, woher wir
denn wissen, ob das da ein Mensch ist.
(34) Das Urteil bezeichnen sie auch als Annahme; diese
sei wahr oder falsch: wahr, wenn sie bestätigt oder nicht
widerlegt wird, falsch, wenn sie nicht bestätigt oder
widerlegt wird. Deshalb wurde der Begriff „Das Er-
wartende" eingeführt.[73] So wartet man ab, bis man in
die Nähe des Turmes kommt und erkennt, wie er von
nahem erscheint.

*Diogenes Laertios 10,30 ff.*

### 92.

Epikur behauptete, daß alle Wahrnehmungsobjekte wahr
und wirklich seien. Denn es mache keinen Unterschied
zu sagen, daß etwas wahr sei oder seiend sei.[74] So beschreibt er denn Wahrheit und Falschheit, indem er sagt:
Wahrheit ist, wenn ein Sachverhalt so ist, wie (im
Urteil) behauptet wird; und Falschheit, wenn ein Sachverhalt nicht so ist, wie (im Urteil) behauptet wird.

*Sextus Empiricus, Gegen die Wissenschaftler 8,9*

### 93.

(203) Epikur behauptet, daß es zwei miteinander zusammenhängende (Bewußtseins)tatsachen gibt, nämlich
die Vorstellung[75] und das Urteil. Die Vorstellung, die
er auch eine unmittelbare Gewißheit nennt, liege grundsätzlich wirklich zugrunde. Wie nun die Grundaffekte
Lust und Schmerz durch gewisse wirkliche Faktoren und
entsprechend diesen wirklichen Faktoren entstehen – die
Lust durch die angenehmen Tatsachen, der Schmerz
durch die unangenehmen – und wie das die Lust Bewirkende unmöglich nicht angenehm und das den
Schmerz Erregende unmöglich nicht unangenehm ist,
sondern das Lust Erzeugende als realiter Angenehmes
und das Schmerz Erzeugende als realiter Unangenehmes
zugrunde liegen muß, ebenso ist in bezug auf die uns
betreffenden Vorstellungsaffekte das, was sie verursacht,

etwas absolut Vorstellbares. Es könnte aber nicht vorstellbar sein, wenn es nicht auch realiter so zugrunde liegt, wie es erscheint, d. h. als ein Vorstellung Erzeugendes.

(204) Dieselbe Überlegung gilt nun notwendig auch im Einzelfall. Denn was sichtbar ist, scheint nicht nur sichtbar, sondern ist so, wie es scheint, und das Hörbare scheint nicht nur hörbar, sondern liegt realiter als solches zugrunde usw. (205) So sind denn alle Vorstellungen wahr. Also, wenn eine Vorstellung wahr ist, sagen die Epikureer, sooft sie durch eine objektive Realität und entsprechend dieser entsteht, dann muß, weil jede Vorstellung durch eine zugrunde liegende vorstellbare Realität[76] und entsprechend dieser zustande kommt, jede Vorstellung wahr sein. (206) Einige verwirrt die Verschiedenheit der Vorstellungen, die vom selben sinnlich wahrnehmbaren, z. B. sichtbaren Objekt herzurühren scheinen, so daß das Objekt verschiedenfarbig, verschiedenförmig oder sonstwie unterschiedlich zu sein scheint. Nun aber glauben sie, daß von den so unterschiedlichen und widerstreitenden Vorstellungen die eine wahr, die entgegengesetzte aber falsch sein müßte. Indessen gehört solche Einfalt zu Leuten, (207) die das Wesen der Dinge nicht erkennen. Denn – um beim Sichtbaren zu bleiben – man sieht nicht den Körper in seiner Gesamtheit, sondern nur seine Farbe. Diese Farbe ist einerseits durch den Körper selbst bedingt wie bei den Körpern, die aus naher oder mäßiger Entfernung betrachtet werden; andererseits ist sie auch durch etwas außerhalb des Körpers bedingt, was im Kontinuum (der Sichtlinie) liegt, wie bei den Körpern, die aus großer Entfernung gesehen werden. Dieses[77] verändert sich im Zwischenraum, nimmt eine besondere Form an und erzeugt eine Vorstellung, wie sie in ihm wirklich zugrunde liegt. (208) So hört man auch nicht den Ton, der im angeschlagenen Bronzegefäß oder im Munde eines Schreienden schwingt, sondern den, der auf unser Sinnesorgan trifft. Und wie niemand sagen würde, daß einer falsch hört, wenn er einen Ton aus (weiter)

Entfernung schwach vernimmt, da er ihn ja stärker empfindet, wenn er näher kommt, so könnte ich auch nicht
sagen, daß der Gesichtssinn trügt, weil er aus großer
Entfernung einen Turm klein und rund, aus der Nähe
aber groß und viereckig wahrnimmt; vielmehr spricht
er die Wahrheit, (209) weil, wenn ihm das Wahrnehmbare klein und dergestalt erscheint, es auch wirklich
klein und dergestalt ist, denn die Konturen der Abbilder
werden infolge der Bewegung durch die Luft abge-
schlagen. Wenn es hingegen groß und von anderer Gestalt erscheint, dann ist es auch ebenso groß und von
anderer Gestalt, denn in beiden Fällen liegt nicht dasselbe vor.
Es ist demnach eine abwegige Ansicht, die da meint,
der vorstellbare Gegenstand sei derselbe, ob aus der
Nähe oder aus der Ferne betrachtet. (210) Denn es ist
das spezifische (Vermögen) der Sinnlichkeit, allein das,
was ihr gegenwärtig ist und sie reizt, aufzunehmen, wie
z. B. die Farbe, nicht aber zu entscheiden, daß eine
Sache hier, die andere da zugrunde liegt.[78] Eben deshalb sind die Vorstellungen alle wahr. Die Urteile hingegen zeigen Unterschiede; denn sie sind wahr oder
falsch, da sie ja unsere Beurteilungen der Vorstellungen
sind. Wir urteilen aber teils richtig, teils verkehrt, weil
wir zu den Vorstellungen etwas ergänzen und hinzufügen oder von ihnen etwas wegnehmen und damit ganz
allgemein die unreflektierte Wahrnehmung verfälschen.
(211) Es gibt also nach Epikur wahre und falsche Urteile. Wahr sind die durch Evidenz bezeugten oder nicht
widerlegten, falsch die durch Evidenz widerlegten oder
nicht bezeugten. (212) Bezeugung ist das evidente Begreifen, daß der beurteilte Sachverhalt so ist, wie er beurteilt wurde; z. B., ich vermute, daß Platon dahinten
ankommt, und urteile bei solchem Abstand: es ist Platon.
Nachdem er aber näher gekommen ist, kommt infolge
des Wegfalls der Distanz die Bestätigung hinzu, und
zwar durch eben die Evidenz.
(213) Die Nichtwiderlegung ist die Übereinstimmung
eines unterstellten und angenommenen, sinnlich nicht

wahrnehmbaren Sachverhalts mit einer sinnlichen Erscheinung, aus der er erschlossen wird; z. B. Epikur behauptet, es gibt das Leere, welches ein sinnlich nicht Wahrnehmbares ist. Es werde erhärtet durch eine evidente Tatsache, nämlich durch die Bewegung; denn ohne Leeres könnte es keine Bewegung geben, weil der sich bewegende Körper dann keinen Platz hätte, nach dem er würde hinrücken können, da alles voll und fest sei. (214) Deshalb wird das gefolgerte, sinnlich nicht Wahrnehmbare durch die sinnliche Erscheinung – denn die Bewegung existiert – nicht widerlegt.

Die Widerlegung ist etwas der Nichtwiderlegung Entgegengesetztes. Es ist die Widerlegung der sinnlichen Erscheinung zugleich mit dem angenommenen Unsinnlichen. So sagt z. B. der Stoiker, daß es das Leere nicht gäbe, denn es sei etwas sinnlich nicht Wahrnehmbares; deshalb müsse zugleich mit dieser Annahme auch die Erscheinung selbst, d. h. die Bewegung, aufgehoben werden. So gibt es, da das Leere nicht ist, notwendig auch keine Bewegung, wie von uns bereits deutlich gemacht.

(215) Ebenso ist die Nichtbezeugung der Bezeugung entgegengesetzt. Es ist die durch Evidenz bedingte Aufhebung (eines Urteils), weil der Sachverhalt nicht so ist, wie er beurteilt wurde; wie z. B., wenn wir aus der Entfernung vermuten, es sei Platon, der dahinten kommt, wir aber nach Wegfall der Distanz gewiß erkennen, daß es nicht Platon ist. Das ist eine Nichtbezeugung, denn das Urteil wurde durch die Erscheinung nicht bezeugt. (216) So sind Bezeugung und Nichtwiderlegung das Kriterium, daß etwas wahr, Nichtbezeugung und Widerlegung aber, daß etwas falsch ist. Grundlage und Fundament des Ganzen jedoch ist die Evidenz.

*Sextus Empiricus, Gegen die Wissenschaftler 7,203ff.*

## 94.

Und die Sinneswahrnehmung ergreift, was in sie eindringt, zieht nichts ab, fügt nichts hinzu und verändert

nichts, weil sie unreflektiert ist, und sie gibt grundsätzlich
Wahrheit, weil sie das Seiende so auffaßt, wie es realiter
ist.

*Sextus Empiricus, Gegen die Wissenschaftler 8,9*

### 95.

Dieser[79] aber, wenn er urteilt, nichts sei mehr so beschaffen als auch anders[80], folgt dem epikureischen
Grundsatz, daß alle Wahrnehmungen wahr seien. Wenn
von zwei Menschen der eine behauptet, der Wein sei
sauer, der andere, er sei süß, und keiner durch die
Wahrnehmung getäuscht worden ist, wie könnte dann
der Wein mehr sauer oder mehr süß sein? Kann man
doch auch bemerken, daß dasselbe Bad dem einen warm,
dem anderen kalt erscheint... Wenn nun die eine
Wahrnehmung um nichts mehr wahr ist als die andere,
so ist klar, daß auch das Wasser um nichts mehr kalt als
warm ist...
Was aber jene vielerörterte Entsprechung und Anpassung der Poren der Sinnesorgane[81] betrifft und jene
vielfältige Mischung der Urelemente, die nach ihrer
Meinung in allen Geschmacks-, Geruchs- und Farb-
stoffen sich befinden und in dem einen diese, in dem
anderen jene Qualitätsempfindung hervorrufen, treibt
sie das alles nicht geradewegs zu der Annahme, daß
das eine um nichts mehr so beschaffen sei als auch
anders? Die Epikureer trösten diejenigen, die von der
Fehlleistung der Sinne überzeugt sind auf Grund der
Beobachtung, daß vom selben Objekt entgegengesetzte
Eindrücke bei verschiedenen Leuten entstehen, mit der
Belehrung, daß alle (Qualitätsstoffe) zusammen vermischt vorkämen; so sei denn, weil die Adaptation an die
Qualitäten je und je verschieden ist, das aktuelle Erfassen und Wahrnehmen ein und derselben Qualität
nicht möglich. Denn das Objekt affiziere nicht mit allen
seinen Teilen alle in gleichem Maße, sondern jeder
nehme gerade jene Teile wahr, die seinem Sinnesorgan
angemessen seien...

*Plutarch, Gegen Kolotes 4. 1109 A ff.*

### 96.

Wenn die Epikureer behaupten, unsere Sinneswahrnehmung werde wirklich von einem runden oder gebrochenen Abbild[82] beeindruckt, aber nicht erlauben, damit
auch das Urteil zu verbinden, der Turm sei rund, das
Ruder selbst gebrochen, so verbürgen sie damit (die
Tatsächlichkeit) ihrer Eindrücke und Vorstellungen, sind
aber nicht bereit zuzugeben, daß ihnen die äußeren
Objekte entsprechen...

Das Abbild nämlich, von dem das Auge affiziert wird,
ist gebrochen, das Ruder, von dem das Abbild ausgeht,
keineswegs. Da nun der Wahrnehmungseindruck verschieden ist vom zugrunde liegenden Objekt, so müßte
unser Vertrauen sich auf die Wahrnehmung beschränken
oder diskreditiert werden, wenn es darüber hinaus urteilt, ein Gegenstand sei auch so, wie er erscheine...
Der Epikureer würde aber sagen: Wenn ich an den
Turm herangehe oder das Ruder anfasse, werde ich
beweisen, daß letzteres gerade, jener aber vieleckig ist;
jener (der Kyrenaiker) dagegen wird, auch wenn er noch
so nahe ist, nur das „Dafürhalten" und „Scheinen" und
nichts weiter zugestehen[83]... Daß alle Wahrnehmungen
wahr und wirklich sind, keine aber unzuverlässig und
falsch, diesen Grundsatz läßt du doch im Stich, wenn
du meinst, von diesen (Wahrnehmungen aus der Nähe)
auf die äußeren Objekte schließen zu können, bei den
anderen dagegen sich dein Vertrauen auf die Empfindung beschränkt. Wenn die aus der Ferne oder von
nahem gewonnenen Vorstellungen hinsichtlich ihrer
Glaubwürdigkeit gleich sind, so ist es korrekt, entweder
bei allen oder auch nicht bei den (aus der Nähe Wahrgenommenen) zu urteilen, die Dinge seien so, wie wir
sie wahrnähmen. Wenn es aber einen Unterschied in
der Empfindung ausmacht, ob man einen Gegenstand
aus der Entfernung oder aus der Nähe wahrnimmt,
dann ist die Behauptung falsch, keine Vorstellung oder
Wahrnehmung sei evidenter als die andere.[84]

*Plutarch, Gegen Kolotes 25. 1121 A ff.*

97.

Epikur behauptet, alle Wahrnehmungsobjekte seien
wahr, d. h., jede Vorstellung stamme von einem Realen
und sei so beschaffen wie das, was das Sinnesorgan
erregt. Wer aber behauptet, einige Vorstellungen seien
wahr, andere falsch, der irre, weil er das Urteil von
der unmittelbaren (sinnlichen) Evidenz nicht trennen
könne. Als z. B. Orest die Erinyen[85] zu sehen schien,
da war die von Abbildern erregte Sinneswahrnehmung
wahr; denn es lagen die Abbilder zugrunde. Der Verstand aber in der Meinung, die Erinyen seien reale
Körper, fällte ein falsches Urteil.

*Sextus Empiricus, Gegen die Wissenschaftler 8,63f.*

98.

Der Philosoph weiß eine (bloße) Meinung von einer
(absoluten) Gewißheit zu unterscheiden.[86]

*Cicero, Lehren der Akademie 2,45*

99.

Unter Prolepse versteht Epikur das Erfassen eines Evidenten, d. h. eines evidenten Begriffs einer Sache. Ohne
diesen evidenten Begriff kann weder eine Untersuchung
angestellt noch ein Problem formuliert werden, weder
ein Urteil gebildet noch etwas widerlegt werden.

*Klemens von Alexandria, Stromateis 2,16*

100.

Sie (d. h. die Epikureer) leugnen entschieden die Kategorie der ideellen Begriffe, die doch das Wesen des
Geistes ausmachen, und lassen nur die Worte und die
von ihnen gemeinten Objekte gelten; denn sie behaupten, daß die in der Mitte (zwischen Objekt und Wort)
liegenden (ideellen Begriffe), durch die doch alle Wissenschaften, Lehren, evidenten Begriffe, Gedanken, Untersuchungen und Urteile vorhanden sind, ganz und gar nicht
existieren.[87]

*Plutarch, Gegen Kolotes 22. 1119 F*

GÖTTERLEHRE

### 101.

Epikur·war der Meinung, daß die Menschen ihren Begriff von Gott durch die Vorstellungen während des Schlafes gewönnen.

*Sextus Empiricus, Gegen die Wissenschaftler 9,25*

### 102.

Nach Epikur haben die Götter Menschengestalt, sind nur mit dem Verstand wahrnehmbar wegen der Feinheit ihrer Abbilder (die uns zufließen).

*Aetios 1,7,34*

### 103.

Epikur versichert, daß Gott ewig und unsterblich ist, aber er kümmert sich um nichts, kurz es gibt weder Fürsorge noch Schicksal, denn alles geschieht von selbst (mechanisch). Gott hält sich auf in den von ihm sogenannten Zwischenwelten ... Hier erfreue sich dieser in ruhiger Sorglosigkeit eines äußersten Glücksgefühls, habe selbst keine Schwierigkeiten, wie er auch niemandem welche bereite.

*Hippolytos, Widerlegung aller Häresien 1,22*

### 104.

Es ist, behauptet Epikur, keine rechte Ordnung (in der Welt).[88] Vieles ist nämlich anders gemacht, als es hätte gemacht werden sollen ...

*Lactantius, Göttliche Unterweisungen 3,17,8*

### 105.

Welchen Nutzen, sagt Epikur, versprach sich Gott vom Menschen, daß er ihn um seinetwillen erschaffen hätte? ... Was soll die Verehrung der seligen und bedürfnislosen Gottheit? Denn wenn er den Menschen so

schätzte, daß er seinetwegen die Welt schuf, ihn mit
Verstand ausstattete, zum Herrn der Lebewesen machte
und ihn wie einen Sohn liebte, warum hat er ihn dann
sterblich und schwächlich geschaffen? Warum setzte er
ihn, den er liebte, allen Übeln aus?[89]

*Lactantius, Göttliche Unterweisungen 7,5,3*

### 106.

Epikur sagt: Entweder will Gott die Übel in der Welt
abschaffen und kann es nicht, dann ist er schwach; oder
er kann es und will es nicht, dann ist er schlecht; oder
er kann es nicht und will es nicht, dann ist er schwach
und schlecht und in jedem Falle kein Gott, oder er kann
es und will es, woher kommen dann die Übel? Und
warum beseitigt er sie nicht?[90]

*Lactantius, Über den Zorn Gottes 13,19*

### 107.

Wenn Gott die Gebete der Menschen erhören wollte,
dann wären alle schon längst umgekommen, weil sie
für ihresgleichen beständig alles erdenklich Schlimme
erflehen.

*Spruchsammlung im Pariser Codex 1168 f. 115*

# Cicero, Über das Wesen der Götter[1]

(1,42) Alle von mir bislang dargelegten Ansichten machen freilich mehr den Eindruck von Wahnvorstellungen Schwachsinniger als von philosophischen Erkenntnissen; denn nicht viel alberner sind die Wortergüsse der Dichter, die gerade durch ihre reizvolle Poesie Schaden angerichtet haben.[2] Sie ließen Götter auftreten, die von Zorn entflammt und vor Gier toll sind, und sie haben uns ihre kriegerischen Kämpfe und Prügeleien und Wunden, dazu ihre Haßgefühle und heftigen Zerwürfnisse, ihre Geburt und ihren Tod, ihre jammervollen Klagen, ihre maßlosen Ausschweifungen und Ehebruchsgeschichten, ihre Gefangenschaften, ihren Liebesverkehr mit Menschen und die daraus entstandenen sterblichen Kinder vor Augen geführt. (43) Diesem poetischen Unfug darf man die Phantastereien der Magier und den Irrsinn der Ägypter zum gleichen Problem an die Seite stellen. Dann sind da noch die Meinungen der Masse, die sich durch ein Maximum von Inkonsequenz und Dummheit hervortun.

Wer nun bedenkt, wie entsetzlich unvernünftig alle diese Äußerungen sind, der müßte doch für Epikur Verehrung empfinden und ihn zu eben denjenigen zählen, deren Wesen hier untersucht werden soll.[3] Er allein hat erkannt, daß es zunächst einmal deshalb Götter geben muß, weil die Natur selbst uns allen einen Begriff davon eingeprägt hat. Denn wo ist das Volk oder die Menschenart, die, von aller Belehrung unberührt, nicht doch einen gewissen Vorbegriff von den Göttern hätte? Epikur nannte diesen (Vorbegriff) Prolepsis, d. h. die im Geist vorweggenommene Vorstellung einer Sache[4], ohne die nichts erkannt, erforscht, erörtert werden kann. Über die Bedeutung und die Zweckmäßigkeit dieses Gedankens sind wir durch Epikurs göttliches Buch „Über das Kriterium der Wahrheit" (Kanon) belehrt worden. (44) Die

Grundlage unseres Problems ist also, wie ihr seht, deutlich dargelegt. Da nun die Vorstellung (von den Göttern) nicht durch irgendwelche Verordnungen, Sitten oder Gesetze begründet worden ist, es aber eine feste einmütige Übereinstimmung hierin gibt, so bleibt nur einzusehen, daß Götter existieren, eben weil wir eingepflanzte oder besser angeborene Begriffe von ihnen besitzen. Worin aber alle Welt übereinstimmt, das muß wahr sein. Also muß man zugeben, daß es Götter gibt. Da dieser Grundsatz nicht nur von fast allen Philosophen, sondern auch von den Ungebildeten akzeptiert wird, so, folgern wir weiter, steht auch fest, daß wir auf Grund jenes vorhin erwähnten Vorbegriffs von den Göttern . . . (45) sie für glückselig und unsterblich halten. Denn das, was uns eine Vorstellung von der Existenz der Götter vermittelte, prägte unserem Geist auch ein, sie für ewig und glückselig zu halten. Wenn dem so ist, besteht auch jener Gedanke Epikurs zu Recht, daß ein seliges und ewiges Wesen weder sich selbst um irgend etwas sorgt noch anderen Sorge bereitet. Daher sind ihnen weder Zorn noch Zuneigung eigen; alles das sind Zeichen der Schwäche.

Wenn wir nun mit unserer Untersuchung nichts anderes erreichen wollten als die fromme Verehrung der Götter und die Befreiung vom Aberglauben, so genügte das Gesagte; denn dann würde das vortreffliche Wesen der Götter wegen seiner Ewigkeit und Glückseligkeit in frommem Pflichtgefühl von den Menschen in Ehren gehalten, wie alles Überragende Anspruch auf Verehrung hat. Zugleich wäre jegliche Furcht vor der Macht und dem Zorn der Götter beseitigt. Es ist ja klar, daß Zorn und Zuneigung nichts mit einem glückseligen und unsterblichen Wesen zu tun haben und daß mit ihrer Beseitigung nichts Furchterregendes mehr von seiten der Himmlischen droht. Aber um diese Ansicht zu erhärten, sucht man auch die Gestalt, die Lebensweise und die Geistestätigkeit des Göttlichen zu ermitteln.[5]

(46) Was die Gestalt angeht, so kann uns die Natur Hinweise, die Vernunft Belehrung erteilen. Denn natur-

gemäß stellen sich alle Völker die Götter nur anthropo-
morph vor. Welche andere Gestalt erschien nämlich
jemals einem Wachenden oder Träumenden? Aber damit
wir nicht alles aus den Vorbegriffen ableiten: auch die
vernünftige Überlegung kommt zum selben Ergebnis.
(47) Denn da es einem Wesen, das wegen seiner Glückseligkeit und Ewigkeit das erhabenste ist, angemessen
sein dürfte, auch das schönste zu sein, welche Glieder-
komposition, welche Konturen, welche Figur und Form
könnte schöner sein als die menschliche? Während mein
(akademischer Skeptiker) Cotta hier keine feste Ansicht
vertritt, stellt jedenfalls ihr (in der stoischen Schule),
Lucilius, wenn ihr das Kunstwerk der göttlichen Schöpfung beschreibt, so häufig dar, wie sehr bei der Gestalt
des Menschen doch alles nicht nur auf Zweckmäßigkeit,
sondern sogar auf Schönheit angelegt ist. (48) Wenn
also die Gestalt des Menschen die aller beseelten Wesen
übertrifft, Gott aber ein beseeltes Wesen ist, so hat er
folgerichtig jene Gestalt, die die schönste ist. Und da
nun erwiesen ist, daß die Götter im höchsten Grade
glückselig sind, niemand aber glückselig ohne Tugend
sein kann, welche wiederum nicht ohne Vernunft, die
Vernunft aber nur in der menschlichen Gestalt existieren
kann, so muß man zugeben, daß die Götter die Gestalt
des Menschen besitzen. (49) Dennoch ist diese Gestalt
kein Körper, sondern ein Quasi-Körper, und sie hat
auch kein Blut, sondern Quasi-Blut.

Obwohl das alles von Epikur weit scharfsinniger konzipiert und subtiler erläutert worden ist, als daß es Hinz
und Kunz begreifen könnten, so habe ich im Vertrauen auf eure Intelligenz mich knapper darüber ausgelassen, als es die Sache erfordert.[6] Epikur aber, der
die unsichtbaren und tief verborgenen Dinge nicht nur
im Geiste geschaut, sondern auch so dargestellt hat, als
hätte er sie in der Hand, belehrt uns, daß die Götter
eine Wesensart haben, die zunächst nicht durch die
Sinne, sondern den Geist erfaßt wird, und auch nicht
in ihrer soliden Struktur und ihrer individuellen Singu-
larität wie die Dinge, die er wegen ihrer Festigkeit

Steremnia nennt, sondern durch Abbilder, die infolge
ihrer Ähnlichkeit ineinander übergegangen sind.[7] Und
weil eine unendliche Spezies fast gleicher Bilder, die
aus unzähligen Atomen bestehen, den Göttern zuströ-
men[8], kann sich unser Geist mit größtem Vergnügen auf
die Bilder richten, um einzusehen, was ein glückseliges
und ewiges Wesen sei. (50) Hier muß nun unbedingt
der hochbedeutsame Begriff des Unendlichen sehr sorgfältig betrachtet werden. Dann wird man notwendigerweise in ihm das Prinzip erkennen, daß überall Gleiches
Gleichem entspricht. Das nennt Epikur Isonomie, d. h.
gleichmäßige Zuteilung.[9] Daraus ergibt sich nun, daß
die Anzahl der unsterblichen Wesen nicht geringer sein
kann als die der sterblichen und daß, wenn es zahllose
zerstörende Kräfte gibt, es auch zahllose erhaltende
geben muß.

Auch fragt ihr uns häufig, Balbus, welches Leben die
Götter führen und wie sie ihre Zeit verbringen. (51)
Natürlich so, wie es glücklicher und reicher an allen
Gütern nicht vorgestellt werden kann. Gott tut absolut
nichts, ist in keine Geschäfte verwickelt, plagt sich mit
keinen Arbeiten herum, sondern erfreut sich (nur) seiner
Weisheit und Tugend und hat die Gewißheit, immer
in den köstlichsten und ewig dauernden Wonnen zu
leben. (52) Diesen Gott bezeichnen wir mit Recht als
glückselig, euren (stoischen) aber als sehr geplagt. Wenn
nämlich das Weltall selbst Gott ist, was kann ruheloser
sein als etwas, das sich ohn Unterlaß mit erstaunlicher
Geschwindigkeit um die Himmelsachse dreht? Ohne
Ruhe aber gibt es keine Glückseligkeit. Wenn aber
irgendein Gott im Weltall wohnt, der es lenkt und leitet,
den Lauf der Sterne, den Wechsel der Jahreszeiten und
die Entwicklung und Beschaffenheit der Dinge in Ordnung hält, Länder und Meere beobachtet und sich um
Wohlfahrt und Leben der Menschen kümmert, der ist
doch in recht lästige und mühselige Geschäfte verwik-
kelt. (53) Für uns aber besteht ein glückseliges Leben in
der Gemütsruhe und im Freisein von allen Aufgaben.
Epikur nämlich, der uns auch in allem übrigen belehrt,

sagt uns, die Welt sei auf natürliche Weise entstanden, ohne daß es einer Schöpfung bedurft hätte; und das, was nach eurer Ansicht nicht ohne göttliche Kunst zustande gekommen wäre, sei so einfach, daß das Naturgeschehen schon zahllose Welten hervorgebracht hätte, hervorbrächte und noch hervorbringen würde. Weil ihr aber nicht begreift, wie die Natur dies ohne ein geistiges Wesen zustande bringen könnte, so nehmt ihr, wie die Tragiker, wenn sie die Handlung am Ende nicht mehr auflösen können, eure Zuflucht zu Gott.[10] (54) Dessen Hilfe nähmt ihr nämlich nicht in Anspruch, wenn ihr die unermeßliche, gänzlich grenzenlose Weite des Alls bedenken würdet, in der unser Geist, wenn er sich aufmerksam in ihr versenkt hat, weit und breit umherwandert, ohne je auf eine äußerste Grenze zu stoßen, wo er haltmachen könnte. In dieser dreidimensionalen Unermeßlichkeit fliegt eine unendlich große Masse unzähliger Atome umher, die sich trotz des leeren Raumes verbinden, indem sie sich gegenseitig festhaken und so ein zusammenhängendes Ganzes bilden. Dadurch entstehen jene Formen und Gestalten der Dinge, die, wie ihr meint, ohne Blasebalg und Amboß nicht zustande kämen. Deshalb habt ihr uns einen ewigen Gebieter auf den Hals gehetzt, den wir Tag und Nacht fürchten müssen. Denn wer sollte nicht einen Gott fürchten, der alles besorgt, bedenkt und bemerkt, der glaubt, alles gehe ihn an, und der an allem interessiert und voller Geschäftigkeit ist? (55) Von da aus seid ihr zur Konzeption jener fatalistischen Notwendigkeit gekommen, die ihr Heimarmene nennt, so daß ihr meint, alles Geschehen verlaufe nach der immerwährenden Wahrheit der Kausalitätsgesetzlichkeit. Was aber soll man von einer Philosophie halten, die gleich alten Weibern – und zwar ungebildeten – alles vom Fatum geregelt glaubt? Ferner folgt daraus eure Weissagekunst, die uns in ein Meer von Aberglauben tauchte, wenn wir auf euch hören wollten, so daß wir Haruspizes[11], Auguren[12], Propheten, Seher und Traumdeuter zu verehren hätten. (56) Von all diesen Schreckgespenstern hat uns Epikur gründlich befreit, und so brauchen wir jene (Götter) nicht zu fürchten, die, wie wir wissen, weder sich noch einem anderen Ärger bereiten, während wir ihr erhabenes und vortreffliches Wesen in frommer Pflichterfüllung verehren.

# Cicero, Über das höchste Gut und das größte Übel[1]

(1,29) Zunächst werde ich so vorgehen, wie es der Schöpfer dieser Lehre selbst für richtig hält: Ich werde den Gegenstand unserer Untersuchung und seine Beschaffenheit feststellen, nicht weil ich meinte, daß ihr darüber im unklaren seid, sondern um in meiner Darstellung methodisch exakt vorzugehen. Wir fragen also, was das äußerste und letzte Gut sei, das nach der Meinung aller Philosophen so beschaffen sein muß, daß darauf alles andere zu beziehen ist, es selbst sich aber auf nichts anderes mehr bezieht.[2] Epikur findet es in der Lust. Sie soll das höchste Gut sein und der Schmerz das schlimmste Übel.

(30) Er unternimmt es, dies auf folgende Art zu zeigen: Jedes Lebewesen erstrebe von Geburt an die Lust und freue sich ihrer als des höchsten Gutes. Den Schmerz dagegen weise es ab als das größte Übel und stoße ihn von sich, so weit es könne. Dies tue es, solange es noch nicht verdorben sei und die Natur selbst noch in unverfälschter Reinheit urteile. Darum bestreitet Epikur, daß es der Begründung und Erörterung darüber bedürfe, aus welchem Grunde die Lust zu erstreben und der Schmerz zu meiden sei. Er meint, daß man das empfinde, so wie man empfinde, daß Feuer heiß, Schnee weiß und Honig süß ist. Auch bei diesen Dingen bedürfe es nicht der Begründung durch sorgfältige Untersuchungen, ein bloßer Hinweis reiche aus.

Es bestehe nämlich ein Unterschied zwischen regelrechter Beweisführung und Schlußfolgerung[3] auf der einen und einfachem Wahrnehmen und Hindeuten auf der anderen Seite. Durch das erste Verfahren werde Verborgenes und gewissermaßen Verhülltes erschlossen, durch das zweite lediglich das offen Zutageliegende beurteilt. Da nun für den Menschen kein anderes Kriterium übrigbleibt, wenn man ihm die Sinneswahrnehmung entzieht, muß die Natur selbst beurteilen, was der Natur gemäß oder ihr zuwider ist. Was aber empfindet oder beurteilt diese, sei es als Ziel des Strebens, sei es als Gegenstand des Meidens, außer der Lust und dem Schmerz?

(31) Es gibt freilich in unserer Schule auch Leute[4], die diese Fragen sorgfältiger behandeln möchten und erklären, es sei nicht ausreichend, nach der Empfindung zu beurteilen, was gut oder schlecht sei, sondern man könne auch durch Vernunfterwägung des Geistes erkennen, daß die Lust an und für sich zu erstreben und der Schmerz an und für sich zu meiden sei. So sagen sie, daß unserem Geist die gewissermaßen naturgegebene und angestammte Vorstellung innewohne, derzufolge wir empfinden, daß das eine zu erstreben, das andere zu meiden sei. Wieder andere – ihnen stimme ich selbst zu – meinen, wir dürften, da eine Reihe von Philosophen ausführlich darlegen, weshalb die Lust nicht zu den Gütern und der Schmerz nicht zu den Übeln zu rechnen sei, nicht allzusehr auf unsere gute Sache vertrauen. Vielmehr halten sie es für notwendig, auf dem Wege der Beweisführung und exakten Erörterung mit stichhaltigen Begründungen über die Lust und den Schmerz zu diskutieren.

(32) Doch damit ihr erkennt, worauf dieser ganze Irrtum derer beruht, die die Lust anklagen und den Schmerz preisen, werde ich den Gegenstand in seinem vollen Umfang klarlegen und eben die Lehren entwickeln, die jener Entdecker der Wahrheit und gewissermaßen Baumeister des glückseligen Lebens verkündet hat.[5] Denn niemand verschmäht, haßt oder meidet die Lust an sich, weil sie Lust ist, sondern weil sie große Schmerzen zur Folge hat für diejenigen, die es nicht verstehen, die Lust mit vernünftiger Überlegung zu suchen. Andererseits gibt es niemanden, der den Schmerz an sich, weil er Schmerz ist, lobt, sucht oder sich verschaffen möchte, sondern nur weil bisweilen Umstände eintreten, unter denen man durch Mühsal und Schmerz irgendeine große Lust zu gewinnen sucht. Um nämlich auf Kleinigkeiten zu sprechen zu kommen:

Wer von uns wird sich einer körperlichen Strapaze unterziehen, wenn nicht in der Hoffnung, daraus einen Vorteil zu gewinnen? Wer würde mit Recht den tadeln, der sich derjenigen Lust zu erfreuen wünscht, auf die keinerlei Beschwerde folgt, oder jenen, der denjenigen Schmerz meidet, durch den keine Lust hervorgerufen wird?

(33) Dagegen klagen wir an und meinen, es verdienten mit Recht verabscheut zu werden diejenigen, die, durch den Reiz der gegenwärtigen Lustempfindungen verlockt und verleitet und von ihrer Gier verblendet, nicht voraussehen, welche Schmerzen und Mühen ihnen bevorstehen. Dieselbe Schuld haben jene, die aus Bequemlichkeit des Geistes, d. h. aus Scheu vor Mühen und Schmerzen, ihre Pflichten vernachlässigen. Den Unterschied, der in diesen Dingen besteht, kann man leicht und ohne Umstände feststellen. Denn im Zustand der Freizügigkeit, wenn uns die Möglichkeit gelassen ist, frei zu wählen, und nichts uns hindert, das zu tun, was uns am meisten gefällt, ist es angebracht, jede Lust anzunehmen und jeden Schmerz abzuweisen. Unter bestimmten Umständen aber und infolge bestehender Verpflichtungen oder aus dem Zwang der Lage wird oft der Fall eintreten, daß man auf Lustempfindungen verzichten muß und Belastungen nicht von sich weisen kann. Daher läßt sich der Weise in diesen Fragen von dem Prinzip der Auswahl leiten[6], daß er entweder durch Verzicht auf gewisse Formen der Lust andere, größere erzielt oder durch das Erdulden von Schmerzen schlimmere Schmerzen fernhält.

(34) Wenn ich mich an diese Lehre halte, warum sollte ich fürchten, daß ich mit ihr nicht die Haltung unserer beiden Torquati[7] in Einklang bringen könne? Du hast sie vorhin mit gutem Gedächtnis und in freundschaftlicher und wohlwollender Gesinnung mir gegenüber angeführt, doch hast du mich durch das Lob meiner Vorfahren in meiner Haltung nicht wankend gemacht noch mich veranlaßt, mit meiner Antwort zu zögern. Wie, so frage ich, deutest du ihre Taten? Meinst du, daß sie auf den bewaffneten Feind losgegangen sind oder gegen

ihre Kinder, gegen ihr eigenes Fleisch und Blut, sich so
grausam gezeigt haben, ohne dabei den Nutzen und
ihren Vorteil im Auge zu haben? Nicht einmal die
wilden Tiere verhalten sich so. Sie stürzen nicht einfach
los und bringen alles in einer Weise durcheinander, daß
wir nicht erkennen könnten, zu welchem Zweck sie
sich bewegen und angreifen. Meinst du, daß jene hervorragenden Männer so große Leistungen ohne Grund vollbracht haben? (35) Was der Grund war, werden wir
gleich sehen.

Inzwischen will ich nur festhalten, daß, wenn sie aus
irgendeinem Grunde diese unbezweifelbar hervorragenden Leistungen vollbracht haben, die Tugend an sich
für sie jedenfalls nicht der Beweggrund war. – „Er hat
dem Feind die Halskette entrissen." – „Gewiß, aber
er hat sich geschützt, um nicht getötet zu werden." –
„Aber er hat sich in eine große Gefahr begeben." –
„Sicher, aber unter den Augen des Heeres." – „Was hat
er damit gewonnen?" – „Ruhm und Hochschätzung, die
die sichersten Stützen eines Lebens frei von Furcht
sind." – „Er hat seinen Sohn mit dem Tode bestraft."
– „Wenn ohne Grund, dann möchte ich nicht von ihm
abstammen, von einem so rücksichtslosen und grausamen
Menschen. Wenn er es aber tat, um auf Kosten des
eigenen Schmerzes die Ordnung der militärischen Be-
fehlsgewalt zu festigen und das Heer in einem äußerst
harten Krieg durch die Furcht vor der Strafe in seiner
Gewalt zu behalten, dann sorgte er auf diese Weise
für das Wohl seiner Mitbürger, von dem, wie er erkannte, sein eigenes abhing."

(36) Und dieses Prinzip hat weithin Gültigkeit. Denn
jener Themenkreis, in dem sich eure Rede mit Vorliebe zu bewegen pflegt (besonders bei dir, der du dich
voller Eifer der Geschichte widmest), diese Art, berühmter und tapferer Männer zu gedenken und ihre
Taten nicht unter dem Aspekt irgendeines Nutzens, sondern um des Glanzes der Tugend selbst willen zu loben,
dies alles wird gegenstandslos, wenn man jenes eben
erwähnte Prinzip der Auswahl aufstellt, demzufolge

man auf gewisse Lustgefühle verzichtet, um größere Lustgefühle zu gewinnen, oder gewisse Schmerzen auf sich nimmt, um größeren Schmerzen zu entgehen.

(37) Doch was die glänzenden und ruhmreichen Taten berühmter Männer betrifft, so soll es mit dem hier Gesagten sein Bewenden haben. Es wird nämlich bald eigens darüber zu sprechen sein, daß alle Tugenden auf die Lust hinauslaufen. Jetzt aber will ich darlegen, was und von welcher Art die Lust selbst ist, damit die ganze Verwirrung bei den Unkundigen beseitigt werde und man erkenne, wie ernst, beherrscht und streng diese Lehre ist, die man für genußsüchtig, üppig und weichlich hält. Wir gehen nämlich nicht nur der Lust nach, die unsere Natur selbst durch irgendeine Annehmlichkeit erregt und die von den Sinnen mit einem gewissen Genuß aufgenommen wird, sondern für die größte Lust halten wir diejenige, die nach Beseitigung allen Schmerzes empfunden wird. Denn da wir uns, wenn wir vom Schmerz befreit werden, bereits an dem Akt der Befreiung und über den Zustand des Freiseins von aller Belästigung freuen und da alles, woran wir uns freuen, Lust ist, und alles, was uns verletzt, Schmerz, so hat man die Befreiung von jeglichem Schmerz mit Recht Lust genannt. Wie nämlich, wenn durch Speise und Trank Hunger und Durst beseitigt sind, eben die Beseitigung der Beschwernis Lust zur Folge hat, so bewirkt in jedem Falle die Entfernung des Schmerzes das Nachfolgen der Lust.

(38) Deshalb nahm Epikur nicht einen Zwischenzustand zwischen Schmerz und Lust an. Denn eben jenes, was einige für einen Zwischenzustand halten, das Fehlen jeglichen Schmerzes, ist nach seiner Auffassung nicht nur Lust, sondern sogar die höchste Lust. Denn jeder, der eine Empfindung von seinem Zustand hat, muß sich entweder im Zustand der Lust oder des Schmerzes befinden. Epikur meint nun, daß die höchste Lust in der Beseitigung jeglichen Schmerzes ihre Grenze habe, so daß sich die Lust später zwar verändern und modifizieren, nicht aber steigern und erweitern läßt.

(39) Wie ich von meinem Vater hörte, der die Stoiker mit feinem und geistreichem Spott bedacht hat, steht in Athen im Kerameikos[8] eine Statue des Chrysippos.[9] Dieser sitzt mit ausgestreckter Hand, und die Hand deutet angeblich auf eine kurze Frage hin, an der er seinen Spaß gehabt haben soll: „Begehrt deine Hand in dem Zustand, in dem sie sich jetzt befindet, irgend etwas?" – „Gewiß nicht." – „Wenn aber die Lust ein Gut wäre, würde sie sie begehren?" – „Ich glaube, ja." – „Also ist die Lust kein Gut." – „Das würde nicht einmal eine Statue sagen, wenn sie sprechen könnte", pflegte mein Vater zu bemerken. Gegen die Kyrenaiker[10] ist dies nämlich eine scharfsinnige Schlußfolgerung; aber Epikur trifft sie nicht. Denn wenn das allein Lust wäre, was die Sinne sozusagen kitzelt und auf diese voller Annehmlichkeit zufließt und in sie eindringt, dann könnte weder die Hand noch sonst ein Körperteil mit der bloßen Freiheit von Schmerz zufrieden sein ohne die angenehme Bewegung der Lust.

Wenn aber, wie Epikur meint, die höchste Lust darin besteht, keinen Schmerz zu empfinden, dann ist dir, lieber Chrysippos, deine erste Behauptung, daß nämlich die Hand, wenn sie sich in jenem Zustand befindet, nichts begehrte, mit Recht zugestanden, die zweite jedoch nicht, daß nämlich die Hand die Lust begehrt haben würde, wenn sie ein Gut wäre. Sie würde sie eben deshalb nicht begehren, weil das, was von Schmerz frei ist, sich im Zustand der Lust befindet.

(40) Daß die Lust das höchste Gut ist, läßt sich aus dem Folgenden leicht erkennen. Nehmen wir einen Mann, der große, vielfache und anhaltende Lust an Körper und Geist genießt, ohne daß ihn ein Schmerz behindert oder bedroht, welchen Zustand könnten wir dann vorzüglicher oder erstrebenswerter nennen als diesen? Ein Mensch, der sich in einem solchen Zustand befindet, muß nämlich die Seelenstärke haben, die weder den Tod noch den Schmerz fürchtet, da der Tod keine Empfindung kennt und der Schmerz gewöhnlich leicht ist im Falle der langen Dauer, kurz aber im Falle großer

Intensität, so daß über die Intensität des Schmerzes seine
Kürze, über die Dauer seine Leichtigkeit tröstet. (41)
Wenn dann noch hinzukommt, daß er weder vor einem
göttlichen Walten Furcht hat noch die vergangenen Lustempfindungen entschwinden läßt, sondern sich durch
deren fortwährende Vergegenwärtigung Freude verschafft – was könnte da noch Besseres hinzukommen?
Dagegen stelle einen Menschen, der von so großen
geistigen und körperlichen Schmerzen verzehrt wird, wie
sie einen Menschen nur treffen können, ohne Hoffnung,
daß eine Erleichterung jemals eintreten werde, ohne
jede Freude, die er im Augenblick hat oder noch erwarten kann – was kann man Unglücklicheres nennen
oder sich vorstellen als dies? Wenn also ein schmerz-
erfülltes Leben am meisten zu meiden ist, dann ist es
in der Tat das größte Übel, unter Schmerzen zu leben.
In Übereinstimmung mit diesem Satz ist es das höchste
Gut, in der Lust zu leben. Denn unser Geist kennt nichts
anderes, wo er gleichsam wie an einer Grenze anhalten
könnte, und alle Ängste und alle Kümmernisse lassen
sich auf den Schmerz zurückführen, und außer ihm ist
nichts, was seiner Natur nach Sorge oder Angst hervorrufen könnte.

(42) Außerdem nehmen die ersten Regungen des Er-
strebens und Meidens und überhaupt allen Handelns
von der Lust oder vom Schmerz ihren Ausgang. Da das
so ist, muß einleuchten, daß alles Rechte und Lobens-
werte sich auf das lustvolle Leben bezieht. Da dies aber
das höchste, letzte und äußerste der Güter ist – die
Griechen nennen es Telos –, worauf sich alle Dinge
beziehen, während es selbst sich auf nichts anderes bezieht, so muß man zugeben, daß es das höchste Gut ist,
angenehm zu leben. Diejenigen, die das höchste Gut
allein in der Tugend sehen und, verführt vom Glanz
des Namens, nicht erkennen, was die Natur verlangt,
werden vom größten Irrtum befreit werden, wenn sie
bereit sind, auf Epikur zu hören. Denn wenn diese
eure außerordentlichen und prachtvollen Tugenden keine
Lust erzeugten, wer würde sie für löblich oder er-

strebenswert halten? Wie wir nämlich die ärztliche Wissenschaft nicht um der Kunstfertigkeit als solcher willen schätzen, sondern um der Gesundheit willen, und wie die Steuermannskunst gelobt wird, weil sie die Technik der Seefahrt beherrscht, d. h. ihrer Nützlichkeit wegen und nicht um der Kunst als solcher willen, so würde die Weisheit, die als Lebenskunst gelten muß, nicht erstrebt, wenn sie nichts zustande brächte. Sie wird aber erstrebt, weil sie sich gewissermaßen auf die Kunst versteht, Lust aufzusuchen und zu verschaffen.

(43) Was ich unter Lust verstehe, wißt ihr nun. Ich möchte nicht, daß meine Ausführungen durch die Abneigung gegen ein Wort beeinträchtigt werden. Da nun aus der Unkenntnis von Gut und Böse die Qualen des menschlichen Lebens zum größten Teil herrühren und die Menschen infolge dieser Unklarheit oft der größten Lustgefühle beraubt und von den schlimmsten geistigen Schmerzen gepeinigt werden, muß man sich der Weisheit bedienen, die die Schrecknisse und Begierden beseitigt, die Unbesonnenheit aller falschen Meinungen ausrottet und sich uns als der sicherste Führer zur Lust anbietet. Denn es ist nur die Weisheit, die die Traurigkeit aus unserem Geist vertreibt und nicht zuläßt, daß wir in Furcht erstarren. Mit dieser Lehrmeisterin kann man in Ruhe leben; durch sie wird der Brand aller Begierden ausgelöscht. Denn die Begierden sind unersättlich. Sie richten nicht nur einzelne Menschen, sondern ganze Familien zugrunde, und oft bringen sie sogar den ganzen Staat ins Wanken. Die Begierden sind die Quelle von Haß, Streit, Zwietracht, Aufruhr und Krieg. Diese treiben nicht nur draußen ihr Wesen und stürzen sich nicht nur in blindem Angriff auf andere, sondern eingeschlossen im Inneren des Geistes liegen sie miteinander in Streit und Zwist, woraus notwendig das bitterste Leben entsteht. Deshalb kann nur der Weise, der den ganzen leeren Wahn und Irrtum beseitigt und ausgerottet hat und sich zufrieden in den Grenzen der Natur hält, ohne Kummer und ohne Furcht leben.

(45) Denn welche Einteilung ist in höherem Grade zweckentsprechend und passend für das glückliche Leben als diejenige, die Epikur vornimmt? Dieser nahm erstens eine Kategorie von Begierden an, die natürlich und notwendig sind, zweitens solche, die natürlich und nicht notwendig, drittens solche, die weder natürlich noch notwendig sind. Das Prinzip dieser Ordnung ist, daß die notwendigen Bedürfnisse ohne viel Mühe und Aufwand erfüllt werden. Auch die natürlichen Bedürfnisse verlangen deshalb nicht viel, weil die Natur selbst jene Reichtümer, mit denen sie sich zufriedengibt, leicht verfügbar und auf ein bestimmtes Maß beschränkt hält. Bei den leeren Begierden aber findet man weder Maß noch Grenze. (46) Wenn wir also sehen, daß das ganze Leben durch Irrtum und Unwissenheit in Verwirrung gerät und es allein die Weisheit ist, die uns vorm Ansturm der Begierden und dem Schrecken der Ängste schützt und die auch die Ungerechtigkeiten des Schicksals bescheiden zu ertragen lehrt und alle Wege aufzeigt, die zu Ruhe und Seelenfrieden führen, wie können wir dann zögern zu behaupten, daß die Weisheit um der Lust willen zu erstreben und die Torheit der Beschwerden wegen zu meiden sei?

(47) Aus dem gleichen Grunde werden wir sagen, daß auch die Mäßigung nicht um ihrer selbst willen zu erstreben sei, sondern weil sie dem Geist Frieden bringt und diesen gleichsam durch Eintracht besänftigt und beschwichtigt. Denn die Mäßigung ist es, die uns mahnt, beim Streben oder Meiden der Vernunft zu folgen. Denn es reicht ja nicht aus, zu entscheiden, was man tun oder unterlassen soll, sondern man muß auch bei dem bleiben, was man entschieden hat. Weil die meisten aber an dem, was sie selbst beschlossen haben, nicht festzuhalten vermögen, liefern sie sich, von einem auftauchenden Scheinbild der Lust überwältigt und geschwächt, den Fesseln der Begierden aus und bedenken nicht, was daraus entstehen mag. Aus diesem Grunde verfallen sie wegen einer geringfügigen und entbehrlichen Lust, die auch auf anderem Wege erreicht oder

ohne Schmerz entbehrt werden könnte, bald in schwere Krankheiten, bald in Schaden, bald in Schande und werden oft sogar den Strafen der Gesetze und Gerichtsurteile unterworfen.

(48) Diejenigen aber, die Lustempfindungen in einer Weise genießen wollen, daß sie keine Schmerzen zur Folge haben, und die an ihrer Entscheidung festhalten, um nicht, von der Lust verleitet, das zu tun, was sie, wie sie fühlen, nicht tun dürften, gewinnen die größte Lust durch Verzicht auf Lust. Dieselben ertragen auch oft einen Schmerz, um nicht, falls sie es unterlassen, einem größeren Schmerz zu unterliegen. Daraus läßt sich erkennen, daß man die Maßlosigkeit nicht um ihrer selbst willen meiden soll und die Mäßigung erstreben muß, nicht weil sie die Lustempfindungen meidet, sondern deshalb, weil sie größere Lustempfindungen im Gefolge hat.

(49) Dasselbe Prinzip wird man bei der Tapferkeit entdecken. Denn weder das Überstehen von Mühen noch das Ertragen von Schmerzen ist an sich anziehend und auch nicht Geduld, Beharrlichkeit und wacher Eifer, auch nicht der so gerühmte Fleiß und nicht einmal die Tapferkeit – sondern diese Dinge erstreben wir, um ohne Sorge und Furcht leben zu können und Geist und Leib, soweit dies erreichbar ist, von Belästigung zu befreien.

Wie nämlich durch die Todesfurcht die ganze Situation eines ruhigen Lebens gestört wird und wie es jämmerlich ist, den Schmerzen zu erliegen und diese mit Kleinmut und Schwäche zu tragen und wie wegen einer solchen Schwäche ihrer Gesinnung viele ihre Eltern, viele ihre Freunde, einige ihr Vaterland und die meisten sich selbst völlig zugrunde gerichtet haben, so ist umgekehrt ein starker und erhabener Geist frei von jeder Sorge und Angst. Das macht: er verachtet den Tod, denn die von ihm Betroffenen befinden sich im gleichen Zustand wie vor ihrer Geburt, und er ist gegen Schmerzen in der Weise gerüstet, daß er sich daran erinnert, die größten Schmerzen hätten ihre Grenze im Tod und die kleinen

viele Pausen der Erholung; über die mittleren seien
wir Herr, indem wir sie ertragen, sofern sie erträglich
sind, oder uns andernfalls mit Gleichmut aus dem
Leben, wenn es uns nicht mehr gefällt, entfernen wie
aus einem Theater. Daraus wird klar, daß weder Furcht
noch Feigheit um ihrer selbst willen getadelt und weder
Tapferkeit noch Ausdauer um ihrer selbst willen gelobt
werden, sondern daß die einen verworfen werden, weil
sie Schmerz hervorbringen, und die anderen erwünscht
sind, weil sie Lust erzeugen.

(50) Es bleibt nur noch die Gerechtigkeit, dann haben
wir über alle Tugenden gesprochen. Man kann hier
beinahe Ähnliches sagen. Wie ich nämlich gezeigt habe,
daß Weisheit, Mäßigung und Tapferkeit derart mit der
Tugend verbunden sind, daß sie von ihr auf keine
Weise getrennt und losgerissen werden können, so muß
auch über die Gerechtigkeit geurteilt werden. Sie schadet
nicht nur niemals jemandem, sondern bringt im Gegenteil immer irgend etwas hinzu, einerseits durch ihre
Kraft und ihr Wesen etwas Beruhigendes für den Geist,
andererseits auch durch die Hoffnung, daß nichts von
den Dingen fehlen werde, die eine unverdorbene Natur[11]
verlangt. Und wie Unbesonnenheit, Wollust und Feigheit stets den Geist quälen und erregen und als Unruhe-
stifter wirken, so schafft auch die Ungerechtigkeit, wenn
sie sich im Geiste eines Menschen niedergelassen hat,
durch ihre bloße Anwesenheit Unruhe. Wenn sie aber
etwas angerichtet hat, wird sie niemals, mag sie es auch
im Verborgenen getan haben, darauf vertrauen können,
daß es stets verborgen bleiben wird. Meist folgt auf
die Taten der Schlechten zuerst ein Verdacht, dann Ge-
rücht und böse Nachrede, dann der Ankläger und
schließlich der Richter. (51) Viele haben sogar, wie
unter deinem Konsulat[12], sich selbst angezeigt.
Wenn also einige meinen, sie seien vor dem Mitwissen
der Menschen hinreichend geschützt und abgesichert, so
fürchten sie doch das der Götter und glauben, daß eben
jene Ängste, die ihren Geist bei Tag und Nacht verzehren, ihnen von den unsterblichen Göttern zur Strafe

geschickt worden seien. Kann aber begangenes Unrecht zur Verminderung der Mühseligkeiten in dem Maße beitragen, wie das Bewußtsein solcher Taten, besonders aber die Strafe der Gesetze und der Haß der Mitbürger zur Vergrößerung der Lasten beitragen? Und doch gibt es für manche Menschen kein Maß in der Gier nach Geld, Ehre und Macht, in den Ausschweifungen, den Schlemmereien und in den übrigen Begierden, die eine mit unrechten Mitteln erzielte Beute niemals vermindert, sondern eher anstachelt, so daß man den Eindruck gewinnt, diese Leute müßten eher gezüchtigt als eines Besseren belehrt werden.

(52) Die wahre Vernunft ermuntert also die Verständigen zur Gerechtigkeit, Billigkeit und Treue. Ungerechte Handlungen nützen dem Menschen nichts, dem die Fähigkeit zum Reden und zum Handeln abgeht, denn er kann seine Absicht nicht leicht in die Tat umsetzen und das Erreichte nicht leicht behaupten; und die Vorzüge des Glücks und des Talents fügen sich besser zu einer großzügigen Haltung, und wer diese an den Tag legt, wird sich Wohlwollen gewinnen und, was für ein ruhiges Leben am besten paßt, Zuneigung, zumal da überhaupt kein Grund für Verfehlungen vorhanden ist.

(53) Denn die Begierden, die von der Natur ausgehen, sind leicht zu erfüllen, ohne jede Verletzung des Rechts. Den nichtigen Begierden aber soll man sich nicht fügen, denn sie haben nichts Wünschenswertes zum Ziel, und der Schaden, den die Ungerechtigkeit als solche anrichtet, ist größer als die Vorteile, die durch einen Verstoß gegen das Recht erzielt werden. Deshalb kann auch von der Gerechtigkeit niemand behaupten, daß sie um ihrer selbst willen zu erstreben sei, sondern nur, weil sie das größte Maß an Lust mit sich bringt. Denn geliebt zu werden und geschätzt zu sein, ist deshalb angenehm, weil es das Leben sicherer und die Lust vollständiger macht. Wir glauben daher, daß die Schlechtigkeit nicht nur wegen der Nachteile, die die Schlechten treffen, zu meiden sei, sondern weit mehr, weil sie den-

jenigen, in dessen Geist sie verweilt, niemals aufatmen, niemals zur Ruhe kommen läßt.

(54) Wenn also nicht einmal das Lob der Tugenden selbst, in dem sich die Reden der übrigen Philosophen mit Vorliebe ergehen, zu einem Ergebnis kommen kann, wenn man es nicht auf die Lust orientiert und wenn die Lust allein es ist, die uns zu sich ruft und anlockt durch ihr eigenes Wesen, so kann es nicht zweifelhaft sein, daß sie das höchste und äußerste aller Güter ist und daß das glückselige Leben in nichts anderem besteht als im lustvollen Leben.

(55) Was aus diesem sicheren und zuverlässigen Grundsatz folgt, will ich kurz erläutern. Beim höchsten Gut und beim größten Übel, d. h. bei Lust oder Schmerz, kann es keinen Irrtum geben; aber man begeht Fehler darin, daß man nicht weiß, wo diese ihren Ursprung haben. Was die geistige Lust und den geistigen Schmerz betrifft, so vertreten wir die Ansicht, daß sie aus körperlicher Lust und körperlichem Schmerz hervorgehen. Daher räume ich ein, was du eben sagtest[13], daß es verfehlt ist, wenn einige der unseren anders urteilen, viele, wie ich sehe, aber unkundige Leute. Obwohl uns aber die Lust des Geistes Freude und der Schmerz Belästigung bringt, meinen wir, daß dennoch beides aus dem Körper entstanden ist und sich auf den Körper zurückbezieht, was nicht heißt, daß nicht die Lustempfindung und der Schmerz des Geistes viel größer sind als die des Körpers. Denn mit dem Körper können wir nur empfinden, was hier und jetzt vorhanden ist, mit dem Geist aber auch das Vergangene und Zukünftige. Mögen wir nämlich auch mit dem Körper einen gleich großen Schmerz empfinden wie mit dem Geist, so kann doch im Geist eine sehr große Steigerung eintreten, wenn wir uns vorstellen, daß uns ein ewiges und unbegrenztes Übel drohe. Das gleiche läßt sich auf die Lust übertragen: Auch sie ist größer, wenn wir nichts Derartiges befürchten.

(56) Dies ist also schon klar, daß die größte geistige Lust oder Beschwernis für ein glückseliges oder ein

unglückliches Leben größere Bedeutung hat als beide
Empfindungen, wenn sie mit gleich langer Dauer im
Körper auftreten. Wir sind jedoch nicht der Auffassung,
daß nach der Beseitigung der Lust sofort ein Übel-
befinden sich einstellt, wenn nicht gerade ein Schmerz
an die Stelle der Lust nachgerückt ist. Dagegen freuen
wir uns darüber, daß die Schmerzen aufhören sollen,
auch wenn keine die Sinne berührende Lust nachfolgt.
Daraus kann man ersehen, welch ein großes Lustgefühl
die Schmerzlosigkeit ist. (57) Wie wir uns aber an solchen Gütern aufrichten, die wir noch erwarten, so freuen
wir uns an denjenigen, an die wir uns erinnern. Werden
aber die Toren gequält von der Erinnerung an frühere
Übel, so gewähren den Weisen vergangene Güter Genuß, die sie in dankbarer Erinnerung wieder zum Leben
erwecken. Es liegt in unserer Macht, daß wir unangenehme Dinge gewissermaßen in ewigem Vergessen begraben und angenehme uns zu unserer Freude und Annehmlichkeit in die Erinnerung zurückrufen. Wenn wir
das Vergangene mit scharfem und aufmerksamem Sinn
betrachten, dann wird sich Schmerz einstellen, wenn es
sich um schlimme, Lust dagegen, wenn es sich um gute
Dinge handelt.
Welch ein herrlicher Weg zum glücklichen Leben, offen,
einfach und gerade. Da es sicher für den Menschen
nichts Besseres geben kann, als von Schmerz und Verdruß gänzlich unbelastet zu sein und die stärksten Empfindungen geistiger und körperlicher Lust zu genießen,
seht ihr also, wie nichts unberücksichtigt bleibt, was für
das Leben förderlich ist, damit wir möglichst leicht
unser Ziel, das höchste Gut, erreichen? Eben jener
Epikur, von dem ihr sagt, er sei allzusehr den Lüsten
ergeben, ruft aus[14], man könne nicht angenehm leben,
wenn man nicht weise, ehrenhaft und gerecht lebe, und
nicht weise, ehrenhaft und gerecht, wenn man nicht angenehm lebe. (58) Denn weder kann ein Staat bei
innerer Zerrissenheit glücklich sein noch ein Haus bei
Uneinigkeit seiner Herren. Um so weniger kann ein
Geist, der mit sich selbst uneins ist und im Streite liegt,

ein Stück ungetrübter und uneingeschränkter Lust genießen. Wenn er stets miteinander ringende und gegen-
sätzliche Bestrebungen und Absichten verfolgt, kann er
nicht Ruhe und Frieden finden.

(59) Wenn nun durch schwerere körperliche Krankheiten
das angenehme Leben gestört wird, um wieviel stärker
muß die Störung durch Krankheiten des Geistes sein.
Krankheiten des Geistes aber sind maßlose und nichtige
Gier nach Reichtum, Ruhm, Macht und Ausschweifungen. Hinzu kommen Kummer, Verdruß, Trauer, die
den Geist verzehren und mit Sorgen aufreiben bei Menschen, die nicht erkennen, daß der Geist an nichts leiden
soll, was nicht mit einem gegenwärtigen oder künftigen
körperlichen Schmerz verbunden ist. Es gibt aber keinen
Toren, der nicht an einer dieser Krankheiten leidet, d. h.
also, nicht unglücklich ist.

(60) Dazu kommt auch der Tod, der wie der Fels über
Tantalos[15] stets über uns schwebt, ferner der Aberglaube,
der keinem Ruhe läßt, der von ihm befallen ist. Außerdem erinnern sich die Toren nicht an vergangene Güter,
genießen nicht die gegenwärtigen und warten nur auf
die künftigen. Da diese notwendigerweise stets ungewiß
bleiben, so verzehren sie sich in Angst und Furcht
und leiden die größte Qual, wenn sie zu spät bemerken,
daß sie sich vergebens um Geld, Macht, Einfluß und
Ruhm bemüht haben. Denn sie erreichen keine der Lustempfindungen, die zu erreichen sie von Hoffnung entflammt waren und um derentwillen sie viele große
Mühen auf sich genommen haben. (61) Es gibt aber
auch andere, Kleinliche und Engherzige oder solche, die
stets an allem verzweifeln, oder Bösartige, Neidische,
Schwierige, Lichtscheue, Verleumder, Eigensinnige; dann
aber auch die leichtfertigen Liebhaber, die Frivolen,
die Frechen, die Unverschämten; schließlich die Zügellosen und Lässigen, die niemals bei einer Meinung bleiben, weshalb es in ihrem Leben nur unaufhörlichen
Verdruß gibt. So ist kein Tor jemals glücklich, kein
Weiser jemals unglücklich. Dies führen wir viel besser
und richtiger aus als die Stoiker. Denn jene behaupten,

daß es kein anderes Gut gebe außer jenem ungewissen
Schemen, das sie das Ehrenhafte nennen, eine zwar
glänzende, aber nicht sehr gediegene Bezeichnung; die
Tugend aber, die sich auf dieses Ehrenhafte stütze, bedürfe keiner Lust und sei für ein glückseliges Leben sich
selbst genug.

(62) In einem gewissen Sinn kann man dies sagen, und
da widersprechen wir nicht nur nicht, sondern stimmen
sogar zu. Den dauerhaft glückseligen Weisen läßt Epikur
nämlich in folgender Gestalt auftreten: Er hat begrenzte
Begierden, verachtet den Tod, hat über die Götter,
frei von jeder Furcht, zutreffende Vorstellungen und
zögert nicht, wenn es so besser ist, aus dem Leben zu
scheiden. Auf diese Weise gerüstet, lebt er stets in der
Lust. Denn es gibt keinen Zustand, in dem er nicht mehr
Lust als Schmerz empfindet. Denn an das Vergangene
erinnert er sich dankbar, und das Gegenwärtige ergreift
er in der Weise, daß er feststellt, wie groß und welcher
Art die Annehmlichkeit sei; und er hängt nicht am Zu-
künftigen, sondern sieht ihm entgegen und genießt das
Gegenwärtige. Von den Fehlern, die ich kurz zuvor erwähnt habe, ist er sehr weit entfernt, und wenn er das
Leben der Toren mit dem seinen vergleicht, so erfüllt
ihn große Lust. Wenn aber irgendwelche Schmerzen ihn
überkommen, haben sie niemals so große Gewalt, daß
der Weise nicht mehr Grund hätte, sich zu freuen als
sich zu quälen.

(63) Ausgezeichnet sagt Epikur[16], daß der Zufall sich
beim Weisen nur in geringem Maß einmischt, daß die
größten und schwierigsten Dinge von ihm mit eigener
planvoller Überlegung gestaltet werden und daß er in
einer unbegrenzten Lebenszeit nicht mehr Lust zu gewinnen vermöchte als in der begrenzten Zeit, der wir
uns gegenüber sehen. In eurer Dialektik[17] führt nach
seiner Meinung kein Weg zum besseren Leben und
ebensowenig zu einer zweckmäßigeren Art wissenschaftlicher Erörterung. Auf die Naturphilosophie legte er
größtes Gewicht. Diese Wissenschaft läßt die Bedeutung
der Worte, das Wesen der Sprache und das Verhältnis

von logischer Folge und Widerspruch erkennen.[18] Wenn
wir das Wesen aller Dinge erkannt haben, werden wir
vom Aberglauben erlöst und von der Todesfurcht befreit. Dann verwirrt uns nicht mehr die Unkenntnis dessen, woraus gerade häufig schreckliche Ängste entstehen.
Schließlich werden auch unsere Sitten besser sein, wenn
wir gelernt haben, was die Natur verlangt. Dann aber,
wenn wir ein zuverlässiges Wissen von den Dingen besitzen und uns an die Regeln halten, die, zur Erkenntnis
aller Dinge gleichsam vom Himmel herabgefallen, alle
Urteile bestimmt, werden wir uns niemals durch Ausführungen von irgendeiner Seite umstimmen lassen und
von unserer Auffassung abgehen.

(64) Wenn wir nicht die Natur der Dinge durchschauen,
werden wir in keiner Weise das Urteil der Sinne verteidigen können. Was wir des weiteren mit dem Geiste
betrachten, das geht alles aus den Sinneswahrnehmungen
hervor; nur wenn sie alle wahr sind, kann, wie Epikurs
System lehrt, etwas erkannt und begriffen werden. Wer
die Sinne beiseite setzt und sagt, es ließe sich nichts begreifen, kann nach Ausschaltung der Sinne nicht einmal
seine eigene Erörterung zu Ende bringen. Außerdem
wird, wenn Erkenntnis und Wissenschaft ausgeschaltet
werden, auch jedes Prinzip der Lebensführung und des
Handelns aufgehoben. So gewinnen wir aus der Naturphilosophie die Tapferkeit gegenüber der Todesfurcht,
die Standfestigkeit gegenüber den Ängsten des Aberglaubens, Beruhigung des Geistes durch Beseitigung der
Unkenntnis über alle verborgenen Dinge und Mäßigung
durch Aufschluß über das Wesen und die Spielarten
der Begierde. Schließlich wird, wie ich eben ausgeführt
habe, die Unterscheidung von Wahr und Falsch durch
die von ihm (d. h. Epikur) aufgestellte Regel der Erkenntnis und das entsprechende Kriterium ermöglicht.

(65) Übrig bleibt ein Thema, das für unsere Erörterung
in besonderem Maße relevant ist: die Freundschaft. Ihr
behauptet, wenn die Lust das höchste Gut sei, dann
könne es keine Freundschaft geben. Epikur indessen
sagt über sie, daß von allen Dingen, die die Weisheit

für das glückselige Leben bereitgestellt hat, nichts bedeutsamer, nichts fruchtbarer, nichts erfreulicher ist als
die Freundschaft.[19] Das hat er nicht nur mit Worten,
sondern in viel höherem Grade durch sein Leben, seine
Taten und seinen Lebensstil bewiesen. Welche bedeut-
same Erscheinung dies ist, zeigen die Mythen der Alten.
In der großen Menge und reichen Vielfalt der Geschichten lassen sich, wenn man bis auf die früheste Zeit
zurückgeht, kaum drei Freundespaare finden, angefangen
von Theseus bis hin zu Orest.[20] Epikur dagegen, welch
große Scharen von Freunden hat er in einem einzigen
Hause, und dazu in diesem kleinen, in so liebevoller
Übereinstimmung zusammengehalten. So geschieht es
auch jetzt noch bei den Epikureern. Aber kehren wir
zur Sache zurück. Von Personen zu reden, ist nicht notwendig.

(66) In dreierlei Weise hat man, soweit ich sehe, in
unserer Schule über die Freundschaft diskutiert. Die
einen behaupten, daß diejenigen Lustempfindungen, die
für unsere Freunde Bedeutung haben, an und für sich
nicht so erstrebenswert seien wie unsere eigenen. Durch
diesen Standpunkt scheint einigen die Festigkeit der
Freundschaft ins Wanken zu geraten. Dennoch bleiben
die Betreffenden bei diesem Standpunkt und können
sich, wie mir scheint, leicht heraushelfen: Sie erklären
nämlich, wie die Tugenden, von denen vorher die Rede
war, so könne auch die Freundschaft nicht von der Lust
getrennt werden. Da die Vereinzelung und ein Leben
ohne Freunde von Gefahren und Angst erfüllt ist, rät
die Vernunft selbst, Freundschaftsverhältnisse zu gewinnen. Hat man sich sie geschaffen, dann bekommt der
Geist Halt und ist mit der Hoffnung auf neu zu ge-
winnende Lust untrennbar verbunden.

(67) Und wie Haß, Neid und Verachtung der Lust ent-
gegenstehen, so fördern Freundschaftsbeziehungen diese
nicht nur in zuverlässigster Weise, sondern rufen sie
auch hervor, sowohl bei den Freunden wie bei einem
selbst. Man genießt diese dann nicht nur im gegenwärtigen Augenblick, sondern richtet sich auf an der

Hoffnung auf die nahe und fernere Zukunft. Da wir aber auf keine Weise ohne Freundschaft uns eine feste und dauerhafte Lebensfreude bewahren und nicht einmal die Freundschaft selbst erhalten können, wenn wir nicht die Freunde ebenso wie uns selbst lieben, deshalb wird eben dies in der Freundschaft erreicht, und Freundschaft und Lust verbinden sich. Denn wir erfreuen uns an der Freude der Freunde wie an unserer eigenen, und ebenso leiden wir an ihren Schmerzen.

(68) Deshalb wird der Weise gegenüber dem Freund die gleiche Haltung einnehmen wie gegen sich selbst, und was er an Mühen um seiner eigenen Lust willen auf sich nimmt, das wird er auch um der Lust des Freundes willen auf sich nehmen. Was über die Tugenden ausgeführt wurde, d. h. darüber, wie diese stets an die Lustempfindung gebunden sind, das ist auch von der Freundschaft zu sagen. Vorzüglich spricht sich Epikur mit etwa folgenden Worten aus: Es ist dasselbe Wissen, das der Seele die Sicherheit gibt, kein dauerndes oder langwieriges Unglück zu fürchten, und das erkennt, daß in eben dieser (begrenzten) Zeit des Lebens die Freundschaft den sichersten Schutz bietet.[21]

(69) Es gibt aber einige Epikureer, die, wenngleich scharfsinnige Köpfe, gegenüber euren Einwänden etwas ängstlicher sind. Sie fürchten, daß es um die ganze Freundschaft schlecht bestellt sei, wenn wir sie nur um unserer Lust willen für erstrebenswert hielten. Daher erklären sie, daß zwar das erste Zusammentreffen, das Anknüpfen von Verbindungen und der Wille, gegenseitige Beziehungen herzustellen, um der Lust willen in Erscheinung treten. Wenn aber der zunehmende Umgang miteinander gegenseitige Vertrautheit geschaffen habe, dann würde sich die Liebe in solcher Stärke entfalten, daß die Freunde einander um ihrer selbst willen lieben, auch wenn sich aus der Freundschaft keinerlei Nutzen ergebe. Denn wenn wir Örtlichkeiten, Tempel, Städte und Gymnasien, wenn wir das freie Feld, Hunde, Pferde und Spiele durch die Gewohnheit der Übung oder der Jagd liebzugewinnen pflegen, um wieviel leich-

ter und mit welch größerem Recht wird dies im Umgang mit Menschen geschehen können?

(70) Andere wieder sagen, daß es bei den Weisen eine
Art von Vertrag gebe, ihre Freunde nicht weniger zu
lieben als sich selbst. Daß dies geschehen kann, sehen
wir ein, und wir beobachten diese Erscheinung auch oft.
Es ist offenkundig, daß sich für ein angenehmes Leben
nichts Geeigneteres finden läßt als eine solche Verbindung.

Aus alledem kann man schließen, daß das Prinzip der
Freundschaft nicht nur nicht beeinträchtigt wird, wenn
man in der Lust das höchste Gut erkennt, sondern daß
ohne die Lust die Freundschaft gar nicht begründet
werden kann.

(71) Wenn nun, was ich gesagt habe, heller und klarer
als die Sonne ist, wenn alles aus der Quelle der Natur
geschöpft ist und die volle Glaubwürdigkeit unserer
ganzen Erörterung durch die Sinneswahrnehmungen,
d. h. durch unverdorbene und voll gültige Zeugen, bestätigt wird, wenn Kinder, die noch nicht sprechen können, und selbst stumme Tiere, von der Natur belehrt
und geleitet, fast davon zu sprechen beginnen, daß es
kein Glück gibt außer der Lust und keine Unannehm-
lichkeit außer dem Schmerz (und sie urteilen über diese
Dinge unverdorben und unbestechlich), müssen wir dann
nicht dem Mann den größten Dank entgegenbringen,
der diese, gewissermaßen, Stimme der Natur vernommen und sie so fest und nachdrücklich begriffen hat,
daß er alle Verständigen auf den Weg eines friedlichen,
ungestörten, ruhigen und glückseligen Lebens führte?

Wenn dir aber Epikur nicht gelehrt genug erscheint,
so ist das darin begründet, daß er nur das als Gelehr-
samkeit anerkannte, was die Lehre vom glückseligen
Leben fördert. (72) Oder hätte er seine Zeit mit dem
Lesen der Dichter verschwenden sollen, wie ich und
Triarius es deiner Aufforderung folgend tun? Sie bringen keinen gediegenen Nutzen und bereiten ein ganz
kindisches Vergnügen. Oder hätte er sich wie Platon
mit Musiktheorie, Geometrie, Arithmetik und Astro-

nomie abmühen sollen, die, da sie von falschen Prämissen ausgehen, nicht wahr sein können und, wenn sie
wahr wären, nichts dazu beitragen könnten, daß wir
angenehmer, d. h. besser leben? Jene Künste hätte er
also betreiben sollen, die Lebenskunst aber, die so groß,
so mühevoll und gleichermaßen fruchtbar ist, hätte er
aufgeben sollen? Daher ist nicht Epikur ungebildet, sondern die sind es, die meinen, man müsse, was Knaben
zu ihrer Schande zu lernen versäumt haben, bis ins hohe
Alter hinein lernen.

# EPIKUREER

# Metrodoros-Fragmente[1]

### 1.

Der weise Metrodoros sagt, daß alle schönen, gelehrten und hochgestochenen Erfindungen des Geistes um der körperlichen Lust und der Hoffnung auf diese Lust willen zustande gekommen sind und alles Tun nichtig sei, das sich nicht darauf bezieht.[2]

*Plutarch, Gegen Kolotes 30. 1125 B*

### 2.

Eben darin besteht das Gute, daß man das Übel meidet. Denn nirgends tritt das Gute ein, wenn nicht etwas Schmerzliches oder Betrübliches ihm zuvor Platz macht.

*Plutarch, Gegen die Glückseligkeit Epikurs 9. 1091 A*

### 3.

Auf den Magen, Timokrates, du Naturforscher, auf den Magen verwendet eine nach den Prinzipien der Natur vorgehende Lehre ihre ganze Aufmerksamkeit.[3]

*Athenaios 7,280*

### 4.

Metrodoros beschuldigt seinen Bruder Timokrates, weil er daran zweifelt, daß alles, was sich auf das glückselige Leben bezieht, an dem Magen gemessen werde; und das sagt er nicht einmal, sondern öfter.

*Cicero, Über das Wesen der Götter 1,113*

### 5.

Es tut nicht not, „die Griechen zu retten", und nicht, für die Weisheit Kränze von ihnen zu erlangen, sondern zu essen und Wein zu trinken, Timokrates, doch so, daß der Magen keinen Schaden davon hat und es ihm wohl bekommt.[4]

*Plutarch, Gegen die Glückseligkeit Epikurs 16. 1098 C*

### 6.

Wie habe ich mich gefreut und Mut gefaßt, weil ich von
Epikur lernte, mich in rechter Weise dem Magen zu
ergeben.

*Plutarch, Gegen die Glückseligkeit Epikurs 16. 1098 C*

### 7.

Im Staat verhalte dich nicht wie ein Löwe und nicht
wie eine Mücke. Denn dem ersteren geht man aus dem
Wege, der letzteren lauert man auf.

*Stobaios, 4,4,26*

### 8.

Du wirst den Greis nicht glücklich preisen, sofern er
als alter Mann stirbt, sondern wenn er eine Fülle von
Gütern erlangt hat. Denn was die Zeit betrifft, so kommt
der Tod für uns alle zu früh.

*Stobaios, 4,50,77*

### 9.

Ein junger Mann, der in kostbaren Speisen, in Geträn-
ken und in Genüssen der Liebe schwelgt, merkt nicht,
daß er im Sommer seinen Mantel abnützt.

*Stobaios, 2,31,67*

### 10.

Ein ehrgeiziger Jüngling ist eine vorzeitige Armut.

*Stobaios, 4,11,3*

# Hermarchos, Epistolika über Empedokles[1]

Die Epikureer, die gewissermaßen eine Genealogie (der
Menschheit) in großen Zügen durchgehend darstellen,
führen aus, daß die alten Gesetzgeber im Hinblick auf
die Lebensgemeinschaft der Menschen und deren gegenseitiges Tun die Tötung eines Menschen für ruchlos erklärten und mit außergewöhnlichen Strafen belegten.
Bestimmend war dabei vielleicht auch die Tatsache, daß
es eine gewisse natürliche Hinwendung der Menschen
zueinander gibt, die auf der Ähnlichkeit an Gestalt und
Seele beruht[2], so daß man ein solches Lebewesen nicht
leichtfertig tötet wie ein anderes aus dem Kreis derer,
bei denen das erlaubt ist. Indessen kann man als den
wichtigsten Grund für die Ablehnung und Verdammung
solchen Tuns die Tatsache annehmen, daß es für die
gesamte Lebensordnung nicht dienlich ist.
Von einem solchen Prinzip ausgehend, begriffen die
einen den Nutzen dieser Bestimmung und bedurften
keiner weiteren Veranlassung, die sie von dieser Handlungsweise abhielt; die anderen, die dies nicht hinreichend einzusehen vermochten, unterließen es aus
Furcht vor der großen Strafe, einander leichtfertig zu
töten. Beide Spielarten treten offenbar auch jetzt noch auf.
Denn auch jetzt halten sich diejenigen, die den Nutzen
der vorerwähnten Bestimmung einsehen, freiwillig an
sie.[3] Die aber, die das nicht verstehen können, halten
sich daran aus Furcht vor den Strafandrohungen der
Gesetze, die – nach Billigung durch die Mehrheit –
einige Leute im Hinblick auf diejenigen festlegten, die
den Nutzen nicht zu berechnen vermögen.
(8) Denn keines der Gesetze, seien es geschriebene oder
ungeschriebene, die noch jetzt bestehen und ihrem Wesen
nach für die Weitergabe geeignet sind, ist ursprünglich
auf dem Wege der Gewalt zustande gekommen, sondern nach erfolgter Zustimmung auch von seiten der-

jenigen, die sich seiner bedienen sollten.[4] Denn durch
ihre Geisteskraft, nicht durch körperliche Stärke und
tyrannische Unterwerfung der Masse des Volkes taten
sich diejenigen hervor, die der Menge derartige Bestimmungen empfahlen.[5] Und zwar brachten sie einen
Teil (der Menschen) zu verstandesmäßiger Erfassung
des Nutzens, während diese ihn früher nur unbewußt
wahrgenommen und oft vergessen hatten, die anderen
schreckten sie durch die Höhe der Strafen ab. Denn
gegenüber der Unkenntnis des Nutzens konnten sie sich
keines anderen Heilmittels bedienen als der Furcht vor
der durch Gesetz festgelegten Strafe.

Diese allein hält ja auch jetzt die große Menge der
Menschen in Schranken und hindert sie, sei es im öffentlichen oder im privaten Leben, das Unzuträgliche zu
tun. Wenn alle in gleicher Weise den Nutzen zu erkennen
und in der Erinnerung zu behalten vermöchten, würden
sie in keiner Weise der Gesetze bedürfen, sondern aus
freier Entscheidung einerseits sich von dem Verbotenen
zurückhalten, andererseits das Gebotene tun. Denn die
Betrachtung von Nutzen und Schaden schafft hinreichende
Veranlassung, das Verbotene zu meiden und das Gebotene zu erstreben. Für die, die nicht vorauszuschauen
vermögen, ist dagegen die Androhung der Strafe das
Nutzbringende. Denn indem sie die Triebe bedroht,
die zu den nicht zuträglichen Handlungen verleiten,
zwingt sie dazu, diese zu beherrschen, und zugleich
zwingt sie gewaltsam dazu, die Pflicht zu erfüllen.

(9) Denn auch die unbeabsichtigte Tötung haben die
Gesetzgeber nicht außerhalb jeder Strafe gestellt, nicht
nur, um denen keinen Vorwand zu liefern, die sich
vorsätzlich entschließen, die Handlungsweise der un-
absichtlichen Täter vorzutäuschen, sondern auch, um
nicht ohne Schutz und Vorkehrungen gegen häufige Fälle
von wirklich unbeabsichtigter Tötung zu sein. Denn
auch diese brachte Schaden aus den gleichen Gründen
wie die vorsätzliche gegenseitige Tötung. Die unbeabsichtigte Tötung erfolgt zwar zum Teil aus unbestimmten
und für den Menschen unvermeidbaren Gründen, zum

Teil aber auch durch unsere Nachlässigkeit und die Unvorsichtigkeit im Streit. Deshalb wollten sie den Leichtsinn, der den Mitmenschen schadet, verhindern und ließen auch unvorsätzliches Tun nicht straflos ausgehen, sondern haben durch die Furcht vor der Strafe die Mehrzahl derartiger Verfehlungen verhindert.

Ich freilich glaube, daß auch bei den vom Gesetz zugelassenen Tötungen[6] die üblichen Reinigungen durch Sühneopfer von denen, die sie als erste einführten, aus keinem anderen Grunde auferlegt wurden als aus dem Wunsche, die Menschen von absichtlicher Tötung möglichst weitgehend abzubringen. Denn die Durchschnittsmenschen brauchten in jeder Hinsicht etwas, das ihrer Bereitschaft, Schädliches zu tun, entgegenwirkte. Daher haben die Männer, die das als erste erkannt hatten, nicht nur Strafen festgelegt, sondern noch ein weiteres – ungerechtfertigtes – Mittel der Abschreckung hinzugefügt. Sie behaupteten nämlich, daß alle, die einen Menschen – unter welchen Umständen auch immer – getötet haben, unrein seien, wenn sie sich nicht einer Reinigung unterziehen.[7] Denn die Seele des Menschen gelangte durch mannigfaltige Erziehungsmaßnahmen von der Unvernunft zur jetzigen Gesittung, da die Männer, die von Anfang an die Völker lenkten, Zähmungsmittel gegen die blinden Vernichtungstriebe hinzuerfanden. Eines von ihnen ist auch das Verbot, einander willkürlich zu töten.

(10) Was nun die anderen Lebewesen betrifft, so haben natürlich diejenigen, die als erste festlegten, was wir tun sollen und was nicht, bei keinem von ihnen die Tötung verhindert. Denn hinsichtlich der Tiere entsprang der Nutzen aus der entgegengesetzten Handlungsweise. Ein Überleben (der Menschen) wäre nämlich nicht möglich gewesen, wenn man nicht versucht hätte, diese Gefahr abzuwehren durch das Zusammenleben in der Gemeinschaft.[8] Da einige der ansehnlichsten Männer jener Zeit sich daran erinnerten, daß sie sich selbst um des Nutzens für die Sicherheit willen des Tötens (von Menschen) enthalten hatten, riefen sie bei den anderen den

Gewinn des Gemeinschaftslebens in die Erinnerung, damit sie durch Schonung der Stammesgenossen die Gemeinsamkeit bewahrten, die zur eigenen Sicherheit eines jeden beiträgt.

Daß sich die an einem bestimmten Ort vereinigten Menschen voneinander fernhielten und nichts Verderbenbringendes taten, war nun nützlich nicht allein für die Austreibung von Lebewesen anderer Gattungen, sondern auch gegenüber Menschen, die mit der Absicht, Schaden zu stiften, auftauchten. Bis zu einem bestimmten Zeitpunkt verschonte man aus diesem Grund den Stammesgenossen, insofern er derselben Notgemeinschaft angehörte und für jeden der beiden erwähnten Belange einen gewissen Nutzen brachte. Als aber die Zeit weiter vorgerückt war und die Vermehrung der Menschen erhebliche Fortschritte machte und nachdem die Lebewesen anderer Gattungen und die Abtrünnigen (?) ausgestoßen waren, da stellten einige über den Nutzen des Gemeinschaftslebens gründliche Überlegungen an und beschränkten sich nicht auf die unbewußte Erinnerung.[9]

(11) Daher versuchten sie, diejenigen, die einander leichtsinnig töteten und durch Vergessen des Vergangenen die (gegenseitige) Hilfeleistung untergruben, unter Einsatz zuverlässigerer Mittel zu zügeln. Bei diesem Versuch führten sie die auch jetzt noch bei Staaten und Völkern gültigen Gesetzeswerke ein[10], wobei ihnen die Menge bereitwillig Folge leistete, weil sie bereits besser den Nutzen erkannte, den sie aus der gegenseitigen Verbindung zog. In gleicher Weise trug dazu bei, daß man frei von Furcht leben konnte, die schonungslose Beseitigung alles Verderbenbringenden und die Bewahrung desjenigen, was zu dessen Vernichtung nützlich war. Daher wurde mit Recht der eine der beiden Bereiche (d. h. die Tötung von Menschen) mit Verboten belegt, der andere (d. h. die Tötung der Tiere) in keiner Weise behindert.

Man kann jedoch nicht sagen, daß das Gesetz uns gestattet habe, auch einige Lebewesen zu töten, obwohl sie für die menschliche Natur nicht verderblich sind und auch sonst in keiner Weise unser Leben schädigen. Denn sozusagen keines von den Tieren, deren Tötung uns das Gesetz gestattet hat, ist derart, daß es für uns nicht schädlich würde, wenn man ihm die Möglichkeit gibt, sich im Übermaß zu vermehren.

Hält man sie dagegen in der jetzigen Größenordnung, dann bringen sie einen gewissen Nutzen für unser Leben. Denn das Schaf, das Rind und alle Tiere dieser Art bringen, wenn sie in mäßiger Zahl auftreten, einen gewissen Nutzen für unseren unentbehrlichen Lebensunterhalt. Würden sie jedoch zu einer beliebig großen Menge anwachsen und sehr überhandnehmen über den jetzigen Zustand hinaus, dann könnten sie unserem Leben Schaden zufügen, das eine sogar, indem es sich zur Wehr setzt, wofür es mit einer guten Natur ausgerüstet ist, das andere allein dadurch, daß es die für uns aus der Erde wachsende Nahrung verzehrt. Deshalb und aus diesem Grunde wurde die Tötung auch solcher Tiere nicht unterbunden, damit nur eine Menge übrigbleibe, die für den Bedarf nützlich ist und eine leichte Beherrschung möglich macht. Denn wenn es bei Löwen, Wölfen, kurz bei den sog. wilden Tieren, sowohl großen wie kleinen, nicht möglich ist, eine (Rest)menge zu bestimmen, die die Gewinnung unseres notwendigen Lebensunterhalts erleichtern würde, so verhält es sich nicht so bei Rindern, Herden, Schafen, kurz den sog. zahmen Tieren. Deshalb vernichten wir die einen radikal, von den anderen beseitigen wir den größeren Teil der gewöhnlichen Menge.

(12) Aus ähnlichen wie den genannten Gründen sind auch, wie man annehmen muß, die Bestimmungen über den Verzehr von Lebewesen von denen getroffen worden, die diese Dinge anfänglich gesetzlich festgelegt haben. Bei den nichteßbaren von ihnen entscheidet das Prinzip von Zuträglichkeit und Unzuträglichkeit. Daher strotzen diejenigen von gewaltiger Torheit, die behaupten, daß alles Sittliche und Gerechte auf den individuellen Auffassungen über die gesetzlichen Ordnungen beruhe.[11] Denn so ist es nicht, sondern es verhält sich so

wie bei anderen nutzbringenden Dingen, z. B. bei dem,
was der Gesundheit zuträglich ist, und unzähligen anderen Begriffen: Die einen verkennen diese, die anderen
jene unter vielen Begriffen des Allgemeinen sowohl wie
des Besonderen. Denn manche Leute bemerken nicht
diejenigen Gesetze, die in ähnlicher Weise für alle Menschen passen, sondern die einen übergehen sie, da sie
sie zu den indifferenten Dingen zählen, andere vertreten
über sie die gegenteilige Meinung, und manche glauben,
daß gerade die Dinge, die nicht im allgemeinen nützlich
sind, in jedem Fall Nutzen bringen. Daher halten sie
sich an das, was nicht (für alle) zutrifft, wenn sie auch
bei manchem herausfinden, was für sie selbst nützlich
ist und was allgemeinen Nutzen hat. Dazu gehören
auch die bei den meisten Völkern auf Grund der Besonderheiten des Landes über den Verzehr und die
Tötung von Lebewesen erlassenen Bestimmungen, an
die wir uns nicht zu halten brauchen, weil wir nicht
in der gleichen Gegend wohnen.
Wenn man nun wie mit den Menschen so auch mit den
anderen Lebewesen einen Vertrag darüber schließen
könnte, daß sie uns nicht töten und auch von uns nicht
wahllos getötet werden, so wäre es schön, das Recht so
weit auszudehnen. Denn im Hinblick auf unsere Sicherheit wäre seine Wirksamkeit erhöht worden. Da es aber
ein Ding der Unmöglichkeit ist, daß die Lebewesen,
die keine Vernunft besitzen, am Gesetz teilhaben, konnte
man, was für die Sicherheit gegenüber den anderen beseelten Wesen von Nutzen ist, nicht besser ins Werk
setzen als bei den unbeseelten Dingen. Allein daraus,
daß wir die Möglichkeit ergreifen, sie zu töten, (die
wir nun besitzen), können wir die Sicherheit erhalten.
Dies sind also die Ansichten der Epikureer.

*Porphyrios, Über die Enthaltsamkeit 1,7–12*

# Auswahl aus Polystratos, Über die unbegründete Verachtung der Volksmeinung[1]

|  |  |
|---|---|
| Frg. 9bf | Es gilt, die Seele von Angst und Vorurteil zu befreien. Hier, meine ich, liegt die Aufgabe des Verstandes, der die durch Träume, |
| col. Ia | Vorzeichen / und dergleichen vermeintlich Schreckliches hervorgerufene unbegründete Angst aus der Welt schafft; was nur durch die Erkenntnis geschehen kann, daß der Grund unserer Angst gar nicht existiert... |
| col. IIb | Aber nicht einmal alle, die diesen Grundsatz aufstellen, sind konsequent. Man kann beobachten, daß gerade der sich im Gespräch so vorurteilsfrei Gebende in der Praxis oft zuerst dem Aberglauben verfällt. |
| col. IIIa | Und haben sie mal die / Verwegenheit gehabt, nach ihren Überlegungen auch zu handeln, so bereuen sie hinterher und sind von Furcht gepackt, genau wie jener, der die Schlange in dem Heiligtum getötet, dann aber, als ihm etwas Schlimmes passierte, eine goldene Schlange zur Sühne ge- |
| col. IIIb | weiht und dazu geopfert habe... / ... Deshalb ist alles, was einer darüber erzählt, |
| col. IVa | nichtig, wenn er nicht auch zugleich / beweist, daß diese geheimnisvollen Mächte so, wie sie uns überliefert sind, in der Natur möglich oder nicht möglich sind oder daß Gott das nach seinem Willen voll- |
| col. IVb | bringt... Das aber ist nicht zu entscheiden durch bloße logische Schluß- und Induktionsverfahren oder rhetorische Spitzfindigkeiten[2] oder sonstwie..., sondern durch sorgfältige Untersuchungen der wahren Ursachen aller Naturerscheinungen... |
| col. IXb | ... Nur das geht uns etwas an und bewirkt |

col. Xa
eine wirklich bessere Lebensweise, das uns
von den eingebildeten Leiden befreit / und
zur heiteren Gelassenheit eines ungetrübten
und damit naturgemäßen Daseins führt.
Und das geschieht, wie gesagt, allein durch
Naturerkenntnis.

col. XIIb
Einige behaupten nun, es gäbe weder Gut
noch Böse[3] und dergleichen, weil diese Begriffe nicht wie Stein, Gold usw. – die
alle von Natur aus und nicht auf Grund
der Sitte existierten – für alle dieselbe Bedeutung hätten. Sie bedeuteten vielmehr für
jeden etwas anderes. Nichts von alledem

col. XIIIa
gäbe es in Wirklichkeit. / Sonst nämlich
dürften Gut und Böse, wenn es sie wirklich
gäbe, nicht hier diese, dort aber jene Geltung haben, wie denn auch alles wirkliche
Erz und Gold überall dasselbe ist und nicht
bald als Erz, bald nicht als Erz aufgefaßt
wird, und auch nicht in einem Volke als
solches gilt, bei den übrigen aber nicht als
solches, sondern es gilt überall als dasselbe. /

col. XIIIb
Es gäbe aber nur Angenehmes und Unangenehmes; wenn weder für alle Tiere noch
für alle Menschen Gut und Böse oder dergleichen dasselbe seien, dann besäßen die
verschiedenen Sitten keine Realität und

col. XIVa
verdienten keinen Respekt... An solchen
und ähnlichen Reden werden Leute erkannt,
die sich erdreisten, die bei den Völkern
gültigen Sitten zu verachten und vielfach zu
übertreten. Dafür erhalten sie denn auch ...
den verdienten Lohn und werden, wenn sie
sich verdächtig gemacht haben, aus den
alten Städten verbannt.

col. XVa
Dem steht nun aber die Erkenntnis entgegen, daß auch die Begriffe „größer" und
„kleiner" nicht in jedem Fall und in bezug
auf alle Größen dasselbe bedeuten... /

col. XVb  ... Das gleiche gilt von „leichter" und
„schwerer" usw. Auch in bezug auf die
Gesundheit ist keineswegs dasselbe für alle
förderlich oder schädlich, sondern, was für
col. XVIa  den einen gesund und bekömmlich ist, / hat
für den anderen eine gegenteilige Wirkung.
Daraus folgt, daß man nun entweder unsere
Aussagen, die doch, wie jeder beobachten
kann, der Wirklichkeit entsprechen, für
falsch erklären muß, oder aber man darf,
wenn man mit absichtlicher Unverschämt-
heit deutliche Erfahrungen nicht leugnen
will, auch Gut und Böse nicht als Trug
abtun, nur, weil es nicht für alle dasselbe
col. XVIb  ist wie Stein oder Gold ... / ... Diese rela-
tiven Begriffe haben nicht den gleichen Rang
wie die, welche eine spezifische Beschaffenheit, aber keine Beziehung betreffen; doch
liegt nicht nur letzteren, sondern auch
ersteren Wirklichkeit zugrunde. Deshalb ist
die Annahme unsinnig, den einen (Sitten)
müßten dieselben Eigenschaften zukommen
wie den anderen (Steinen usw.) oder aber
col. XVIIIa  es gäbe nur letztere ... / ... (Nun ist doch
zu sagen), daß demselben Körper in kran-
kem Zustand dieses, in gesundem aber jenes
zuträglich ist und vom ersteren wieder
dieses, wenn er diese, jenes aber, wenn er
col. XVIIIb  jene Krankheit hat ... / ... dasselbe gilt
auch von den Normen menschlichen Han-
delns; denn auch hierbei ist es nicht zweckmäßig, daß alle nach denselben Grundsätzen
handeln, sondern nach verschiedenen, ohne
daß man sie deshalb alle für falsch erklären
darf. Vielmehr müssen sie aus den jeweils
unterschiedlichen Veranlagungen und Eigenschaften verstanden werden. Diese allen
solchen Theorien entgegenstehenden Er-
col. XIXa  fahrungen außer acht lassen / – obwohl

nicht nur alle anderen Menschen, sondern
gerade auch diese Theoretiker im Leben
dann doch nach den jeweiligen Maximen
handeln –, dann versuchen, die Masse da
zu schelten, wo sie gar nicht irrt, und den
Grundsatz aufstellen, Gut und Böse seien
entweder für alle dasselbe oder seien über-
col. XIXb  haupt nicht ... / ... ferner sich selbst sitten-
los aufführen und andere anstiften, daß sie
nicht mehr den Mut haben, sittlich zu handeln, da ja alle Werte für wertlos erkannt
wären, welch ein Maximum von Unvernunft
in alledem steckt, darüber sollte man ein-
col. XXb    mal nachdenken ... / ... Die wahre, der
Wirklichkeit entsprechende Erkenntnis sorgt
dafür, daß wir uns nicht frech über alle
Sitten hinwegsetzen, aber auch nicht den
menschlichen Vorurteilen und dem Aber-
col. XXIIa  glauben verfallen ... / ... denn aus ihnen
entstehen Unbehagen und Begierden, die
uns in allerlei schädliche Betriebsamkeit
col. XXIIb  und in Schwierigkeiten bringen. / Man begehrt dann vieles sinnlos, fühlt sich aber
doch nicht glücklich und bereut dann alles.
Kümmert man sich auch noch um die Nöte
der anderen Leute, so geht man in stürmi-
scher Hast und ängstlicher Unruhe durchs
Leben, so daß man es schließlich aufgibt,
ohne seine wahren Freuden je genossen zu
col. XXIIIa haben; denn man / hat sich nur mit eitlen,
nie erfüllten Erwartungen nutzlos herum-
geplagt und dadurch wieder andere Miß-
lichkeiten heraufbeschworen, einfach, weil
man nicht erkennen kann, welchem Lebensideal unsere Veranlagung selbst zustrebt
und auf wie natürliche Weise das zu erreichen ist. So ist die Unkenntnis in diesen
Dingen die Wurzel allen Übels.
col. XXIIIb Man versuche also, / sich aus all diesen

Widerwärtigkeiten herauszuhalten und, wie gesagt, alles, was Lebensweise und Leidenschaften angeht, sorgfältig zu durchdenken, damit wir im allgemeinen nicht leichtfertig handeln und schon gar nicht, wenn es um die uns seit Kindheit vertrauten Sitten geht. Denn sich darüber ohne vernünftige Überlegung hinwegzusetzen, wird sich, wie gesagt, als Ursache der größten Unannehm-

col. XXIVa lichkeiten / erweisen. Man sollte also das Voranstehende auf seine Richtigkeit hin prüfen. Findet man, daß die Bemerkungen nicht den Tatsachen entsprechen, dann soll man sie unbeachtet lassen. Bestätigt sich aber ihre Richtigkeit, dann muß man sich mit ihnen immer mehr vertraut machen und versuchen, sie von vornherein auch in der

col. XXIVb Praxis zu verwirklichen. / So wird man sich selbst und die anderen von den Leidenschaften befreien, nicht nur in der Theorie, sondern auch eben in der Praxis; denn das ist das eigentliche Anliegen der Philosophie.

# Auswahl aus Philodemos[1],
# Über den Tod

col.
XXXII 2

Wenn einem Menschen nach einem glücklichen Leben inmitten würdiger Freunde die Aussicht auf ein ordentliches Begräbnis durch das Schicksal oder durch menschliche Bosheit genommen ist, so macht ihm das nicht den geringsten Kummer, wenn er bedenkt, daß ihn das gar nichts mehr angeht. Wem der Kummer zustößt, der empfindet keinen mehr, sondern ist im Gegenteil ganz unverletzbar. Auch daß ihn manche deshalb schmähen oder beklagen, betrifft ihn nicht; denn von den Wohlgesinnten wird sich keiner darüber aufhalten, und von denen, die sich darüber aufhalten, sollte man nicht einmal zu Lebzeiten Notiz nehmen, geschweige denn dann, wenn wir von ihnen gar keine Notiz nehmen können, weil es uns nicht mehr gibt. Unzählige große, reiche und mächtige Männer haben keine Begräbnisfeier erhalten und werden doch von keinem Verständigen geschmäht oder beklagt ... Wer wird wohl den, der nicht ist, für bedauernswert halten, und wer wird nicht glauben, daß auch die in den Gräbern Wohlbestatteten sich alle in die Elemente auflösen, die er als dem Sein zugrunde liegend annimmt.[2]

col.
XXXVII 18

Für uns ist der Tod kein unerwartetes und naturwidriges Geschick, das uns überraschend hinwegrafft, wie die meisten Menschen, die nicht begreifen, daß, auch wer von gigantischer Stärke ist, doch nur einer Eintagsfliege gleicht, wenn es um Leben und Tod geht. Denn nicht nur der morgige Tag, son-

dern auch das Heute ist ungewiß. „Eine
wehrlose Stadt bewohnen wir alle gegenüber dem Tod"3, der in vielerlei Gestalt
unser von Natur aus schwächliches Wesen
umlauert. Und viele Pforten zum Entweichen sind der Seele bereitet, für deren Trennung vom Leibe außer dem natürlichen Tod
die uns umgebende Natur oft mit Gedankenschnelle unsagbar viele Möglichkeiten
schafft, wozu die menschliche Bosheit noch
vielerlei schwer zu durchschauende Mittel
hinzufügt. Wer nicht ganz einfältig ist, wird
col.     also kaum seinen Tod für ein unerwartetes
XXXVIII  Paradoxon halten, sondern eher schon, wenn
sein Leben längere Zeit dauert, und er
wird gar an ein Wunder glauben, wenn er
das Greisenalter erreicht. Manche aber –
und nicht nur ungebildete Leute, sondern
auch sog. Philosophen – sind so wenig mit
der Unsicherheit des Lebens vertraut, daß
sie im voraus soundso viel Jahre einplanen
für Studienzwecke in Athen, so viel für die
Besichtigung Griechenlands und für alle
möglichen außergriechischen Länder, so viel
für das Studium zu Hause und für den
Umgang mit Freunden. „Da plötzlich ereilt
sie unversehens das Geschick und raubt die
kühnen Pläne."4 Der Verständige aber wird,
wenn er jene Selbstgenügsamkeit gewonnen
hat, die ihm alles für ein glückliches Leben
Nötige gibt, künftig ganz wie jemand leben,
der sich auf den Tod vorbereitet hat, und
den Tag wie eine Ewigkeit genießen. Wird
ihm der Tag genommen, dann tritt er ab
und klagt nicht, daß ihm etwas an einem
vollendeten Leben gefehlt hat. Und jede
Zeit, die ihm zu leben noch vergönnt ist,
weiß er so zu würdigen, als hätte ihn ein
unerwartetes Glück getroffen, und auch des-

col.          halb ist er dem Schicksal dankbar ... / ...
XXXIX 15      Und die Verständigen werden, auch wenn
              sie wegen einer gewaltsamen Todesursache
              vom schon nahen Ende des Lebens unvor-
              bereitet getroffen werden, bei seinem Ein-
              tritt auf für Toren unfaßbare Weise inten-
              siv an alles genossene Glück und an die
              bevorstehende völlige Bewußtseinslosigkeit
              denken und dadurch ganz ruhig so sterben,
              als hätten sie nicht einen Augenblick den
              Gedanken an den Tod aufgegeben.

# Auswahl aus Lukrez,
# Über die Natur der Dinge

*Lob Epikurs und Kritik des religiösen Aberglaubens*

62 Einst vegetierte unser Leben auf der Erde schmählich dahin, erdrückt von lastender Gottesfurcht,
die vom Himmel her ihre schreckliche Fratze vor-
streckte und den Menschen im Nacken saß.[1] Da
war es ein Grieche, der zuerst gewagt, gegen sie
seine sterblichen Augen aufzurichten und sie zu
bekämpfen. Nicht die Mythen von den Göttern
und nicht der Himmel mit Blitz und Donner
konnten ihn daran hindern; vielmehr schärfte all
70 das nur noch mehr den großen / Mut seines Geistes, so daß er danach verlangte, als erster das
feste Schloß des Tores zur (wahren) Natur zu
brechen. Und vollständig siegte seine lebendige
Geisteskraft, denn er schritt weit über die feurigen
Mauern der Welt hinaus und durchforschte in
75 Gedanken die ganze Unendlichkeit. / Als Sieger
von dort zurückgekehrt, bringt er uns Kunde mit,
was entstehen kann und was nicht, warum jedem
Ding nur eine bestimmte Möglichkeit innewohnt
und was für ein festes Maß (allem) gründlich gesetzt ist. So liegt denn nun umgekehrt die Gottesfurcht zertreten unter unseren Füßen; uns aber erhöht der Sieg bis in den Himmel.
80 Nun könntest du, wie zu fürchten ist, glauben,
du würdest hier mit den Grundlagen einer wenig
frommen Philosophie bekannt gemacht und so den
Weg des Verbrechens geführt. Im Gegenteil! Hat
85 doch gerade jene Furcht vor den Göttern / sehr
häufig verbrecherische und frevelhafte Taten provoziert. So z. B. haben die gewählten Heerführer
der Griechen, die Elite aller Männer, einst in
Aulis den Altar der Artemis schmählich geschän-
det mit dem Blut der Iphigenie.[2] Sie war eben
mit der Opferbinde geschmückt, die um ihre

Lockenpracht gewunden gleich über beide Wan-
90 gen herabfloß, sah den / unglücklichen Vater vorm
Altar stehen und neben ihm die Diener, die den
Dolch verbargen. Als sie auch das andere Volk
gewahrte, das ihretwegen bitterlich weinte, da
wurden ihr die Knie weich, und stumm vor Angst
sank sie zu Boden. In dieser Not konnte der Unglücklichen nicht helfen, daß sie als erste den
König mit dem Namen Vater beschenkt hatte. /
95 Denn die Zitternde wurde von Männerhänden
gepackt und zum Altar geführt, nicht, daß sie
nach feierlich vollzogenem Opfer mit dem Hoch-
zeitsgesang heimgeleitet, sondern unschuldig auf
schändliche Weise gerade zur Zeit der Hochzeit
selbst als unglückliches Opfer vom Vater getötet
100 würde, damit / die Flotte glücklich auslaufen
könne. Solch ein Ausmaß an Verbrechen hat die
Furcht vor den Göttern anrichten können.

*1,62–101*

## Nichts kann aus nichts entstehen

146 Diese Angst nun und diese Vorurteile des Geistes sind nicht durch Sonnenstrahlen und Tageslicht zu erschüttern, sondern allein durch rationale
Naturbetrachtung. An ihrem Anfang aber steht
150 der Grundsatz, / daß nichts aus nichts entstehen
kann, etwa durch göttliche Schöpfung. Denn alle
Menschen hält die Furcht gefangen, weil sie viele
Ereignisse am Himmel und auf Erden erblicken,
deren Ursache sie ganz und gar nicht erkennen
können und die sie deshalb auf göttlichen Ein-
155 griff zurückführen. / Wenn wir aber begriffen
haben, daß nichts aus nichts entstehen kann, dann
gewinnen wir daraus eine bessere Grundlage für
die Erklärung, woher jedes Ding entsteht und wie
das ohne göttliche Einwirkung geschieht. Entstünden die Dinge aus dem Nichts, so könnte aus
160 allem / jede Gattung entstehen, und ein Same[3]
wäre nicht nötig. Dann könnte das Meer Men-

schen, die Erde Fische und der Himmel Vögel
hervorbringen; alle Arten von Vieh und wilden
Tieren unbestimmter Herkunft lebten auf kulti-
165 viertem und wüstem Land. Auch wüchse / nicht
immer dieselbe Frucht an den Bäumen, sondern
auch andere, da ja alles alles hervorbringen könnte,
denn wenn es nicht für jedes die arteigenen
Grundstoffe gäbe, wie könnte es denn da eine
spezifische Ursache für die einzelnen Dinge
geben?

Tatsächlich aber entsteht nun alles aus besonderen
170 Samen / und wächst da auf, wo der Grundstoff
und die Ursprungskörper für jedes Ding sich befinden. Nicht alles vermag deshalb aus allem zu
entstehen, weil in den einzelnen Dingen spezifische Anlagen vorhanden sind. Und warum sehen
wir die Rose im Frühling, das Getreide im Som-
175 mer und / die Rebe im Herbst sich entfalten?
Weil, wenn zur rechten Zeit die Samen der Dinge
zusammengeflossen sind, alles erscheint, was hervorgebracht werden kann, wenn keine Unwetter
da sind und die lebenspendende Erde sicher die
180 zarten Keime ans Licht bringt. / Entstünden sie
aus dem Nichts, dann kämen sie urplötzlich zu
beliebiger Zeit und Jahresfrist hervor; gäbe es
doch keine Urkörper, welche gehindert werden
könnten, die Dinge zur Unzeit zu bilden. Und
Zeit für die das Wachstum der Dinge bedingende /
185 Vereinigung der Samen wäre nicht nötig, wenn
sie aus dem Nichts erwüchsen. Dann würden aus
Säuglingen plötzlich Männer, und aus der Erde
sprüngen im Nu die Bäume hervor. All das aber
geschieht offensichtlich nicht, weil alles allmählich
190 seinem Samen entsprechend / heranwächst und
dabei seine Art bewahrt. So kann man erkennen,
daß jedes groß wird und sich nährt durch seinen
spezifischen Grundstoff.

Hinzu kommt, daß ohne ein bestimmtes Maß an
Regen im Jahr die Erde ihre Früchte nicht hervor-

195 bringen, ohne Nahrung aber kein Lebewesen / sein
    Geschlecht fortpflanzen und sich erhalten kann,
    so daß man noch eher annehmen könnte, in vielen
    Dingen sind viele Körper gemeinsam vorhanden,
    wie Buchstaben in Wörtern, als daß irgend etwas
    überhaupt ohne Grundsubstanz existieren könnte.

    Warum konnte die Natur nicht Riesen schaffen, /
200 die zu Fuß das Meer durchschreiten und große
    Berge mit der Hand zerreißen könnten und
    eine Lebenszeit von vielen Jahrhunderten hätten?
    Weil ein bestimmter Grundstoff den Dingen für
    das Werden zukommt, in dem begründet ist, was
205 entstehen kann. / Also muß man zugeben, daß
    nichts aus nichts entstehen kann, weil die Dinge
    den Samen nötig haben für Entstehung und Wachs-
    tum. Und schließlich ist doch auch kultiviertes
    Land unkultiviertem überlegen und gibt bessere
210 Früchte. / Offenbar befinden sich im Erdreich Ur-
    elemente, die wir heraufholen, wenn wir die
    fruchtbare Scholle des Landes mit dem Pflug be-
    arbeiten. Gäbe es sie nicht, dann würde alles ohne
    Arbeit von selbst viel besser gedeihen.

                                              *1,146–214*

*Nichts kann in nichts vergehen*

215 Außerdem löst die Natur alles wieder in Ur-
    elemente auf, so daß nichts in nichts vergehen
    kann. Denn wenn etwas in allen Teilen vergäng-
    lich wäre, dann ginge es vor aller Augen im Nu
220 zugrunde, Gewalt wäre nicht nötig, / die die Teile
    trennte und die Verbindung auflöste. Nun aber,
    da alles aus unvergänglichem Samen besteht, läßt
    die Natur nichts zugrunde gehen, solange nicht
    eine Gewalt die Dinge (von außen) zerschlägt
    oder durch die Hohlräume in sie eindringt und sie
    auflöst.

225 Wenn nun die Zeit, was sie durch das Alter ver-
    gehen läßt, völlig vernichtete und jede Grund-
    substanz aufzehrte, woher könnte dann Venus[4]

die Arten der Lebewesen immer aufs neue hervorbringen, woher die Erde das Hervorgebrachte art-
230 gemäß ernähren und vermehren? / Woher sollte
das Meer die eigenen Quellen oder die großen
Flüsse ergänzen? Woher der Äther die Sterne
unterhalten?[5] Längst müßte alles, was aus ver-
gänglichem Körper besteht, in der unendlichen
Vergangenheit vernichtet worden sein. Wenn aber
schon in dieser vergangenen Zeit jene Stoffe vor-
235 handen waren, / aus denen das Weltall besteht
und sich entwickelt, so sind sie sicher unvergänglich, und kein Ding kann in nichts vergehen.
Schließlich würde dieselbe gewaltsame Ursache
alles zerstören, wenn nicht die unvergängliche
240 Materie sich / durch einen mehr oder weniger
starken Verbund zusammenhielte. Eine (bloße)
Berührung wäre wirklich ein zureichender Grund
für die Vernichtung, da ja, wo keine unvergänglichen Körper sind, auch deren Verbindung nicht
gewaltsam aufgelöst werden muß. Weil aber die
245 Verbindung der Urelemente / jeweils anders und
dieser Grundstoff unvergänglich ist, bleibt der
Dinge Struktur so lange unversehrt, bis eine Gewalt erscheint, die ausreicht, eben diese Struktur
zu sprengen. So kehrt nichts in nichts zurück, sondern alles löst sich auf in die Grundelemente der
Materie.
250 Auch der Regen als solcher verschwindet zwar,
nachdem er sich vom Vater Himmel auf unserer
Mutter Erde Schoß herabgestürzt hat; dafür aber
schießt prächtige Saat empor, die Zweige an den
Bäumen ergrünen, wachsen und werden schwer
von Früchten. Davon wieder nährt sich unser und
255 der Tiere Geschlecht, / die Bevölkerung der
Städte wächst, die Wälder sind voll vom Gesang
junger Vögel. Daher kommt's, daß das gemästete
Vieh sich müde auf üppiger Wiese lagert, den
prallen Eutern der weiße Milchsaft entströmt und
260 das Jungvieh mit noch / kraftlosen Gliedern im

Grase verspielt herumtollt, weil ihm die kräftige
Milch zu Kopf gestiegen ist. So geht denn nichts
gänzlich zugrunde, da die Natur eins aus dem
anderen erschafft und das eine durch den Tod
des anderen entstehen läßt.

*1,215–264.*

## Die Unsichtbarkeit der Atome

265  Nun können also, wie ich lehrte, die Dinge weder
aus dem Nichts entstehen noch ins Nichts vergehen. Damit du aber das Voranstehende nicht
bezweifelst, weil die Urelemente unsichtbar sind,
270  so vernimm denn von Körpern, deren / reale
Existenz du zugeben mußt, obwohl sie nicht zu
sehen sind.
Zunächst peitscht die Gewalt des Sturmes das
Meer, zerschmettert die riesigen Schiffe und zer-
fetzt die Wolken. Bisweilen rast er in reißendem
Wirbel durch die Felder, wo er gewaltige Bäume
umlegt, und zerstört mit seinen Böen auf den /
275  Berggipfeln die Wälder. So tobt der Sturm mit
heftigem Heulen und bedrohlichem Tosen. Ob-
gleich also dem Auge nicht sichtbar, gibt es ohne
Zweifel Partikel des Windes, die Meer, Erde
und Wolken fegen und alles in plötzlichem Wirbel
280  verheeren / und genauso zerstörend wirken, wie
wenn plötzlich in reißendem Strom das sonst
sanfte Gewässer dahineilt, das nach heftigem
Regen zu Sturzbächen, die von gewaltigen Bergen
kommen, anschwillt und ganze Waldteile und
Büsche mitreißt. Auch massive Brücken können
dann der plötzlich hereinbrechenden Gewalt des
285  Wassers nicht widerstehen. / So stürmt denn der
vom starken Regen wirbelnde Strom mit gewaltiger Kraft gegen die Dämme, richtet mit Brausen
Verwüstung an, wälzt unter den Wellen große
Felsblöcke und zerstört, was den Fluten entgegen-
steht.

290 So muß es sich auch mit der Bewegung des Windes verhalten, der wie ein reißender Strom sich
bald hierhin, bald dorthin wirft, alles vor sich her
wälzt und in beständigem Ansturm zerstört, zuweilen auch in kreisendem Wirbel packt und fort-
295 trägt. / Also gibt es in der Tat unsichtbare Partikel der Winde, da sie ja in ihrer ganzen Art und
Weise sich analog zu den heftigen Strömen verhalten, die von sichtbarer Körperlichkeit sind.

Ferner nehmen wir verschiedene Gerüche wahr,
300 ohne zu sehen, daß sie zur Nase gelangen. / Auch
Hitze und Kälte oder Laute vermögen wir nicht
zu erblicken. All das aber ist ohne Zweifel von
körperlicher Natur, da es die Sinne erregen kann.
Denn nur das kann berühren oder berührt werden,
was körperlich ist.

305 Auch Kleider, die an der Küste in der Nähe der
Brandung aufgehängt sind, werden feucht und
trocknen dann in der Sonnenhitze. Aber man kann
weder beobachten, wie die Feuchtigkeit hinein-
kam noch wie sie entwich. Das Feuchte ist also
310 in Partikeln zerstreut, /. die kein Auge erblicken
kann. Auch der Fingerring wird im Laufe vieler
Jahre vom Tragen unten dünner, und der fallende
Tropfen höhlt den Stein, und wie die eiserne
Pflugschar unvermerkt bei der Feldbestellung ab-
315 genutzt wird, so die steinerne Straßendecke / von
den Füßen der Menge. Die rechte Hand der Götterbilder an den Stadtportalen wird schmächtiger durch
die häufige Berührung der Leute, die im Vorübergehen grüßen.[6] Hier wird durch Abnutzung,
320 wie wir sehen, etwas vermindert. / Was für Partikel aber in jedem Augenblick verschwinden, das
zu sehen hat die Natur uns neidisch vorent-
halten.

Endlich, was Zeit und Natur den Dingen allmählich zuteilen, wie sie Maß für Maß alles wachsen
lassen, das kann unser angespanntes Auge ebenso-
325 wenig erkennen wie das, / was durch Alter und

Siechtum dahinschwindet und was die über dem
Meer hängenden, vom Salz zernagten Felsen mit
der Zeit verlieren. Denn die Natur wirkt durch
unsichtbare Körper.

*1,265–328*

## Das Leere

329   Aber nicht überall ist alles voll von Körperlichkeit; denn es gibt in den Dingen das Leere. Das
zu wissen ist wichtig für dich, denn es läßt dich
nicht irren, zweifeln und grübeln über das Wesen
der Welt und mißtrauisch sein gegenüber unseren
Worten. So gibt es denn den leeren Raum, den
335   man nicht berühren kann; / ohne ihn könnten sich
die Dinge nämlich nicht bewegen. Widerstand
zu leisten ist eine Eigenschaft des Körpers, die
sich fortwährend in allem zeigen würde. Nichts
könnte also fortrücken, da nichts beginnen könnte
340   zu weichen. / Dagegen sehen wir vieles sich auf
verschiedene Weise zu Lande, zu Wasser und in
den Höhen des Himmels bewegen. Fehlte jedoch
das Leere, so könnte sich nichts bewegen wie
345   überhaupt nichts mehr entstehen, / da überall
Materie dicht an dicht in Ruhe verharrte.
Wenn nun auch die Dinge einen kompakten Eindruck machen, so ergibt sich doch aus folgendem,
daß sie von lockerer Struktur sind. In Felsenhöhlen dringt Wasser ein, und überall tropft es
350   ständig herab. / Auch die Speise verteilt sich im
ganzen Körper der Lebewesen; die Bäume wachsen, und die Früchte reifen zu ihrer Zeit, weil sich
die Nahrung von den tiefen Wurzeln an durch
Stamm und alle Zweige überall hin verbreitet.
Auch Worte dringen durch Mauern und in abge-
355   schlossene Häuser, / und der strenge Frost dringt
bis in die Knochen. All das könnte man ganz
und gar nicht wahrnehmen, wenn es nicht das
Leere gäbe, durch das die Körper durchschlüpfen
könnten. Und warum sind einige Dinge an Ge-

wicht größer als andere, wiewohl nicht an Um-
360 fang? / Wenn im Wolleballen dieselbe Masse
wäre wie im Bleiklumpen, dann müßten sie dasselbe wiegen, denn es ist eine Eigenschaft des
Körpers, nach unten zu drücken, während es eine
Eigenschaft des Leeren ist, ohne Gewicht zu sein.
Daraus folgt: Was ebenso groß, aber leichter ist, /
365 enthält ohne Zweifel mehr Leeres. Was dagegen
schwerer ist, hat mehr Masse und weniger Leeres.
Also ist klar, daß das, was wir in eingehender
Untersuchung erforschten und das Leere nennen,
in den Dingen enthalten ist.

370 Zunächst muß ich Vorsorge treffen, daß dich hierbei nicht ein Argument täuscht, das einige fälschlich vorbringen. Vor den schwimmenden Fischen,
so behaupten sie, wiche das Wasser und öffne deshalb die Bahn, weil die Fische hinter sich Raum
ließen, wo es die Möglichkeit hätte, wieder zu-
375 sammenzufließen. / So könnten auch andere Dinge
sich wechselseitig bewegen und ihre Stellung ver-
tauschen, auch wenn alles noch so voll sei. Dieses
Argument ist nun natürlich völlig falsch. Wohin
sollten denn nur die Fische gehen, wenn nicht
380 das Wasser zuerst Raum gäbe? Wie aber / vermöchte das Wasser zurückzuweichen, wenn die
Fische sich nicht bewegen können?[7] Also muß man
entweder die Bewegung der Körper leugnen oder
kategorisch behaupten, daß es ein Leeres in ihnen
gibt, das die Grundlage für die Bewegung der
Dinge bildet.

Schließlich (noch ein Beispiel!) Wenn zwei Körper, nachdem sie mit breiter Fläche zusammen-
385 gestoßen sind, sofort wieder / auseinanderprallen,
muß die Luft die ganze zwischen den Körpern
entstandene Leere ausfüllen. Aber auch, wenn sie
von allen Seiten her noch so schnell zusammen-
flösse, so könnte sie den ganzen Raum doch nicht
zugleich in einem Moment füllen, sondern immer
390 zunächst den jeweils nächsten / und so nach und

nach das Ganze. Wenn nun aber jemand glauben
sollte, die Körper prallten auseinander infolge der
Luftverdichtung[8], so irrt er. Denn es entsteht ein
Vakuum, das vorher nicht da war. Und dasselbe
Vakuum füllt sich wieder, das zuvor bestanden. /
395 Auch kann die Luft sich nicht so verdichten; wenn
aber doch, dann kann sie sich doch gerade ohne
das Leere nicht in sich selber zusammenziehen
durch Kontraktion ihrer Teile. Deshalb muß man,
auch wenn man noch so viele Bedenken hat,
schließlich doch ein Leeres in den Dingen anerkennen.

                                                    *1,329–399*

## Atome und Leeres als einzige Prinzipien

419 Die gesamte Natur an sich besteht also aus zwei
Dingen, denn es gibt Körper und Leeres, in dem
sich jene aufhalten und ihre verschiedenen Bewegungen ausführen. Daß es Körper gibt, lehrt
allein schon übereinstimmend[9] die Wahrnehmung.
Wenn das grundsätzliche Vertrauen in sie nicht
425 wohl fundiert ist, gibt es nichts, worauf wir / uns
beziehen können, um mit dem Denken etwas über
die sinnlich nicht wahrnehmbaren Dinge festzustellen. Wenn es außerdem keinen Ort und keinen
Raum gibt, den wir das Leere nennen, so könnten
die Körper sich nirgendwo aufhalten oder sich
gar nach verschiedenen Richtungen bewegen, wie
430 wir dir kurz zuvor dargelegt haben. / Hinzu
kommt, daß sich nichts nennen läßt, was anders
ist als Körper und Leeres, d. h., als gleichsam
dritte Wesenheit erscheint. Denn was immer ist,
435 muß irgend etwas an sich sein; / erfährt es eine
wenn auch noch so winzige Berührung, so wird
es die Masse des Körperlichen vermehren durch
einen mehr oder minder großen Zuwachs, indem
es dem Ganzen hinzugefügt wird. Ist es hingegen
unberührbar und vermag einen sich bewegenden
Körper nirgends zu behindern hindurchzugehen,

dann ist es natürlich wieder das, was wir den
440 leeren Raum nennen. / Was nun an sich existiert,
wird auf etwas einwirken oder wird durch anderes
Einwirkung erleiden, oder es gibt den Dingen
die Möglichkeit, in ihm dazusein und sich zu bewegen. Nichts aber kann wirken oder leiden ohne
Körper; nichts aber den Raum konstituieren, wenn
445 nicht das Leere. / Und so gibt es in allem außer
dem Leeren und den Körpern keine dritte Wesenheit, die durch die Sinne oder das Denken je
erfaßt werden könnte.

*1,419–448*

## Wesentliche und unwesentliche Eigenschaften

449 Was sonst noch genannt wird, sind wesentliche
oder unwesentliche Eigenschaften dieser beiden
Dinge. Eine wesentliche Eigenschaft ist, was nicht
ohne totale Auflösung des Objekts von diesem
abgetrennt werden kann, wie das Gewicht von
den Steinen, die Wärme vom Feuer, das Flüssige vom Wasser, die Berührbarkeit von allen
Körpern und die Unberührbarkeit vom leeren
455 Raum. / Knechtschaft und Freiheit dagegen, Armut und Reichtum, Krieg und Frieden und was
den Dingen sonst noch ohne Veränderung ihres
Wesens zukommt oder nicht zukommt, das pflegen
wir korrekt als unwesentliche Eigenschaft zu bezeichnen. Ebenso gibt es auch keine Zeit an sich.
Vielmehr entzündet sich an den wirklichen Dingen
460 selbst / eine Vorstellung davon, was geschehen ist,
was geschieht und in Zukunft geschehen wird.
Zeit an sich, d. h. abgesondert von Bewegung und
Ruhe der Dinge, kann man nicht wahrnehmen.
Wenn also behauptet wird, der Raub Helenas und
465 der / Fall Trojas existiere, so muß man sich vor
der Ansicht hüten, jene Dinge seien an sich, weil
ja die Generationen, denen solche Akzidenzien[10]
zukamen, von der Vergangenheit unwiderruflich
hingerafft wurden. Denn jedes geschichtliche Er-

470 eignis ist eine Akzidenz der / Landschaft oder der
räumlichen Region selbst. Wenn es nun keinen
Grundstoff der Objekte gäbe und keinen Raum,
in dem die Objekte sich aufhalten, dann wäre
weder durch die Schönheit der Helena im Herzen
des Paris die Liebesglut entzündet noch dadurch
475 der schreckliche / Krieg heraufbeschworen worden.
Nie wäre Troja von den Griechen zerstört worden, die heimlich des Nachts aus dem hölzernen
Pferd hervorgekommen waren. Dadurch wird
deutlich, daß alle geschichtlichen Ereignisse nicht
480 wie die Körper an sich / noch so wie das Leere
existieren. Vielmehr kann man sie durchaus als
unwesentliche Eigenschaften von Körper und
Raum, in dem sich alles abspielt, bezeichnen.

*1,449–482*

## Das Minimum

599 Weil es nun eine extreme Spitze am Atom gibt,
das sich unserer Sinneswahrnehmung entzieht, so
darf diese natürlich keine Teile enthalten. Es sind
die kleinsten Einheiten, die nicht absolut und gesondert (vom Atom) existieren können, da sie dessen grundlegende und einzige Bestandteile sind, /
605 und mit anderen genau gleichen Teilchen in bestimmter unauflösbarer Anordnung die Struktur
des Atoms ausmachen. Weil sie nicht an sich
existieren können, müssen sie dort beharren, wo sie
auf keine Weise losgerissen werden können. Die
Atome sind also undurchdringlich in ihrer Ein-
610 heitlichkeit, / weil sie die Minima in unauflösbarer Verbindung enthalten, nicht aber durch
deren Verbindung entstanden sind. Denn sie sind
durch ihre Einheit unzerstörbar. So läßt sich von
ihnen, die Reserve und Grundstoff der Dinge bilden, nichts wegnehmen.
615 Nimmt man kein Minimum an, so bestehen die
kleinsten Körper noch aus unendlich vielen Teilen,
da die Hälfte der Hälfte wieder eine Hälfte hat

und nichts dem Teilen ein Ende setzt. Welchen
Unterschied gäbe es dann zwischen dem Größten
620 und dem Kleinsten? / Keinen. Denn wenn das All
auch noch so unendlich groß wäre, so bestünde es
dennoch genauso wie das Allerkleinste aus unendlich vielen Teilen. Das aber widerstreitet aller
625 Vernunft. So muß man zugeben, / daß es jene
Minima gibt, an denen keine Teile mehr unterschieden werden können. Daraus folgt, daß die
Atome selbst undurchdringlich und ewig sind.
Wenn die Natur, die Mutter aller Dinge, alles in
630 Minima auflösen würde, / könnte sie aus ihnen
nichts wieder hervorbringen, weil ja, was keine
Teile enthält, nicht die Eigenschaften haben kann,
die erzeugende Grundstoffe haben müssen: verschiedene Verbindungsmöglichkeiten, Gewicht,
Stoßkraft, (Fähigkeit zum) Zusammenprall und
(zur) Bewegung, wodurch alles bewirkt wird.

*1,599–634*

## Die Deklination

216 Mit folgendem Problem muß ich dich dabei noch
bekannt machen. Wenn die Atome infolge ihrer
Masse im leeren Raum senkrecht herunterfallen,
weichen sie irgendwann und irgendwo ein wenig
220 von der Bahn ab, / so daß man von einer Rich-
tungsänderung sprechen könnte. Ohne Abweichung
würden sie alle wie Regentropfen senkrecht in die
Tiefe des leeren Raumes fallen. Ohne Kollision
und Stoß aber, die es dann nicht gäbe, hätte die
225 Natur nichts geschaffen. / Wer meint, die schwereren Atome könnten, weil sie sich im Leeren
schneller bewegten, von oben auf die leichteren
fallen und durch diese Zusammenstöße die Bewegung zur Entstehung der Dinge auslösen, der irrt
230 gründlich. / Denn was im Wasser oder in der Luft
herabfällt, muß entsprechend seinem Gewicht fallen, weil Wasser und Luft nicht jedem Objekt
den gleichen Widerstand entgegensetzen, sondern

235 dem schwereren weniger. / Dagegen kann das
    Leere nirgends und niemals einer Sache wider-
    stehen, da es naturgemäß Raum gibt. Deshalb
    müssen alle Körper trotz ungleichen Gewichtes
240 im leeren Raum sich gleich schnell bewegen. / Also
    können auch die schwereren nicht auf die leichte-
    ren fallen und von sich aus Zusammenstöße er-
    zeugen, wodurch die für das Naturgeschehen nö-
    tigen Bewegungen entstünden, die mannigfaltig
    sind. Aus diesem Grunde müssen in der Tat die
    Atome ein wenig abweichen; nur ein Minimum
245 freilich, damit wir nicht / die schiefe Fallbewegung
    einführen, was den Tatsachen widerspricht; denn
    es liegt doch klar auf der Hand, daß schwere
    Körper von sich aus, wenn sie herabfallen, sich
    nicht seitwärts bewegen, soweit man das eben
    wahrnehmen kann. Aber wer kann wahrnehmen,
    ob sie überhaupt nicht ein bißchen von der ge-
    raden Richtung abweichen?

                                        *2,216–250*

*Die Willensfreiheit*

251 Wenn aber ausnahmslos jede Bewegung verursacht
    wäre, d. h., aus einer vorhergehenden nach deter-
    minierter Ordnung entstünde, wenn also die
    Atome nicht durch Abweichung eine unbedingte
    Bewegung begännen, die den fatalistischen Zwang
255 bräche, / damit nicht eine Ursache immer wieder
    aus der anderen folgte, wie könnte es dann jenen
    freien Willen geben, den alle irdischen Lebewesen
    haben und durch den wir entgegen dem Fatum
    ausführen, was wir wollen. So ändern wir unsere
260 Bewegung zur unbestimmten Zeit / und an unbe-
    stimmtem Ort gerade, wohin uns der Sinn steht.
    Denn ohne Zweifel ist hier der eigene Wille der
    Urgrund, wodurch den Gliedern Bewegung über-
    mittelt wird. Sieht man nicht auch, daß die Renn-
    pferde, wenn sich die Schranken im Nu geöffnet
265 haben, dennoch nicht so / urplötzlich losstürmen

können, wie sie wohl wollten? Denn die Atommasse im ganzen Körper muß erregt werden,
damit sie so dem Verlangen des Verstandes folgen
kann. Daraus wird deutlich, daß der Bewegungs-
270 anlaß vom Herzen[11] ausgeht, d. h., / aus der Willensentscheidung des Verstandes entspringt und
dann erst allmählich sich fortpflanzt durch die
Körperglieder. Etwas ganz anderes dagegen ist
es, wenn wir zur Fortbewegung durch den gewaltigen Stoß fremder Kräfte und Mächte gezwungen
werden; dann nämlich wird offensichtlich die ge-
275 samte Körpermasse / entgegen unserem Willen zu
gehen genötigt, bis sie dann wieder vom Willen
durch die Glieder im Zaum gehalten wird. Er-
sieht man nun daraus nicht, daß es in unserem
Herzen ein Moment gibt, welches Widerstand
280 leisten kann, so viele Menschen auch / des öfteren
von äußerer Gewalt Hals über Kopf zu unfrei-
willigen Bewegungen gezwungen werden? Dieser
freie Wille zwingt durch Glieder und Gelenke
mitunter die Stoffmasse, ihre Bewegung zu ändern
oder gezügelt wieder in Ruhe zu verharren, nachdem sie vorwärts gestoßen worden war. Deshalb
285 gilt notwendig auch für die Atome, / daß es außer
Stoß und Gewicht noch eine andere Bewegungs-
ursache gibt, aus der die uns eigene Fähigkeit resultiert, denn aus nichts kann offenkundig nichts
entstehen. Das Gewicht nämlich verhindert, daß
alles durch Stoß, d. h., durch äußere Gewalt ge-
290 schieht. Damit aber der Verstand / bei allem Tun
und Lassen nicht einem inneren Zwang unterliegt
und gleichsam wie ein Besiegter nur erträgt und
duldet, dafür sorgt die winzige Atomabweichung,
deren Ort und Zeitpunkt nicht zu bestimmen ist.

2,251–293

## Die Farbe

757 Den Atomen kommt also keine Farbe zu, sondern
nur mannigfaltige Formen, aus denen die unter-

schiedlichsten Farbarten hervorgehen. Weil dafür
entscheidend ist, welche Atomformen sich in welcher Anordnung verbinden und welche gegenseitigen Bewegungen sie ausführen, läßt sich ohne weiteres erklären, weshalb das, was eben noch schwarz
765 war, / plötzlich in glänzendem Weiß erscheinen
kann, wie z. B. das Meer, wenn heftige Stürme die
Oberfläche aufwühlen, sich in eine weißlich glänzende Flut verwandelt. So kann man sagen, daß
das von uns wahrgenommene Schwarze sogleich
sich als glänzendes Weiß zeigen kann, sobald die
770 Substanz gründlich durcheinandergerät / und
damit die Anordnung der Atome sich ändert,
wobei manche hinzutreten oder weggehen. Wenn
das Meer aus bläulichen Atomen bestünde, könnte
es unmöglich weiß werden. Denn bläuliche Atome,
sosehr man sie auch in Unordnung brächte, könnten niemals weiße Farbe annehmen ...

795 Da es außerdem ohne Licht keine Farbe geben
kann, die Atome aber nicht ans Licht kommen,
so läßt sich daraus ihre Farblosigkeit erkennen.
Welche Farbe könnte es denn in völliger Finsternis geben? Denn Farbe ändert sich ja grade durch
800 das Licht, / weil sie entsprechend dem senkrecht
oder schräg einfallenden Licht aufleuchtet, so wie
im Sonnenlicht das Taubengefieder, das den Hals
umkränzt; manchmal ist es von rötlich-goldenem
Bronzeton, manchmal bei anderer Ansicht wie ein
Gemisch aus Himmelsblau und Smaragdgrün. /
805 Auch der Pfauenschweif ändert beim Wenden,
wenn er vom vollen Licht getroffen wird, auf
ähnliche Weise seine Farben. Da sie also auch
durch eine bestimmte Einfallsrichtung des Lichtes
entstehen, darf man überzeugt sein, daß sie ohne
810 Licht nicht sein können. / Weil die Pupille nun
Reize unterschiedlichster Art empfängt, je nachdem, ob sie weiße, schwarze oder andere Farbe sozusagen empfindet, und da bei der Berührung der
Dinge durchaus ihre Farbe, nicht aber ihre Form

815 belanglos ist, kann man erkennen, / daß den Atomen Farbe nicht notwendig zukommt, sondern nur
verschiedene Formen, die unterschiedliche Tast-
empfindungen bewirken ...

834 Schließlich, da man doch zugibt, daß nicht alle
Körper Töne oder Gerüche aussenden, wird man
auch nicht allem Ton oder Geruch zukommen lassen. Ebenso darf man annehmen, daß es, da wir
nicht alles optisch wahrnehmen können, auch
Dinge ohne Farbe gibt, wie Dinge ohne Geruch

840 und Ton, / und daß aber ein scharfer Verstand
dies ebenso erkennen kann wie das, was anderen
Dingen fehlt. Doch soll man nicht annehmen, daß
den Atomen nur die Farbe fehle. Sie sind auch
gänzlich ohne Wärme und Kälte und feurige Hitze,

845 wie sie / ohne Ton und Geschmack existieren und
keinen Geruch ausstoßen.

2,757–846

*Verstand und Seele*

136 Verstand und Seele nun sind, wie ich behaupte,
untereinander verbunden und von einer Substanz.
An der Spitze aber steht die den ganzen Körper
beherrschende Fähigkeit zu denken, die wir Geist

140 und Verstand nennen und / die sich in der Brust-
mitte befindet. Da hier die Gefühle von Furcht
und Schrecken entspringen und hier die der Lust
uns ergötzen, so befindet sich auch hier der Verstand und Geist. Der über den ganzen Körper
verstreute restliche Seelenteil gehorcht in seinen
Bewegungen den Entscheidungen des Verstandes,

145 denn / dieser allein kann spontan denken, kann
sich freuen, auch wenn zur selben Zeit kein Gegenstand die Seele oder den Körper erregt.
Und wie wir bei einer schmerzvollen Kopf- oder Au-
genverletzung auch nicht am ganzen Körper Qualen leiden, so ist auch der Geist bisweilen betrübt

150 oder / vergnügt, ohne daß der übrige Seelenteil
in den Gliedern und Gelenken etwas Besonderes

empfindet. Sobald aber der Verstand von heftiger
Furcht ergriffen ist, sehen wir die gesamte Seele
155 in den Gliedern mitleiden, (Angst)schweiß / und
(Leichen)blässe überall auftreten und Zunge und
Stimme versagen. Es wird einem schwarz vor
Augen, die Ohren sausen, die Glieder erlahmen,
und oft bemerken wir schließlich, wie Menschen
durch einen geistigen Schock zu Boden stürzen.
Daher ist leicht einzusehen, daß die Seele mit dem
160 Geist vereint ist, / der durch seine Kraft die Seele
erschüttert, die dann den Körper anstößt und vor-
antreibt.
Dieselbe Überlegung macht aber auch deutlich,
daß das Wesen des Geistes und der Seele körperlich ist. Denn durch sie wird offensichtlich jedes
Glied bewegt, der Körper aus dem Schlaf gerissen,
der Gesichtszug verändert, ja der ganze Mensch
165 gelenkt und geleitet. / Da dies alles nicht ohne Berührung, Berührung aber nicht ohne Körper statt-
finden kann, so muß man Geist und Seele für
körperlich halten.

                                            3,136–167

*Die Struktur der Seele*

231 Freilich darf man sich das Wesen der Seele nicht
einfach vorstellen; denn die Sterbenden verläßt
eine Art feiner mit Wärme gemischter Hauch[12];
Wärme aber führt wieder Luft mit sich, denn
235 diese ist der Wärme immer beigemischt, / weil
sich in ihrer locker gefügten Substanz notwendig
viele Luftatome bewegen. So hat sich also jetzt
herausgestellt, daß die Seele von dreifachem
Wesen ist; dennoch reicht das alles nicht aus, um
Sinnesempfindungen zu erzeugen. Da das nicht
240 möglich ist, / sind die (drei Elemente) erst recht
nicht imstande, Gedanken zu erregen. So muß
ihnen ein Viertes hinzugefügt werden, das aber
ohne Bezeichnung ist. Es besteht aus den beweg-
lichsten, feinsten, kleinsten und glattesten Atomen /

245 und verursacht das Empfindungsvermögen in den
Gliedern, weil es infolge der Kleinheit seiner
Atome zuerst erregt wird; dann wird das Warme
bewegt, dann das unsichtbare Vermögen des Windes, darauf die Luft und dann die leiblichen Dinge:
das Blut gerät in Wallung, die inneren Organe
250 werden erregt, / und schließlich geht das Gefühl,
das lustvoll oder schmerzvoll sein kann, durch
Mark und Bein. Natürlich kann kein Schmerz oder
heftiges Übel ohne weiteres so weit eindringen,
ohne daß alles so sehr in Aufruhr gerät, daß die
255 Lebensgrundlage wegfällt und die / Seelenatome
durch sämtliche Körperporen entweichen. So werden denn alle erregenden Momente meist schon
gleichsam an der Oberfläche gestoppt; dadurch
sind wir in der Lage, unser Leben zu bewahren.

3,231–257

*Einheit von Leib und Seele*

323 Diese Seelensubstanz wird also vom gesamten
Leib zusammengehalten, den sie wiederum be-
hütet und dessen Existenz sie bedingt. Beide sind
so gründlichst miteinander verflochten, daß sie offensichtlich nicht ohne Zerstörung getrennt werden
können. Wie man nicht den Duft vom Weihrauch
entfernen kann ohne dessen wesensmäßige Vernichtung, so läßt sich auch nicht die Geist- und
330 Seelensubstanz aus dem Leib ziehen, / ohne daß
das Ganze zugrunde geht. Denn sie sind durch
komplexe Verbindung ihrer Atome gleich von Geburt an auf ein gemeinsames Dasein ausgerichtet.
Auch hat sicher weder Leib noch Geist allein ohne
335 den anderen die Fähigkeit der Empfindung, / die
durch die gemeinsame beiderseitige Erregung in
uns erzeugt wird. Auch entsteht der Leib nicht für
sich und wächst dann, wie er auch nicht nach dem
Tode fortdauert. Hier ist es nicht wie beim Was-
340 ser, das Wärme abgeben kann / und doch dadurch
nicht zerstört wird, sondern unversehrt bleibt. Die

Trennung der Seele aber können die übrigen Glieder nicht ertragen, die dann ganz zugrunde gehen
und völlig verwesen. So üben sich Körper und
Geist in enger Wechselbeziehung in den Lebens-
regungen von Anfang an, da sie noch im Mutter-
345  schoß verborgen. / So kann es eine Trennung nicht
ohne totales Verderben geben. Aus dieser wechselseitigen Abhängigkeit der Existenz voneinander
kann man die enge Verknüpfung ihres Wesens erkennen.

                                                    3,323–349

## Der Tod

831  Der Tod nun geht uns gar nichts an und betrifft
uns überhaupt nicht, insofern der Geist selbst sterblich ist. Und da wir keine Empfindung für die
Übel in der Zeit vor unserer Geburt hatten, als
etwa die Punier überall zum Kampfe anstürmten,
alles unter dem Himmel schrecklich erschauderte
836  in der Not des gräßlichen Krieges / und Ungewiß-
heit herrschte, wem die Macht zu Lande und zu
Wasser zufiele – so werden wir, wenn wir nicht
mehr sind, d. h., wenn Leib und Seele, die unsere
Einheit ausmachen, getrennt sind, von nichts mehr
betroffen, weil wir keine Empfindung mehr haben,
mag dann auch Erde und Meer oder Meer und
Himmel zusammenstürzen . . .

931  Wenn nun aber die Natur plötzlich ihre Stimme
erhöbe und einen von uns folgendermaßen tadelte: „Was geht die Sache dich, o Mensch, an,
daß du dich so schlimmer Trauer hingibst? Warum
935  bejammerst du weinend den Tod? / Denn hast
du das bisherige Leben angenehm verbracht, so
daß dir nicht alle Freuden ungenossen gleichsam
wie in ein leckes Gefäß geschüttet zerronnen sind,
warum scheidest du dann nicht wie ein gesättigter
Gast von der Lebenstafel und nimmst gelassen
940  den sorglosen Todesschlaf entgegen? / Ist dir dagegen jeder Genuß gänzlich versagt geblieben und

das Leben verleidet, warum willst du verlängern,
was doch wieder übel ausgeht und unerfreulich
endet? Warum willst du dann nicht das Leben und
damit die Qual beenden, denn es gibt nichts, was
945 ich / zu deinem Vergnügen tun und erfinden
könnte, weil alles beim alten bleibt, auch wenn
die Jahre Leib und Gelenke noch nicht völlig ver-
braucht und ausgezehrt haben, auch wenn du alle
Generationen an Lebensdauer übertriffst; ja, selbst
wenn du niemals sterben würdest, wäre es immer
950 dasselbe." / Was antworten wir dann? Doch wohl
nur, daß die Natur uns mit Recht Vorwürfe macht
und den wirklichen Sachverhalt dargelegt hat.
Wenn aber ein betagter Greis über seinen bevorstehenden Tod unbilligerweise heftig jammert,
würde sie dann nicht ebenso mit Recht tüchtig schel-
955 ten: / „Laß die Tränen, du Tor, und hör auf zu
jammern. Alle Vorzüge des Lebens hattest du zur
Verfügung, und nun bist du alt. Doch da du
immer haben wolltest, was du nicht hattest, und
was du hattest, verachtet hast, so ist dein Leben
unerfüllt und freudlos zerronnen. Und plötzlich
960 steht der Tod dir gegenüber, / noch ehe du
in dem Bewußtsein scheiden könntest, die Güter des Lebens bis zur Neige genossen zu haben.
Nun laß denn auch dahinfahren, was deinem
Alter unangemessen ist, und mach heiteren Herzens den Jüngeren Platz; es muß sowieso sein!"
Mit Recht, meine ich, spräche und tadelte sie so.
Fortwährend muß das Alte dem Neuen Platz
965 machen, / weil das Neue nur aus dem Alten zube-
reitet werden kann. So wird keiner in den dunklen Schlund der Unterwelt geworfen, weil seine
Substanz notwendig ist für das Entstehen künftiger Generationen. Und diese alle werden dann
nach vollbrachtem Leben dir folgen, wie sie vor
dir zugrunde gingen und nach dir zugrunde gehen
970 werden. / Unaufhörlich entsteht also eins aus dem
anderen. Das Leben aber ist keinem zum Eigen-

tum, allen aber zur Nutzung überlassen. Bedenke
doch nur, daß die ganze vor unserer Geburt vergangene unendliche Zeit uns überhaupt nicht berührte. Daraus können wir gleichsam wie in einem
975 Spiegel erkennen, / was uns die zukünftige Zeit
nach unserem Tode bedeutet. Und erscheint da
etwas Schreckliches, etwas Betrübliches, wo man
doch sorgloser ist als in jedem Schlaf?

3,831–977

## Abbilder und Abstand der Objekte

239 Die genannten Abbilder der Dinge strömen ja
nun von überallher in alle Richtungen. Da wir
aber nur mit den Augen sehen können, bieten sich
Form und Farbe der Dinge nur dort unserem
Blick, wohin wir ihn wenden. Und das Abbild
245 selbst läßt uns erkennen, / wie weit die Objekte
von uns entfernt sind. Denn das abgeschleuderte
Abbild stößt sofort die Luft vor sich her, die zwischen ihm und dem Auge liegt. Diese ganze Luft
gleitet nun durch unser Auge und streift beim
250 Durchgang gleichsam die Pupille. / Dadurch erkennen wir die Entfernung jedes Objektes; denn
je mehr Luft bewegt wird, d. h., je länger sie unsere Augen durchstreift, desto entfernter ist das
Objekt. Doch geschieht das auf so unerhört
schnelle Weise, daß wir zugleich mit dem Objekt
auch seine Entfernung erkennen.[13]

4,239–255

## Wirkung des Lichtes

311 Aus der Dunkelheit heraus können wir die im
Licht befindlichen Gegenstände erblicken, weil die
den Augen nähere und damit zuerst hier eindringende und alles ausfüllende schwärzliche Luft der
315 Dunkelheit / schließlich von der hellen, leuchtenden verdrängt wird, welche die Augen gleichsam
reinigt und die schwärzlichen Schatten zerstreut;
denn sie ist viel beweglicher, feiner und mäch-

320 tiger. Sobald sie aber die Augengänge, / die zuvor
die schwarze Luft innehatte, mit Licht erfüllt und
dadurch geöffnet hat, folgen sogleich die Abbilder
derjenigen Dinge, die im Lichte sind, und reizen
unseren Gesichtssinn.

348 Dagegen können wir nicht aus dem Hellen ins
350 Dunkle sehen, weil ja später / die dicke, dunkle
Luft folgt, die alle Poren ausfüllt und die Augengänge so belagert, daß keines der abgeschleuderten
Abbilder sie zu reizen vermag.

*4,311–322; 4,348–352*

## Die Verstandeswahrnehmung

722 Nun vernimm noch kurz, was den Verstand bewegt und woher das kommt, was in ihn eindringt.[14]
Zunächst nun sei gesagt, daß die Abbilder man-
nigfaltig in alle möglichen Richtungen umher-
schwirren. Da sie sehr fein sind, können sie sich
bei der Begegnung in der Luft leicht miteinander
verbinden wie Spinnengewebe und Blattgold;
doch sind diese Abbilder von viel feinerem Gewebe als alles, was in die Augen fällt und den
730 Sehnerv reizt. / Denn sie dringen durch die Leibesporen und reizen drinnen die Empfindung des
sensiblen Verstandes. So erblicken wir denn Kentauren und Glieder der Skylla, die Fratze des
Höllenhundes und die Gestalten längst Verstor-
735 bener und Begrabener. / Denn überall fliegt jede
Bilderart herum, teils solche, die sich in der Luft
erst selbsttätig bilden, teils solche, die aus dem zusammengesetzt sind, was von verschiedenen Gegenständen sich abgelöst hat. Denn sicher rührt das
Bild des Kentauren nicht von einem wirklichen
740 Kentauren, / da es niemals Lebewesen von solcher
Beschaffenheit gab. Wenn aber die Abbilder von
Roß und Mensch sich zufällig begegnen, verhaken
sie sich sogleich wegen der vorhin erwähnten feinen und zarten Struktur. Ähnliche Bilder verbin-
745 den sich auf dieselbe Weise. / Da sie sich mit höch-

ster Geschwindigkeit, wie schon gezeigt, fortbewe-
gen, so kann leicht ein einziges kleines Bild durch
seinen Reiz unseren Verstand erregen, denn auch
der Verstand ist empfindlich und wunderbar beweglich.

Daß es sich wie erwähnt verhält, ist leicht aus fol-
750 gendem zu ersehen: / Da nämlich, was ich mit
dem Verstand sehe, dem entspricht, was ich mit
den Augen sehe, so muß es auch auf gleiche Weise
zustande kommen. Wenn ich nun deutlich gemacht
habe, daß ich z. B. den Löwen sehe infolge der
Abbilder, welche die Augen reizen, dann ist klar,
daß genauso wie das Auge auch der Verstand /
755 durch Löwenabbilder und dergleichen angeregt
wird, mit dem Unterschied freilich, daß er weit
zartere Bilder wahrnimmt.[15] Ebenso bleibt, wenn
der Schlaf unsere Glieder löst, der Verstand noch
aktiv. Es sind dieselben Abbilder, die unseren
760 Verstand auch in wachem Zustand reizen. / Im
Schlaf freilich tun sie es so stark, daß wir manch
einen deutlich zu sehen vermeinen, der längst verstorben und begraben ist. Das geschieht zwangsläufig, weil alle äußeren Sinne des Körpers blok-
kiert sind und ruhen und deshalb das Trugbild
nicht durch den wirklichen Sachverhalt widerlegen
765 können. / Außerdem ist auch das Gedächtnis im
Schlaf ausgeschaltet und untätig, so daß wir uns
nicht erinnern können, daß jener schon längst verstorben ist, den der Verstand lebend zu sehen
glaubt.

Im übrigen ist es nicht verwunderlich, daß die
Abbilder Bewegung zeigen und im Gleichmaß
770 Arme und übrige Teile des Körpers regen. / Denn
auch im Traum scheinen die Bilder das zu tun.
Sobald nämlich das erste Bild vergeht und ein
zweites in veränderter Stellung entsteht, scheint
eben das erste nur die Haltung geändert zu haben.
Natürlich muß man annehmen, daß es sehr schnell
775 geschieht; / denn die Beweglichkeit und die Masse

der Dinge ist sehr groß, und groß ist auch die
Zahl der Teilchen, die in jedem beliebig kleinen
wahrnehmbaren Zeitpunkt sie ergänzen.

4,722–776

## Wille und Konzentration

777 Hier müssen wir freilich noch viele Einzelheiten
untersuchen und erhellen, wenn wir das Problem
gründlich klären wollen. Besonders wichtig ist die
Frage, weshalb der Verstand tatsächlich sogleich
das bedenkt, was zu bedenken wir gerade Lust
haben. Geben die Abbilder vielleicht auf unseren
Willen acht und treten uns in dem Moment entgegen, wo wir das wollen? Wenn wir Lust haben,
ans Meer zu denken, an Erde oder Himmel, an
Volksversammlungen, an festliche Prozessionen,

785 Trinkgelage oder Kriegshandlungen, / läßt dann
das alles die Natur aufs Wort hin entstehen und
stellt es uns zur Verfügung? Zumal, da doch der
Verstand anderer Leute an eben demselben Ort an
ganz andere Dinge denkt. Wenn wir im Traum
die Abbilder im Rhythmus gehen und die elasti-

790 schen Glieder bewegen sehen, / wie sie die ge-
lenkigen Arme abwechselnd schnell erheben und
die dazu passende Fußführung zeigen, dann scheinen die Abbilder mit allen künstlerischen Mitteln
geschult, da sie nachts solche Vorstellungen geben
können. Oder ist nicht vielmehr folgendes richtig:
Weil in einer sinnlich wahrnehmbaren Zeitein-

795 heit, / in der wir z. B. einen einzigen Laut ausstoßen, viele Zeiteinheiten enthalten sind, die nur
das Denken erfaßt, deshalb sind uns in jedem
Moment alle möglichen Abbilder gegenwärtig.
Denn sehr groß ist die Masse der Dinge und ihre

800 Beweglichkeit. / Sobald nämlich das erste Bild vergeht und ein zweites in veränderter Stellung entsteht, scheint eben das erste die Haltung geändert
zu haben.
Da die Bilder zart sind, kann der Verstand nur

jene deutlich wahrnehmen, auf die er seine Aufmerksamkeit konzentriert. Deshalb gehen ihm alle
übrigen verloren, nur die nicht, welche er nach
805 drücklich haben will. / So konzentriert er sich
darauf und erwartet es; und es geschieht, daß er
jedes beliebige Bild sieht, weil er seine Aufmerksamkeit darauf richtet.[16]

Merkt man auch nicht, wie die Augen sich anstren
810 gen und konzentrieren, / wenn sie undeutliche
Dinge sehen wollen, denn sonst können wir nichts
scharf erkennen. Schließlich sind auch die sinnlich
wahrnehmbaren Dinge, wenn man die Aufmerksamkeit des Verstandes nicht auf sie lenkt, so, als
seien sie während der ganzen Zeit nicht dagewesen.

*4,777–813*

## Entstehung der Pflanzen

783 Am Anfang schuf die Erde die Gattung der
Gräser und umgab ringsum die Hügel mit einem
785 grünen Schimmer. Über alle Fluren hin / erstrahlten die blumigen Auen im Grün. Darauf
begannen vielerlei Bäume[17] in gewaltigem Wettstreit in die Lüfte zu wachsen, frei von Hemmnissen. Wie anfänglich die Federn, Haare und
Borsten an den Gliedern der Tiere und am Leib
790 der gefiederten Vögel entstehen, / so ließ damals
die junge Erde zuerst Kräuter und Sträucher hervorwachsen; sodann schuf sie sterbliche Wesen[18],
die in großer Zahl und in vielen Gestalten auf
mancherlei Weise entstanden. Ist es doch nicht
möglich, daß die Lebewesen vom Himmel herabgefallen[19] oder die Tiere des Landes aus salzigen
795 Tümpeln gekrochen sind.[20] / So bleibt nur, daß
sich die Erde den Namen der Mutter zu Recht erworben hat.[21] Denn alles ward aus der Erde geschaffen. Viele Lebewesen gehen noch jetzt aus
ihr hervor, die aus Regen und dem heißen Dunst
der Sonne entstehen. Um so weniger muß man

800 sich wundern, wenn damals noch mehr / und größere Tiere entstanden sind, die heranwuchsen, als
die Erde und der Äther noch jung waren.

## Entstehung der Tiere

Zuerst ist der Geflügelten Geschlecht, die Vielfalt
der Vögel, aus ihren Eiern geschlüpft, ausgebrütet
zur Zeit des Frühlings, wie noch jetzt die Zikaden
im Sommer die runden Larven aus eigenem Antrieb verlassen, Leben suchend und Nahrung. /
805 Darauf brachte die Erde erstmals die sterblichen
Geschlechter[22] hervor. Denn es herrschte viel Hitze
und Feuchtigkeit auf den Fluren. Wo auch immer
die Gegend sich als geeignet erwies, wuchsen Gebärmütter auf[23], die sich mit den Wurzeln an die
Erde klammerten. Wo nun zur Zeit der Reife
die Gebärmütter vom Lebensalter der Jungen ge-
810 sprengt wurden und / diese die Feuchtigkeit flohen und zur Luft emporstrebten, dorthin richtete
die Natur die Öffnungen der Erde und ließ Saft
sich ergießen aus geöffneten Adern[24], ähnlich der
Milch, wie sich auch jetzt allen Frauen, wenn sie
geboren haben, die Brüste mit süßer Milch füllen, /
815 weil der ganze Strom ihrer Nahrung dorthin gelenkt wird. Nahrung gab den Jungen die Erde,
Kleidung die Hitze, und ein Lager schuf der
üppig und von weichem Flaum schwellende Rasen.
Aber die neu entstandene Welt erzeugte nicht
strenge Kälte, nicht übermäßige Hitze oder Stürme
820 von großer Gewalt. / Denn alles wächst gleichmäßig und sammelt die Kräfte.

## Mutter Erde

Deshalb empfing die Erde immer wieder den
Namen der Mutter, und sie trägt ihn zu Recht,
denn sie selbst schuf das Menschengeschlecht, und
fast zu bestimmter Stunde entließ sie aus sich alle

Tiere, die auf hohen Bergen sich rings in die
825 Weite tummeln, / und zugleich die Vögel der Lüfte
in ihren verschiedenen Formen. Weil jedoch das
Gebären ein Ende haben muß, hörte sie auf wie
ein Weib, das von langer Lebenszeit erschöpft ist.
Denn die Zeit verwandelt das Wesen des ganzen
Weltalls, und ein Zustand nach dem andern muß
830 alle Dinge übernehmen. / Kein Ding bleibt sich
gleich, alles ist in Bewegung. Alles verändert die
Natur und zwingt es zur Wandlung. Denn das
eine fault und siecht geschwächt vom Alter, anderes wächst nach und tritt heraus aus verachteter
Lage. So verwandelt die Zeit das Wesen des gan-
835 zen Weltalls, / und ein Zustand nach dem andern
erfaßt die Erde, so daß sie nicht mehr hervorzubringen vermag, was sie einst konnte, und jetzt
hervorbringen kann, was sie früher nicht vermochte.

### Mißlungene Versuche der Natur

Damals brachte die Erde zum Versuch auch viele
Ungeheuer hervor[25], Wesen von seltsamem Aussehen und mit seltsamen Gliedern: Zwitter, Zwi-
schengebilde, nicht Mann noch Weib, gleich weit
840 entfernt von beiden Geschlechtern. / Ein Teil war
der Füße beraubt, andere ohne Hände. Stumm
ohne Mund auch fanden sich manche oder blind
ohne Augen, oder gefesselt am ganzen Leib, weil
die Glieder fest an den Körper geheftet waren,
so daß sie nichts tun noch sich irgendwohin bewegen konnten. Auch war ihnen nicht möglich,
der Gefahr auszuweichen und zu nehmen, was sie
845 bedurften. / Noch mehr von dieser Art, Monstren
und Scheusale, brachte die Erde hervor, umsonst,
denn die Natur versagte ihnen das Wachstum. Sie
vermochten nicht, die ersehnte Blüte des Lebens
zu erreichen, Nahrung zu finden und sich im Tun
der Liebe zu einen. Denn vieles muß sich, wir

850 sehen es, bei den Wesen zusammenfinden, / daß
sie imstande sind, sich fortpflanzend neue Geschlechter zu zeugen: Erstens muß Nahrung vorhanden sein und zweitens ein Weg, wo die zeu-
genden Samen durch die Glieder zu fließen vermögen aus erschlafftem Körper. Und damit Mann
und Frau sich vereinigen können, müssen beide
besitzen, womit sie untereinander wechselnde Freuden tauschen.

## Überleben der Geeignetsten

855 Viele Gattungen von Lebewesen müssen damals
untergegangen sein. Sie waren nicht in der Lage,
sich fortzupflanzen und Nachwuchs zu zeugen.
Denn was immer du siehst sich am belebenden
Atem erquicken: Alle Lebewesen hat ihre List,
Stärke oder Beweglichkeit von Anbeginn ihres
860 Lebens geschützt und ihre Art erhalten. / Viele
Tiere gibt es, die, da sie sich uns als nützlich
erwiesen, erhalten bleiben, unserem Schutz anvertraut. Das wilde Geschlecht der Löwen, die grausamen Scharen, hat ihre Stärke geschützt, die
Füchse die List und die Hirsche die Flucht. Doch
die Hunde mit dem wachsamen Sinn und dem
865 treuen Herzen / und das ganze Geschlecht, das geboren aus dem Samen des Zugviehs, und zugleich
die wolligen Schafe und die gehörnten Herden –
alle sind anvertraut dem Schutze der Menschen,
mein Memmius. Denn sie flohen voll Eifer vor
wilden Tieren und suchten Frieden und reiches
Futter, um das sie nicht selbst sich mühen müssen, /
870 da wir es ihnen geben als Lohn für ihre Nützlichkeit. Aber die Tiere, denen die Natur nichts von
alledem zuteilte, so daß sie weder aus eigener
Kraft zu leben noch uns irgendeinen Nutzen zu
gewähren vermöchten, für den wir ihr Geschlecht
unsern Schutz genießen und Sicherheit finden las-
875 sen, / diese freilich waren als Raub und Beute den

andern ausgesetzt, sie alle in die verhängnisvollen
Fesseln (ihres Wesens) verstrickt, bis die Natur
diese Art zum Untergang führte.

5,783–877


## Beginn der kulturellen Entwicklung des Menschen

925   Und das Menschengeschlecht, das auf den Fluren
lebte, war natürlich viel härter, da eine harte Erde
es hervorgebracht hatte. Auf größere und festere
Knochen war sein Körper im Inneren gegründet,
von kräftigen Sehnen, die das Fleisch durchzogen,
fest zusammengefügt. Hitze und Kälte konnten
930   ihm nicht leicht etwas anhaben, / noch ein Wechsel
in der Ernährung oder ein Gebrechen des Körpers.
Im Kreislauf vieler Jahre, den die Sonne am Himmel beschrieb, führten sie ein Leben nach Art der
umherschweifenden Tiere.[26] Noch gab es keinen
935   kräftigen Lenker des gebogenen Pfluges, / noch
verstand sich keiner darauf, mit der Hacke das
Feld zu bestellen oder junge Sträucher in die Erde
zu pflanzen oder von hohen Bäumen alte Zweige
mit dem Gärtnermesser auszuschneiden. Was Sonne
und Regen gegeben, was die Erde von selbst hervorgebracht hatte, war ein Geschenk, das die Herzen hinreichend zufriedenstellte. Inmitten von
fruchttragenden Eichen versorgten sie zumeist
940   ihren Leib, / und die Früchte der Erdbeerbäume[27],
die du jetzt zur Winterszeit reifen siehst in pur-
purnem Glanz, trug damals die Erde sehr reichlich und in stattlicher Größe.[28] Daneben brachte
die blühende Jugend der Welt noch viele andere
grobe Nahrung hervor, für die armen Sterblichen
ein reicher Besitz.
945   Doch den Durst zu löschen, luden Flüsse und
Quellen ein, wie noch jetzt ein Gießbach, der aus
hohem Gebirge herabschießt, Rudel dürstenden
Wildes von weit her herbeilockt. Schließlich verweilten sie oft in den Waldesgrotten der Nymphen,

die sie vom Umherstreifen kannten. Sie wußten,
950   von dort ergießen sich eilige Fluten / in reicher
Fülle, die die feuchten Felsen bespülen, feuchte
Felsen, von denen das Wasser auf grünes Moos
tropft, und bisweilen bricht es auf offenem Feld
sprudelnd hervor. Sie verstanden noch nicht, mit
Feuer auf die Dinge einzuwirken, Felle zu verwenden und mit den Häuten erlegter Tiere ihren
955   Leib zu bekleiden. / Vielmehr bewohnten sie
Haine, Bergeshöhlen und Wälder und verbargen
unter Büschen ihre schmutzigen Glieder, wenn sie
vor peitschendem Wind und Regen fliehen
mußten.

Sie vermochten auch nicht, das gemeinsame Wohl
zu beachten[29], noch wußten sie untereinander Sitten und Gesetze anzuwenden.

960   Was das Glück einem jeden an Beute gebracht,
das trug er davon, jeder darin geübt, nach eigenem
Willen für sich zu leben und zu gedeihen. Und
Venus vereinte in den Wäldern die Körper der
Liebenden. Denn es gewann entweder wechsel-
seitiges Begehren das Weib oder die ungestüme
Kraft und das heftige Verlangen des Mannes /
965   oder ein Kaufpreis, wie Eicheln, Früchte der Erdbeerbäume und auserlesene Birnen. Und auf die
erstaunliche Kraft ihrer Hände und Füße ver-
967   trauend, / setzten sie den Rudeln der Waldtiere
975   nach, / mit Steinen als Wurfgeschossen und Keu-
968   len von großem Gewicht. / Viele erlegten sie, nur
vor wenigen wichen sie in Verstecke aus.

Wie die borstigen Schweine betteten sie ihre rau-
970   hen Glieder / nackt auf die Erde, wenn sie die
Nacht überraschte, und sie hüllten sich ein in
Blätter und Laubwerk. Sie suchten nicht unter lau-
tem Wehklagen den Tag und die Sonne, ängstlich
durch die Fluren streifend im Schatten der Nacht, /
974   sondern still warteten sie, in Schlaf versunken, /
976   bis die Sonne mit rosiger Fackel den Himmel er-
leuchtete. Waren sie doch von klein auf gewohnt

zu sehen, wie ständig mit dem Wechsel der Zeit
Finsternis und Licht (von neuem) erstanden, und
so konnte niemals Verwunderung aufkommen /
980 noch zweifelnde Furcht, daß ewige Nacht die Erde
umfangen werde, da für alle Zeit das Licht der
Sonne entschwunden. Eher jedoch gab Anlaß zur
Sorge, daß Rudel von wilden Tieren[30] oft für die
Armen den Schlaf bedrohlich werden ließen. Sie
verließen ihr Heim und flohen die Felsenhöhlen, /
985 wenn ein schäumender Eber nahte oder ein mächtiger Löwe, und in tiefer Nacht überließen sie,
von Schrecken erfüllt, den grausamen Gästen ihr
mit Laub aufgeschüttetes Lager.

                                                              *5,925-987*

### Herausbildung der Familie

1011 Dann verschafften sie sich Hütten, Felle und
Feuer[31], und die Frau, dem Manne vermählt, fügte
sich dem einen[32] Ehebund. Sie lernten das heilige
Recht des ersten Herdes kennen und sahen, wie
Kinder ihrer Verbindung entsprossen. In dieser
Zeit begann das Menschengeschlecht zuerst an
1015 Härte zu verlieren.[33] / Denn das Feuer bewirkte,
daß ihr fröstelnder Körper die Kälte nicht mehr
wie früher unter freiem Himmel zu ertragen vermochte. Die Liebe schwächte die Kräfte, und die
Kinder brachen mit Schmeichelworten leicht den
stolzen Sinn ihrer Eltern.

### Vertrag der Freundschaft

Damals begannen auch die Nachbarn Freundschaft
1020 zu schließen[34], / von dem Wunsche geleitet, einander nicht zu schaden noch Gewalt zu erleiden,
und empfahlen der Schonung die Kinder und das
Geschlecht der Frauen, indem sie stammelnd durch
Laute und Gebärden zu erkennen gaben, es sei
billig, daß sich alle der Schwachen · erbarmten.
Freilich konnte noch nicht auf jede Weise die Ein-

1025 tracht verwirklicht werden, / aber ein guter, ein
     großer Teil hielt treu den Vertrag, sonst wäre die
     Menschheit schon damals gänzlich vernichtet wor-
     den und hätte nicht ihr Geschlecht bis auf den
     heutigen Tag fortpflanzen können.[35]

*Entwicklung der Sprache*

     Aber ihre Natur[36] zwang sie, verschiedene sprach-
     liche Laute auszusenden, und der Nutzen bildete
1030 die Namen der Dinge, / fast in der gleichen
     Weise, wie noch jetzt das Unvermögen zu sprechen
     die Kinder zu zwingen scheint, sich der Gebärden
     zu bedienen[37], indem es bewirkt, daß sie mit dem
     Finger auf das zeigen, was sich ihnen darbietet.
     Denn jedes Lebewesen fühlt, daß es seine Kraft
     voll nützen kann: Noch ehe dem Kalb die Hörner
     gewachsen sind und an der Stirne hervorstehen, /
1035 greift es mit ihnen schon zornig an und stößt an-
     griffslustig. Dagegen die Jungen von Panthern und
     Löwen setzen sich schon mit Krallen und Tatzen
     und mit Bissen zur Wehr, wenn ihnen noch kaum
     die Zähne und Krallen gewachsen sind. Weiter
     sehen wir auch das ganze Geschlecht der Vögel
1040 auf seine Flügel / vertrauen und Beistand suchen
     bei den flatternden Federn.
     Zu glauben, daß damals jemand die Namen den
     Dingen zugeteilt[38] und daß daher die Menschen
     die ersten Wörter gelernt hätten, ist deshalb Wahn-
     sinn. Denn wieso sollte jener alle Dinge mit Wor-
     ten zu bezeichnen und verschiedene sprachliche
1045 Laute hervorzubringen vermögen, / wenn zur sel-
     ben Zeit die anderen dies vermeintlich nicht konn-
     ten? Wenn sich überdies nicht auch andere unter-
     einander der Worte bedient hätten, woher ward
     ihm dann die Erkenntnis des Nutzens eingepflanzt
     und woher empfing er zuerst das Vermögen, daß
     er, was er zu tun gedachte, wußte und im Geiste
1050 sah? / Desgleichen als einziger die Mehrzahl zu

zwingen und die Bezwungenen gewaltsam dazu
zu bewegen, daß sie die Namen der Dinge bereitwillig lernten, hätte er nicht vermocht. Denn
es ist keineswegs leicht, Leute, die nichts verstehen,
darüber auf irgendeine Weise zu belehren und zu
beraten, was sie tun sollen. Sie würden es nämlich nicht dulden und keineswegs ertragen, daß
1055 noch weiterhin ihre Ohren / nie gehörte stimmliche
Laute nutzlos betäuben. Endlich, was ist dabei so
über die Maßen erstaunlich, wenn das Menschengeschlecht, dessen Stimme und Zunge voll Kraft
war, verschiedener Empfindung gemäß die Dinge
mit verschiedener Stimme bezeichnete? Da doch
stummes Vieh, da die Geschlechter der Tiere /
1060 verschiedene und mannigfaltige Töne hervorzubringen gewohnt sind, wenn Furcht oder
Schmerz sie beherrscht und wenn Freude in ihnen
aufsteigt.

                                              5,1011–1061

*Entdeckung des Feuers*

1091 Nun soll bei dir nicht im stillen eine Frage aufkommen: Ursprünglich hat der Blitz auf die Erde
herab den Menschen das Feuer gebracht. Von dort
hat sich alle Glut der Flammen verbreitet. Wir
sehen ja vieles, von den Flammen des Himmels
1095 entzündet, / aufleuchten, wenn der Blitzschlag vom
Himmel es mit Glut erfüllt hat. Jedoch auch wenn
ein verästelter Baum, von Stürmen gepeitscht,
schwankend hin und her wogt und dabei auf die
Äste eines anderen drückt, wird durch die Reibung
der gewaltigen Kräfte Feuer hervorgebracht, und
bisweilen leuchtet der Flamme heiße Glut auch
1100 auf, / wenn Äste und Stämme aneinander im
Wechsel sich reiben. Beide Erscheinungen können
den Sterblichen das Feuer gebracht haben. Danach hat Speisen zu kochen und mit der Hitze der
Flammen gar zu machen sie die Sonne gelehrt,
da sie vieles reifen sahen in den Fluren, von den

stechenden Strahlen und der glühenden Hitze be-
zwungen.

*Stammeskönigtum*

1105 Von Tag zu Tag haben besser gezeigt, wie die Lebensweise der früheren Zeit durch Neuerungen
und durch das Feuer umzugestalten sei, sie, die
sich durch Erfindungsgabe hervortaten und einen
lebhaften Geist besaßen:[39] Die Könige begannen,
Städte zu gründen und eine Burg zu bauen, die
ihnen selbst als Schutz und Zuflucht dienen sollte. /
1110 Und sie verteilten das Vieh und die Äcker und
gaben einem jeden, was ihm nach seiner Gestalt,
nach Stärke und Geist zukam. Denn die Gestalt
galt viel, und die Stärke stand hoch im Ansehen.
Erst später erfand man privaten Besitz und entdeckte das Gold[40], das die Starken und Schönen
1115 leicht um die Ehren brachte. / Denn des Reicheren
Gefolgschaft schließt man sich zumeist an, mag
man auch noch so stark und schön gewachsen sein.
Wenn man jedoch nach wahrer Einsicht das Leben
zu lenken vermag, dann ist ein sparsames Leben,
geführt in Gleichmut, für den Menschen ein großer
Reichtum. Denn niemals herrscht Not an den klei-
1120 nen Dingen. / Aber die Menschen hatten den
Wunsch, sich berühmt und mächtig zu sehen, damit
festgegründet ihr Glück erhalten bliebe und sie
reich an Besitz ein ruhiges Leben zu führen vermöchten. Doch umsonst, denn eifrig bemüht, zur
höchsten Ehre emporzusteigen, schufen sie sich Ge-
1125 fahr auf der Bahn ihres Weges. / Doch von der
Höhe stürzt sie wie ein Blitz bisweilen der Neid
schmählich hinab in den scheußlichen Tartarus, /
1131 da vom Neid, wie vom Blitz, die höchsten Höhen
1132 zumeist umloht sind / wie alles sonst, was über
das andere höher herausragt. So ist es um vieles
1127 besser, in Ruhe Gehorsam zu üben, / als mit Herr-
schergewalt die Dinge lenken und Reiche regieren

zu wollen. Laß sie daher erschöpft in nutzloser
1130 Anstrengung Blut schwitzen / und sich winden
1133 auf dem engen Pfad des Ehrgeizes! / Besitzen sie
Weisheit doch nur aus fremdem Mund und richten
sich in ihrem Streben lieber nach den Worten der
anderen als nach dem eigenen Gefühl. So ist es
jetzt und wird es in Zukunft sein, nicht mehr,
als es früher gewesen.


*Demokratie und Gesetze*

1136 Die Könige also kamen zu Fall, und gestürzt
lagen am Boden die einstige Würde der Throne
und die stolzen Zepter. Des höchsten Hauptes
strahlende Zierde lag blutbefleckt unter den Füßen des Volkes, den Verlust der hohen Ehre be-
1140 trauernd. / Denn begierig tritt man mit Füßen,
was man zuvor im Übermaß gefürchtet. So ging
die Gewalt an die Hefe des Volkes und den großen Haufen, wo ein jeder für sich Herrschaft und
Oberhoheit erstrebte. Nun haben einige Leute gezeigt, wie man Beamte wählt und Rechte festlegt,
1145 um sich der Gesetze willig zu bedienen.[41] / Denn
das Menschengeschlecht war es müde, ein Leben
der Gewalt zu führen, und war geschwächt durch
die Fehden. Um so bereitwilliger unterwarf es sich
aus freien Stücken den Gesetzen und dem Zwang
des Rechts. Denn weil ein jeder im Zorn sich heftiger bereit fand, Rache zu üben, als es jetzt nach
1150 billigen Gesetzen erlaubt ist, / wurden die Menschen es müde, ein Leben der Gewalt zu führen.
Von dieser Zeit an befleckt die Furcht vor Strafen
die Werte des Lebens.[42] Denn Gewalt und Unrecht umstricken einen jeden Menschen, und von
wo sie ausgegangen, zu dem kehren sie meistens
zurück. Nicht leicht kann ein ruhiges, friedliches
1153 Leben führen, / wer die gemeinsamen Verträge
des Friedens durch Übeltaten verletzt. Denn wenn
er auch der Götter und der Menschen Geschlecht

täuscht, so muß er doch zweifeln, ob das Vergehen
für immer im Dunkeln bleiben werde, da sich, wie
man sagt, schon viele, häufig durch Plaudern im
Schlaf oder weil sie während einer Krankheit
1160 phantasierten, verraten / und die geheimen Vergehen selber zutage gefördert haben.

## Ursprung der Religion

Welches der Grund ist, der die heiligen Mächte
der Götter[43] über die großen Völker verbreitete,
mit Altären die Städte erfüllte und den Anlaß
gab, feierliche Opfer zu begehen, die noch jetzt
heiliggehalten werden in mächtigen Staaten und an
1165 bedeutenden Stätten; / woher auch jetzt noch den
Menschen der Schauder eingepflanzt wird, der
neue Tempel der Götter überall in der Welt er-
stehen läßt und die Menschen zwingt, an festlichen
Tagen zu feiern: dafür mit Worten eine Erklärung
zu geben, ist nicht schwer. Pflegten doch bereits
damals die Scharen der sterblichen Menschen /
1170 mit wachendem Geist und mehr noch im Schlaf
die herrlichen Gestalten der Götter, von bewun-
dernswerter Größe des Körpers, wahrzunehmen.
Diesen nun sprach man Empfindung zu, weil sie
ihre Glieder zu bewegen und erhabene Worte aus-
zusenden schienen, angemessen der herrlichen Ge-
1175 stalt und den riesigen Kräften. / Und man ver-
lieh ihnen ewiges Leben, weil ihre Gestalt stets
von neuem ergänzt[44] wurde und die Form erhalten
blieb, und überhaupt, weil man meinte, daß Wesen, mit solchen Kräften ausgestattet, nicht ohne
weiteres durch irgendeine Macht besiegt werden
könnten.
Und man glaubte, daß die Götter an Glück weit
1180 überlegen seien, / weil keinen von ihnen Todesfurcht quält und zugleich weil man im Schlaf sah,
wie sie viele Wundertaten vollbringen, ohne daß
sie sich dabei Mühen aufladen müssen. Außerdem

sah man auch die Himmelsabläufe in fester Ordnung[45], und wie die verschiedenen Zeiten des Jah-
1185 res wiederkehrten, / und konnte doch nicht die
Gründe erkennen, aus denen das geschah. Und so
fand man darin Zuflucht, alles auf die Götter zu
übertragen und nach deren Wink sich alles bewegen zu lassen. In den Himmel verlegte man
Sitze und Tempel der Götter. Sah man doch Nacht
1190 und Mond über den Himmel wandeln, / Mond,
Tag und Nacht und der Nacht strenge Zeichen
und die nächtlich schweifenden Fackeln des Himmels und die fliegenden Flammen, Wolken und
Sonne, Regen und Schnee, Winde, Blitze und
Hagel und das rasche Getöse und laute Grollen
des drohenden Donners.

## Wesen der Götter

O unglückliches Menschengeschlecht[46], wenn es
1195 solche Taten den Göttern zuschrieb / und noch
bitteren Zorn dazufügte. Was für Seufzer schuf es
sich damals selbst, was für Wunden uns, welche
Tränen auch unsern Kindern. Frömmigkeit ist es
nicht, mit verhülltem Haupt oft gesehen zu werden, wie man sich wendet zu einem Stein[47] oder
1200 an alle Altäre herantritt, / nicht, sich auf die Erde
zu werfen, ausgestreckt, und die Hände zu recken
vor den Tempeln der Götter, nicht, die Altäre
mit vielem Blut der Tiere zu besprengen, nicht,
Gelübde zu reihen an Gelübde, sondern vielmehr
mit ruhigem Geist alles betrachten zu können.[48]
Dann blicken wir auf zu den Himmelsräumen des
1205 mächtigen Weltalls / und zu dem Äther darüber,
der mit funkelnden Sternen besetzt ist, und uns
kommen die Bahnen von Sonne und Mond in den
Sinn: Dann beginnt in der Brust auch die Sorge,
die sonst von anderen Leiden niedergehalten ist,
ihr Haupt, neu erwacht, zu erheben, ob es nicht
doch vielleicht für uns gibt der Götter unermeß-

1210 liche Macht, / die in ihren verschiedenen Bahnen
die leuchtenden Sterne lenkt. Denn es beunruhigt
den zweifelnden Geist der Mangel an Einsicht,
ob da einmal ein zeugender Ursprung der Welt
war, und zugleich, ob da ein Ende ist, bis zu dem
nur die Mauern dieser Welt und die stillen Bewegungen diese Mühe zu tragen vermöchten, /
1215 oder ob, durch göttliche Gunst mit ewigem Heil
beschenkt, sie imstande sind, da sie im immer-
während en Zug der Zeit gleiten, die gewaltigen
Kräfte der unermeßlichen Zeit zu mißachten.

*Furcht vor den Göttern*

Außerdem, wem zieht sich das Herz nicht zusammen aus Furcht vor den Göttern, wem kramp-
1220 fen sich nicht die Glieder vor Angst, / wenn die
ausgetrocknete Erde vom schrecklichen Schlag des
Blitzes erzittert und Donner durch den mächtigen
Himmel rollt? Zittern nicht die Völker und
Stämme und ziehen nicht die stolzen Könige ihre
Glieder ein, von Furcht vor den Göttern durch-
schauert, daß für schreckliche Untat oder hoch-
1225 mütiges Wort / Strafe zu zahlen, die schwere Zeit
nun herangekommen? Auch wenn der stürmische
Wind mit höchster Gewalt auf dem Meere den
Kommandanten der Flotte mit seinen starken Le-
gionen und seinen Elefanten zugleich über das
weite Meer fegt, sucht er dann nicht mit Gelübden
den Frieden der Götter und erstrebt er nicht /
1230 ängstlich im Gebet Frieden von den Winden und
günstige Brise? Alles vergeblich, da er, vom rei-
ßenden Wirbelsturm ergriffen, oftmals trotzdem
zu den seichten Wassern des Todes geführt wird.
In solchem Ausmaß zermalmt eine versteckte Gewalt[49] oft die menschlichen Dinge und scheint die
schönen Rutenbündel und die grausamen Beile /
1235 niederzutreten und damit ihren Spott zu treiben.
Endlich, wenn unter unseren Füßen die ganze

Erde schwankt und die Städte, von Stößen erschüttert, zusammenstürzen oder ungewiß zu stürzen drohen, was Wunder, wenn sich die Geschlechter der sterblichen Menschen selber verachten und Raum lassen in den Dingen für gewal-
1240 tige Macht und wunderbare Kräfte / der Götter,
die alles regieren?

## Metallgewinnung

Schließlich wurde das Erz, das Gold und das
Eisen entdeckt und zugleich das schwere Silber
und das feste Blei.[50] Dies geschah, als ein Brand
mit seiner Glut gewaltige Wälder auf hohem Gebirge in Asche gelegt hatte, sei es, daß vom Him-
1245 mel ein Blitz herabschlug, / sei es, daß man, untereinander Krieg in den Wäldern führend, über die
Feinde mit Feuer herfiel, um Schrecken zu verbreiten, sei es, daß man, verlockt durch die Güte
des Bodens, wünschte, fruchtbare Äcker zu erschließen und Weideland zu gewinnen oder wilde
Tiere zu töten und aus der Beute Gewinn zu
1250 ziehen. / Denn die Jagd mit Fallgrube und Feuer
kam früher auf als das Umstellen des Waldes mit
Netzen und das Hetzen mit Hunden. Was es
auch sei, aus welchem Grunde auch immer die
Flammenglut mit schrecklichem Prasseln den Wald
von den tiefen Wurzeln an verzehrt und den
1255 Boden mit Feuer durchglüht hatte: / Durch
siedende Adern floß, an vertieften Stellen des
Bodens sich sammelnd, ein Bach von Silber
und Gold, desgleichen von Erz und Blei. Als
sie später die Metalle erstarrt und in heller
Färbung in der Erde glänzen sahen, hoben sie
sie auf, gebannt durch den strahlenden Glanz und
1260 die Glätte, / und sie bemerkten, daß sie eine ähnliche Form angenommen hatten, wie die Umrisse
der Erdmulden jeweils gewesen waren.

*Werkzeuge aus Metall*

Da überkam sie der Gedanke, es könnten diese
Metalle, durch Hitze verflüssigt, in jede beliebige
1264 Form und Gestalt von Dingen eingehen / und durch
Hämmern zu beliebig scharfen und spitzen Schneiden verarbeitet werden. So könnten sie sich Waffen
herstellen und Wälder roden, Holz behauen und
die Balken glatt hobeln, ja sie sogar durchbohren,
durchstoßen und mit Löchern versehen. Und sie
versuchten, dies ebenso auch mit Silber und Gold
1270 zu tun / wie mit der gewaltigen Stärke der harten
Bronze. Aber vergebens, denn deren Kraft hielt
nicht stand, und sie vermochten die starke Be-
anspruchung nicht in gleicher Weise auszuhalten.
Da nun stand die Bronze hoch im Kurs, und das
Gold wurde verachtet wegen seiner Nutzlosigkeit,
1275 mit seiner stumpfen Schneide zerstoßen. / Jetzt
wird die Bronze verachtet, und das Gold rückte
auf zu höchstem Ansehen. So verändert der Wan-
del der Zeit die Lage der Dinge.[51] Was hoch im
Kurs stand, verliert schließlich jegliches Ansehen.
Dann rückt anderes vor und steigt auf aus seiner
Verachtung. Von Tag zu Tag wird es mehr ver-
1280 langt, und einmal entdeckt, / blüht sein Ruhm, und
es genießt unglaubliches Ansehen unter den Menschen.

*Eisen*

Auf welchem Wege das Eisen entdeckt ward, darüber kannst du, Memmius, dir nun selbst leicht
Aufklärung schaffen. Die Waffen der ältesten Zeit
waren Hände, Nägel und Zähne, auch Steine und
1285 Äste, die man in den Wäldern abbrach, / und die
Flammen des Feuers, nachdem man sie erst einmal
kennengelernt hatte. Später erst wurde der Gebrauch von Eisen und Bronze entdeckt, und zwar
erkannte man eher der Bronze Gebrauch als den

des Eisens[52], da sie leichter zu bearbeiten und der
Vorrat reicher ist. Mit Bronze bearbeitete man den
1290 Grund der Erde, mit Bronze / ließ man die
Wogen des Krieges aufbranden, schlug gewaltige
Wunden und raubte Vieh und Äcker: Denn leicht
wich vor jenen, die bewaffnet, alles zurück, was
bloß und waffenlos war. Dann erst drang nach
und nach das eiserne Schwert vor, und die Form
1295 der bronzenen Sichel geriet in Verachtung. / Und
man begann mit Eisen den Grund der Erde zu
pflügen, und die Kämpfe des schwankenden Krieges wurden gleich gemacht.

*5,1091–1297*

*Webkunst*

1350 Das geknüpfte Gewand[53] ging der gewebten Kleidung voraus. Gewebe gab es erst nach Entdeckung
des Eisens, weil mit dessen Hilfe der Webstuhl
hergestellt wird. Denn auf andere Weise können
nicht so glatte Spulen entstehen und die Spindeln
und Schiffchen und rasselnde Webebäume. Und
Wolle zu spinnen, veranlaßte ein natürlicher An-
1355 trieb die Männer, / früher als das weibliche Geschlecht; denn an Kunstfertigkeit weit überlegen
und um vieles geschickter ist das ganze Geschlecht
der Männer. Schließlich aber gaben die strengen
Bauern solches Tun der Verachtung preis, so
daß sie es gern den Händen der Frauen überant-
1360 worteten, / um in harter Arbeit Glieder und
Hände abzuhärten.

*Garten und Ackerbau*

Aber als Muster[54] für das Säen und als Ursprung
des Pfropfens erwies sich zuerst die Natur, die
Schöpferin der Dinge. Denn Beeren und Eicheln,
die von den Bäumen herabgefallen waren, brachten zur rechten Zeit große Mengen von jungen
1365 Trieben unten hervor. / Dann entschloß man sich
auch, Pfropfreiser den Ästen anzuvertrauen und

junge Bäumchen auf den Fluren in die Erde zu
senken. Danach versuchten sie immer neue Arten
des Anbaus auf dem geliebten Stück Land und
sahen, daß die wilden Früchte veredelt wurden im
Boden, wenn man sich seiner annahm und ihn
1370 liebevoll pflegte. / Allmählich zwang man die
Wälder, sich mehr und mehr auf die Berge zurückzuziehen und unten den Platz für bebautes
Land frei zu machen, um Wiesen und Teiche,
Flüsse, Saaten und üppige Weinberge auf Hügeln
und Feldern zu besitzen, und ein Streifen blau-
schimmernder Ölbäume sollte als Grenze da-
1375 zwischen verlaufen / und sich über Hügel, Täler
und Felder erstrecken, wie du jetzt in buntem
Glanz geschmückt siehst die ganze Landschaft, die
man mitteninne mit üppigen Obstbäumen ziert
und rings umgrenzt hält von fruchtbaren Sträu-
chern.

## Musik und Tanz

Schon viel früher begannen die Menschen, die hel-
1380 len Stimmen der Vögel mit dem Munde / nachzu-
ahmen[55], ehe sie es verstanden, sanfte Weisen sin-
gend vorzutragen und damit den Ohren Genuß
zu bereiten. Und das Säuseln Zephyrs in der Höhlung des Schilfrohrs hat anfangs die Landleute
gelehrt, die hohle Rohrpfeife zu blasen. Dann
haben sie allmählich die süßen Klagen gelernt, /
1385 die die Flöte aussendet, von den Fingern des Spie-
lers gemeistert, erfunden in entlegenen Hainen, in
Wäldern und Schluchten, in den einsamen Ge-
filden der Hirten und den göttlichen Stätten der
1390 Rast. / Das hat die Herzen der Menschen sanft
berührt und mit Freude erfüllt, wenn sie von
Speise gesättigt waren. Denn dann hat der Mensch
für alles ein Herz.

Oft haben sie so miteinander, ausgestreckt auf
weichem Rasen[56], an dem plätschernden Bach,

unter den Ästen eines hohen Baumes mit gerin-
1395 gem Aufwand sichs wohl sein lassen, / zumal wenn
das Wetter freundlich war und die Jahreszeiten
die grünen Fluren mit Blumen bunt färbten. Da
gab es gewöhnlich Scherze, Gespräche und heiteres
Gelächter. Denn die ländliche Muse stand damals
in Blüte. Um Haupt und Schultern Kränze zu win-
1400 den, / die man aus Blumen und Blättern flocht,
trieb sie die frohe Ausgelassenheit, ließ sie auch,
ohne den Takt zu beachten, im Tanze die Glieder
schwerfällig bewegen und mit hartem Fuß die
Mutter Erde stampfen. Da gab es wieder Lä-
cheln und heiteres Gelächter, weil damals all dies
– neu und wunderbar, wie es war – stärkere Wirkung ausübte.
1405 Denen, die wachten, brachte es Trost für den ver-
säumten Schlaf, Töne auf vielerlei Art hervorzubringen, Melodien abzuwandeln und mit ge-
bogener Lippe über die Rohre der Hirtenpfeife
zu gleiten. Deshalb halten noch heute die Wächter
fest an diesen Überlieferungen. Und sie lernten
dann auch, den Takt eines Liedes zu halten, aber
1410 keineswegs / ward ihnen inzwischen der Genuß
größerer Wonne zuteil, als ihn das rauhe Geschlecht der erdentsprossenen Menschen gefunden.

### Fortschritt und Ethik

Denn was gerade zur Hand ist, gefällt vor allem
und scheint Ansehen zu haben, wenn wir nicht
zuvor schon etwas Schöneres kannten. Und wird
dann später vielleicht das Bessere gefunden, /
1415 zerstört es und wandelt den Sinn für das jeweilig
Vergangene.[57] So kam Widerwille gegen die Eichel
auf, so verließ man jene aufgeschütteten Lager-
stätten, die mit Gras und Laub gepolstert waren.
Ebenso fiel in Verachtung das Kleid aus Fellen
wilder Tiere. Seine Erfindung verursachte einst-
1420 mals, wie ich vermute, solchen Neid, / daß sein

erster Träger aus dem Hinterhalt ermordet wurde.
Und doch ist es, von ihnen in blutigem Kampfe
zerrissen, vernichtet worden und konnte nicht
mehr verwendet werden. Damals also war es ein
Fell, jetzt erfüllen Gold und Purpur mit Sorgen
das Leben der Menschen und reiben es auf in

1425 Kriegen. / Um so größere Schuld ist, wie ich meine,
auf uns gekommen. Kälte hat nämlich jene gepeinigt, die nackt und ohne Felle waren, die erdentsprossenen Menschen; doch uns bringt es keinen Schaden, das Purpurgewand zu entbehren, das
mit Gold und gewaltigen Ornamenten besetzt ist,
haben wir nun ein plebejisches Kleid, das uns zu

1430 schützen vermag. / Also strengt sich das Menschengeschlecht umsonst und ohne Ergebnis stets
an und verzehrt in nichtigen Sorgen sein Leben,
weil es in Wahrheit nicht weiß, wo der Besitz
seine Grenze findet und überhaupt, bis zu welchem Punkt die wahre Lust sich steigern kann.
Das trieb allmählich das Leben hinaus auf die

1435 hohe See / und erregte in der Tiefe die mächtigen
Wogen des Krieges.

## Astronomie und Dichtkunst

Aber die Wächter der Welt, die den großen sich
drehenden Tempel mit ihrem Licht ringsum be-
leuchten, Sonne und Mond, haben die Menschen
den Kreislauf der Jahreszeiten gelehrt, und daß
dies alles nach festem Gesetz und in fester Ord-

1440 nung sich abspielt.[58] / Schon brachten sie ihr Leben
umhegt von festen Türmen zu und bebauten das
Land, das verteilt und in Grenzen gefaßt war.
Damals erglänzte das weite Meer von segelbeflü-
gelten Schiffen. Durch Abmachung, die man getroffen, hatte man Hilfstruppen und Bundesgenos-
sen. Da begannen die Dichter, die Taten in Lie-

1445 dern zu überliefern. / Nicht viel früher wurden
die Buchstaben erfunden. Deshalb kann man in

unseren Tagen, was früher geschehen ist, nicht
mehr erkennen, außer wo methodische Überlegung
uns die Spuren aufweist.[59]

*Errungenschaften und Triebkräfte*
*der kulturellen Entwicklung*

Schiffe und Ackerbau, Stadtmauern, Gesetze, Waffen, Straßen, Kleidung und die übrigen Dinge die-
1450  ser Art, / ausnahmslos alle Werte und Genüsse
des Lebens, Lieder, Gemälde und kunstvolle ge-
glättete Statuen haben die Übung und Erfahrung
des unermüdlichen Geistes[60] sie, die Schritt für
Schritt vorangingen, allmählich gelehrt. So bringt
1455  nach und nach die Zeit alles hervor, / und der
Verstand hebt es empor in das Reich des Lichts.
Denn man sah im Geist, wie sich eins aus dem
andern erhellt, bis man in den Künsten zum höchsten Gipfel gelangt ist.

*5,1350–1457*

# Diogenes von Oinoanda[1]

*Einleitung*

col. I  [Als ich sah, wie die Menschen den unbegrün-
deten Meinungen der Seele Folge leisten und
nicht auf die Vorwürfe hören, die der Körper]
der Seele ... mit Recht macht, weil er in un-
gehöriger Weise von ihr geplagt, ermüdet und
in unnötige Händel hineingezogen wird; als
ich sah, daß einerseits das, wonach der Körper
verlangt, geringfügig und leicht zu beschaffen
ist[2] und derart, daß auch die Seele sich wohl
zu fühlen vermag, wenn sie es mit genießt,
daß aber auf der anderen Seite das, was die

col. II  Seele erstrebt, groß und / schwer zu beschaffen
ist, abgesehen davon, daß es ohne Nutzen für
die Natur ist und nur Gefahren bringt – da
ich also die Menschen (ich wiederhole es) in
dieser Lage sah, ergriff mich Mitleid mit ihrem
Leben, und es kam mich das Weinen an über
die verlorene Zeit.

So kam ich zu der Auffassung, es sei eine Aufgabe, eines tüchtigen Mannes wert, soweit es
in meinen Kräften steht, denen von ihnen, die
eine gute Anlage besitzen[3], / [... zu helfen.

col. III  Dies ist also der erste Grund] für diese Schrift.
Ich behaupte, daß unbegründete Furcht vor dem
Tod [die meisten] von uns in jeder Hinsicht
beherrscht und daß das, was Frohsinn, begleitet von heiterer Ausgeglichenheit der Seele,
schafft, nicht die Theater sind und [... und die]
Bäder ... und Salben, alles Dinge, die wir
der großen Menge überlassen haben, sondern ...

*Frg. 1 Chilton (I William)*

col. I [Dies unternahm ich hauptsächlich, um diejenigen zu widerlegen, die die Philosophie zu
verleumden suchen,] daß sie in keiner Weise
Nutzen zu bringen vermöge. Indem ich auf
diese Weise wirke und mich nicht am politischen Leben beteilige, sage ich dies vermittels
dieser Schrift, als wenn ich anwesend wäre[4],
und versuche nachzuweisen, daß das, was für
unsere Natur nützlich ist, nämlich der Seelenfriede, für einen und für alle das gleiche ist.

col. II Nachdem ich den zweiten Grund für die Schrift
angegeben habe, füge ich nun hinzu, von welcher Art meine Bemühung ist und worin ihr
Wesen besteht. Da sich infolge meines Alters
mein Leben schon dem Ende zuneigt und bald
der Augenblick kommen wird, wo ich aus ihm
scheiden werde mit einem schönen Loblied[5] /

col. III auf die Fülle der genossenen Lust, faßte ich
den Entschluß, damit mir nicht der Tod zuvor-
kommt, unverzüglich denen zu helfen, die eine
gute Veranlagung haben. Wenn sich nun nur
einer oder zwei, drei oder vier, fünf oder sechs
oder wie viel mehr auch immer du, mein
Freund, wünschst, doch jedenfalls nicht viele,
sich in einer schlechten seelischen Verfassung
befänden[6], würde ich, indem ich jeden einzeln

col. IV zu mir rufe, / alles in meinen Kräften Stehende
tun, um den besten Rat zu erteilen. Aber, wie
ich schon sagte, kranken die meisten Menschen
wie an einer Seuche gemeinsam an dieser falschen Auffassung von den Dingen, ja es werden sogar immer noch mehr, denn in ihrer
Sucht, es einer dem andern nachzutun, stecken
sie einander mit der Krankheit an wie die
Schafe.

Zudem ist es recht und billig, auch denen, die
col. V nach uns / sein werden, zu helfen – denn
auch sie gehören zu uns, auch wenn sie noch
nicht geboren sind –, und schließlich ist es ein

col. VI

Gebot der Menschlichkeit, auch den Fremden Hilfe angedeihen zu lassen, die zu uns kommen. Da also die Hilfe, die diese Inschrift leisten soll, eine größere Anzahl von Menschen betrifft, faßte ich den Entschluß, vermittels dieser Säulenhalle die hilfreichen Heilmittel allgemein / zugänglich zu machen. Alle Arten von ihnen, die in Erscheinung treten, könnte man kurz zusammenfassen: Wir haben uns von den Angstgefühlen, die uns ohne Grund beherrschen, befreit. Von den seelischen Schmerzen haben wir die einen bis auf den Grund ausgerottet, die natürlichen aber sorgfältig auf ein geringes Maß eingeschränkt, indem wir ihre Größe auf ein Minimum reduzierten.[7]

*Frg. 2 Chilton (II William)*

## I. Das Buch des Diogenes über die Natur

col. II

... Einige Philosophen, besonders Sokrates[8] und seine Anhänger, sagen, daß das Studium der Natur und das neugierige Interesse für die Himmelsphänomene überflüssig seien, und ... sie messen der Beschäftigung mit diesen Dingen keinen Wert bei ...

*Frg. 3 Chilton (III William)*

col. I

[Andere[9] dagegen wagen es nicht geradezu zu sagen, daß man keine] Naturforschung zu betreiben brauche, weil sie sich schämen, dies einzugestehen, aber sie bedienen sich einer anderen Form der Ablehnung. Denn wenn man sagt, daß die Dinge nicht erkennbar seien, was heißt das anderes, als daß wir keine Naturforschung betreiben sollen? Denn wer wird sich dafür entscheiden, etwas zu suchen, was er niemals findet? Aristoteles und diejenigen,

col. II

die / die Wandelhalle des Aristoteles beschrei-

ten (?), behaupten, man könne nichts genau
wissen.[10] Denn die Dinge befänden sich beständig im Fluß und entgingen wegen der Schnelligkeit des Fließens der Erfassung durch uns.

Wir geben das Fließen als solches zu, nicht
aber, daß es so schnell ist, daß das Wesen eines
col. III    jeden Dinges / zu keinem Zeitpunkt durch unsere Wahrnehmungen zu erfassen wäre. Denn
sie selbst könnten, wenn sie von dieser Auffassung [Gebrauch machen], nicht einmal das
sagen, was sie vorbringen – einmal sei dieser
Gegenstand weiß und jener schwarz, ein andermal weder dieser weiß noch jener schwarz –,
wenn ihnen nicht vorher das Wesen von Weiß
und Schwarz bekannt gewesen wäre.[11] Und
bei den anderen Dingen, die sie vorbringen,
[enthalten sie sich des Urteils], von denen einige
offenbar . . .

*Frg. 4 Chilton (IV William)*

col. I    . . . Worum es sich nun bei dem handelt, was
man die Grundstoffe der Dinge[12] nennt, die
einerseits von Anfang an bestehen und unvergänglich sind und andererseits die Dinge hervorbringen,    werden    wir    auseinandersetzen,
nachdem wir zuvor die Auffassungen anderer
Philosophen widerlegt haben. Heraklit von
Ephesos sagte, daß das Feuer der Grundstoff
sei, Thales von Milet das Wasser, Diogenes
col. II    von Apollonia / und Anaximenes die Luft,
Empedokles von Agrigent[13] Feuer, Luft, Wasser und Erde, Anaxagoras von Klazomenai[14]
die Homoiomerien jedes Dinges, die Stoiker
Materie und Gott. Demokrit von Abdera dagegen nannte die Atome und tat recht daran;
aber da er im Hinblick auf diese in einigen
Punkten irrte, wird er bei der Darlegung un-
col. III    serer eigenen Lehren / überprüft werden.
Jetzt werden wir gegen die genannten Philo-

sophen Einspruch erheben, nicht aus einem Gefühl der Streitsucht ihnen gegenüber, sondern
in dem Wunsch, daß die Wahrheit gerettet
werde, und zwar zuerst gegen Heraklit, da er
von uns an die erste Stelle gesetzt worden ist.
Zu Unrecht sagst du, Heraklit, daß das Feuer
der Grundstoff sei. Denn es ist weder unvergänglich – sehen wir doch, wie es vergeht –,
noch kann es die Dinge hervorbringen ...

*Frg. 5 Chilton (V William)*

col. II   ... Aber auch Demokrit hat sich in einer Weise
getäuscht, die seiner nicht würdig ist, wenn er
sagte, daß allein die Atome an den Dingen
in Wahrheit existieren, alles übrige aber nur
konventionell.[15] Denn nach deiner Lehre, Demokrit, werden wir nicht nur nicht die Wahrheit finden, sondern nicht einmal leben können,
da wir uns weder vor dem Feuer noch vor dem
Mord zu bewahren vermögen noch ...

*Frg. 6 Chilton (VI William)*

col. I   ... Nicht leere Schattengebilde des Denkens[16]
sind die Traumerscheinungen, wie die Stoiker
meinen. Denn auch wenn sie sie in dem Sinne
„leer" nennen, als ob sie zwar eine körperliche
Natur besäßen, aber eine extrem feine und
col. II   für die Sinne nicht wahrnehmbare, bedienen sie
sich einer verkehrten Erklärung, denn sie müssen „Erzeuger von Bildern" genannt werden,
wenn sie auch noch so fein sind. Meinen sie
aber „leer" in dem Sinn, daß sie überhaupt
keine körperliche Natur haben – was sie wohl
eher zum Ausdruck bringen wollen als das
erstere –, wie könnte dann das Leere sich in
Bildern darstellen, wenn es gar nicht existiert?
Zwar haben die Traumerscheinungen eine feine
Zusammensetzung, die sich dem Gesichtssinn
entzieht ...   *Frg. 7 Chilton (VII William)*

col. I  [... Nicht auf] derselben [Bahn bewegen sich]
alle (Gestirne), sondern die einen begegnen
einander, die anderen nicht. Einige bewegen
sich auf einer bis zu einem gewissen Grade senkrechten Bahn, andere auf schiefer wie die Sonne
und der Mond, wieder andere Sterne vollziehen ihre Drehung an derselben Stelle wie
die Bärin. Außerdem bewegen sich einige auf
einer hohen Umlaufbahn, andere auf einer
niedrigen. Auch dies nämlich weiß die große

col. II  Menge nicht. / Denn sie meinen, die Sonne
stehe so tief, wie es den Anschein hat, während
sie in Wirklichkeit nicht so tief steht. Denn
wäre es so, müßte die Erde und alles, was auf
ihr ist, in Flammen aufgehen. Ihren Aufgang
zwar nehmen wir als niedrig wahr, aber nicht
die Sonne selbst. Indessen sei dies nur beiläufig
eingefügt. Wir wollen jetzt über den Aufgang

col. III und Untergang und / derlei Dinge sprechen.
Wir schicken folgendes voraus. Es ist tollkühn,
wenn jemand, der eine Untersuchung über
Dinge anstellt, die der evidenten Sinneswahrnehmung entzogen sind, angesichts der Vielzahl
von möglichen Lösungen dennoch über eine
bestimmte Lösung allein eine apodiktische Aussage macht.[17] Ein solches Verfahren wäre eher
einem Wahrsager angemessen als einem weisen
Mann. Dagegen ist es der richtige Weg zu
sagen, daß alle Lösungen möglich sind, aber
die eine mehr Wahrscheinlichkeit besitzt als die
andere. Es ist daher also möglich, daß die

col. IV  Sonne / eine Art Scheibe aus glühender Kohle
und von extremer Feinheit[18] ist, die von Winden getragen wird und eine Art Quelle bildet,
da Feuer einerseits von ihr ausgeht, andererseits aus dem All (in ihr) zusammenfließt,
in bestimmten kleinen Atomverbindungen,
die durch dessen vielfältige Zusammensetzung
bedingt sind. Deshalb ist sie auch von

Natur so beschaffen, daß sie für den Kosmos ausreicht.

*Frg. 8 Chilton (VIII William)*

...Wie aus der feuchten oder schlammigen Erde die Glieder des Menschen hervorgingen[19], zeigt die vorliegende Darstellung. Als sie aus der Erde nämlich wie Kinder hervorgewachsen waren, war ein gewisses Maß an Kraft, das der Natur innewohnte...

*Frg. 9 Chilton (IX William)*

col. I   [Mit fortschreitender Zeit[20]] kamen sie in dem Bestreben, den Winterstürmen zu entgehen, auf den Gedanken, Häuser zu bauen, und durch Umhänge, die sie für ihren Körper schufen – sei es, daß sie ihn mit Blättern, sei es mit Pflanzen oder Fellen bedeckten, wozu sie bereits Schafe töteten –, kamen sie auf den Einfall, Kleider herzustellen, die zwar noch nicht geknüpft, aber doch vielleicht aus Filz oder sonst irgendwie gefertigt waren. Dann aber gab die

col. II   fortschreitende Zeit / dem Denken dieser Menschen oder ihrer Nachkommen auch den Webstuhl ein. Denn für keine Kunst – wie auch nicht für diese – muß man Athene oder ein anderes göttliches Wesen in Anspruch nehmen.[21] Es waren die Bedürfnisse und die Erfahrungen, die alle Künste im Laufe der Zeit hervorgebracht haben.

Was nun die Laute betrifft – ich meine die der

col. III   Namen und Wörter, aus denen / die aus der Erde entsprossenen Menschen ihre ersten Äußerungen formten[22] –, wollen wir weder Hermes für den Unterricht in Anspruch nehmen, wie einige meinen – denn das ist ein offenkundiges Geschwätz –, noch wollen wir denjenigen Philosophen glauben, die behaupten, daß die Bezeichnungen den Dingen durch willkürliche

Festlegung und Unterweisung beigelegt wurden,
damit die Menschen in ihnen Zeichen hätten, /
col. IV    die die gegenseitige Verständigung erleich-
terten.

Denn es ist lächerlich, lächerlicher als alles
Lächerliche – abgesehen davon, daß dem auch
der Charakter des Unmöglichen anhaftet –,
daß irgend jemand als einzelner Mensch solche
Mengen (von Wörtern[23]) zusammengebracht
hätte – gab es doch damals noch nicht einmal
... und noch keine Buchstaben, als es auch
col. V     noch keine Laute gab, denn für diese / hätte
es ebenfalls eines Sammlers bedurft, auf dessen Anweisung deren Sammlung erfolgen
konnte – und daß dieser nach erfolgter Sammlung nach der Art eines Schulmeisters einen
Stab ergriffen und Unterricht erteilt und jeden
Gegenstand berührend dazu gesagt hätte: „Dies
da soll Stein heißen, dies Holz, dies Mensch..."

*Frg. 10 Chilton (X/XI William)*

col. I     [Sie töten die Frömmsten wie Sokrates[24], der
durch Schuld der Athener] ums Leben kam,
und verfolgen die Rechtschaffensten wie Anaxagoras. Daher wird es gewiß auch klarwerden,
daß nicht wir die Götter beseitigen, sondern
andere. [Diagoras von Melos[25]] sagte in der
Darstellung seiner Lehre bei [Eudemos] offen,
daß es keine Götter gebe, nachdem er heftig
diejenigen bekämpft hatte, die [darüber anders
denken].

col. II    Protagoras von Abdera hegte dem Sinne nach
die gleiche Meinung wie Diagoras, aber er bediente sich anderer Worte, um der allzu großen
Kühnheit jener Auffassung aus dem Wege zu
gehen. Er sagte nämlich, er wisse nicht, ob es
Götter gebe.[26] Das ist dasselbe, wie wenn man
sagte, man wisse, daß es sie nicht gibt. Wenn
er nämlich der ersten Aussage die zweite ge-

genüber gestellt hat: „Gewiß sage ich auch
col. III   nicht, / daß es sie nicht gibt", sucht er ganz
offensichtlich einen Vorwand, um nicht den
Anschein zu erwecken, daß er die Götter gänzlich beseitigt. Denn wenn er sagt, es sei zweifelhaft, sowohl daß es sie gibt als auch, daß
es sie nicht gibt, tut er [offenbar] in Wahrheit
das gleiche, [wie wenn] er mit der Aussage,
[er wisse] nicht, daß es sie gibt, aufgehört hätte.
[Denselben Gedanken,] wie ich meine, oder
einen Gedanken, der dieselbe Bedeutung hat
wie jener, brachte er vor ...

*Frg. 11 Chilton (XII William)*

col. I   [Gern bin ich dir (d. h. Epikur) auch gefolgt
in dem, was du] über den Tod sagst, und du
hast mich überzeugt, ihn zu verlachen. Denn
ich habe keine Furcht wegen eines Tityos oder
Tantalos[27], die es, wie manche es darstellen,
im Hades geben soll, und ich schaudere nicht
vor der Verwesung (des Leibes) zurück, beden-
kend, daß die Zerstörung des Körpers nur
dann Ungemach hervorruft, wenn die Seele
nicht zugleich zugrunde geht[28], und auch sonst
fürchte ich nichts ...

*Frg. 14 Chilton (XIV William)*

## II. Der Brief des Diogenes an Antipatros über die unendliche Zahl der Welten

col. I   Diogenes grüßt Antipatros.[29] Beweise Deines
ernsten Strebens hast Du mir schon oft gebracht, Antipatros, durch den Brief, den Du
mir kürzlich geschickt hast, und bereits früher,
als ich sah, wie Du Dich leidenschaftlich der
Philosophie widmetest, in der Du, den edelsten
Bestrebungen hingegeben wie nur einer, das
col. II   lustvollste Leben führst. / So habe ich nun

wahrhaftig das Verlangen, besonders mit Dir
selbst und auch mit den anderen Freunden in
Athen, Chalkis und Theben wieder zusammen-
zutreffen, und ich nehme an, daß es Euch allen
ebenso geht. Diesen Teil des Briefes schreibe
ich Dir jetzt von Rhodos aus, nachdem ich
kürzlich bei Frühlingsanfang meine Heimat verlassen hatte . . .

*Frg. 15 Chilton (XV William)*

col. I    [. . . Da die Zukunft ungewiß] ist wegen der
vielfältigen Unbeständigkeit der Lage und
meines weit vorgerückten Alters, schicke ich
Dir gemäß Deiner Aufforderung die Abhandlung „Über die unendliche Zahl der Welten“.
Dir ist ein glücklicher Zufall zustatten gekommen. Denn bevor Dein Brief anlangte, forderte
von mir Theodoridas von Lindos[30], mein
Freund, den Du wohl kennst – er ist noch ein

col. II   Anfänger in der Philosophie –, / dieselbe Erörterung. Diese gewann nun an Klarheit dadurch, daß sie von uns beiden mündlich diskutiert werden konnte. Denn die wechselseitigen
Äußerungen der Übereinstimmung und des
Widerspruchs, weiterhin beiderseitige Fragen
ermöglichten eine exaktere Erforschung des
untersuchten Gegenstandes.

Deshalb schicke ich Dir, Antipatros, jenen
col. III  Dialog, / damit dasselbe geschieht, was geschehen würde, wenn Du selbst an der Erörterung teilnähmest und wie Theodoridas teils Zustimmung, teils Zweifel äußertest und zusätzliche Fragen stelltest. Bei diesem Dialog handelt es sich um eine Schrift, deren Anfang folgendermaßen lautet: „O Diogenes, sagte
Theodoridas, daß die von Epikur niedergelegte
Lehre über die unendliche Vielzahl der Welten
col. IV  richtig / ist . . .“

*Frg. 16 Chilton (XVIII William)*

col. I ... Setzt man also voraus, daß die Menge der
col. II Atome begrenzt ist[31] / und diese aus den von
uns genannten Gründen sich nicht zusammenschließen können – hinter ihnen sind nämlich
keine anderen Atome mehr, die, ihre Masse
umschließend, diese von unten stützen und sie
seitlich zusammenbringen können –, wie sollen
sie, da doch die einen von den anderen entfernt sind, die Dinge hervorbringen? Folglich
würde nicht einmal unsere Welt bestehen. Denn
wären die Atome (in der Menge) begrenzt,
könnten sie sich nicht miteinander verbinden.

*Frg. 19 Chilton (XX William)*

col. I ... indem wir zu den [weisen] Leuten ... etwa
so sprechen: [... ihr könnt] weder die [Erde
noch das Unendliche] erklären.[32] Denn entweder [ihr umspannt diese Erde von oben] mit
einem Gewölbe, indem ihr sie [mit dem Himmel]
begrenzt, und die Erde dort beginnen lassend, /
col. II dehnt ihr sie nach unten ins Unendliche aus –
damit gebt ihr allen Laien und Gelehrten zugleich den Laufpaß, die meinen, daß die Erde
oben und unten von den Gestirnen umkreist
wird, sondern führt vielmehr die Sonne seitlich
aus der Welt heraus und von der Seite auch
wieder herein – oder ihr sagt dies nicht, sondern, daß die Erde gewissermaßen nur eine
einzige ...

*Frg. 20 Chilton (XXI William)*

## III. Abhandlung über Ethik

Des Diogenes von Oinoanda Auszug über die
Affekte und die Handlungen.

*Frg. 23 Chilton (XXII William)*

col. I [Viele] widmen sich des [Reichtums und des
Ruhmes wegen] der Philosophie, um sich diese

Vorteile bei Privatleuten oder bei Königen zu
verschaffen, denen die Philosophie als ein großer und kostbarer Besitz gilt. Nicht damit auch
uns einer der erwähnten Vorteile zuteil werde,
haben wir uns eben dieser Tätigkeit zugewen-
col. II   det, sondern um das / von der Natur erstrebte
Endziel zu erreichen und glücklich zu werden.
Worum es sich bei diesem Endziel handelt[33]
und daß es weder Reichtum gewähren kann
noch politischer Ruhm, weder Herrschaft noch
ein üppiges Leben und Tafelluxus, weder die
Genüsse raffinierter Erotik noch sonst irgend
etwas anderes, sondern daß es allein die Philo-
col. III   sophie / gewährt, das wollen wir jetzt darlegen
und das Problem in seinem ganzen Umfang
vor euch entwickeln. Denn diese Schrift haben
wir nicht in unserem eigenen Interesse, sondern
um euretwillen, meine Mitbürger, hier anbringen lassen, daß sie euch nützt und als angemessener Zugang zu der Lehre dient.

*Frg. 24 Chilton (XXIII William)*

col. I   ... Auch dies hier haben wir deshalb ins Werk
gesetzt, damit wir auch jetzt, da wir zu Hause
zu sitzen gezwungen sind, die Güter der Philosophie darlegen können, freilich nicht vor allen,
die sich hier [aufhalten][34] –, aber doch vor
denen, [die sich dem nicht widersetzen]. Nicht
zuletzt taten wir dies alles auch im Interesse
col. II   der / sog. Fremden, die in Wirklichkeit keine
solchen sind. Denn entsprechend dem jeweiligen Abschnitt der Erde hat jeder ein anderes
Vaterland, jedoch im Hinblick auf den gesamten Umkreis dieser Welt ist das einzige Vaterland aller die ganze Erde und die einzige
Wohnstatt die Welt.[35]
Keinen von euch will ich dazu drängen, daß er
leichtfertig und unüberlegt den Worten jener
col. III   beipflichtet, / die behaupten, daß [diese Dar-

legungen] wahr sind – denn ich habe keine
[unbewiesenen Behauptungen aufgestellt] –,
sondern betrachtet [alles] aufmerksam und
zieht zugleich eure Schlüsse. [Um eines] nur
ersuche ich euch, wie bereits vorhin, daß ihr
nicht nach Art von Straßenpassanten und nicht,
wenn ihr Gleichgültigkeit oder Verdruß empfindet, euch der Inschrift [nähert], indem ihr
aufs Geratewohl den Blick hier und da auf ihre
einzelnen Abschnitte richtet und vorübergeht...

*Frg. 25 Chilton (XXIV William)*

col. I ... Ich werde über die Torheit in Kürze sprechen, über die Tugenden und die Lust[36] dagegen gleich jetzt. Wenn nun, ihr Männer, das
zwischen diesen (d. h. den Stoikern) und uns
diskutierte Problem die Frage zum Inhalt hätte:
„Was ist es, was die Glückseligkeit hervorbringt?", und diese sagen wollten, daß es die
Tugenden sind, was ja auch wahr wäre, dann

col. II brauchte man diesen / nur zuzustimmen und
müßte sich sonst keine Mühe machen. Da aber,
wie ich meine, das Problem nicht lautet, was
die Glückseligkeit hervorbringt, sondern was
das Glücklichsein sei und wonach unsere Natur
letztlich strebe, so sage ich jetzt und immerdar
und rufe es allen Griechen und Barbaren zu,
daß die Lust das Ziel der besten Lebensweise

col. III sei / und daß die Tugenden, die zur Unzeit
von diesen bemüht werden – denn aus der Position der Ursache werden sie in die des Zieles
versetzt –, keineswegs das Ziel darstellen, sondern dessen Ursache.

Daß dies die Wahrheit ist, wollen wir sogleich
darlegen, nachdem wir davon bereits ausgegangen waren. Wenn man also jemanden fragen würde – obwohl die Frage naiv ist –, wer

col. IV es ist, / dem diese Tugenden Nutzen bringen,
dann wird er offenbar sagen, das sei der

Mensch.[37] Denn gewiß tragen sie nicht Sorge
für diese Vögel, die vorbeifliegen, damit sie
gut fliegen, und nicht für jedes einzelne der
übrigen Lebewesen, nach Preisgabe der
(menschlichen) Natur, mit der sie verbunden
sind und in der sie ihren Ursprung haben, sondern eben um dieser menschlichen Natur willen
tun die Tugenden alles und gibt es sie überhaupt.

*Frg. 26 Chilton (XXV William)*

col. I   ... Ich will nach diesen Ausführungen[38] wiederum über den Irrtum urteilen, der euch hinsichtlich der Empfindung beherrscht, und besonders gegen einen Lehrsatz von euch sprechen, der nicht wahr ist. Es verhält sich folgendermaßen: Nicht alle Ursachen gehen zeitlich
den Wirkungen voraus, wenn dies auch in der
col. II  Mehrzahl der Fälle geschieht, sondern / ein
Teil von ihnen geht zeitlich voraus, ein Teil
ist gleichzeitig, ein Teil folgt zeitlich nach.
Und zwar gehen sie zeitlich voraus, wie das
Brennen und Schneiden die Genesung bringt.
Denn in diesem Fall müssen vorher die
Schmerzen zugefügt werden und darauf kann
die Gesundheit des Körpers nachfolgen. Gleichzeitig dagegen sind z. B. feste und flüssige
Nahrung, dazu auch die Freuden der Liebe. /
col. III Denn wir essen nicht Brot und dann empfinden wir Lust, und wir trinken nicht Wein und
dann empfinden wir Lust, und wir verspritzen
nicht den Samen und dann empfinden wir Lust,
sondern augenblicklich haben wir den Genuß
col. IV  ... / Denn obwohl die Menschen schon angesichts der Tatsache Lust empfinden, daß es nach
ihnen eine gewisse gute Erinnerung an ihre
Person geben wird, so stellt sich gleichwohl
die Ursache für die Freude erst künftig ein.
Da ihr diese Differenzen nicht auseinanderhal-

ten könnt und nicht wißt, daß die Tugenden
ihren Platz unter den Ursachen haben, die mit
den Wirkungen gleichzeitig sind...

*Frg. 27 Chilton (XXVI William)*

col. II   ... die mit der Wahl solcher Freuden verbundene sichere Hoffnung und die Sorge um die
vom rechten Weg abirrenden Affekte.[39] Wo
nun, behaupte ich, das Risiko groß ist, dort ist
auch der Ertrag groß. In diesem Punkte muß
man diesen sophistischen Argumenten aus dem
Wege gehen wie hinterhältigen, verleumde-
rischen und solchen, die auf Grund der Gleichheit der Bezeichnungen darauf aus sind, die
unglücklichen Menschen zu verwirren...

col. IV   ... da ihr (d. h. der Mühe) nicht immer sogleich Erfolg zuteil wird, sondern wie bei der
einen Sache der Ertrag auf dem Fuße folgt
und die andere einen Nutzen hat, der erst in
einigen Jahren in Erscheinung tritt[40], so verhält es sich auch [mit der Mühe]. Denn nachdem die Samen ausgesät sind, bringen diese
dem, der sie in die Erde gesenkt hat, [nicht
in gleicher Weise Nutzen], sondern wir sehen,
daß ein Teil von ihnen [sofort] keimt und
Frucht trägt...

col. V   Indem wir diese Wahl aus dem Lustvollen und
Unangenehmen treffen und das höchste Gut
und das schlimmste Übel betrachten, stellen wir
die Lust wieder her...

col. VI   ... Wir fragen nunmehr, wie unser Leben lustvoll wird, sowohl in den Zuständen (des Geistes) als auch in den Aktivitäten. Über die Zustände wollen wir zuerst sprechen und dabei
den Grundsatz beachten, daß nach Beseitigung
der Leidenschaften, die die Seele beunruhigen,
an deren Stelle das tritt, was die Seele erfreut.[41]

Was ist es nun, was die Seele beunruhigt? /

col. VII    Es sind die Furchtgefühle, die Furcht vor den
            Göttern, die vor dem Tod und die vor den
            Schmerzen und darüber hinaus eine Begierde,
            die die natürlichen Grenzen weit überschreitet.[42]
            Denn diese sind die Wurzel aller Übel, und
            wenn wir diese von Grund auf entfernt haben,
            wird uns keines der Übel mehr erwachsen ...

*Frg. 28 Chilton*
*(XXVII/XXVIII/XXIX William)*

col. II     ... Nun findet diese Furcht manchmal ihre Er-
            klärung und manchmal bleibt sie ohne Erklä-
            rung. Sie findet ihre Erklärung, wenn wir etwas
            meiden, dessen Wesen offenkundig ist, wie das
            Feuer, da wir fürchten, durch es zu Tode zu
            kommen. Sie bleibt ohne Erklärung, sooft wir,
            falls unser Verstand einem anderen, verhüllten
            Wesen[43] gegenübersteht und er dies nicht ein
            wenig aufzuhellen vermag, uns fürchten.

*Frg. 29 Chilton (XXX William)*

            ... Inwiefern soll die Tatsache, daß manche
            Voraussagen eintreffen[44], in höherem Grade
            ein Zeichen dafür sein, daß es eine [Kunst der
            Weissagung] gibt, als die Tatsache, daß manche
            Voraussagen nicht eintreffen, ein Zeichen dafür,
            daß es [sie] nicht gibt? ...

*Frg. 30 Chilton (XXXI William)*

col. I      ... Wenn nun jemand behaupten würde, daß
            das eben (über die Weissagung) Gesagte sich
            nicht so verhalte, wie ich ausführte, daß es viel-
            mehr keine Möglichkeit gebe, der Notwendig-
            keit zu entgehen[45], wird er seinen Irrtum nie-
            mals auflösen. Wenn er dagegen dem Gesagten
            Glauben schenkt, wird er ohne Unterschied als
            zweifelhaft und unzuverlässig auch jene Auf-
            fassungen aufgeben. Denn es wird ihm offen-
            bar kein anderer Beweis bleiben, dessen er sich

in der erwähnten Frage bedienen könnte. Denn
wie soll es, wenn die Weissagung beseitigt ist, /

col. II   einen anderen Beweis für die Schicksalsnotwendigkeit geben?

Denn sollte jemand die Lehre Demokrits her-
anziehen und ausführen, die Atome hätten, da
sie aneinanderstoßen, keine freie Bewegung,
und daraus werde deutlich, daß sich alle Bewegungen nach der Notwendigkeit vollziehen,
werden wir ihm antworten: Du weißt also

col. III   nicht, / wer immer du sein magst, daß es auch
bei den Atomen eine freie Bewegung[46] gibt,
die Demokrit nicht fand, die aber Epikur ans
Licht beförderte, nämlich die Bewegung in
schräger Richtung, wie er aus den Erscheinungen nachweist? Was aber die Hauptsache
ist: Glaubt man an die Schicksalsnotwendigkeit, dann wird jede Ermahnung und jeder
Tadel hinfällig[47], und nicht einmal die Schlechten können wir zu Recht bestrafen . . .

*Frg. 32 Chilton (XXXIII William)*

col. I   [Wenn die Seelen nur, sofern sie mit den Körpern vereinigt sind, die Natur eines Lebewesens haben, ist der] Übergang [unmöglich].[48]
Denn wenn er (d. h. Empedokles) ihnen in der
Zwischenzeit, während der Übergang sich vollzieht, nicht die Natur eines Lebewesens zu-
billigt, wird es um seine Sache noch schlechter
bestellt sein. Haben sie diese Natur aber irgendwie auch ohne Körper – und das müssen sie
(nach den Voraussetzungen des Empedokles) –,
weshalb machst du dir Schwierigkeiten und
mehr noch jenen (d. h. den Seelen), indem du
sie von einem Lebewesen in das andere
schleppst und übergehen läßt . . .

col. II   [. . . Denn dann wäre es besser gewesen], die
Seelen einfach an und für sich unsterblich zu
machen und sie nicht auf eine große Rundreise

zu schicken, damit letzten Endes deine Lüge
ehrwürdiger werde. Oder wir werden dir,
Empedokles, diese Wanderungen nicht glauben ...

*Frg. 34 Chilton (XXXV William)*

col. I ... Da die Stoiker auch in diesem Fall /
col. II originellere Behauptungen aufstellen wollen[49]
als andere, sagen sie nicht, daß die Seelen
schlechthin unvergänglich sind, sondern behaupten, daß die Seelen der Toren sogleich nach
der Trennung vom Körper zerstört werden,
daß dagegen die der hervorragenden Menschen
noch fortbestehen, freilich auch sie einmal zugrunde gehen. Seht nun die offenkundige Un-
col. III glaubwürdigkeit / dieser Leute. Sie stellen
diese Behauptung auf, als wenn die Weisen und
die Nichtweisen nicht gleichermaßen sterblich
wären, wenn sie sich auch im Denkvermögen
voneinander unterscheiden. Noch mehr wun-
dere ich mich über jene [Zurückhaltung], wieso,
wenn der Seele einmal die Fähigkeit zugebilligt
ist, getrennt vom Körper zu existieren, mögen
wir auch nur eine minimale Frist nennen, [diese
nicht auch in Ewigkeit fortexistieren soll].

*Frg. 35 Chilton (XXXVI William)*

col. I ... Die Ursache [für Leben oder] Nichtleben
des Organismus schafft die Seele.[50] Denn
wenn sie auch nicht dieselbe Anzahl von Atomen hat wie der Leib[51], sie, die aus ihrem
vernünftigen und vernunftlosen Teil zusammengesetzt ist[52], so umschlingt sie aber doch
den ganzen Menschen und bindet ihn, selbst
gefesselt, auch ihrerseits, wie das kleinste Quantum Lab eine riesige Menge Milch (gerinnen
läßt).[53]
col. II Auch das ist ein Beweis – / neben vielen anderen – für die Überlegenheit der Ursache.

Tatsächlich ist es häufig so, daß, wenn der Körper von einer langen Krankheit zur Kapitulation gezwungen und in einen solchen Zustand der Schwäche und Auszehrung geraten ist, daß die Haut ausgetrocknet beinahe an den Knochen anwächst und der Organismus der Eingeweide beraubt und blutlos zu sein scheint,

col. III dennoch die Seele standhält / und das Lebewesen nicht sterben läßt. Und nicht dies allein ist ein Beweis für ihren Vorrang, sondern auch die Tatsache, daß die Entfernung von Händen, oft auch von ganzen Armen oder Beinen durch Feuer und Eisen das Leben nicht auszulöschen vermag.[54] In solchem Maße wird es vom seelischen Teil unseres Körpers beherrscht.[55]

Es gibt auch Fälle, bei denen, obwohl der Körper unversehrt ist und keine quantitative Beeinträchtigung erfahren hat, das Wahrneh-

col. IV mungsvermögen [schwindet]. / Denn wenn die Seelenatome nicht als Grundlage erhalten bleiben, nützt die Unversehrtheit des Körpers nichts. Nur solange wir diese aber gleich wie ein [verbindendes Band] als Grundlage ausdauernd sehen, lebt der Mensch.[56] Wenn nun die letzte Ursache des Lebens die Seele ist, die entweder mit dem Körper verbunden oder von diesem getrennt ist ...

*Frg. 37 Chilton (XXXIX William)*

col. I ... Die Empfindungen sind viel stärker als die Ursache, die sie hervorgebracht hat. Auch an einem kleinen Funken entzündet sich ein so gewaltiges Feuer, daß es Häfen und Städte in Asche legt. Der Vorrang dieser seelischen Affekte ist für die Menge schwer zu begreifen.[57] Denn da es nicht möglich ist, in einem einzigen

col. II Augenblick / den Höhepunkt beider, ich meine der seelischen wie der körperlichen Empfindungen, zum Vergleich nebeneinander zu er-

fahren – dies geschieht selten einmal, und wenn
es geschieht, wird das Leben vernichtet –, kann
man kein Kriterium für den Vorrang einer
der beiden Gattungen finden. Vielmehr verhält
es sich so: Steht jemand gerade unter körperlichen Schmerzen, so sagt er, diese seien größer

col. III als die seelischen, / [und steht er unter seelischen,] so [behauptet] er, daß diese [größer
seien]. Denn das [Gegenwärtige] hat immer
größere Überzeugungskraft als das [Abwe-
sende], und [offenkundig] billigt ein jeder, [ge-
zwungenermaßen] oder weil er Spaß daran
findet, derjenigen Empfindung, die ihn gerade
beherrscht, den Vorrang zu. Der Weise erschließt diesen für die Menge schwerverständ-
lichen Sachverhalt aus vielen anderen Umständen und ...

*Frg. 38 Chilton (XXXVIII William)*


## IV. Verschiedene Sprüche[58]

Nichts ist so geeignet, Seelenruhe hervorzu-
rufen, wie wenn man es vermeidet, vielerlei zu
betreiben, sich unangenehmen Dingen zu widmen und etwas zu erzwingen, was die eigene
Fähigkeit übersteigt.[59] Denn alles dies bewirkt
Störungen in unserem Wesen.

*Frg. 40 Chilton (LVI William)*

Das Wichtigste bei der Glückseligkeit ist unsere innere Verfassung. Über diese sind wir
Herr. Schwer ist ein Feldzug, auch wenn du
über andere gebietest. Die Ausübung der Rede-
kunst ist voll von Erregung und von der Beunruhigung, ob man auch zu überzeugen vermag. Weshalb also betreiben wir eine Sache,
auf die andere Einfluß haben?

*Frg. 41 Chilton (LVII William)*

Die Höhepunkte der Schmerzgefühle können
nicht lange andauern. Denn entweder werden
sie, wenn sie schnell das Leben zerstören, zu
gleicher Zeit auch selbst aufgehoben oder sie
lassen in der Stärke nach.

*Frg. 42 Chilton (LVIII William)*

... Nicht die Natur, die nur eine einzige für
alle ist, hat Edle und Unedle hervorgebracht,
sondern die Handlungen und die inneren Ver-
fassungen.[60]

*Frg. 43 Chilton (LIX William)*

[Den Menschen nützt der unnatürliche] Reichtum [nicht mehr als Wasser] einem vollen
Gefäß.[61] Man wird mit Notwendigkeit bemerken, daß [beide] außen überlaufen. Wir können [ohne Aufregung] auch auf den Besitz der
anderen schauen und eine reinere Freude daran
empfinden als jene. Denn [wir werden nicht
von diesen Begierden beunruhigt].

*Frg. 44 Chilton (LX William)*

Unter Schmerzen stöhnend „Ach" zu sagen,
zwingt uns die Natur[62], aber darüber zu jammern, daß wir uns nicht unter denen befinden,
die gesund sind, [ist wider die Natur].

*Frg. 45 Chilton (LXI William)*

## V. Verschiedene Schriften

... menschenfreundlich gegenüber den Fremden,
die sich [in dieser Gegend] niedergelassen
haben.[63] Da ich genau weiß, daß ihr durch die
Kenntnis der Dinge, die ich unten dargelegt
habe, sowohl derer, die die Naturphilosophie,
als auch derer, die die Affekte betreffen, [Nut-
zen haben werdet...]

*Frg. 49 Chilton (LXII William)*

Testament des Diogenes

>Ich, Diogenes, trage meinen Verwandten, Ver-
trauten und Freunden das folgende auf: In
solchem Zustand der Krankheit, daß sich jetzt
für mich entscheiden wird, ob ich noch leben
oder nicht mehr leben werde – denn ein Herzleiden peinigt mich –, werde ich, wenn ich
überlebe, mit Lust das mir noch einmal ge-
schenkte Leben empfangen; wenn ich nicht
überlebe . . .<

*Frg. 50 Chilton (LXVI William)*

Briefe an die Freunde

col. I   . . . in der Basilika haben sie eine [Wand] vorbereitet[64], auf der Du das Büchlein einmeißeln
und [korrigieren] lassen sollst.[65] [Der Frau aber
weiß ich Dank], die [mich und meine Begleiter
bereits zu einem früheren Zeitpunkt] gastlich
bei sich aufgenommen hatte, [und zu der mich
col. II   die Freunde in Eile gebracht hatten].[66] / Ich
bin überzeugt, daß ich mich um so leichter er-
holt habe, als ich ihr von Dir, liebster Menneas,
dank Deiner guten Gesinnung und Achtsam-
keit mir gegenüber empfohlen worden bin, von
Dir und von dem bewundernswerten Carus
und von unserem Dionysios, zu der Zeit, /
col. III   als wir in Rhodos bei ihr unsere Diskussionen
führten. Seid nochmals gegrüßt.

*Frg. 51 Chilton (LXV William)*

Brief an eine Mutter[67]

col. I   . . . daß sie um diese Dinge die größte Unruhe
verursachen. Denn die Erscheinungen von Personen, die von unserer Gesichtswahrnehmung
entfernt sind[68], jagen uns die größte Furcht ein,
wenn die Personen aber mit anwesend sind,

nicht die geringste. Wenn Du jedoch ihr Wesen durchschaust, sind die Erscheinungen der Ab-

col. II  wesenden von genau / solcher Art wie die der Anwesenden. Denn obwohl die Erscheinungen der Abwesenden nicht sinnlich wahrnehmbar sind, sondern nur gedacht werden können, haben sie für sich genommen dieselbe Wirkung auf die am Orte Anwesenden wie zu der Zeit, als sie bei persönlicher Gegenwart jener (d. h. der nunmehr Abwesenden) eingetreten waren.

col. III  Über diese Dinge, / liebe Mutter, beruhige Dich. Denn nicht als etwas Nachteiliges muß man sein Erscheinen (im Traum) erklären. Stelle Dir im Gegenteil vor, daß wir, indem wir uns Tag für Tag etwas Nützliches neu aneignen, zu einem höheren Grad der Glückseligkeit voranschreiten. Denn nicht eine geringfügige und unbedeutende Gabe ist es, was

col. IV  uns / hier zuteil wird. Ist es doch geeignet, unsere Verfassung der der Götter gleichzumachen, und zeigt es uns, daß wir nicht, weil wir sterblich sind, hinter dem unvergänglichen und glückseligen Wesen (der Götter) zurückstehen müssen. Denn solange wir leben, freuen wir uns gleich den Göttern[69] . . .

*Frg. 52 Chilton (LXIII William)*

col. I  [Denn er richtet sich auf an der Erwartung, daß er die Wohltat in gleicher Weise einmal vergelten kann], wenn er auch eine Erniedrigung erfahren hat.[70] Wenn er es nicht so empfindet, inwiefern erleidet er eine Erniedrigung? Verlasse Dich darauf, liebe Mutter, daß wir im Besitz solcher Güter stets Freude empfinden, und sei im Hinblick auf das, was wir betreiben,

col. II  guten Mutes. Die / Geldzuwendungen, die Du mir ständig zukommen läßt, aber spare Dir, beim Zeus. Denn ich wünsche nicht, daß Dir etwas abgeht, damit ich es im Überfluß habe,

sondern lieber, daß es mir fehlt, damit es Dir
nicht abgeht. Lebe ich doch in jeder Hinsicht
col. III    behaglich / durch die Geldsendungen der
Freunde und des Vaters, die dieser regelmäßig
schickt, zumal jetzt auch durch Kleon, der mir
neun Minen überwiesen hat. Ihr sollt Euch
also beide, ein jeder für seine Person, unseret-
wegen keine Sorgen machen, sondern miteinander leben . . .

*Frg. 53 Chilton (LXIV William)*

ANHANG

## Leukippos und Demokrit, Fragmente

Im ersten Abschnitt dieses Teils der Sammlung sind eine Anzahl Lehren zusammengestellt, die in der Überlieferung speziell Leukippos zugeschrieben werden. Der zweite Abschnitt enthält autobiographische Äußerungen Demokrits. In den nach Themengruppen gegliederten folgenden Abschnitten sind Leukippos und Demokrit nicht auseinandergehalten. In allen Fällen, in denen Leukippos nicht ausdrücklich genannt ist, werden die Lehrstücke in der Überlieferung Demokrit oder seinen Anhängern, den Demokriteern, zugeschrieben.

Ergänzungen, die als Verständnishilfen in die Übersetzungen eingefügt wurden, sind in Rundklammern eingeschlossen. Verlorene Textstücke, deren ungefährer Wortlaut erschlossen wurde, sind in Eckklammern gesetzt. Stehen Autorennamen in Eckklammern, so bedeutet das, daß die betreffenden Schriften ihnen in der antiken Überlieferung zu Unrecht zugeschrieben werden.

1 Das gleiche Schwanken in der Angabe des Geburtsorts auch in Fragment Nr. 16. Nr. 5 nennt nur Milet, Nr. 4 Abdera, Nr. 8 alle drei Orte. Die wahrscheinlichste Erklärung für diese Eigenart der Überlieferung findet sich in der Einleitung S. 16.

2 Der Rhapsode und Philosoph Xenophanes aus der westkleinasiatischen Küstenstadt Kolophon lebte um 570–475 v. u. Z. und soll nach langen Wanderungen im Alter nach Elea, der Stadt des Parmenides, gelangt sein. Den Gedanken der Seinseinheit, der zu einer Grundlehre des Parmenides wurde (vgl. Einleitung S. 11), entwickelte Xenophanes vor allem in Hinblick auf den Gottesbegriff. Er lehrte, es könne nur *einen* Gott geben, denn ein Wesen, das in seiner Macht eingeschränkt sei, könne nicht Gott genannt werden, mehrere Götter müßten sich aber notwendigerweise gegenseitig in ihrer Macht beschränken. Durch diesen Gedanken sowie die Folgerung, der eine Gott könne nicht menschengestaltig sein, wurde Xenophanes zum bedeutenden Religionskritiker. – Simplikios, der spätantike Aristoteles-Erklärer, vereinfacht die Philosophiegeschichte des 6./5. Jh. v. u. Z., wenn er

Xenophanes nicht nur zum Vorläufer des Parmenides macht,
sondern die Auffassungen beider Philosophen geradezu miteinander identifiziert.

3 Ob die Weltbestandteile wirklich schon von Leukippos oder
erst von Demokrit als „Elemente" (griechisch: stoicheía,
d. h. ursprünglich „Buchstaben") bezeichnet wurden, ist umstritten. Zugrunde liegt offenbar die bildliche Vorstellung,
die Welt setze sich aus Atomen zusammen wie ein Buch
aus Buchstaben. Vgl. Demokrit-Fragment Nr. 34 und
Anm. 85.

4 Nichts existiert mit mehr Grund als anderes; das eine
existiert um nichts mehr als anderes: in diesen Formulierungen, die u. a. in den Demokrit-Fragmenten Nr. 30, 43
und 188 wiederkehren, drückt sich die Annahme einer Eben-
mäßigkeit des Weltprozesses aus, in dem kein Raum-, Zeit-
oder Materieteil einen prinzipiellen Vorzug vor dem anderen
hat. Später bemächtigten sich auch die antiken Skeptiker dieses Grundsatzes, den sie zur Bekämpfung von
Wahrheitsansprüchen verwendeten. Nähere Information bieten die Beiträge von S. Luria, C. Diano und Ph. De Lacy
im Sammelband „Isonomia" (s. Literaturverzeichnis).

5 Nicht im Sinne des kausal Verursachenden, sondern des ursprünglich, von allem Anfang an Vorhandenen. Simplikios
bedient sich des aristotelischen Begriffs der Ursache.

6 Die Verwandtschaft zwischen den Lehren des Empedokles
und Leukippos wird hier bis in eine Einzelheit verfolgt, auf
die kurz schon in der Einleitung S. 13 hingewiesen wurde.
Wie Demokrit hielt Empedokles die Elemente für unveränderlich, d. h. für qualitativ nicht wandelbar. Ein Körper
erleidet nach Empedokles nur dann Einwirkungen und Veränderungen, wenn eigene Stoffteile aus ihm ausfließen oder
fremde in ihn eindringen, so daß seine stoffliche Zusammensetzung sich wandelt. Die Möglichkeit solcher mechanischer
Prozesse erklärt Empedokles (Frg. 31 A 87 D.-K.) durch
die Annahme, die Körper, insbesondere die Sinnesorgane,
seien nicht kompakt, sondern von Öffnungen und Gängen
(Poren) durchzogen. Allerdings scheint Empedokles diese
Poren noch nicht als schlechthin leer bezeichnet zu haben.

7 Das aber ist unmöglich: Offenbar hat sich hier eine (etwas
spitzfindige) Kritik des Leukippos an Empedokles erhalten,
möglicherweise aus seiner „Großen Weltordnung": Empedokles hatte eine große Porendichte angenommen und für
diese Auffassung die Formulierung gewählt, die Poren er-

streckten sich „nach allen Seiten zu". Leukippos erklärt das für unmöglich, da widersinnig: Dehnten sich die Poren wirklich nach *allen* Seiten aus, bliebe kein Raum für feste Materie übrig, d. h., es gäbe *nur* Poren bzw. *nur* Leeres.

8 Platon nahm im „Timaios" 53c ff. vier Materieformen an; vgl. Einleitung S. 47.

9 Die Formulierung zeigt, daß Aristoteles zu der behandelten Frage über keine authentische Äußerung des Leukippos verfügte.

10 Der Gedanke, daß mittels des Leeren Körper voneinander *getrennt* sind, ist klar und entspricht dem atomistischen Weltbild. Wenn Aristoteles dem Leukippos die Annahme von „*Entstehungen* mittels des Leeren" zuschreibt, so besagt das lediglich, daß das Leere nach atomistischer Vorstellung eine *Voraussetzung* für das Entstehen von Dingen ist.

11 Gemeint der Zusammenprall und die dadurch bewirkte Verklammerung von Atomen bzw. Zerreißung von Atomzusammensetzungen.

12 Vgl. Einleitung S. 16.

13 Die Feststellung, daß der Atombegriff auf gedanklichem, nicht auf experimentellem Wege gefunden wurde, ist richtig; sie gilt nicht nur für Leukippos, sondern für die ganze antike Atomistik, ja für die gesamte antike Naturphilosophie.

14 Der Idealist Platon gelangt zu diesem Lehrsatz von einer ganz anderen Voraussetzung als Leukippos. Platon lehrt die Ewigkeit der Seele und schreibt dieser (nichtkörperlichen) Seele die Kraft der Selbstbewegung zu. Daraus ergibt sich, daß auch er die Bewegung in ihrer „Grundform" der seelischen Bewegung für ewig hält; vgl. „Gesetze" 10, 896a ff.

15 Der Begriff „Notwendigkeit" ist gut atomistisch; vgl. Einleitung S. 32. Das Wort „Schicksalsfügung" (heimarménē) ist dagegen vor allem aus der Philosophie der Stoiker bekannt. Daß schon Leukippos es gebrauchte, ist unwahrscheinlich. Auf keinen Fall darf aus der Notiz auf fatalistische Züge in der Lehre der Atomisten geschlossen werden.

16 Der Titel deutet auf Auseinandersetzung des Leukippos mit der Geist-Lehre des Anaxagoras; vgl. Einleitung S. 25. Die Schrift ist wahrscheinlich identisch mit dem Buch gleichen Titels im Schriftenverzeichnis Demokrits (Fragment Nr. 25).

17 Die folgende wertvolle, wenn auch nicht in allen Einzelheiten völlig klare Darstellung der atomistischen Kosmogonie geht offenbar durch Vermittlung des Aristoteles-Schü-

lers Theophrastos, der die Lehrmeinungen der vorsokratischen
griechischen Philosophen sammelte und zusammenstellte (vgl.
Demokrit-Fragment Nr. 195), auf die „Große Weltordnung"
des Leukippos (oder Demokrit) zurück; vgl. Anm. 50.

18 Über die Bewegung der Atome, speziell über ihre Bewe-
gungsweise vor dem Zusammentritt zu „Welten", vgl. das
Leukippos-Fragment Nr. 6, die Demokrit-Fragmente Nr.
44, 59–65 und Einleitung S. 30.

19 Gemeint ist: um die Mond*bahn*. Als Mittelpunkt der Son-
nen- wie der Mondbahn gilt die Erde. Die hier vorgetragene Lehre war zu Leukippos' Zeit noch nicht alt, ihre
Ausarbeitung ist vor allem wohl den Pythagoreern zu verdanken.

20 Die Frage, warum die Erde – wie man annahm – ihren
Platz in der Mitte der Welt innehalte, d. h., nicht ins Bo-
denlose stürze, bereitete der antiken Physik begreiflicherweise große, entsprechend dem damaligen Wissensstand un-
überwindliche Schwierigkeiten. Leukippos nahm an, daß
ständige Eigenbewegung (Rotation) der Erde Halt verleihe. Die Hypothese, die an das „Hubschrauberprinzip" erinnert, mag auf der (unzulänglich gedeuteten) Beobachtung
des Flügelschlages von Vögeln und Insekten beruhen.

21 Eine Handtrommel. Die Erde ist als runde Scheibe bzw.
als Zylinder gedacht. Die Kugelgestalt der Erde lehrten
im 5. Jh. v. u. Z. bereits u. a. Anaxagoras und die Pythagoreer. Die Begründer des Atomismus und vermutlich auch
noch Epikur (vgl. Anm. 43, S. 521) verschlossen sich dieser
Erkenntnis.

22 Der Ausdruck „Lostrennung" ist nicht zureichend erklärt;
man hat deshalb andere Übersetzungen versucht (statt „infolge Lostrennung": „stellenweise"). Doch denkt Leukippos
vielleicht an Atome, die sich aus alten, in Verfall begriffe-
nen Welten absondern.

23 Offenbar ein alter Leukippischer Terminus für den Weltraum. Der Ausdruck begegnet nur hier, im Leukippos-
Fragment Nr. 9 und in Epikurs Brief an Pythokles 89.

24 Über diesen Grundsatz vgl. die Demokrit-Fragmente Nr.
66, 67 und 125.

25 Die Übersetzung folgt der Lesung und Interpretation von
J. Kerschensteiner, Hermes 87, 441ff. (1959).

26 Gemeint ist offenbar der Widerstand, den die in der Mitte
des Atomwirbels sich bildende Primärballung in immer
stärkerem Maße den auf ihr lastenden Atomen der oberen

Wirbelschichten entgegensetzt. Leukippos nimmt an, daß sich dadurch der Schwerpunkt der Weltbildung zunächst in die innere Wirbelschicht verlagert. Dort hat der sich herausbildende Widerstand offenbar eine Verlangsamung der Bewegung zur Folge (die sich allerdings nicht bis zur Ruhe abschwächt). Die äußere „Haut" wird infolgedessen dünner, füllt sich durch von außerhalb des Wirbelsystems neu einfallende Atome jedoch wieder auf.

27 Die Annahme einer Textlücke ist unumgänglich. Daß in ihr von der Ekliptik die Rede gewesen sei, nahm H. Diels an. Die Richtigkeit der Ergänzung wird z. T. angezweifelt; in dem verlorenen Textstück, meint man, sei vielmehr von der Hitze des Südens gesprochen worden, entsprechend der folgenden Angabe über die Kälte des Nordens. – Verlockend ist auch der Gedanke, der ursprüngliche Text habe die lockere Konsistenz des Südteils der Erde erwähnt, ähnlich Leukippos-Fragment Nr. 15. Doch ist diese Ergänzung aus sprachlichen Gründen weniger wahrscheinlich. Die Schiefe der Ekliptik war wohl schon Anaximandros bekannt (Frg. 12 A 5. 22 D.-K.); jedenfalls muß mit der Möglichkeit gerechnet werden, daß Leukippos sie erwähnte.

28 Hier ist wohl bereits die richtige Erklärung der Sonnen- und Mondfinsternisse berücksichtigt, die Anaxagoras gegeben hatte. „Ungleich" sind Sonnen- und Mondbahn, insofern sie nicht auf gleicher Ebene liegen, sondern einander schneiden.

29 Über den Notwendigkeitsbegriff der Atomisten vgl. die Leukippos-Fragmente Nr. 7 und 9, die Demokrit-Fragmente Nr. 69–71 und Einleitung S. 32. Die Begründer des Atomismus verstanden das Naturgeschehen als grundsätzlich kausal determiniert.

30 Das Fragment ist eine verkürzte Wiederholung des Fragments Nr. 8.

31 Wie Demokrit dürfte auch Leukippos bereits eine Vielzahl von Elementen angenommen haben, entsprechend der Vielzahl der Atomformen. Doch hielten die Atomisten insofern am Sprachgebrauch der älteren griechischen Philosophen fest, als sie die vier „klassischen" Elemente Feuer, Luft, Wasser und Erde als Beispiele bevorzugten. Dabei wurde „Erde" offenbar zur Sammelbezeichnung für alle festen Stoffe, also z. B. auch Gestein, Metall, Holz.

32 Im älteren religiösen Weltbild der Griechen galt von den Gestirnen insbesondere die Sonne als Gottheit. Anaxagoras widersprach – wie schon vor ihm die ionischen Naturphilo-

sophen – dem Volksglauben, indem er die Sonne zu einem „glühenden Stein" erklärte. Die Gestirntheorie der Atomisten skizziert Fragment Nr. 8. Die späteren griechischen Philosophen, z. B. Platon in seiner Spätschrift „Epinomis", gaben die materialistische Gestirntheorie des 5. Jh. v. u. Z. zum Teil wieder preis. – Über die Autorschaft der „Großen Weltordnung" vgl. Anm. 50.

33 Da Leukippos nicht die Kugelgestalt der Erde anerkannte (vgl. Anm. 21), bezeichnen „Norden" und „Süden" in diesem Fragment nicht etwa Abschnitte der Erdkugel, sondern Randzonen der Erdscheibe.

34 Als „Eristiker" (Streit-, Disputierkünstler) wurden speziell die Anhänger der Philosophenschule von Megara bezeichnet (Megariker, 4. Jh. v. u. Z.), deren Interesse sich u. a. auf die Technik des Widerlegens fremder Lehrsätze durch Trugschlüsse richtete. Darüber hinaus diente der Ausdruck „Eristiker", ebenso wie „Sophist", der Diffamierung philosophischer Gegner, denen man Uninteressiertheit an der Wahrheitssuche unterstellte. In diesem Sinne ist das Wort im vorliegenden Text verwendet.

35 Das Fragment erscheint in seinem zweiten Teil als ein primitiver Auszug aus der Erkenntnislehre Demokrits. Mit der scheinbaren Brechung des Ruders im Wassers, deren Ursache im Altertum nicht erkannt wurde, verwendet es ein beliebtes Argument für die angebliche prinzipielle Unsicherheit der Sinneswahrnehmung. Daß Epiphanios noch über Nachrichten verfügte, die speziell die Erkenntnislehre des Leukippos betrafen, ist höchst unwahrscheinlich.

36 Ebenso Demokrit (Fragmente Nr. 147–149), anders Epikur, Brief an Herodotos 63 und Fragmente Nr. 87 und 88. Die Frage, ob Feuer und Seele nach Leukippos und Demokrit geradezu identisch sind oder ob sie sich lediglich aus gleichartigen Atomsorten aufbauen, ist in der Forschung umstritten.

37 In dem Fragment wird einerseits die Körperhaftigkeit der Seele, vgl. Fragment Nr. 17, andererseits die prinzipielle Zweiteilung Körper (im engeren Sinn) – Seele vorausgesetzt. Eigentümlich ist, daß Leukippos den Zeugungsakt so ausschließlich als Übertragung des Seelenstoffes auf das Kind aufgefaßt haben soll. Eine andere Meinung wird Demokrit zugeschrieben, vgl. Fragment Nr. 127. Es handelt sich um einen der wenigen Fälle, in denen sich die Auffassungen des Leukippos und Demokrit – falls der Überlieferung zu

trauen ist – klar voneinander abheben lassen. – Zenon: Zenon von Kition, der Begründer der Stoa.

38 Über die chronologischen Fragen vgl. Einleitung S. 20. Über die antike Streitfrage, ob Demokrit Anaxagoras persönlich gekannt habe oder nicht, berichtet Diogenes Laertios 9,34f.

39 Diels-Kranz und andere rechnen das Zitat zu den unechten Fragmenten. Klemens zitiert aus einer angeblich Demokritischen Schrift „Babylonische Lehren", die höchstwahrscheinlich mit dem Buch „Über die heiligen Schriftzeichen in Babylon" des Demokrit-Schriftenverzeichnisses identisch ist. Doch hatte schon Thrasyllos dieses Werk nicht in den Kanon der Tetralogien aufgenommen. Klemens erwähnt in diesem Zusammenhang, Demokrit habe in dieser Schrift, die ethischen Inhalts gewesen sei, den „Inschriftenpfeiler des Akikaros" übersetzt. Gemeint ist der (auf Stein aufgezeichnete) Spruchteil des sog. Ahīqar-Romans, der Lebensgeschichte des weisen Ahīqar mit beigefügter Sammlung seiner Sprüche. Überliefert ist uns dieses Zeugnis altorientalischer Spruchweisheit mehr oder weniger vollständig in einer Vielzahl von Versionen und Sprachen. F. Altheim und R. Stiehl, Die aramäische Sprache unter den Achaimeniden, Bd. 1, Berlin 1959, S. 188–192, und Wiss. Zs. der Karl-Marx-Universität Leipzig, Ges.- u. sprachwiss. Reihe 11, S. 567f. (1962; vgl. D. Kövendi bei Altheim-Stiehl, Geschichte der Hunnen, Bd. 5, Berlin 1962, S. 72–94), halten die Nachricht, daß Demokrit den Ahīqar-Roman in Griechenland bekannt machte, für glaubhaft (vgl. auch Anm. 292), fast alle anderen Forscher sehen in ihr eine Erfindung. Falls unser Fragment unecht ist, sind damit aber nicht zugleich die Nachrichten über die Reisen Demokrits hinfällig. Dafür gibt es andere Zeugnisse, z. B. bei Diogenes Laertios 9,36. – Am Ende des Zitats ist der Text unsicher. „Nach allen" heißt offenbar: „nach allen Gelehrten (der übrigen bereisten Länder)". Statt der von den Herausgebern erschlossenen Zahl „fünf" ist „achtzig" überliefert, eine Lesart, die wohl durch Verwechslung zweier alter Zahlzeichen entstand.

40 Stromateis: „Teppiche": Ein Sammelwerk, in welchem – das will der Titel zum Ausdruck bringen – vielerlei Wissensstoff miteinander verwoben ist.

41 Zu allen Einzelheiten der folgenden „Lexikonartikels" des Diogenes Laertios bringen die weiteren Demokrit-Fragmente ausführlichere Parallelen.

42 Die Schriften Platons ordnete Thrasyllos in neun Tetralogien an; diese Anordnung liegt noch heute den maßgeblichen Textausgaben Platons zugrunde.

43 Zu diesem Buch, dessen Inhalt uns leider nicht kenntlich ist, berichtete Thrasyllos (nach Diogenes Laertios 9,38): „Demokrit scheint ein Nacheiferer der Pythagoreer gewesen zu sein. Er gedenkt auch des Pythagoras selbst mit Bewunderung in der gleichnamigen Schrift. Und es könnte scheinen, als verdanke er ihm seine ganze Weisheit und habe ihn selbst gehört, wenn dem nicht die Chronologie entgegenstünde." Diogenes Laertios fügt hinzu: „Jedenfalls muß er, so sagt sein Zeitgenosse Glaukos aus Rhegion, irgendeinen Pythagoreer gehört haben. Auch Apollodoros von Kyzikos sagt, er habe in Verkehr mit Philolaos gestanden." In welchem Sinne Demokrit den Philosophen Pythagoras, den im 6. Jh. v. u. Z. lebenden legendären Anhänger einer der Atomistik so fernen Glaubensüberzeugung wie der Seelenwanderungslehre, gerühmt und von ihm gelernt haben soll, ist nicht hinreichend klar. Zwar teilte Demokrit das Interesse der Pythagoreer an der Mathematik (vgl. die Titel S. 111f.), und der dem Pythagoras zugeschriebene Aufbau der Welt aus Zahleneinheiten mag Beobachtern, die am Nachweis von Ähnlichkeiten beider Philosophien interessiert waren, als Vorbild für den atomistischen Weltaufbau aus Materieeinheiten erschienen sein (vgl. Demokrit-Fragment Nr. 36). Doch zählt Thrasyllos den „Pythagoras" unter die ethischen Schriften. Will man ihn also nicht geradezu für unecht erklären, so ist eher zu vermuten, daß Demokrit darin ethische Forderungen wie die des Maßhaltens vertrat; vgl. die Fragmente Nr. 266–268.

44 Inhalt des Buches dürfte u. a. eine Kritik des Unterweltglaubens gewesen sein, den später auch Lukrez bekämpfte. Daß Demokrit über die Dinge in der Unterwelt geforscht habe, behauptet auch der 10. Hippokrates-Brief. Ferner war von Scheintoten, die wieder auflebten, die Rede (Demokrit-Fragment Nr. 173). Vgl. S. Luria, Eos 51,21ff. (1961).

45 Tritogeneia war ein Kultname der Göttin Pallas Athene. Die Deutung des Namens bereitet uns, wie schon den antiken Philologen, Schwierigkeiten; vgl. I. Trencsényi-Waldapfel, in: Untersuchungen zur Religionsgeschichte, Budapest 1966, S. 122ff. Über Demokrits Deutung und die Grundlehre des Buches vgl. Fragment Nr. 270.

46 In der griechischen Mythologie ein Füllhorn, das alle Wün-

sche zu gewähren vermag. Zeus habe es der Ziege Amaltheia, die ihn auf Kreta gesäugt hatte, ausgebrochen und den
Töchtern des Melisseus geschenkt, die ihn aufgezogen hatten.
Demokrits Schrift, die unter den ethischen Werken aufgezählt wird, mag die Erlangbarkeit von Glück und Zufrieden-
heit behandelt haben.

47 Ein Hauptbegriff der Ethik Demokrits; vgl. Fragmente Nr.
248–255 und Einleitung S. 42.

48 Dies könnte der Titel sein, unter dem die ethischen Sentenzen Demokrits im Umlauf waren; vgl. Anm. 290.

49 „Wohlbefinden" ist gleichfalls ein wichtiger Begriff der demokritischen Ethik. Diogenes Laertios (oder schon Thrasyllos) tritt der – wir wissen nicht von wem vertretenen –
Meinung entgegen, es gebe von Demokrit auch zu diesem
Begriff eine Spezialschrift, oder gibt zumindest zu verstehen,
daß ihm diese Schrift nicht vorgelegen hat.

50 Theophrastos, der Schüler des Aristoteles, Verfasser der
für das Altertum maßgebenden Sammlung von Lehrmeinungen der älteren griechischen Philosophen, dürfte gute Gründe
für die Annahme gehabt haben, die „Große Weltordnung"
(Mégas diákosmos) stamme in Wahrheit von Leukippos. Der
verhältnismäßig geringe zeitliche Abstand zwischen Theophrastos (372–287 v. u. Z.) und den älteren Atomisten
spricht ebenso für die Zuverlässigkeit der Angabe wie die
z. T. altertümliche Terminologie (Begriff des „großen Leeren") in den sicherlich auf die „Große Weltordnung" zurückgehenden Leukippos-Fragmenten 8 und 9. Daß in den
aus späten Quellen stammenden Fragmenten Nr. 12 und
26 sowie in einer bei Athenaios 4,168B überlieferten Anekdote die „Große Weltordnung" als Demokritisch zitiert wird,
fällt demgegenüber weniger ins Gewicht.

51 Griechischer Titel: Mikrós diákosmos. Die Schrift war vermutlich eine Ergänzung Demokrits zur „Großen Weltordnung". Mit der bekannten Unterscheidung von Makrokosmos
(Welt im Großen, Weltall) und Mikrokosmos (Welt im
Kleinen, Mensch) haben die beiden Buchtitel direkt wohl
nichts zu tun, allerdings wird die Kennzeichnung des Menschen als Mikrokosmos gerade für Demokrit erstmals bezeugt; s. Anm. 170. Über den mutmaßlichen Inhalt der
„Kleinen Weltordnung" vgl. Anm. 319.

52 Bücher „Über die Natur" werden schon mehreren Philosophen vor Demokrit zugeschrieben (der älteste: Anaximan-

dros), wobei der Titel den ursprünglichen titellosen Buchrollen z. T. wohl erst nachträglich hinzugefügt wurde.

53 Wohl ein Werk des Leukippos; vgl. Anm. 16.

54 Gemeint die Körpersäfte. Falls das Werk echt ist, dürfte es
eine Stellungnahme zu der medizinischen Lehre von den
Körpersäften gewesen sein, die vor allem der Arzt Hippokrates (um 460–377 v. u. Z.), der Zeitgenosse Demokrits, in
Geltung brachte. Vgl. auch Anm. 279.

55 Für den seltsamen Titel des Buches hält schon Diogenes
Laertios eine (freilich nichtssagende) Erklärung für nötig.
Das einzige erhaltene Zitat, in Fragment Nr. 178, weist auf
eine Behandlung der Erkenntnislehre. Vgl. auch Anm. 279.

56 Der Begriff, griechisch prónoia, meint offenbar die Voraussage
künftigen Geschehens. Daß Demokrit ihre Möglichkeit anerkannt habe, besagen die Fragmente Nr. 223, 242 und 243.

57 Der Ausdruck „Kanon" kehrt später im gleichnamigen Titel
einer Schrift Epikurs und in der epikureischen Bezeichnung
der Logik als „Kanonik" wieder; vgl. S. 323ff. – Im Demokrit-Fragment Nr. 177 wird der Titel im Plural zitiert. Der
genauere Sinn des Begriffs „Kanon" bei Demokrit läßt
sich kaum ermitteln. Dazu H. Langerbeck ΔΟΞΙΣ
ΕΠΙΡΥΣΜΙΗ. Studien zu Demokrits Ethik u. Erkenntnislehre, Neue philolog. Untersuch. 10, Berlin 1935, S. 115f.:
„Kanon hat ... hier gewiß nicht die Bedeutung ‚Regel', sondern vielleicht ‚Merkmal' im Sinne eines beobachteten Fak-
tums."

58 So lautet der Titel, wenn man in den griechischen Text die
Konjektur Perí diaphorás gōnías aufnimmt; vgl. E. Zeller,
Die Philosophie der Griechen, I 2, 6. Auflage, Leipzig
1920, S. 1053, und vor allem J. Mau, Zum Problem des
Infinitesimalen bei den antiken Atomisten, 2. Auflage, Berlin
1957, S. 21. Überliefert ist Perí diaphorás gnōmēs, „Über
die Verschiedenheit der Auffassung" (Auffassung = Erkenntnisweise?). Viele Forscher wollen Demokrit diesen
Titel belassen. Inhalt der Schrift sei die Auseinandersetzung Demokrits mit einem Angriff des Sophisten Protagoras
auf die Geometrie (Frg. 80 B 7 D.-K.) gewesen. Demokrit
habe dargelegt, nach der auf den Sinnen beruhenden „dunklen Erkenntnis" (vgl. Demokrit-Fragment Nr. 177) sei, wie
Protagoras behauptete, die Berührung zwischen Kreis und
Tangente eine Linie, nach der „echten Erkenntnis" dagegen
ein Punkt. Es ist jedoch sehr fraglich, ob Demokrit Haupt-
grundsätze seiner Erkenntnislehre so direkt zur Klärung

mathematischer Probleme herangezogen hat. Die Deutung des Titels auf „Winkelverschiedenheit" legt statt dessen die Vermutung nahe, Demokrit habe ganz allgemein Fragen der Winkelbildung zwischen geraden und gekrümmten Linien behandelt.

59 Die Schrift handelte, soviel besagt der Titel, von in mathematischem Sinn irrationalen geometrischen und offenbar auch stereometrischen Erscheinungen. Auch die Übersetzung „Über nichtproportionale Linien und feste Körper" ist möglich. Als „nichtrational" dürfte Demokrit nämlich Linien regelmäßiger Flächen und Körper bezeichnet haben, deren Länge im Vergleich zu bestimmten vorgegebenen Seitenlinien sich nicht durch ganzzahlige Proportionen ausdrücken ließ. Der Begriff „feste Körper" = „das Feste" ist bei Demokrit gewöhnlich Terminus für die Atome. Ob der Begriff auch hier in gleicher Bedeutung verwendet ist, muß als fraglich gelten. Eher scheint es, als seien ganz allgemein die Raumkörper gemeint. Zur Frage, wieweit Demokrit die im Altertum vor allem von Archimedes vertretene Methode der Infinitesimalrechnung vorweggenommen habe, vgl. J. Mau in seinem in Anm. 58 genannten Buch.

60 Ein „Steckkalender" (parápēgma) war ein in Holz, Erz oder Stein eingraviertes Verzeichnis der Tage des Sonnenjahres nach dem Zodiakus. Neben den Tagen befanden sich Löcher, in welche die von Jahr zu Jahr wechselnden und in den einzelnen griechischen Poleis sehr unterschiedlichen Tage des jeweiligen Stadtkalenders eingesteckt werden konnten. Ob dieser Kalender wirklich dem Abderiten Demokrit zugeschrieben werden kann, ist strittig. Dafür spricht, daß schon Theophrast ein Buch „Über die Astrologie Demokrits" schrieb (Diogenes Laertios 5,43; „Astrologie" hat hier die Bedeutung von „Astronomie", bezeichnet also nicht die Horoskoplehre) und daß ähnliche Kalender in der Zeit Demokrits auch für die in Athen wirkenden Astronomen Meton und Euktemon bezeugt sind. In Betracht kommt als Autor jedoch auch Bolos aus Mendes, der u. a. einen Bauernkalender verfaßt haben soll, vgl. Einleitung S. 23. Die dem Astronomen Ptolemaios in einer fälschlich unter dem Verfassernamen Geminos laufenden Einleitungsschrift in die Astronomie und bei anderen antiken Autoren erhaltenen Reste der „Astronomie" Demokrits sind in diese Auswahl nicht aufgenommen; sie finden sich bei Diels-Kranz als Frg. 68 B 14.

61 Der Titel ist rätselhaft. „Wettlauf nach der Wasseruhr", also die Beschreibung einer von Demokrit vorgeschlagenen Stoppuhr, vermutete R. Philippson, Hermes 64, 183 (1929). Wir wissen freilich nichts darüber, daß ein solcher Gedanke in der antiken Sportpraxis je aufgegriffen oder auch nur diskutiert worden wäre. Der Zusammenhang, in dem die Schrift von Thrasyllos aufgeführt wird, spricht eher für die freilich gleichfalls unsichere Deutung von H. Diels „Wettstreit der Wasseruhr (und des Himmels)", also ein Verfahren für astronomische Messungen.

62 Gemeint die Himmelspole. Für die Vorstellung von Erdpolen bot das Weltbild der älteren Atomisten keinen Ansatzpunkt; vgl. Anm. 33.

63 Gemeint die Sonnenstrahlen. Da die Schrift innerhalb der mathematischen Tetralogien zitiert wird, behandelte sie offenbar die Messung des Einfallwinkels von Sonnenstrahlen.

64 Der Titel ist doppeldeutig. Es kann auch gemeint sein: Über die Schönheit der Epen (Homer usw.).

65 Die Erklärung von Dialektformen und die Frage ihrer Zulässigkeit oder Unzulässigkeit in der Dichtung spielte in Grammatik und Literaturbehandlung der Griechen eine wichtige Rolle. Der Grund dafür ist die Aufsplitterung des Griechischen in mehrere stark voneinander abweichende Dialektgruppen (besonders Ionisch, Attisch, Dorisch, Äolisch).

66 Über den Charakter des Werkes, das möglicherweise mehrere Bücher umfaßte, läßt sich nichts Genaueres ausmachen.

67 Der Zusammenhang, in dem die Schrift (griechischer Titel: Prógnōsis) genannt ist, weist eher auf medizinischen als auf mantischen Charakter der Demokritischen „Prognostik". Die Echtheit der medizinischen Schriften, die Demokrit im folgenden zugeschrieben werden, ist sehr strittig.

68 Verfasser möglicherweise Bolos von Mendes. Die antiken Zitate aus diesem Werk sammelte und führte auf Bolos zurück E. Wellmann, Die Georgika des Demokritos, Abhandlung d. Berliner Akad. d. Wissensch., Phil.-hist. Kl. 1921, Heft 4. Mit Recht wurde von anderen Forschern jedoch die Frage gestellt, ob es nicht auch echte „Georgika" Demokrits gab. Statt „Feldarbeit" ist vielleicht „Feldmeßkunst" zu lesen.

69 Der Sammeltitel, griechisch Hypomnḗmata, auch einfach als „Aufzeichnungen" zu übersetzen, bezeichnet eine Reihe inhaltlich verschiedenartiger Schriften, die offenbar der Un-

echtheit (zu Recht) besonders verdächtig waren und deshalb von Thrasyllos nicht in die Tetralogien aufgenommen wurden. Es ist nicht einmal sicher, ob sie Thrasyllos alle vorlagen. Mit den „Ethischen Merkschriften" der Liste des Thrasyllos (oben S. 110) sind sie kaum identisch. Allerdings gibt es Berührungspunkte: Die Demokrit zugeschriebenen „Babylonischen Lehren", die sich wohl mit der ersten Merkschrift „Über die heiligen Schriftzeichen in Babylon" decken, werden vom antiken Gewährsmann ausdrücklich als Werk ethischen Inhalts bezeichnet; vgl. Anm. 39.

70 Der Titel kann sich auf die „heiligen Schriftzeichen", d. h. die Keilschrift, oder auf „heilige Schriften" der Babylonier beziehen. Falls das Buch sich inhaltlich mit dem Ahīqar-Roman berührte, könnte das für die zweite Übersetzungsvariante des Titels sprechen. Die Autorschaft Demokrits ist unsicher; vgl. Anm. 39.

71 Auch bei diesem Titel ist unsicher, ob er sich auf Schriftzeichen (in diesem Fall Hieroglyphen) oder Schriften bezieht. Meroe war seit etwa 600 v. u. Z. Hauptstadt des im heutigen Sudan gelegenen altäthiopischen Reiches, das kulturell zunächst stark von Ägypten abhängig war, sich später aber eigenständig weiterentwickelte. Die meroitische Kultur trat in den letzten Jahren durch die Erforschung der Staugebiete im Niltal oberhalb des Assuan-Dammes stark ins Blickfeld. An ihrer Erforschung sind die seit 1957 durchgeführten Sudan-Expeditionen der DDR maßgeblich beteiligt.

72 Okeanos war Bezeichnung für das die Kontinente Europa, Asien und Afrika umfassende Weltmeer. Der Titel deutet eher auf eine theoretische geographische Abhandlung als auf einen Reisebericht, keinesfalls auf eine von Demokrit selbst unternommene Seereise. Vom Inhalt des Werkes ist nichts kenntlich.

73 Die Suda (vgl. Anm. 78) führt ein Werk über Geschichtsschreibung unter dem Namen des Bolos von Mendes auf. Höchstwahrscheinlich ist es mit der hier genannten Schrift identisch; der verlockende Gedanke, auch der Abderit könnte sich zu Fragen der Geschichtsschreibung geäußert haben, muß somit abgewiesen werden.

74 Der Name Chaldäer bezeichnete ursprünglich ein semitisches Nomadenvolk, das seit etwa 1000 v. u. Z. in das Gebiet von Babylon eindrang und im 1. Jahrtausend v. u. Z. das Neubabylonische Reich errichtete. In der griechisch-römischen

Welt wurde „Chaldäer" Bezeichnung für die Astrologen, besonders die berufsmäßigen Horoskopsteller. Auch für die hier genannte Schrift, die nicht als echt Demokritisch gelten kann, ist astrologischer Inhalt anzunehmen.

75 Die Phryger waren ein in Nordwestkleinasien ansässiges Volk. Über Verfasserschaft und Inhalt der Schrift läßt sich nichts ausmachen.'

76 Der Titel kann sich auf Gebräuche oder Gesetze (beides griechisch: nómoi) beziehen. Ersteres ist wahrscheinlicher. Es können Gebräuche einzelner griechischer Stämme und Städte untersucht gewesen sein oder auch die Gebräuche nicht-griechischer Völker, ein bevorzugtes Interessengebiet mindestens seit dem 6. Jh. v. u. Z. (Proben dafür u. a. die Darstellungen Ägyptens und Skythiens in den Büchern 2 und 4 des Geschichtsschreibers Herodot).

77 Das erste Wort des Titels ist in der unklaren Form „Chernika" oder „Cherniba" überliefert. Zu lesen ist statt dessen wohl „Cheirókmeta" = „Handgefertigtes". Diese Überschrift bezeugen mehrere antike Schriftsteller für ein Werk, als dessen Verfasser im allgemeinen Bolos von Mendes gilt. Der zweite Bestandteil des Titels, griechisch problémata, bezeichnet entweder „Streitfragen" oder „Schutzmittel". Die Zitate, u. a. bei Columella, weisen auf medizinische Themen einschließlich Zauberpraktiken. Sie wurden in die vorliegende Sammlung nicht aufgenommen. – Andere Versuche zur Erklärung des Titels u. a. in der Demokrit-Ausgabe von Luria S. 413 und bei G. Giangrande, Mnemosyne IV 27, 176f. (1974).

78 Autorität kann der Suda in Fragen der Echtheit von Demokrit-Schriften nicht zugebilligt werden. Zur Herkunft der „Großen Weltordnung" vgl. Anm. 50. Die Schrift „Über die Natur des Kosmos" ist wahrscheinlich identisch mit dem „1. Buch über die Natur" des Verzeichnisses des Thrasyllos (Demokrit-Fragment Nr. 25).

79 Daß Demokrit Briefe schrieb, ist selbstverständlich. Überliefert sind nur unechte Briefpassagen in den fingierten Briefen des Hippokrates.

80 Suda: Titel eines Lexikons byzantinischer Zeit (früher als Verfassernamen Suidas gedeutet).

81 Den Materie-Begriff (griechisch: hýlē) hat Demokrit noch nicht verwendet. Aristoteles bedient sich, wie auch sonst oft (vgl. Einleitung S. 24), zur Kennzeichnung eines fremden philosophischen Systems seiner eigenen Terminologie.

82 Die Übersetzung verwendet dieselben Buchstaben wie der griechische Originaltext, nur ist I dort eine altertümliche Form des Z. Der Buchstabe H nahm im Griechischen seit der Wende vom 5. zum 4. Jh. v. u. Z. den Lautwert ē an, doch bezeichnet er bei Demokrit sicherlich noch (wie im Lateinischen und Deutschen) den Hauchlaut. Zur Terminologie vgl. Einleitung S. 30.

83 Einer der Haupteinwände des Aristoteles gegen den Atomismus. Aristoteles zielt auf eine Scheidung von Bewegung und Materie ab.

84 Die Möglichkeiten der Anordnung (vgl. Fragment Nr. 30) lassen sich schwerer bezeichnen als die der Lage und Gestalt, deshalb fehlt dieser dritte Punkt der demokritischen Einteilung hier.

85 Der Vergleich mit dem Aufbau der Tragödie und Komödie aus den gleichen Buchstaben wirkt in der überlieferten Form unpointiert, da er nicht den speziellen Sachverhalt verdeutlicht, der unmittelbar vorher herausgearbeitet wird: daß zwei Erscheinungen einander ungleich sind, wenn in der einen auch nur ein einziges Atom einen anderen Platz innehat als in der anderen. M. L. West (Philologus 113, 150f. [1969]) vermutet deshalb, daß der Ausdruck „Komödie" im Aristoteles-Text das ursprüngliche Wort „Trygodia" verdrängt habe, eine alte, später nicht mehr verstandene Bezeichnung für komödienähnliche Darbietungen. Der Vergleich erhält so eine scharfe Pointe: Eine Erscheinung wird zu etwas anderem, wenn in ihr auch nur ein einziges Atom seinen Platz ändert, so wie aus „tragōdía" (dies die griechische Form des Wortes „Tragödie") die Bezeichnung des Gegenteils, trygodía wird, wenn man einen einzigen Buchstaben ändert (a → y).

86 Ein frühes Zeugnis der Tradition, die eine Ähnlichkeit der Grundlehren der Atomisten und Pythagoreer behauptet; vgl. Anm. 43. Aristoteles will offenbar zum Ausdruck bringen, daß beide Philosophenschulen allein quantitative Unterschiede lehren und keinen eigenständigen Qualitätsbegriff anerkennen.

87 Vgl. Einleitung S. 28.

88 Vgl. Leukippos-Fragment Nr. 8. Bei den Krümmungen der vorausgehenden Aufzählung von Atomformen ist wohl auch an ösenartige Einschnitte zu denken.

89 Nicht erhalten.

90 Leukippos und Demokrit.

91 „Nichts" heißt griechisch mēdén. Demokrit setzt sich über
die sprachlich korrekte Analyse von mēdén (mēd' + hen,
„nicht eins") hinweg, löst „mē" (= nicht) von „mēdén" ab
und erhält so das Kunstwort „den" als Bezeichnung des Gegenteils von „nichts". In deutschen Übersetzungen hat sich
die Wiedergabe dieses „den" (= „etwas") mit „Ichts" ein-
gebürgert. Demokrit hat das Wortspiel nicht erfunden, es
ist schon vor seiner Zeit belegt.

92 Über die „Urbewegung" der Atome vgl. Einleitung S. 30.

93 Aristoteles schied in seiner Lehre von den Bewegungsarten
demgegenüber scharf zwischen Entstehung und (qualitativer)
Veränderung. – Simplikios' Folgerung, Demokrit habe das
„Entstehen" als „Veränderung" interpretiert, entbehrt der
Berechtigung.

94 Vgl. Einleitung S. 30.

95 Belege für diesen Grundsatz in den Demokrit-Fragmenten
Nr. 66, 67 und 125.

96 Einzelheiten der Polemik Demokrits gegen seinen gleichfalls aus Abdera gebürtigen Landsmann Protagoras (etwa
480–410 v. u. Z.) sind uns nur spärlich kenntlich; vgl. Anm.
58, 213 und 289.

97 Eine Fehlinterpretation Plutarchs. Die Atomisten charak-
terisierten das Leere selbstverständlich nicht als Substanz,
behaupteten aber entschieden seine reale Existenz.

98 Vermutlich hat Demokrit diese Behauptung nicht ausdrücklich aufgestellt; Aristoteles wendet eigene Begriffe auf Demokrits Lehre an. Aber der Zug, den Aristoteles hier an der
atomistischen Philosophie hervorhebt, ist in der Tat wichtig:
Der Atomismus kommt ohne den Dualismus aus, der Materie eine besondere „tätige" Wesenheit (Gott, Weltschöpfer,
Geist usw.) entgegenzusetzen.

99 Eine geschickte Verdeutlichung der atomistischen Lehre, daß
es nur eine Materiequalität gibt (für die der Begriff „Qualität" konsequenterweise allerdings noch gar nicht in Verwendung war).

100 D. h. die Atomisten.

101 Einer der seltenen Fälle, daß in der antiken Philosophie ein
Experiment als Beweismittel verwendet wird. Allerdings ist
es ein Fehlexperiment mit falscher Schlußfolgerung. Ein zureichender Grund, dieses Argument, wie einige Forscher
vorschlagen, Demokrit abzusprechen, besteht nicht.

102 Vgl. Einleitung S. 41 und Anm. 290.

103 Das Fragment wurde kürzlich von G. Strohmaier aus einer

bisher unveröffentlichten Schrift des arabischen Arztes Ibn al-Matrān bekannt gemacht (in: Philologus 112, 1ff. [1968]). Ob die Lehre Demokrits korrekt wiedergegeben ist, scheint zweifelhaft, denn die bisher bekannten Stellen, an denen Atomisten sich auf die Sonnenstäubchen berufen (Demokrit-Fragmente Nr. 149f., Lukrez 2,125ff.), verwenden das Beispiel der im Sonnenstrahl sichtbaren „Schabsel" nur zur bildlichen Verdeutlichung der Atomvorstellung, während nach Ibn al-Matrān die Sonnenstäubchen selbst Atome sind („Staub" ist eine in arabischen Quellen auch sonst übliche Bezeichnung für die Atome). Interessant, daß in diesem Fragment, wie schon im vorangehenden, ein Experiment als Beweis angegeben wird.

104 Ein Mißverständnis des Dionysios bzw. seiner Gewährsleute? Wir vermögen die Nachricht mit dem, was wir sonst über das Weltbild der Atomisten wissen, nicht zu vereinbaren. Vielleicht hatte Demokrit den theoretischen Wahrscheinlichkeitsgrad der Existenz von Großatomen erörtert, ohne sich geradezu für ihre reale Existenz auszusprechen. Vielleicht hatte er auch Variabilität der Atomgröße unter der stillschweigenden Voraussetzung zugelassen, daß auch die größten Atome sehr klein seien. Epikur könnte gefolgert haben, konsequenterweise hätte Demokrit dann auch Riesenatome annehmen müssen, und Dionysios könnte die hypothetische Unterstellung als Tatsache ausgegeben haben. Vgl. auch Anm. 252 über Riesen-Eidola.

105 Auf diese Neuerung Epikurs gegenüber Demokrit wies nachdrücklich Karl Marx in seiner Doktordissertation hin; vgl. Einleitung S. 29.

106 Die Feueratome sind nach Demokrit rund und glatt, verhaken sich deshalb nicht ineinander und belassen infolgedessen zwischen sich viel leeren Raum. So auch Fragment 56 zu deuten.

107 Diese Aussage bedeutet nicht, daß die Atomisten Atomsubstanzen von unterschiedlicher spezifischer Schwere angenommen hätten. Vgl. die klareren Angaben in den Fragmenten Nr. 51 und 57. Im folgenden Fragment 56 ist unterschiedliche Schwere nicht von den Atomsubstanzen, sondern von den aus Atomen und Leerem aufgebauten Elementen ausgesagt.

108 Empedokles wird hier mit genannt, weil auch er die Materiearten für qualitativ nicht wandelbar hielt.

109 Wichtige Angaben über Demokrits Auffassung von der Urbewegung der Atome auch in den Fragmenten Nr. 41 und 44.

110  Vgl. Einleitung S. 30.

111  Eine mißverständliche Formulierung des Simplikios, der Be-
     wegungsimpuls ist den Atomen vielmehr immanent; vgl.
     Einleitung S. 25f.

112  Empedokles setzte Liebe und Haß, Anaxagoras den Geist
     als Bewegungsursachen an.

113  Hauptvertreter dieser Lehre war Empedokles, vgl. Frg.
     31 B 109 D.-K.: „Erde erkennen wir durch Erde (d. h. durch
     die erdartigen Bestandteile unseres Körpers), Wasser durch
     Wasser, durch Äther den göttlichen Äther, durch Feuer das
     ewige Feuer..." Auch den Pythagoreern schrieb man den
     gleichen Grundsatz zu, offenbar zu Unrecht. Die Zeugnisse
     für diese „alte Meinung" sind gesammelt bei C. W. Müller,
     Gleiches zu Gleichem. Ein Prinzip frühgriechischen Denkens,
     Wiesbaden 1965.

114  Der erste Satz ist ein griechisches Sprichwort, bekannt z. B.
     aus der Aristoteles zugeschriebenen „Großen Ethik" 2,11.
     1208 b 9, das zweite Zitat aus „Odyssee" 17,218. Der aus-
     geschriebenen Stelle geht bei Aetios das Demokrit-Frag-
     ment Nr. 214 voran.

115  Aristoteles erklärt diese Erscheinungen seinerseits mit der
     unterschiedlich starken Zerteilbarkeit und Spaltefähigkeit
     der verschiedenen Stoffe.

116  Cicero handhabt den Schicksalsbegriff (fatum) so summarisch,
     daß die Ansichten der einzelnen Denker, die er zitiert, nicht
     korrekt wiedergegeben sind. Demokrits Lehre ist jedenfalls
     nicht fatalistisch; vgl. Anm. 15.

117  Offenbar eine vereinfachende Darstellung der Auffassung
     Demokrits. Unter Notwendigkeit verstand Demokrit das
     Prinzip, nach dem die Naturvorgänge sich vollziehen, nicht
     die Naturvorgänge selbst.

118  Lactantius berücksichtigt lediglich, daß Demokrit in der Tat
     keine göttliche Vorsehung anerkannte, er läßt jedoch den
     demokritischen Begriff der Notwendigkeit der Naturvorgänge
     außer acht.

119  Anspielung auf eine legendäre Überlieferung über den Tod
     des Tragödiendichters Aischylos.

120  Der Bischof Dionysios bedient sich einer allegorisch über-
     höhten Ausdrucksweise; die Zufalls*göttin* (Tyche) hat bei
     Demokrit selbstverständlich keine Rolle gespielt.

121  Favorinus, ein gefeierter Redner und Schriftsteller der
     1. Hälfte des 2. Jh. u. Z. (vgl. Anm. 243), hat vielleicht

die Demokrit zugeschriebene Schrift „Über den Geist" im Auge (vgl. die Anm. 16 und 53). Doch kann Demokrit selbstverständlich auch in anderen Schriften gegen Anaxagoras polemisiert haben.

122 Diese Aussage betrifft die Welt, d. h. den Kosmos, das Ganze einer Atomballung, nicht die Erde; vgl. Anm. 21.

123 Diese Nachricht ist wohl mit der Lehre von der „äußeren Haut" der Welt im Bericht über die Weltentstehung Leukippos-Fragment Nr. 8 in Verbindung zu bringen. Auch bei Lukrez (z. B. 1,73) spielen die „lodernden Mauern der Welt" eine wichtige Rolle. Offenbar schrieben die Atomisten der weltumspannenden Hülle die Rolle zu, den Abstrom der leichten Atome in den leeren Raum außerhalb der Welt zu verhindern. Allerdings scheinen Leukippos und Demokrit nicht das Feuer als Stoff der Welthülle angesehen zu haben, denn die Feueratome sind ihrer Meinung nach nicht hakenförmig, sondern rund. Welcher Stoff statt dessen gemeint ist, läßt sich nicht mit Sicherheit sagen. Das Leukippos-Fragment Nr. 8 legt die Vermutung nahe, daß eine Vielzahl von Stoffen an der Hüllenbildung beteiligt ist. Volkstümliche antike Vorstellungen von der ehernen Himmelskuppel dürften auf die atomistische Konzeption nur in beschränktem Maße eingewirkt haben.

124 Die Angaben am Schluß des Fragments sind leider unklar. Sie decken sich nicht mit dem Lehrgehalt des Leukippos-Fragments Nr. 8. Der Ausdruck „Überschuß" (hyperbolé) ist nicht überliefert, sondern durch Konjektur aus hypobolé („Darunterwerfen") gewonnen.

125 Alle diese Bestimmungen sind Konsequenzen des in Anm. 4 dargelegten Argumentationsprinzips.

126 Im Griechischen steht das Wort autómaton, ein substantiviertes Adjektiv (vgl. „automatisch").

127 Das Wort zeigt, daß Aristoteles in diesem Fall nicht nur an die Atomisten, sondern auch an Anaxagoras denkt.

128 Die Gestirne. Auch die hier verwendete Prädikatierung geht nicht auf Demokrit zurück.

129 Offenbar eine nähere Erläuterung zu dem, was in Fragment Nr. 85 über den Zusammenstoß von Welten gesagt ist. Kaum damit vereinbar das folgende Fragment Nr. 92.

130 Alexander von Aphrodisias, Aristoteles-Kommentator des 2./3. Jh. u. Z.

131 Der *Form* nach werden die Welten gleich, da stets die im Leukippos-Fragment Nr. 8 geschilderten Entstehungsregeln

gelten, der *Zahl* nach bleiben sie nicht gleich, da sich, wie
auch Fragment Nr. 91 voraussetzt, teils größere, teils kleinere Welten bilden.

132 Ein rares Beispiel für eine angeblich schon von Demokrit
geprägte Definition. Die Systematik des Definierens wurde
in Demokrits Zeit von Sokrates, Platon und vor allem
Aristoteles begründet.

133 Demokrits (Groß-) „Jahr" gehört in die Reihe von Bemühungen um eine Kalenderregulierung, die gleichzeitig Son-
nen- und Mondlauf berücksichtigt. Im 7. Jh. v. u. Z. wurde
ein achtjähriger Schaltzyklus üblich, Meton von Athen führte
432 v. u. Z. einen neunjährigen Zyklus ein. Eine ähnlich
langfristige Schaltperiode wie Demokrit schlug um 330
v. u. Z. Kallipos von Kyzikos vor (76 Jahre).

134 Dies der einzige Beleg für den sehr wichtigen Begriff; vgl.
Einleitung S. 28 und 75. Den Begriff „Gestalten" (idéai)
bezeugen für Demokrits Atome auch ein im Jahre 1910
in den Nachrichten von der Gesellschaft der Wissenschaften
zu Göttingen, Phil.-hist. Klasse, S. 196, veröffentlichtes
Basileios-Scholion sowie die dem Bischof Klemens von Rom
zugeschriebenen „Rekognitionen" 8,50 (beides ganz knappe
Notizen, die keine weiteren Details enthalten).

135 Gemeint ist das die Kontinente Europa, Asien und Afrika
umfassende Festland; vgl. Fragment Nr. 103. Nicht berücksichtigt ist vor allem die im Altertum unbekannte weite
Südausdehnung Afrikas.

136 Stoischer Philosoph, etwa 135–51 v. u. Z.

137 Dionysios Periegetes, griechischer Dichter zur Zeit Hadrians,
1. Hälfte des 2. Jh. u. Z., Autor einer in Hexametern ab-
gefaßten Beschreibung (Periegese) der Oikumene, d. h. des
bewohnten Teils der Erde, soweit er nach dem Wissensstand
der Geographie bekannt war.

138 Scheibenförmig: vgl. das Leukippos-Fragment Nr. 14. Mit
der Höhlung in der Mitte ist offenbar das Mittelmeerbecken
gemeint, nicht die Höhlungen im Erdinnern, von denen die
Fragmente Nr. 107f. sprechen.

139 Die Nachricht vom allmählichen Anwachsen der Erdscheibe
muß in Zusammenhang mit den kosmogonischen Vorstellungen gesehen werden, wie sie das Leukippos-Fragment
Nr. 8 entwickelt.

140 Vgl. das Leukippos-Fragment Nr. 15. Demokrit ist der Meinung, der Süden der Erde weise Dürregebiete mit geringem Pflanzenwuchs auf (Sahara, Arabische Wüste).

141 Die Grundzüge dieser Erdbebentheorie entwickelte schon Anaximenes von Milet (6. Jh. v. u. Z.). Eine atomistische Erdbebenlehre auch in Epikurs Brief an Pythokles 105 und bei Lukrez 6,535–607.

142 An der Frage nach der Ursache der Nilschwelle erprobten Philosophen und Wissenschaftler des Altertums jahrhundertelang ihren Scharfsinn. Schon Thales von Milet brachte das alljährliche Steigen des Nils wegen des zeitlichen Zusammentreffens mit den Etesien in Verbindung, den Nordwinden, die im Hochsommer über dem östlichen Mittelmeer wehen. Er meinte, die Etesien stauten das Nilwasser. Demokrit wandelte die Theorie dahin ab, daß die Etesien das bei der Schneeschmelze im Norden verdampfende Wasser nach Süden führen und dort zum Abregnen bringen. Andere Theorien (schon von Anaxagoras vertreten) verwiesen in diesem Zusammenhang auf hohe Gebirge im Süden, die das Ursprungsgebiet des Hochwassers seien. Damit war man der Wahrheit auf der Spur, nur blieb im Altertum und bis weit in die Neuzeit hinein unbekannt, daß es die Monsunwinde des Indischen Ozeans sind, die dem abessinischen Bergland im Sommer die starken Regenfälle bringen, durch die der Blaue Nil anschwillt. – Auf welche Seen Demokrit am Ende des Fragments verweist, ist nicht kenntlich. Daß der Weiße Nil dem Viktoriasee entströmt, wußte er selbstverständlich nicht.

143 Eine Pflanze Libyens, deren Milchsaft kostbare Fleischwürze und Arznei lieferte.

144 Der Schluß des Fragments, das vielleicht aus einer Schrift des Theophrastos über das Wasser stammt, ist in der Überlieferung unvollständig und nur dem Sinn nach zu ergänzen.

145 Die Vertreter dieser Ansicht lassen sich nicht mehr namhaft machen.

146 Aristoteles, im Banne seiner eigenen Auffassung von der Ewigkeit der Welt, wird der Meinung Demokrits nicht gerecht. Demokrit nahm zwar an, daß Atome und Leeres ewig existieren, die Erde und mit ihr das Meer hingegen entstanden und vergänglich seien.

147 Der Sklave Aisopos (Äsop), der berühmte Fabeldichter, soll im 6. Jh. v. u. Z. gelebt haben. Aristoteles spielt auf die Anekdote an, einem Fährmann, der ihn grob behandelte, habe Aisopos Arbeitslosigkeit angedroht: Schon zweimal habe die Charybdis Wasser geschlürft. Beim ersten Mal

seien die Berge trockengelegt worden, beim zweiten Mal
die Inseln. Wenn sie ein drittes und letztes Mal schlürfe,
werde alles Wasser verschwunden sein.

148 Unerwähnt bleibt hier das Glühen der Sterne (vgl. Fragment
Nr. 116, Vers 628). Deutlicher wird Demokrits Auffassung
in Fragment Nr. 114.

149 Eine Präzisierung der Angabe aus dem Leukippos-Fragment Nr. 8.

150 Demokrit schloß sich damit der berühmten Lehre des Anaxagoras an (Frg. 59 A 72 D.-K.). die Aetios an der zitierten Stelle unmittelbar vorher referiert.

151 Vgl. die abweichende Meinung Epikurs, Brief an Pythokles 91.

152 Eine eigentümliche Anwendung dessen, was wir heute als
Relativitätsprinzip bezeichnen würden: Der Mond bewegt
sich nach Demokrit scheinbar am schnellsten, in Wirklichkeit am langsamsten von allen Gestirnen. Ähnliche Theorien der Gestirnbewegung vertraten auch Anaxagoras und
andere griechische Naturphilosophen.

153 Eine Wirbelbewegung, in der der Bewegungsimpuls des
Urwirbels (vgl. Leukippos-Fragment Nr. 8) fortwirkt.

154 Die Namenzusammenstellung zeigt, daß Demokrit sich
auch hier und in den folgenden Fragmenten an die für damalige Zeit höchst fortschrittliche Himmelstheorie des Anaxagoras anschloß.

155 Diese Hypothese läßt, soweit wir auf Grund der knappen
Nachricht zu urteilen vermögen, die bandartige Gestalt der
Milchstraße unerklärt. Da die schattenwerfende Erde nach
Demokrit die Form eines Tympanon hat, würde man für
die Milchstraße eher eine Kreis- oder Ellipsenform er-
warten.

156 Dieser Ausdruck ist der Versuch einer wortgetreuen Wiedergabe des griechischen Begriffs sýmphasis (ko = zusammen).

157 Zu Demokrits Auffassung von den Wandelsternen vgl.
Fragment Nr. 113. Mit den fünf Gestirnbahnen sind die
von Merkur, Venus, Mars, Jupiter und Saturn gemeint, also
die dem Altertum bekannten Planeten, wobei die Erde
nicht mit zu den Planeten zählte und Sonne und Mond,
die gleichfalls als Planeten galten, hier nicht eigens berücksichtigt sind. Epikurs Planetenlehre findet sich im Brief an
Pythokles 113.

158 Ähnlich schon Leukippos, Fragment Nr. 13.

159 Wie Empedokles. Eine ähnliche atomistische Magnettheorie
bei Lukrez 6,906–1089.

160 Zu dem hier behandelten Themenkreis gehört auch das (allerdings höchstwahrscheinlich unechte) Fragment Nr. 176, das wegen seiner Verwendung des Seelenbegriffs erst an späterer Stelle gebracht wird.

161 Demokrit vertritt hier die sog. Pangenesis- („Allentstehungs"-) Lehre, die ihren Niederschlag z. T. auch in den Schriften des Hippokrates-Korpus fand. Anderer Ansicht soll Leukippos gewesen sein, Fragment Nr. 19. Epikur lehrte, der Same trenne sich aus Körper *und* Seele ab (Frg. 329 Us.).

162 Peripatetischer Philosoph; vgl. Einleitung S. 48.

163 Die Stelle zeugt für die stilistischen Fähigkeiten Demokrits (vgl. Einleitung S. 24 und Anm. 245). Im Sachlichen, hinsichtlich der Funktion des Nabelstrangs, irrte Demokrit allerdings; vgl. Fragment Nr. 133.

164 Diese Auffassung, die vielleicht im 5. Jh. v. u. Z. von dem Arzt und Pythagoreer Alkmaion aufgebracht wurde, teilten auch andere antike Philosophen. Die richtige Gegenthese, Ernährung des Embryo durch den Nabelstrang, vertraten u. a. Empedokles und Anaxagoras.

165 Wörtlich: Gehäuse (skénos). Der Ausdruck scheint vorauszusetzen, daß es Funktion des Leibes ist, die Seele zu umschließen. Ähnlich sprach Epikur davon, der Leib „halte" die Seele „zusammen" (z. B. Brief an Herodotos 64). Epikurs Wendung steht zu seiner übrigen Auffassung vom Verhältnis Körper-Seele nicht in Widerspruch. Demokrits Ausdruck hingegen scheint nicht zur Lehre des Demokrit-Fragments Nr. 154 von der umschichtigen Anordnung der Körper- und Seelenatome zu passen. Andererseits begegnet die Bezeichnung „Gehäuse" = „Leib" auch in den Demokrit-Fragmenten Nr. 261, 265, 289 und 330; Demokrit scheint sie sogar mit Vorliebe zu gebrauchen, und zwar nicht nur als Bild, sondern in präzis atomistischem Sinn. Fragment Nr. 154 schildert vielleicht speziell die Struktur des Inneren des Menschen. Daneben könnte die Vorstellung entwickelt gewesen sein, dieses Innere sei von einer Leibeshülle, eben dem „Gehäuse", umschlossen.

166 Von den Fragmenten dieser Sammlung bezieht sich auf Tiere auch Nr. 167. Die Fragmentsammlungen von Diels-Kranz und Luria enthalten noch eine Anzahl weiterer Beispiele für „Ursachenerklärungen" aus dem Tierbereich (Frg. 147, 149–150a, 153–154, 155a–156 D.-K.).

167 Bei Platon selbst findet sich diese Meinung nicht.

168 Die Klassifizierung der Pflanzen als „Lebewesen" (zōon) ent-
sprich einer auch sonst üblichen antiken Auffassung. Vielfach wurden „Pflanze" (phytón) und „Lebewesen" (Tier,
Mensch) allerdings auch voneinander geschieden.

169 Wohl Fehlfolgerung des Gewährsmannes aus einer Formulierung ähnlich der in Fragment Nr. 142.

170 Diese berühmte Kennzeichnung des Menschen als Mikrokosmos findet sich unter Demokrits Namen erst bei David,
einem Autor des 6. Jh. u. Z. Verdächtig wird die Zurück-
führung der Formel auf Demokrit dadurch, daß sie auch in
der Astrologie begegnet: Firmicus Maternus (4. Jh. u. Z.)
schreibt sie dem legendären ägyptischen König und Förderer der Astrologie Nechepso zu. Andererseits spricht im
2. Jh. u. Z. der Arzt Galen in seiner Schrift „Über den Gebrauch der Körperteile" von „Männern alter Zeit, die sich
hinlänglich auf die Natur verstanden" und die das „Lebewesen" als „eine Art Mikrokosmos" bezeichnet hätten. Das
kann durchaus eine Anspielung auf Demokrit sein.

171 Offenbar Anspielung auf den Anfang einer berühmten Demokritischen oder Demokrit zugeschriebenen Schrift, entweder der „Großen" oder der „Kleinen Weltordnung".

172 Den Menschen begrifflich näher zu bestimmen, hielt Demokrit für überflüssig, weil er als einziges Wesen bei
Akten der Begriffsbestimmung ständig zugegen, also de-
monstrierbar ist.

173 Der Schlußsatz bringt einen Einwand gegen Demokrits
„Begriffsbestimmung" des Menschen, der sich nicht ohne
weiteres abtun ließ. Epikur nahm ihn zum Anlaß, die
„Definition" des Menschen zu verbessern; s. Epikur-Fragment
Nr. 86.

174 Außer Leukippos (Fragment Nr. 17) und Demokrit vertraten diese Lehrmeinung auch die Stoiker. Anders Epikur,
Brief an Herodotos 63 und Fragmente Nr. 87f.

175 Demokrit leugnete die Existenz des Geistes (= Denkvermögen) also nicht, vgl. Fragment Nr. 157 und die Anm.
184f., nur polemisierte er gegen die Art, wie Anaxagoras
den Geist für die Deutung des kosmischen Geschehens in
Anspruch genommen hatte. Die Scheidung von Seele und
Geist (noch über der Seele stehend) spielte eine Rolle bei
Platon, z. T. auch bei Aristoteles und ihren Anhängern.

176 Auf die Sonnenstäubchen verweist Demokrit hier und im
folgenden Fragment wegen ihrer Bewegtheit, durch die sie
dem Verhalten speziell der Seelenatome ähneln. Fragment

Nr. 48 und Lukrez 2,125ff. bringen die Sonnenstäubchen mit allen Atomen in Zusammenhang, wobei Fragment 48 sie mit ihnen nicht nur vergleicht, sondern geradezu identifiziert. Letzteres dürfte eine Vergröberung der Demokritischen Lehre sein, doch erklärt das in dem arabischen Fragment erwähnte (Selbst-) Experiment die Bezeichnung „Schabsel" für die Sonnenstäubchen.

177 Außer Demokrit ist u. a. Platon gemeint; vgl. Anm. 14. Nach Epikur geht die Bewegung vom feinsten der Seelenstoffe aus; vgl. Epikur-Fragment Nr. 88.

178 Sohn des Aristophanes und selbst Komödiendichter (1. Hälfte des 4. Jh. v. u. Z.). Die zitierte Äußerung stammt wohl aus einem Stück, dessen Titelgestalt Daidalos war. In ihm sah die Sage den erfindungsreichsten aller Handwerker. Auf Kreta soll er u. a. für König Minos das Labyrinth erbaut haben und mittels selbstgefertigter Flügel von der Insel geflohen sein. Als Bildhauer soll er die steife Haltung der Figuren überwunden oder sie gar mit der Fähigkeit der Selbstbewegung ausgestattet haben, so daß man sie, wie Platon, Menon 97a, sagt, anbinden mußte, um sie nicht entwischen zu lassen.

179 Vgl. Einleitung S. 33.

180 Der Zweckbegriff im Sinn teleologischer Welterklärung hat in der Physik der Atomisten in der Tat keinen Platz, vgl. Demokrit-Fragment Nr. 70. Demgegenüber erhob ihn Aristoteles zu einem Grundprinzip seiner (vorwiegend idealistischen) Seinslehre.

181 Diese Bezeichnung (griechisch physikoí) verwendet Aristoteles häufig für die Philosophen von Thales bis Demokrit (ohne Sokrates und Sophisten).

182 Dabei bleiben nach Demokrits Lehre die Seelen- und Körperatome selbstverständlich erhalten. Sie zerstreuen sich lediglich; vgl. Fragment Nr. 150.

183 Demokrit muß den Vers in der „Ilias" gelesen haben. In der uns überlieferten Fassung des Epos ist er nicht enthalten.

184 Im Fragment Nr. 157 hatte Aristoteles dargelegt, daß sich Seele und Geist nach Demokrit nicht stofflich (sondern nur durch ihre Funktion) voneinander unterscheiden. Ähnlich ist auch der Bericht des Philoponos zu erklären, der sich sicherlich nur auf die kommentierte Aristoteles-Stelle, nicht auf Einsichtnahme in originale Demokrit-Schriften stützt. Denken und Wahrnehmen sind nicht schroff einander entgegengesetzt, doch auch nicht als Funktionen identisch, son-

dern Funktionen des gleichen Seelenstoffes. Vgl. die Demokrit-Fragmente Nr. 187f.

185 Die Behauptung, nach Demokrit sei der Verstand, d. h. das
Denkvermögen, im ganzen Körper verteilt, trifft insofern
zu, als der „Verstand" mit dem „Geist" in eins gesetzt werden kann, der „Geist" stofflich mit der Seele identisch
(Fragment Nr. 157) und die Seele aufs engste mit dem ganzen Körper vermischt ist (Fragment Nr. 154). Abweichende
Lehren werden Demokrit allerdings in den Fragmenten
Nr. 160f. zugeschrieben, die den Verstand in der Brust
bzw. im Gehirn lokalisieren, die Denkakte also ausschließlich oder zumindest vorrangig in einen bestimmten Körperteil verlegen. (Man hat gemeint, Demokrit müsse auch eine
Häufung der Seelen-Geist-Atome in diesen Körperteilen angenommen haben, die also nicht nach dem in Fragment
Nr. 154 angegebenen Schema aufgebaut seien. Die Vermutung ist ansprechend, läßt sich aber nicht zur Gewißheit
erheben.) Die Angaben beider Fragmente sind jedoch offenbar nicht ganz korrekt, vgl. Anm. 186f. Demokrit nahm
wohl an, daß Seelenatome, die potentiell Träger von Denk-
akten sind, sich über den ganzen Körper verteilen, die Funktion des Denkens aber vorzugsweise von denjenigen Seelenatomen ausgeübt wird, die ihren Platz im Gehirn haben.

186 Die Gliederung der Seele in einen verständigen und einen
unverständigen Teil geht der Sache nach auf Platon zurück,
der im „Staat" allerdings zwei unverständige Seelenteile,
den „muthaften" und den „begehrlichen", annimmt. Die
bloße Zweiteilung der Seele wird Platon ausdrücklich in der
unter dem Namen des Aristoteles überlieferten „Großen
Ethik" (1, 1182a 23) zugeschrieben. Aristoteles erwähnt die
gleiche Lehre in der Schrift „Über die Seele" 3,9. 432a 26
und in der „Nikomachischen Ethik" 1,13. 1102a 26. Für
Epikur ist die Übernahme dieser Auffassung (ohne ihre
idealistischen Konsequenzen) ausreichend gut bezeugt,
ebenso die Lokalisierung des verständigen, d. h. die Ver-
standesfunktionen ausübenden Seelenteils in die Brust. Demokrit wurde mit der gleichen Lehre hingegen wohl nur
versehentlich in Verbindung gebracht; vgl. die der Aussage
dieses Fragments widersprechende Angabe des folgenden
Fragments.

187 Auf keinen Fall hat Demokrit den Terminus „leitender Seelenteil" (hēgemonikón) für das Verstandeszentrum verwendet, ebensowenig wie Platon oder der Arzt Hippokrates.

Der Begriff ist stoisch; möglicherweise griffen ihn auch
die Epikureer auf (darauf könnten vor allem die Lukrez-
Verse 3,95, 138 und 397 deuten). Eher ist damit zu rechnen, daß Demokrit wie seine beiden im Fragment genannten Zeitgenossen dem Gehirn eine besondere Funktion
bei der Verstandestätigkeit zuwies. Diese Erkenntnis geht
auf den Pythagoreer und Arzt Alkmaion (6. Jh. v. u. Z.)
zurück. Seit Aristoteles, der das Gehirn als Kühlvorrichtung
für das Blut mißverstand, wurde sie durch die Fehllehre
vom Herzen bzw. der Brust als Sitz des Verstandes (vgl.
Fragment Nr. 160) zurückgedrängt.

188 Vgl. Leukippos-Fragment Nr. 18.

189 Verwendet ist ein Begriff, der auch in Demokrits Lehre
von der Atombewegung eine wesentliche Rolle spielt, vgl.
die Fragmente Nr. 61f. Die Formulierung „da stürzt ein
Mensch aus dem Menschen heraus" erklärt sich durch die
Pangenesis des Fragments Nr. 127. – Eine ähnliche Äußerung Demokrits überliefert auch der römische Enzyklopädist
Plinius der Ältere, „Naturgeschichte" 28,58, mit dem Zusatz, Demokrit habe die Liebe verdammt.

190 Es gibt noch keine einleuchtende Erklärung des Fragments,
dessen überlieferter Wortlaut vielleicht lediglich durch Textverderbnis aus dem zweiten Satz des Fragments Nr. 164
entstand.

191 Zur Lehre der Atomisten von der Urzeugung vergleiche
Anm. 319, Lukrez 5,783ff. und Anm. 18.

192 Äußerungen, in denen Epikur anerkennt, von Demokrit gelernt zu haben, sind rar (vgl. Plutarch, Gegen Kolotes
3.1108 E), häufiger – wie an der vorliegenden Stelle – kritische Äußerungen von z. T. nicht unbeträchtlicher Schärfe.
Eine andere Einstellung zeigt Lukrez, der Demokrit zwar
auch kritisiert, aber stets mit Achtung nennt (3,370 = Demokrit-Fragment Nr. 154; 6,621 = Demokrit-Fragment
Nr. 116; 3,1039). Die Demokriteer, die auf die Feststellung
Wert legten, ihr Lehrer habe dem Körper kein Empfindungsvermögen nach dem Tode zugeschrieben, lassen sich nicht
namhaft machen. Aus den folgenden Fragmenten Nr. 171
bis 173 wird im übrigen hinreichend deutlich, daß Demokrit
keinen augenblicklichen Übergang vom Leben zum Tod annahm, und Fragment Nr. 175 schreibt ihm sogar ausdrücklich die Lehrmeinung zu, gegen die sich Epikurs Kritik richtete.

193 Die Schrift wird im Verzeichnis des Thrasyllos erwähnt; vgl.
Anm. 44.

194 Über Kolotes, den schon im Demokrit-Fragment Nr. 43 er-
wähnten Lieblingsschüler Epikurs, vgl. Einleitung S. 88.
Kolotes' Kritik richtete sich u. a. gegen den Er-Mythos in
Platons „Staat" und, wie die herculanensischen Papyri 208
und 1032 erkennen lassen, gegen die Platonischen Dialoge
„Lysis" und „Euthydemos".

195 Philosoph des 4. Jh. v. u. Z., Schüler Platons, in der Überlieferung auch der Schule des Aristoteles zugerechnet.

196 Demokrit riet die Konservierung der Toten in Honig vielleicht nicht an, sondern beschrieb lediglich das Konser-
vierungsverfahren. – Denar (denarius): römische Silber-
münze, zur Zeit Varros (1. Jh. v. u. Z.) knapp 4 g
schwer.

197 Doppeltitel einer menippischen (d. h. im Stil des hellenistischen Schriftstellers Menippos verfaßten) Satire Varros.
Cycnus ist der Name zweier Helden der giechischen Sage,
beide Göttersöhne.

198 Das Fragment bezeugt für Demokrit – fraglich, ob in
authentischer Form – die Lehrmeinung, gegen die sich laut
Fragment Nr. 170 die Kritik Epikurs richtete. Offenbar
handelt es sich um eine Verallgemeinerung und Erklärung
der in den Fragmenten Nr. 171–173 beschriebenen Erscheinungen. Demokrit hielt die Seele für stofflich, also unvergänglich. Geringe Quanten von Seelenatomen können
auch in toten Leibern haftenbleiben.

199 Gegen die Zuverlässigkeit der Angaben dieses Fragments
spricht 1. die späte Überlieferung (der Philosoph und Theo-
loge Albertus Magnus lebte im 13. Jh.), 2. die Möglichkeit,
daß die Nachricht auf eine fälschlich unter Demokrits Namen
laufende Schrift zurückgeht, 3. die Seltsamkeit der Lehre
selbst. Andererseits könnte für Demokrit die Verbindung
von Wärme, Beseelung und Bewegung sprechen; vgl. Fragment Nr. 149. Die Wahrscheinlichkeit, daß Albertus (aus
arabischen Quellen) eine in der gesamten übrigen Demokrit-
Überlieferung verschollene, im Kern zutreffende Notiz bewahrt habe, ist jedoch gering.

200 Über die hier und in den folgenden Fragmenten behandelte
Erkenntnislehre Demokrits vgl. Einleitung S. 34ff. Zu den
„Richtschnuren" vgl. Anm. 57.

201 Vgl. die Titelangabe in der Liste des Thrasyllos, Demokrit-
Fragment Nr. 25.

202 Verurteilt: Der Skeptiker Sextus Empiricus ist daran interessiert, Demokrits Auffassung von der Relativität und

Unzuverlässigkeit der Sinneswahrnehmung möglichst drastisch und im Sinne seiner eigenen Doktrin auszumalen.

203 Es scheint, daß die hier Epikur zugeschriebene Lehre auch schon von Demokrit vertreten wurde; vgl. Einleitung S. 28.

204 Wohl identisch mit der Schrift „Über die unterschiedlichen Gestaltungen" des Thrasyllos-Verzeichnisses, Fragment Nr. 25.

205 Die Übersetzung „Umgestaltung" für epirhysmíē, die das Wort etymologisch mit dem demokritischen Begriff der Gestaltung (rhysmós; vgl. Fragment Nr. 30) in Verbindung bringt, folgt H. Langerbeck, ΔΟΞΙΣ ΕΠΙΡΥΣΜΙΗ (vgl. Anm. 57), S. 113. Allerdings ist nicht an Gestaltänderungen der Atome selbst zu denken – eine solche Möglichkeit gibt es im antiken Atomismus nicht –, sondern an Veränderungen innerhalb der Atomzusammensetzungen (durch Eindringen oder Abwandern einzelner Atome?). Diese Veränderungen zerstören die Dinge nicht geradezu, wandeln sie aber mehr oder weniger geringfügig, so daß in verschiedenen Augenblicken verschiedenartige Eindrücke von ihnen hervorgerufen werden, die verschiedenartige Meinungen über sie bewirken. Ältere Interpretationen deuteten epirhysmíē als „Zustrom" (von Abbildern), bezogen die Frage der Meinungsbildung also ganz in die Abbildtheorie ein (vgl. Fragmente Nr. 196–207). Genauere Informationen über die Demokritische Lehre von der epirhysmíē besitzen wir nicht.

206 Platon ... hielt nur das gedanklich Erfaßbare für wahr: Anspielung auf die Ideenlehre.

207 Demokrit leugnet..., daß es Wahrheit gebe: Skeptizistische Fehldeutung der Demokritischen Erkenntnislehre. Ähnlich behauptet Sextus Empiricus, Gegen die Wissenschaftler 8, 52 und 56, Demokrit habe die Sinneswahrnehmung völlig verworfen.

208 Diotimos, Anhänger Demokrits, aus Tyros (östl. Mittelmeerküste), lebte frühestens im 3. Jh. v. u. Z., stellt Demokrits Lehre in einer Begriffssprache dar, die erst durch die hellenistischen Philosophenschulen geprägt wurde. Demokrit gebrauchte den Terminus „Kriterion" (= Anhaltspunkt, Mittel der Entscheidung) sicherlich noch nicht. Ob Diotimos in Demokrits Schriften ausreichende Anhaltspunkte für die von ihm referierte Dreiteilung fand, scheint fraglich. Eine epikureische Lehre von drei Kriterien wird

im Epikur-Fragment Nr. 91 aus Epikurs Schrift „Kanon"
zitiert. Kriterien sind dort die Wahrnehmungen, die Prolepsen und die Gefühle.

209 Wahrnehmen und Denken werden hier und im folgenden
Fragment ähnlich eng miteinander verbunden wie schon in
Fragment Nr. 158 (vgl. auch Nr. 196). Leider erhalten
wir keine klare Auskunft, welche Art von Veränderungen
nach Demokrits Meinung durch den Wahrnehmungs- und
Denkakt im Körper hervorgerufen werden (einen gewissen
Anhalt bietet nur Fragment Nr. 195, § 58). Eine ähnliche
Lehre entwickelte später die Stoa, aber von anderen phy-
sikalischen Voraussetzungen her, so daß von dort keine
Rückschlüsse möglich sind.

210 Auch hier macht sich der in Anm. 4 erläuterte Grundsatz
geltend.

211 Diese Aussage steht nur scheinbar in Widerspruch zur Abwertung der Sinneswahrnehmung in den vorangehenden Demokrit-Fragmenten. Demokrits Erkenntnislehre berücksichtigt
dialektisch beide Aspekte: die Sinneswahrnehmungen sind
wahr, da sie durch *reale* Objekte ausgelöst werden; sie
sind unwahr, da sie kein *zutreffendes* Bild dieser Objekte
liefern. „Echte" Erkenntnis, sofern sie dem Menschen überhaupt möglich ist, gewinnt nur der Verstand. Vgl. Einleitung
S. 35.

212 Den „Ordnungs"-Begriff trägt offenbar erst der Bericht-
erstatter in Demokrits Lehre hinein. Er hat nichts mit dem
Begriff der „Anordnung" (Fragment Nr. 30) zu tun. Gemeint
ist vielmehr die Auffassung Demokrits, daß jede Stoffart
durch eine bestimmte Gestaltung ihrer Atome charakterisiert
ist.

213 Der Sophist Protagoras lehrte im sog. Homo-mensura-Satz
die Subjektivität der Vorstellungen („der Mensch ist das
Maß aller Dinge" gedeutet als: Jeder *einzelne* Mensch ist
sich selbst Maß aller Dinge). In welcher Weise Demokrit
sich offenbar gegen Protagoras wandte, lehrt Fragment Nr.
260; vgl. auch Anm. 58 und 96. Platon setzt sich mit Protagoras' Homo-mensura-Satz vor allem in seinem Dialog
„Theaitetos" auseinander.

214 Dieser Satz nimmt vor allem wohl auf die Lehrmeinung
Bezug, daß von ein und demselben Ding verschiedenartige
Wahrnehmungen möglich sind.

215 Der Sinn der Nachricht ist nicht hinreichend kenntlich. Bezieht sie sich auf echt Demokritische Lehre? Warum werden

nicht alle Menschen, sondern nur die „Weisen" genannt? Ist unter den zusätzlichen Sinnen hier auch die Verstandeserkenntnis mitgemeint, oder denkt Demokrit an Erscheinungen wie den Orientierungssinn der Tiere? Einen Anhalt dafür, daß Demokrit auch den unter dem Menschen stehenden Lebewesen eine reich entwickelte Erkenntnisfähigkeit zugeschrieben haben soll, liefert Fragment Nr. 143. Die Götter werden wohl im Sinne der zweiten Variante des Demokrit-Fragments Nr. 220 erwähnt.

216 Griechisch physiológoi. Der Ausdruck ist gleichbedeutend mit der in Anm. 181 besprochenen Bezeichnung physikoí.

217 Vgl. Einleitung S. 36. Berühmt ist der emphatische Hinweis auf die Tastempfindung als Grundform der Sinneswahrnehmung bei Lukrez 2,434.

218 „Erkenntnis des Gleichen durch Gleiches" (vgl. Anm. 113) und „Erkenntnis des Gegensätzlichen durch Gegensätzliches" waren zwei Hauptkategorien, nach denen Theophrastos die Erkenntnislehren der älteren griechischen Philosophen einteilte.

219 Der Ausdruck „Abbildung" (vgl. auch Fragment Nr. 199) klingt im Deutschen an „Abbild" (Fragmente Nr. 196 bis 207) an. Die griechischen Begriffe, émphasis und eídolon, sind etymologisch nicht miteinander verwandt. Emphasis bezeichnet wörtlich das „Erscheinen" (eines Bildes auf der Pupille).

220 Das griechische Wort, phroneín, bedeutet auch „einsichtig sein", ist also nicht wertneutraler Ausdruck für Verstandestätigkeit, sondern Bezeichnung für eine spezielle Art des Verstandesgebrauchs. Trotz dieser Einschränkung bietet die Stelle einen gewissen Anhalt dafür, in welcher Weise Demokrit die Denkakte mit Veränderungen im Körper (Fragmente Nr. 187f.) identifizierte.

221 Griechisch: allophroneín. Bedeutung: geistesabwesend, ohnmächtig sein.

222 Das Stück wurde bereits als Demokrit-Fragment Nr. 57 ausgeschrieben.

223 Ähnlich Demokrit-Fragment Nr. 53.

224 Der Sinn der Stelle ist umstritten. Überliefert ist krásei („in der Mischung", d. h. der Stoffe). Vielleicht ist krísei zu lesen („im Urteil").

225 Vgl. Fragment Nr. 180.

226 Eine Erkenntnis, die in der Form, daß luftgefüllte Hohlräume wärmewahrend wirken, heute mannigfaltige Anwen-

dung findet (z. B. Verwendung von Hohlziegeln). Demokrit
begründete den Satz vermutlich damit, daß in Leerräume
am leichtesten Feueratome eindringen können. Allerdings
führte er Wärme nicht ausschließlich auf Feueratome zurück;
vgl. Anm. 229.

227 Vorausgesetzt ist die Lehre von den Körpersäften; s. den
Titel „Über die Säfte" des Thrasyllos-Verzeichnisses, Fragment Nr. 25.

228 Theophrastos läßt hier die Erklärung folgen, nach Demokrits
Ansicht sei „ungleichmäßig", was „untereinander Verunrei-
nigung und Verflechtung zuläßt".

229 Die Stelle lehrt, daß Demokrit Wärme nicht ausschließlich
durch Feueratome bewirkt sein läßt. Vielmehr erzeugen auch
gewisse spitz zulaufende Atomarten durch Reibung Wärme.
Wie sich Demokrit Atome, die zugleich „rund" und „gewinkelt" sind, im einzelnen gestaltet dachte, ist unbekannt.

230 Vgl. den Anfang des § 64.

231 Ein Beispiel für Demokrits Ansicht, daß es u. a. die Anordnung der Atome sei, die den Dingen ihre spezifischen Eigenschaften verleihe; s. Fragment Nr. 30.

232 Hier sind alle drei Prinzipien des Fragments Nr. 30 – Form,
Lage und Anordnung – für die Erklärung eines Sachverhaltes
herangezogen.

233 Damit wird ein Empedokleischer Terminus aufgegriffen; vgl.
Anm. 6.

234 Auch dieser Begriff ist aus Empedokles entlehnt. Gemeint
sind die Abflüsse der Eidola (Abbilder) von den Dingen;
s. die Fragmente Nr. 196–207.

235 Von der zweiten Hälfte des § 76 bis zum § 78 werden die
Mischfarben besprochen. Das Erklärungsprinzip ist das
gleiche wie bei den reinen Farben. Von § 79 bis § 82 widmet sich Theophrastos der Widerlegung der Demokritischen
Farbenlehre.

236 Ein umfangreiches Bruchstück aus Theophrastos' Bericht über
die ältere griechische Philosophie. Es wird hier verkürzt
wiedergegeben; ausgelassen sind vorwiegend die polemischen
Partien, in denen Theophrastos seine eigene Meinung derjenigen Demokrits entgegensetzt. Die Auslassungen sind
durch Punkte gekennzeichnet.

237 Zur Abbild- (Eidola-) Theorie, die hier und in den folgenden
Fragmenten behandelt wird; vgl. Einleitung S. 36f. und
82ff. Das Fragment betont ein weiteres Mal, wie schon die

Fragmente Nr. 158 und 187, die Gleichartigkeit von Wahrnehmung und Denken. Eine Lehre von der materiellen Struktur der Abbilder, die möglicherweise Demokritisch ist, referiert Epikur im 2. Buch „Über die Natur", Fragment 47.

238 Genauer: Nicht die Luft selbst, sondern der von der Luft erfüllte Raum ist nach den Atomisten voller Abbilder.

239 Die Stelle bezeugt wie Fragment Nr. 195, § 50, die Vorstellung, das Sehen komme dadurch zustande, daß sich Gegenstände in der Feuchtigkeit des Augapfels widerspiegeln.

240 Vgl. Einleitung S. 37.

241 Eine Theorie der Spiegelungserscheinungen auch bei Lukrez 4,269ff.

242 Über die Träume vgl. Lukrez 4,962ff.

243 Favorinus, im Zusammenhang mit Demokrit-Fragment Nr. 77 als Schriftsteller erwähnt, wird von Plutarch hier als Teilnehmer der von ihm geschilderten Gastmahlsgespräche eingeführt.

244 Aigion: Hafenort in Achaia, am Südufer des Golfes von Korinth. Megara: Stadt auf halbem Wege zwischen Athen und Korinth. Plutarch spielt auf Bürgerlisten an.

245 Einer der Belege für die Wertschätzung, die antike Stilkritiker den Werken Demokrits entgegenbrachten; vgl. Einleitung S. 24. Stilistische Glanzstellen aus Demokrit-Schriften haben sich u. a. in den Fragmenten Nr. 132 und 316 erhalten.

246 Nach den Demokrit-Fragmenten Nr. 200 und 210 haben auch die Berührungsweise und die Gestaltung der Atome Anteil am Zustandekommen von Farbwirkungen. Die Diskrepanz könnte sich dadurch erklären, daß Demokrit dem Sich-Wenden eine Vorzugsrolle beim Farbwechsel zuwies.

247 Demokrit-Fragment Nr. 195, §§ 73–75, nennt als die vier Grundfarben vielmehr Weiß, Schwarz, Rot und Grün.

248 Über Grundzüge und Problematik der Lehre Demokrits von den Göttern vgl. Einleitung S. 37f. – Das Zeugnis des Tertullianus, das die Reihe der einschlägigen Fragmente anführt, ist dadurch wichtig, daß es als einziges ausdrücklich die reale Entstehung der „Götter" (die also nicht von Anbeginn an existieren) erwähnt. Gegenstück ist die Bezeugung ihrer Vergänglichkeit in Fragment Nr. 223 („schwervergänglich, aber nicht unvergänglich"). Mit dieser Lehre tritt Demokrit offen oder verschleiert – das läßt sich nicht mehr

entscheiden – den herrschenden religiösen Auffassungen von
der Unsterblichkeit der Götter entgegen, entschiedener sogar
als später Epikur (vgl. Fragmente 101ff.). Tertullianus hat
sicherlich Recht mit der Angabe, Demokrit habe die Götter „zusammen mit dem Feuer in der Höhe" im Verlauf
eines normalen physikalischen Prozesses, der Kosmogonie
(vgl. Leukippos-Fragment Nr. 8), entstehen lassen; offenbar existieren sie jeweils auch etwa so lange wie eine Welt.
Konsequent ergänzt Fragment Nr. 219, die Götter bestünden auch selbst aus Feueratomen. Doch das eigentliche
Rätsel der Demokritischen Götterlehre wird durch die
beiden Fragmente nicht gelöst. Ohne sonstige Anhaltspunkte würde man annehmen, daß in ihnen die Götter
als Atomzusammensetzungen verstanden seien, d. h. als
Wesen von voller Körperhaftigkeit. Doch ausdrücklich steht
das nicht da. „Götter" könnte auch in den Fragmenten Nr.
218f. – wie offenbar in mehreren der folgenden Fragmente
– Bezeichnung für bloße „Bilder" sein. Vgl. zu dieser Frage
Anm. 251.

249 Zu der von Demokrit angenommenen Kugelgestalt der
Feueratome vgl. die Fragmente Nr. 147ff. Die gleichen
Zeugnisse belegen die jetzt auf die Gottheit angewandte
Gleichsetzung Feuer = Seele = Geist.

250 Der lateinische Begriff, imagines, ist Übersetzung für griechisch eídōla, also das Wort, das in dieser Sammlung sonst
mit „Abbilder" übersetzt wird. Da es möglicherweise die
Besonderheit der Götter-Eidola ist, nichts abzubilden, sondern selbst die einzige reale Existenzform der Götter zu
sein (vgl. die folgende Anm.), wird für diese Eidola die
Übersetzung „Bilder" verwendet.

251 Die beiden Cicero-Zeugnisse Nr. 220f. sind die wichtigsten
der Serie, da sie verschiedene Deutungen der Kernfrage
der Demokritischen Götterlehre zur Wahl stellen und zeigen,
wie schwer schon antiken Beurteilern die Entscheidung für
eine der Möglichkeiten fiel. Fragment Nr. 221 rechnet mit
gegensätzlichen Auffassungen bei Demokrit selbst; wir können mit unseren Mitteln diese Möglichkeit nicht ausschließen.
– Die erste Deutung des Fragments Nr. 220 besagt, die
Götter sind Eidola, Bilder, zweidimensionale Wesenheiten.
Diese Auffassung kehrt in der 1., 3. und 4. Deutung des
Fragments Nr. 221 wieder, außerdem in den Fragmenten
Nr. 222f. Die zweite Deutung aus Nr. 220 ist das wich-
tigste Zeugnis für die Auffassung, die Götter seien körper-

liche Wesen und sendeten wie alle anderen Dinge Eidola aus. Am nächsten kommen dieser Deutung Fragment Nr. 224 und das freilich unklare Fragment Nr. 192. Die dritte Deutung in Fragment Nr. 220 ist das einzige Zeugnis, das die Existenz der „Götter" ins Innere des Menschen verlegt und sie mit dessen Verstand gleichsetzt. Diese Auffassung dürfte sekundär aus Prädikatierungen des menschlichen Verstandes als „göttlich", d. h. aus Feuer-Geist-Atomen wie die Götter (s. Fragment Nr. 219) bestehend, herausgelesen sein und scheidet für die Lösung der Hauptfrage, ob die Götter Körper oder Bilder sind, aus. Eine vierte Deutung ist die der Fragmente Nr. 227, 228 und 231 (unklar Nr. 230), die auf die Annahme einer realen Existenz der Götter überhaupt zu verzichten scheinen, s. Einleitung S. 38. (Die restlichen Zeugnisse, Nr. 218, 219, 225, 226, zweite Deutung aus Nr. 221, sind doppeldeutig; sie scheinen auf Körper-Götter zu weisen, sind aber auch unter der Voraussetzung von Bild-Göttern verständlich.) – Daß neben der vierten Deutung auch Deutung 1 von Demokrit selbst herrührt, ist auf Grund der mehrfachen Bezeugung nicht zweifelhaft; als sicher darf gelten, daß Demokrit Götter-*Bilder* als „Götter" bezeichnet hat (1). Fraglich ist somit nur, ob er auch bilderaussehende Götter-*Körper* annahm (2). Diese Behauptung mag auf einem Mißverständnis von Äußerungen beruhen, in denen von Götter-Bildern *wie* von „wirklichen" Göttern die Rede war (so lassen sich, wie gesagt, Nr. 218 usw. verstehen). Demokrit kann für die Götter also in der Tat eine nur eidolahafte Existenz angenommen haben.

252 Andeutungen über Riesen-Bilder auch in Fragment Nr. 223. Vgl. die Riesenatome der Fragmente Nr. 49f. Die knappen Angaben gestatten keine zuverlässige Interpretation.

253 Ein frühes Zeugnis für die abschätzige Beurteilung Abderas; vgl. Einleitung S. 21f.

254 Bezeichnung entweder für alle Götter oder für Götter niederen Ranges („Geister"; vgl. z. B. die Dämonenlehre in Platons „Gastmahl", RUB Bd. 927).

255 Das griechische Verbum kann „wünschen" oder „beten" bedeuten. Die Angabe dürfte zuverlässig sein, wie ja auch Epikur zum Gebet riet (vgl. S. 239f.). An eine Beeinflussung des äußeren Geschehens durch Gebete dürfte Demokrit entsprechend den Voraussetzungen des atomistischen Systems allerdings ebensowenig wie Epikur geglaubt haben.

256 Daß Demokrit in der Tat versucht hat, die Weissagekunst

zu rechtfertigen, und den Ansatzpunkt dafür in der Eidolalehre sah, zeigt der Doppeltitel „Über die Abbilder oder über die Voraussicht" (oben S. 111). Vgl. die Fragmente Nr. 242f.

257 Der Bericht deckt sich inhaltlich mit den Fragmenten Nr. 221 (dritte Deutung) und 223 über Nutzen und Schaden bewirkende Götter-„Bilder". Die Personifizierung zu „Göttergestalten", Strafe und Wohltat, hat nur allegorischen Charakter.

258 Diese Aussage steht den traditionellen religiösen Auffassungen viel näher als die übrigen Demokrit-Fragmente zur Götterlehre. Daß die Götter den Menschen „alles Gute geben", überschreitet die Auffassung der vorangehenden Fragmente von Gutes bewirkenden Götterbildern. Und statt der schadenbewirkenden Eidola findet sich der Gedanke der Selbstverantwortlichkeit der Menschen für das Schlechte, also die Theodizee-Vorstellung, die erstmals in der „Odyssee" 1,32–34 anklingt („Seltsam, wie halten die Menschen doch nur die Götter für schuldig! Sagen sie doch, von uns käm alles Übel, doch tragen Leiden sie selbst wider das Schicksal durch eigene Frevel") und später u. a. in den Gedichten des athenischen Gesetzgebers Solon (um 600 v. u. Z.) wiederkehrt. – Es muß dahingestellt bleiben, ob diese orthodoxe Meinung (vielleicht in ethischem Zusammenhang?) von Demokrit selbst aufgegriffen wurde.

259 Zu dieser religionsgeschichtlichen Variante der Demokritischen Götterlehre vgl. Einleitung S. 38ff. Auf die „Menschen der Vorzeit" nahm schon Fragment Nr. 223 Bezug, allerdings unter der Voraussetzung der Lehre von den Götter-Eidola.

260 Eine dem vorangehenden Fragment nahestehende dritte Variante der Entstehung der Religion bei den „Menschen der Vorzeit"; über die Rolle der „Weisen" jener Epoche vgl. Lukrez 5,1105ff. Demokrit schreibt den „Weisen" die Rolle zu, die anfängliche instinktive Furcht der Menschen vor den Himmelserscheinungen in die Bahnen eines geregelten und kontrollierten Glaubens an göttliche Allmacht und personenhafte Götter gelenkt zu haben.

261 Bericht über Demokrits Stellungnahme zur antiken Streitfrage, ob die Sprache „von Natur" oder „durch Festlegung", d. h. durch Konvention der Mitglieder einer Ur-Gesellschaft entstand. Epikur wandte sich der Gegenposition zu, Sprache sei naturhafte Widerspiegelung der Realität; vgl. Brief an

Herodotos 75f. – Von den vier semasiologischen Phänomenen, mit denen Demokrit seine Auffassung bekräftigte, heißt das erste noch heute Homonymie. Für Erscheinungen des zweiten Typs hat sich der Begriff Synonyme durchgesetzt. Den dritten Typ illustriert Proklos u. a. durch das Beispiel, Platon habe (angeblich) ursprünglich Aristokles geheißen, also den Namen gewechselt. Für den vierten Typ verweist er darauf, daß das Griechische zwar ein Verbum „klugsein" (phronein), aber kein Verbum „gerechtsein" besitzt; hierfür müssen wie im Deutschen das Adjektiv „gerecht" (díkaios) und das Verbum „sein" (eínai) eintreten.

262 „Bilder" ist hier im Griechischen nicht, wie in mehreren vorangehenden Fragmenten, = eídōla, sondern = agálmata. Das Wort bezeichnet vorwiegend Götterbilder in Form von Statuen, aber auch in übertragener Bedeutung jene Art von Bildern und Abbildern. Es könnte Synonym für eídōla sein. Sprach-Bilder (agálmata phōnéenta) wären unter dieser Voraussetzung „mit Stimme ausgestattete Bilder", also „Götter", die (wirklich oder scheinbar) zum Menschen sprechen. Im vorliegenden Fall hat agálmata jedoch eher den Sinn „sprachliche Symbole". Diese Deutung wird vor allem durch das folgende Fragment Nr. 231 nahegelegt, das nicht unter dem Namen Demokrits überliefert ist, aber doch wohl die gleiche Lehre wie Nr. 230 wiedergibt. Sprach-Bilder wären dann für Eindrücke, die den Menschen entweder durch Götter-Eidola oder durch Himmelsphänomene zuteil werden.

263 „Bild": griechisch eikōn. Durch dieses Wort ersetzt Hierokles offenbar den im vorangehenden Fragment verwendeten Originalausdruck Demokrits agálmata. Daß der Name Zeus speziell ein sprachliches Symbol der „weltschöpferischen Substanz" sei, ist Interpretation des Hierokles.

264 Demokrit schied also zwei Phasen der Kulturentstehung, mit Not und Überfluß als Triebkräften. Zur Demokritischen Kulturentstehungslehre vgl. Einleitung S. 39ff. und Anm. 319. Das Lob Demokrits als Geschichtskenners bezieht sich auf die Kulturentstehungstheorie, kaum auf die (wohl unechte) Schrift „Über die Geschichtsschreibung"; s. Anm. 73.

265. Diese Inspirationstheorie, die Demokrit wohl noch vor Platon (Dialog „Ion" 534b) entwickelte, ersetzt die ältere griechische Auffassung der Inspiration des Dichters durch die Musen.

266 Die Alternative „(natürliches) Talent" (ingenium) – „Kunst-
    fleiß", „Kunstverstand" (ars) ist eine für die Kunsttheorie
    der Römer charakteristische Ausprägung entsprechender
    griechischer Anschauungen, vgl. z. B. das berühmte Urteil
    Ciceros (Briefe an Bruder Quintus 2, 9, 3) über das Lehr-
    gedicht des Lukrez: „Ein Werk, in dem viel Talent auf-
    leuchtet und das doch von viel Kunstverstand zeugt." An-
    ders werden „Natur" und „Übung" im Demokrit-Fragment
    Nr. 286 bewertet. – Helikon: Gebirgsstock in Böotien. Der
    Dichter Hesiod berichtet in seiner „Theogonie", dort seien
    ihm die Musen erschienen. Seither galt der Helikon als
    „Musenberg", sein Name wurde zur Metapher für „Dicht-
    kunst".

267 Griechisch: hágion pneúma. Es ist der gleiche Ausdruck,
    dessen Belege im Neuen Testament und bei den späteren
    christlichen Schriftstellern gewöhnlich mit „heiliger Geist"
    übersetzt werden. Man kann zweifeln, ob Demokrit zufällig
    den christlichen Terminus vorwegnahm (wobei „heilig" bei
    Demokrit metaphorischer Hinweis auf die Substanzgleichheit
    des menschlichen Geistes und der Götter wäre; vgl. Frag-
    mente Nr. 219f.), oder ob der Christ Klemens nicht viel-
    mehr einen demokritischen Gedanken mit dem ihm geläu-
    figen Begriff ausdrückte; letzteres ist wahrscheinlicher.

268 Mit diesem metaphorischen Gebrauch von „göttlich" im
    Sinne von „fast menschliches Maß überschreitend" folgt De-
    mokrit einer im Griechischen verbreiteten, volkstümlichen
    Ausdrucksweise.

269 Statt „Verse" ist auch die Übersetzung „Epen" möglich
    (vgl. Anm. 64).

270 Chrysippos aus Soloi (um 280–205 v. u. Z.), der dritte und
    bedeutendste Leiter der stoischen Schule.

271 Dieses und die beiden folgenden Fragmente geben einen
    Einblick in die Art von Problemen, die Demokrit als
    Mathematiker beschäftigten. In unserem Zusammenhang in-
    teressiert nicht der angebliche Selbstwiderspruch, den
    Chrysippos, ein Gegner des Atomismus, unter dem Beifall
    Plutarchs Demokrit anzukreiden versucht, sondern die Art,
    wie Demokrit das atomistische Prinzip auch in der Geo-
    metrie zur Geltung brachte. Es ist kaum zweifelhaft, daß
    für ihn der Kegel letztlich kein sich ebenmäßig zuspitzendes
    Gebilde sein kann, sondern als Atomzusammensetzung aus
    einer Vielzahl von Atomschichten besteht. Die obere Schicht
    springt gegenüber der unteren jeweils um ein Stück zurück.

Der Kegel ist dadurch „stufenförmig", und auch die Ränder der Schichten sind unterschiedlich gestaltet, je nach Art und Lagerung der Atome, aus denen sie bestehen. Näheres über das Fragment u. a. bei S. Luria, Quellen und Studien zur Geschichte der Mathematik B 2, 2, Leipzig, 1932, S. 138ff., und J. Mau, Zum Problem des Infinitesimalen bei den antiken Atomisten, S. 22.

272 Was gemeint ist, deutet die Erläuterung an, die Simplikios im Kommentar S. 662,10 (bei Diels-Kranz ebenfalls als Frg. 68A 155a notiert) der Aristoteles-Stelle widmet: „Wenn das Gebogene ein Winkel ist, die Kugel aber in ihrer Gesamtheit gebogen ist, läßt sie sich mit Recht als voller Winkel bezeichnen."

273 Eudoxos aus Knidos (etwa 400–350 v. u. Z.), bedeutender griechischer Mathematiker, Astronom und Philosoph. Schriften nicht erhalten.

274 (Dreiseitige) Pyramide wie Prisma erheben sich über einem Dreieck als Grundfläche.

275 Karthager, 1. Hälfte des 2. Jh. v. u. Z., Verfasser der mit 28 Büchern umfangreichsten Lehrschrift des Altertums über Landwirtschaft. Nach der Zerstörung Karthagos im Jahre 146 v. u. Z. auf Beschluß des römischen Senats ins Lateinische übersetzt, wurde sie zur theoretischen Grundlage für die römische Latifundienwirtschaft.

276 Das Fragment stammt wohl nicht aus Demokrit, sondern aus Bolos von Mendes (vgl. Einleitung S. 23 und Anm. 68).

277 Hinsichtlich der Echtheit des Zitats gilt dasselbe wie für Nr. 244. Der angegebene Titel ist identisch mit der Schrift „Über den Feldbau oder Feldarbeit" des Verzeichnisses des Thrasyllos, oben Fragment Nr. 25.

278 Der Wölbebau war schon im alten Orient bekannt, gelangte aber erst wieder in römischer Zeit zur Blüte. Zur Zeit Demokrits scheint er in Griechenland kaum in Gebrauch gewesen zu sein, und Demokrit war jedenfalls nicht sein Erfinder. Diels-Kranz halten das Fragment deshalb für unglaubwürdig. Die Nachricht darf so gedeutet werden, daß für den Gewährsmann, den Stoiker Poseidonios (1. Jh. v. u. Z.), Demokrit oder eine fälschlich unter seinem Namen laufende Schrift die älteste Quelle war, in der sich eine Erwähnung des Gewölbebaus fand.

279 Auf den Beleg machten F. Altheim – R. Stiehl, Die Araber in der Alten Welt, 2. Bd., Berlin 1965, S. 17–23, aufmerksam. Der Gewährsmann Ibn al-Qiftī ist ein arabischer Arzt

des 11. Jh. Zurückzuweisen ist Altheim-Stiehls Vorschlag, die Nachricht auf Demokrits „Bekräftigungen" zurückzuführen, denn als Inhalt dieser Schrift ist die Erkenntnislehre kenntlich, vgl. Anm. 55. Allenfalls könnte die Notiz aus der unter Demokrits Namen bezeugten Schrift „Über die Säfte" (siehe Anm. 54) stammen. Am wahrscheinlichsten ist jedoch, daß das Trankrezept Demokrit zu Unrecht zugeschrieben wird. [Korrekturzusatz: Starke Argumente gegen die Authentizität des Fragments jetzt bei G. Strohmaier, Ein Arzneitrank des Demokrit?, Philologus 116,142ff. (1972).] Zur Namensform Demokrates vgl. Einleitung S. 41, Fragment Nr. 48 und Anm. 290.

280 Die Demokrit zugeschriebenen Fragmente zur Ethik und verwandten Themenbereichen werden im folgenden nur in Auswahl wiedergegeben, wobei Auswahlprinzipien die sachliche Bedeutung und die Wahrscheinlichkeit der Authentizität sind. Die Belege sind nach Sachgruppen geordnet, ohne daß das besonders gekennzeichnet ist. Vollständiger findet man die Fragmente bei Diels-Kranz (mit deutscher Übersetzung) und S. Luria (mit russischer Übersetzung).

„Glückseligkeit" (eudaimonía), das ethische Ziel Demokrits wie fast der gesamten antiken Ethik (vgl. Einleitung S. 42ff.), bedeutet ursprünglich wohl „gutes Einvernehmen mit den Göttern"; zum Wort Daimon vgl. Anm. 254. Demokrit beruft sich an der vorliegenden Stelle – sofern sie echt ist – auf eine andere volkstümliche Vorstellung, nach der im Menschen selbst ein Daimon wohnt. Im übrigen vertritt er, wie die Fragmente Nr. 147ff. zeigen, eine streng materialistische Seelenlehre.

281 Zu diesen Hauptbegriffen der Demokritischen Ethik vgl. Einleitung S. 41ff. Im Begriff des „Wohlbefindens" klingt auch der der „Beständigkeit" an, vgl. das folgende Fragment und den Gegenbegriff „Unbeständigkeit" in Spruch Nr. 312.

282 Hiermit ist der Begriff eingeführt, der später Kardinalpunkt der Ethik Epikurs wird. Wie Epikur neigt Demokrit zur Wertschätzung der Lustempfindung, rät aber viel grundsätzlicher zur Dämpfung bestimmter „niederer" Lustarten.

283 Demokrits Ethik befindet sich hier und in den folgenden Fragmenten im Bannkreis der Forderung der Maßhaltens, die – seit Hesiod – als Empfehlung der herrschenden an die unterdrückten Schichten, als Lebensorientierung der Unterdrückten selbst und in ihren edelsten Zeugnissen als

Ausdruck humanitärer Rücksichtnahme des einzelnen auf die Gemeinschaft fast die ganze antike Ethik durchzieht.

284 Eine griechische Redewendung, = Tag und Nacht, d. h. immer.

285 Nicht im Sinne eines Umschlages von Quantität in Qualität, sondern von einem Extrem ins andere.

286 Die in Anm. 282 angedeutete Scheidung von niederen und höheren Lustarten präsentiert sich hier – nicht streng atomistisch – in der Metapher der Lust an „Sterblichem" (und „Unsterblichem").

287 Bekenntnis zu dem ursprünglich der Adelsethik entstammenden, in Griechenland allgemein verbreiteten Ideal der Kalokagathie, der Einheit des Schönen und Guten.

288 Den Unterschied zwischen Demokritischer und Epikureischer Ethik macht dieses Zeugnis besonders deutlich.

289 Die Auffassung von der Subjektivität der Lustempfindung ist offenbar Gegenstück zu Demokrits Lehre von der Unzuverlässigkeit der Sinneseindrücke. In dem „Spruch" scheint sich Demokrits Antwort auf den Homo-mensura-Satz des Protagoras erhalten zu haben; vgl. Anm. 213.

290 Eine Reihe ethischer Sentenzen ist unter dem Namen Demokrates überliefert. Sie weisen spezielle Formeigentümlichkeiten auf, vor allem die Kürze, sind inhaltlich jedoch großenteils wenig prägnant. Manche Forscher vermuten Demokrates aus Aphidnai als Autor und Niederschrift um 350–330 v. u. Z. Unter dem Titel „Ethische Merksätze" seien sie ins Demokrit-Korpus geraten. Andererseits weisen mehrere Einzelzüge der „Demokrates"-Sprüche auf echt Demokritische Herkunft, und im späteren Altertum erscheint der Name Demokrates nicht selten offensichtlich nur irrtümlich statt Demokrit (so auch in der arabischen Überlieferung, vgl. Fragmente Nr. 48 und 247). Das spricht dafür, daß der Verfassername mit „Demokrit" gleichzusetzen ist und zumindest ein Grundstock der Reihe auf den Abderiten zurückgeht.

291 Göttlich-menschlich: Ähnliche Metaphern wie in Fragment Nr. 255. Der Begriff Leib (= Gehäuse) ist hier und in mehreren folgenden Fragmenten Demokritisch; vgl. Anm. 165.

292 Auf die Demokrates = Demokrit zugeschriebenen „Weisheitssprüche" aus Šahrastānī, einem arabisch schreibenden Philosophen der ersten Hälfte des 12. Jh., wiesen u. a. F. Altheim, R. Stiehl und D. Kövendi in ihren in Anm. 39

genannten Arbeiten hin. Die Wahrscheinlichkeit der Echtheit ist gering. Die Übereinstimmung von vier Sentenzen mit Aḥīqar-Sprüchen genügt nicht als Echtheitsbeweis, da die Überlieferung, Demokrit habe Aḥīqar ins Griechische übertragen, Legende sein dürfte. – In diese Sammlung wurden drei Šahrastānī-Sprüche aufgenommen, deren demokritischer Charakter relativ glaubhaft ist. Übersetzungen der restlichen zwölf Sprüche bei Altheim-Stiehl, a. a. O.

293 Der gleiche Demokritische Begriff wie in Spruch Nr. 261.

294 Die Forderung des Maßhaltens in drastischer metaphorischer Umschreibung. Echtheit des Spruches nicht verbürgt.

295 Der Kerngedanke der im Fragment Nr. 25 genannten Demokrit-Schrift „Tritogeneia"; vgl. Anm. 45. Demokrit leitet den Kultnamen der Göttin der Klugheit entsprechend einer verbreiteten volkstümlichen Etymologie von tris („dreimal") und dem Wortstamm gen- (Entstehen, Geburt) ab, deutet ihn als die „dreifach Geborene", „dreifach Existierende" und sieht in ihm nach dem Rezept rationalistischer Mythendeutung (seit dem 6. Jh. v. u. Z. gebräuchlich) eine Symbolbezeichnung für drei Hauptgebote menschlicher Klugheit. Er verwertet damit vielleicht zugleich Anregungen der iranischen Religion (Zarathustra), vgl. R. Bodeüs, Indo-European Studies 4,63ff. (1974).

296 Falls echt, Vorwegnahme des später von der Stoa verkündeten Ideals des Kosmopolitismus. Demokritische Herkunft jedoch sehr fraglich.

297 Bezugnahme auf volkstümliche Vorstellung.

298 Ein interessantes Zeugnis für Gesinnungsethik und ihren beginnenden Einfluß auf das Rechtsdenken.

299 Ältere ethische Auffassungen, vor allem die aristokratische Standesethik, empfahlen die Orientierung an den moralischen Urteilen anderer. „Scham" (aidōs) wurde im Sinne des Respekts vor den Wertvorstellungen der Gemeinschaft (Familie, Gesellschaftsschicht, Polis) gefordert. Die Sprüche Nr. 282 bis 284 zeigen, daß Demokrit diese Norm durch den Appell an das eigene Gewissen ersetzt. Die Neuerung ist ein wichtiger Schritt zur Individualethik in der Krisenzeit der griechischen Polis.

300 Das hier verwendete griechische Wort pónos bedeutet sowohl „Mühe" als auch „Arbeit". Lob der Arbeit findet sich in der frühen griechischen Literatur bei Hesiod („Werke und Tage"), wird später aber in der Antike selten. Speziell die körperliche Arbeit galt als Sache der Sklaven, Ideal des

Freien war der Genuß der durch Sklavenarbeit gewähr-
leisteten Muße. In Demokrits Ethik mag sich, Echtheit des
Fragments vorausgesetzt, die besondere Einstellung der
rührigen, am wirtschaftlichen Wachstum ihrer Stadt in-
teressierten Bürger von Abdera widerspiegeln.

301 Die Höherschätzung der „Übung" gegenüber der „Natur"
widerstreitet vom demokratischen Standpunkt aus dem
aristokratischen Vorurteil, die „Guten", d. h. die Ange-
hörigen des Adels, seien „von Natur", d. h. von Geburt her,
gut. Das Begriffspaar „Natur" – „Übung" liegt letztlich auch
der Antithese „Talent" – „Kunstfleiß" zugrunde; s. Anm.
266.

302 Dieser letzte der aus Šahrastānī aufgenommenen Sprüche
fordert – modern ausgedrückt – die Entwicklung des moralischen Verantwortungsgefühls des Wissenschaftlers.

303 Die hier zusammengestellten Sprüche rechtfertigen den Gelderwerb, versuchen ihn aber mit den Forderungen nach
„Maßhalten" und „Gerechtigkeit" zu verbinden.

304 Volk = dēmos. Der Spruch ist typischer Ausdruck der
Polis-Ethik.

305 Die Sprüche Nr. 300f. haben kynisch-epikureischen Charakter; vgl. Epikur, Brief an Menoikeus 130; demokritische
Herkunft ist fraglich.

306 Dieser und der folgende Spruch setzen die in Griechenland herausgebildete Geringschätzung der Frau voraus.

307 An der Befreiung der Menschen von Furcht vor dem „Jenseits", später ein Hauptanliegen Epikurs, scheint sich Demokrit mit seiner Schrift „Über die Dinge im Hades" beteiligt zu haben (vgl. Fragment Nr. 25).

308 Frappierend die Selbstverständlichkeit, mit der vorausgesetzt
wird, daß andere für den Kindervorrat sorgen werden, aus
dem der Kluge sich seine Adoptivsöhne auswählen kann.

309 Auch die Alternative „Natur" – „Erziehung", die in den
Diskussionen der Sophisten eine große Rolle spielte, ist
Abart der in Anm. 266 besprochenen Antithesen. Demokrit
bestreitet, daß die „Natur" des Menschen unabänderlich,
durch Geburt determiniert ist. Der Mensch kann durch Erziehung eine „zweite Natur" gewinnen. Dieser Grundsatz
entspricht demokratischen Auffassungen.

310 In Demokrits Erziehungslehre scheint die Forderung nach
Respekt (aidōs) im Sinne der Orientierung nach außen ihre
Gültigkeit gewahrt zu haben, während Demokrit gleich-
zeitig die stärker verinnerlichte aidōs-Auffassung erarbeitete

(vgl. Anm. 299), die gegen Ende des Fragments zum Ausdruck kommt.

311 Ein früher Beleg für den Pflichtbegriff, griechisch to déon. Konkret bezeichnet er das „Erforderliche", „Notwendige", nicht – wie unser heutiger Pflichtbegriff – die *Einstellung* zum Notwendigen.

312 Der Text des zweiten Satzes ist unsicher überliefert; zu dem durch Konjektur gewonnenen Begriff „Unbeständigkeit" vgl. Anm. 281.

313 Vgl. zum ganzen Fragment Einleitung S. 43f., zum Pflichtbegriff Anm. 311.

314 Ein Aufruf zur „Klassenharmonie" im Sinne der Eintracht zwischen den durch Interessengegensätze voneinander geschiedenen Schichten der Freien. Der Krieg nach außen wird prinzipiell bejaht.

315 Der Text ist unklar.

316 Anders als in den vorausgehenden Sprüchen, die demokratische Auffassungen widerspiegeln, vgl. Anm. 301, 304 und 309, wird hier der Naturbegriff im Sinne aristokratischer Standesideale ausgespielt. Wir wissen zuwenig über die Spannweite der Gesellschaftsvorstellungen Demokrits, um den Spruch als unecht deklarieren zu können.

317 Höchst aufschlußreich ist, daß Demokrit zur Härte gerade gegenüber Wegelagerern und Seeräubern rät. Sie waren eine Bedrohung speziell für eine Handelsstadt wie Abdera.

318 Der Spruch, dessen Echtheit durch die Verwendung des Begriffs „Leib" garantiert ist (vgl. Anm. 291), rät zu rationeller Ausnutzung der Sklaven; s. auch Einleitung S. 44.

319 Unter den antiken Texten, die auf Lehren Demokrits zu prüfen sind, nehmen die Kapitel 1,6–8 der Weltgeschichte des griechischen Historikers Diodoros (1. Jh. v. u. Z.) eine Sonderstellung ein. Denn als Quelle nennt der Sizilianer weder Demokrit noch einen anderen Atomisten, sondern „die alten Naturforscher und Geschichtsschreiber", d. h. offenkundig vor allem Autoren des 5. Jh. v. u. Z. Demokrit scheint einer von ihnen zu sein, doch kommen auch andere Philosophen in Frage, zumal der einzige, der namentlich erwähnt wird (in Kap. 7), nicht Demokrit, sondern Anaxagoras ist. Nach einer Einleitung (Kap. 6) skizziert Diodoros die Entstehung der Welt (Kosmogonie), der Tiere (Zoogonie, Kap. 7) und der Kultur (Kap. 8). In einem berühmten Aufsatz (Hermes 47,492ff. [1912]) führte K. Reinhardt den Auszug auf Demokrits „Kleine Weltordnung"

zurück (vgl. Anm. 51). In der Tat klingt der Text an bekannte Theorien Demokrits und seines Vorgängers Leukippos an. So behandelt die Kosmogonie die Aussonderung der Elemente und verwendet den Begriff „Wirbel" (vgl. Leukippos-Fragment Nr. 8 und Demokrit-Fragmente Nr. 25, 87 bis 90, 116f.). Die Zoogonie nimmt für die Tiere – wie Demokrit für den Menschen (Fragment Nr. 168) – Urzeugung aus Schlamm an. Die Kulturentstehungslehre schließlich behauptet mit Demokrit (vgl. Fragment Nr. 233), es sei die Not, die die Menschen die ersten Künste lehrte, und deutet wie der Abderit (Fragment Nr. 229) die Sprache als willkürliche Zuordnung von Sinngehalten zu beliebigen Lautfolgen.

Freilich berücksichtigt Diodoros offenbar auch andere alte Autoren, ganz wie er selbst es andeutet. In der Kosmogonie fehlt der Atom-Begriff, und die Zoogonie enthält Details – wie die von Häuten überzogenen Gärungsstellen im Boden, in denen die Tiere entstehen –, die sich nicht verläßlich für Demokrit in Anspruch nehmen lassen. Die vorliegende Textauswahl verzichtet deshalb auf das Diodoros-Kapitel 7. Unbegründet scheint andererseits die Skepsis von W. Spoerri (Späthellenistische Berichte über Welt, Kultur und Götter, Basel 1959), der auch in Kapitel 8 allenfalls Splitter Demokritischer Gedanken anerkannte. Die Details sprechen hier vielmehr am ehesten für Demokrit (so z. B. Th. Cole, Democritus and the Sources of Greek Anthropology, Western Reserve University 1967); Demokritischen Geist atmet, was wichtiger ist, die vorgetragene Theorie in ihren Grundzügen (R. Müller, Die epikureische Gesellschaftslehre, 2. Aufl., Berlin 1974, S. 55ff.), so in der Dreiheit Nutzen (symphéron) – Erfahrung (peíra) – Not (chreía), die ohne Zuhilfenahme teleologischer Gesichtspunkte als die Triebkräfte der kulturellen Entwicklung gedeutet werden. Bemerkenswert ist an diesen Überlegungen, die ihre gedankliche Nähe zu den Lehren der Sophisten nicht verleugnen, die ausgeprägt optimistische Beurteilung der kulturbildenden Fähigkeiten des Menschen, der in entscheidenden Punkten als Schöpfer seiner selbst gilt.

Nachklänge der Gedanken, deren Vermittler Diodoros ist, finden sich noch im 14. Jh. in Johannes Katrarios' Dialog „Hermippos" (dem auch das Demokrit-Fragment Nr. 222 entnommen ist) sowie im 12. Jh. im Hesiod-Kommentar des byzantinischen Grammatikers Tzetzes. Katrarios be-

schränkt sich auf Kosmogonie und Zoogonie, bei Tzetzes
ist mit einer beträchtlichen Zahl von Details auch die Kulturentstehung berücksichtigt. Die Sammlung von Diels-Kranz
enthält beide Stellen als Demokrit-Fragmente 68 B 5,2
und 3.

Bedeutsamer ist, daß zahlreiche Motive der bei Diodor
referierten Zoogonie und Kulturentstehungslehre in der
epikureischen Theorie wiederkehren, deren Hauptzeugnis aus
dem 5. Buch des Lukrez unten S. 410ff. abgedruckt ist.

320 „Die alten Naturforscher und Geschichtsschreiber" sind als
Gewährsleute im Diodoros-Kapitel 6 genannt. Zum Begriff
„Naturforscher" vgl. Anm. 216; außer Demokrit sind Män-
ner wie Archelaos und Anaxagoras gemeint, vielleicht auch
Empedokles und Protagoras.

321 Diodoros' Angabe läßt sich mit bestimmten Autorennamen
kaum belegen. Doch ist daran zu erinnern, daß sich die
griechische Geschichtsschreibung erst allmählich von der in
ersten Ansätzen entwickelten geographisch-naturwissenschaft-
lichen Literatur absonderte und dem legendären Ursprung
der Menschheit gerade in ihren Anfängen Interesse entgegen-
brachte.

322 Wie die ersten Menschen entstanden, sagt Diodoros im
vorausgehenden Kapitel 7 nicht ausdrücklich. Dort ist all-
gemeiner von der Entstehung der Tiere bzw. der Wesen
die Rede, die eine Seele haben. Sie seien, so heißt es, in
einem bestimmten Stadium der Weltentstehung aus er-
hitztem Schlamm entstanden, d. h. durch Urzeugung. Offenbar bezieht diese Theorie den Menschen mit ein, wie es
das Demokrit-Fragment Nr. 168 ausdrücklich als Lehre des
Abderiten bezeugt.

323 Der Begriff auch in den Demokrit-Fragmenten Nr. 294 und
317, dort freilich nicht in so prägnanter Bedeutung.

324 Der Verfasser zeigt bemerkenswertes Verständnis für die von
ihm nachvollzogene Situation. Er wendet nicht mechanisch
den Grundsatz „Gleiches zu Gleichem" an (vgl. Demokrit-
Fragment Nr. 67).

325 Die Laute waren noch nicht Sinnträger.

326 Vgl. Demokrit-Fragment Nr. 229 und Anm. 251. Der Verstand gilt offenbar als Urbesitz des Menschen; Angaben,
daß er sich entwickelt habe, fehlen.

327 Eine Folge des im Diodoros-Kap. 7 entwickelten Gedankens, daß die Lebewesen in einer bestimmten Phase der
Weltentstehung annähernd gleichzeitig auftraten.

328 Eine Bemerkung zu einem Thema – Vielfalt der Sprachen –, dem man im griechisch-römischen Altertum sonst kaum Aufmerksamkeit widmete.

329 Gemeint sind die im folgenden Satz aufgezählten einfachen Kulturgüter.

330 Produkte des Ackerbaues und der Viehzucht.

331 Vgl. Demokrit-Fragment Nr. 233a. Allerdings fehlt bei Diodoros der zuverlässig für Demokrit bezeugte Gedanke (Fragment Nr. 232), bei Kulturleistungen sei der Mensch Schüler der Tiere. Demokritische Herkunft der von Diodoros referierten Auffassung läßt sich nur unter der Voraussetzung annehmen, Demokrits Lehre sei hier vereinfacht, der Anschauung anderer alter „Naturforscher und Geschichtsschreiber" angeglichen.

332 Ein Gedankensprung: die Zähmung des Feuers selbst wird nicht geschildert. Vgl. hierzu Lukrez 5,1091ff. (unten S. 414).

333 Das Demokrit-Fragment Nr. 232 nennt u. a. Weben, Nähen und Hausbau. Gemeint sind ferner u. a. die einzelnen Formen der Landwirtschaft. Vgl. Lukrez 5,1241ff. (unten S. 420ff.), der auch Metallgewinnung und -verarbeitung einschließt.

334 Vgl. Lukrez 5,1011ff. über das Aufkommen von Familie, Sitte, Gesetz und Herrschaftsformen (unten S. 412ff.).

335 Ein typisch Demokritischer Gedanke, vgl. Fragment Nr. 233; Demokrit schied zwei Phasen der Kulturentstehung, mit Not und Überfluß als Triebkräften.

336 Daß die Ausstattung des Menschen mit Händen seine Intelligenz förderte, betonte schon Anaxagoras (Frg. 59 A 102 Diels-Kranz). Aristoteles (Von den Teilen der Tiere 4,10. 68727ff.) kehrte diese Auffassung idealistisch in die These um, wegen seiner Intelligenz habe der Mensch Hände bekommen. Bei Diodoros bleibt die Prioritätsfrage unentschieden.

337 Vgl. die differenzierteren Aussagen der Demokrit-Fragmente Nr. 157–161.

338 Ausdrücklich hat Diodoros davon nicht gesprochen; vgl. Anm. 322.

339 Eine breitere Behandlung der Kulturentstehung wäre, meint Diodoros, der Ausgewogenheit seines Werkes abträglich.

*Epikur, Brief an Herodotos*

1 Epikur faßt in diesem Brief an den sonst unbekannten
   Herodotos die allgemeinen Grundsätze seiner Naturphilosophie zusammen. Da dieses Resümee als Gedächtnisstütze
   für die Anhänger seiner Lehre gedacht war, konnte Epikur
   auf eingehende Sorgfalt der Darstellung verzichten und sich
   meist mit Anspielungen und termini technici begnügen.
   Deshalb bleiben manche Sätze für uns unverständlich, wie
   sie schon das Verständnis der Abschreiber überforderten,
   so daß uns zu alledem noch die Überlieferung einen von
   Fehlern und Lücken entstellten Text bietet. Der Brief ist
   „eines der schwierigsten und dunkelsten Schriftstücke in
   griechischer Sprache" (Bailey).
2 Gemeint ist das Hauptwerk: 37 Bücher „Über die Natur".
3 Der nicht erhaltene sog. „Große Auszug", auf den vielleicht Lukrez' Lehrgedicht zurückgeht; demgegenüber wird
   der vorliegende von den Einzelheiten noch mehr abstrahie-
   rende Brief auch als „Kleiner Auszug" bezeichnet, in dessen
   Einleitung hier Epikur über die seinem Systemaufbau angemessene Methode der Deduktion handelt. Aus dem in
   diesem Auszug skizzierten und dem Gedächtnis eingeprägten
   Allgemeinen und Wesentlichen kann die Erklärung der besonderen Einzelphänomene abgeleitet werden.
4 Das ist der evidente Grundbegriff, die sog. Prolepse; vgl.
   Einleitung S. 81.
5 Griechisch: epibolé, ein wichtiger Terminus, der im wesentlichen die gezielte Aufmerksamkeit, den bewußten Konzentrationsakt unserer sinnlichen und rationalen Erkenntnisinstanzen bedeutet. Oft freilich bezeichnet er auch das
   Ergebnis solcher Aufmerksamkeit, also die Wahrnehmung, die
   Vorstellung usw. Hier liegt wohl die Vorstellung zugrunde,
   daß Sinne und Denken ständig von Abbildern der zahllosen Objekte getroffen werden, von denen wir aber nur
   diejenigen wahrnehmen, auf die wir uns konzentrieren (vgl.
   Lukrez 4,777ff.). „Epibolé" ist also einmal die aktive Bereitschaft zur passiven Rezeption bestimmter Bilder. Die hier
   angesprochenen Leistungen des Verstandes beziehen sich auf
   die passive Rezeption von Bildern, die, ohne die Sinne
   erregen zu können, direkt durch die Leibesporen in den Verstand eindringen, wie z. B. die Götterbilder und Phantasievorstellungen; ein Vorgang, welcher der eigentlichen Sinneswahrnehmung ganz analog ist. Sie beziehen sich aber auch

auf das Herbeischaffen von Gedächtnisbildern und vor allem auf die aktiven Verstandesoperationen, deren Wahrheitsgehalt letztlich – wenn auch durch viele Zwischenglieder vermittelt – durch das Kriterium der Sinne bewiesen wird. Diese Doppelfunktion des Verstandes (passive Rezeption singulärer Bilder, die Phantasievorstellungen hervorrufen, und aktives Operieren mit sinnlichen und mentalen Bildern im Urteils- und Schlußverfahren) ist zu berücksichtigen.

6 Damit können die einzelnen Sinnesorgane gemeint sein.

7 Sie sind, je nachdem, ob sie Lust oder Schmerz anzeigen, das Kriterium unserer Verhaltensweise.

8 Zum Beispiel das Atom und der leere Raum, die beide aus sinnlichen Gegebenheiten erschlossen werden. Es folgen die bei Lukrez 1,146ff. näher ausgeführten Grundzüge der Atomistik.

9 Die logische Konsequenz aus den beiden erwähnten Prinzipien: Nichts kann aus nichts entstehen, nichts kann ins Nichts vergehen.

10 Dazu ein Scholion: „Das sagt er auch zu Beginn des Großen Auszuges und im 1. Buch ‚Über die Natur‘."

11 Dieser Begriff eines absoluten Raumes als eines Materiebehälters bildete auch die Grundlage der Newtonschen Physik und wurde erst durch die „Relativitätstheorie" überwunden. Doch schon Aristoteles hatte die Verbundenheit von Raum und Körper betont.

12 Das Körperliche wird durch die Sinne erfaßt, das Leere durch den Verstand aus der Bewegung der Körper erschlossen; vgl. Lukrez 1,445ff.

13 Vgl. diesen Brief 68.

14 Dazu ein Scholion: „Das steht auch im 1., 14. und 15. Buch ‚Über die Natur‘ und im ‚Großen Auszug‘."

15 Vgl. Einleitung S. 26f. und 73f. Der Gedanke wird in diesem Brief 55f. wieder aufgenommen. Am Beginn von 43 steht noch ein Scholion: „Denn wie er weiter innen sagt (der Scholiast hatte kein Buch, sondern eine Papyrusrolle vor sich), gibt es keine Teilung bis ins Unendliche, denn, sagt er, die Qualitäten ändern sich."

16 Scholion: „Er sagt weiter innen, daß sich die Atome mit gleicher Geschwindigkeit bewegen (61), weil der leere Raum dem Leichten wie dem Schweren in gleicher Weise nachgibt." Nach dem Scholion ist eine Lücke anzunehmen, wo Epikur vermutlich die Bewegung des senkrechten Atomfalls, bedingt durch deren Gewicht, und die Bewegung der Deklination erwähnt hat.

17 Diese schwierige Stelle handelt wahrscheinlich von der Bewegung der Atome nach einer Kollision. Kommt es dabei
zu keiner Verbindung, werden sie durch den Rückprall aus-
einandergeschleudert. Wenn sie sich aber verflechten, geraten sie in eine durch die Anprallenergie verursachte per-
manente Schwingung, deren Amplitude um so geringer ist,
je solider der Körper (gering z. B. bei Eisen). Hiervon sind
die nicht-verbundenen Anhäufungen gleichartiger Atome zu
unterscheiden, die von einem anderen Atomverband wie
von einem Behälter umschlossen werden. Dazu gehören
Flüssigkeiten (vermutlich auch Gase?) und vor allem die
Seele, deren Atome von der Verflechtung der Leibesatome
zusammengehalten werden.

18 Scholion: „Er sagt weiter innen, daß die Atome außer Gestalt, Größe und Schwere keine Qualitäten haben (54).
Daß aber die Farbe entsprechend der Atomanordnung wech-
selt, betont er in den ‚Zwölf Elementarlehren'. Außerdem
gäbe es nicht jede Größenordnung bei den Atomen, denn
niemals wäre ein Atom optisch wahrgenommen worden."

19 Vgl. Einleitung S. 36f. und 81ff.

20 Der folgende Exkurs über die Bewegung scheint sich nicht
nur auf die Abbilder, sondern vor allem auf die Atome
und ihre Kompositionen schlechthin zu beziehen. Das Ganze
gehört dem Gegenstand nach mehr zu 61f.

21 Unser Gesichtssinn arbeitet mit kleinsten noch differenzierbaren Zeiteinheiten, die viel zu grob sind, um die Wahrnehmung der Differenz zuzulassen, welche z. B. zwischen
den Zeiten liegt, die Lichtatome benötigen, um die Strecken
von 100 und 1000 m zu durchlaufen. Die sinnlich gerade
noch wahrnehmbaren Zeitpunkte werden aber vom Verstand notwendig als eine Summe vieler, diskreter, absoluter
Zeitpunkte ausgewiesen. Betrachtet man das erwähnte Beispiel also logisch, d. h. unter dem Gesichtspunkt jener
nur gedanklich erfaßbaren Zeiteinheiten, dann ergeben
sich bei den beiden Strecken natürlich Zeitdifferenzen. Vgl.
Lukrez 4,794–798; Epikur-Fragment Nr. 81 und Anm. 40.

22 Der Verlust wird ergänzt durch den Zustrom einzelner
Atome.

23 Dazu gehören dann auch die Bildkompositionen, die uns die
Existenz mythischer Fabelwesen, wie Kentauren, vortäuschen
und sich in der Atmosphäre aus den Abbildtrümmern z. B.
eines Pferdes und eines Menschen zusammengesetzt haben
und direkt durch die Leibesporen in unseren Verstand ein-

dringen. Diese Bilder existieren also auch außerhalb unseres Bewußtseins, nur gibt es zu ihnen kein entsprechendes Objekt; vgl. Lukrez 4,729ff.

24 Hier wendet sich Epikur zunächst gegen Demokrit, der gelehrt hatte, nicht das Abbild direkt, sondern ein von ihm hinterlassener Luftabdruck dringe ins Auge; dann wendet er sich gegen vorsokratische Theorien, wonach die Gesichtswahrnehmung durch Einwirkung der Augenstrahlung auf die Abflüsse von den Objekten zustande kommt.

25 Vgl. Anm. 5.

26 Es folgt ein offensichtlicher Einschub, der vorwegnimmt, was wenige Zeilen später an seinem Platze steht und deshalb hier weggelassen wurde.

27 Vgl. die Einleitung S. 84 und vor allem die Epikur-Fragmente Nr. 91ff.

28 Durch diese Zersplitterung erklärt Epikur, daß ein in nur einer Richtung ausgestoßener Laut überall zu hören ist.

29 Argumentation gegen Demokrit; vgl. Demokrit-Fragmente Nr. 195, § 55; 214.

30 Das sind die Minima; sie sind aus dem Atom nicht herauszulösen, ihre Anordnung aber bestimmt die Form des Atoms.

31 In diesem mehrdeutigen Satz ist vielleicht gesagt, daß die raumfüllende Gestalt als gleichsam primäre Qualität im Sinne Lockes etwas Substantielles und Beharrendes ist, weil sie schon den Atomen zukommt, während die sekundären Qualitäten sich wandeln und verschwinden können, ohne daß die Form zugrunde geht.

32 Es könnte auch bedeuten „in einem begrenzten Körper" ganz allgemein, für den die folgenden Überlegungen genauso gelten.

33 Ein schwieriger Abschnitt, der Epikurs Überlegungen zum Problem des Unendlichen enthält; vgl. Einleitung S. 73f. Für Demokrit waren die Atome letzte Einheiten gewesen, die sich weder praktisch-physikalisch durch stetiges Halbieren teilen noch auch bloß theoretisch-mathematisch durch eine gedanklich vollzogene Progression zum immer Kleineren hin zergliedern lassen. Zugleich jedoch hatte Demokrit behauptet, die Atome hätten verschiedene Größen und Formen mit Ecken und Ösen. Diese mangelhafte logische Konsequenz hatte die Kritik herausgefordert; denn wenn schon eine physikalische Teilbarkeit auf Grund der Kompaktheit der Atome nicht möglich sein sollte, so mußte

es auf jeden Fall eine weitere theoretisch-mathematische Teilung dieser komplexen Atomgebilde geben, die vielleicht bis
ins Unendliche fortgeführt werden könnte. Diese theoretisch-
mathematische Progression ad infinitum lehnt auch Epikur
ab. Aber er gab zu, daß man über die physikalische Teilung
hinaus theoretisch noch zu kleineren Einheiten, den Minima,
gelangen könne. Hier freilich höre die Progression auf, und
bei jedem Versuch, durch theoretische Halbierung eine noch
kleinere Einheit als das Minimum zu fassen, bekäme man
doch wieder nur ein Minimum in den geistigen Griff, weil
mit ihm die letzte Einheit vor dem Nichts erreicht sei. Die
Progression zum immer Kleineren geht also bei den Minima in eine Progression zum immer Gleichen über.

34 Ergänze: das von diesen Teilen Gebildete.

35 Epikur versucht, durch Vergleiche mit Verhältnissen im sinn-
lich-konkreten Bereich die Verhältnisse im atomaren Bereich
zu verdeutlichen. So könnte das Äußerste, was wir nicht für
sich, sondern nur im Zusammenhang mit dem Ganzen zu
fassen vermögen, die Punktspitze einer Nadel sein. Und
aus solchen diskreten Einheiten besteht der ganze Gegenstand, wie das Atom aus den Minima.

36 Das kleinste, sinnlich gerade noch wahrnehmbare Pünkt-
chen hat nicht den Charakter des noch Differenzierbaren,
insofern es die kleinste, optisch nicht mehr auflösbare Einheit darstellt; es ist dem noch Differenzierbaren aber nicht
unähnlich, insofern es Ausdehnung hat und aus vielen
Atomen besteht.

37 D. h. wie Punkte. Hier könnte Epikur versuchen, gewissen
Schwierigkeiten auszuweichen, die bei der Behandlung des
Infinitesimalen auftreten, und auf die Aristoteles hingewiesen hatte. Epikur mußte deshalb seine Minima von mathematischen Punkten unterscheiden. Punkte, hatte Aristoteles gesagt, haben infolge fehlender Ausdehnung keine Teile
und können sich also nur vollständig berühren. Dann aber
begründen viele Punkte weder eine Linie noch gar eine
Fläche, sondern immer nur nichts. Andererseits dürfen sich
die Minima auch nicht mit ihren Teilen berühren, denn
wenn sie solche besäßen, wären sie in sich differenzierbar
und eben keine Minima. Epikur hat hier sicherlich schon das
atomare Minimum im Auge, was nicht verwunderlich ist,
da er stets das eine durch das andere zu verdeutlichen
sucht.

38 Vgl. Einleitung S. 76f.

39 Epikurs sehr summarisch vorgetragene Vorstellungen von
der Atombewegung lassen sich schwerlich auf einen Nen-
ner bringen. Einerseits kann die durch Stoß verursachte
Bewegungsform die absolute Geschwindigkeit nicht beein-
trächtigen; andererseits bedingt Widerstand eine langsamere
Bewegung. Es ist aber wohl auch sonst – von der das
Verständnis erschwerenden Kürze des Textes einmal abgesehen – nicht anzunehmen, daß Epikur eine exakte Mechanik ausgearbeitet hat; vgl. folgende Anm.

40 Der Abschnitt ist einer der dunkelsten des ganzen Briefes.
Die Übersetzung selbst bietet deshalb weitgehend eine freie
Interpretation. Dem Text zufolge könnte sich die Behauptung, „daß das eine schneller sei als das andere", auch auf
die zusammengesetzten Körper beziehen. Zur Verdeutlichung
muß das Verhältnis der Bewegung der Einzelatome zur Bewegung des Gesamtkörpers in Betracht gezogen werden.
Wenn von zwei Körpern der eine sich mit der doppelten
Geschwindigkeit bewegt, dann müßten nach der landläufigen
Meinung sich auch die in ihm enthaltenen Atome doppelt
so schnell bewegen wie die des anderen Körpers. Eben
das bestreitet Epikur auf Grund des Axioms, daß alle
Atome gleich schnell sind. Denn die Bewegung des Gesamtkörpers spiegelt keineswegs direkt die Bewegung der
einzelnen Atome wider. Diese vollführen vielmehr unzählige
unsichtbare (gewissermaßen Zickzack-) Bewegungsformen,
deren Resultate dann die lineare Bewegung im kleinsten
Zeitkontinuum ist. In jenem Körper nun, der sich langsamer bewegt, sind die der Bewegung des Gesamtkörpers
entgegenwirkenden Bewegungsformen der Einzelatome zahlreicher, so daß im Endeffekt die Atome im sich langsamer
bewegenden Körper ebenso schnell sind wie die im sich
schneller bewegenden. Wie aber das einzelne Atom unsichtbar ist, so liegt natürlich auch seine absolute Geschwindigkeit unterhalb unserer Wahrnehmungsschwelle. Wenn sich
nun das Atom mit weiteren Atomen verbindet und schließlich einen Körper bildet, den unser Auge erfassen kann,
dann ist zugleich ihre Geschwindigkeit durch häufiges Aufprallen in die Vibrationsbewegung aufgegangen, deren Resultate in der Bewegungsrichtung und Geschwindigkeit des
Gesamtkörpers gleichfalls sichtbar zum Ausdruck kommt.

41 Wie Epikur im Bereich des Materiellen und Räumlichen
zwei kleinste Einheiten annimmt – das sinnlich wahrnehmbare Minimum (etwa eine Nadelspitze) und das atomare

Minimum –, scheint er analog dazu auch mit zwei Zeiteinheiten zu arbeiten: dem sinnlich wahrnehmbaren kleinsten
Zeitkontinuum (ein Minimum, das nach Auskunft der modernen Physiologie für den Menschen bei $1/18$ Sek. liegt)
und dem nur gedanklich erfaßbaren, mathematischen Zeitminimum, das in ersterem vielfach enthalten ist und als
der gleichsam „punktuelle" Moment anzusehen ist, aus dem
sich die Zeit aufbaut. Er ist zugleich das Maß der Bewegung; aber seine Dimension ist so gering, daß er „eigentlich"
keine Bewegung mehr erlaubt. Insofern ist er, wie auch
das atomare Minimum, eine Art Grenzbegriff, weil sich im
mathematischen Zeitminimum der Gegenstand, der sich bewegt, gewissermaßen zwischen Ruhe und Bewegung in der
Schwebe befindet; vgl. Epikur-Fragment Nr. 81.

42 Da die Seele auch körperlich ist (vgl. Lukrez 3,162ff.), wird
die traditionelle Unterscheidung von Körper und Seele
hinfällig; vgl. diesen Brief 67.

43 Dieser Teil ist das vierte namenlose Element; vgl. die
genaueren Angaben zur Seelenlehre bei Lukrez 3,231ff. und
Epikur-Fragmente Nr. 87 und 88. Epikur hat vielleicht in
dieser summarischen Skizze das luftartige mit dem windartigen Element aus Gründen der Ähnlichkeit zusammenfallen lassen oder deshalb nicht erwähnt, weil die Luft
in der Wärme grundsätzlich enthalten ist (vgl. Lukrez
3,231ff.), wie er hier auch nicht zwischen dem vegetativen
und vernünftigen Seelenteil unterscheidet. Beide Teile aber
bestehen aus allen vier Elementen, sind also der Substanz
nach gleich, unterscheiden sich aber durch verschiedene
Konzentration und Lage und damit auch durch ihre Funktion (vgl. Anm. 49). Es ist auch zu bedenken, daß Epikur
die genannten Elemente nur zu Vergleichszwecken aus dem
Bereich des sinnlich Wahrnehmbaren herangezogen hat, um
das Verständnis der psychischen Funktionen zu erläutern.
Die Seelensubstanzen sind also nur Quasi-Feuer, Quasi-Luft
usw.

44 Vgl. Anm. 17.

45 Zum Beispiel hat der Körper nicht teil an den Überlegungen
des vernünftigen Seelenteiles.

46 Epikurs Auffassung von der leiblich-seelischen Totalität unterscheidet sich gründlich von der platonischen Lehre, für
die das wahre Eigenleben der Seele außerhalb des nur als
Gefängnis und Grab verstandenen Leibes stattfindet. Die
Totalität stellt Epikur hier am Phänomen der Wahrneh-

mung heraus. Der Leib hat sie nur durch die Seele, aber die Seele kann nur empfinden dank des Leibes. Empfindung ist gleichsam ein Akzidenz, eine zufällige Eigenschaft, die sich aus der Verbindung von Leib- und Seelenatomen ergibt.

47 Ergänze: des Körpers und damit zugleich der Seele.

48 Das, was vornehmlich bleiben muß, ist der vernünftige Seelenteil. Wenn er sich auflöst, vergeht auch die restliche Seele; vgl. Lukrez 3,402: Wem dagegen Verstand (Geist) geblieben ist, der bleibt am Leben, auch wenn er überall durch abgeschlagene Glieder zerfleischt und die Seele aus ihnen entwichen ist, der Rumpf lebt und atmet dennoch.

49 Scholion: „Woanders sagt Epikur, daß die Seele aus sehr glatten und runden Atomen zusammengesetzt ist, die in beiderlei Hinsicht den Feueratomen noch beträchtlich überlegen sind. Und es gibt einen unvernünftigen (vegetativen) Seelenteil, der über den restlichen Körper verstreut ist. Der vernünftige Seelenteil aber liegt in der Brust, wie aus den Gefühlen der Furcht und der Freude deutlich hervorgeht. Schlaf tritt ein, wenn die über den ganzen Leib verstreuten Seelenteile innen festgehalten oder auseinandergetragen und dann durch die Anschläge hinausgetrieben werden. Und der Samen ist ein Produkt aus allen Teilen des Körpers." Nach Lukrez (4,907ff.) läßt sich die Theorie des Schlafes einigermaßen rekonstruieren. Epikur scheint angenommen zu haben, daß sich während des Wachseins und der Tätigkeit ein Teil der Seelenatome in die Körpermitte, ein anderer sich an die Leibesoberfläche zurückzieht und dort von den beständig anprallenden Materieteilchen herausgeschlagen wird, so daß die Oberfläche ohne Empfindung ist. Vermutlich also entsteht im Verhältnis von Körper- und Seelenatomen eine Disproportionalität, die eben durch den Schlaf wieder beseitigt wird.

50 Neben den Atomen und dem Leeren gibt es die vielfältigsten Eigenschaften der Dinge. Zur epikureischen Unterscheidung von wesentlichen und unwesentlichen Eigenschaften vgl. Lukrez 1,449ff.

51 Zum Beispiel kommt Schwere den Atomen und den sichtbaren Körpern zu, Farbe dagegen nur den sichtbaren; vgl. Epikur-Fragment Nr. 80. Auch die anderen Wahrnehmungsarten wie Gehör usw. finden die ihnen entsprechenden Eigenschaften an den Dingen.

52 Vgl. Lukrez 1,456, der näher erläutert, was den Körpern

nicht essentiell oder konstitutiv, sondern nur kontingent oder akzidentiell zukommt.

53 Hier liegt eine schwere Textverderbnis vor, so daß die Übersetzung unsicher ist.

54 Zum Beispiel mache ich an einem Menschen als einem Wahrnehmungskomplex die Beobachtung, daß er kein Sklave ist, den Beruf eines Kaufmanns ausübt und ein tugendsamer Mann ist. Alle diese Eigenschaften existieren nicht an sich im Sinne eines platonischen Ideals, sondern sind reine Akzidenzien, da sie nicht zum Wesen des Menschen gehören.

55 Obwohl wir keinen deutlichen Begriff (Prolepse) von der Zeit haben – im Gegensatz zu allen anderen Dingen und Eigenschaften –, so gehen wir doch mit der Zeit um, als wäre sie uns eine selbstverständliche Erscheinung. Vgl. Augustinus, Bekenntnisse 11, 14: „Was ist also die Zeit? Wenn mich niemand danach fragt, weiß ich es; wenn ich es aber einem, der mich fragt, erklären sollte, weiß ich es nicht" (zur Erklärung ist der evidente Begriff nötig). – Das folgende richtet sich vielleicht gegen Aristoteles, der die Zeit als das Maß der Bewegung bestimmt hatte.

56 Scholion: „Das sagt er auch im 2. Buch ‚Über die Natur‘ und im ‚Großen Auszug‘." Zum Problem vgl. Lukrez 1,459ff. und die Notiz bei Sextus Empiricus (Frg. 294 Us.): „Epikur sagt, die Zeit sei ein Akzidenz der Akzidenzien, ein Begleitumstand der Tage und Nächte und Jahreszeiten, der Affekte und der seelischen Gelassenheit, der Bewegung und der Ruhe. Alle diese Erscheinungen aber seien schon äußere Umstände von Dingen . . ." (z. B. sind Tag und Nacht Begleitumstände der Erdrotation usw.).

57 Vgl. diesen Brief 45 und dazu den Brief an Pythokles 88ff.

58 Scholion: „Es ist klar, daß auch die Welten vergänglich sind, da sich ihre Teile verändern. Woanders sagt er, daß die Erde von der Luft getragen werde."

59 Scholion: „Sie sind nämlich von verschiedener Gestalt, wie er selbst im 19. Buch ‚Über die Natur‘ sagt." Ob das folgende bis zum Ende des Paragraphen noch zum Scholion oder zum Text gehört, ist nicht einwandfrei festzustellen.

60 So der vermutliche Sinn dieser korrupten Stelle.

61 Epikurs Theorie der Entwicklung der menschlichen Gesellschaft und der Sprache findet sich ausführlich bei Lukrez 5,925ff. und Diogenes von Oinoanda Frg. 10 Chilton.

62 Vgl. Diogenes von Oinoanda, Anm. 22 (S. 572f.).

63 So der vermutliche Sinn dieses schwierigen Satzes.

64 Diese Erscheinungen werden ausführlicher im Pythokles-Brief behandelt. Es geht hier vor allem darum, den durch Platons Lehren mächtig geförderten Glauben an die Göttlichkeit der Gestirne und die durch den stoischen Fatalismus begünstigte Überzeugung von ihrem Einfluß aufs Irdische ad absurdum zu führen.

65 Die epikureische Götterlehre findet sich ausführlicher bei Cicero, Über das Wesen der Götter, behandelt (S. 335–340); vgl. auch Einleitung S. 85ff. Aus dem einzig richtigen Begriff vom Göttlichen ergibt sich, daß Sterne nicht von den Göttern verwaltet werden noch selbst Götter sind.

66 Wenn wir Bezeichnungen wie Geschäftigkeit und Fürsorge auf das Göttliche anwenden, dann verfallen wir wieder in Gottesfurcht, die Epikur beseitigen will, weil sie unseren Seelenfrieden beeinträchtigt.

67 Über die Aufgabe der epikureischen Naturphilosophie vgl. Einleitung S. 52f. und 70f.

68 D. h., was die Atome, das Leere, das Wesen des Göttlichen usw. betrifft.

69 Vgl. Einleitung S. 70.


## Epikur, Brief an Pythokles

1 Im zweiten Brief will der Verfasser Erklärungen für die Himmelserscheinungen geben. Dabei wird die Forderung, „die Erscheinungen zu retten", die vielleicht Eudoxos nach Demokrit formuliert hat, immer wiederholt. Jede Erklärung muß also den Augenschein berücksichtigen. So werden für die meisten Himmelserscheinungen mehrere Entstehungsmöglichkeiten angeführt: wie sie sich durch Beobachtung ähnlicher Erscheinungen auf der Erde feststellen lassen oder wie sie von älteren Philosophen angenommen worden waren (vgl. Doxographi Graeci, herausgegeben von Diels 1879).

2 Vgl. Brief an Herodotos 45. 73. 74.

3 Scholion: „Das steht auch im 11. Buch ‚Über die Natur'. Denn wenn – sagt er – sie die Größe durch die Entfernung verloren hätten, dann noch mehr die Farbe. Denn einen dafür angemesseneren Abstand gibt es nicht."

4 Nach der scheinbaren Sonnenbewegung, entsprechend der im Altertum üblichen Annahme, die Erde stehe im Mittel-

punkt, steigt die Sonne täglich im Osten herauf über den Horizont und geht zum Westen.

5 Gleichzeitig führt die Sonne noch eine scheinbare jährliche Bewegung von West nach Ost aus, diese auf der Ekliptik, die gegen den Äquator 23° 27′ geneigt ist. In den Schnittpunkten von Ekliptik und Himmelsäquator steht die Sonne bei ihrer scheinbaren jährlichen Bewegung zur Zeit der Tagundnachtgleiche am 21. März und am 23. September. Nach dem Frühlingsäquinoktium bewegt sie sich auf der Ekliptik weiter nach Norden, bis am 21. Juni die Sommersonnenwende eintritt. Darauf nähert sie sich wieder dem Himmelsäquator, überschreitet nach dem Herbstäquinoktium den Himmelsäquator nach Süden, und am 21. Dezember tritt die Wintersonnenwende ein.

6 Infolge der Bewegung des Mondes um die Erde ändert sich der von der Erde aus sichtbare beleuchtete Teil der Mondoberfläche, der das Sonnenlicht reflektiert. Wenn der Mond der Sonne gegenübersteht, ist die ganze Fläche erleuchtet, es ist Vollmond; steht er auf der Seite der Sonne, in Konjunktion mit ihr, so ist die der Erde zugewandte Seite unbeleuchtet, es ist Neumond.

7 Sonnenfinsternis tritt ein, wenn der Mond an der Sonne vorübergeht und sie, von der Erde aus gesehen, verdeckt; dies kann nur bei Neumond eintreten, auch dann nur, wenn er nahe der Ekliptikebene, seinen Knoten, ist. Auch zu einer Mondfinsternis kommt es nur, wenn der Mond bei der Gegenüberstellung zur Sonne, also bei Vollmond, nahe seinen Knoten steht.

8 Scholion: „Im 12. Buch ‚Über die Natur‘ sagt er dies und dazu, daß die Sonne verfinstert werde, wenn der Mond sie verdunkelt, der Mond durch den Erdschatten, aber auch durch Zurückweichen.“

9 Auch die wechselnde Länge der Nächte und Tage wird richtig erklärt.

10 Für die durch elektrische Entladungen in der Atmosphäre entstehenden Gewittererscheinungen gab es im Altertum keine zutreffende Erklärung.

11 Während die tektonischen Beben dargestellt werden, finden die vulkanischen Beben keine Erwähnung; vgl. Demokrit-Fragment Nr. 108.

12 Die Kometenentstehung ist auch jetzt hypothetisch. Nach der einen Hypothese entstehen sie im interstellaren Raum, aus dem sie durch Gravitationseinwirkung von Sonne und

Planeten in das Sonnensystem einbezogen werden, nach der planetarischen Theorie entstehen sie durch Zerplatzen eines Planeten oder, nach einer anderen Hypothese, sind sie in sehr weit außen liegenden Teilen des Sonnensystems entstanden.

13 Fixsterne sind nach Auffassung der Astronomen des Altertums Himmelskörper, die ihre Stellung am Himmel, außer der täglichen Bewegung des ganzen Himmels, nicht zu verändern und also an der Himmelskugel befestigt (fixiert) scheinen. In der Gegenwart werden die Fixsterne, zu denen auch die Sonne gehört, als eigene Sonnensysteme, die selbst Energie erzeugen und in den Raum ausstrahlen, erklärt.

14 Als Planeten, Wandelsterne, galten für die geozentrische Auffassung des Altertums Saturn, Jupiter, Mars, Sonne, Venus, Merkur, Mond (Kronos, Zeus, Ares, Helios, Aphrodite, Hermes, Selene). Die Berechnung der Planetenbewegung mit ihren Stillständen und ihrer Rückläufigkeit hat im Altertum zu sehr komplizierten Theorien geführt, da man sie in eine Kreisbahn einzufügen suchte. Erst Kepler konnte 1609 durch die Annahme von Ellipsenbahnen eine passende Lösung finden.

## Epikur, Brief an Menoikeus

1 Ein uns sonst nicht bekannter Schüler Epikurs.

2 Die Kennzeichnung der Philosophie als „Heilkunst der Seele" geht auf Demokrit zurück und begegnet in hellenistischer Zeit öfter (vgl. Vatikanische Spruchsammlung 54, Epikur-Fragment Nr. 2).

3 Es geht Epikur darum, die Gottesvorstellung von entstellenden und störenden Zusätzen zu befreien, die der Volksglauben geschaffen hat. Zu der Gegenüberstellung von „reiner" Erkenntnis der Götter in evidenten „Begriffen" und falschen Vermutungen über die Götter vgl. Einleitung S. 85f.

4 Bei der Deutung dieses umstrittenen Satzes folgen wir W. Schmid (Rhein. Mus. 94, 97ff. [1951]). Wenn auch Epikur ein Eingreifen der Götter in das Leben der Menschen und damit die Vorstellungen von göttlicher Strafe und göttlicher Belohnung im eigentlichen Sinn ausschließt, gibt es im Zusammenhang mit den Göttern doch die Vorstellung von Nutzen und Schaden, die dem Menschen erwachsen können. Die Quelle

dieser positiven oder negativen Einflüsse ist die Gotteserkenntnis. Von der reinen Gotteserkenntnis, wie sie der Weise besitzt, geht ein heilsamer Einfluß auf dessen seelische Grundverfassung aus. Umgekehrt erwächst aus falschen, entstellten Gottesvorstellungen seelischer Schaden. Allein in diesem Sinn, der jedes tätige Eingreifen der Götter ausschließt, können diese durch ihr bloßes Sein „Segen stiften". Es gibt Zeugnisse dafür (Philodemos, „Über die Götter" 3, col. 1, 14, S. 16 Diels), daß die Epikureer in dieser Erhebung, die der Weise in der reinen Gotteserkenntnis sucht und findet, eine Art von „Freundschaft" zwischen den Weisen und den Göttern erblickt haben.

5 Für Epikur gilt der Grundsatz, daß die Ewigkeit das gleiche Maß an Lust in sich schließt wie eine begrenzte Zeit (Hauptlehrsatz 19). Da es nicht auf die Dauer, sondern auf die Intensität des lustvoll gelebten Lebens ankommt, kann sich dieses auch bei einem frühen Tod voll erfüllt haben. Die Fähigkeit zu intensivem Erleben kann und soll sich nach epikureischer Auffassung auf jeden einzelnen Augenblick konzentrieren. Im Horazischen „Carpe diem" (Genieße den Tag) hat dieses epikureische Lebensgefühl prägnanten Ausdruck gefunden.

6 Mit dieser Polemik gegen Worte aus den Sprüchen des Dichters Theognis (6. Jh. v. u. Z.) wendet sich Epikur in Wirklichkeit gegen Platon und den jungen Aristoteles. Natürlich unterscheidet sich die Platonische Sehnsucht der Seele nach dem Eingehen in das „reine Sein" von dem aus Resignation gespeisten Pessimismus, wie er sich bei Theognis und bisweilen bei den griechischen Tragikern ausspricht. Für Platon ist „nicht geboren sein" gleichbedeutend mit „nicht in das Werden eingegangen sein", das gegenüber dem reinen Sein einen weit tieferen Rang einnimmt. Wahrscheinlich hat Epikur bewußt die volkstümliche Formel eines naiven Pessimismus gewählt, um das Platonische Streben der Seele nach dem Jenseits als eine Erscheinungsform der Weltverneinung zu treffen. Vgl. auch S. 378ff.

7 Hat der Mensch einerseits Einfluß auf die Zukunft durch sein planendes Handeln, so ist dieser Einfluß doch nicht umfassend, sofern diese Pläne durch äußere Faktoren (Naturgeschehen, Handlungen anderer Menschen) zunichte gemacht werden können. Dem Fatalismus, der sich in der Philosophie dieser Zeit besonders bei den Stoikern ausspricht, tritt Epikur mit Entschiedenheit entgegen. Er ver-

tritt die Willensfreiheit des Menschen (vgl. Einleitung S. 78f.) und bekämpft die stoische Vorstellung von schicksalhafter Vorherbestimmung (vgl. Brief an Menoikeus 133f. und Anm. 12).

8 Vgl. Einleitung S. 59. Der Mensch soll sich nach den Grundsätzen des epikureischen Hedonismus nicht von den Lustgefühlen des Augenblicks blenden lassen, sondern lernen, das auf weitere Sicht Nützliche (= Lustvolle) und Schädliche (= Schmerzliche) zu erkennen. Dieses Abmessen, der „Lustkalkül", führt zu einer Relativierung der einfachen, gleichsam naiven Begriffe von Lust und Schmerz, die unter dem Aspekt einer Rechnung auf weitere Sicht zu sehen sind: Man muß oft den Schmerz wählen, um eine höhere Lust zu gewinnen.

9 Epikur wendet sich gegen den Hauptvorwurf, der gegen seine Ethik von den Zeitgenossen und in der Folgezeit immer wieder erhoben wurde: Sie predige ein hemmungsloses Erraffen körperlich-sinnlicher Genüsse. Diese Unterstellungen stehen zu den Prämissen der epikureischen Ethik in so offenkundigem Widerspruch, daß sich ihre hartnäckige Wiederholung durch die gegnerischen Schulen und später besonders durch das Christentum nur aus der Absicht erklären läßt, die Lehre des materialistischen Philosophen zu diskreditieren.

10 Die Vernunft (phrónēsis) hat in der epikureischen Theorie besondere Bedeutung, weil sie das Abwägen von Lust und Schmerz, von kleinerer und größerer Lust zu leisten hat. Ist die phrónēsis wie die übrigen Tugenden für Epikur nicht ein Selbstwert, sondern nur Mittel, um den lustvollen Dauerzustand zu erreichen, so ist doch bemerkenswert, daß Epikur die Hochschätzung dieser Tugend mit der gesamten übrigen griechischen Philosophie teilt, mag er auch von ganz spezifischen Voraussetzungen ausgehen.

11 Epikur setzt die Regelmäßigkeit der Naturvorgänge innerhalb eines bestehenden Kosmos voraus (vgl. Einleitung S. 78). Neben dieser „Notwendigkeit" ist für die Ethik auch der Zufall von Bedeutung, der für den Epikureer das von der Notwendigkeit bestimmte Naturgeschehen in Relation zum Menschen darstellt. Gemeint ist der Mensch als Einzelwesen, auf den das Naturgeschehen „zufällig" zukommt, ohne daß er stets den kausalen Zusammenhang erkennen kann. Epikur lehnt die hellenistische Vergöttlichung der „Týchē" (Zufall, Glück), die den Menschen als Spielball

höherer Gewalten erscheinen läßt, ab. Nach den Lehren
dieser Ethik kann der Mensch Glück wie Unglück zum
Ausgangspunkt für eine von unumstößlichen Prinzipien ge-
leitete Lebensführung machen.

12 Die Schicksalsnotwendigkeit (heimarménē) bestimmt nach
Auffassung der stoischen Philosophie alles Geschehen in der
Natur und im Leben der Menschen. Für Epikur gilt, daß
der Mensch zwar den automatisch und „blind" nach ihren
Gesetzen wirkenden Naturkräften ausgesetzt ist. Aber durch
die Willensfreiheit hat er die Möglichkeit, sich diesem Geschehen tapfer entgegenzustellen (Vatikanische Spruchsammlung 9).

## Epikur, Über die Natur

1 Epikurs Hauptwerk, die 37 Bücher „Über die Natur",
schien bis Anfang des 19. Jh. verloren. Damals wurde bekannt, daß der Herculanenser Papyrusfund von 1752/54
Reste davon enthielt; im Jahre 1809 wurden in Neapel
Teile des 2. und 11. Buches veröffentlicht (Herculanensium
voluminum collectio prior, Bd. 2). Doch erst rund 150 Jahre
später waren die Bruchstücke philologisch einigermaßen zuverlässig bearbeitet. A. Vogliano gab zwischen 1928 und
1953 die Reste der Bücher 2, 11, 14, 15 und 28 heraus.
Andere italienische Forscher edierten die übrigen Fragmente.
Das bis 1960 erzielte Textverständnis fand seinen Niederschlag in der Epikur-Ausgabe von G. Arrighetti (Epicuro,
Opere, Torino 1960, mit italienischer Übersetzung).
Die hier vorgelegte deutsche Auswahl umfaßt außer einigen
aus Philodemos gewonnenen Zitaten die größeren Fragmente
der fünf Bücher, von denen zusammenhängende Textstücke
erhalten blieben. Durchweg sind es Schlußpartien von Büchern; das Innere der Buchrollen war besser vor Zerstörung
geschützt als die äußeren Papyrusschichten. Nicht mit aufgenommen wurden das 15. Buch und die Papyri 362, 1420
und 1431, von denen nur kleinere Stücke erhalten sind. Die
Entzifferung der Herculanensischen Rollen ist nicht abge-
schlossen; möglicherweise findet sich von der Schrift „Über
die Natur" noch mehr.
Unter jedem Textstück (am Schluß des 28. Buches auch am
Rande) ist die Bezifferung in der Ausgabe Arrighettis angegeben. Am Rand sind außerdem die Nummern notiert,

unter denen die Papyri in der Sammlung des Museo Nazionale in Neapel registriert wurden, dazu die fortlaufenden Ziffern der Bruchstücke und Kolumnen. Die Angaben sind gegenüber dem papyrologischen Befund und den Notizen in den maßgebenden Textausgaben z. T. etwas vereinfacht. Die Verwendung von Rund- und Eckklammern ist oben S. 453 erläutert. Die in Eckklammern gesetzten Ergänzungen erheben nicht den Anspruch, den originalen Wortlaut zu rekonstruieren. Sie wollen lediglich jeweils die Satzkonstruktion und den Inhalt überschaubar machen. Epikur dürfte sich vielfach komplizierter ausgedrückt haben. Die wenigen Abweichungen von der Textgestaltung Arrighettis sind nicht kenntlich gemacht.

Etwas von der literarischen Form des Werkes wird im 28. Buch kenntlich. Epikur nimmt dort auf Diskussionen mit seinem Schüler Metrodoros Bezug, redet ihn mehrmals an, wendet sich aber auch an eine ganze Gruppe von Schülern. Vielleicht ist dieser Teil des Werkes Metrodoros gewidmet. Es spricht viel dafür, daß die ersten Bücher straffer gestaltet waren und erst in den späteren Büchern, die wir als Nachträge zu dem vorangehenden Hauptteil verstehen dürfen, sich ein lockerer Gesprächston ausbreitete. Doch liegen wohl dem gesamten Werk Vorlesungen zugrunde, die Epikur in seiner Schule gehalten hat. Insofern ähnelt „Über die Natur" den uns erhaltenen sogenannten esoterischen Schriften des Aristoteles, spiegelt jedoch mindestens in einigen Partien jene lebendigere Form des Unterrichts wider, die unter Epikur den Lehrstil im Kepos kennzeichnete. Die Argumentation ist nicht, wie es auf den ersten Blick scheinen mag, spröde, sondern einfallsreich und stellenweise von sarkastischer Ironie.

Für die Abfassungszeit bietet die Notiz „unter Hegemachos" am Ende des 15. Buches (vgl. unten Anm. 86) einen Anhalt. Danach entstand das Buch in der Amtszeit des athenischen Archons dieses Namens, d. h. im Jahre 300/299 v. u. Z., bald nach Epikurs Übersiedlung nach Athen. Auf gleiche Weise ist das 28. Buch ins Jahr 296/5 datiert.

Welche Themen die Schrift „Über die Natur" im einzelnen erörterte und welche Reihenfolge sie dabei einhielt, ist nur teilweise klar. Plutarch in seiner Schrift „Gegen Kolotes" 1114a und das oben S. 501 Anm. 14 genannte Scholion bezeugen, daß Epikur zu Anfang – wie nicht anders zu erwarten – die Lehre von den Atomen und vom Leeren vortrug. Doch überrascht es, bereits im 2. Buch neben der Lehre von der Zeit (vgl. das oben S. 508 Anm. 56 zitierte Scholion) das Lehrstück von den Eidola abgehandelt zu finden. Freilich ist davon auch im Brief an Herodotos an ziemlich früher Stelle, ab § 46, die Rede. Die Disposition des Werkes „Über die Natur" stimmte besonders in den ersten Büchern öfters mit derjenigen der Briefe an Herodotos und Pythokles überein. Doch wich sie, nicht zuletzt wegen der weit größeren Materialfülle und der zu vermutenden Anfügung von Nachträgen, zweifellos auch vielfach davon ab. Die Unterschiede zur Disposition des Lukrezischen Lehrgedichts „Über die Natur der Dinge" sind beträchtlich.

2 Der Sinnzusammenhang und die hier nicht mit aufgenommenen kürzeren Bruchstücke aus den vorangehenden Buchteilen lehren, daß schon dort auf die hohe Geschwindigkeit der Abbilder hingewiesen wurde. Vor allem aber waren eine Reihe andere Punkte der Eidola-Lehre behandelt, z. B. die Entstehung der Abbilder, ihre materielle Beschaffenheit und ihre Formähnlichkeit mit der Oberfläche der Dinge, von denen sie sich ablösen. Vgl. hierzu Epikurs Brief an Herodotos 46–51, und das 4. Buch des Lukrez. Beide Parallelstellen äußern sich zur Geschwindigkeit im gleichen Sinne wie das Werk „Über die Natur", z. T. jedoch mit anderen Argumenten.

3 Epikur lehrt, daß die Abbilder, obwohl Atom*zusammensetzungen*, sich mit ähnlicher „Gedankenschnelle" durch den Raum bewegen wie Einzelatome.

4 Die Aussage bezieht sich offenbar nicht speziell auf die Abbilder, sondern auf alle Atome. Sie wäre somit ein Beleg für die Epikureische Lehre vom „Atomregen" (vgl. S. 76).

5 Spätestens in den folgenden Worten dürfte Epikur von den allgemeinen Atomeigenschaften auf die Eigenschaften der Abbilder geschlossen haben. Die Bewegung „nach einer einzigen Richtung" schließt selbstverständlich nicht aus, daß die Dinge nach *allen* Seiten zu Abbilder entlassen.

6 Epikur verwendet hier (wie beispielsweise auch im Brief an Herodotos 48) statt der Demokritschen Begriffe die Ausdrücke, mit denen Aristoteles die Originaltermini Demokrits umschrieben hatte, vgl. Demokrit-Fragment Nr. 30. Im übrigen treffen die hier genannten Bedingungen durchaus auch auf die Abbilder zu, denn sie besitzen ja Ausdehnung und demzufolge auch eine bestimmte Lage und Anordnung der Atome.

7 Der schlechte Erhaltungszustand der Stelle beeinträchtigt das Verständnis. Offenbar ist davon die Rede, daß Atome, die von ihrer primären Bewegungsrichtung abweichen, innerhalb sich bewegender Atomzusammensetzungen Deformierungen bewirken können, noch ehe diese Zusammensetzungen auf Festes auftreffen und dabei dann gründlich deformiert werden.

8 Epikur spielt auf eine Lehre an, die vorher offenbar erläutert war, für uns aber nicht recht klar ist. Vielleicht bezieht sich die Bemerkung darauf, daß beispielsweise Gerüche und Dämpfe, die sich im Inneren der Dinge bilden, anders als die Abbilder, die auf deren Oberfläche entstehen, die Gestalt der Dinge nicht nachzuformen vermögen (Lukrez 4,90–97).

9 Der Gedankengang scheint zu der Folgerung geführt zu haben, die den Anfang von Fragment 43 bildet. Also etwa: „Da nämlich nicht nur dasjenige, was größte Leichtigkeit hat, Geschwindigkeit entwickelt, sondern auch Schweres Geschwindigkeit zu entwickeln vermag, muß für die Abbilder, die sich ja durch größte Leichtigkeit auszeichnen, erst recht gelten, daß sie Geschwindigkeit entwickeln. Somit ist diese Fähigkeit, den Raum geschwind zu durchmessen, auch den Abbildern eigen."

10 Der Begriff „Leerheit", der dasselbe wie „das Leere" bedeuten kann, bezeichnet hier wohl wie Feinheit und Kleinheit eine Eigenschaft von Dingen, und zwar den Einschluß von viel Leerem, der Lockerheit bewirkt. Mit dem „Sich-Abstoßen" der Abbilder ist gemeint, daß sie sich von der Oberfläche der Dinge abheben.

11 Diese Folgerung leuchtet nicht ein. Zumindest scheint nicht berücksichtigt, daß die Abbilder sich schließlich ja in Festem, nicht zuletzt in den Sinnesorganen von Mensch und Tier, verfangen.

12 Hier scheint ein Abschnitt zu enden. Der folgende Abschnitt handelt vom Eindringen der Abbilder in die Poren und ihrem Unvermögen, feste Dinge zu durchdringen.

13 Zur Lehre von den Poren vgl. Demokrit Anm. 6. Epikur nahm an, daß Eidola nicht nur in das geöffnete Auge eindringen, sondern auch durch Hauptporen in den Menschen gelangen, falls die Symmetrie, d. h. die der Form der Poren angemessene jeweilige Gestalt der Eidola, das gestattet (vgl. O. Luschnat, Die atomistische Eidola-Poroi-Theorie in Philodems Schrift De morte, Prolegomena 2, 21–41 [1953]). Auf diese Weise erklärte er Traumerscheinungen.

14 Mit welchen Worten Epikur hier die Vertreter einer konkurrierenden Eidola-Theorie nannte, wissen wir nicht. Gemeint sind offenbar die Demokriteer. Trifft das zu, ergänzt
die Stelle die Demokrit-Fragmente Nr. 196ff.

15 Der Satz richtet sich gegen die zuvor charakterisierte, von
Epikur zurückgewiesene Lehre. Die Argumentation bedient
sich einer aus Demokrit bekannten Formel („um nichts
mehr"), vgl. Demokrit Anm. 4.

16 Der Ausdruck entspricht der Wendung „Lage und Anordnung" vom Beginn des Frg. 41.

17 In der Bedeutung „Anhauch" begegnete der Begriff im
Demokrit-Fragment Nr. 237. Epikur dachte sich das Pneuma
als Windstoff, d. h. als eine luftähnliche, sehr bewegliche
Substanz. Er sah in ihm einen der Seelen-Bestandteile; vgl.
Brief an Herodotos 63 und Epikur-Fragmente Nr. 87f.

18 D. h., Abbilder sind in einem anderen Sinne „fein" als
beispielsweise das Pneuma.

19 Ordnung, Angemessenheit der Erklärweise. Der gleiche Begriff, griech. oikonomía, auch im Brief an Herodotos 79
(„sachkundige Anwendung, sc. der Grundlehren").

20 Die interessante methodische Bemerkung bricht leider ab,
ehe der entscheidende Punkt genannt ist.

21 Im folgenden 3. Buch wurden zunächst vermutlich weitere
optische Erscheinungen und später akustische Phänomene
besprochen, ähnlich wie im Brief an Herodotos und im
4. Buch des Lukrez.

22 Eine Subscriptio („Unterschrift"), d. h. die Nennung der
Buchziffer am Ende der Buchrolle. Gleichartige Angaben
finden sich nach antiker Gepflogenheit auch am Schluß der
übrigen Bücher.

23 In den verlorenen Werkteilen zwischen Buch 2 und 11
waren sicherlich weitere Fragen der Atombewegung und vor
allem der Atomformen behandelt. Auch die Frage der Entstehung und des Zerfalls von Welten dürfte zur Sprache
gekommen sein: Das 11. Buch beschäftigt sich mit kosmologischen Detailproblemen, besonders mit der Frage des
Haltes und Verharrens der Erde in der Weltmitte. Diese
Frage wird bereits in einigen vorangehenden Fragmenten
des Buches erörtert, von denen wegen ihrer Spärlichkeit keine
Übersetzung gegeben werden kann.

24 Vermutlich spielte Epikur hier nicht auf eigene, sondern
uns nicht näher kenntliche fremde Argumente an.

25 Gemeint offenbar, wie Frg. 27 zeigt: Unberührbar für die

Wirbelbewegung der die Erde umgebenden Luft- und Gestirnsphäre. Es scheint, als sei bis zu dieser Stelle allgemein von den Himmelskörpern die Rede gewesen, während im folgenden speziell über die Erde gesprochen wird.

26 Dies die Lehre des Begründers des Atomismus, vgl. Leukippos-Fragment Nr. 14; ähnlich Demokrit-Fragment Nr. 104.

27 Die Ausführungen, die klarer in Frg. 33 wiederkehren, nehmen möglicherweise auf Leukippos und Demokrit Bezug, dagegen sind die erwähnten „Mauern" offenbar nicht mit den „glühenden Mauern der Welt", der die Welt nach außen abschließenden Materieschale, identisch, von der insbesondere Lukrez spricht (z. B. 1,73; 5,454). Eher ist wohl an hohe Randgebirge zu denken, die die Weltscheibe umgrenzen.

28 Epikur scheint zunächst gegen gedankliche Modellvorstellungen, die die Gestirnbewegungen erklären wollen, und erst später (Frg. 38ff.) gegen mechanische Demonstrationsapparate zu polemisieren.

29 Im griechischen Text könnte hier auch das Wort für „Sterne", ástra, gestanden haben.

30 Epikur führt, so scheint es, ein Gedankenexperiment vor, um die Relativität und damit, wie er richtig annimmt, Unzulässigkeit der Begriffe „oben" und „unten" in bezug auf den Weltraum zu zeigen: Der Mensch muß sich die Welt nur aus dem Kopfstand betrachten, und schon verkehren sich ihm „oben" und „unten". Ähnliche Überlegungen im Brief an Herodotos 60.

31 Das Wort „Zentrum" ist sicher gelesen, das Wort „Umwandungen" mit einiger Sicherheit zu erschließen, doch konnte der Sinnzusammenhang der Stelle noch nicht einwandfrei rekonstruiert werden.

32 Die Vorstellung von der Mittelstellung der Erde innerhalb einer annähernd kugelförmigen Welt („Kosmos") entspricht Epikurs eigener Auffassung. Dabei ist zu bedenken, daß das Weltall entsprechend der atomistischen Theorie eine Vielzahl solcher Welten enthält. Es scheint, als breche das Fragment inmitten eines Vergleichs ab, der irgendeine Analogie zu den Gliedern des menschlichen Körpers behauptete.

33 Hier und im folgenden finden sich charakteristische Beispiele für Epikurs besonders aus dem Brief an Pythokles bekannte Skepsis hinsichtlich der Wahrheitsfindung bei Himmelserscheinungen. Möglicherweise distanziert sich Epikur hier von den Demokriteern; vgl. Anm. 27.

34 Vergleichbar ist die Bemerkung in Aristoteles' Schrift „Über
den Himmel" 297b 30, daß der Himmel sich uns schon
bei geringer Verschiebung des Beobachtungspunktes verändert darstellt, indem manche Sterne sichtbar, andere unsichtbar werden. Epikur bezieht sich jedoch offensichtlich
auf die Sonnenbeobachtung. Bei den „Schiefstellungen" (oder
„Seitenstellungen"? Griechisch: plagiasmoí) denkt man an
die Schiefe der Ekliptik oder an die seltsame bei Diogenes
von Oinoanda, Frg. 20 (XXI) erwähnte Lehre. von einem
Hinaustreten der Sonne aus dem Kosmos nach der Seite
(plágia) und ihrer Rückkehr von dort in den Kosmos. Doch
kann sich die polemische Anspielung auch auf die Demokritische Lehre von der Schiefheit der Erdoberfläche (vgl.
Demokrit-Fragment Nr. 106) oder eine andere, uns nicht
mehr greifbare Theorie beziehen.

35 Eine wissenschaftsgeschichtlich sehr interessante Stelle. Die
erwähnten Apparate waren kleine mechanische Demonstra-
tionsmodelle, mit denen die Bewegungen der Planeten (nach
antiker Auffassung einschließlich Sonne und Mond) nachge-
ahmt werden konnten. Auf gleiche oder ähnliche Apparate
spielen auch Platon („Timaios" 40d) und Cicero („Über
den Staat" 1,21; „Gespräche in Tusculum" 1,63; „Über das
Wesen der Götter" 2,3) an. Konstrukteur war möglicherweise der eine Zeitlang in Platons Akademie lehrende Philosoph und Astronom Eudoxos aus Knidos. In nachepikurei-
scher Zeit waren die Himmelsmodelle des Archimedes (287
bis 212 v. u. Z.) berühmt.

36 Das Bezugswort für das Pronomen „sie", das in der Lücke
zwischen Frg. 37 und 38 verlorenging, war offenbar „die
Planeten", d. h. die Planetennachbildungen in den Demon-
strationsapparaten.

37 Ein oder zwei Worte fehlen, vielleicht „von Abnormi-
täten".

38 Ob der Text hier wirklich vom „erfaßten Teil" spricht, ist
schwer zu entscheiden; andere, ähnliche Übersetzungen sind
möglich. Epikur mahnt jedenfalls, die Wirklichkeit nicht
mit bloßen modellhaften Vorstellungen zu verwechseln.

39 Gemeint: von den Atomen bzw. von sehr kleinen Atomzusammensetzungen; nicht nur das Erlebnis kosmischer Erscheinungen, sondern auch viele andere Atomeinwirkungen
lösen im Menschen Angstempfindungen aus.

40 Epikur bezieht sich. auf das Hauptanliegen seiner Physik:
Befreiung des Menschen von Furcht. Für eine mögliche

Quelle der Beängstigung hält er den jahreszeitlichen Wechsel der Sonnenauf- und -untergänge, der als Folge der Einwirkung einer höheren Macht mißverstanden werden könnte. Demgegenüber wies er ja schon vorher darauf hin, daß die Auf- und Untergänge der Sonne sich auch je nach dem Standort des Beobachters verschieben, ohne daß dabei eine höhere Macht im Spiel ist.

41 Daß die Erde an ihrem Platz verharre, weil sie von unten her durch Luft gestützt werde, scheint eine in vorsokratischer Zeit diskutierte Meinung gewesen zu sein. Epikur greift diese Anschauung, wie sich in der Folge zeigt, in abgewandelter Form auf: Für den Halt der Erde spielt eine Rolle, daß die Erde oben und unten gleichmäßig von „dünner Substanz", d. h. vorwiegend von Luft, umgeben ist. Vgl. auch das S. 508 Anm. 58 zitierte Scholion, das Epikurs Meinung wohl vergröbert wiedergibt.

42 Der – nach allen Seiten gleiche – Abstand der Erde von der Weltperipherie wird schon bei Anaximandros von Milet (Frg. 12 A 26 D.-K.) und Platon („Timaios" 62–63) mit dem Verharren der Erde in der Weltmitte in Verbindung gebracht. Dort heißt es, wie hier im folgenden Frg. 43, dieses Gleichmaß sei der Grund dafür, daß die Erde nach keiner Seite ein Übergewicht erlange. Während es an der vorliegenden Stelle scheint, als nehme Epikur selbst im Vorübergehen auf diese Ansicht Bezug, begegnet sie in Frg. 43 als Bestandteil einer von Epikur abgelehnten Theorie. Über ähnliche Theorien, die die Gleichmäßigkeit im Weltaufbau für den Halt der Erde verantwortlich machen, vgl. E. G. Schmidt in der Aufsatzsammlung „Isonomia" (s. Literaturverzeichnis).

43 Diese Stelle könnte dafür sprechen, daß Epikur sich die Erde als flache Scheibe geformt dachte oder dieser Vorstellung zumindest den Vorzug einräumte; vgl. Einleitung S. 77.

44 Diese Fortsetzung des Gedankengangs zeigt, daß Epikur nicht, wie man vorher hätte denken können, die bei Platon vorgetragene Auffassung, sondern eine andere, ähnliche Theorie bespricht. Bei Platon gilt nämlich nicht die Lufthülle als entscheidend für das physikalische Verständnis des Verharrens der Erde. Dagegen ist nach der von Epikur referierten Lehre die wie ein allseits gleich starkes Polster zwischen Erde und Weltperipherie lagernde Luft die eigentliche Ursache für den Halt der Erde in der Weltmitte. Wer die Theorie vertrat, wissen wir nicht.

45 Epikur hebt von der Lehre, das Luftpolster zwischen Erde
   und Weltperipherie sei selbst Ursache des Haltes der Erde,
   die Auffassung ab, das Luftpolster *bewirke* diese Ursache
   nur. Als eigentliche Ursache der Ruhestellung wird in dieser
   zweiten Argumentationsvariante offenbar das Beharrungsvermögen der Erde selbst angenommen; vgl. Anm. 47.

46 Epikur belegt die besprochene Theorie mit einem Zitat.
   Doch wir kennen den zitierten Autor nicht. Als einen der
   „Göttergleichen" bezeichnet Epikur ihn unter Anspielung auf
   die verbreitete Auffassung von der Allwissenheit der Götter,
   weil er über Dinge ein Wissen zu haben behauptet, über
   die nach Epikurs Meinung eindeutige Auskunft nicht möglich
   ist.

47 Letzten Endes gelangt Epikur zu dem Schluß, es sei nicht
   zu entscheiden, ob der gleichmäßige Abstand zwischen Erde
   und Weltperipherie oder das Beharrungsvermögen der Erde
   selbst die Ursache ihres Haltes ist.

48 Die Stelle läßt sich nicht zuverlässig rekonstruieren.

49 Falls die Rekonstruktion des vorangehenden Satzes annähernd das Richtige trifft, dürfte mit der „falschen Theorie"
   die Lehre von den Luftstützen gemeint sein.

50 Am Schluß des 11. Buches kündigte Epikur seine Absicht an,
   auch das 12. Buch den Himmelserscheinungen zu widmen.
   Sie galten im Volksglauben als Wirkungsbereich der Götter.
   In Zusammenhang mit der Widerlegung des traditionellen
   religiösen Weltbildes entwickelte Epikur, wie die erhaltenen Zitate zeigen, exkursartig die Grundsätze seiner eigenen
   Götterlehre. Wir verdanken die Nachrichten aus dem
   12. Buch „Über die Natur" Philodemos' Schrift „Über die
   Frömmigkeit", deren Reste ebenfalls in Herculaneum gefunden wurden.

51 Gemeint: mit Gebeten. Obwohl Gebetswünsche nach den
   Voraussetzungen der Epikureischen Physik die Götter nicht
   zu Reaktionen veranlassen, ja wohl nicht einmal erreichen,
   lehrte Epikur die Berechtigung des Gebets als eines Mittels,
   sich in die Vorstellung eines vollendet glücklichen Lebens
   zu vertiefen und dadurch Kraft für die eigene Lebensgestaltung zu schöpfen.

52 Prodikos, Kritias und andere Sophisten (besonders Protagoras)
   sowie der Philosoph Diagoras, ein Erbe der ionischen Naturphilosophie, alle in der zweiten Hälfte des 5. Jh. v. u. Z.
   lebend, galten vielfach als Atheisten (átheoi) und bezogen
   in der Tat z. T. atheistische Standpunkte (Kritias ungeachtet

seiner extrem reaktionären politischen Überzeugungen). In seinem Satyrspiel „Sisyphos" bezeichnete Kritias die Religion als Erfindung eines schlauen Kopfes, der den Menschen die Existenz allwissender Götter einredete, um sie von heimlichen Verbrechen abzuhalten, und zum Beweis für die angebliche Wirksamkeit der Götter auf Erscheinungen wie Blitz und Donner verwies. Diagoras lehrte, die Kraft, die alles Geschehen lenke, sei die Luft.

53 Interessanterweise hielt Epikur es für geboten, seine eigenen Lehren von denen der Atheisten scharf abzugrenzen und jeden Verdacht des Atheismus von sich abzulenken – übrigens vergeblich: im späteren Altertum, besonders bei den christlichen Schriftstellern, galt er selber als der schlimmste Atheist. – Aus Philodemos ist kenntlich, daß Epikur die Erörterungen über die Götter auch im 13. Buch fortsetzte. Er sprach dort offenbar von der Gewogenheit und der Feindseligkeit der Gottheit gegenüber manchen Menschen (Frg. S. 250 Arr.).

54 Das 14. Buch brachte einen Themenwechsel. Epikur behandelt die Möglichkeiten von Atomverbindungen und die Elementenlehre, letztere vor allem kritisch. Das Verständnis und die Übersetzung der Fragmente sind W. Schmid, Epikurs Kritik der platonischen Elementenlehre, Leipzig 1936, verpflichtet. Die Stellung der ersten drei angeführten Fragmente innerhalb des Buches ist nicht auszumachen.

55 Es ist von kreisenden Atombewegungen die Rede, also offenbar von Wirbelbewegungen bei der Entstehung von Welten.

56 Stoßen Atome aufeinander, so können sie sich miteinander verbinden. Atome können auch von Atomzusammensetzungen zurückprallen, ohne diese zu deformieren. Manche Atome schlagen beim Aufprall auf eine Atomzusammensetzung jedoch Atome aus der Verbindung heraus. Epikur nennt sie die „herausschlagenden", d. h. Auflösung und Zerstörung bewirkenden Atome.

57 Die nicht sicher gelesene Stelle besagt wohl, ungeklärte physikalische Fragen solle man Späteren zur Lösung überlassen. Das wäre eine interessante Variante zu Epikurs Urteilsenthaltung bei mehreren einleuchtenden, zur Auswahl stehenden Erklärungen für Naturerscheinungen.

58 Gemeint sind die frühen ionischen Naturphilosophen, insbesondere Anaximenes aus Milet (etwa 580–520 v. u. Z.). Er lehrte, das Urelement sei die Luft, die anderen drei

Elemente entstünden aus der Luft durch Verdichtung (Wasser, Erde) oder Verdünnung (Feuer).

59 Der gedankliche Zusammenhang der Stelle ist nicht deutlich, wohl aber die eigentümlich ironische Geste, mit der Epikur auf die Demokriteer hinweist. Aus Gründen, die noch nicht ausreichend aufgehellt sind, betont Epikur hier wie anderswo nicht seine Abhängigkeit von Demokrit, sondern seine Selbständigkeit gegenüber seinem großen Vorgänger.

60 Vgl. Anm. 58.

61 Die Worte „durch Ortsverlagerung" umschreiben das, was in dem stark zerstörten Text gestanden hat, nur annäherungsweise. Es ist nicht auszumachen, ob Epikur den bekämpften ionischen Naturphilosophen hier seine eigene Atomtheorie entgegenstellt oder ob er referiert, in welcher Weise Platon und die Platoniker sich mit ihren Vorgängern auseinandergesetzt hatten; vgl. Platon, „Timaios" 49b–c.

62 Nunmehr wird klar kenntlich, daß Epikur sich gegen die Elementenlehre des Platonischen „Timaios" wendet; vgl. Einleitung S. 47 und Anm. 66.

63 Welche Philosophen sind es, deren Elementenlehre Epikur hier als zwar mit Mängeln behaftet, aber doch besser als die der Platoniker bewertet? Man hat an Aristoteles gedacht. Doch der Begriff der „wesentlichen Zusammensetzung", den Epikur vermutlich wörtlich referiert, ist nicht Aristotelisch. Er klingt wie ein Demokritischer Begriff, der in nicht-demokritische Worte gekleidet ist. Vielleicht war er bei Anhängern Demokrits in Gebrauch, die sich in ihrer Terminologie durch andere Philosophen (Anaxagoras, Platon, Aristoteles?) hatten beeinflussen lassen. Die „wesentlichen Zusammensetzungen" sind jedenfalls die „klassischen" Elemente Feuer, Luft, Wasser und Erde der altionischen und Empedokleischen Philosophie, die auch Demokrit, wenn er von Stoffen spricht, bevorzugt nennt (was im übrigen auch von Epikur selbst und von Lukrez gilt).

64 In der Polemik gegen Platon spielt Epikur hier auf eine Materievorstellung an, die nicht nur Platons Elementenlehre, sondern auch Anaxagoras, ja vielleicht schon den Stoiker Zenon von Kition meint; Zenon jedenfalls vertrat die im folgenden erwähnte Lehre von der unendlichen Teilbarkeit des Materiellen.

65 „Fest" im Sinne des Atombegriffs.

66 Bei Platon („Timaios" 53c–55c) sind zwei Arten dreieckiger Flächen die Grundformen, aus denen sich (nach den

Termini der modernen Stereometrie) die gleichseitige Pyramide (Tetraeder), der Würfel (Hexaeder), das Oktaeder und das Ikosaeder zusammensetzen, die in dieser Reihenfolge den Elementen Feuer, Erde, Wasser und Luft entsprechen. Epikur hat recht mit der anschließenden Kritik, daß von Platon und seinen Anhängern für diese Elementenlehre keine Beweise beigebracht worden sind.

67 Gemeint: Man kann nicht mit Sicherheit voraussetzen, daß die Elemente je die von Platon behaupteten Formen annehmen. Fortsetzung des Gedankens: Prüft man aber die Wahrscheinlichkeit, daß Elemente in den genannten Formen auftreten, so muß man sagen, daß durch Zufall gelegentlich *jedes* Element *jede* der genannten Formen annehmen kann. Das Feuer, das scheinbar am häufigsten in pyramidenähnlicher Gestalt beobachtet wird, hat in dieser Hinsicht grundsätzlich keine Vorzugsstellung.

68 Die emporzüngelnde Flamme zeigt eine einigermaßen regelmäßige, pyramidenähnliche Gestalt nur dann, wenn sie nach oben zu genügend Ausdehnungsmöglichkeit hat und wenn der Verbrennungsvorgang (nach atomistischer Vorstellung: das Entweichen der Feueratome aus den Atomzusammensetzungen, in die sie eingeschlossen waren) bei unbewegter Luft stattfindet.

69 Die Textergänzung ist unsicher und deutet nur eine Möglichkeit an, wie der Gedanke fortgeführt gewesen sein könnte.

70 Falls die Textergänzung annähernd das Richtige trifft und Epikur hier von der eigenen Lehre spricht, so ist gemeint, daß das Feuer größtenteils bis an die Weltperipherie gewichen ist, wo es die Gestirne und die „flammenden Mauern der Welt" (vgl. Anm. 27) bildet.

71 Die Stelle scheint auf Gleichheitsvorstellungen Bezug zu nehmen, wie sie in Anm. 42 erwähnt wurden. Der genaue Wortsinn ist nicht geklärt.

72 Die Entwicklung von Methoden, aus dem Sichtbaren auf Unsichtbares zu schließen (insbesondere auf die Existenz der Atome), war ein wichtiges erkenntnistheoretisches Anliegen der Epikureer. Instruktive Beispiele für das Verfahren finden sich z. B. im 1. Buch des Lukrez. Vgl. auch unten Anm. 97.

73 Gemeint können die Elemente sein, von denen bisher noch nicht die Rede war, z. B. das Wasser, aber auch alle anderen Dinge, insofern sie sich nach Platonischer Vorstellung aus den vier Elementen aufbauen.

74 Ein solcher Beweis wird in Platons „Timaios" in der Tat
nicht geliefert.

75 Die Abhandlung, auf die Epikur vorausweist, ist nicht erhalten.

76 Offenbar eine polemische Anspielung auf Platons von Epikur
strikt zurückgewiesene Abwertung des sinnlich Erkennbaren
zugunsten der Erkenntnis der „Ideen".

77 Feuer und Erde.

78 Ein neues Thema, das als methodologischer Nachtrag das
Buch beschließt. Epikur wendet sich gegen fortgesetzte
Neuerungen in der philosophischen Terminologie. In der
Tat hatte bis zu Epikurs Zeit nahezu jeder bedeutendere
Philosoph eine neuartige Terminologie geschaffen, und wir
erfahren aus unserer Stelle, daß dieser Zug des Philosophierens bis zur Originalitätssucht ausgeartet war: Manche
Philosophen wurden offenbar als „Nachahmer" und „Eklektiker" verspottet, weil sie Begriffe verwendeten, die sie von
Vorgängern übernahmen. Epikur legt demgegenüber Wert
auf einen den Sachen angemessenen Gebrauch der philosophischen Termini. Er selbst verwendet, wo es ihm sachlich
gerechtfertigt scheint, durchaus auch Ausdrücke aus der Begriffssprache älterer Philosophen, insbesondere des Demokrit
und Aristoteles.

79 Nach Epikurs Ansicht kann ein Philosoph das Verdienst, das
er sich dadurch erwirbt, daß er als erster einen richtigen
Lehrsatz findet, zunichte machen, wenn er diesen Lehrsatz mit
anderen, inhaltlich nicht zugehörigen Lehrsätzen verknüpft.

80 Zu einer in sich einheitlichen Lehre gelangt man nicht, indem
man sich an *einen* Philosophen als Autorität klammert, sondern indem man philosophische Sätze – gleich welcher Autoren – *sinnvoll* verwendet.

81 Das ist im von Epikur gewählten Beispiel die korrekte
logische Form der Schlüsse. Die Stelle bezeugt, daß Epikur,
der die Logik nicht als ein Hauptgebiet der Philosophie anerkannte, die Korrektheit logischen Schließens dennoch zu
schätzen wußte.

82 Das Wort wird hier in der Bedeutung gebraucht, die es im
4. Jh. v. u. Z. bei den Gegnern der älteren und vor allem
der zeitgenössischen Sophistik annahm (z. B. in Aristoteles'
Schrift „Sophistische Widerlegungen"). Für die Sophisten
ist dieser Einschätzung zufolge die Verwendung von Scheinbeweisen bezeichnend, mit denen sie andere irreführten.
Die Stelle setzt die für Epikur und andere Philosophen

seiner Zeit charakteristische grundsätzliche Ablehnung von Dichtung, Sophistenkünsten und Rhetorik voraus.

83 Die übliche Bezeichnung für sog. rhetorische, d. h. nicht nach schulmäßigen Regeln gebildete Schlüsse. Von den Sophismen werden die Enthymeme dadurch unterschieden, daß sie nicht auf Irreführung abzielen.

84 Das gebräuchliche Wort für „Sprachschnitzer" hieß so nach den Einwohnern der Stadt Soloi in Südostkleinasien, deren unkorrektes Griechisch man verspottete. Epikur deutet das Wort für den Bereich der Philosophie so um, daß es nicht so sehr den unkorrekten Sprachgebrauch als vielmehr die sinnwidrige Verwendung philosophischer Lehrsätze bezeichnet.

85 Gemeint offenbar: Wer entweder überhaupt keinen Philosophen zum Vorbild nimmt oder sich nur an einen einzigen Philosophen hält, ist von vornherein der Gefahr enthoben, sich „Soloikismen" zuschulden kommen zu lassen.

86 Aus dem folgenden 15. Buch haben sich zahlreiche Fragmente erhalten. Doch sind sie wegen ihrer Kürze unübersetzbar und lassen das Thema des Buches nicht erkennen.

87 Von der Existenz des Leeren ist hier nur beiläufig die Rede, das Thema war schon zu Anfang des Werkes behandelt, s. oben S. 243f. Im folgenden werden erkenntnistheoretische Fragen besprochen, zunächst die Erkenntnis des sinnlich nicht Wahrnehmbaren, abschließend besonders die Ursache des Irrtums.

88 Gemeint sind, falls die Ergänzung das Richtige trifft, die Atome.

89 Vgl. oben Anm. 13.

90 Auf welche Schrift sich Epikur bezieht, ist nicht ersichtlich. Offenbar meint er ein Hauptwerk des älteren Atomismus, vielleicht einen Abschnitt aus der „Großen Weltordnung" (vgl. Anm. 7 zum Leukippos-Fragment Nr. 2), die er für ein Werk nicht des Leukippos, sondern Demokrits hielt. Unsere Stelle scheint zu besagen, daß Demokrit (oder schon Leukippos?) sich für wesentliche Lehrstücke auf Vorgänger berief.

91 Gemeint vermutlich der Demokriteer Nausiphanes und sein Schülerkreis; vgl. Einleitung S. 45.

92 Das Textverständnis ist nicht gesichert.

93 Diese Begriffe, d. h. die griechischen Vorbilder der lateinischen Ausdrücke: ónoma und rhéma, sind der Sprachlehre der Zeit Epikurs bereits geläufig.

94 Wie die weiteren Fragmente zeigen, wendet sich Epikur an
Metrodoros.

95 D. h. eine Entscheidung zwischen Wahrheit und Irrtum.

96 Das gleiche Lehrstück erwähnt Diogenes Laertios 10,34 in
seiner Zusammenfassung der epikureischen Philosophie
(= Epikur-Fragment Nr. 91). Nach Epikur sind die Urteile über z. Z. verborgene Dinge wahr, wenn sie später
durch den Augenschein bezeugt, falsch, wenn sie nicht bezeugt werden, die über nie wahrnehmbare Dinge richtig,
wenn nichts in der Erfahrung gegen sie spricht.

97 „Zeichen" sind die Anhaltspunkte im Bereich der uns kenntlichen Dinge und Vorgänge, die uns Rückschlüsse auf für
uns nicht unmittelbar kenntliche Dinge und Vorgänge erlauben; vgl. Epikurs Brief an Pythokles 87. „Über Zeichen
und Zeichenschlüsse" lautete wahrscheinlich wörtlich der
Titel der fragmentarisch erhaltenen Schrift des Epikureers
Philodemos, die oben S. 89 unter dem Titel „Über induktive
Schlußverfahren" genannt wurde.

98 Über diesen Terminus (Prolepsen) vgl. Einleitung S. 81.
Nach Epikurs Lehre (Brief an Menoikeus 124) können nicht
die Prolepsen selbst falsch sein. Wohl aber entstehen Irrtümer dadurch, daß wir Urteile – die ihrerseits wahr oder
falsch sein können – fälschlich für Prolepsen halten und
nicht anzweifeln.

99 Die Übersetzung ist nicht ganz sicher, vielleicht bedeutet
das Wort auch „scheinenden", wozu dann ein durch die
folgende Textlücke verlorenes Substantiv zu ergänzen wäre.
Doch meint Epikur offenbar die Irrtumsquelle, daß jemand
eine Erscheinung mittels eines bestimmten Wortes bezeichnet,
ein anderer, der dieses Wort hört oder liest, infolge einer
Doppeldeutigkeit des Wortes an eine ganz andere Erscheinung denkt und damit Opfer eines Mißverständnisses wird.
– Im folgenden zitierte Epikur einen anderen Philosophen,
das zeigt die Fortsetzung in Frg. 10.

100 Der zitierte Philosoph ist unbekannt. Man hat auf Aristoteles
oder, was wahrscheinlicher ist, den Demokriteer Nausiphanes
geraten. R. Philippson, Neues über Epikur und seine Schule,
Nachrichten von der Gesellschaft der Wissenschaften zu
Göttingen, Philolog.-hist. Klasse 1929 Heft 2,138 vermutet,
auf einzelne Buchstabenreste gestützt, folgenden Wortlaut des Nausiphanes-Zitates: „So wird, glaube ich, der
Syllogismos manches eröffnen, auf das niemand verfallen
ist."

101 Über diesen Schüler und Freund Epikurs vgl. Einleitung S. 86ff.

102 Eine der Alltagssprache entnommene Bekräftigungsformel.

103 Man denkt zuerst an den Tragödiendichter Pratinas aus Phleius (im Nordosten der Peloponnes), 1. Hälfte des 5. Jh. v. u. Z. Doch in einem gesondert erhaltenen Bruchstück (S. 563 Arrighetti) scheint Epikur einen sonst unbekannten Philosophen gleichen Namens aus dem westkleinasiatischen Milet anzureden. Der Analogieschluß, auf den sich Epikur bezieht, ist nicht erhalten.

104 Wie der Gedanke weiterlief, läßt sich nicht erschließen.

105 Epikur spricht von homonymen Wörtern. Auf welche von seiner eigenen Auffassung abweichende Lehre von den Homonymen er anspielt, ist nicht kenntlich.

106 Von dem griechischen Wort ist nur die Endung erhalten. Es bleibt unsicher, ob schon hier, wie dann im weiteren Verlauf des Textes, vom „Verhüllten" die Rede war. „Der Verhüllte" ist einer der Fangschlüsse (Epikur sprach hier möglicherweise von „Sophismen"), die Diogenes Laertios 2,108 dem Philosophen Eukleides aus Megara (4. Jh. v. u. Z.) zuschreibt; in der am besten überlieferten Fassung lautet er: „Wenn ich dir einen Verhüllten gegenüberstelle und dich frage, ob du ihn kennst, was wirst du sagen?" „Daß ich ihn nicht kenne." „Aber der Betreffende war dein Vater. Wenn du also sagst, daß du ihn nicht kennst, kennst du deinen eigenen Vater nicht." Der Schluß nutzt eine Doppeldeutigkeit des Ausdrucks „kennen" aus (im ersten Fall „kennen" = „erkennen").

107 Die Ergänzung stützt sich auf einzelne Buchstabenreste. Das Wort „Sophismen" ist frei ergänzt, d. h., nicht durch Buchstabenreste gesichert.

108 Epikur lehrt die Unzulässigkeit derartiger Schlußverfahren. Statthaft ist nur der Schluß von *Bekanntem* auf Unbekanntes.

109 Die Schrift ist nur aus diesem Zitat bekannt.

110 Diese verächtliche Äußerung über die philosophischen Gegner widerspricht etwas der Bemerkung einige Zeilen weiter oben, daß es an der Zeit wäre, bei diesen Dingen länger zu verweilen.

111 Denkschwierigkeiten, unlösbare Probleme, speziell Trug- und Fangschlüsse, deren Fehlerquelle schwer ausfindig zu machen ist. Erhalten sind uns solche Aporien Epikurs nicht.

112 Epikur unterscheidet hier insgesamt vier Methoden des Er-

kennens. Die ersten drei sind empirisch: 1. die unmittelbare Wahrnehmung, 2. die innere Vorstellung, die auf der Erinnerung an äußere Sinneseindrücke beruht, und 3. der Vernunftschluß, der von empirischen Wahrnehmungen ausgeht. Die vierte Methode (die Epikur selbst für unergiebig hält) ist nicht-empirisch, sie zieht Schlüsse aus den Begriffen selbst, ohne Rücksicht auf die Erfahrung.

113 Eine nicht hinlänglich geklärte Stelle. Urteile gelten hier als etwas, das unmittelbar aus der empirischen Erfahrung fließt. Für die den Erkenntnisprozeß weiter vorantreibenden „Vernunftschlüsse" können sie als Basis dienen. Aber diese Möglichkeit, so fährt Epikur fort, muß nicht immer und überall realisiert werden.

114 „Rein" heißt hier wohl: Frei von Faktoren der verschiedensten Art, die den Erkenntnisakt stören könnten.

115 Zum Begriff „Zeichen" vgl. Anm. 97. Der Begriff „Ähnliches" bezeichnet das Moment, das dem sinnlich Wahrnehmbaren und dem Verborgenen gemeinsam ist und den Analogieschluß vom einen aufs andere erlaubt.

116 Der „Besitz an Augenscheinlichem" sind im vorliegenden Beispiel wohl die praktischen Erfahrungen beim Handeln. Unter dem „Meiden" ist entsprechend den Grundsätzen der epikureischen Ethik das Meiden des Schmerzes, unter „Wählen" das Wählen (d. h. Bevorzugen, Erstreben) der Lustempfindung zu verstehen. Praktische Erfahrung, Meiden und Wählen sind die Ansatzpunkte, von denen her auf das dem Menschen nicht unmittelbar bekannte Ziel seines Handelns, das lustvolle Leben, geschlossen werden kann.

117 Der Begriff des „Theoretischen" bezieht sich hier auf die vierte der in Frg. 15 (vgl. Anm. 112) unterschiedenen Erkenntnismethoden, während Epikur an der vorangehenden Stelle auch der dritten Erkenntnismethode einen gewissen theoretischen Charakter zuschrieb.

118 Schlüsse, d. h. Erkenntnisse, zu denen der Verstand gelangt, können unmittelbar Handlungsimpulse auslösen. Den Umsatz von der Verstandeserkenntnis in Handlung bezeichnet Epikur mit dem Ausdruck „synaphḗ", der sich deutsch etwa mit „Kontaktpunkt" wiedergeben läßt.

119 Zum „verhüllten Vater" vgl. Anm. 106. Ein ähnlicher Fangschluß war beispielsweise die „Elektra". Die paradoxe Folgerung lautete hier, Elektra kenne ihren Bruder Orestes (aus früheren Jahren) und kenne ihn nicht (als er ihr nach Jahren der Verbannung entgegentritt). Die vorausgesetzte

Situation ist aus den Tragödien „Die Grabspenderinnen" des Aischylos, „Elektra" des Sophokles und „Elektra" des Euripides bekannt.

120 Die Sprachgewohnheit besteht darin, daß man Aussagen gewöhnlich knapp und allgemein formuliert, ohne die spezifischen Besonderheiten aller Einzelfälle zu bedenken, auf die sich die Aussage bezieht.

121 Die von den Sophisten vorgebrachten Fälle sind raffiniert erdachte Ausnahmesituationen wie in den Fangschlüssen „der Verhüllte" und „Elektra".

122 Der griechische Text ist hier sehr knapp; vielleicht sind durch ein Abschreibeversehen einige Worte verlorengegangen.

123 Über den Schritt vom Urteil bzw. der Erkenntnis zum Handeln vgl. Anm. 118.

124 Vgl. Anm. 96.

125 Interessant, daß in diesem fundamentalen Satz der Irrtum nicht in den Bereich der Erkenntnis, sondern in den der Praxis verlegt wird.

126 Der griechische Begriff ist „Kanon", also der Ausdruck, nach dem Epikur seine Lehre vom Erkennen und Denken als „Kanonik" bezeichnete; vgl. Einleitung S. 80.

127 Diese Aussage ergänzt den geläufigeren Satz, daß die Menschen durch die Lust Nutzen empfangen.

128 Dieser umfangreiche Buchrest, dessen Buchziffer und Plazierung innerhalb des Werkes „Über die Natur" unbekannt sind, erlangte Berühmtheit als sog. Fragment „Über die Willensfreiheit". Thematische Zusammenhänge verbinden das Buch mit den Resten des 28. Buches, insofern auch dort an einigen Stellen die Auslösung von Handlungsimpulsen Gegenstand der Erörterung ist. Einen wichtigen Begriff führt gleich das erste etwas umfangreichere Bruchstück des Buches, Frg. 7, ein: die Ursache (des Handelns), die bei uns selbst liegt. Die aus Lukrez 2,251ff. bekannte epikureische Erklärung der freien Willensentscheidung durch die Annahme von Atomdeklinationen (vgl. Einleitung S. 78) wird in dem Buch „Über die Natur" nicht erwähnt. Ja, ein gewisser Gegensatz zwischen dem Buch Epikurs und Lukrez' ist unübersehbar: Lukrez reduziert auch das Phänomen der Willensentscheidung auf atomares Geschehen, während Epikur die Atomlehre aus der Erklärung des Phänomens eher herauszuhalten sucht. Eine Auflösung dieses Widerspruchs ist uns wegen der Spärlichkeit der Überlieferung nicht möglich.

129 Aus dem Text geht nicht klar hervor, ob Epikur mit dem
„(allen) Gemeinsamen" einen objektiven oder subjektiven
Faktor meint. Letzteres ist wahrscheinlicher (vgl. Frg. 5 I);
gedacht ist offenbar an Wahrnehmungen und Lust- und
Schmerzempfindungen.

130 Der gleiche griechische Ausdruck, symbebēkóta, bezeichnet
im Brief an Herodotos 40, 50, 68 und 71 die „wesentlichen
Eigenschaften" der Atome. An der vorliegenden Stelle
scheint das Wort dagegen in ähnlicher Bedeutung wie bei
Aristoteles verwendet zu sein, wo es die beiläufigen, zufälligen Eigenschaften der Dinge bezeichnet.

131 Gemeint sind die Erkenntnis-Objekte, im Gegensatz zu den
Erkenntnis-Subjekten (Menschen).

132 Den gleichen Begriff verwendet Epikur im Brief an Herodotos 64.

133 Gemeint ist die den Göttern, Menschen und Tieren innewohnende Zielvorstellung lustvollen Lebens. Epikurs Ausführungen über die Handlungsimpulse, die von dieser Zielvorstellung
ausgehen, zeugen von bemerkenswerter psychologischer Einsicht.

134 Das Freudige trägt unmittelbar dazu bei, die Zielvorstellung
von der Lust als dem höchsten Gut zu erzeugen; das
Schmerzliche weckt nach Epikurs Lehre das Verlangen nach
Schmerzlosigkeit und läßt in ihr den Hauptinhalt der Lustempfindung erkennen.

135 Gemeint könnte auch sein: in den „Lehrsätzen"; vgl. Hauptlehrsatz Nr. 22. Freilich ist es fraglich, ob zur Zeit der
Niederschrift des Werkes „Über die Natur" die „Hauptlehrsätze" schon zusammengestellt waren; vgl. Einleitung S. 55.

136 Eine neue Empfindung, die der älteren, im Gedächtnis re-
gistrierten Empfindung ähnelt.

137 Himmelserscheinungen und Götter.

138 Gemeint sind auch hier die Lust- bzw. Schmerzempfindungen.

139 Als feststehend gilt, daß die Lust das höchste Gut ist.

140 Eine wichtige Bemerkung, aus der die Feinheit der Begriffsunterscheidungen Epikurs ersichtlich wird. Offenbar wird
das Gedächtnis als etwas ruhig Beharrendes, Bleibendes vom
rasch aufflammenden und wieder verlöschenden Impuls unterschieden.

141 Durch immer neue Erfahrungen gewinnt der Mensch ständig
größere Klarheit über sein Ziel, das lustvolle Leben.

142 Eine ebenso fundamentale wie schwierige Stelle. Am besten

deutet man sie so, daß mit dem „durch die Atome Bewirkten" die Seelenregungen gemeint sind, die zu Handlungsimpulsen werden. Der „ursprüngliche Komplex" ist vielleicht die Gruppe von Atomen und seelischen Regungen, in der sich zuerst die Wertschätzung der Lust herausgebildet hat; der „vergrößerte Komplex" wäre dann das vom Wert der Lust überzeugte gesamte Bewußtsein (bzw. die ihm entsprechende Atommasse).

143 Es ist nicht sicher, ob Epikur an dieser Stelle auf die Eidola-Theorie Bezug nahm.

144 Hier zeigt sich besonders deutlich, wie Epikur die seelischen Bewegungen beschreibt, ohne sie jedesmal auf atomare Vorgänge zu reduzieren. Das Bewußtsein wird – unbeschadet seiner Abhängigkeit von der atomaren Struktur der Lebewesen – als eine eigenständige Art der Realität erfaßt. Insbesondere wendet sich Epikur gegen die Vorstellung, einzelne Atome könnten innerhalb eines so großen „Komplexes" wie der menschlichen Seele wesentliche Veränderungen auslösen. Er hebt im folgenden vielmehr die *aktive* Rolle des Bewußtseins gegenüber den Körperatomen hervor.

145 Vgl. die in Anm. 142 gegebene Erklärung des Ausdrucks. Im folgenden wird der Begriff, wörtlich „das Entstandene", durchweg mit „entstandene Regung" oder einfach mit „Regung" übersetzt.

146 Es ist nicht klar, wer gemeint ist.

147 Der Sinn der Stelle ist nicht geklärt.

148 Eine interessante Feststellung: Wahrnehmung ist Wahrnehmung von Unterschieden; gäbe es keine Unterschiede, höbe sich eines nicht vom anderen ab, und nichts könnte wahrgenommen werden. Die wahrgenommenen Unterschiede beruhen ihrerseits auf unterschiedlicher atomarer Struktur der verschiedenen Dinge. Die Stelle besagt selbstverständlich nicht, daß Atome unmittelbar wahrnehmbar seien.

149 Falls der Ausdruck „Dispositionen" richtig ergänzt ist, könnten die erwähnten Vertreter einer abweichenden Theorie des menschlichen Handelns Anhänger des Aristoteles sein.

150 Es ist nicht hinreichend klar, welches die „beiden Bezeichnungen" sind, zwischen denen Epikur nach Meinung seiner Gegner zu wenig unterscheidet; vielleicht: die Atome und die Handlungsimpulse. Der Vorwurf, der Sprachgebrauch bedeute die „Vernichtung der Natur", besagt, Epikurs Theorie werde der Wirklichkeit nicht gerecht.

151 Das „erste Verlangen", d. h. der ursprünglichste aller mensch-

lichen Triebe, ist ein wichtiger Begriff der epikureischen und
stoischen Ethik. Nach Epikur richtet sich das erste Verlangen, entsprechend der Forderung des „Fleisches" (d. h.
des Leibes), auf Schmerzlosigkeit und Lustempfinden.

152 „An und für sich" ist „Komplex" nach epikureischer Terminologie eine Bezeichnung für den (aus Atomen zusammengesetzten) Körper. Dagegen meint Epikur hier, wie die folgenden Worte zeigen, den Komplex seelischer Regungen,
aus dem die Handlungsimpulse entspringen.

153 Vgl. Anm. 145.

154 Eine erste Andeutung innerhalb dieses Buches, daß Epikur
sich bemüht, der Willensfreiheit in seinem System einen
Platz zu bewahren.

155 Die paradox anmutende Formulierung, die Seele, die die
Handlung auslöst, werde in einer bestimmten Phase der
Herausbildung des Handlungsimpulses (= Willensaktes) erst
geschaffen, wird im folgenden zurechtgerückt: Nicht die
Seele selbst entsteht bei jedem Handlungsimpuls neu, sondern sie wird jedesmal in einen bestimmten Zustand und
eine bestimmte Bewegung versetzt.

156 Epikur lehrt offenbar, daß der Mensch mit zunehmendem
Alter ein höheres Maß an Willensfreiheit gewinnt.

157 „Gegenteil" der Ursache ist die Wirkung; in diesem Fall:
das Handeln.

158 Der Satz ist nur versuchsweise ergänzt; genauer läßt er sich
nicht rekonstruieren.

159 Der Wortlaut des Absatzes ist unsicher, der Sinn nicht geklärt.

160 Epikur verwahrt sich gegen die Mißdeutung, er lokalisiere
die verschiedenen Phasen der Auslösung einer Handlung in
voneinander isolierte Seelen- bzw. Bewußtseinsbezirke. Vielmehr versteht er das Seelische als eine Einheit und unterscheidet die einzelnen Momente, von denen er in seiner
Darlegung spricht, nur in der gedanklichen Analyse.

161 Die nicht ausgesprochene Folgerung lautet: In der Wirklichkeit des Bewußtseins sind der „primäre (seelische) Komplex" und die „(seelische) Regung" nicht voneinander isoliert.

162 Epikur wählt einen bestimmten Bewußtseinsvorgang als De-
monstrationsbeispiel für seine Auffassung vom Zusammenhang zwischen „Komplex" und „Regung".

163 Epikur bezieht sich darauf, daß im Zustand zorniger Erregung alles Seelische am deutlichsten als Einheit kenntlich

wird, so, als durchströme den Menschen eine einzige Empfindung.

164 Gemeint, wie die folgenden Worte zeigen: Alle Impulse
zielen vornehmlich auf Handlungen oder Überlegungen,
und zwar auf eines oder beides.

165 D. h. eine Lehre, wie sie von den Anhängern strenger Kausalität der Willensentscheidung vertreten wird. Gemeint sind
wohl die Demokriteer.

166 Die philosophischen Gegner machen sich dadurch zu „Toren",
daß sie die spontane Willensentscheidung – nach Epikurs
Meinung eine Realität – nicht anerkennen.

167 In Richtung auf den letzten Ursprung der Handlungs- und
Willensimpulse.

168 Epikur hält es für Wortklauberei, wenn man die Sponta-
neität der Willensentscheidung der Sache nach anerkennt, sie
aber mit dem *Namen* „Notwendigkeit" bezeichnet.

169 Gemeint ist vielleicht die „Regung", die den Impuls von
dem seelischen Komplex, in dem er sich bildet, bis zur di-
rekten Aktion weiterleitet.

170 „Ursache" hier = „Notwendigkeit"?

171 Der Vorwurf, den Epikur den Vertretern strenger Kausalität der Handlungsimpulse macht, entspricht dem, was schon
in Anm. 168 dargelegt wurde.

172 Epikur führt warnend aus, daß falsch verstandene Berufung
auf das Prinzip der Notwendigkeit die Menschen in ihren
Aktionen lähme und zu Apathie führe.

173 Gemeint sind Demokrit und seine Anhänger; vgl. die Demokrit-Fragmente Nr. 69–75.

174 Epikur kritisiert die Demokriteer, weil ihre Kausalitätslehre
keinen Qualitätsunterschied zwischen physischem Sein und
Bewußtsein anerkenne.

175 Die *Praxis* lehrt – nach Epikur – die Realität der spontanen
Willensentscheidung, die *Theorie* der Demokriteer leugnet
sie. Das führe zu Widerstreit.

176 Im ersten angeführten Fall wird der Mensch, so behauptet
Epikur, beunruhigt, weil das Festhalten an der Theorie sein
Handeln lähmt; im zweiten Fall beunruhigt ihn, daß die
Theorie, an die er glaubt, sich in der Praxis nicht be-
währt.

177 Leider ist diese entscheidende Stelle der Darlegung durch
eine Textlücke gestört. Jedenfalls sprach Epikur hier von
dem prinzipiellen Unterschied zwischen physischen und seelischen Vorgängen, zwischen Sein und Bewußtsein. Das

Wort „beides" zu Beginn des folgenden Fragments nimmt
auf diese Unterscheidung Bezug.

178 Vgl. die vorige Anmerkung.

179 Epikur drückt sich in diesem ganzen Satz wenig präzis aus;
insbesondere erraten wir nicht, an welche „anderen Gründe"
er denkt.

180 Gemeint: die Handlungsimpulse werden letztlich vor allem
durch Lust- und Schmerzempfindungen und -erwägungen
ausgelöst.

181 Der Sinn dieses am Anfang und Ende verstümmelten Satzes
ist dunkel; kenntlich nur, daß Epikur hier einmal mehr auf
die Auslösung von Handlungsimpulsen durch in den Körper
eindringende Eidola zu sprechen kommt; ein Thema, das
er über eine längere Strecke seiner Darlegungen ausgeklam-
mert hatte.

182 Einer der bedeutsamsten Reste aus dem Werk „Über die
Natur". Geschildert und in Etappen aufgegliedert wird
offenbar nicht so sehr die individuelle als vielmehr die
„stammesgeschichtliche" Entwicklung des Menschen. Das zu
Anfang des Textstückes fehlende Satzsubjekt läßt sich nicht
sicher ergänzen.

183 Die Erfahrungen werden auf ihren Lust- und Schmerz-
gehalt geprüft.

184 Gewißheit wurde zuerst in Einzelfällen, in kleinen Erfah-
rungsbereichen gewonnen.

185 Gemeint ist offenbar die zunehmende Urteilskraft der Menschen.

186 Der Sinn des Satzstückes ist nicht zureichend geklärt.

## Epikur, Hauptlehrsätze

1 Die vier ersten Sprüche des epikureischen „Katechismus"
(vgl. Einleitung S. 55) sind in engem Zusammenhang zu
sehen. Sie tragen den Namen „Tetrapharmakos", d. h., sie
stellen die „vierfache Medizin" dar, die der Mensch nach
epikureischer Auffassung zur Erhaltung eines gesunden See-
lenlebens benötigt: klare Erkenntnis über das Wesen der
Götter, über das Wesen des Todes, über die Grenzen der
Lust, über die Grenzen des Schmerzes. Über die Bedeutung
der Gottesvorstellungen vgl. Brief an Menoikeus, Anm. 4.

2 Die Identifizierung der Lust mit der Schmerzlosigkeit (Lust
des Zustandes nach der Beseitigung des durch Mangel be-

dingten Schmerzes) ermöglicht eine Meßbarkeit der Lust, in Antithese zu Platon, der die Lust als unendlich und unersättlich charakterisiert hatte, um sie als höchstes Gut, das feste Grenzen haben müsse, zu disqualifizieren.

3 Eine Faustregel, die dem Kranken helfen soll, die mit den Schmerzen verbundene seelische Belastung zu mildern: Akute Erkrankungen verursachen einen starken, aber zeitlich begrenzten Schmerz, chronische Leiden haben eine (relativ) geringere Schmerzintensität.

4 Daß Epikur die politische Macht allein als ein Mittel wertet, sich Sicherheit vor den Menschen zu verschaffen, ergibt sich aus seiner „atomistischen" Gesellschaftsauffassung (vgl. Einleitung S. 56f.). Daß er die politische Macht als Mittel zur Gewinnung der Sicherheit gering veranschlagt hat, zeigt Hauptlehrsatz 14.

5 Als Eigenwerte werden Ruhm und Ansehen von Epikur völlig negiert. Im Dienst des Strebens nach persönlicher Sicherheit billigt der Philosoph diesen Faktoren wie der politischen Macht eine relative, faktisch geringe Bedeutung zu.

6 Dieser abstrakt formulierte Satz über das Wesen der Lust zeigt deutlich, daß für Epikur die zuständliche Lust des Körpers, wenn auch scheinbar negativ als Schmerzlosigkeit definiert, eine positive, eigenständige Empfindung ist. Die Lust herrscht nicht gleichmäßig dauerhaft in allen Teilen des Körpers, sondern wird immer wieder von Schmerzen unterbrochen, die teils lokal begrenzt sind (z. B. bei Verletzungen), teils sich über den ganzen Körper ausbreiten (durch den Lebensprozeß bedingter Substanzverlust). Ein dauerhaftes, von Schmerzen nicht unterbrochenes Lustgefühl in allen Teilen des Körpers würde die Differenzierung einzelner Lustempfindungen unmöglich machen.

7 Vgl. auch Hauptlehrsatz 8: Die epikureische Lehre von der Lust unterscheidet die bewirkenden Ursachen der Lust (Lustobjekte) von der Lust selbst, die ihrerseits zugleich ein körperlicher Zustand („objektive Lust") und Empfindung dieses Zustandes ist (vgl. Vatikanische Spruchsammlung, Anm. 10). Der Lehrsatz knüpft an die im Hauptlehrsatz 8 formulierte Lehre an, daß keine Lust an sich ein Übel sei. Epikur, der sich im Brief an Menoikeus so eindeutig vom landläufigen Hedonismus zügelloser Genußsucht distanziert, läßt doch keine Gelegenheit aus, die Vertreter anderer, an einem autonomen Tugendbegriff orientierter Anschauungen mit seiner

Unterordnung aller ethischen Ziele unter die Lust zu provozieren.

8 Die Einsicht in das Wesen der menschlichen Natur, wie sie die physiología vermittelt, lehrt, daß alles, was der Mensch zur Fristung seiner Existenz bedarf, leicht zu beschaffen ist. Der Besitz dieser Güter gilt Epikur als der wahre Reichtum. Was darüber hinausgeht, wird als unnötig verworfen.

9 Vgl. Brief an Menoikeus, Anm. 11. Der Gedanke erscheint bereits bei Demokrit (Fragment Nr. 273).

10 Vgl. Einleitung S. 60f.

11 Für den Körper gibt es keine Begrenzung der Lust in der Zeit, während das Denken klarstellt, daß der Wert der Lust nicht von ihrer zeitlichen Erstreckung abhängt (vgl. Hauptlehrsatz 19 und Brief an Menoikeus, Anm. 5).

12 Das naturgegebene Lebensziel des Menschen ist die Seelenruhe. Zu ihr werden nun auch Probleme der Erkenntnistheorie in Beziehung gesetzt. Der Zweifel an der Zuverlässigkeit der Sinne würde nach epikureischer Auffassung die Seelenruhe zerstören.

13 In dieser Sentenz polemisiert Epikur gegen den Skeptizismus mit dem Argument, daß man die Instanz, die über Richtigkeit und Unrichtigkeit der Wahrnehmungen entscheiden könne, aufhebe, wenn man alle Sinneswahrnehmungen für unzuverlässig erkläre.

14 Vgl. Einleitung S. 83f.

15 Vgl. Hauptlehrsätze 15 und 26. Wesentlich ist die Feststellung, daß auch auf bloßer Einbildung beruhende Begierden eine große Intensität entfalten können, die bei ungenauer Prüfung den Fehlschluß ermöglicht, die betreffende Begierde sei „notwendig".

16 Die Lehre vom Gesellschaftsvertrag als Basis des Rechts hat ihren Ursprung in der Sophistik (vgl. Einleitung S. 65). Epikurs Begriff des „naturgemäßen", natürlichen Rechts darf nicht im Sinn eines Naturrechts verstanden werden, das an sich, unabhängig von den bewußten Festlegungen des Menschen existiert. „Naturgemäß" sind die Rechtsnormen, sofern sie dem Nutzen der Gemeinschaft dienen, die sie geschaffen hat. Das Recht besteht nur auf Grund dieser Rechtsverträge, die gegenseitige Schädigung verhindern sollen. Epikur kennt dagegen nicht ewige, absolut gültige Normen, wie sie die Platonische Idee der Gerechtigkeit oder andere Formen des Naturrechts voraussetzen.

17 Dieser Satz beweist (vgl. auch Epikur-Fragment Nr. 41),

daß die Rechtsbestimmungen für Epikur an die Existenz spezifischer Verträge gebunden sind, also nicht „von Natur", mit der Existenz des Menschen ohne weiteres gegeben sind: Wie die Tiere kennen auch bestimmte, in einem unentwickelten Zustand verharrende Völker nicht Recht und Unrecht.

18 Gibt es kein absolutes Recht, dann kann es auch nicht eine Gerechtigkeit (als die Haltung des Gerechten) „an sich" geben. Vgl. Einleitung S. 64.

19 Übt man Gerechtigkeit um des Nutzens für die eigene Person willen, so enthält man sich ungerechter Handlungen nur, um Schaden zu vermeiden. Der Schaden besteht für Epikur nicht allein in der von der Gesellschaft für ein Vergehen ausgesetzten Strafe, sondern besonders auch in der Störung des seelischen Gleichgewichts, die durch die quälende Angst vor der Entdeckung des Vergehens und der Bestrafung hervorgerufen wird (vgl. Hauptlehrsatz 35). Motiv der Enthaltung von strafbaren Handlungen sei beim Durchschnittsmenschen nur die Furcht vor Strafe (zum Weisen vgl. Epikur-Fragmente, Anm. 31).

20 Daß die Relativität der Rechtsbestimmungen nicht Willkür und relativistische Aufhebung ihrer Gültigkeit bedeuten darf, wird in dieser Sentenz ausgeführt. Maßstab für die objektive Beurteilung des Wertes von Rechtsnormen ist der Nutzen für die jeweilige Gemeinschaft, die sich ihrer bedient. Der Nutzen ist Kriterium für die Beibehaltung bestehender und Ausgangsbasis für die Schaffung neuer Rechtssätze, die alte überholte Bestimmungen ablösen sollen.

21 Am Schluß des „Katechismus" werden in zwei Hauptlehrsätzen noch einmal Probleme der Sicherheit vor den Menschen behandelt. Als Grundsatz werden zwei Verhaltensmaßregeln gegeben: ein Maximum an freundschaftlichen oder doch neutralen Beziehungen, wo dies die Umstände gestatten; Rückzug und Flucht überall da, wo die Voraussetzungen für friedliche Beziehungen nicht gegeben sind.

22 Die Freundschaft als wertvollste mitmenschliche Beziehung und wesentlicher Garant der Sicherheit wird hier noch einmal mit zwei Motiven der Tetrapharmakos in Verbindung gebracht: den Problemen des Todes und der Lust. Die Freundschaft der Weisen gestattet den Genuß des Lebens, aber sie fördert auch die richtige Einstellung gegenüber dem Tod (vgl. Brief an Menoikeus, Anm. 5).

*Epikur, Vatikanische Spruchsammlung*

1 Vgl. Brief an Menoikeus, Anm. 12.

2 In der zeitlichen Begrenzung seiner Existenz ist der Mensch wie alle Lebewesen der Naturnotwendigkeit unterworfen. Durch die Erforschung der Natur, die auch Vergangenheit und Zukunft einschließt („Gegenwärtiges, Künftiges und Vergangenes", Homer, Ilias 1,70), vermag er über diese Begrenzung hinauszugelangen.

3 Das Nachdenken über die Stellung des Menschen in der Natur führt zu dem Entschluß, das nur einmal gewährte Leben im Sinne des epikureischen Ideals voll auszuschöpfen. Vgl. Einleitung S. 58.

4 Die Bekämpfung seelischer Leidenschaft in der Liebe ist ein wesentlicher Gesichtspunkt der epikureischen Sexualauffassung, wie besonders eindrucksvoll die Darstellung bei Lukrez (4,1058ff.) zeigt. Dagegen wird die Sexualität keineswegs prinzipiell abgelehnt (vgl. Einleitung S. 59 und Epikur-Fragment Nr. 11), sofern ihre Befriedigung nicht im Widerspruch zu den Maximen der epikureischen Ethik steht. Seelische Leidenschaft in der Liebe wird für gefährlich gehalten, weil sie Unruhe in das Leben des Liebenden bringt.

5 Vgl. Einleitung S. 67f.

6 Die Ablehnung der göttlichen Natur der Träume (zu ihrer Rolle in der epikureischen Erkenntnistheorie vgl. Einleitung S. 82f.) richtet sich gegen die Weissagungslehre, die in der zeitgenössischen Philosophie vor allem bei den Stoikern eine bedeutende Rolle spielte.

7 Nach Epikur hat die Wissenschaft ihren Zweck darin, dem Menschen eine richtige Orientierung im Leben zu ermöglichen (Hauptlehrsatz 11). Zur Erreichung dieses Ziels ist sie vollkommen unentbehrlich (Hauptlehrsatz 12). Lehnt Epikur demgemäß die reine, zweckfreie Forschung ab und stellt nicht, wie Aristoteles, die Erkenntnis an die Spitze der ethischen Wertskala, so betont er doch auch die Lust, die aus der Erkenntnis entspringt (vgl. Einleitung S. 63).

8 Wie alle Lebewesen ist der Mensch dem Gesetz von Werden und Vergehen unterworfen. Alles Werden ist mit dem „Gift des Todes" infiziert.

9 Vgl. Einleitung S. 69.

10 Lust und Schmerz sind nicht nur Gradmesser für das Wirken der lebenerhaltenden und lebenzerstörenden Kräfte im

Körper, sondern mit diesen identisch. Sie haben einen „objektiven" Charakter, d. h., „Lust" und „Schmerz" bezeichnen nicht nur ein Gefühl, das einen Zustand anzeigt, sondern auch diesen Zustand selbst als objektive Realität.

11 Erinnerung an genossene und Hoffnung auf zukünftige Empfindungen der Lust stellen für den Epikureer ein wesentliches Gegengewicht gegen den augenblicklichen Schmerz dar. Je mehr derartige Lustmomente der Geist zu produzieren vermag, um so mehr Gründe hat ein Mensch, die gegen einen Selbstmord sprechen. Ihr Fehlen wirft ein schlechtes Licht auf die seelische Gesamtdisposition des betreffenden Menschen, für die Epikur diesen selbst verantwortlich macht.

12 Auch hier wird wie in Spruch 34 als wertvollstes Gut der Freundschaft das Gefühl sicheren Vertrauens auf Hilfe in der Not bezeichnet. Dieses Vertrauen gründet sich auf das Bewußtsein, dem anderen selbst bereits nützlich gewesen zu sein oder ihm nützlich werden zu können.

13 Ein Detail aus der Theorie der Lust: Die Lustempfindung des Zustands, die im Vollzug der Aufhebung eines Mangels entsteht, tritt zugleich mit der Aufhebung des Mangels sukzessive ein.

14 Der Begriff des sittlich Angemessenen hat in der hellenistischen Philosophie besonders in der mittleren Stoa (Panaitios) eine wichtige Funktion. Der Epikureer leitet auch hier die Kriterien letztlich aus der „Physiologie" ab; Schmutzige Geldgier ist unangemessen, da sie den Inhalt des wahren Reichtums verkennt, dessen Grenzen von den natürlichen und notwendigen Bedürfnissen bestimmt sind (vgl. Hauptlehrsatz 15).

15 Der Weise kann auch in einer Notlage das Wenige, das er besitzt, teilen, da er es gelernt hat, sich einzuschränken.

16 Vgl. Brief an Menoikeus, Anm. 11.

17 Das „Ziel" ist die Gewinnung der höchsten Lust, des Seelenfriedens, den der Mensch durch Selbsterziehung erringen kann.

18 Vgl. Einleitung S. 59 und oben Anm. 4.

19 Vgl. Brief an Menoikeus, Anm. 2.

20 Vgl. Einleitung S. 60f.

21 Vgl. Einleitung S. 61.

22 Vgl. Hauptlehrsätze, Anm. 19.

23 Die Freundschaft ist vergänglich, weil sie mit dem Leben aufhört. Die Weisheit dagegen führt über die Grenzen der

Vergänglichkeit hinaus, weil sie dem Menschen durch die
Erkenntnis Anteil an der Ewigkeit gibt; vgl. Vatikanische
Spruchsammlung 10.

## Fragmente

1 Vgl. Vatikanische Spruchsammlung, Anm. 7.

2 Vgl. Brief an Menoikeus, Anm. 2.

3 Bezeichnenderweise führen die Epikureer auch in die Definition der „Kunst" (der Begriff der téchnē = Kunst umfaßt Handwerk, Technik, Kunst, überhaupt jede spezifische
   Tätigkeit, auch wissenschaftliche Disziplinen) das Prinzip
   des Nutzens ein. Zur Rolle dieses Prinzips in der epikureischen Rechts- und Kulturphilosophie vgl. Einleitung
   S. 66.

4 Epikur ist weit davon entfernt, das kynische Ideal des Bet-
   telphilosophen zu vertreten (vgl. Einleitung S. 61). Aber
   es geht ihm doch um ein lebendiges Kontrastbild zu einer
   Kathederphilosophie, bei der Lehre und praktisches Handeln weit auseinanderklaffen.

5 Wie Epikur nachdrücklich betont hat, würden Agnostizismus
   und Skeptizismus als erkenntnistheoretische Grundhaltungen
   bei konsequenter Befolgung des Prinzips das praktische
   Leben unmöglich machen. Deshalb darf der Weise nicht im
   Zweifel verharren.

6 Vgl. Vatikanische Spruchsammlung, Anm. 7.

7 Dieses 1941 in einem bei Tura (Ägypten) gefundenen Pa-
   pyrus-Codex entdeckte Fragment wurde von G. Binder,
   L. Koenen und L. Liesenborghs in der Zeitschrift für Papy-
   rologie und Epigraphik 1, 33ff. (1967) veröffentlicht.

8 Epikur war der Auffassung, daß der Weise eine besondere
   körperlich-geistige Konstitution haben müsse. Nach den
   Voraussetzungen seiner atomistischen Psychologie ist ein besonderes Mischungsverhältnis der Atome gemeint. Wenn
   Epikur die Fähigkeit zu philosophischem Denken auch mit
   der Nationalität der Menschen in Verbindung bringt, so
   zeigt das, daß der sonst so vorurteilsfreie Denker sich von
   dem typisch griechischen Stolz gegenüber den sogenannten
   „Barbaren" nicht frei gemacht hat.

9 Vgl. Einleitung S. 58.

10 Vgl. Einleitung S. 63.

11 Obwohl Epikur die Lustempfindungen der Bewegung der

Lust des Zustands unterordnet (vgl. Einleitung S. 60f.), benutzt er die ersteren gern, um die Allgemeingültigkeit des Lustprinzips, dem sich kein Lebewesen entziehen kann, zu demonstrieren. Wesentlich ist der Hinweis, daß der Mensch von der Lust „ohne Lehrer", d. h. von Natur, instinktiv, angezogen wird.

12 Vgl. Einleitung S. 59f.

13 Vgl. Einleitung S. 61. Bei Freude (chará) und Frohsinn (euphrosýnē) handelt es sich um Bezeichnungen für die „kinetische" Lust des Geistes.

14 Vgl. Einleitung S. 60f. Die Auffassung, daß die Lust der Bewegung nur eine Variation der zuständlichen Lust darstellt und daß es keine Möglichkeit gibt, die Lustempfindung über dieses „Normalmaß" hinaus zu steigern, ist an den epikureischen Begriff von den „natürlichen und notwendigen" Bedürfnissen gebunden, d. h. letztlich an den Naturalismus der epikureischen Ethik. Die Relativität der menschlichen Bedürfnisse, die nicht nur am physiologischen Existenzminimum gemessen werden können, sondern sich gemäß der jeweiligen Höhe der zivilisatorischen Entwicklung wandeln, hat Epikur nicht anerkannt.

15 Vgl. Einleitung S. 61.

16 Vgl. Einleitung S. 61.

17 Das Bild von der Meeresstille (galénē) hat Epikur gern benutzt, um die Seelenruhe, d. h. die „katastematische" Lust des Geistes, zu veranschaulichen.

18 Dieser ergreifende Brief Epikurs zeigt den Philosophen kurz vor dem Ende seines Lebens in einer Haltung, die mit den Grundsätzen seiner Lehre voll übereinstimmt (vgl. Einleitung S. 62f.). Der Brief ist an Idomeneus in Lampsakos gerichtet, der zu den ersten und treuesten Schülern Epikurs zählte. Er war mit einer Schwester des Metrodoros verheiratet, dessen Kinder Epikur der Fürsorge des Idomeneus anempfiehlt.

19 Vgl. Brief an Menoikeus, Anm. 12.

20 Vgl. Brief an Menoikeus, Anm. 5.

21 Vgl. Vatikanische Spruchsammlung, Anm. 11.

22 Vgl. Brief an Menoikeus, Anm. 12.

23 Die epikureische ataraxía (Seelenruhe) unterscheidet sich trotz mancher gemeinsamer Züge wesentlich von der stoischen apátheia (Unempfindlichkeit, Gelassenheit): Dem Epikureer geht es um eine Steuerung und Eindämmung der Affekte; der Stoiker will diese mit Stumpf und Stiel ausrotten. Der

vorliegende Spruch richtet sich gegen die in der stoischen
Doktrin zum Ausdruck kommende lebensfremde Verhärtung:
Die stoische Maxime der absoluten Unterdrückung der Affekte bezieht sich außer auf Lust, Begierde und Furcht auch
auf Trauer und Mitleid.

24 Eine psychologisch interessante Analyse der Todesangst des
Menschen gibt Lukrez am Anfang des 3. Buches (31ff.).
Der Dichter leitet gemäß der epikureischen Doktrin das
Streben nach Reichtum und politischer Macht aus der Todesfurcht des Menschen, d. h. aus seinem Sicherheitsbedürfnis
ab. Als absurde Konsequenz dieser Bemühungen um die
Sicherheit betrachtet der Epikureer den Selbstmord: Wenn
der Mensch als letzten Ausweg aus einem verfehlten Leben
den Selbstmord wählt, dann ist er sich nicht bewußt, daß
er sich gerade aus Furcht vor dem Tod in diese unglückliche
Lage gebracht hat.

25 Vgl. Hauptlehrsatz 2.

26 Vgl. Einleitung S. 64. Dieses Fragment (vgl. auch Epikur-
Fragmente Nr. 11 und 35) zeigt Epikur in provozierend
formuliertem Gegensatz zu anderen philosophischen Syste-
men, deren Begriff des Guten und der Tugend sich in seinen
Augen als gegenstandslos und hohl erweist, weil ihnen der
Bezug auf die Lust als das höchste Gut fehlt.

27 Vgl. Einleitung S. 64.

28 Vgl. Einleitung S. 56f.

29 Vgl. Einleitung S. 65.

30 Wie bei Demokrit (vgl. Fragment Nr. 282) hat auch in der
Ethik Epikurs das Gewissen eine offenbar nicht ganz unbedeutende Rolle gespielt. Aber auch hier ist der Zusammenhang mit den rechtsphilosophischen Grundanschauungen Epikurs deutlich: Wenn beim Durchschnittsmenschen das einzige
Motiv für die Enthaltung von ungesetzlichen Handlungen
die Furcht vor Strafe ist (vgl. Hauptlehrsätze, Anm. 19),
dann bezieht sich auch das schlechte Gewissen auf die Furcht
vor der Strafe und ist nicht Reue über die schlechte Tat
an sich. Umgekehrt erzeugt das „gute Gewissen" eine lustvolle Stimmung.

31 Wenn prinzipiell nur die Furcht vor Strafe den Menschen
von ungesetzlichen Handlungen abhält (vgl. Hauptlehrsatz
34), dann hat an sich auch der Weise keinen Grund, vor
einer solchen Handlung zurückzuschrecken, falls die hier
vorausgesetzte, von Epikur sonst für irreal erklärte (vgl.
Hauptlehrsatz 35) Sicherheitsgarantie als gegeben betrachtet

wird. Beim Weisen liegen die Dinge insofern prinzipiell anders als beim Durchschnittsmenschen, als er im Normalfall nicht das Bedürfnis haben wird, die Gesetze zu verletzen. Da er es gelernt hat, sich auf die Befriedigung der natürlichen und notwendigen Bedürfnisse zu beschränken, deren Erfüllung leicht ist, sieht der Weise im allgemeinen keine Veranlassung, in die Rechte seiner Mitmenschen einzugreifen.

32 Das „höchste Gut des Menschengeschlechts" ist die Ataraxie, zu der der Weise durch Erkenntnis seiner wahren Bedürfnisse gelangt. Wer diese Grundhaltung einmal erreicht hat, handelt sittlich, d. h. vor allem gerecht, auch wenn er nicht nachteilige Folgen für unsittliche Handlungen befürchten muß (vgl. Cicero, Über das höchste Gut und das größte Übel 1,57 und Hauptlehrsatz 5). Zur untrennbaren Einheit zwischen dem lustvollen Leben und den Tugenden vgl. Einleitung S. 64f.

33 Wenn der Weise gerecht handelt, auch ohne daß die Gesetze ihn dazu zwingen, dann haben diese für ihn nur insofern Bedeutung, als sie ihn vor den Verfehlungen derer schützen, die die Höhe seiner Einsicht nicht erreicht haben.

34 Der Satz richtet sich gegen ein Prinzip des stoischen Rechtsdenkens, demgemäß alle Vergehen gegen das Gesetz gleiches Gewicht haben und mit den gleichen, harten Strafen zu belegen sind.

35 Vgl. Einleitung S. 67f.

36 Vgl. Einleitung S. 68.

37 Die Rückführung altruistischer Verhaltensweisen auf egoistische Motive, wie sie der Epikureismus lehrt, ist später von der französischen Aufklärungsphilosophie und vom englischen Utilitarismus weiter ausgebaut worden. Der Gebende beschenkt sich gewissermaßen selbst mit der Dankbarkeit des Empfangenden.

38 Vom Standpunkt der ausschließlichen Ableitung altruistischen Handelns aus egoistischen Motiven (vgl. Anm. 37) wäre diese Handlungsweise nicht zu erklären. Es ist zu beachten, daß der Freundschaft hier ein gewisser Eigenwert zugesprochen wird. Möglicherweise geht diese Sentenz nicht auf Epikur selbst, sondern auf eine spätere Weiterentwicklung seiner Theorie innerhalb der epikureischen Schule zurück.

39 Vgl. Einleitung S. 66f.

40 Die Regel, daß der Weise sich von der Politik fernhalten

solle, kennt einige Ausnahmen. Wenn besondere Umstände
es erfordern (Krisensituationen, ernsthafte Existenzgefähr-
dung des Staates), kann der Weise, um für die Sicherheit
seiner Person und seiner Freunde einzutreten, selbst in die
Politik eingreifen. Eine andere Bestimmung dieser Art
sieht vor, daß der Weise auch einem König huldigen kann
(Epikur-Fragment Nr. 58). Von ganz anderer Seite her
führt zur Durchbrechung des Prinzips „Lebe im Verborgenen" ein individualpsychologischer Aspekt (vgl. Epikur-
Fragment Nr. 57).

41 Verachtung gegenüber dem Ruhm und überhaupt der öffentlichen Meinung ist Bestandteil der Autarkie des Weisen,
der sich auch in dieser Hinsicht nicht von Faktoren abhängig machen darf, auf die er keinen Einfluß hat. Der allgemeine Grundsatz erscheint hier unter einem besonderen
Aspekt: Epikur bringt seine Geringschätzung für einen Teil
der öffentlichen Meinung zum Ausdruck, der gegenüber seiner Philosophie hochmütige Nichtbeachtung bezeugt hat.
Mit dem „vornehmen Griechenland" sind die Aristokratie
und die Kreise der reichen Grundbesitzer und Finanziers
gemeint, unter denen Akademie und Peripatos vorzugsweise
ihre Anhänger fanden.

42 Das Verhältnis des Weisen zu Ehe und Familie unterliegt
im Prinzip den gleichen Kriterien wie die Teilnahme am
öffentlichen Leben. Die Rolle, die die persönlichen Bindungen im Leben des Weisen spielen können, wird auch hier
an dessen Lebensideal gemessen. Nach einem anderen Zeugnis könnte es scheinen, als habe Epikur (wie Demokrit) die
Ehe prinzipiell als störendes Element im Leben des Weisen
betrachtet, das von der Verfolgung der philosophischen Ziele
ablenkt. Unser Fragment zeigt, daß Epikur die Ehe mit der
Lebensform des Philosophen im Prinzip nicht für unvereinbar gehalten und die Entscheidung im Einzelfall von den
besonderen Lebensumständen abhängig gemacht hat.

43 Vgl. Einleitung S. 61.

44 Die Sorge für den Besitz steht nicht im Widerspruch zur
epikureischen Bewertung des Reichtums. Ein gewisses Maß
an persönlichem Besitz ist Voraussetzung für die Autarkie,
die Unabhängigkeit des Weisen.

45 Die epikureische Vorliebe für das Landleben leitet sich aus
dem Bekenntnis zu einer einfachen, naturgemäßen Lebensweise her. Vor allem im Werk des Dichters Horaz (RUB
Bd. 431) finden sich Passagen, in denen eine offenbar epi-

kureisch getönte Liebe zum einfachen Leben auf dem Land zum Ausdruck kommt.

46 Vgl. Hauptlehrsätze, Anm. 8.

47 Themen der Musiktheorie und der Literaturkritik werden als Diskussionsgegenstand offenbar deshalb abgelehnt, weil allein ethische und naturphilosophische Fragestellungen als lebensdienlich anerkannt werden. Vgl. Einleitung S. 90 und Cicero, Über das höchste Gut und das größte Übel 1,72.

48 Der Weise soll nicht als Dichter hervortreten, offenbar weil diese Betätigung auf einem Gebiet, dem ethischer Nutzen abgesprochen wird, seiner Würde nicht angemessen ist.

49 D. h., die Anzahl der möglichen Atomkombinationen und Weltsysteme muß während der vergangenen Ewigkeit bereits unendlich oft verwirklicht worden sein.

50 D. h. die sinnlich nicht wahrnehmbaren, vom Verstand erschlossenen Atome.

51 Vgl. Brief an Herodotos, Anm. 33.

52 Vgl. Philodemos, Über induktive Schlußverfahren 18,3; S. 64 De Lacy. „Farben haben die Körper bei uns nicht, soweit sie bloß Körper sind; denn alles Berührbare, insofern es den Tastsinn affiziert, ist Körper; soweit es aber bloß berührbar ist, zeigt es keine Farbe; so hat, was im Dunkel ist, keine Farbe, ist aber doch Körper." Die Farbe ist also nur eine wesentliche Eigenschaft der sichtbaren Körper und existiert da unabhängig vom erkennenden Bewußtsein. Sie ist offensichtlich durch das Licht bedingt; über die Lichttheorie Epikurs ist indessen wenig bekannt; vgl. Lukrez 2,795ff., 4,311ff.

53 Vgl. Brief an Herodotos, Anm. 41.

54 Aristoteles' Einwände gegen die Diskontinuität der Bewegung hängen mit den Beweisen des Eleaten Zenon gegen die Realität der Bewegung zusammen. Der fliegende Pfeil z. B. befindet sich an einem Orte in jeder kleinsten Zeiteinheit im Ruhezustand; also müßte sich die Bewegung aus lauter Stillständen zusammensetzen, was unlogisch ist und nach Zenon beweist, daß es Bewegung überhaupt nicht gibt.

55 Vgl. Einleitung S. 78f.

56 Epikur lehnt das Definieren ab. Für ihn ist es ausreichend, auf die in der Sinneswahrnehmung gegebene Gestalt mit dem Finger beispielhaft hinzuweisen (deiktisch) und die Tatsache ihrer Beseelung zu erwähnen. Denn durch diesen Hinweis treten die im Begriff (Prolepse) enthaltenen We-

senszüge des Menschen ins Bewußtsein. Epikur wendet sich wohl gegen Aristoteles, der einen Begriff dadurch definiert, daß er den nächst höheren Gattungsbegriff angibt und dessen Umfang durch Hinzufügung des spezifischen Merkmals einschränkt. Vgl. Epikur-Fragmente Nr. 90 und 33.

57 Vgl. Brief an Herodotos, Anm. 43.

58 Von Kanon = Meßlatte, Richtschnur (der Zimmerleute). Kanonik umfaßt im weitesten Sinne die Lehre von den regelhaften (kanonischen) Funktionsweisen des menschlichen Erkenntnisapparates. Als solche enthält sie die modernen Disziplinen Logik, Dialektik, Erkenntnistheorie, Sprachphilosophie usw. Doch stehen erkenntnistheoretische Untersuchungen bei Epikur im Vordergrund.

59 Die Angabe ist kaum korrekt; vgl. folgende Anm. Tatsache ist nur, daß spätere Epikureer, wie z. B. Zenon von Sidon, der Lehrer Philodemos', die Logik weiter ausgebaut haben.

60 Tatsächlich hat Epikur, wie aus erhaltenen Fragmenten ersichtlich ist, auch logische Probleme behandelt. Er wird aber unter dem Aspekt ihrer Nützlichkeit für die Praxis eines lustvollen Lebens diese Studien auf ein gehöriges Maß beschränkt haben. Deshalb hat er auch die oft zum Selbstzweck gewordenen dialektischen Begriffsklaubereien – mit denen zuweilen schon der platonische Sokrates seine Mitwelt verärgerte – abgelehnt. Daß Epikur neben Akademie und Peripatos besonders die rivalisierende Schule der Stoa im Auge hatte, scheint glaubhaft; vgl. Hieronymus, Gegen Rufin (Migne, Patrologia Graeca 23, 423A): „Da die Stoiker großen Wert auf die Logik legen und Du die spitzfindigen Albernheiten dieser Disziplin verachtest, so bist Du in dieser Hinsicht ein Epikureer."

61 D. h. Naturphilosophie oder Naturspekulation.

62 „Kriterien der Wahrheit" oder „Erkenntnisinstanzen der Wirklichkeit". Die griechische Aletheia bedeutet in ontologischer Hinsicht eine Qualität der Gegenstände (daß sie sind), in logischer eine Qualität des Urteils über diese Gegenstände (wie sie sind). Das Wort bedeutet also bei Epikur zugleich Wirklichkeit und Wahrheit, wie das in diesem Zusammenhang sehr wichtige Epikur-Fragment Nr. 92 des Sextus Empiricus zeigt, für den 500 Jahre später die Unterscheidung wichtig war, weil sich sein Interesse vom Sein weg mehr auf unser Vermögen, dieses Sein zu erkennen, verlagert hatte. Die philosophisch unzulässige Identifizierung von Wahrheit und Wirklichkeit ist indessen im Volksmund

geläufig (etwas ist „wirklich wahr"). Wenn Epikur also im folgenden behauptet, nur dem Urteil käme Wahrheit oder Falschheit zu, so hat er den logischen Aspekt im Auge, und seine Bestimmung deckt sich mit der modernen. Wenn er aber so häufig betont, alle Wahrnehmungen und die mit ihnen etwa identischen Vorstellungen seien „wahr", so meint er damit, weil sie ja immer wahr sind und nie falsch sein können, sie seien real, insofern sie die ihnen vorliegende Wirklichkeit unverfälscht wiedergeben. Es ist also im folgenden zu bedenken, daß das in Verbindung mit „Wahrnehmung" und „Vorstellung" auftretende und durchgängig mit „wahr" übersetzte Prädikat zugleich oder vorwiegend „wirklich" in dem angezeigten Sinne bedeutet. Im übrigen vgl. zur Dreiteilung des Kriteriums Demokrit-Fragment Nr. 186.

63 Griechisch aísthēsis. Dieser Begriff kann den ganzen Komplex der sinnlichen Stufe unseres Erkenntnisprozesses umfassen, also Empfindung und Wahrnehmung. Ferner bedeutet er: das Sinnesorgan, das Vermögen dieses Organs, die Wahrnehmung als aktuellen Prozeß und als Produkt dieses Prozesses. Letzteres ist ein Bild in der Seele, das mit dem im folgenden häufig verwendeten Wort Vorstellung gemeint ist. Diese Vorstellung liegt aber noch unter der Stufe des Begrifflichen. Welche Bedeutungsnuance im Einzelfall vorliegt, ist oft schwierig zu entscheiden.

64 Das sind die evidenten Begriffe; vgl. dazu Einleitung S. 84f.

65 Das Angenehme und Unangenehme als Maßstab dessen, was zu erstreben und was zu meiden sei.

66 Der Verstand hat neben der Funktion der logischen Verarbeitung gewonnener Wahrnehmungsinhalte noch die einer bloßen Rezeption von Abbildern. Da dieses Vermögen des Verstandes ganz analog den Sinnesorganen funktioniert, hat Epikur es wohl mit unter die Wahrnehmungen gerechnet und nicht besonders hervorgehoben; vgl. Brief an Herodotos, Anm. 5.

67 Wörtlich: unverständig, d. h., sie läuft mechanisch ab.

68 Die unser Gesicht reizenden Abbilder sind etwas anderes als die unser Gehör erregenden Partikel.

69 Damit ist sehr summarisch die eine höhere Funktion des Verstandes umrissen. Sie betrifft die Aufrechnung, Prüfung und Kombination des Wahrgenommenen, d. h. also die logische Verarbeitung gewonnener Wahrnehmungsinhalte. Zur

Verdeutlichung der Begriffe vgl. die andersartige Systemati-
sierung bei Sextus Empiricus, Gegen die Wissenschaftler
3,40: „Allgemein nun wird jeder geistige Inhalt auf Grund
der beiden folgenden entscheidenden Arten begriffen (erzeugt): entweder auf Grund einer evidenten Erfahrung oder
auf Grund des Schlusses von den evidenten Erfahrungen, und
letzteres wieder auf dreifache Weise, nämlich durch Ähnlichkeit oder Kombination oder Analogie. Auf Grund der
erfahrungsmäßigen Evidenz nun werden die Begriffe Weiß und
Schwarz, Süß und Bitter gebildet. Auf Grund des Schlusses
von den evidenten Erfahrungen nach der Ähnlichkeit wird
z. B. vom Bildnis des Sokrates der Begriff von Sokrates
selbst gewonnen; und durch Kombination z. B. von einem
Pferd und einem Menschen der Begriff der Kentauren!
Glieder von Pferd und Mensch werden kombiniert, und so
stellen wir uns das vor, was weder Mensch noch Pferd ist,
sondern der aus beiden zusammengesetzte Kentaur. Durch
Analogie entsteht ein Begriff ..., wenn wir von den gewöhnlichen Menschen ausgehen und durch (entsprechende)
Vergrößerung den Begriff des Kyklopen (Riesen) oder durch
(entsprechende) Verkleinerung den Begriff des Pygmäen ge-
bildet haben, die uns durch keine Erfahrung gegeben sind."
– Pygmäen: ein Volk der Däumlinge aus der griechischen
Mythologie.

70 Über Prolepse = Begriff und die verschiedenen Inhalte dieses Begriffs vgl. Einleitung S. 81. Die hier erfolgte Identifizierung des Begriffs mit dem Urteil muß nach den Grundsätzen der traditionellen Logik Befremden erregen. Aber
die moderne Logik hat gezeigt, wie eng Begriff und Aussage (als Inhalt des Urteils) zusammengehören. Sie sind
keine isolierten Gegebenheiten des Bewußtseins, sondern
bilden eine komplexe Einheit; denn ein Urteil impliziert
Begriffe und ein Begriff Urteile. Dabei scheint der Begriff
sich sogar als die kompliziertere Denkform auszuweisen,
was auch mit der historischen Entwicklung der Logik übereinstimmen dürfte. Denn Aristoteles hat den Begriff des
Urteils und des Schlusses gefunden, scheint aber noch keinen
präzisen Begriff des Begriffes gehabt zu haben.

71 Das ist die allgemein angenommene Definition, die, wie
Diogenes selbst durch Identifizierung der Prolepse mit dem
Urteil zeigt, zu eng ist und nur einen Aspekt des Begriffes
erfaßt.

72 Vgl. Demokrit-Fragment Nr. 145.

73 Ein schwieriger, technischer Ausdruck. Das Subjekt zu „erwarten" dürfte aber nicht „wir" sein, wie Diogenes meint. Epikur hat wohl die Gegenstände im Auge, deren Wahrnehmungsbedingungen schlecht sind (Gegenstände in der Ferne oder solche, die ins Wasser getaucht, gebrochen erscheinen usw.) und deren Abbilder demzufolge nicht mehr mit den Objekten übereinstimmen. Subjektiv sind es dann die auf Grund solcher Wahrnehmungen gefällten Urteile, die auf Bestätigung oder Widerlegung durch evidente Wahrnehmungen warten.

74 Vgl. Anm. 61.

75 Vgl. Anm. 63,

76 Es muß bedacht werden, daß stets zwischen der unmittelbar zugrunde liegenden Realität, dem Abbild, und der mittelbar zugrunde liegenden Realität, dem Objekt, zu unterscheiden ist.

77 D. h. das Abbild.

78 D. h. das Objekt.

79 D. h. Kolotes; vgl. Einleitung S. 88.

80 Vgl. Demokrit-Fragment Nr. 188.

81 Anpassung an die entsprechenden Abflüsse (Abbild, atomare akustische Partikel usw.), die uns über die Qualitäten des Objekts informieren.

82 Der eckige Turm, der von weitem rund, und das gerade Ruder, das im Wasser gebrochen erscheint, sind in der antiken Philosophie beliebte Beispiele, um die Unzuverlässigkeit der Sinne darzulegen.

83 Der Gründer der kyrenaischen Schule, Aristippos (um 435–355 v. u. Z.), dessen Lustlehre und aufgeklärtes Denken in starkem Maße auf Epikur gewirkt haben, vertrat in erkenntnistheoretischer Hinsicht einen Sensualismus, der sich grundlegend von dem Epikurs unterscheidet. Ausgangspunkt ist für beide die Sinneswahrnehmung. Während aber für Epikur die Wahrnehmung immer das Objektive repräsentiert, bestreitet der kyrenaische Subjektivismus, daß uns von der Wahrnehmung aus irgendwelche Schlußfolgerungen auf den sie erzeugenden Gegenstand erlaubt seien; vgl. Sextus Empiricus, Gegen die Wissenschaftler 7,191: „Die Kyrenaiker sagen, Kriterien seien die Empfindungen, und sie allein seien erfaßt und untrüglich; das diese Empfindungen Erzeugende hingegen sei nicht erfaßt und nicht untrüglich." Hier findet sich also der Sensualismus Berkeleyscher Art vorgebildet, mit dem Unterschied freilich, daß der englische

Philosoph im Gegensatz zu den Kyrenaikern die Existenz
einer realen Außenwelt überhaupt leugnete.

84 Die Kritik Plutarchs ist einseitig, besteht aber nicht ganz zu
Unrecht. Epikur ist in seinem Bemühen, die absolute Zuverlässigkeit der Sinne zu erhärten, dadurch zu weit gegangen, daß er alle Inkorrektheit der Erkenntnis auf die
Tätigkeit des urteilenden Verstandes schob. Tatsächlich liegt
doch auch in der Wahrnehmung schon in gewissem Sinne der
Grund für ein wahres oder falsches Urteil. Denn den Inhalt
einer evidenten Wahrnehmung braucht der Verstand im Urteil gleichsam nur zu „repetieren"; der Turm z. B., den ich
deutlich vor mir sehe, ist viereckig. Betrachte ich hingegen
den Turm aus der Ferne und urteile, er sei rund, so ist dieses falsche Urteil doch durch die undeutliche Wahrnehmung
„provoziert". Daraus ergibt sich, daß die Wirklichkeit in
der Wahrnehmung unter verschiedenen Bedingungen mit
unterschiedlicher Deutlichkeit abgebildet wird und daß eine
Wahrnehmung sehr wohl geeignet ist, die andere zu korri-
gieren, was Epikur eben bestreitet. Dabei hat er aber, wenn
er von der Untrüglichkeit der Sinne spricht, immer die Übereinstimmung der Wahrnehmung mit dem sie erregenden
Abbild im Auge, während doch die Übereinstimmung mit
dem äußeren Objekt allein von Bedeutung ist. Offensichtlich hat Epikur nicht mit ausreichender Deutlichkeit – jedenfalls nicht in den uns überlieferten Resten – den Unterschied zwischen jenen Wahrnehmungen, die nur mit dem
Abbild, und jenen, die mit Abbild *und* Objekt übereinstimmen, betont. Man darf aber wohl vermuten, daß es die
Praxis des Umgangs mit den Objekten unter möglichst viel-
seitigen Bedingungen war, der Epikur eine entscheidende
Rolle zugewiesen hatte. Da es hierbei auf das richtige Abwägen der Umstände ankommt, ist der Verständige am
ehesten geeignet, solche Unterschiede zu begreifen (vgl.
Epikur-Fragment Nr. 98). In solcher Einsicht der Verständigen müßte freilich der Verstand eine größere Rolle gespielt haben, als ihm nach unseren Quellen in der epikureischen Erkenntnistheorie zukommt, und Epikur könnte
nicht alle Inkorrektheit der Erkenntnis dem Verstand zur
Last gelegt haben, weil gerade er es ist, der davor warnt,
von der Wahrnehmung z. B. eines durch das Medium des
Wassers gebrochen erscheinenden Ruders auf das Ruder
selbst zu schließen. – Es ist aber bei alledem zu bedenken,
daß wir über die Einzelheiten der erkenntnistheoretischen

Vorstellungen Epikurs nur sehr mangelhaft unterrichtet sind. Deshalb ist auch die Frage nicht ganz eindeutig zu entscheiden, ob Epikur wirklich – wie Plutarch und auch Sextus angeben – behauptet hat, keine Wahrnehmung sei evidenter als die andere.

85 Ein Beispiel aus der griechischen Mythologie. Orest hatte seine Mutter umgebracht und war der Blutrache verfallen. Deshalb glaubte er sich von diesen gräßlichen, mit schlangenbedeckten Häuptern versehenen, unterirdischen Rachegöttinnen verfolgt, deren Vorstellung aus der Zeit der Stammesgesellschaft stammt und die jeden bestrafen, der gegen die ungeschriebenen Gesetze der Gesellschaft verstoßen hatte. – Bei den Erinyen handelt es sich nicht eigentlich um Abbilder, da sie kein reales Objekt abbilden, sondern um Bildkompositionen, die in der Luft aus den Trümmern von Abbildern entstanden sind.

86 Vgl. Anm. 84. Diesen richtigen Sachverhalt von Fall zu Fall herauszufinden, wird jedem Verständigen gelingen. Mit dieser Bemerkung will Epikur wohl eine rigoristische Kritik zurückweisen, die an seiner strikt sensualistischen Erkenntnistheorie natürlich Mängel und Inkonsequenzen fand.

87 Wir unterscheiden heute 1. die Objekte, 2. die gedanklichen Abbilder derselben und 3. die Wörter. Das Wort bedeutet das ideelle Abbild (den Begriff), bezeichnet aber das Objekt. Hier haben die Stoiker richtiger geurteilt; vgl. Sextus Empiricus, Gegen die Wissenschaftler 8,11: „Die Stoiker behaupten, es gebe das Bedeutete, das Bezeichnende und das Objekt; von ihnen ist das Bezeichnende das Wort, z. B. ‚Dion‘, das Bedeutete ist das durch das Wort deutlich Gemachte (der Begriff), das wir erfassen, indem es zugleich (mit dem Wort) in unserem Verstand entsteht – wie denn die nicht griechisch Sprechenden es nicht erfassen, obwohl sie das Wort hören –, und das Objekt ist das unabhängig Seiende wie z. B. Dion selbst da. Von diesen sind zwei materieller Natur, wie das Wort und das Objekt, eines ist ideell wie das Bedeutete oder Ausgesagte... Die Epikureer aber lassen nur zwei übrig: das Bezeichnende und das Objekt."

88 Weil z. B. die Guten so oft leiden und die Bösen sich wohlbefinden usw.

89 Hier könnte spätepikureische Polemik gegen christliche Gedanken vorliegen.

90 Vgl. Einleitung S. 86.

*Cicero, Über das Wesen der Götter*

1 In diesem Werk disputieren der Epikureer C. Velleius, der
  Stoiker Lucilius Balbus und der neuakademische Skeptiker
  C. Aurelius Cotta. Nachdem Velleius soeben einen knappen
  Abriß der Theologie der früheren griechischen Denker ge-
  geben hat, fährt er mit der Darstellung der epikureischen
  Götterlehre fort.

2 Nach dem Erstarken des sittlichen Bewußtseins wurden die
  menschlich-allzumenschlichen Göttergestalten Homers, Hesiods
  und der gesamten griechischen Mythologie zunächst von einer
  noch theologisch orientierten Kritik betroffen wie der des
  Xenophanes, die das ethische Ideal auch im Göttlichen ma-
  nifestiert sehen wollte. Auch Epikur suchte sein Ideal dort
  anzusiedeln. Da sich die Olympischen Götter aber ver-
  hielten, wie sich der epikureische Weise unter keinen Umständen verhalten soll, hat er nur ihre Existenz, nicht aber
  ihr Wesen akzeptiert.

3 Tatsächlich trug die Verehrung Epikurs durch seine Schüler
  quasi-religiöse Züge, die sich in einem monatlichen Gedächt-
  niskult und in der Huldigung des Meisters mit Formeln der
  Mysterien- und Evangeliensprache äußerten (z. B. Metrodoros Frg. 38 Körte: „. . . Sind wir erlöst aus dem gemeinen
  Leben durch die wahrhaft gottgeoffenbarten Geheimnisse
  Epikurs"; Philodemos, Pap. Hercul. 346, 4, 19: „unseren
  Heiland lobpreisen" usw.). Hierzu paßt, daß die Schüler
  ihre Ringe, Trinkbecher usw. mit dem Bildnis Epikurs ver-
  ziert hatten.

4 Ciceros Darstellung, die den Eindruck erweckt, als handele
  es sich bei dem Epikureischen Prolepsis-Begriff (vgl. Einleitung S. 81) um eine angeborene Idee im Sinne der ratio-
  nalistischen Erkenntnistheorie, ist falsch. Viele Autoren und
  Cicero selbst bezeugen eindeutig, daß Epikur alle geistigen
  Inhalte aus der sinnlichen Erfahrung ableitet und damit
  Erkenntnisse a priori ausschließt. Es ist möglich, daß Cicero
  dem Wort eine Bedeutung verleiht, die es in anderen
  Philosophenschulen angenommen hatte, oder daß jüngere
  Epikureer selbst unter dem Einfluß stoischer Einwände
  von einer Art angeborenem Begriff gesprochen hatten.

5 Betreffs der Natur der Götter haben die Epikureer oder
  schon Epikur selbst erstaunlich detaillierte Vorstellungen gehabt. Nicht nur, daß sie Menschengestalt haben, essen und
  trinken, von beiderlei Geschlecht sind und daraus Vergnügen

ziehen, wobei sie sich griechisch unterhalten, glaubten die Epikureer zu wissen; sogar das Problem des göttlichen Stuhlgangs scheint nach der subtilen Manier mittelalterlicher Scholastiker disputiert worden zu sein. Hier treibt trotz aller Religionskritik seitens der Epikureer sicher noch der extreme Anthropomorphismus der griechischen Götter seine Blüten, der in den großen epischen Dichtungen und in den plastischen Schöpfungen der Künstler allgegenwärtig war. Es sind die vom Geiste epikureischer Lebensweisheit erfüllten homerischen Götter.

6 Dank dieser von Cicero verschuldeten Knappheit entzieht sich der folgende Abschnitt einem eindeutigen Verständnis und ist seit mehr als einem Jahrhundert Gegenstand interpretatorischen Scharfsinns gewesen. Freilich dürfte die Dunkelheit z. T. auch in der Sache selbst liegen, und schon Epikur wird seine Schwierigkeiten gehabt haben, einwandfrei darzulegen, warum die Götter, obwohl Atomkompositionen, ewig sind; vgl. Anm. 8.

7 Sed imaginibus similitudine et transitione perceptis; die einander sehr ähnlichen Götterbilder rufen in der Seele den Eindruck eines einzigen Gesamtbildes hervor und lassen sich deshalb nicht nach den einzelnen Göttern differenziert wahrnehmen, so daß sie uns keine Auskunft über den individuellen Gott, sondern nur über die Gattung geben können. Doch ist das nur eine der möglichen Interpretationen; eine andere faßt similitudo et transitio als Wiedergabe des griechischen Begriffs für „Analogieschluß" auf und übersetzt: „sondern durch Bilder, die auf Grund eines Analogieschlusses (von den Abbildern der festen Körper als etwas diesen Ähnliches) begriffen werden".

8 Die Götterbilder fließen uns von Ewigkeit her zu; das aber kann nur deshalb ohne Substanzverlust der Götter geschehen, weil sie permanenten Nachschub aus dem unendlichen Atomreservoir erhalten. Dabei scheinen die Götter „vermöge eines Vermögens" auf die ihnen zufliegenden Atome dergestalt einzuwirken, daß sich die ihnen artgemäßen Atome schon im Anflug zu fast göttergleichen Bildern präformieren und dadurch assimiliert werden können. So hängt die Ontologie (Seinsweise) des Göttlichen mit seiner Gnoseologie (Erkenntnisweise) aufs engste zusammen.

9 Die Funktion des hier recht unvorbereitet erwähnten Isonomiegesetzes ist nicht ganz klar. In der von Cicero gebotenen

Form beweist es schwerlich die Existenz der Götter, sondern nur ihre Anzahl und Unsterblichkeit. Die Anzahl der verschiedenen Atomformen ist begrenzt; hingegen kommt dieselbe Form unendlich oft vor. Daraus ergibt sich, daß die Anzahl jener durch die vorhandenen endlichen Atomformen als möglich erwiesenen Atomkompositionen unendlich ist. So müssen auch die Götter, da sie existieren, in unendlich großer Anzahl wie die Sterblichen existieren; und sie müssen ewig sein, da bei ihnen die erhaltenden und zerstörenden Kräfte im Gleichgewicht sind; vgl. Einleitung S. 85f.

10 Der bekannte „Deus ex machina", den die Dramendichter meistens auftreten ließen, um eine hoffnungslos verworrene Handlung zu Ende zu bringen.

11 Priester, die aus den Eingeweiden der Opfertiere weissagten.

12 Vogelflugdeuter.

## Cicero, Über das höchste Gut und das größte Übel

1 Eine wertvolle Quelle für die epikureische Ethik sind die beiden ersten Bücher von Ciceros Schrift „Über das höchste Gut und das größte Übel". Die Grundfragen der epikureischen Theorie werden hier in Form eines Dialoges zwischen Cicero und dem Epikureer L. Manlius Torquatus abgehandelt. Der letzere war Angehöriger einer alten römischen Adelsfamilie und fiel 47 v. u. Z. im Bürgerkrieg gegen Caesar. Der in unserer Ausgabe abgedruckte Text stellt einen zusammenhängenden Vortrag des Torquatus dar, der die Grundlage für die im zweiten Buch folgende Diskussion bilden soll. Als weiterer Teilnehmer an dem Gespräch ist C. Valerius Triarius genannt, der, zur Zeit des Gesprächs noch ein junger Mann, später auf der Seite des Pompeius an der Schlacht bei Pharsalos teilnahm und fiel. – Als Quellen hat Cicero nicht nur Schriften Epikurs benutzt, sondern auch (wahrscheinlich sogar vorwiegend) Schriften jüngerer Epikureer, von deren Ansichten und Diskussionen über bestimmte Probleme im Text mehrfach die Rede ist – zum Problem der Beweisführung in der Theorie der Lust (1,31) und über die Grundlagen der Freundschaft (1,66ff.).

2 Gemeint ist das Problem des Telos; vgl. Einleitung S. 57.

3 Zur Methodik des logischen Schließens bei Epikur vgl. „Über die Natur", Buch 28, Frg. 12–21.

4 Wenn auch die allgemeinen Grundlagen der Theorie in der Form, die ihr Epikur gegeben hatte, beibehalten wurde, so zwang doch schon die lebhafte Auseinandersetzung, die die Epikureer in der späthellenistischen Zeit mit anderen Philosophenschulen zu führen hatten, dazu, manche Probleme neu zu durchdenken und bisweilen den Versuch einer tieferen theoretischen Fundierung zu unternehmen.

5 Gemeint ist Epikur.

6 Zum „Lustkalkül" vgl. Einleitung S. 58f.

7 Cicero hatte seinen Gesprächspartner L. Manlius Torquatus an zwei aus der römischen Geschichte bekannte Träger seines Namens erinnert, um dem römischen Epikureer durch das Beispiel seiner eigenen Vorfahren die Haltlosigkeit der epikureischen Lustlehre zu demonstrieren. Genannt waren T. Manlius Torquatus, der von den Römern als eine ihrer vorbildlichen Heldengestalten gerühmt wurde. Er erhielt den Namen Torquatus nach einem Halsring (torques), den er einem Gallier im Zweikampf entrissen hatte. Auf diese Leistung wird hier angespielt, weiterhin auf einen Akt äußerster Disziplin und Staatsräson, die auch vor der eigenen Familie nicht haltmacht: Torquatus soll seinen Sohn mit dem Tode bestraft haben, weil er (wenn auch erfolgreich) gegen einen erlassenen Befehl gehandelt hatte. Ein anderer T. Manlius Torquatus (Konsul 165 v. u. Z.) verstieß seinen Sohn wegen einer Bestechungsaffäre, in die dieser verwickelt war.

8 Der Topfmarkt.

9 Chrysippos (geb. um 280 v. u. Z.) baute das wissenschaftliche System der von Zenon begründeten stoischen Schule aus.

10 Vgl. Einleitung S. 61.

11 Zur Bedeutung der „unverdorbenen Natur" als Ausgangspunkt der epikureischen Ethik vgl. Einleitung S. 58.

12 Gemeint ist die Verschwörung des Catilina, die Cicero als Konsul im Jahr 63 v. u. Z. niederwarf.

13 Torquatus bezieht sich auf eine Äußerung Ciceros am Beginn des Gesprächs, in der dieser darauf hingewiesen hatte, daß viele Epikureer fälschlicherweise dem Schulgründer die Ansicht zuschreiben, das Rechte und Sittliche bereite um seiner selbst willen Lust, ohne jede Beziehung auf den Körper (1,25). Zu diesem Problem vgl. Einleitung S. 64.

14 Vgl. Hauptlehrsatz 5.

15 Tantalos leidet in der Unterwelt ewige Strafe, weil er, um

die Allwissenheit der Götter auf die Probe zu stellen, seinen
Sohn Pelops getötet und ihnen als Speise vorgesetzt hatte.
Eine der Strafen, die er in der Unterwelt zu verbüßen hat,
ist, daß über seinem Haupt stets ein Fels schwebt, der
herunterzustürzen droht.

16 Vgl. Hauptlehrsatz 16.

17 Mit Dialektik ist hier die Logik gemeint, die von den
Epikureern in der Form, die ihr Aristoteles und die Stoiker
gegeben hatten, abgelehnt wurde. Zu den Versuchen jüngerer Epikureer, eine induktive Logik zu schaffen, vgl. Einleitung S. 89.

18 Zu dem Zusammenhang von Naturerkenntnis und richtiger
sprachlicher Aussage vgl. Epikur, Brief an Herodotos 37f.

19 Vgl. Hauptlehrsatz 27.

20 Gemeint sind die berühmten Freundespaare Theseus–Peiri-
thoos, Archilleus–Patroklos, Orest–Pylades.

21 Vgl. Hauptlehrsatz 28.

## Metrodoros-Fragmente

1 Zu Metrodoros vgl. Einleitung S. 86f.

2 Vgl. Epikur-Fragment Nr. 12 und Einleitung S. 62.

3 Gegenüber seinem Bruder Timokrates, der sich von der
epikureischen Lehre abgewendet hatte, betont Metrodoros
mit besonderem Nachdruck die physiologischen Grundlagen
der Ethik, wie sie sich aus dem epikureischen Naturalismus
ergeben (vgl. Einleitung S. 62).

4 Die „Rettung der Griechen“ war eine Losung, deren sich
in den heftigen politischen Auseinandersetzungen der hellenistischen Zeit die verschiedensten Staaten und Parteirich-
tungen bedienten. Der Epikureer, der sich von der Politik
fernhält, ironisiert diese Dinge.

## Hermarchos, Epistolika über Empedokles

1 Zu Hermarchos vgl. Einleitung S. 87. Ob das Fragment als ein
wortgetreuer Auszug aus den „Epistolika über Empedokles“
(Epistolika = Abhandlungen in Briefform) des Epikureers
betrachtet werden kann oder ob der spätantike Autor Porphyrios dessen Ansichten nur referiert, ist eine umstrittene
Frage. Die letztere Ansicht verdient wohl den Vorzug.

2 Nach Epikur ist das Prinzip des Nutzens für alle gesetzlichen Regelungen maßgebend (vgl. Hauptlehrsatz 31), also auch für das Verbot der Tötung von Menschen. Wenn hier außerdem die natürliche Beziehung der Menschen zur Begründung angeführt wird, so handelt es sich mit größter Wahrscheinlichkeit um eine Einfügung des Porphyrios, die von den Voraussetzungen der stoischen Philosophie ausgeht, dagegen mit der epikureischen Theorie nichts zu tun hat.

3 Gemeint sind die Weisen, die nicht der Strafandrohung bedürfen, um sich ungerechter Handlungen zu enthalten (vgl. Epikur-Fragmente, Anm. 31). In dieser Hinsicht sind also die frühen Gesetzgeber und die anderen „Einsichtigen" der Frühzeit, von denen vorher die Rede war, in gewissem Sinn mit dem Weisen zu vergleichen, wenn auch der Weise aus tieferer Einsicht in die Zusammenhänge handelt.

4 Daß die Gesetze auf freiwilliger Basis und auf Grund freier Vereinbarung der Mitglieder der Gesellschaft entstanden sind, betont auch Lukrez (5,1145ff.).

5 Lukrez führt in etwas anderem Zusammenhang (5,1105ff.) aus, daß es sich bei den Führern der Stammesverbände (Stammeskönige) um hervorragende Persönlichkeiten handelt (vgl. Lukrez, Über die Natur der Dinge, Anm. 39).

6 Zu denken ist z. B. an Notwehr.

7 Es ist merkwürdig, daß ein Epikureer die Androhung göttlicher Strafen ohne scharfe Polemik erwähnt. Es wird aber lediglich als eine historische Tatsache festgestellt, daß sich die Gesetzgeber aus Gründen der Zweckmäßigkeit dieses Mittels der Abschreckung bedient haben.

8 Zur Rolle, die die Abwehr der wilden Tiere bei der Begründung der Gesellschaft in anderen kulturhistorischen Theorien der Antike spielt, vgl. Lukrez, Anm. 30. Lukrez hebt dieses Motiv für die Begründung des sozialen Zusammenschlusses nicht ausdrücklich hervor, zeichnet aber die Bedrohung durch die wilden Tiere in lebhaften Farben (5,982ff.).

9 Hermarchos betont, daß bereits in der Frühzeit für die Regelung der sozialen Beziehungen das Prinzip des gegenseitigen Nutzens in vollem Umfang maßgeblich war, aber nur unreflektiert-intuitiv beachtet, nicht mit vollem Bewußtsein eingesetzt wurde. Mit diesem Mangel an Bewußtheit werden die Unzulänglichkeiten dieses frühen Zustandes erklärt, denen die Gesetzgeber durch die gesetzliche Regelung abhalfen.

10 Die geschilderte Einführung der Gesetze entspricht der bei Lukrez 5,1136ff. dargestellten Phase. Die Gedankenabfolge ist in dem Referat des Porphyrios (vielleicht durch versehentliche Umstellung) gestört. Nach dem Abschnitt 1,7–9 über die Gesetzgebung wird zunächst noch einmal auf den früheren Zustand zurückgegriffen und dann in 1,11 das Thema Gesetzgebung wiederaufgenommen.

11 Wie diese Stelle zeigt, haben die Epikureer neben den spezifischen, stets an die jeweiligen örtlichen und zeitlichen Bedingungen geknüpften Rechtsnormen auch solche gekannt, die allgemeine Gültigkeit haben. Gemeint sind Normen, die für die Erhaltung der Gesellschaft schlechthin notwendig sind und deshalb in allen Staaten und zu allen Zeiten auftreten, wie das Verbot der Tötung.

*Polystratos,*
*Über die unbegründete Verachtung der Volksmeinung*

1 In dieser Schrift macht uns Polystratos (vgl. Einleitung S. 88) die Haltung der Epikureer gegenüber den Sitten und Vorstellungen des Volkes deutlich. Sie werden nicht ausnahmslos für gut befunden, aber auch nicht ausnahmslos nach der von den Sophisten begründeten relativistischen Manier verworfen. Soweit sie verworfen werden, sind sie mit guten Gründen als Aberglaube und Irrtum ausgewiesen. Soweit sie als sittliche Normen akzeptiert werden, sind sie durch die Praxis als das einer spezifischen Menschengemeinschaft Nützliche und Zuträgliche bestätigt worden. Darauf beruht die epikureische Rechtslehre. Die Schrift wendet sich wohl vor allem gegen die Kyniker, die sich dreist über alle Sitten und Gebräuche des Volkes hinwegzusetzen pflegten. Der typische Vertreter dieser Richtung war der bekannte Diogenes von Sinope mit seiner „Umwertung aller Werte".

2 Ein Ausfall gegen die in anderen Schulen, vor allem der Stoa, angestellten Untersuchungen zu logischen Problemen, die nach Ansicht der Epikureer für die Sicherung des glückseligen Lebens belanglos waren.

3 Eigentlich Schön und Häßlich, doch hat dieses Begriffspaar nicht nur eine ästhetische, sondern weitgehend auch eine ethische Bedeutung; deshalb wurde das im Deutschen geläufigere Gut und Böse gewählt.

## Philodemos, Über den Tod

1 Über Philodemos s. Einleitung S. 89f.

2 Hier könnte der Epikureer die bei den Griechen verbreitete religiöse Vorstellung bekämpfen, daß die Seele des Verstorbenen nur durch ein ordentliches Begräbnis in die Unterwelt gelangen und damit ihren Frieden finden werde.

3 Vgl. Frg. 339 Us. Das Zitat wird Epikur und Metrodoros (Frg. 53 Körte) zugeschrieben.

4 Zitat aus einem unbekannten Tragiker (Nauck, Fragmenta adespota Nr. 127).

## Lukrez, Über die Natur der Dinge

1 Daß die Philosophie Epikurs vielen Zeitgenossen wie eine Erlösung von den vielen Erlösungslehren erschienen sein muß, ist in Anbetracht der religionsgeschichtlichen Situation kaum zu bezweifeln. Im Hellinismus war nach dem Absterben der alten stadtstaatlichen Religion ein Wust von Glaubensrichtungen und Kulten ins Land gedrungen; die Religion der Isis, der Großen Mutter, der Syrischen Aphrodite usw. hatten sich ebenso wie die alteingesessenen Mysterien ausgebreitet, Schicksals(aber)glaube, Astrologie und viele andere Erscheinungen mit ihren Zauberpraktiken verwirrten in dieser Zeit des niedergehenden Rationalismus die Gemüter. Zu Lukrez' Lebenszeit, in der Epoche des Niederganges der römischen Republik, hatte sich die Situation eher noch verschlimmert.

2 Vgl. Goethes „Iphigenie auf Tauris".

3 Lukrez bemerkt 1,58ff., daß er die Atome auch die Materie, die Ursprungskörper und die Samen nennt. Hier scheint der Ausdruck Same noch in einem weiteren Sinne und nicht nur als technischer Terminus für Atom verwendet.

4 Die Göttin der Liebe ist hier Allegorie für die unerschöpfliche „Produktionskraft" der Natur.

5 Während die aus dem Äther bestehenden Sterne nach Aristoteles unwandelbar und unvergänglich sind, haben sie in dem vergänglichen epikureischen Kosmos natürlich einen „Stoffwechsel".

6 An den Stadttoren und Eingangsportalen der Häuser standen oft Götterstatuen, denen der Vorübergehende seine Reverenz erwies durch Kuß oder andere Berührung.

7 Daß die Dinge sich einfach durch Positionswechsel bewegen, ist eine Theorie, die sich bei Platon, Aristoteles und bei den Stoikern findet. Tatsächlich scheint zumindest eine Kreisbewegung in einem völlig mit Materie angefüllten Raum möglich zu sein. Indessen liegt die Schwierigkeit schon in der Konzeption eines absoluten, d. h. von der Materie unabhängigen Raumes, den es nicht gibt.

8 D. h. durch das Bestreben der Luft, wieder den Zustand der normalen Dichte zu erreichen.

9 Lukrez scheint hier die intersubjektive Übereinstimmung hinsichtlich der Wahrnehmung im Auge zu haben, d. h. die Menschheit als „kollektives" Erkenntnissubjekt.

10 D. h., was einem zufällig und nicht wesentlich zukommt, also auch fehlen kann.

11 Vgl. Demokrit-Fragmente, Anm. 198ff.

12 Oder Wind, griechisch: Pneuma; vgl. Epikur-Fragment Nr. 87.

13 Da die Abbildtheorie nicht den wirklichen Sachverhalt des Sehvorgangs widerspiegelt, konnte sie eine Reihe von Erscheinungen naturgemäß nur durch kuriose Hypothesen erklären. Zu ihnen gehört die Wahrnehmung der Distanz aus der Masse der Luft, die das Abbild vor sich herschiebt, obwohl es andererseits infolge seiner feinen Struktur mühelos die Luft durchdringt.

14 Lukrez berücksichtigt im folgenden nur die eine Funktion des Verstandes, in einer der Sinnesrezeption analogen Weise wahrzunehmen.

15 Der Verstand nimmt also nicht nur Phantasiegebilde und Götterabbilder direkt wahr, sondern auch Abbilder jedes empirischen Objektes. Diese affizieren, wenn sie uns „kinematographisch", d. h. in ununterbrochener Folge treffen, unser Auge, einzeln dagegen auf dem Wege durch die Leibesporen direkt den Verstand. Weshalb freilich diese einzelnen Bilder, oder das Bild eines Kentauren, dessen Teile doch auch von materiellen Objekten stammen, von feinerer Struktur sein sollen als die Abbilder im kontinuierlichen Strom, ist wohl eine offene Frage.

16 Vgl. Brief an Herodotos, Anm. 5.

17 Daß die Erde von der gesamten Vegetation zuerst die Bäume hervorgebracht habe, lehrte Empedokles (31 A 70 D.-K.).

18 Über die älteren griechischen Theorien von der Urzeugung vgl. Diogenes von Oinoanda, Anm. 19. Lukrez bezieht zu

den Lehren anderer Philosophen kritisch Stellung, bevor er die eigene Darstellung gibt.

19 Auch an anderer Stelle (2,1153f.) wendet sich Lukrez gegen die mythische, von der Stoa aufgenommene Vorstellung, daß die Lebewesen im Himmel ihren Ursprung gehabt hätten.

20 Nach der Lehre des Philosophen Anaximander (12 A 11.30 D.-K.) entstanden alle Tiere, einschließlich der Landtiere, „im Feuchten" unter Einwirkung der Sonnenwärme. Die ersten Menschen hätten sich in fischähnlichen Hüllen oder Schalen entwickelt, die sie, als sie voll ausgewachsen waren, verließen, um an Land ihr Leben fortzusetzen.

21 Nicht nur in der Antike, sondern bis hinein in die Neuzeit war es eine verbreitete Vorstellung, daß die Erde nicht nur in einer frühen Phase ihrer Entwicklung, sondern auch gegenwärtig noch zur Urzeugung imstande sei. Man glaubte, daß die Würmer aus vom Regen erweichter Erde entstünden, wenn diese von der Sonne erwärmt wird. Wie andere Philosophen nahmen auch die Epikureer ein beständiges Nachlassen der „Zeugungskraft" der Erde an, das die Urzeugung größerer Tiere schließlich nicht mehr gestattete.

22 Ob der Begriff „sterbliche Geschlechter" hier wie in Vers 791 die Bedeutung „Geschlechter von Lebewesen" oder gemäß dem sonstigen Sprachgebrauch des Lukrez „Geschlechter der Menschen" hat, ist nicht mit Sicherheit zu entscheiden. Wollte man die Worte allein auf die Menschen beziehen, dann hätte Lukrez nur die Entstehung der Vögel und Menschen erklärt, dagegen die der übrigen Tiere übergangen. Spricht man allgemein von „Lebewesen", dann sind darunter die höheren Tierarten einschließlich der Menschen zu verstehen, während die Entstehung der Vögel bereits vorher behandelt ist.

23 Die Lukrezische Darstellung von der Entstehung der höheren Lebewesen und der Menschen aus „Gebärmüttern" der Erde zeigt eine gewisse Verwandtschaft mit der Lehre, die bei dem Historiker Diodoros von Sizilien (1, 7, 3f.) referiert wird (vgl. Einleitung S. 39 und S. 496f., Anm. 319). Danach entwickeln sich in einem Prozeß der Gärung aus feuchter, von der Sonne erwärmter Erde Lebewesen, die bis zur vollen Ausreifung von feinen Häuten umgeben sind. Die spezielle Lukrezische Vorstellung von „Gebärmüttern" zeigt, daß die Epikureer die Analogie Erde-Mutter sehr weit geführt haben (vgl. auch den im folgenden herangezogenen Vergleich mit den Brüsten der Mutter).

24 Ein ähnlicher Gedanke erscheint bei dem Philosophen
Archelaos (60 A 1.4), der die Ansicht vertrat, daß die Erde
den aus ihr entstandenen Tieren und Menschen einen
Schlamm bzw. Schleim ähnlich der Milch zur Nahrung ge-
geben habe. Wie bei Archelaos wird auch bei Lukrez diese
Nahrung nur mit der Milch *verglichen*, nicht etwa als Milch
bezeichnet. Bemerkenswert ist, daß bei Archelaos der
Schlamm bzw. Schleim nichts anderes als eine bestimmte
Erscheinungsform der feuchten Erde ist, aus der nach allen
diesen Theorien das Leben hervorging.

25 Die folgende Darstellung einer biologischen Evolution
knüpft an Gedanken des Philosophen Empedokles an (31 B
61 D.-K.). Nach dieser noch stark in mythologischen Vorstellungen verhafteten „Theorie" wuchsen in einer bestimmten Phase des von Empedokles angenommenen zyklischen
Weltprozesses aus der Erde vielfältige Formen einzelner
Glieder und Organe, die sich in einer langen Kette zu-
fälliger Verbindungen zu Lebewesen vereinigten. Die Mehrzahl der so entstandenen Organismen stellten monströse
Mißgebilde dar, die nicht lebensfähig waren. In der langen
Reihe der zufälligen Kombinationen befanden sich aber
auch „harmonisch" zusammengesetzte Wesen. Sie allein waren
lebensfähig und überlebten. Trotz der abstrusen mythischen
Einkleidung hat der Gedanke des Empedokles große Bedeutung als Versuch, die zweckmäßige Organisation der
Lebewesen aus rein natürlichen Prinzipien, ohne Zuhilfenahme „teleologischer", d. h. zielgerichteter, außernatürlicher
Formkräfte zu erklären. In gewissem Sinn ist hier im Keim
der Gedanke einer natürlichen Auslese durch Überleben der
Geeignetsten vorweggenommen. Zu beachten ist aber (abgesehen von der mythologischen, unwissenschaftlichen Vor-
stellungswelt) ein grundlegender Unterschied vom modernen
Deszendenzgedanken: Es handelt sich nicht um eine Entstehung der höheren Arten aus den niederen. Vielmehr entstehen die Arten bei Empedokles (und bei Lukrez) durch
immer neu einsetzende „Versuche" der in spielerischer Vielfalt produzierenden Natur.

26 Das tierähnliche Leben der Menschen auf der frühesten
Stufe ihrer Entwicklung ist eine in der griechischen Lehre
von der Entstehung der Kultur verbreitete Vorstellung, die
bereits in frühen Quellen erscheint (Aischylos, Gefesselter
Prometheus 442ff., Kritias 88 B 25, 1f. D.-K. u. a.). In
Anknüpfung an diese Vorstellung wird in der materialisti-

schen Kulturentstehungslehre Demokrits (wie in anderen
Theorien dieser Zeit) die Not zum treibenden Faktor der
kulturellen Entwicklung (vgl. Demokrit-Fragment Nr. 233).
Alle diese Theorien stehen in striktem Gegensatz zu den
Vorstellungen, die an den Anfang der Entwicklung ein Gol-
denes Zeitalter setzen, in dem die Menschen in paradiesi-
schen Verhältnissen ein glückliches Leben geführt hätten
(Hesiod, Werke und Tage 109ff.). Der damit verbundenen
Dekadenzauffassung, die einen schrittweisen Abstieg von
diesem frühen Idealzustand annimmt, steht bei Xenophanes
(vgl. Diogenes von Oinoanda, Anm. 21) eine philosophische
Konzeption des kulturellen Fortschritts gegenüber. In späterer Zeit haben sich in einzelnen Kulturentstehungslehren
die gegensätzlichen Aspekte vermischt (z. B. stellt der
stoische Philosoph Poseidonios dem zivilisatorischen Fortschritt ethische Dekadenz gegenüber); vgl. auch das in
der Einleitung zu den Epikureern Gesagte.

27 Arbutus, der „Erdbeerbaum", mit eßbaren süßen Früchten.

28 Das Bild, das Lukrez entwirft, steht in der Tradition der
Demokritischen Kulturentstehungslehre. Interessant ist, daß
die Not als treibender Faktor der kulturellen Entwicklung
bei Lukrez nicht so stark im Vordergrund steht. Nach Lukrez bietet in der frühesten Zeit die in „voller Jugendkraft"
stehende Erde mit ihrer Vegetation die notwendigen Le-
bensvoraussetzungen für den Menschen, mag diese Nahrung
auch grob und anspruchslos sein. Da die natürliche Kraft
der Erde aber nachläßt, muß später der Mensch durch seine
kulturellen Anstrengungen die entstehenden Mängel aus-
gleichen.

29 Daß die ersten Menschen ungesellig gelebt hätten, ist ebenfalls eine weitverbreitete Vorstellung der griechischen Anthropologie, die bereits bei dem Sophisten Protagoras (Platon,
Protag. 322 A–B) und später in zahllosen Abwandlungen
erscheint. Daß es sich bei diesem vorgesellschaftlichen Zustand nach epikureischer Anschauung (wie später bei Hobbes) um einen „Krieg aller gegen alle" gehandelt habe, ist
aus anderen epikureischen Quellen (Kolotes bei Plutarch,
Gegen Kolotes 1124 D) zu entnehmen, tritt aber bei
Lukrez weniger deutlich hervor. Vgl. aber unten Anm. 35.

30 Die Furcht vor den wilden Tieren und das Bestreben, deren
Bekämpfung zu erleichtern, betrachten einige kulturphiloso-
phische Theorien als den wichtigsten Anstoß für den sozialen
Zusammenschluß der Menschen, so Protagoras (Platon,

Protag. 322 B) und die Quelle, der der Historiker Diodoros
von Sizilien in seinem Abriß der Kulturentstehung (1, 8, 2)
folgt.

31 Vgl. Diogenes von Oinoanda, Frg. 10, col. I.

32 Lukrez verweist darauf, daß auch Ehe und Familie erst
im Laufe der Entwicklung entstanden seien, während zuvor
Mann und Frau sich nur zeitweilig im sexuellen Verkehr
verbunden hätten.

33 Der Hinweis auf die „Verweichlichung" bezieht sich in erster
Linie auf die körperliche Konstitution der frühen Menschen,
aber auch auf eine Milderung der Sitten, die auf das Zusammenleben in der Familie zurückgeführt wird. (Die Liebe
der Eltern zu den Kindern ist nach Epikur eine spontane
und instinktiv verwurzelte Regung, während die Freundschaft und andere soziale Verbindungen auf der Berechnung
des Nutzens beruhen.)

34 Der Vertrag der Freundschaft stellt die erste Phase des
Gesellschaftsvertrages dar (vgl. Einleitung S. 64f.). Er ist
auf das Prinzip des gegenseitigen Nutzens gegründet. Die
Worte „einander nicht zu schaden noch Schaden zu leiden"
entsprechen wörtlich den Hauptlehrsätzen 31–33 und 35.

35 Der Hinweis, daß ohne den losen Vertrag der Freundschaft
und seine wenigstens partielle Befolgung der Fortbestand
der Menschheit nicht gesichert gewesen wäre, deutet darauf
hin, daß auch Lukrez von der Vorstellung des „Krieges
aller gegen alle" in der vorgesellschaftlichen Phase ausgeht (vgl. oben Anm. 29).

36 Zum „natürlichen" Ursprung der Sprache nach der epikureischen Sprachtheorie vgl. Diogenes von Oinoanda,
Anm. 22.

37 Die Argumentation ist in doppelter Hinsicht interessant.
Einmal durch die Analogie „ontogenetischer" und „phylo-
genetischer" Gesichtspunkte: Lukrez schließt aus dem Ver-
halten der Kinder auf Verhaltensweisen in einer frühen
Stufe der Menschheitsentwicklung. Bemerkenswert ist auch
der enge Zusammenhang, der hier zwischen Gebärden- und
Lautsprache gesehen wird, wobei die Gebärdensprache als
Vorstufe für die lautliche Äußerung gilt.

38 Zur Ablehnung des „ersten Namengebers" vgl. Diogenes
von Oinoanda Frg. 10, col. II und dort Anm. 22.

39 Auch die materialistischen anthropologischen Theorien, die
als Antriebskräfte der Kulturentwicklung Not, Nutzen und
praktische Erfahrung betrachten, billigen den in der Antike

vielgerühmten „ersten Erfindern" eine wichtige Rolle zu.
Wie Hermarchos (Porphyrios, Über die Enthaltsamkeit 1,10)
lehrt, haben die Epikureer auch die Bedeutung hervorragen-
der Einzelpersönlichkeiten für die Gestaltung der sozialen
Beziehungen hervorgehoben. Auch Lukrez weist auf diese
Zusammenhänge hin: Die geistig hervorragenden Förderer
des zivilisatorischen Fortschritts sind mit den im folgenden
genannten „Königen" der frühen Stammesorganisation identisch.

40 Während die Verteilung von Vieh und Ackerland im Stammeskönigtum („militärische Demokratie") noch gemäß den
persönlichen Vorzügen (und Leistungen) des einzelnen erfolgt, werden diese „natürlichen" Grundsätze nach der Entstehung des Privateigentums und der Einführung des Goldes
als Zahlungsmittel zunichte gemacht.

41 Die Einführung der Gesetze und des demokratisch regierten
Stadtstaates bezeichnet gewissermaßen eine zweite Stufe
des Vertrages. Die zweite Stufe wird als notwendig anerkannt, da die historische Entwicklung zur Zerstörung der
urgemeinschaftlichen Organisationsform der „Freundschaft"
geführt hatte. Die historisch nicht haltbare rechtsphilosophische Fiktion eines Staatsvertrages als eines *freiwilligen*
Verzichts auf natürliche Rechte zugunsten einer übergeord-
neten Instanz entbehrt in der Darstellung des Lukrez nicht
bestimmter realer Züge. Die Entstehung des Stadtstaates
wird in einen ursächlichen Zusammenhang mit dem Aufkommen des Privateigentums gebracht, das zu starken sozialen
Spannungen und schließlich in die Anarchie führt. Der
Staat entsteht als eine (scheinbar, wie wir hinzufügen würden) über der in sich gespaltenen Gesellschaft stehende
Macht, die die Austragung der Konflikte in „geregelte Bahnen" lenkt.

42 Bei Lukrez zeigt sich besonders deutlich die Ambivalenz
der epikureischen Haltung gegenüber Staat und Gesetzen
(vgl. Einleitung S. 66f.). Sie werden anerkannt, weil sie dem
für die Ataraxie bedrohlichen Zustand der Anarchie ein
Ende machen. Allerdings bringt die Unterordnung unter
die Gesetze und die Furcht vor den vom Gesetz ange-
drohten Strafen (vgl. Hauptlehrsätze, Anm. 19) ihrerseits
neue Störungen der Ataraxie hervor.

43 Lukrez stellt im folgenden die Gründe dar, die zur Entstehung der Religion geführt haben. Es werden zwei Faktoren
sehr unterschiedlicher Art genannt, von denen die Epikureer

den ersten als Quelle echter Erkenntnis über das Wesen
der Götter, den zweiten dagegen als Ursprung aller ge-
fährlichen Mißverständnisse und Verzerrungen der Religionen
betrachten. Die erste, nach Epikur legitime, Wurzel des
Götterglaubens ist die von ihm vorausgesetzte spezifische
Form direkter Wahrnehmung und Erkenntnis der Götter
durch bestimmte „Abbilder", die so „fein" sind, daß sie nicht
von den Sinnen wahrgenommen werden, sondern durch
„Poren" in den Körper eindringen und vom Geist unmittelbar rezipiert werden (vgl. Einleitung S. 84f., Demokrit-Fragmente Nr. 204, 223 und Epikur-Fragment Nr. 102). Zur
zweiten Wurzel der Religion vgl. unten Anm. 45 und Demokrit-Fragment Nr. 227.

44 Zum Wesen und zur körperlichen Konstitution der Götter
vgl. Epikur-Fragment Nr. 102 und Cicero, Über das Wesen
der Götter 1,45f. und Anm. 5.

45 Viele falsche und entstellende „Vermutungen" über das
Wesen der Götter leitet der Epikureer von verfehlten Rück-
schlüssen aus den Erscheinungen am Himmel her. Die ge-
ordnete Bewegung der Himmelskörper und die regelmäßige
Wiederkehr der Jahreszeiten, ferner Regen und Schnee,
Blitz und Donner wurden auf die lenkende Kraft der Götter zurückgeführt (vgl. unten). Gemäß dem rein physikalischen Naturbegriff der Epikureer haben die Götter aber
weder Einfluß auf das Geschehen in der Natur, noch
greifen sie in das Leben der Menschen ein (vgl. Epikur-
Fragmente Nr. 103 und 106).

46 Über Lukrez' Verhältnis zur Religion vgl. Einleitung
S. 91f.

47 Ein verächtlicher Ausdruck für Götterbilder.

48 Ein berühmter Vers, der die epikureische Haltung gegenüber der Natur und den Göttern in prägnanter Weise kennzeichnet. Der Zusammenhang mit dem Ideal der Seelenruhe
(vgl. Hauptlehrsätze, Anm. 1) wird hier ganz deutlich.

49 Man hat versucht, die „versteckte Gewalt" als eine „blinde
Kraft" zu deuten, die mit dem Menschen ihr willkürliches
Spiel treibt und es auf die Zerstörung menschlicher Einrichtungen abzusehen scheint. Damit wäre durch Lukrez eine
neue Spielart irrationaler Mächte in die Natur eingeführt,
während die Epikureer diese Vorstellung sonst gerade bekämpfen. Diese Interpretation ist als völlig unbegründet erwiesen worden. Natürlich weiß der Epikureer, daß die in
ihrem „blinden" Automatismus wirkenden Naturgewalten

dem Menschen oft als zerstörende Kräfte entgegengetreten. Als „versteckt" oder unerkennbar erscheinen diese Gewalten nicht selten, weil man nicht immer den hinter ihnen stehenden kausalen Zusammenhang naturgesetzlicher Abhängigkeit erkennen kann. Entscheidend ist für den Epikureer, wie sich der Mensch in seiner inneren Haltung auf diese Auswirkungen des „Zufalls" einstellt (vgl. Brief an Menoikeus, Anm. 11).

50 Nachdem Lukrez im Vorangehenden die Darstellung der sozialen Entwicklung bereits bis zur Entstehung des Polisstaates geführt hatte, greift er nun mit der Beschreibung des zivilisatorischen Fortschritts nochmals auf die Frühzeit der Menschheitsgeschichte zurück. Diese detaillierte und vorzüglich gegliederte Schilderung vermittelt einen guten Eindruck vom Wesen und den Leistungen der antiken Kulturentstehungslehre. Lukrez beginnt mit den Anfängen der Metallbearbeitung. Interessant ist, wie er die Menschen zu dieser entscheidenden zivilisatorischen Errungenschaft gelangen läßt. Er folgt hier dem von Demokrit vorgezeichneten Prinzip, nach dem man durch Nachahmung der Natur zur Anwendung wichtiger Künste und Techniken gelangte (Demokrit-Fragment Nr. 232). Bestimmte regelmäßig oder zufällig eintretende Naturphänomene seien genau beobachtet und dann künstlich reproduziert worden.

51 Ein bemerkenswerter Satz, der zeigt, daß Elemente dialektischen Denkens in der epikureischen Geschichtsbetrachtung enthalten sind.

52 Wie auch sonst die antike Tradition setzt Lukrez die Abfolge Stein, Bronze, Eisen in vor- und frühgeschichtlicher Zeit voraus.

53 Zu den folgenden Ausführungen über die Entstehung der Webekunst vgl. Diogenes von Oinoanda Frg. 10, col. I. Auch nach dieser Darstellung gingen den Kleidungsstücken aus gewebten Stoffen andere voraus: solche, die aus Filz hergestellt waren, und (später) geknüpfte.

54 Vgl. oben Anm. 50.

55 Wie Demokrit (Fragment Nr. 232) leitet Lukrez den Gesang des Menschen aus der Nachahmung der Singvögel ab.

56 Das idyllische Bild, das hier vom Leben der Hirten und Bauern gezeichnet wird, ist zeitlich mit dem frühgeschichtlichen Zustand des Gemeinschaftslebens in Verbindung zu bringen, das auf den Vertrag der Freundschaft gegründet war.

57 Vgl. oben Anm. 51. An den Gedanken der Relativität und Zeitgebundenheit der in den verschiedenen historischen Perioden gültigen Maßstäbe und Ansprüche an das kulturell-zivilisatorische Leben knüpft Lukrez eine moralisierende Betrachtung, die eine ähnliche Ambivalenz der Wertung erkennen läßt, wie sie für die Beurteilung bestimmter gesellschaftlicher Einrichtungen charakteristisch ist (vgl. oben Anm. 42). Ausgangspunkt für diese ethische Beurteilung der Zivilisation (zum Prinzipiellen vgl. Einleitung S. 66) ist vor allem der Grundsatz der epikureischen Philosophie, daß über die Beseitigung des Schmerzes, d. h. die Befriedigung der unmittelbaren körperlichen Bedürfnisse hinaus keine Steigerung der Lust möglich sei.

58 Als die beiden letzten „Künste" werden im Rahmen der kulturellen Entwicklung Astronomie und Dichtkunst erwähnt. Die letztere sei auf einer bereits relativ hochentwickelten Stufe (Städte, ausgedehnter Verkehr, ausgebildetes Kriegswesen) entstanden. Der Dichter habe in dieser Zeit zugleich die Rolle des Chronisten, des Historikers ausgeübt, der die Kunde von den großen geschichtlichen Ereignissen der Nachwelt überlieferte.

59 Bevor der Dichter seine Darstellung der kulturellen Entwicklung abschließt, gibt er Aufschluß über das methodische Prinzip, das seiner Darstellung der Frühzeit zugrunde liegt: Wo sichere Quellennachrichten fehlen, muß der Philosoph (als dessen Aufgabe diese Untersuchungen damit bezeichnet werden) durch methodische Überlegung das Wahrscheinliche zu ermitteln suchen.

60 In den monumentalen Schlußversen, in denen die wichtigsten kulturellen Errungenschaften noch einmal aufgezählt werden, erwähnt der Dichter in knapper Form auch die entscheidenden Momente, die er in der Kulturgeschichte wirksam sieht: die Übung, die Erfahrung, die fortschreitende Zeit und den menschlichen Verstand.

## Diogenes von Oinoanda

1 Zu der Inschrift von Oinoanda vgl. Einleitung S. 93.

2 Vgl. Hauptlehrsätze 21, Epikur-Fragment Nr. 68.

3 Vgl. Epikur-Fragmente, Anm. 8.

4 Diogenes, der ein schweres Herzleiden hat (vgl. Frg. 50), kann sein Haus nicht verlassen (vgl. Frg. 25, col. I).

5 Vgl. Vatikanische Spruchsammlung 47.

6 Gemeint ist die Unkenntnis der einfachen Wahrheit, daß die echten Bedürfnisse des Menschen gering und leicht zu erfüllen sind (vgl. Frg. 1, col. I, und Epikur-Fragmente 67f.).

7 Epikur verlangt nicht, daß der Weise jeden seelischen Schmerz unterdrücken müsse, vgl. Epikur-Fragmente, Anm. 23.

8 Die ablehnende Haltung des Sokrates gegenüber der naturphilosophischen Spekulation und der Astronomie bezeugt ausdrücklich Xenophon in seinen „Erinnerungen an Sokrates" (1, 1, 11; RUB Bd. 526). Unter seinen Anhängern, die solche Forschungen ebenfalls ablehnten, sind die Kyniker und die Kyrenaiker zu verstehen.

9 Gemeint ist der Skeptizismus vor allem der Neuen Akademie, der die echte Erkennbarkeit der Naturphänomene leugnete und nur eine wahrscheinliche Erkenntnis für möglich hielt.

10 Hier werden dem Aristoteles skeptizistische Ansichten über die Möglichkeit der Naturerkenntnis zugeschrieben. Die Erklärung, daß Diogenes den Gründer des Peripatos mit Heraklit oder dem Neuakademiker Arkesilaos verwechselt habe, befriedigt nicht. Man hat darauf hingewiesen, daß der junge Aristoteles, der noch eng mit der Akademie verbunden war, sich in seinen frühen Schriften auch in dieser Frage eng an Platons Auffassung angeschlossen habe. Dieser hatte die Erkenntnis der Erscheinungswelt (im Gegensatz zur Welt der Ideen) unter Hinweis auf Heraklits Lehre vom ewigen Fließen für unmöglich erklärt (vgl. Aristoteles, Metaphysik 1, 6, 987b).

11 Zwei treffende Einwände gegen den skeptischen Agnostizismus.

12 In diesem Fragment setzt sich Diogenes kritisch mit den Elementenlehren anderer Philosophen und Schulen auseinander, bevor er zur Darstellung der Atomlehre übergeht. Erhalten ist nur der Anfang der Auseinandersetzung mit Heraklit.

13 Irrtümlich bezeichnet Diogenes den Philosophen Empedokles aus Agrigent als Sohn eines Akragas. Der Fehler ist in der Übersetzung korrigiert.

14 Zu Anaxagoras vgl. Einleitung S. 12f. Der erst im Anschluß an Aristoteles entstandene Begriff homoioméreia bezeichnete zunächst eine Verbindung von Elementen derselben Art, dann auch die kleinsten Teilchen selbst.

15 Für Epikur haben, im Unterschied zu Demokrit, nicht nur
die Atome und das Leere, sondern auch die sinnlichen
Qualitäten der Dinge eine reale Existenz; vgl. Einleitung
S. 83f.

16 Hinter der Polemik steht die epikureische Auffassung von
der Körperlichkeit der eídōla (Bilder) (vgl. Einleitung
S. 82f.), auf die die phásmata, d. h. „Phantome" (Wahrneh-
mungsbilder von Träumenden und Irren), zurückgehen.

17 Zu der epikureischen Auffassung, daß über astronomische
Objekte keine sichere Aussage möglich sei und man hier nur
eine Vielzahl möglicher Erklärungen nebeneinander stellen
könne, vgl. Einleitung S. 71. Die Himmelsphänomene zählen zu den ádēla, d. h. zu den Erscheinungen, die evidenter
Sinneswahrnehmung entzogen sind. Gemäß dem epikureischen
Empirismus, der bei den Phänomenen nur eine von der
Sinneswahrnehmung ausgehende und von ihr geprüfte Erkenntnis anerkennt, wäre eine verbindliche Aussage auf
diesem Gebiet wissenschaftlich nicht verantwortbar.

18 Daß die Sonne von Winden getragen werde, ist als Anschauung Epikurs sonst nicht überliefert, dagegen aber die
Vorstellung, daß die Erde gewissermaßen von einem „Luft-
kissen" im Weltraum getragen wird.

19 Daß – wie die übrigen Lebewesen – auch die Menschen auf
dem Wege der Urzeugung aus dem Wasser oder aus der
Erde entstanden seien, ist eine alte Vorstellung der griechischen Philosophie, die bereits bei Anaximander, Anaxagoras,
Demokrit (Fragment Nr. 167) u. a. begegnet. Über die
spezifische epikureische Ausprägung der Lehre unterrichtet
uns u. a. Lukrez 5,788ff.; vgl. Lukrez, Über die Natur der
Dinge, Anm. 23.

20 Vgl. Einleitung S. 66. Dieses Fragment ist neben dem
5. Buch des Lukrez unsere bedeutendste Quelle für die
epikureische Lehre von der Kulturentstehung.

21 Die Ablehnung göttlicher Kulturstifter, die sich bei den
Epikureern aus den Prämissen ihrer Philosophie zwangsläufig
ergibt, ist bereits mit den ersten Anfängen der griechischen
Kulturentstehungslehre eng verbunden. Bereits bei dem Philosophen Xenophanes (5. Jh. v. u. Z.) heißt es: „Wahrlich
nicht von Anfang an haben die Götter den Sterblichen alles
enthüllt, sondern allmählich finden sie suchend das Bessere"
(21 B 18 D.-K.).

22 Epikur hat in der auf die Zeit der Sophistik zurückgehenden
Auseinandersetzung über die Entstehung der Sprache – ob

diese „von Natur" entstanden sei oder in willkürlicher Setzung bzw. stillschweigender Konvention der Menschen ihren
Ursprung habe – die „natürliche" Entstehung vertreten: Das
artikulierte Sprechen sei ein natürlicher Vorgang, der auf
einem Bedürfnis beruht wie Essen und Trinken, und die
Fähigkeit zum Sprechen sei dem Menschen von Natur mitgegeben wie die zum Hören und Sehen. Demgemäß lehnt
Diogenes im folgenden (col. III) die Vorstellung von einem
einzelnen „Erfinder" der Sprache ab. Neben der Natur
(phýsis) hat aber auch die Setzung (thésis) nach Epikur in
der Entwicklung der Sprache eine Rolle gespielt (vgl. Brief
an Herodotos 75f.). In einer höheren Phase der Sprachentwicklung greift die thésis regulierend ein, um die auf natürlichem Wege entstandene Sprache durch Vereinfachung
und Normierung zu einem praktikableren Instrument zu
machen. Durch diese ausgewogene Berücksichtigung beider
Elemente, des natürlichen wie des gesellschaftlich-konventionellen, hat Epikur die Antithetik der früheren Diskussionen überwunden und einen Standpunkt bezogen, der in
ähnlicher Weise in sprachphilosophischen Theorien der Aufklärungszeit (Herder, Humboldt) vertreten worden ist.

23 Es ist eine schwierige und umstrittene Frage, ob hier eine
Menge von Menschen oder von Wörtern gemeint ist. Parallelstellen können darauf hindeuten, daß es sich um die Menge
Menschen handelt, die der angebliche „Spracherfinder" hätte
versammeln müssen, um seine Erfindung zu verbreiten (vgl.
Lukrez 5,1050f.). Die Tatsache, daß im folgenden von der
Sammlung von Buchstaben die Rede ist, macht es aber sehr
wahrscheinlich, daß hier analog von der Sammlung der
Wörter gesprochen wird.

24 Sokrates wurde 399 v. u. Z. in Athen unter der Anklage,
die Götter der Staatsreligion nicht respektiert und neue
Götter eingeführt zu haben, und als Verderber der Jugend
zum Tode verurteilt. – Anaxagoras von Klazomenai, der
lange Zeit als Freund des Staatsmannes Perikles in Athen
lebte, wurde von dessen politischen Gegnern der Gottlosigkeit angeklagt, weil er die Sonne als eine glühende Masse
bezeichnet hatte. Anaxagoras hat infolge dieser Anklage
Athen verlassen. Diogenes will Epikur gegen den Vorwurf
des Atheismus verteidigen und weist deshalb darauf hin,
daß auch gegen andere Philosophen dieser Vorwurf zu Unrecht erhoben worden sei. Wirkliche Atheisten seien dagegen
Diagoras und Protagoras gewesen.

25 Diagoras von Melos gehört zu den wenigen Persönlichkeiten
der Antike, die sich offen zu einem absoluten Atheismus bekannt haben. Dagegen traf der Vorwurf der „Gottlosigkeit"
(asébeia) auch solche Philosophen, die verschiedene Spielarten philosophischen Glaubens vertraten und damit in
Widerspruch zum Volksglauben gerieten.

26 Zur Begründung für seine Aussage, daß er nicht wisse, ob
es Götter gebe oder nicht, führt Protagoras u. a. die „Dunkelheit der Sache" und die Kürze des Lebens an (80 B
4 D.-K.).

27 Zwei Gestalten der griechischen Mythologie, an denen mit
Vorliebe das schwere Los demonstriert wurde, das die
traditionellen Unterweltsvorstellungen den Sündern im jenseitigen Leben zuschrieben. Tityos, ein Riese, Sohn der Erd-
göttin Gaia, liegt in der Unterwelt angekettet, weil er
Leto, der Mutter der Götter Apollon und Artemis, Gewalt
anzutun versucht hatte. Zu Tantalos vgl. Cicero, Über das
höchste Gut und das größte Übel, Anm. 15. Im Wasser
stehend kann er nicht trinken, weil das Wasser bei jedem
Versuch sofort versiegt. Hungernd greift er vergebens nach
Früchten, die an einem immer wieder zurückschnellenden
Ast über seinem Kopf hängen.

28 Vgl. Hauptlehrsatz 2, Brief an Menoikeus 124f.

29 In die Inschrift ist auch dieser Lehrbrief des Diogenes an
einen gewissen Antipatros, einen Freund und Schulgenossen,
aufgenommen. Diogenes äußert die Hoffnung, Antipatros
und andere Freunde in Athen, Chalkis und Theben wieder-
zusehen. Er befindet sich z. Z. der Abfassung des Briefes
auf der Insel Rhodos, die er offenbar öfter besucht hat
(vgl. Frg. 51).

30 Ein Freund und Schüler des Diogenes, mit dem dieser ein
gelehrtes Gespräch über das Thema „Unendliche Zahl der
Welten" geführt hatte. Der Inhalt dieses Gespräches wurde,
in Dialogform schriftlich fixiert, als Lehrbrief an Antipatros geschickt.

31 Zu der Lehre von der unendlichen Zahl der Welten vgl.
Einleitung S. 22. Die einzelnen Kosmoi können sich nach der
Lehre der Atomistik in der Unendlichkeit des leeren Raumes
nur bilden, wenn es eine unzählige Menge von Atomen gibt;
vgl. Epikur, Brief an Herodotos 42.

32 Die Polemik gilt offenbar einer Ansicht, die zwar die unendliche Menge der Atome, nicht aber die unendliche Vielzahl
der Welten anerkennt. Die Argumentation lautet: Wer nicht

die Unzähligkeit der Welten anerkennen wolle, müsse die Unendlichkeit unserer Erde annehmen, d. h., wie etwa Xenophanes die Erde sich nach unten ins Unendliche ausdehnen lassen. Dann könnten sich aber die Gestirne nicht um die Erde drehen, was der allgemeinen Annahme widerspräche.

33 Gemeint ist die Seelenruhe (vgl. Hauptlehrsätze, Anm. 12).

34 Vgl. Frg. 1, col. IIf.

35 Der hier geäußerte Gedanke einer kosmopolitischen Verbundenheit aller Menschen hat (besonders in dieser speziellen Formulierung) stoisches Gepräge. Diese Ideen haben in der Kaiserzeit starke Verbreitung gefunden und blieben, wie unsere Stelle zeigt, auch nicht ohne Einfluß auf das epikureische Denken.

36 Zum Verhältnis zwischen den Tugenden und der Lust vgl. Einleitung S. 64.

37 Daß die Gerechtigkeit nur für den Menschen Gültigkeit hat, während sie für die übrigen Lebewesen nicht relevant ist, wird im Hauptlehrsatz 32 ausgeführt. Entsprechend wird hier für sämtliche Tugenden ausdrücklich festgestellt, daß sie sich ausschließlich auf den Nutzen gründen, den sie für den Menschen haben.

38 Das Fragment ist Bestandteil einer Erörterung über das Wesen der Tugend. Diogenes wendet sich gegen die stoische Auffassung, die die Tugend mit dem Lebensziel identifiziert (vgl. Einleitung S. 62ff.). Dagegen sehen die Epikureer in der Tugend nur eine Ursache, ein Mittel zur Erreichung des Lebensziels. Die von Diogenes kritisierte Argumentation postuliert offenbar, daß mit dem Besitz der Tugend zugleich die Glückseligkeit gegeben sei, was auf beider Identität schließen lasse. Demgegenüber unterscheidet der Epikureer drei Kategorien von Ursachen und zählt die Tugenden derjenigen Kategorie zu, bei der Ursache und Wirkung gleichzeitig eintreten.

39 Worauf sich Diogenes hier bezieht, ist nicht sicher festzustellen. Die Anklage gegen „hinterhältige Verleumder" deutet auf Gegner, die den Kategorien der epikureischen Ethik eine willkürliche Interpretation zuteil werden lassen. Es liegt nahe, an Argumente zu denken, die dem epikureischen Hedonismus zügellose Genußsucht unterstellen (vgl. Brief an Menoikeus, Anm. 9).

40 Über den epikureischen Lustkalkül vgl. Brief an Menoikeus, Anm. 8.

41 Analog zur körperlichen Lust; vgl. Vatikanische Spruch-sammlung, Anm. 13.

42 Vgl. Hauptlehrsätze, Anm. 1.

43 Die Deutung ist umstritten: Entweder ist die Götterfurcht oder die Furcht vor dem Tode gemeint.

44 Mit dem von Epikur bekämpften Schicksalsglauben wird natürlich auch die „Weissagungskunst" der Stoiker hinfällig (vgl. Brief an Menoikeus, Anm. 12).

45 Vgl. Brief an Menoikeus, Anm. 11f.

46 Vgl. Einleitung S. 57 und 78f.

47 Die Tatsache, daß der Fatalismus zur Aufhebung der ethischen Verantwortlichkeit des Menschen führen muß, war gewiß einer der wesentlichen Motive, die Epikur zur starken Betonung der Willensfreiheit in seiner Philosophie veran-laßt haben.

48 Die Argumentation richtet sich gegen die Lehre von der Seelenwanderung, die in der frühgriechischen Philosophie neben den Pythagoreern besonders von Empedokles ver-treten worden war. Diogenes macht gegen diese „Lehre" geltend, daß der Übergang der Seele aus einem Körper in einen anderen sich nicht vollziehen könne, weil (nach den Voraussetzungen der epikureischen Philosophie) Leib und Seele, die eine unlösbare Einheit darstellen, nicht getrennt voneinander existieren können. Wenn man aber der Seele die Natur eines Lebewesens auch ohne den Zusammenhang mit dem Körper zusprechen wolle (wie es nach den Vor-aussetzungen des Empedokles notwendig anzunehmen ist, da die Seele in der Zeit des Übergangs für sich allein existieren muß), brauche man die ganze Seelenwanderung nicht und solle der Seele lieber ohne Umschweife die Un-sterblichkeit zusprechen.

49 Die stoische Auffassung schreibt der Seele zwar generell ein Entstehen und Vergehen zu und leugnet ihre Unster-blichkeit, nimmt aber doch eine bestimmte Fortdauer nach dem leiblichen Tod an. Die Seele sittlich hochstehender Persönlichkeiten sollte eine längere Zeitspanne (unter Um-ständen bis zur Ekpyrosis, dem großen Weltbrand), die der übrigen Menschen nur ganz kurze Zeit nach dem Tode weiterexistieren.

50 Über die untrennbare Einheit von Leib und Seele spricht Lukrez 3,517ff. Als der lebenswichtigste Teil der Seele wird der Geist von Lukrez 3,136ff. und 3,396ff. bezeichnet.

Diogenes überträgt diese besondere Bedeutung des Geistes auf die gesamte Seele (vgl. unten Anm. 55).

51 Auch Lukrez wendet sich 3,370ff. gegen die Anschauung Demokrits, nach der in jedem Organismus die Zahl der Seelenatome der der Körperatome genau entspreche und jeweils ein Seelen- mit einem Körperatom verbunden sei. Dagegen wird ausgeführt, daß Größe und Zahl der Seelenatome im Organismus geringer seien als Größe und Zahl der Körperatome.

52 Über die epikureische Lehre, nach der sich die Seele aus einem vernünftigen (Geist) und einem vernunftlosen Teil zusammensetzt, vgl. Brief an Herodotos, Anm. 49, und Lukrez 3,136ff.

53 Vgl. Lukrez 3,323ff.: Körper und Seele bedingen sich gegenseitig, und jeder dieser Bestandteile des Gesamtorganismus ist Voraussetzung für die Erhaltung des anderen.

54 Diogenes will beweisen, daß die Seele größere Bedeutung für die Erhaltung des Lebens habe als der Leib. Seine Argumentation ist verfehlt. Da nach epikureischer Lehre der vernunftlose Teil der Seele im ganzen Körper verteilt ist, wäre nur die von Lukrez 3,396ff. auch tatsächlich getroffene Feststellung sinnvoll, daß auch der Verlust größerer Teile von Körper *und* Seele unter bestimmten Voraussetzungen das Leben des Organismus nicht bedroht. Voraussetzung ist, wie Lukrez ausführt, daß der Geist erhalten bleibt.

55 Lukrez stellt 3,95 fest, daß im Geist „der Rat und die Lenkung" des Lebens lokalisiert sei. Wie oben spricht Diogenes wiederum von der ganzen Seele, wo Lukrez dem Geist einen besonderen Rang zuweist.

56 Vgl. Brief an Herodotos 65.

57 Vgl. Einleitung S. 62f.

58 Ob die im folgenden abgedruckten Sprüche aus der Inschrift von Oinoanda von Epikur stammen, ist in der Forschung umstritten. Im allgemeinen nimmt man die Autorschaft Epikurs an. Die Beziehungen zu ethischen Maximen Demokrits, die es in der epikureischen Philosophie auch sonst gibt, sind in diesen Sprüchen besonders eng.

59 Vgl. Demokrit-Fragment Nr. 252.

60 Bei dem Sophisten Antiphon heißt es: „Denn von Natur sind wir alle in allen Beziehungen gleich geschaffen..." (87 B 44, B II, 10ff.). Vgl. oben Frg. 41: die Maxime, daß die Menschen über ihre innere Verfassung Herr sind.

61 Vgl. Hauptlehrsätze, Anm. 8.

62 Vgl. Epikur-Fragment Nr. 28 und dort Anm. 23.

63 Vgl. Frg. 2, col. V, und 25, col. I–II, und oben Anm. 35. Menschenfreundliches Verhalten wird als Bestandteil der Tugend in einem epikureischen Traktat über Fragen der Ethik (Pap. Herc. 1251, col. XIV 5f.) erwähnt.

64 Wie aus Frg. 15ff. (Brief an Antipatros) erfahren wir auch aus diesem Brief, der an einen gewissen Menneas gerichtet ist, Einzelheiten aus dem Leben des Diogenes und seines epikureischen Freundeskreises.

65 Auf welche seiner Abhandlungen Diogenes hier Bezug nimmt, ist unsicher.

66 Wie auch Frg. 15 zeigt (vgl. Anm. 29), hat sich Diogenes des öfteren auf der Insel Rhodos aufgehalten.

67 Von der Mehrzahl der Forscher wird angenommen, daß es sich bei diesem Brief eines jungen Mannes an seine Mutter um ein Dokument aus der Jugend Epikurs handelt (vgl. Einleitung S. 93). Nach einer anderen Deutung soll der Brief aus der Jugend des Diogenes selbst stammen.

68 Gemeint sind Traumbilder, „Erscheinungen". Offenbar hatte die Mutter dem Sohn mitgeteilt, er sei ihr im Traum erschienen und sie empfinde diese Tatsache als ein ungünstiges Vorzeichen. Nach epikureischer Lehre entstehen alle Phantasievorstellungen (Traumbilder, Vorstellungen von Geistesgestörten) wie die Sinneswahrnehmungen aus „Bildern" (vgl. Einleitung S. 83). – Den Aberglauben der Frau hat man zu der Nachricht in Beziehung gesetzt, daß Epikurs Mutter in fremden Häusern mit magischen Sprüchen (bei Sühneopfern usw.) aufgetreten sei.

69 Epikur verkündet am Ende seines Briefes an Menoikeus, daß der Mensch bei rechter Erkenntnis und Befolgung seiner Lehre „wie ein Gott unter den Menschen" leben könne. Daß die Unvergänglichkeit der Götter deren Glückseligkeit nicht vergrößert, ergibt sich aus der epikureischen Lehre, nach der der Wert der Lust nicht von deren zeitlicher Ausdehnung bestimmt ist (vgl. Brief an Menoikeus, Anm. 5).

70 Der zerstörte Anfang der Kolumne ist schwer zu ergänzen. Nach der hier befolgten Deutung sollen Bedenken der Mutter zerstreut werden, daß der Sohn durch Abhängigkeit von anderen Menschen erniedrigt werde. Die in der Ergänzung vermuteten Einwände gegen eine solche Ansicht entsprechen der epikureischen Lehre von der Freundschaft (vgl. Vatikanische Spruchsammlung, Anm. 12).

# LITERATURVERZEICHNIS

*Texte, Übersetzungen*

H. Diels – W. Kranz, Die Fragmente der Vorsokratiker, 9. Aufl., Berlin 1959.

S. Luria, Democritea, Leningrad 1970.

W. Capelle, Die Vorsokratiker, Neudruck, 2. Aufl., Berlin 1961.

H. Usener, Epicurea, Leipzig 1887.

Epicuri epistulae tres et ratae sententiae, ed. P. Von der Mühll, Leipzig 1922.

La Lettre d'Epicure, ed. J. und M. Bollack, H. Wisman, Paris 1971.

Epikur, Brief an Pythokles, Herausgegeben und übersetzt von E. Boer, Deutsche Akademie der Wissenschaften zu Berlin, Institut für hellenistisch-römische Philosophie, Veröffentlichung Nr. 3, Berlin 1954.

Epicurus, The Extant Remains, by C. Bailey, Oxford 1926.

Epicuri ethica, ed. C. Diano, Florenz 1946.

Epicuro, Opere. Introduzione, testo critico, traduzione e note di G. Arrighetti, Torino 1960.

Metrodori Epicurei fragmenta, ed. A. Körte, Leipzig 1890.

K. Krohn, Der Epikureer Hermarchos, phil. Diss., Berlin 1921.

Polistrato, Sul disprezzo irrazionale delle opinioni popolari. Edizione traduzione e commento a cura di G. Indelli, Neapel 1978 (La Scuola di Epicuro 2).

Philodemos, Über die Gedichte: Chr. Jensen, Philodemos, Über die Gedichte, 5. Buch. Griechischer Text mit Übersetzung und Erläuterungen, Berlin 1923.

Philodemos, Über die Gedichte: J. Heidmann, Der Papyrus 1676 der Herculanensischen Bibliothek. Philodemos, Über die Gedichte. Text und Übersetzung, Diss. Bonn 1937. (Nachdruck in: Cronache Ercolanesi 1, Neapel, 89ff. [1971].)

Philodemos, Über die Götter: H. Diels, Philodemos über die Götter, 1. und 3. Buch, Abhandlungen der Preußischen Akademie der Wissenschaften, Phil.-hist. Klasse, Jahrgang 1915 Nr. 7 und Jahrgang 1916 Nr. 4 und 6, Berlin 1916/17 (Nachdruck Leipzig 1970).

Philodemos, Über die Haushaltung; ders., Über den Hochmut:

Philodemos, Abhandlungen über die Haushaltung und über den Hochmuth ..., griechisch und deutsch von J. A. Hartung, Leipzig 1857 (die Übersetzung beruht auf einem veralteten Text).

Philodemus, Über die Musik IV. Buch. Text, Übersetzung und Kommentar von A. J. Neubecker (La Scuola di Epicuro).

Philodemos, Über die Rhetorik: H. M. Hubbell, The Rhetorica of Philodemus. Translation and Commentary, Transactions of the Connecticut Academy of Arts and Sciences 23, 1920, S. 243–382 (Inhaltsparaphrasen).

Philodemos, Über induktive Schlußverfahren: Philodemus, On Methods of Inference, ed. with Translation and Commentary by Ph. H. De Lacy and E. A. De Lacy. Revised Edition with the Collaboration of M. Gigante, F. Longo Auricchio, A. Tepedino Guerra, Neapel 1978 (La Scuola di Epicuro 1).

Philodemos, Over den Dood, door T. Kuiper, Amsterdam 1925.

Filodemo, Il buon re secondo Omero. Edizione, traduzione e commento a cura di T. Dorandi (La Scuola di Epicuro 3).

Diogenis Oenoandensis fragmenta, ed. C. W. Chilton, Leipzig 1967.

T. Lucreti Cari de rerum natura libri VI, ed J. Martin, 6. Aufl., Leipzig 1969.

Lukrez, Über die Natur der Dinge, lateinisch und deutsch von J. Martin, Schriften und Quellen der Alten Welt, Bd. 32, Berlin 1972.

Lukrez, Über die Natur der Dinge, übers. und hrsg. von D. Ebener. Nachwort von F. Jürß, Leipzig (in Vorbereitung).

## Literaturauswahl

Association Guillaume Budé. Actes du VIIIᵉ Congrès (1968), Paris 1969 (Epikureismus).

Autorenkollektiv, Geschichte der Philosophie I. Aus dem Russischen übersetzt und bearbeitet von einem Kollektiv, Berlin 1959.

Bailey, C., The Greek Atomists and Epicurus, Oxford 1928 (= 2. Aufl. New York 1964).

Bignone, E., L'Aristotele perduto e la formazione filosofica di Epicuro, Florenz 1936.

Bollack, J. – A. Laks (Hrsg.), Études sur l'épicureisme antique, Paris 1976 (Cahiers de Philologie I).

Boyancé, P., Lucrèce et l'épicureisme, Paris 1963.

Casertano, G. (Hrsg.) Democrito. Dall'atomo alla città, Neapel 1983.

Cogniot, G., Le matérialisme gréco-romain, Paris 1964.

Farrington, B., Greek Science, London 1953.

Farrington, B., The Faith of Epicurus, London 1967.

Farrington, B., Neuerliche Gedanken über Epikur, Deutsche Zeitschrift für Philosophie 3. 214 ff. (1955).

Fritz, K. v., Philosophie und sprachlicher Ausdruck bei Demokrit, Platon und Aristoteles, New York 1938 (fotomechanischer Nachdruck Darmstadt 1963).

García Gual, C., Epicuro, 2. Aufl., Madrid 1983.

Gigante, M., Ricerche Filodemee. Seconda edizione riveduta e accresciuta, Neapel 1983.

Gigante, M. (Hrsg.), ΣΥΖΗΤΗΣΙΣ. Studi sull'epicureismo Greco e Romano, Bd. 1–2, Neapel 1983.

Goldschmidt, V., La doctrine d'Épicure et le droit, Paris 1977.

Guthrie, W. K. C., A History of Greek Philosophy, I–III, London 1962–1969.

Jürß, F., Epikur und das Problem des Begriffs (Prolepse), Philologus 121, 221 ff. (1977).

Jürß, F., Von Thales zu Demokrit, Leipzig 1977.

Jürß, F. – Autorenkollektiv, Geschichte des wissenschaftlichen Denkens im Altertum, Berlin 1982 (Veröffentlichung des Zentralinstituts für Alte Geschichte und Archäologie der Akademie der Wissenschaften der DDR 13).

Kleve, K., Gnosis theon. Die Lehre von der natürlichen Gotteserkenntnis in der epikureischen Theologie, Symbolae Osloenses, Fasc. Supplet. XIX, Oslo 1963.

Konstan, D., Some Aspects of Epicurean Psychology, Leiden 1973.

Kröber, G. (Hrsg.), Wissenschaft und Weltanschauung in der Antike, Berlin 1966.

Liebich, W., Aus der Arbeit an den Papyri von Herculaneum, Wissenschaftliche Annalen 2, 304 ff. (1953).

Luria, S., Anfänge griechischen Denkens, Aus dem Russ. übers. von P. Helms, Lebendiges Altertum, Bd. 14, Berlin 1963.

Luria, S., Zur Frage der materialistischen Begründung der Ethik bei Demokrit, Deutsche Akademie der Wissenschaften zu Berlin, Schriften der Sektion für Altertumswiss. 44, Berlin 1964.

Luschnat, O., Wie das Atom erdacht wurde, Forschungen und Fortschritte 27, 136 ff. (1953).

Marx, K., Differenz der demokritischen und epikureischen Naturphilosophie, phil. Diss. Jena 1841, Marx-Engels, Werke, Ergänzungsband I, Berlin 1968. (Der Band enthält auch die Hefte zur epikureischen, stoischen und skeptischen Philosophie, Marx' Vorarbeiten zur Doktordissertation.)

Mau, J., Zum Problem des Infinitesimalen bei den antiken Atomisten, Deutsche Akademie der Wissenschaften zu Berlin. Institut für griechisch-römische Altertumskunde, Arbeitsgr. für hellenistisch-römische Philosophie, Veröffentlichung Nr. 4, 2. Aufl., Berlin 1957.

Mau, J., und E. G. Schmidt (Hrsg.), Isonomia, Studien zur Gleichheitsvorstellung im griechischen Denken, Deutsche Akademie der Wissenschaften zu Berlin, Institut für griechisch-römische Altertumskunde, Arbeitsgr. für hellenistisch-römische Philosophie, Veröffentlichung Nr. 9, Berlin 1964, 2. Aufl. 1971.

Mehring, F., Demokrit und Epikur; Einige Bemerkungen über die Philosophie Demokrits und Epikurs; in: Gesammelte Schriften, Band 13, Berlin 1961, und in: Aufsätze zur Geschichte der Philosophie, Leipzig, 2. Aufl. 1975 (Reclam Universal-Bibliothek Bd. 45).

Müller, R., Antike Evolutionstheorien und moderne Wissenschaft, Deutsche Zeitschrift für Philosophie 17, 436 ff. (1969).

Müller, R., Der Streit um Epikurs Naturphilosophie, Wandlungen des Epikurbildes von Hegel bis zur Gegenwart, Wissenschaftliche Zeitschrift der Friedrich-Schiller-Universität Jena, Gesellschafts- und sprachwiss. Reihe 18, 37 ff. (1969).

Müller, R., Die epikureische Gesellschaftstheorie, Akademie der Wissenschaften der DDR, Zentralinstitut für Alte Geschichte und Archäologie, Schriften zur Geschichte und Kultur der Antike 5, Berlin 1972, [2]1974.

Müller, R., Menschenbild und Humanismus in der Antike, Leipzig 1980 (Reclams Universal-Bibliothek Band 841 = Röderberg Taschenbuch Band 85, Frankfurt am Main 1980).

Müller, R., Zu einem Entwicklungsprinzip der epikureischen Anthropologie, Philologus 127, 187 ff. (1983).

Müller, R., Rhetorik und Politik in Philodems Rhetorica, in: Atti del XVII Congresso internazionale di Papirologia, II, Neapel 1984, 473 ff.

Müller, R., Der antike Ursprung der Lehre vom Gesellschaftsvertrag, in: R. Müller/H. Klenner, Gesellschaftsvertragstheorien von der Antike bis zur Gegenwart. Sitzungsberichte der Akademie der Wissenschaften der DDR, Jg. 1985, Nr. 2/G, Berlin 1985.

Müller, R., Anthropologie und Ethik in der epikureischen Philosophie, Sitzungsberichte der Akademie der Wissenschaften der DDR, Jg. 1987, Berlin 1987.

Proceedings of the I$^{st}$ International Congress on Democritus Xanthi 6–9 October 1983, Xanthi 1984.

Redlow, G., Theoria. Theoretische und praktische Lebensauffassung im philosophischen Denken der Antike, Berlin 1966.

Rodis-Lewis, G., Épicure et son école, Paris 1975.

Romano, F. (Hrsg.), Democrito e l'atomismo antico. Atti del convegno internazionale Catania 18–21 aprile 1979, Catania 1980.

Schmid, W., Artikel „Epikur", Reallexikon für Antike und Christentum, V, Stuttgart 1962, S. 681 ff.

Schmidt, E. G., Zu Karl Marx' Epikurstudien (Doktordissertation und Vorarbeiten), Philologus 113, 129 ff. (1969).

Schmidt, E. G., Demokrit und die östliche Welt, in: R. Gordesiani – A. Uruschadse (Hrsg.), Caucasica – Mediterranea, Tbilissi 1980, 175 ff.

Schmidt, E. G., MEGA 2 IV/1. Bemerkungen und Beobachtungen, Klio 62, 1980, 247 ff.

Schmidt, E. G., Das Marxsche Projekt einer Berliner Doktordissertation. Bemerkungen zu Band IV/1 der MEGA, Beiträge zur Marx-Engels-Forschung 6, 75 ff. (1980).

Schmidt, E. G. und andere, Die Promotion von Karl Marx – Jena 1841. Eine Quellenedition. Eingeleitet und bearbeitet von E. Lange, E. G. Schmidt, G. Steiger, I. Taubert unter Mitwirkung von B. Schweinitz, Berlin 1983.

Schottlaender, R., Früheste Grundsätze der Wissenschaft bei den Griechen, Deutsche Akademie der Wissenschaften zu Berlin, Schriften der Sektion für Altertumswiss. 43, Berlin 1964.

Schwartz, E., Epikur; in: Charakterköpfe aus der Antike, hrsg. von J. Stroux, 4. Aufl., Berlin 1956.

Seidel, H., Von Thales bis Platon, Berlin 1980.

Silvestre, M. L., Democrito e Epicuro: il senso di una polemica, Neapel 1985.

Steckel, H., Artikel „Epikuros" und „Demokritos", Pauly-Wissowa, Realencyklopädie der classischen Altertumswissenschaft, Suppl.-Bd. 11, 579 ff. (1968) und 12, 191 ff. (1970).

Thomson, G., Die ersten Philosophen, aus dem Engl. übers., hrsg. von E. Sommerfeld, Berlin 1961.

Zacher, K.-D., Plutarchs Kritik an der Lustlehre Epikurs, Königstein/Th. 1982 (Beiträge zur Klassischen Philologie 124).

Zeller, E., Die Philosophie der Griechen in ihrer geschichtlichen Entwicklung, I 2, hrsg. von W. Nestle, Leipzig 1920, S. 1038 ff.. und III 1, hrsg. von E. Wellmann, Leipzig 1923, S. 373 ff.

# QUELLENVERZEICHNIS/
# KONKORDANZ

Nachrichten über die älteren Atomisten Leukippos und Demokrit und Zitate aus ihren Schriften sind nur durch die Vermittlung anderer antiker (in einigen wenigen Fällen auch arabischer) Schriftsteller auf uns gekommen. Auch unsere Kenntnis Epikurs und seiner Anhänger beruht zum Teil auf derartigen Zitierungen. Zu jedem Zeugnis wird in dieser Textsammlung der Schriftsteller, dem wir die betreffende Nachricht verdanken, nach der üblichen Zitierweise angegeben (z. B. für Aristoteles: Werk, Buchziffer, Kapitelziffer; Seitenzahl, Spalte und Zeile der Berliner Akademie-Ausgabe von 1830). Bei Leukippos und Demokrit werden außerdem die Fragmentziffern der Sammlung von Diels-Kranz beigefügt (abgekürzt: D.-K.), bei den Bruchstücken aus Epikur die Fragmentziffern der „Epicurea" Useners (abgekürzt: Us.). In Zitatangaben aus Diels-Kranz verweist die vorangestellte Ziffer 67 auf den Abschnitt über Leukippos, die Ziffer 68 auf den Demokrit-Abschnitt, der Buchstabe A auf einen Bericht über Leben oder Lehre des Philosophen, B auf ein wörtlich überliefertes Fragment, C auf eine Imitation, die Ziffer nach dem Buchstaben auf die fortlaufende Numerierung der Bruchstücke bei Diels-Kranz. Der Name Koerte bezeichnet A. Koertes Sammlung der Metrodoros-Fragmente, der Name Krohn H. Krohns Sammlung der Hermarchos-Fragmente, die Initialen W.-H. die Stobaios-Ausgabe von Wachsmuth-Hense. Das Initial L. verweist mit der Ziffer auf die entsprechend numerierte Belegstelle in S. Lurias „Democritea" (s. Literaturverzeichnis).

# PERSONENREGISTER

## 1. Griechische, römische Personennamen

## 2. Andere Personennamen

# SACHREGISTER

# INHALT

# Inhalt